中国技术哲学与STS论丛（第三辑）
Chinese Philosophy of Technology and STS Research Series

丛书主编：陈凡　朱春艳

中国古代科技文献作者群体研究

基于三大社会群体的视角

丁海斌　陈凡　康胜利　等◎著

中国社会科学出版社

图书在版编目(CIP)数据

中国古代科技文献作者群体研究：基于三大社会群体的视角／丁海斌等著.—北京：中国社会科学出版社，2020.12
(中国技术哲学与STS论丛／陈凡，朱春艳主编)
ISBN 978-7-5203-6508-6

Ⅰ.①中⋯ Ⅱ.①丁⋯ Ⅲ.①科技文献—作者群—研究—中国—古代 Ⅳ.①G257.36

中国版本图书馆CIP数据核字(2020)第084533号

出 版 人	赵剑英
责任编辑	冯春凤
责任校对	张爱华
责任印制	张雪娇

出　　版	中国社会科学出版社
社　　址	北京鼓楼西大街甲158号
邮　　编	100720
网　　址	http://www.csspw.cn
发 行 部	010-84083685
门 市 部	010-84029450
经　　销	新华书店及其他书店
印　　刷	北京君升印刷有限公司
装　　订	廊坊市广阳区广增装订厂
版　　次	2020年12月第1版
印　　次	2020年12月第1次印刷
开　　本	710×1000　1/16
印　　张	46.5
插　　页	2
字　　数	762千字
定　　价	268.00元

凡购买中国社会科学出版社图书，如有质量问题请与本社营销中心联系调换
电话：010-84083683
版权所有　侵权必究

《中国技术哲学与STS研究论丛》
编委会

主　　编　陈　凡　朱春艳
编委会　（以姓氏笔画为序）
　　　　　　文成伟　王　健　包国光　田鹏颖
　　　　　　孙　雷　刘玉劲　吕松涛　朱春艳
　　　　　　陈　凡　陈红兵　陈　佳　程海东

总　序

　　哲学是人类的最高智慧，它历经沧桑岁月却依然万古常新，永葆其生命与价值。在当下，哲学更具有无可取代的地位。

　　技术是人利用自然最古老的方式，技术改变了自然的存在状态。当技术这种作用方式引起人与自然关系的嬗变程度，达到人们不能立即做出全面、正确的反应时，对技术的哲学思考就纳入了学术研究的领域。特别是一些新兴的技术新领域，如生态技术、信息技术、人工智能、多媒体、医疗技术、基因工程等出现，技术的本质、技术作用自然的深刻性，都是传统技术所没有揭示的，技术带来的社会问题和伦理冲突，只有通过哲学的思考，才能让人类明白至善、至真、至美的理想如何统一。

　　现代西方技术哲学的历史可以追溯到100多年以前的欧洲大陆（主要是德国和法国）。德国人 E. 卡普（Ernst Kapp）的《技术哲学纲要》（1877）和法国人 A. 埃斯比纳斯（Alfred Espinas）的《技术起源》（1897）是现代西方技术哲学生成的标志。国外的技术哲学研究经过100多年的发展，如今正在由单一性向多元性方法论逐渐转变；正在寻求与传统哲学的结合，重新建构技术哲学动力的根基；正在进行工程主义与人文主义的整合，将工程传统中的专业性与技术的文化形式或文化惯例的考察相结合；正在着重于技术伦理、技术价值的研究，出现了一种应用于实践的倾向——即技术哲学的经验转向。

　　与技术哲学相关的另一个较为实证的研究领域就是科学技术与社会（Science Technology and Society）。随着技术科学化之后，技术给人类社会带来了根本性变化，以信息技术和生命科学等为先导的20世纪科技革命的迅猛发展，深刻地改变了人类的生产方式、管理方式、生活方式和思维方式。科学技术对社会的积极作用迅速显现。与此同时，科学技术对社会的负面影响也空前突出。鉴于科学对社会的影响价值也需要正确地加以评估，社会对科学技术的影响也成为认识科学技术的重要方面，促使 STS 这门研究科学、技术与社会相互关系的规律及其应用，并涉及多学科、多领域的综合性新兴学科逐渐蓬勃发展起来。

早在 20 世纪 60 年代，美国就兴起了以科学技术与社会（STS）之间的关系为对象的交叉学科研究运动。这一运动包括各种各样的研究方案和研究计划。20 世纪 80 年代末，在其他国家，特别是加拿大、英国、荷兰、德国和日本，这项研究运动也都以各种形式积极地开展着，获得了广泛的社会认可。90 年代以后，它又获得了蓬勃发展。目前 STS 研究的全球化，出现了多元化与整合化并存的特征。欧洲学者强调 STS 理论研究和欧洲特色（爱丁堡学派的技术的社会形成理论，欧洲科学技术研究协会）；美国 STS 的理论导向（学科派，高教会派）和实践导向（交叉学科派，低教会派）各自发展，侧重点不断变化；日本强调吸收世界各国的 STS 成果以及 STS 研究浓厚的技术色彩（日本 STS 网络，日本 STS 学会）；STS 研究的全球化和多元化，必然伴随着对 STS 的系统整合，在关注对科学技术与生态环境和人类可持续发展的关系的研究；关注技术，特别是高技术与经济社会的关系；关注对科学技术与人文（如价值观念、伦理道德、审美情感、心理活动、语言符号等）之间关系的研究都与技术哲学的研究热点不谋而合。

中国的技术哲学和 STS 研究虽然起步都较晚，但随着中国科学技术的快速发展，在经济上迅速崛起，学术氛围的宽容，不仅大量的实践问题涌现，促进了技术哲学和 STS 研究，也由于国力的增强，技术哲学和 STS 研究也得到了国家和社会各界的越来越多的支持。

东北大学科学技术哲学研究中心的前身是技术与社会研究所。早在 20 世纪 80 年代初，在陈昌曙教授和远德玉教授的倡导下，东北大学就将技术哲学和 STS 研究作为重要的研究方向。经过二十多年的积累，形成了东北学派的研究特色。2004 年成为教育部"985 工程"科技与社会（STS）哲学社会科学创新基地，2007 年被批准为国家重点学科。东北大学的技术哲学和 STS 研究主要是以理论研究的突破创新体现水平，以应用研究的扎实有效体现特色。

《中国技术哲学与STS研究论丛》（以下简称《论丛》）是东北大学科学技术哲学研究中心和"科技与社会（STS）"哲学社会科学创新基地以及国内一些专家学者的最新研究专著的汇集，涉及科技哲学和STS等多学科领域，其宗旨和目的在于探求科学技术与社会之间的相互影响和相互作用的机制和规律，进一步繁荣中国的哲学社会科学。《论丛》由国内和校内资深的教授、学者共同参与，奉献长期研究所得，计划每期出版五本，以书会友，分享思想。

　　《论丛》的出版必将促进我国技术哲学和STS学术研究的繁荣。出版技术哲学和STS研究论丛，就是要汇聚国内外的有关思想理论观点，造成百花齐放、百家争鸣的学术氛围，扩大社会影响，提高国内的技术哲学和STS研究水平。总之，《论丛》将有力地促进中国技术哲学与STS研究的进一步深入发展。

　　《论丛》的出版必将为国内外技术哲学和STS学者提供一个交流平台。《论丛》在国内广泛地征集技术哲学和STS研究的最新成果，为感兴趣的国内外各界人士提供一个广泛的论坛平台，加强相互间的交流与合作，共同推进技术哲学和STS的理论研究与实践。

　　《论丛》的出版还必将对我国科教兴国战略、可持续发展战略和创新型国家建设战略的实施起着强有力的推动作用。能否正确地认识和处理科学、技术与社会及其之间的关系，是科教兴国战略、可持续发展战略和创新型国家建设战略能否顺利实施的关键所在。技术哲学和STS研究涉及科学、技术与公共政策，环境、生态、能源、人口等全球问题和STS教育等各方面问题的哲学思考与实践反思。《论丛》的出版，使学术成果能迅速扩散，必然会推动科教兴国战略、可持续发展战略和创新型国家建设战略的实施。

　　中国是历史悠久的文明古国，无论是人类科技发展史还是哲学史，都有中国人写上的浓重一笔。现在有人称，"如果目前中国还不能输出她的价值观，中国还不是一个大国。"学术研究，特别是哲学研究，是形成价值观的重要部分，愿当代的中国学术才俊能在此起步，通过点点滴滴的扎实努力，为中国能在世界思想史上再书写辉煌篇章而作出贡献。

　　最后，感谢《论丛》作者的辛勤工作和编委会的积极支持，感谢中国社会科学出版社为《论丛》的出版所作的努力和奉献。

陈 凡 罗玲玲
2008 年 5 月于沈阳南湖

General Preface

Philosophy is the greatest wisdom of human beings, which always keeps its spirit young and keeps green forever although it has experienced great changes that time has brought to it. At present, philosophy is still taking the indispensable position.

Technology represents the oldest way of humans making use of the nature and has changed the existing status of the nature. When the functioning method of technology has induced transmutation of the relationship between humans and the nature to the extent that humans can not make overall and correct response, philosophical reflection on technology will then fall into academic research field. Like the appearance of new technological fields, especially that of ecotechnology, information technology, artificial intelligence, multimedia, medical technology and genetic engineering and so on, the nature of technology and the profoundness of technology acting on the nature are what have not been revealed by traditional technology. The social problems and ethical conflicts that technology has brought about have not been able to make human beings understand how the ideals of becoming the true, the good and the beautiful are united without depending on philosophical pondering.

Modern western technological philosophy history can date back to over 100 years ago European continent (mainly Germany and France). German Ernst Kapp's Essentials of Technological Philosophy (1877) and French Alfred Espinas' The Origin of Technology (1897) represent the emergence of modern western technological philosophy. After one hundred year's development, overseas research on technological philosophy is now transforming from uni – methodology to multi – methodology; is now seeking for merger with traditional philosophy to reconstruct the foundation of technological philosophy impetus; is now conducting the integration of engineering into humanity to join traditional specialty of engineering with cultural forms or routines of technology; is now focusing on research on technological ethnics and technological values, resulting in an application trend——that is, empiric – direction change of technological philosophy.

Another authentic proof – based research field that is relevant to technological philosophy is science technology and society. With technology becoming scientific, it has brought about fundamental changes to human society, and the rapid development of science technology in the 20th century has deeply changed the modes of production, measures of administration, lifestyles and thinking patterns, with information technology and life technology and so on in the lead. The positive impacts of science technology on the society reveal themselves rapidly. Meanwhile, the negative impacts of it are unprecedented pushy. As the effects of science on the society need evaluating in the correct way, and the effects of the society on science technology has also become an important aspect in understanding science technology, the research science of STS, the laws and application of the relationship between technology and the society, some newly developed disciplines concerning multi – disciplines and multi – fields are flourishing.

As early as 1960s, a cross – disciplinary research campaign targeting at the relationship between science technology and the society (STS) was launched in the United States. This campaign involved a variety of research schemes and research plans. In the late 1980s, in other countries especially such as Canada, the UK, the Netherlands, Germany and Japan, this research campaign was actively on in one form or another, and approved across the society. After 1990s, it further flourished. At present, the globalization of STS research has becoming typical of the co – existence of multiplicity and integration. The European scholars stress theoretical STS research with European characteristics (i. e. Edingburg version of thought, namely technology – being – formed – by – the – society theory, Science Technology Research Association of Europe); STS research guidelines of the United States (version of disciplines and version of Higher Education Association) and practice guidelines (cross – discipline version and version of Lower Education Association.) have developed respectively and their focuses are continuously variable. Japan focuses on taking in STS achievements of countries world – wide as well as clear technological characteristic of STS research (Japanese STS network and Japanese STS Association) ; the globalization and the multiplicity of STS research are bound to be accompanied by the integration of STS system and by the concern of research on the relationship between science technology, ecological environment and human sustainable development; attention is paid to the relationship between the highly – developed technology and the economic society; the concern of research on the relationship between science technology and humanity (such as the values, ethnic virtues, aesthetic feelings, psychological behaviors and language signs, etc.) happens to coincide with the research focus of technological philosophy.

Chinese technological philosophy research and STS research have risen rapidly to economic prominence with the fast development of Chinese science technology; the tolerance of academic atmosphere has prompted the high emergence of practical issues and meanwhile the development of technological philosophy research and STS research; more and more support of technological philosophy research and STS research is coming from the nation as well as all walks of life in the society with the national power strengthened.

The predecessor of Science Technological Philosophy Study Center of Northeastern University is Technological and Social Study Institute of the university. Northeastern University taking technological philosophy research and STS research as an important research direction dates back to the advocacy of Professor Chen Chang – shu and Professor Yuan De – yu in 1980s. The research characteristics of Northeastern version has been formed after over 20 years' research work. The center has become an innovation base for social science in STS Field of "985 Engineering" sponsored by the Ministry of Education in 2004 and approved as a key discipline of our country in 2007. Technological philosophy research and STS research of Northeastern University show their high levels mainly through the breakthrough in theoretical research and show their specialty chiefly through the down – to – earth work and high efficiency in application.

Chinese Technological Philosophy Research and STS Research Series (abbreviated to the Series) collects recent research works by some experts across the country as well as from our innovation base and the Research Center concerning multi – disciplines in science technology and STS fields, on purpose to explore the mechanism and laws of the inter – influence and inter – action of science technology on the society, to further flourish Chinese philosophical social science. The Series is the co – work of some expert professors and scholars domestic and abroad whose long – termed devotion promotes the completeness of the manuscript. It has been planned that five volumes are published for each edition, in order to make friends and share ideas with the readers.

The publication of the Series is certain to flourish researches on technological philosophy and STS in our country. It is just to collect relevant theoretical opinions at home and abroad, to develop an academic atmosphere to? let a hundred flowers bloom and new things emerge from the old, to expand its influence in the society, and to increase technological philosophy research and STS levels. In all, the collections will strongly push Chinese technological philosophy research and STS research to develop further.

The publication of the Series is certain to provide technological philosophy and STS researchers at home and abroad with a communicating platform. It widely collects the recent domestic and foreign achievements of technological philosophy research and STS research, serving as a wide forum platform for the people in all walks of life nationwide and worldwide who are interested in the topics, strengthening mutual exchanges and cooperation, pushing forward the theoretical research on technological philosophy and STS together with their application.

The publication of the Series is certain to play a strong pushing role in implementing science – and – education – rejuvenating – China strategies, sustainable – development strategies and building – innovative – country strategies. Whether the relationships between Science, technology and the society can be correctly understood and dealt with is the key as to whether those strategies can be smoothly carried out. Technological philosophy and STS concern philosophical considerations and practical reflections of various issues such as science, technology and public policies, some global issues such as environment, ecology, energy and population, and STS education. The publication of the Series can spread academic accomplishments very quickly so as to push forward the implementation of the strategies mentioned above.

China is an ancient country with a long history, and Chinese people have written a heavy stroke on both human science technology development history and on philosophy history. "If China hasn't put out its values so far, it cannot be referred to as a huge power", somebody comments now. Academic research, in particular philosophical research, is an important part of something that forms values. It is hoped that Chinese academic genius starts off with this to contribute to another brilliant page in the world's ideology history.

Finally, our heart-felt thanks are given to authors of the Series for their handwork, to the editing committee for their active support, and to Chinese Social Science Publishing House for their efforts and devotion to the publication of the Series.

Chen Fan and Luo Ling-ling
on the South Lake of Shenyang City in May, 2008

目 录

序言 …………………………………………………………………（ 1 ）
第一章　先秦时期 …………………………………………………（ 1 ）
　第一节　先秦科技文献作者群体存在的社会背景 ………………（ 1 ）
　　一　先秦时期的经济背景 …………………………………………（ 1 ）
　　二　先秦时期的政治与文化背景 …………………………………（ 4 ）
　　三　先秦时期的科学技术 …………………………………………（ 8 ）
　第二节　先秦科技文献作者群体的组成 …………………………（ 11 ）
　　一　先秦官方与宗教科技文献作者群体的组成 …………………（ 12 ）
　　二　先秦民间科技文献作者群体的组成 …………………………（ 20 ）
　第三节　先秦科技文献作者群体的知识积累 ……………………（ 23 ）
　　一　先秦官方与宗教科技文献作者群体的知识积累 ……………（ 23 ）
　　二　先秦民间科技文献作者群体的知识积累 ……………………（ 28 ）
　第四节　先秦文献作者群体的创作过程与作品流传方式 ………（ 28 ）
　　一　先秦官方与宗教作者群体的创作过程与作品流传
　　　　方式 …………………………………………………………（ 28 ）
　　二　先秦民间科技文献作者的创作过程与作品流传方式 ………（ 33 ）
　第五节　总结与分析 ………………………………………………（ 35 ）
　　一　先秦科技文献作者群体特点 …………………………………（ 35 ）
　　二　先秦科技文献官方、宗教与民间作者群体比较分析 ………（ 36 ）
　　三　先秦科技文献作者群体在科技与文化上的成就 ……………（ 38 ）
第二章　秦汉时期 …………………………………………………（ 41 ）
　第一节　秦汉科技文献作者群体存在的社会背景 ………………（ 41 ）
　　一　秦汉时期的社会政治与文化 …………………………………（ 42 ）
　　二　秦汉时期科学技术的总体发展水平 …………………………（ 45 ）

第二节　秦汉科技文献作者群体的组成 ……………………（48）
　　一　秦汉官方科技文献作者群体的组成 …………………（49）
　　二　秦汉民间与宗教科技文献作者群体的组成 …………（54）
第三节　秦汉科技文献作者群体的知识积累 ………………（56）
　　一　秦汉官方科技文献作者群体的知识积累 ……………（56）
　　二　秦汉民间与宗教科技文献作者群体的知识积累 ……（62）
第四节　秦汉科技文献作者群体的创作过程与作品流传方式 …（65）
　　一　秦汉官方科技文献作者群体的创作过程与作品流传方式 …（65）
　　二　秦汉民间与宗教科技文献作者群体的创作过程与作品
　　　　流传方式 ………………………………………………（70）
第五节　总结与分析 …………………………………………（72）
　　一　秦汉科技文献三大作者群体的特点 …………………（73）
　　二　秦汉科技文献三大作者群体的比较分析 ……………（75）
　　三　秦汉社会的特殊性对科技发展的影响 ………………（77）

第三章　魏晋南北朝时期 ……………………………………（81）
第一节　魏晋南北朝科技文献作者群体存在的社会背景 …（81）
　　一　魏晋南北朝的政治背景 ………………………………（81）
　　二　魏晋南北朝的经济背景 ………………………………（82）
　　三　魏晋南北朝的文化背景 ………………………………（82）
　　四　魏晋南北朝科学技术的总体发展水平 ………………（83）
第二节　魏晋南北朝科技文献作者群体的组成 ……………（86）
　　一　魏晋南北朝官方科技文献作者群体的组成 …………（86）
　　二　魏晋南北朝民间科技文献作者群体的组成 …………（94）
　　三　魏晋南北朝宗教科技文献作者群体的组成 …………（96）
第三节　魏晋南北朝科技文献作者群体的知识积累 ………（97）
　　一　魏晋南北朝官方科技文献作者的知识积累 …………（97）
　　二　魏晋南北朝民间、宗教科技文献作者的知识积累 …（103）
第四节　魏晋南北朝科技文献作者群体的创作过程与作品
　　　　流传方式 ………………………………………………（105）
　　一　魏晋南北朝官方科技文献作者群体的创作过程与作品
　　　　流传方式 ………………………………………………（105）
　　二　魏晋南北朝民间、宗教科技文献作者群体的创作过程

　　　　与作品流传方式 …………………………………………（111）
　第五节　总结与分析 ……………………………………………（112）
　　　一　魏晋南北朝官方科技文献作者群体的基本特点 …………（113）
　　　二　魏晋南北朝民间和宗教科技文献作者群体的基本特点 …（116）
第四章　隋唐时期 ……………………………………………………（118）
　第一节　隋唐科技文献作者群体存在的社会背景 ……………（118）
　　　一　隋唐社会政治与文化 …………………………………（119）
　　　二　隋唐科学技术的总体发展水平 ………………………（120）
　第二节　隋唐科技文献作者群体的组成 ………………………（121）
　　　一　隋唐官方科技文献作者群体的组成 …………………（121）
　　　二　隋唐民间科技文献作者群体的组成 …………………（127）
　　　三　隋唐宗教科技文献作者群体的组成 …………………（129）
　第三节　隋唐科技文献作者群体的知识积累 …………………（133）
　　　一　隋唐官方科技文献作者群体的知识积累 ……………（134）
　　　二　隋唐民间科技文献作者群体的知识积累 ……………（140）
　　　三　隋唐宗教科技文献作者群体的知识积累 ……………（142）
　第四节　隋唐科技文献作者群体的创作过程与作品流传方式 …（144）
　　　一　隋唐官方科技文献作者群体的创作过程与作品流传方式 …（144）
　　　二　隋唐民间科技文献作者群体的创作过程与作品流传方式 …（148）
　　　三　隋唐宗教科技文献作者群体的创作过程与作品流传方式 …（149）
　第五节　总结与分析 ……………………………………………（151）
　　　一　隋唐官方科技文献作者群体特征分析 ………………（151）
　　　二　隋唐三大科技文献作者群体比较分析 ………………（154）
　　　三　隋唐时期的历史特点对科技文献作者群体的影响 ……（156）
第五章　五代时期 ……………………………………………………（158）
　第一节　五代科技文献作者群体存在的社会背景 ……………（158）
　　　一　五代社会政治与文化 …………………………………（158）
　　　二　五代科学技术的总体发展水平 ………………………（160）
　第二节　五代科技文献作者群体的组成 ………………………（161）
　　　一　五代官方科技文献作者群体的组成 …………………（161）
　　　二　五代民间科技文献作者群体的组成 …………………（164）

三　五代宗教科技文献作者群体的组成 …………………… (165)
　第三节　五代科技文献作者群体的知识积累 ………………… (167)
　　一　五代官方科技文献作者群体的知识积累 ………………… (167)
　　二　五代民间科技文献作者群体的知识积累 ………………… (169)
　　三　五代宗教科技文献作者群体的知识积累 ………………… (169)
　第四节　五代科技文献作者群体的创作过程与作品流传方式 …… (170)
　　一　五代官方科技文献作者群体的创作过程与作品流传方式 … (170)
　　二　五代民间科技文献作者群体的创作过程与作品流传方式 … (173)
　　三　五代宗教科技文献作者群体的创作过程与作品流传方式 … (174)
　第五节　总结与分析 …………………………………………… (178)
第六章　北宋时期 ………………………………………………… (180)
　第一节　北宋科技文献作者群体存在的社会背景 …………… (181)
　　一　北宋社会政治与文化 ……………………………………… (181)
　　二　北宋科学技术的总体发展水平 …………………………… (182)
　第二节　北宋科技文献作者群体的组成 ……………………… (185)
　　一　北宋官方科技文献作者群体的组成 ……………………… (185)
　　二　北宋民间科技文献作者群体的组成 ……………………… (193)
　　三　北宋宗教科技文献作者群体的组成 ……………………… (197)
　第三节　北宋科技文献作者群体的知识积累 ………………… (201)
　　一　北宋官方科技文献作者群体的知识积累 ………………… (201)
　　二　北宋民间科技文献作者群体的知识积累 ………………… (207)
　　三　北宋宗教科技文献作者群体的知识积累 ………………… (209)
　第四节　北宋科技文献作者群体的创作过程与作品流传方式 …… (211)
　　一　北宋官方科技文献作者群体的创作过程与作品流传方式 … (211)
　　二　北宋民间科技文献作者群体的创作过程与作品流传方式 … (216)
　　三　北宋宗教科技文献作者群体的创作过程与作品流传方式 … (220)
　第五节　总结与分析 …………………………………………… (221)
　　一　北宋三大科技文献作者群体的基本特点 ………………… (221)
　　二　北宋三大科技文献作者群体比较分析 …………………… (225)
　　三　北宋的历史特点对科技文献作者群体的影响 …………… (227)
第七章　南宋时期 ………………………………………………… (231)

第一节　南宋科技文献作者群体存在的社会背景 …………… (232)
　　一　南宋的政治背景 ……………………………………… (232)
　　二　南宋的经济背景 ……………………………………… (232)
　　三　南宋的文化背景 ……………………………………… (233)
　　四　南宋科学技术的总体发展水平 ……………………… (233)
第二节　南宋科技文献作者群体的组成 ……………………… (236)
　　一　南宋官方科技文献作者群体的组成 ………………… (236)
　　二　南宋民间科技文献作者群体的组成 ………………… (242)
　　三　南宋宗教科技文献作者群体的组成 ………………… (244)
第三节　南宋科技文献作者群体的知识积累 ………………… (247)
　　一　南宋官方科技文献作者群体的知识积累 …………… (247)
　　二　南宋民间科技文献作者群体的知识积累 …………… (251)
　　三　南宋宗教科技文献作者群体的知识积累 …………… (252)
第四节　南宋科技文献作者群体的创作过程与作品流传方式 … (253)
　　一　南宋官方科技文献作者群体的创作过程与作品流传方式 … (253)
　　二　南宋民间科技文献作者群体的创作过程与作品流传方式 … (260)
　　三　南宋宗教科技文献作者群体的创作过程与作品流传方式 … (262)
第五节　总结与分析 …………………………………………… (263)
　　一　南宋时期的三大群体基本特点 ……………………… (263)
　　二　南宋时期的三大群体比较分析 ……………………… (266)
　　三　南宋时期的历史特点对科技文献作者群体的影响 ……… (270)

第八章　辽金时期 …………………………………………… (274)

第一节　综述 …………………………………………………… (274)
第二节　辽金科技文献作者群体存在的社会背景 …………… (275)
　　一　辽金社会政治与文化 ………………………………… (275)
　　二　辽金科学技术的总体发展水平 ……………………… (276)
第三节　辽金科技文献作者群体的组成 ……………………… (277)
　　一　辽金官方科技文献作者群体的组成 ………………… (277)
　　二　辽金民间科技文献作者群体的组成 ………………… (279)
　　三　辽金宗教科技文献作者群体的组成 ………………… (280)
第四节　辽金科技文献作者群体的知识积累 ………………… (280)

一　辽金官方科技文献作者群体的知识积累 …………（281）
　　　二　辽金民间科技文献作者群体的知识积累 …………（282）
　　　三　辽金宗教科技文献作者群体的知识积累 …………（282）
　　第五节　辽金科技文献作者群体的创作过程与作品
　　　　　　流传方式 ………………………………………（283）
　　　一　辽金官方科技文献作者群体的创作过程与作品
　　　　　流传方式 ………………………………………（283）
　　　二　辽金民间科技文献作者群体的创作过程与作品
　　　　　流传方式 ………………………………………（284）
　　　三　辽金宗教科技文献作者群体的创作过程与作品
　　　　　流传方式 ………………………………………（285）
　　第六节　总结与分析 ……………………………………（285）
第九章　元代时期 ……………………………………………（287）
　　第一节　元代科技文献作者群体存在的社会背景 ……（287）
　　　一　元代社会的政治、经济与文化发展水平 …………（288）
　　　二　元代科学技术的总体发展水平 ……………………（289）
　　第二节　元代科技文献作者群体的组成 ………………（291）
　　　一　元代官方科技文献作者群体的组成 ………………（292）
　　　二　元代民间科技文献作者群体的组成 ………………（296）
　　　三　元代宗教科技文献作者群体的组成 ………………（298）
　　第三节　元代科技文献作者群体的知识积累 …………（300）
　　　一　元代官方科技文献作者群体的知识积累 …………（300）
　　　二　元代民间科技文献作者群体的知识积累 …………（310）
　　　三　元代宗教科技文献作者群体的知识积累 …………（311）
　　第四节　元代科技文献作者群体的创作过程与作品流传方式 …（312）
　　　一　元代官方科技文献作者群体的创作过程与作品流传方式 …（312）
　　　二　元代民间科技文献作者群体的创作过程与作品流传方式 …（314）
　　　三　元代宗教科技文献作者群体的创作过程与作品流传方式 …（316）
　　第五节　总结与分析 ……………………………………（316）
　　　一　元代科技文献三大群体特征分析 …………………（317）
　　　二　元代官方群体、民间群体、宗教群体三者比较分析 ……（319）

三　元代历史特征对三大群体的影响 …………………………（321）
第十章　明代时期 ……………………………………………………（324）
　第一节　明代科技文献作者群体存在的社会背景 ………………（324）
　　一　明代社会政治和文化 …………………………………………（325）
　　二　明代科学技术的总体发展水平 ………………………………（328）
　第二节　明代科技文献作者群体的组成 …………………………（330）
　　一　明代官方科技文献作者群体的组成 …………………………（330）
　　二　明代民间科技文献作者群体的组成 …………………………（334）
　　三　明代宗教科技文献作者群体的组成 …………………………（336）
　第三节　明代科技文献作者群体的知识积累 ……………………（338）
　　一　明代官方科技文献作者群体的知识积累 ……………………（338）
　　二　明代民间科技文献作者群体的知识积累 ……………………（343）
　　三　明代宗教科技文献作者群体的知识积累 ……………………（347）
　第四节　明代科技文献作者群体的创作过程与作品流传方式 ……（348）
　　一　明代官方科技文献作者群体的创作过程与作品流传方式 …（348）
　　二　明代民间科技文献作者群体的创作过程与作品流传方式 …（352）
　　三　明代宗教科技文献作者群体的创作过程与作品流传方式 …（355）
　第五节　总结与分析 ………………………………………………（357）
　　一　明代三大科技文献作者群体的基本特点 ……………………（357）
　　二　明代三大科技文献作者群体比较分析 ………………………（360）
　　三　明代历史特殊性对科技文献作者群体的影响 ………………（364）
第十一章　清代前中期 ………………………………………………（370）
　第一节　清代前中期天文算法类文献作者群体存在的
　　　　　社会背景 …………………………………………………（370）
　　一　清代前中期的社会政治与文化 ………………………………（370）
　　二　清代前中期统治者发展天文算法的政策 ……………………（371）
　　三　清代前中期天文算法的发展水平与世界水平的对比 ………（372）
　第二节　清代前中期天文算法类文献作者群体的组成 …………（374）
　　一　清代前中期官方作者群体的组成 ……………………………（374）
　　二　清代前中期民间作者群体的组成 ……………………………（381）
　　三　清代前中期宗教作者群体的组成 ……………………………（384）

第三节　清代前中期天文算法类文献作者群体的
　　　　知识积累 ………………………………………………（389）
　　一　清代前中期官方作者群体的知识积累 ……………（389）
　　二　清代前中期民间作者群体的知识积累 ……………（393）
　　三　清代前中期宗教作者群体的知识积累 ……………（397）
第四节　清代前中期天文算法类文献作者群体的创作
　　　　过程与作品流传方式 ……………………………（397）
　　一　清代前中期官方群体的创作过程与作品流传方式 …（398）
　　二　清代前中期民间群体的创作过程与作品流传方式 …（403）
　　三　清代前中期宗教群体的创作过程与作品流传方式 …（408）
第五节　清代前中期天文类算法文献作者群体间的共性及个性 …（410）
　　一　清代前中期三大作者群体的共性 …………………（410）
　　二　清代前中期三大作者群体的个性 …………………（412）
第五节　总结与分析 ……………………………………………（416）

第十二章　晚清时期 ……………………………………………（417）
第一节　晚清科技文献作者群体存在的社会背景 ……………（418）
　　一　晚清社会政治与文化 ………………………………（418）
　　二　晚清科学技术的总体发展水平 ……………………（420）
第二节　晚清科技文献作者群体的组成 ………………………（421）
　　一　晚清官方科技文献作者群体的组成 ………………（422）
　　二　晚清民间科技文献作者群体的组成 ………………（428）
　　三　晚清宗教科技文献作者群体的组成 ………………（431）
第三节　晚清科技文献作者群体的知识积累 …………………（435）
　　一　晚清官方科技文献作者群体的知识积累 …………（435）
　　二　晚清民间科技文献作者群体的知识积累 …………（437）
　　三　晚清宗教科技文献作者群体的知识积累 …………（439）
第四节　晚清科技文献作者群体的创作过程与作品
　　　　流传方式 …………………………………………（441）
　　一　晚清官方科技文献作者群体的创作过程与作品流传方式 …（441）
　　二　晚清民间科技文献作者群体的创作过程与作品流传方式 …（447）
　　三　晚清宗教科技文献作者群体的创作过程与作品流传方式 …（448）

第五节　总结与分析 ………………………………………（452）
　　　一　晚清三大科技文献作者群体的基本特点 ……………（452）
　　　二　晚清三大科技文献作者群体比较分析 ………………（453）
　　　三　晚清历史特点对科技文献作者群体的影响 …………（454）
中国古代科技文献作者统计表 ………………………………（457）
参考文献 ………………………………………………………（691）
后记 ……………………………………………………………（714）

序　言

"官方（国家）、民间、宗教"三大科技群体的划分这一提法，是笔者在博士论文中提出来的（《清代"官科技"群体的养成与结构研究》，中国社会科学出版社2007年版）。笔者认为，这种群体划分方法是科技哲学、科技史的一种有益的研究角度，是科技哲学、科技史研究的一种深化。并且，这种研究角度适用于古今中外的各种时空环境，所以其研究范畴是广阔的。

自从提出上述学术研究视角后，笔者一直以将其展开、深化为己任。本书是在以往已发表、出版的文章、著作的基础上，进行的新的努力和尝试，其研究主要从科技史、文献学两个视角展开。

一　科技史的学科属性与内涵

许多年前，笔者曾与科技哲学界的一位前辈进行过一次面对面的学术观点上的探讨，我们在"科技史"的学科属性是人文社会科学还是自然科学这个问题上有不同看法。的确，在科技哲学界、科技史界，关于科技史的学科属性有不同看法，甚至有人专门发表文章表达自己的看法。那么，科技史的学科属性到底是什么？其判断标准为何呢？

学科对象（客体）决定学科属性，这就是学科属性的判断标准。科技史以人类科技活动的发生、发展为研究对象，即其客体是"人类科技活动"。而人类科技活动说到底是一种人的社会活动，因此，科技史从学科属性而言是一种人文社会科学。准确地说，科技史是历史学的一个分支学科，是一种专门史。

专门史一般有两种基本学术趣向。它与两类人的两种专门史有关：一类是专业人士的专门史，如科技史研究者中的科技人士所写的，它们更注重专业活动的专业性（比如产生了什么专业成果）；另一类是史学工作者的专门史，它们显然更注重专门史的人文与社会属性。但这两种学术趣向不是截然分开的，专业人士往往从专业入手研究专门史，但往往在研究不断发展的过程中进入到社会领域；史学工作者虽往往以人文社会问题作为专门史的研究出发点，但也会不可避免地关注专业问题。需要说明的是，专门史研究专业问题，以说明历史活动产生什么结果为出发点，不是以研究、解决专业问题为出发点，这就是《数学史》不是《数学》的原因。

"人物、时间、空间、原因、关系与环境、结果"是人类科技活动所包含的主要要素，即什么人、在什么时间（自然时间与历史时间）、什么地方（地区与机构）、因何原因、在什么样的社会关系环境中、做出了什么贡献（结果），这几大要素共同构成某种人类活动。

本书基于以上六要素，以群体为对象，观察、分析中国古代科技文献作者群体的社会实践活动。

二 "官方、民间、宗教"三大科技群体的划分

从"官方、民间、宗教"的角度研究人类文化、研究人类科学技术活动，是笔者近年来的一个重要学术设想和研究方向。但什么是"官文化、民间文化、宗教文化"？什么是"官科技、民间科技、宗教科技"呢？笔者此前并没有给予较详细、明确的回答。在这里，笔者希望能够给予初步的明确的回答。

回答这个问题，要从人的属性出发。人有两种基本的属性，即自然属性和社会属性。人的自然属性即人作为生物体的属性，其概念较为简单、明确，而人的社会属性则较为复杂。

首先，我们要明确一下"社会"的概念。社会，汉字本意是指特定土地上人的集合。具体地说，社会是人们基于某种时空间范畴和共同利益通过各种各样社会关系联合起来的进行劳动、生活活动的集合。微观上，社会强调同伴的意味，并且延伸到为了共同利益而形成的自愿联盟。宏观上，社会就是由长期合作的社会成员通过发展组织关系形成的团体，并形成了机构、国家等组织形式。社会的本质是人和组织形式，组织形式决定

了社会的性质以及生产关系。

人的社会属性主要表现为人总是劳动、生活在一定的社会关系之中。马克思说："人的本质不是单个人所固有的抽象物，在其现实性上，它是一切社会关系的总和。"① 生活在现实社会中的人，必然是生活在一定社会关系中的人。这种复杂的社会关系是社会生态的主体，决定了人的社会属性。

人的社会关系与每个人的基本社会角色（社会分工）有关。根据人的基本社会角色（社会分工），由社会的各种组织形式为代表的各种社会关系出发，笔者将人的社会属性划分为"官方、民间、宗教"三大群体范畴，或者将人群分为"官方人士、民间人士、宗教人士"三大群体角色。

所谓"官方人士"，俗称"体制内"人士，即身处官方组织体系中的人们；所谓"宗教人士"，就是宗教组织中的神职人员；所谓"民间"，一般与官方相对，这里是指官方与宗教组织以外的民众。这三大群体既有区别又有联系。比如，"宗教人士"兼具官方属性者在历史上并不少见，"民间人士"与官方联系密切者也不乏其人。在独立研究三大群体的特性之外，三者密切联系的部分也是我们所应关注的。

笔者将这三大社会群体所形成的社会文化分别称为"官文化、民间文化、宗教文化"，并进而在科技史领域中细分为"官科技、民间科技、宗教科技"。"官科技"一词笔者在《清代"官科技"群体的养成与结构研究》② 一书中使用并阐释过〔见《发现现象（自序）》，第3、9、10页〕，但该书只是笔者以"官科技、民间科技、宗教科技"三大体系的角度研究科技史的起点。

总之，笔者按照人的社会属性将人划分为"官方的、民间的、宗教的"三大群体。官方群体所形成的文化是"官文化"，民间群体所形成的文化是"民间文化"，宗教群体所形成的文化是"宗教文化"。而官方科技工作者所进行的科技活动就是"官科技"，民间、宗教科技人士所进行的科技活动，就是"民间科技"与"宗教科技"。

---

① 《马克思恩格斯选集》第2版，第1卷，第60页。
② 《清代"官科技"群体的养成与结构研究》，中国社会科学出版社2007年版。

三　本书的主要研究视角

本书有两个基本的研究视角：科技史的视角和文献学的视角，它们在本书中是融为一体的。所以，本书既是科技史的著作，也是文献学的著作。

第一，科技史的"官方、民间、宗教"三大群体的研究视角

怎样从"官方、民间、宗教"三大群体角度开展具体的中国古代科技史的研究呢？在完成了自己的博士论文之后，笔者决定先从自己较熟悉的领域——科技文献作者群体的角度入手。具体而言，从"官方、民间、宗教"三大科技文献作者群体的组成、知识积累的过程与方式、作品创作与流传的过程与方式等方面，阐述事实，总结规律。本书力图做到史论结合，通过以上角度阐述史实与历史发展过程，并由此使读者进一步了解"官方、民间、宗教"三大科技文献作者群体各自的社会属性、特点、优势、劣势，三大群体之间的关系以及由它们共同组成的科技活动的社会生态。

"官方、民间、宗教"三大群体主要表现的是人的一种社会组织形态和社会身份属性，它是人类活动的重要存在形态和属性。因此，对这种人类社会存在形态和属性的分析，是对人类某种实践活动进行分析的必要的重要的角度。因此，以"官方、民间、宗教"三个群体角度研究人类科技史，是科技史研究的重要的维度。

第二，文献学的科技文献作者群体的研究视角

古典科技文献学是笔者的重要研究方向之一。本书将文献学的研究视角与科技史的研究视角相结合，通过对古代科技文献作者群体的研究，对古典科技文献学与古代科技史的研究皆有裨益。从文献作者的角度出发，以其社会角色、知识来源、写作过程、成果流传方式等"社会形态"方面的内容为基本内容，阐述中国古代"官方、民间、宗教"三大科技群体的特点，最终反映的是中国古代科学技术活动的社会生态问题，突出反映中国古代科技群体官方独大的问题。

本书的研究视角对古典文献学的贡献主要有两点：其一，古典文献学的研究对作者群体的研究是有所不足的，本书从空间上包括了我们能够了

解的古代科技文献作者群体的全部成员，作为通史性著作从时间上包括了古代的全部。这样完整地对古代科技文献作者的研究还不多见；其二，以往，我们的古典文献学主要将视角集中在整理、校勘、版本、收藏等中间环节方面，即主要是图书馆的角度，而对文献的形成、传播的研究特别是对文献形成的研究较为缺乏。本书对科技文献的形成与传播问题较为重视，在各章均设置作者"知识积累""创作过程与作品流传方式"的部分，它们是本书的核心内容。

描写阐释科技文献作者群体的知识来源、学习条件、创作环境、传播状况等，反映的是作者群体所面临的社会生态，因此本书定名为《中国古代科技文献作者群体研究》。

对文献作者群体的研究，需要基于相关史料，但史料总是有所不足的。所以，我们的描述还不能做到完全的完整、全面，这是人文社会科学研究者常常要面对的问题，历史不能重现，我们只能尽自己所能再现部分历史。这是所有人文学者的无解之觞。现代记录手段的发展会帮助我们解决一些这方面的问题，我们的历史记录越来越全面、丰富，但仍难言解决全部问题。何况本书的时间范畴是遥远的古代。

总之，本书是从特殊的视角研究科技史和文献学，有一种不走寻常路的感觉和跨学科的意味。当然，不论我们走的是不是一种寻常路，只要它对学术发展有所裨益，我们就达到目的啦！

作者

2019 年 7 月 21 日

第一章 先秦时期

先秦是指秦朝建立之前的历史时代，主要包括夏、商、西周、春秋、战国时期。以巫史为代表的官方与宗教科技文献作者群体在先秦科技文献作者群体中占据主体地位，在数量上占据着绝对的主导地位，其涉及学科多为天文、农学、医学等实用性强的学科，活动区域集中于黄河中下游，官学、家学、稷下学宫、诸子私学等多种教育途径和丰富的职业经历为科技文献作者群体开展科技文献创作奠定了坚实基础；民间科技文献作者是先秦科技文献作者群体中极少的一部分，有据可考的仅有扁鹊和许行两人，扁鹊为医家，许行为农家，代表作品分别为《难经》和《神农》，他们主要活动在中原地区，多通过拜师与自学积累知识。与民间群体相比，先秦时期的官方群体资料来源更为丰富多样、作品流传更为广泛久远，这一现象突出表明我国历史的"官科技"特征，并在此后的各个历史时期得以延续。

第一节 先秦科技文献作者群体存在的社会背景

先秦是中华文明的起源、开创时期，孕育出了灿烂悠久的历史文明，在长达1800多年的历史时期中，中华民族的祖先创造了光辉灿烂的历史文明和科技文明，其中夏商时期的甲骨文、殷商的青铜器都是人类文明的历史标志。先秦的科学技术是中国古代科学技术的一个重要历史发展阶段，为以后各个学科的发展奠定了坚实的基础，构成了中国古代许多科学技术知识体系的最初状态与特征。

一　先秦时期的经济背景

（一）商、西周时期的经济

殷商、西周的农业生产水平有显著提高，工农业的劳动分工和手工业的诸多部门都有长足的进步。得益于奴隶制经济的发展，殷商、西周均以较快的速度成长为一个具有相当文明水平的国家。

从农业来看，商代的农业已经成为人民生活所依赖的主要生产方式。与此因应，甲骨文中出现了大批有关农业的文字，如"农""田""禾""黍""麦""粟"等；卜辞中也有关于风雨、丰年、歉年的占卜。在农业发展的基础上，畜牧业也迅速繁盛起来，驯养马、牛、羊、鸡、犬、豕供食用或祭祀。西周的农业生产相当发达，在《诗经》中有很多记载都反映当时的农业丰收景象，例如"曾孙之稼，如茨如梁。曾孙之庾，如坻如京。乃求千斯仓，乃求万斯箱。黍稷稻粱，农夫之庆"。[①] 商代的农具都是木制和石制的，到了周代有些已变为金属制造，这与木石工具相比，其生产效率要高得多。西周的农业生产技术已有一定程度的发展，农田中已修筑成整齐的"亩""甾"行列，便利了田间灌溉，其他如施肥、除草以及轮流休耕已初步推行。由于工具和技术的进步、生产经验的积累，农业生产水平有了提高，农作物的品种也有增加，已有"百谷"的称谓。

图1—1　大盂鼎

图1—2　大克鼎

从手工业来看，在商代，随着农业生产的发展，手工业也发达起来。当时的手工业已经分成很多门类，每门之中，又分成很多专业，生产规模是很大的。其中尤以青铜手工业最为突出。青铜器的种类很多，主要有食器、酒器，其他还有兵器、车马饰等。西周时期的手工业，是在商代手工

---

① 　葛培岭注译：《诗经》，中州古籍出版社2005年版，第193页。

业的基础上发展起来的,并且达到了比商代更高的水平。这表现在制造铜器的地点增加、产量加大,纺织也有了一定的发展,皮革、建筑、交通工具的制造都有进步。这时期手工业一个突出的特点是加强工商食官制,由官府经营管理手工业。

(二) 春秋战国时期的经济

春秋战国是我国历史的转折时期,按照西周封建论,这正是领主封建制向地主封建制转换时期;按照春秋战国之交封建说,这正是奴隶制衰亡,封建制确立的时期;按照秦统一封建说,这是奴隶制向封建制过渡的时期。总之,春秋战国时期是我国历史发生重大变化的时期,这一时期经济迅速发展,突出表现在铁器广泛应用、牛耕推广和商品经济的发展三个方面。

春秋时期,社会生产力有了迅速的发展,其主要标志是铁制生产工具的使用。文献资料和考古发掘都证明,春秋时期铁制生产工具的应用已经相当广泛。到战国时,铁器的使用普遍化,已发现的战国铁器数量大、种类多,有生产工具如犁、铧、铲,武器装备如剑、矛、甲胄,生活用器鼎、杯和用于棺钉、刑具等各类铁器,可见到战国时期铁器已经深入到社会生产和生活的各个领域。从生产力的发展史看,铁制工具的使用是生产力的一次伟大革命。春秋战国时期铁器的应用与普及,大大提高了社会生产力,对社会经济的发展和社会变革起到了重要的推动作用。

图 1—3 铁铧犁

图 1—4 铜手钳

牛耕的出现与推广。牛耕的出现是与铁器的出现相联系的，从文献记载看，春秋时期有可能使用牛耕，从考古资料看已出土了战国铁犁铧，战国牛耕的推广是可以肯定的，牛耕的出现和推广直接推动了农业的迅速发展，使人类摆脱了刀耕火种，火耕水耨的原始耕作状态，开辟了新的力源，大大增强了人类对自然的支配能力，为土地私有制的发展提供了物质条件。

商品经济的发展。春秋时期，商品经济开始发展起来，到战国时期，商品经济呈现飞跃发展的局面，这一时期商品经济发展主要反映在四个方面：一是城市繁荣商业活动中心的形成，春秋时期不只大的城市有固定的贸易场所，一般的城镇也设有固定的市场；二是货币的流行；三是贸易范围的扩大，当时诸侯国之间的贸易已经相当发达；四是形成了独立的商人阶层。①

二 先秦时期的政治与文化背景

（一）先秦时期的政治

经济基础决定上层建筑，经济的新发展及由此引起的阶级关系变化，给政治思想带来了新的内容。

夏商、西周时期统治阶级的最高首领是国王，王占有广大的土地和奴隶，并且掌握着对人民生杀予夺的大权，执行着强力的统治。早在夏代，已建立官制，以及刑法、监狱、军队；商代奴隶主阶级统治加强，商朝的国家机构日益完善，创设和健全了各种制度并设立了多种官职，王权的专制统治初步得到确立，国家的政治职能得到了充分的发挥；西周的国家机构、政治制度在商朝的基础上有了进一步的发展，更趋于完备和严密，并且建立了宗法制来巩固奴隶制的统治。西周时期的王权专制也得到强化，无论是在政治、经济、军事还是宗教等方面，周王都是最高的领袖。西周末年，受战争与灾荒的破坏，周统治者的实力大为削弱，公元前771年，申侯联合缯与犬戎等部，发兵进攻周，周幽王逃走，被杀死于骊山之下，至此西周灭亡。周幽王死后，太子宜臼即位，为周平王，鉴于镐京残破，又处于犬戎威胁下，于公元前770年迁都洛

---

① 巫宝三：《先秦经济思想史》，中国社会科学出版社1996年版，第157页。

邑，史称东周，即春秋战国。

春秋战国社会经济的迅猛发展，导致了政治局面的更新，这种更新出现和发展于激烈的阶级斗争、王室与诸侯斗争和兼并争霸战争之中，形成了激烈动荡的政治局面，这主要表现在四个方面：

其一，王室衰微和诸侯强大。东周时期，周王室所能直接控制的土地，仅限于洛阳周围，其政治、经济实力已相当于一个小封国。

其二，社会变革不断涌现。春秋时有管仲改革和齐、鲁、楚等诸侯国的赋税制度、土地制度的改革，战国时期李悝、吴起、商鞅等先后发动变法运动，从经济基础到上层建筑，从政治、经济到军事、文化都走上了封建关系取代奴隶制关系的历史进程。

其三，诸侯之间的兼并战争。在天子衰微的情况下，强大的诸侯纷起，企图夺取周天子的地位，于是，有春秋五霸的争霸战争，有战国诸侯的兼并战争。"政治局面错综复杂，军事斗争层出不穷，战争和变法成为这一时期政治中的主旋律"，① "在长达200多年的时间里，爆发了上千次国家间战争，几乎所有的诸侯国和王国都反复卷入战争之中，现存的文献和文物记录了其中762次国家间战争"。② 频繁的争霸、兼并战争，虽然对人民生活产生了消极的影响，但是却促使各诸侯国整顿吏治，选贤任能，从而有了士阶层的崛起和"布衣将相"的活跃，也为各种政治理论以及"百家争鸣"的学术局面的产生和发展带来了契机。

其四，民族融合的新高潮。经过长期历史的发展，居长江和黄河流域中下游地区的华夏族逐渐形成了民族融合的核心，随着华夏族的活动范围向四周辐射，随着兼并战争带来诸侯统治区域的扩大，华夏族与周边少数民族的交往日益密切，和平的与暴力的、政治的与经济的各种因素，把民族融合推进到一个新的高潮。

(二) 先秦时期的文化

进入到奴隶制社会后，农业、手工业等行业的生产力显著提高，为脑

---

① 王日华：《历史主义与国际关系理论·先秦中国体系研究》，广东人民出版社2013年版，第355页。

② 刘泽华：《先秦政治思想史》，南开大学出版社1984年版，第64页。

力劳动从体力劳动中独立出来创造了物质条件。商代已形成一批专业文化人，他们不再从事生产劳动而是专门进行科学文化活动，不仅使商代的文化与科学技术有了快速的发展，还形成了较为成熟与系统的文字——甲骨文，既奠定了汉字的基础，又为形成国家典籍、历史文献提供了记录符号。殷商的天文学也有很大的进步，设有专门执掌天文现象观测、记录的天文官，形成了包罗万象的天文档案。及至西周，文化、科学进一步繁荣，圭表测影法、冬至和夏至等节气以及朔日也都确立于这一时期。除天文历法外，西周时期的物候学、数学、医药学、建筑学、音乐艺术也都有相应的发展。虽然殷商、西周时期文化成果丰富，但是处于高度集中的状态，主要掌握在王室、贵族手中，在周代官僚体制中，由于史官的职责之一是掌管官方典藏的文献因而这一官僚阶层所掌握的知识、文化最为丰富，西周文化的最高成就也就集中体现在史官文化上。在"学在官府"的背景下，文化的传承长期在较为封闭的环境中，文化、知识基本为官僚知识阶层所独享，民间的普通平民难以问津，是很难在文化上有所成就的。

春秋战国时期经济、政治的大发展与大变革，使这一时期的文化也呈现出明显的特点。一方面，周王东迁，王权衰微，大批文物典籍流散到民间，打破了文化高度集中的情况，从而形成了百家争鸣的文化繁荣局面，这是中国历史上第一次思想解放运动，也是文化上百花竞放的时期。各学派诸子所创作的作品近百种，不仅形成了一个学术高潮，也对后世的思想、学术乃至意识形态影响深远。另一方面，在华夏地区形成了独具特色的文化圈：其一是三晋文化圈，位于今河南为中心的黄河中游地区，保留着夏商的文化传统。三晋地区经济发达，商品经济也十分活跃，从而改革、变革兴起，在激烈动荡的社会环境下，当地人民的思想少有保守色彩，更为开放，法家人物层出不穷。其二是齐鲁文化圈，该文化圈明显的特点是周文化与东夷文化的融合，齐鲁两地保存着大量西周的文物典籍，因而受周文化的影响更大，主张恢复周礼的儒家思想发源于此。此外，齐鲁也是阴阳五行学说产生、盛行地。其三是楚文化圈，受地理位置因素的影响，周文化对楚文化圈影响较小，楚地更多保留着南蛮文化的特色。楚文化不像周文化对鬼神持有敬而远之的态度，反而更注重对天、鬼神以及人与自然关系的思考与探讨。其四是秦文化圈，秦文化的一大特色也是周文化与地域文化相结合，这一点与齐鲁文化相似，但与齐鲁文化不同的是秦文化圈受周文化的影响较小，而是更多保留着西部文化的特点，森严的宗法等级观念在社会文化中并不强。除上述四个文化圈外，还有北方的燕、西南的巴蜀、东南的吴越等文化圈，也都具有各自的地域特色，但其影响范围相对较小。①

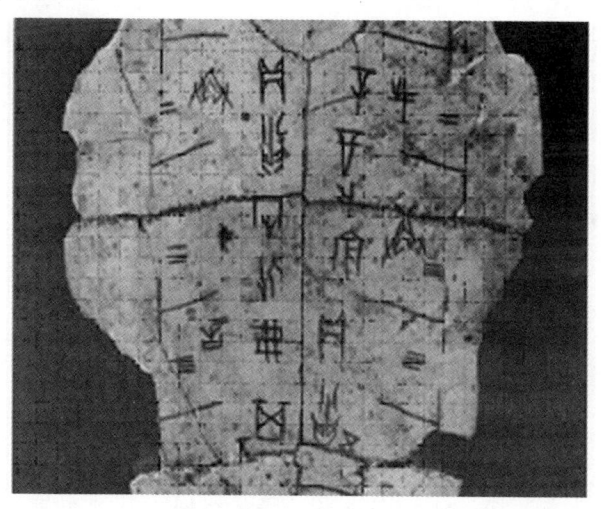

图1—5　甲骨文

经济是政治、文化的基础，政治是经济的集中体现，文化是政治和经济的反映。先秦时期经济的发展也深刻地影响着政治局面以及文化发展。夏、商、西周处于奴隶制时代，作为统一的政权国家，生产资料、军队、文化教育都掌握在君主、贵族手中，其文化意识也都是为维护宗法等级分封制度而构建。春秋战国，奴隶制经济、政治出现危机，井田制、宗法制、选官制度以及教育制度等都濒临崩溃，随着奴隶制度的崩溃，奴隶制的文化形态也遭到破坏，尤其是春秋末叶和战国时段，"道术将为天下裂"。② 一方面，文化的一元时代终结，开始向多元发展，各学派林立，百家争鸣；另一方面，学术枝蘖，各个学科的发展也更为独立分化，如文学、史学、哲学、医学、数学、农学、军事学、天文学等，各领域都扬弃了宗周的文化体系，达到空前繁荣的水平。先秦诸子所形成的思想体系是

---

① 刘红星：《先秦与古希腊·中西文化之源》，上海古籍出版社1999年版，第34—37页。
② 孙通海译注：《庄子》，中华书局2007年版，第375页。

中国甚至是东方文明重要的文化源泉之一，如同古希腊—罗马文化之于西方文明，哈巴拉—雅利安文化之于印度文明一样，这一时期也成为中国的轴心时代。

三 先秦时期的科学技术

先秦时期是中华文明的开创、发展时期，也是中国古代科技文献的起源、发展时期。在这一历史时期社会关系和生产力都历经了重大的变革，科技发展迅速，在社会生产力的推动之下，人类一步步从蒙昧迈向文明，进而走向新的辉煌。

（一）夏、商、周三代的科学技术

夏、商、西周三代，是我国古代科学技术发展中的一个重要历史阶段。这个时期已为以后的天文、数学、医学、农学及其他学科的发展准备了条件。中国古代科学技术体系中的若干重要特点，均肇始于这个时期。

人类古代史上，生产工具的发展一般分为三个阶段：石器时代，青铜器时代，铁器时代。在我国，夏、商、西周三代正处于青铜器时期。这个时期的青铜器，典型地代表了奴隶制时代高度发展的文化艺术和科学技术水平，成为这一时代鲜明的标志。通过考古发掘，我们了解到商周时期就已出现了规模宏大的青铜冶铸作坊，并冶铸出了如后母戊鼎等精美的青铜器。到了春秋战国时期，冶铸青铜的工艺水平进一步提高，达到了很高的技术水平，如已冶铸出了著名的编钟和干将、莫邪宝剑等。

夏、商、西周时期，包括青铜冶铸以及制陶、建筑、兵器制造等手工业生产得到了很大的发展。商代前期，铸铜、制陶、制骨等手工业不仅从农业中分化出来，成为独立的生产部门，而且在各种手工业部门内部也有了一定的分工。到了后期，手工业更大规模地从农业中分化出来，尤其是王室贵族所掌握的手工业，生产规模大，种类多，分工越来越细。从考古发掘资料来看，其专业有青铜冶铸业、制陶业、兵器制造业、骨器业、玉石工艺业以及皮革、竹木、舟车、建筑业等。各种工匠见诸文献记载的有陶工、酒器工、椎工、旗工、绳工、马缨工等。每个专业生产部门中还有更细的分工，如青铜冶铸工艺就有采料、配料、冶炼、制模、制范、浇铸、修整等一系列程序和分工。周代的手工业在商代的基础上又有进步，种类增多，分工更加细致，号称"百工"。

夏、商、西周时期，农牧业生产有了较大的进步。到了周代，农业已发展成为社会经济中最重要的生产部门。这一时期，"熟荒秽作制"得到进一步发展，已经较普遍地有计划地进行耕种和撩荒。在耕作技术方面，土地整治、农田水利、农作物选种以及田间管理等，在这一时期都已积累了一定的经验，园圃经营、栽桑养蚕和畜牧兽医等方面的知识和技术也有了提高，并已开始使用牛耕。

随着农业生产水平的提高，与农业有密切关系的一些学科，如天文、数学、物候等，也有了初步的发展。

在最初的国家机构中，司掌天文的官员是颇受尊崇的官员，他们把过去人们掌握的零散的天文历法知识进行整理，并从事较系统的天文观测和计算，使天文、历法得到较大的发展，形成了初期的天文学。夏代已有天干纪日法，即用甲、乙、丙、丁、戊、己、庚、辛、壬、癸十个天干周而复始地来记日。商代在夏代天干记日的基础上进一步使用干支记日法，把甲、乙、丙、丁等十天干和子、丑、寅、卯等十二地支相配合，组成甲子、乙丑、丙寅等六十干支。用它来记日，六十日一个循环。商代还使用置闰法来调整朔望月和回归年的长度，这是阴阳合历的最大特点。这种阴阳合历在我国一直沿用了几千年，形成了具有中国特色的历日制度体系。周代的历法又有所发展，这时已发明了用圭表测影的方法，确定了冬至和夏至等节气，并最早确定了朔日，反映了我国历法在当时已达到了相当高的水平。这一时期的天象观测工作也很受重视，诸如日食、新星等的天象记录远早于世界其他地区。

夏、商、西周时期，农业、手工业的进一步发展，商品交换的扩大以及防治洪水和开挖沟洫、建筑城市和宫殿、测量地亩、编制适合农时的历法等等，都需要数学知识和计算技能。因此，数学知识在这一时期获得了较大的进步。商人已能书记10万以内的任何自然数，并有了奇数、偶数、倍数的概念，掌握了初步运算技能。在测量工具方面，规、矩、准、绳在当时已被应用于生产活动的各个方面。而且，对我国数学发展产生重大影响的"算筹"，也被认为产生在这一时期。

此外，在这一时期，医药学、地图学、气象记录等都具有了一定水准，为以后的发展打下了基础。

(二) 春秋战国时期的科学技术

春秋战国时期，是我国古代科学技术的奠基时期。随着奴隶制向封建制的转化，科学技术出现了前一时期所不能比拟的发展。构成后世中国古代科学技术体系的许多科学技术知识以及各种学说，都在这时形成了初始的状态与特征。

冶铁术的发明，是这一时期的重大事件。特别是生铁冶铸和柔化技术以及块炼铁渗碳钢技术的出现，开始并加速了生产工具铁器化的进程，对社会生产力的发展产生了深远的影响，并开拓了后世冶铁术发展的道路。

春秋战国时期，与封建制小农经济相适应的因时因地制宜的精耕细作传统已初步形成，和农业生产密切相关的土壤学、生物学知识也得到了初步的总结。大型水利工程的兴建出现了一个规模空前的高潮，著名的都江堰和芍陂工程至今仍在发挥作用。这种大规模水利工程的兴修，显示了工程设计和施工技术的进步，它给农业和运输业以巨大的推动。

春秋战国时期，手工业发展的突出特点，是手工业内部分工的细密化和手工业技术的规范化与科学化。著名的科技文献《考工记》，就是这一特点的论述与反映，它记述了30项手工业生产的设计规范、制造工艺等技术问题，是手工业生产发展到一定阶段的产物，代表着当时技术发展的水平。除《考工记》外，《墨经》也是这一时期的重要科技著作。两者同为我国古代经验科学出现的标志，是当时人们把生产实践中取得的丰富经验加以抽象概括的成果，代表着这一时期科技发展的水平。特别是《墨经》，显示了初始的实验科学对深化人们认识的重要作用。在自然科学方面，《墨经》的主要发现表现在光学、力学、数学等方面，如光的直线传播原理的发现、力和力矩概念的定性总结，作出了一系列几何概念的科学定义等等。

这一时期的天文学，已从原始的定性描述向着定量化的目标前进，古四分历以及日、月、五星运动和恒星位置的研究成果，已开始了后世历法的先声。著名的《甘石星经》（甘德：《天文星占》八卷；石申：《天文》八卷），显示出了当时的天文学已发展到了很高的水准。而且，当时的人们十分重视异常天象的观测，留下了许多宝贵的记录，其数量之多，准确程度之高，在当时的世界上都是无与伦比的。

这一时期的数学，也因农业、手工业、各种工程以及天文学提出的计算需要发展起来。筹算在当时已臻于成熟，四则运算方法已经完备，并采用了十进位值制。十进位值制的记数方法和在此基础上以筹为工具的各种运算，是一项极为出色的创造，这比世界上其他文明古国，如古巴比伦、古埃及和古希腊所用的计算方法优越得多。正如著名中国科技史学家、英国人李约瑟博士所说："如果没有这种十进位制，就几乎不可能出现我们现在这个统一化的世界了。"[①] 随着人们地理视野的扩大和地理知识的积累，对大范围的地理知识进行概括和综合性描述的工作取得了很大的进展。出现了著名的《山海经》《禹贡》《管子·地员》等著作。中医学在这一时期进步很快，它从春秋中期还处于较原始的理论形态，到战国末期则已形成了较完整的理论体系。这时出现了名医扁鹊和著名的理论著作《黄帝内经》，以及出土的马王堆三号汉墓的《足臂十一脉灸经》《阴阳十一脉灸经》《五十二病方》等，都充分说明了当时中医学的巨大进步。

第二节　先秦科技文献作者群体的组成

本节以先秦科技文献作者群体为研究对象，将这一群体大体分为三类，即官方科技文献作者群体、民间科技文献作者群体与宗教科技文献作者群体。通过这种划分方法来探究这三大群体各自的组成、知识积累以及其作品创作过程和流传方式，从而试图发掘先秦科技文化和先秦社会的特征。在先秦三大科技文献作者群体的划分上还会出现以下两种情况。

一是甲骨科技档案的形成者——巫史群体的特殊性。巫史是宗教官员或神职官员，他们既具有宗教作者的属性又具有官方作者的属性。在中国古代政治思想发展过程中，殷商时期是原始宗教政治意识表现得最完整最集中的时代，殷商王朝具有浓烈的宗教意识，整个社会中到处弥漫着原始

---

① 李约瑟：《中国科学史要略》，台北中国文化学院出版部1971年版，第51页。

宗教的气息。原始的神学观念在社会中占据绝对统治的地位，致使殷商的社会政治结构是宗教与政治合而为一，神权与政治合而为一，宗教领袖与政治领袖合而为一。商王自己虽为政治领袖，同时仍为群巫之长。对于巫史群体来讲，也是如此，他们的宗教作者身份与官方作者身份是合二为一的，很难进行区分，又由于先秦时期的宗教作者群体主要是巫史，因此在本节的论述中不再将宗教作者群体单独列出，而是将其与官方作者群体一起进行分析与阐述。

二是先秦科技文献中多数作品并非一位作者独立完成，例如《管子》《墨子》《吕氏春秋》等，通常是由弟子、门人整理而成，或是与稷下先生、大夫、门客集体完成，并且在历史的流传中经过若干学者、官员的删改，本节所认定的作者为该文献的主要作者、主编或主要编纂者，即整部文献所记载思想、内容的主要形成者，对该书形成起到决定性作用的人物。

本节共统计了甲骨科技档案和《墨经》《考工记》等17部科技著作的作者，在先秦科技文献作者群体中，巫史群体具有官方与宗教双重属性，除此之外属于官方作者群体的作者还有12人，民间作者2人，《内经》《山海经》和《夏小正》3部文献均非一人一时所完成，其作者也无法确定其社会身份。

一 先秦官方与宗教科技文献作者群体的组成

在这一部分，从官方与宗教科技文献作者群体所占人数比例、地域分布、学科分布、官职结构四个方面对其基本特点进行总结与分析。

(一) 官方与宗教科技文献作者群体的形成

人类的历史开始于二三百万年以前，在那个遥远的年代，由于学会了使用工具，人使自己脱离了普通动物界，从此开始了走向现代文明的探索历程。在人类的不断探索、不断进步的过程中，较早进行的是关于自然界与自身生存方面的探索。劳动创造了人，而人类在产生之初，就很自然地开始了在劳动中取得认识自然的知识和改造自然的技能的过程。也就是说，有了人，有了人类劳动，也就有了科学技术的萌芽。

原始社会时期，科学主要存在于技术之中，但也有一些早期发现与积累。如在选择石料、打制和使用石器中,就蕴含力学、矿物学、地质学知识;在采集、狩猎和原始农牧业中,包含着动、植物学的初始知识;在火的使用、制陶和原始冶铜技术中,则有一些化学知识的萌芽;而农牧业发展的需要,则促成了物候学、地学、天文学和数学知识的早期积累。

在上古时期并没有形成科技文献,直至三代时期,由于生产力的进一步提高以及治水、农业管理活动实践的丰富,极大地促进了科学技术知识的积累,进而出现了大量的科技文献,可惜绝大部分文献的作者至今已无法考证。可以确定的科技文献作者:巫史、墨子、甘德、石申、尹文、宋钘等。另外,在先秦诸子中,老子、荀子、韩非子、商鞅等虽然没有形成专门的科技作品,但是他们的学说也含有一定的科技思想。

具体来说,先秦科技文献作者群体形成与发展的原因体现在三个方面:

第一,生产力发展提供物质基础。

先秦时期是中国古代经济和社会发生转型的重要时期,是社会生产力和经济的快速发展,社会管理体制的变革,生产工具和生产方式均有重大突破的历史阶段。唯物辩证法认为,某一种文化是基于对特定的社会政治与经济在意识层面的反映,而社会生产力的发展为文化的繁荣提供了物质基础和人才保障。马克思理论指出生产力决定生产关系,随着生产力的发展,出现了产品在一定程度上的富裕和过剩,因此有一些人依靠贩卖过剩产品生活,商人的职业地位也有了改善,甚至可以与统治阶级分享权力,经济、文化交流也日益繁荣起来。春秋时期,铁制工具的使用和普及,使得封建生产方式发生调整以适应新的生产力的发展。齐国已经开始实行以不同等级的土地为标准分收不同税负的税收制度,调动了农民的积极性,农业的生产力水平得到了很大的提高。家庭作坊式的手工业悄然兴起,该行业的工艺水平也得到了发展,产品逐渐成为精美的手工艺品,体积小巧,外观新颖奇特。所以,在春秋战国这一历史时期,经济获得了长足的发展,进一步积累的生产生活资料奠定了思想文化繁荣的基础。

马克思的社会分工论认为,只有生产力发展到一定的时期,才会出现社会分工的现象。夏商周时期，随着生产力的发展，社会产品出现过剩现象，这就将一部分人从农业和手工业中解放出来，产生了巫师、占星师等一些专门从事对自然界的观察和研究工作的专职人员，并积累了丰富的观测经验和知识。春秋时期，旧的奴隶制度逐渐瓦解，更适合生产力发展的封建生产关系逐步形成，奴隶制度统治阶级的权势进一步减弱，封建地主阶层逐步掌握了政权，阶级之间的关系发生了变革。新旧阶层在交替中产生了剧烈斗争，这就推动了频繁的学术思想交流，出现了众多有建树的思想家和理论家。

第二，记录和使用科技文献需求的产生。

中国古代的科学不同于近代科学，后者多指一套完整而系统的、具有严格逻辑关联的知识，而中国古代大多只有基于生产生活经验的技术，因此，中国古代特别是先秦时期的科技发展，大多是在生产生活经验积累下的生活资料和劳动工具的技术创新，以及与农业相关的科学领域的发明探索。最早的科技文献作者群体形成源于记录治水、农业生产和人类生存等活动规律、经验的需要。具体表现为对农学、天文学、地理学的研究和观测过程、经验与成果进行记录的需要。

治水活动。黄河流域因其肥沃的土壤、适宜的气候、充足的灌溉用水等自然地理要素，孕育了中国古代农业文明，但流域内经常泛滥的洪水也使人类备受水患之苦，因此，先秦文明前进的每一步足迹都伴随着智慧而艰辛的治水经历，为了保证以后治水的有效进行，迫切需要将现有经验进行整理与记录。在整个先秦时期，应当说黄河水患的影响是日趋严重的，黄河决溢漫流，给中下游平原的百姓造成了巨大的灾难。正因为如此，不论是夏、商、西周还是春秋战国，治水都是一项重要且艰巨的任务。史书和众多诸子文献中就记载了鲧禹父子治水之事，商代时，我国先民也在治水实践中不断探索水性规律，汲取经验教训，除水患兴水利。伴随着争霸战争和统一事业的进程，春秋战国时迎来了我国古代一个治水高潮。据《左传》记载公元前494年，吴王夫差为用兵北方，迫使晋、宋、齐、鲁等黄河流域诸侯臣服，凿邗沟，沟通江淮，这是我国、也是世界上有明确纪年的第一条大运河。《史记》《汉书》记载更为赅详，《史记·河渠书》："西门豹引漳水溉邺，以富魏之河内。"①《汉书·沟洫志》："史起进曰：魏氏之行田也以百亩，邺独二百亩，是田恶也。漳水在其旁，西门豹不知用，是不智也。知而不兴，是不仁也。仁智豹未之尽，何足法也。于是以史起为邺令，遂行漳水溉邺，以富魏之河内。"②尽管《史记》《汉书》记载有出入，但魏在漳水兴修水利却无疑。而水工郑国"凿泾水自中山西邸瓠口为渠"③，"渠就，用注填阏之水，溉泽卤之地四万余顷，收皆亩一钟。于是关中为沃野，无凶年，秦以富强，卒并诸侯"④，本意在"间说秦"——"延韩数岁之命"，却种豆得瓜——"为秦建万世之功"，成就了惠泽子孙、彪炳千秋的伟业——郑国渠。秦国的另一项宏大的综合水利工程是闻名古今中外的都江堰，完美的工程设计和先进的技术充分展示了中华民族高超的治水智慧。

农业活动。先秦时期农业是社会主要的生产部门，组织农业生产是早期农业国家政权的基本职责，国家必须要掌握与农业生产相关的天文、气象、数学、物候、水利、植物等学科技术、知识。为有效组织农业生产、水利工程建设，统治阶级需要一些人记录天文、地理、气象等与农业有着密切联系的知识。仅以天文学为例，由于天文与农业生产以及政治生活关系密切，因此很受古人重视，正如顾亭林所言，"三代以上，人人皆知天文"。在最初的国家机构中，便设有一些司掌观测天象的官员，将观测到的天文现象记录下来，并把过去已经掌握的零散的天文历法知识进行整理，进行较为系统的天文观测与计算，形成天文档案，而这些官员也成为了科技文献作者。

第三，记录工具的出现。

文字是档案等文献产生的前提条件，也是科技文献作者形成的重要条件。在文字发明以前，先民要将各种经验保留下来并传至后世，只有依靠口耳相传，后又采用结绳、刻契、图画等方式记事，虽然这些方法在一定范围内有约定俗成的作用，但只能起到助记作用，还无法表达确切、完整、抽象的意思。而文字出现以后，各种思想、知识、经验才有

---

① 司马迁：《史记》，中华书局2006年版，第179页。
② 班固：《汉书》，中华书局1962年版，第1677页。
③ 司马迁：《史记》，中华书局2006年版，第179页。
④ 同上书，第176页。

可能被完整、准确地记录下来。这既使科学知识、生产技术脱离了口传身授的阶段，加速了科学知识的积累过程，也为文献作者群体的出现奠定了基础。

（二）官方与宗教科技文献作者群体学科分布

从学科分布看，涉及的学科没有之后朝代那样广泛，多为天文、农学、医学等实用性强的学科。宏观上看，这些学科既关系到国计民生，也关系到政权统治，因此受到官方的格外关注；另外中国古代的科技主要基于生产生活经验，先秦时期在天文、医学、农学、手工业等方面积累了大量的经验，故而基本集中在这几个学科。

表1—1　　　　　先秦官方科技文献作者群体学科分布

学科	作者	科技文献
天文	甘德	《天文星占》
	石申夫	《天文》
	孔丘	《春秋》
医学	尹文	《内业》
	宋钘	《心术》
农学	管仲、稷下先生	《管子·地员》《管子·度地》《管子·水地》
	吕不韦、门客	《吕氏春秋·上农》《吕氏春秋·任地》《吕氏春秋·辩土》《吕氏春秋·审时》
手工业	齐国官员/稷下先生	《考工记》
综合	巫史	甲骨科技档案
	墨翟及弟子	《墨子》
	荀况	《荀子》
地理	中山官员	铜版兆域图
	秦国官员	秦国木板地图

天文学：主要因帝王的嗜用所致，他们认为天象直接联系自家命运。《易》曰："天垂象，见凶吉。"① 历法准确与否，被看作一姓王朝是否顺应天意的标志。同时"以农立国"的国情，又迫使统治者必须重视天文历法，使民"以时耕种"，"勿夺其时"，利于对全国农业生产实施宏观控制。

农学：中国古代独具一格的事农、尚农思想，在先秦就已成为社会共识，秦国商鞅把"尚农"作为富国强兵的基础，制定了一系列重农抑商政策，农业科技也相对发达。

手工业：齐国为了克服自然条件与地理环境的不利，统治者采取了较为开放的"因其俗，简其礼"②治国方针，除重农之外，还将"工"视为强国柱石之一。《考工论》曰"国有六职，百工与居一焉"，③肯定了百工在社会生活和生产中的重要地位，也使得齐国的科学技术得到了长足发展，《考工记》一书中记录了齐国大量手工艺项目的制造技术和工艺要求，成为我国先秦最早的也是唯一的手工业技术专著，这与统治者的倡导有着直接关系。

另外，孔子、孟子、荀子、老子、韩非、商鞅也在各自的著述中阐述了科技思想。例如孔孟、荀子提出的"工欲善其事，必先利其器"，④是对技术效用性的肯定；道家老子的"技近乎道"是对技术主体个人技艺的赞扬；法家韩非、商鞅的"农战为本"体现的则是重视农业技术和军事技术。

（三）官方与宗教科技作者群体地域分布

在这一部分，本书对可考官方与宗教作者大致的活动区域进行了统计。就地域特征来说，官方作者的主要活动区域集中于黄河中下游。这一地区在气候、地势、土壤、光热资源、水源、交通等方面都具有很大的优势，适宜人类的栖息繁衍，以及粟、黍等农作物的生长，为先秦科学技术的产生、发展、演进奠定了物质基础。

---

① 郭彧译注：《周易》，中华书局 2006 年版，第 373 页。
② 司马迁：《史论》，中华书局 2006 年版，第 197 页。
③ 闻人军：《考工记导读》，巴蜀书社 1988 年版，第 7 页。
④ 张燕婴译注：《论语》，中华书局 2006 年版，第 235 页。

表 1—2　　　　　　　先秦官方科技作者群体地域分布表

国别	今地理位置	文献作者
商王室	疆域范围广，主要统治区域为中原一带	巫史
齐国	主要为山东省偏北一带	管仲等官员；尹文、宋钘等稷下先生
楚国	主要分布于湖北、湖南、江西、江苏、浙江等地	甘德
鲁国	泰山以南，包括山东省南部，以及河南等部分地区	墨翟、孔子
秦国	主要位于陕西中部、甘肃东南部等地区	吕不韦
魏国	山西省西南部和河南省北部	石申

从国别的分布看，在春秋战国时期官方作者主要集中于齐、鲁、秦、魏、楚等国。在这一时期，诸侯国不下百个，但是文献作者的主要活动范围仅涉及到上述几个国家，这与这些诸侯国经济、政治、文化、军事等实力较为强大有着密切关系。其中，齐国的科技文献作者最多。究其原因，齐国国力素来强盛，尤其是齐桓公称霸后，齐国在政治、文化、经济、军事、外交等方面均处于领先地位，齐国创立的稷下学宫更是一度成为战国时期的文化学术中心，故而官方作者多汇集于齐。具体而言，从经济条件分析，齐国在先秦时期一直是经济大国，齐国统治者大力发展经济、通过卓有成效的改革使齐国呈现出繁荣昌盛的景象，雄厚强大的经济实力奠定了科技发展、繁荣的物质基础；从政治条件分析，在诸侯国中，齐国的君主相对开明，始终秉持举贤而上功的用人政策，田氏伐齐后更加重视招揽人才；从文化条件分析，齐国具有良好的文化氛围，齐文化是中华传统文化的重要源泉之一，并且齐人思想观念自由开放，更易于接受来自四面八方的文化信息。

（四）官方与宗教科技作者群体官职构成

第一类是夏商周时期国家机构中专职的科技人员，主要由巫史担任。

天文类官员：司马迁说："黄帝考定星历，建立五行，起消息，正闰余，于是有天地神祇物类之官，是谓五官。各司其序。不相乱也。"① 另据《世本》，黄帝所定星历是指："黄帝使羲和作占日、常仪作占月、臾区占星气、伶伦造律吕、大挠作甲子、隶首作算数、容成综此六艺而著《调历》也。"② 从而才设置了"五官"。由是观之，天文历算之学是王者所重视的第一位的学问，并于政权之中设置相应官职。在周代，《周礼》中所载之"春官冯相氏"即为天文官，"保章氏"也是天文官。

数学类官员：在政府机构中设有"司会"一职，在军队中则称为"法算"，他要"主会计三军曹壁、粮食、财用出入"。

农业类官员：大司徒，这是国家的农业总管，职掌"建邦之土地之图，与其人民之数，以佐王安扰邦国。……以土会之法，辨五地之物生……以土宜之法，辨十有二土之名物，以相民宅，而知其利害，以阜人民，以蕃鸟兽，以毓草木，以任土事。辨十有二壤之物，而知其种，以教稼穑树艺"③。其下属吏如"牧人"掌牧六牲；"载师"掌任土之法，以物地事授地职；"闾师"掌国中及四郊之人民、六畜；"稻人"掌稼下地；"司稼"掌巡邦野之稼。凡此有关农业之官仅司徒之属就不下二十种之多。

水利类官员：水利是与农业紧密相关的又一门重要学问，自上古至夏商周，一向受到国家重视，于《周礼》之中："雍氏掌沟渎浍池之禁，凡害于国稼者"④ "萍氏掌国之水禁"⑤。雍氏、萍氏都是专管水利之官。"职方氏"则是负责全国性的水利研究官员。此外，凡农官、地官等，亦往往兼司水利。

医学类官员：《周礼·象宰》职的属官有"医师""食医""疾医""疡医""兽医"五职。

第二类是非本职科技活动的官吏。

指官吏在本职之外还从事科技工作的人员。官吏兼而从事科技之务由来已久，在上古时代，只有一些自然科学知识，学科分类很不明确，贤能

---

① 司马迁：《史记》，中华书局 2006 年版，第 139 页。
② 茆泮林辑：《世本》，中华书局 1985 年版，第 93 页。
③ 钱玄等注译：《周礼》，岳麓书社 2001 年版，第 89 页。
④ 同上书，第 351 页。
⑤ 同上书，第 352 页。

之人往往掌握多方面知识，在掌握诸多政治、军事理论的同时也掌握不少自然科学知识。战国时期一部分贵族和平民开始从事手工业和商业，从中积累了充分的财富。他们因拥有财富而参与政治生活，也因拥有财富而有条件从事与手工业、商业有关的独立的学术研究活动。而官府方面则通过政治和文化手段，把一代一代的知识分子变成为政治服务的官僚，科学事业日益变成了官吏的副业。

表1—3　　　　　　先秦官方科技文献作者官职一览表

官职名称	简介	作者
卿	高级官员，负责军、政事务，卿内部也分等级，可粗略分为上卿和下卿。	管仲
相	也被称为相室、丞相、相邦和相国等，原为王室的家奴，后成为君主左右的侍从，辅助君王处理政务。	吕不韦
稷下先生	在稷下学宫任教的学者，被授予"上大夫"或"博士"等头衔，不仅从事教学工作，还著书立说，各学派进行辩论，甚至为齐王出谋划策，从事临时的政治活动。	宋钘、尹文

第三类是贵族门客。

"诸侯并争，厚招游学"，[①] 战国时代养士之风盛行，各诸侯国国君和大贵族，都招揽大批知识分子到自己门下为其服务。在这些门客当中也不乏科技人才，《吕氏春秋》这部书中，包括有大量科技成果，由吕氏门客中的科技专家们总结而成。

二　先秦民间科技文献作者群体的组成

民间作者是先秦科技文献作者群体中极少的一部分，这与先秦时期生产力低下、学在官府、学术官守的局面有一定关系。尽管在春秋战国时期，政治环境的动荡、典籍流散于民间、私学兴起等都为民间著述发展提

---

① 司马迁：《史记》，中华书局2006年版，第47页。

供了条件，但是民间著述依然无法与官方著述平分秋色。

(一) 民间科技文献作者群体的形成

可以考证的先秦民间科技文献作者只有扁鹊、许行，代表作品分别为《难经》（由后人整理而成）、《神农》（相传为许行所作）。

夏、殷商、西周作为统一的王朝，物质生产资料、政治权力、军队等都掌握在君主的手中，正如《诗经·小雅·北山》所说："溥天之下，莫非王土；率土之滨，莫非王臣。"[1] 科技活动、精神文化也同样由官方垄断，即天子、诸侯、卿、大夫垄断着文化与教育，平民根本无从问津。另外，春秋之前社会生产力较为落后也极大地影响了学术文化的传播，种种因素都限制了民间著述的形成，也没有出现民间作者。

西周末年，受战争与灾荒的破坏，周统治者的实力大为削弱，公元前771年，申侯联合缯与犬戎等部，发兵进攻周，周幽王逃走，被杀死于骊山之下，至此西周灭亡。周幽王死后，太子宜臼即位，为周平王，鉴于镐京残破，又处于犬戎威胁下，遂于公元前770年迁都洛邑，史称东周。东周时期，周王室所能直接控制的土地，仅限于洛阳周围，其政治、经济实力只相当于一个小封国。在周王室衰弱的同时，各诸侯国的实力却逐渐强大，"周王衰微，诸侯强并弱，齐、楚、秦、晋始大，政由方伯"。[2] 他们不再服从周天子的命令，甚至开始侵夺王室的土地，西周初年制定的一整套政治和社会制度遭到了极大的破坏，过去诸侯与周王室的从属关系逐渐废弛，各诸侯国几乎都成为独立政权，不再听从周王命令和定期向周王朝聘、纳贡。

随着政治中心与经济中心的下移，文化、学术中心也不再集中于王室，一方面"分散至各诸侯国，官守典籍这种封闭格局被逐渐打破，典籍流传范围的拓宽，文化知识也从官府走入民间，为私人著述提供了资料基础"[3]。另一方面私学兴起，与官学不同，诸子私学打破贵贱、贫富和种族的界限，把教育的范围扩到平民。这些因素都为民间科技文献作者的形成创造了条件。

---

[1] 杨任之：《诗经今译今注》，天津古籍出版社1986年版，第332页。
[2] 司马迁：《史记》，中华书局2006年版，第24页。
[3] 周少川：《春秋战国的学术迁移与典籍初兴》，《古籍整理研究学刊》1995年第3期。

(二) 民间科技文献作者群体地域分布分析

扁鹊。《史记》记载:"扁鹊者,勃海郡郑人也,姓秦氏,名越人。"①具体国别不详,应是今河北省任丘市人。由于其职业性质,扁鹊一生游历四方,为官员贵族或布衣平民治病,所以其活动范围十分广泛。据文献记载,他曾去过赵国、齐国、虢国,为君主、太子治病。现在山东、河南、河北等地,还留存着古代人民纪念扁鹊的古迹,如石碑、庙宇等。

许行。出生地为楚国,后到滕国,《孟子》:"有为神农之言者许行,自楚之滕,踵门而告文公曰:'远方之人,闻君行仁政,愿受一廛而为氓。'"②

总体上看,民间作者基本位于广义的中原地区;在具体国别的分布上并不集中,而且受职业的影响,活动地域具有很大的流动性和分散性。民间作者的地域分布受政治因素的影响不明显,更多受到文化因素的影响。以农家许行为例,作为楚国的思想家,许行倡导神农之说,并非偶然,而是有其历史渊源和深刻的社会背景的。首先,炎、黄融合,神农之说早在江汉流域流传。"君民并耕""市贾不二",历来作为传统德政和理想社会的准则而被广泛地传播和美化。特别是楚国先祖"筚路蓝缕,以启山林"的奋斗历程,当给许行以深刻的印象,故其承继神农氏学说与传统社会理想,就是很自然的事了,农家学派产生在楚国,当然就非偶然。其次,楚国地大物博,资源丰富,"不待贾而足"(《史记·货殖列传》),这又直接导致原始农业思想的发展和理论化。同时,随着兼并战争和阶级分化的日趋激化,人们要求社会"均平"合理,反对剥削和压迫,这又使许行农家学说得以深入人心,为各地人民所向往。③

(三) 民间科技文献作者群体学科分布分析

民间科技文献都是职业技能的体现和总结,因此,民间科技文献作者群体的学科分布和他们本身的职业关系密切。扁鹊为医家,许行为农家。

先秦科技文献作者主要集中于医学与农学这两个实用性非常强的学科上,对于天文、物理、手工业等需要投入大量人力物力的学科基本没有涉

---

① 司马迁:《史记》,中华书局2006年版,第605页。
② 万丽华、蓝旭译注:《孟子》,中华书局2006年版,第109页。
③ 魏昌:《楚国史》,武汉出版社2002年版,第371页。

猎，更没有形成综合类的科技文献。天文、水利、手工业等学科所需研究条件较高，需要以大量的观测记录、实践活动经验为基础，并且这些都由官方掌管，而民间作者基本没有任何官职，也没有较高的政治地位，因此获得这些学科相关的资料几乎是不能实现的；反观医学与农学，研究条件较低，多以从医、农业活动积累的经验为基础，并且从医与从事农业活动也不被官方垄断，为民间作者进行相关研究提供了便利的条件。

第三节 先秦科技文献作者群体的知识积累

对先秦文献作者的知识积累进行系统的分析有助于对作者群体深入研究，在这一部分中，将分别对官方作者群体与民间作者群体的知识背景、构成进行总结与分析，从而反映各群体在知识积累方面的特点。

一 先秦官方与宗教科技文献作者群体的知识积累

先秦官方科技文献作者群体基本位于社会上层，从人口社会学角度来看，阶级与阶层之间的剥夺与占有关系通过资源分配表现为资源占有的差别，不同的社会分层的人具有不同的社会地位和资源获取能力。这就导致先秦官方科技文献作者群体无论是家庭背景、教育背景还是职业经历都远优于民间群体。

（一）先秦官方与宗教科技文献作者群体家庭背景

先秦官方与宗教文献作者群体基本来自三种家庭背景：一是官宦、贵族之家；二是来自没落贵族之家；三是商人之家。

表1—4　　　　　　　先秦可考科技文献作者家庭背景一览表

家庭背景		作者
贵族、官宦之家		巫史群体
平民之家	没落贵族（士）	孔子、管仲
	商人	吕不韦

先秦时期官方作者，尤其是战国之前，多为官宦、贵族出身，具有一定的家族文化渊源。在政治上，西周时期实行宗法制，这种不平等的等级

制度导致为官者世代为官，世卿世禄。在文化上，"古者政教合一，学在王官，书在官府，欲得诵习，自非易易"，①先秦时期的政治与文化教育的特点使这些作者的学习与家庭的知识背景有着密切的联系。这一点在巫史群体中尤为明显，"作册需要通晓文字和典籍，而要掌握这些技能必须经过长期的学习与训练，所以作册一职通常是由特定的家族世代执掌。又如太史系统负责制定天文历法，所需要的经验与知识也不是一朝一夕可以掌握的，也与作册一样必须世代积累，这就需要职业家族世袭，否则很难完成，故而三代史官多是世袭的家族"②。在春秋战国诸子中，贵族出身的作者也占多数，显赫的出身使他们具有优越的生活环境和教育资源，为科技文献创作提供了基础。

虽然先秦时期官方作者群体以贵族、官员家庭出身为主，但是在后期也出现了没落贵族、布衣出身的作者。他们其中一部分作者的先祖或父辈属于贵族阶级或高级官吏，曾显赫一时，但是经过春秋社会变革，到了作者这一代已经家道中落甚至家境贫寒，因为没能出生在真正的权贵之家，也未享受上富裕悠闲的贵族生活，必须为获得充分的知识储备和优良的道德修养而努力奋斗。尽管家庭的经济情况、社会地位不复从前，但是家族的文化还是对他们产生了一定的影响，他们可以体会如今生活的困境和百姓的疾苦，又比庶民们更有条件了解权贵们优越的生活习俗之所在。所以，他们向往恢复先祖的荣耀与辉煌，试图重新拥有失去的权利和权力，学有所成后四处奔波寻找机遇，例如孔丘、墨翟等。先秦前期，这些作者很难步入仕途，随着周王室权力衰落，经济基础变化和社会政治的变革，以父子相继、兄终弟及为代表的世袭世官制度也趋于解体，选官制度也渐趋多元化。如因战功入仕、以功劳大小为依据授予爵位和官职的军功制；根据才能、学识以及功绩来任免官吏的客卿制，从而为寒素子弟进入仕途创造了机会，也使先秦官方文献作者群体的家庭背景多样化。

(二) 先秦官方与宗教科技文献作者群体教育情况

教育是知识积累的重要途径，对作者思想的形成有很大程度的影响。

---

① 张高评：《左传导读》，文史哲出版社（台北）1987年版，第51页。
② 胡新生：《异姓史官与周代文化》，《历史研究》1994年第3期。

夏、商、春秋时期文化、教育由官方所垄断，因而在先秦官方作者群体中，这一时期的作者主要接受具有官方属性的学校教育。在春秋末期，随着私学的兴起，官方作者的教育情况趋于复杂，不再局限于官方学校教育，除官学外主要还有儒、道、法等诸子私学和兼有官、私学属性的稷下学宫。

其一，官学培养。

夏朝已有学校，郑玄在《礼记·礼仪篇》中注释说"夏后氏之学在上庠"，[①]教育是为政治服务的，主要是培养武士与射手，但这时期的学校不是独立、纯粹的机构。商代由于文字的成熟、生产力的提高，学校教育也趋于成熟，主要是为了培养军事人才与祭祀人才。西周的教育系统比殷商更为完备，并且"学在官府""学术官守"的特点也更加突出。西周设立了名称、级别不同的学校，《礼记·学记》中记载"家有塾，党有庠，术有序，国有学"[②]，大致可分为国学和乡学，其中国学又分设为小学、大学。小学所招收的主要是贵族子弟，对来自乡间的学生只是择优录取，主要传授三德、三行、六艺、六礼；大学是西周的高等学府，并非所有贵族子弟都能进入大学，只有极少数社会地位较高或者出类拔萃的人才有资格。《礼记·王制》记载："王大子、王子、群后之大子、卿大夫元士之嫡子、国之俊选皆造焉"[③]。也就是说进入大学学习的只有周王的太子和王子，以及公侯其他贵族的嫡长子，是根据社会地位高低与血缘关系远近而入学的。至于平民子弟则必须通过层层选拔才有机会。

其二，家学培养。

家学是我国古代培养科学技术人才的重要途径，从上古开始，由于科技知识并不普及，基本上掌握在少数人手里，所以就形成了"父子之教"的子承父业的局面。王子年《拾遗记》说："宋景公史子韦，世司天部，妙观星纬，景公待之若神，号司星氏。故自昔掌天官者大抵师承家学，即所谓专门之裔也。"[④]上古三代贯行"世卿世禄"制，子承父爵亦承父业，

[①] 郑玄校注：《礼记正义》，上海古籍出版社2008年版，第209页。
[②] 杨天宇：《礼记译注》，上海古籍出版社2007年版，第103页。
[③] 同上书，第526页。
[④] 王嘉：《拾遗记》，中华书局1991年版，第159页。

皆由家学而成。

其三，稷下学宫。

稷下学宫是战国时代著名学府，规模宏大，可以容纳上千师生。这是齐国官方出资创办的学校，由养士制度发展而来，初创的目的是服务于田齐政权招致贤人，并且始终以养士、用士为基本目的，从创办者和办学目的来看稷下学宫是官学。在稷下学宫，齐国统治者不会以个人好恶独尊一家，而是充分尊重士人，对于教育和学术活动由各家各派主持，齐国官方并不干涉，允许各家"著书言治乱之事，以干世主"，[①] 容纳百家、思想自由成为学宫的一大特色，因此从授业方式看，稷下学宫又具有私学的属性。也正因为如此，儒家、道家、法家、名家、阴阳家、墨家、农家等众多学派的学者都曾来到稷下学宫。在稷下学宫，"授业者可以自由择徒，随处讲学；学生亦可以自由择师，随处求学，由于稷下学宫集中了各学派，客观上使学者可以跨越学派门墙，广泛求学，学无常师"[②]。官方科技作者群体中孟轲、荀况、宋钘、尹文等人都在稷下学宫游学、收徒讲学，不仅传播本学派的思想，也在与其他学派思想的争鸣中汲取对方思想的精华，从而发展了本学派思想。

其四，诸子私学。

在官学没落的同时，儒、墨、道、法等学派的私学兴盛起来，影响力也逐渐增大。其中，墨家私学更注重科技教育。墨家学派即墨家，是春秋战国时期与儒家并称"世之显学"的学派，墨家学说在中国古代思想史上占有重要地位。墨家学派十分重视科技教育，其科技教育思想更是独树一帜，既具有普适的实践性和实用性，又表现出一定的抽象性和理论性。墨家科技教育思想的核心是帮助人们获得"从事其所能"的实际本领，以求"为天下兴利除害"，主张从有利于人民生产生活的功利主义价值观出发，研究利用自然法则，学习运用科学技术。在中国古代科技发展史中，不乏重大的科技发明，但是缺少在科学实验的基础上进行理论探索和归纳总结的思维。墨家既能从实践中获得丰富的科学技术资料，又能对科学技术资料进行系统理论研究，并在科学研究活动中

---

① 司马迁：《史记》，岳麓书社2002年版，第456页。
② 毛礼锐：《中国教育通史》，山东教育出版社1985年版，第185页。

引入实验的环节。墨家科技教育涉及数学、光学、声学、力学、心理学等多方面的内容。墨家学派在实践中总结经验，形成科技知识，并通过讲学、演示等教育形式教给人们。此外，孔子的授课内容也包含数学等属于科学技术的内容。

（三）先秦官方与宗教科技文献作者职业经历

表 1—5　　　　先秦官方科技文献作者职业经历一览表

作者	职业经历	代表作品
巫史	观测天象、占卜吉凶等；专掌天文、农业管理、手工业、矿业、地图等档案	甲骨科技档案
宋钘	稷下学宫讲学、著述	《内业》
尹文	稷下学宫讲学、著述	《心术》
甘德	观测天文，形成记录	《天文星占》
石申	观测天文，形成记录	《天文》
管仲	经商—从政，辅佐齐国公子纠——齐相	《管子》
吕不韦	经商—从政，辅佐秦庄襄王——秦相	《吕氏春秋》
墨翟	宋大夫——收徒讲学，周游列国	《墨子》

从上表中我们可以看出部分官方作者并没有直接从事科技活动，但是官方科技文献作者的职业经历对其科技文献的形成有着密切的联系，具体表现在两个方面：一方面形成科技文献、档案是本职工作的一部分；另一方面由于官员身份，能够接触、收集到很多资料，进而形成科技文献，如吕不韦、管仲、老子、稷下先生等。以吕不韦为例，战国时期养士之风盛行，吕不韦作为秦国丞相招揽文人学士，给他们优厚的待遇，门下食客多达三千人。吕不韦命他的食客各自将所见所闻记下，综合在一起成为八览、六论、十二纪，共二十多万字，自认为其中包括了天地万物古往今来的事理，所以号称《吕氏春秋》。

二 先秦民间科技文献作者群体的知识积累

第一,在家庭背景方面,扁鹊、许行的家庭情况已无从考证。

第二,在教育背景方面,扁鹊应为拜师与自学。在扁鹊做客馆期间,客馆里有个常来的食客,名为长桑君,医术很高明,扁鹊就拜其为师,学习医术。因为扁鹊决心要以医术替人们解除疾病的痛苦,所以学习很努力。他除了学会长桑君的一套本领以外,还用心研究前人的医学著作,他又善于总结人民群众的实践经验,因而终于学有所成。许行的教育背景由于缺少文献记载,已无法考证。

第三,在职业经历方面,民间作者比较单一,从未做官,专门从事某一类职业。

扁鹊在青年时代曾经替贵族管理过客馆,学成后周游列国,到各地行医,为民众解除疾病痛苦。

许行一生没有官职,主要收徒讲学,身体力行其思想主张。据《孟子·滕文公上》记载,孟子在滕国时,许行偕弟子数十人亦自楚至滕。他与孟子不同,不求高官厚禄,只要求滕文公给一块土地,从事耕种。滕文公允诺,许行于是与其徒数十人,穿着麻布衣服,靠打草鞋、编席子为生。儒家陈良之徒陈相与其弟陈辛自宋来到滕,"见许行而大悦,尽弃其学而学焉"。[①] 可见许行倡导的农家学说,在当时有很大的社会影响,其徒众多,连儒家门徒也弃儒而改拜许行为师。

第四节 先秦文献作者群体的创作过程与作品流传方式

本节将分别对先秦官方、民间作者群体科技文献创作过程以及作品流传方式进行分析,这有助于增进研究深度,使我们对先秦科技文献作者群体的研究更为完整和全面。

一 先秦官方与宗教作者群体的创作过程与作品流传方式

对先秦官方作者群体创作过程与作品流传方式分析主要是从写作目的

---

① 万丽华、蓝旭译注:《孟子》,中华书局2006年版,第109页。

与资料来源、作品形式和内容及作品流传方式三个方面展开。

表1—6　先秦官方与宗教文献作者创作过程与作品流传方式一览表

学科	作者	写作目的 资料来源	作品形式 主要内容	作品流传情况
天文学	甘德	履行工作职责 天文观测、天文档案	著作 记载天文现象	后人将其作品与石申夫的《天文》结合起来，称为《甘石星经》
	石申	履行工作职责 天文观测、天文档案	著作 记载天文现象	后人将其作品与甘德的《天文星占》结合起来，称为《甘石星经》
农学	管仲	著书立说，总结经验 农业档案、农书	著作 该书的内容十分丰富、庞杂，对经济、农业、哲学等诸多方面均有涉及。	《汉书·艺文志》著录86篇，《管子》一书在西汉之前就广为流传，及至六朝时期，该书隐而不现，残缺凌乱，未有整理者，唐初已无完整本。后经房玄龄、尹知章整理注释，方显现于世。杨忱本、蔡潜道墨宝堂刊本、刘绩《管子补注》本系统和赵用贤《管韩合刻》本系统①
	吕不韦	著书立说 档案、典籍	著作 全书融入了儒、道、法、墨、农等先秦诸子学说中的精华	《吕氏春秋汇校本》是流传范围最广的版本

---

① 宣兆琦：《齐文化通论》，新华出版社2000年版，第10页。

续表

学科	作者	写作目的 资料来源	作品形式 主要内容	作品流传情况
医学	宋钘	著书立说 官方档案	著作 包含医学知识	收录在《管子》一书
	尹文	著书立说 官方档案	著作 包含医学知识	收录在《管子》一书
手工业	稷下先生	总结经验 官方科技类档案	著作 官营手工业各工种规范和制造工艺	收录在《周礼》一书中
综合类	墨子	著书立说 档案、典籍	著作 墨子生平事迹的记载，阐述墨家的认识论和逻辑思想	《汉书·艺文志》著录71篇，战国时期，墨家为显学，《墨子》也得已广泛流传，及至秦汉时期，随着墨家学派的衰落，该书的流传也受到限制。现存的主要版本有先秦竹简本（已残）、唐魏征节录本、明道藏本、明嘉靖本、清经训堂本
巫史		履行工作职责 科技活动、科技档案	档案 内容丰富，农业、天文、地理、手工业等	考古出土

（一）先秦官方与宗教文献作者群体写作目的

从官方与宗教作者群体的写作目的角度分析，呈现出由单一到多元的在早期的国家机构中，专门设置了与科技活动相关的官员，主要由巫史担任，他们的职责之一就形成并保管科技档案等原始记录。以医学领域为例，较正规的医药档案产生于周代。如《周礼·天官》载："医师上士二人，下士二人，府二人，史二人，徒二十人，掌医之政令，聚毒药以供医事；凡邦之疾病者，有疕疡者，造焉，则使医分而治之。岁终，则稽其医事，以制其食：十全为上，十失一次之，十失二次之，十失三次之，十失四为下。"① 王安石注曰："医师聚毒以供医事，故有府以藏；使医分治疾疡，稽其事，制其食；且有政令，故有史以书，有徒必役；诸医受政令于医师，听所使令，则无用府史胥徒。"《周礼》载："凡民之有疾病者，分而治之，死终则各书其所以而入于医师。"② 可见，这时已有记载病况和治疗结果，并用以衡量诸医工作成绩、发给食俸的档案记录，而且形成并保管这种档案材料的是医师所属之史官。

在春秋战国时期，文献作者群体扩大，写作目的也已不再局限于职责需要，更多是传播自身学术思想、政治主张等。春秋时期礼乐崩坏，传统的周文化发生裂变，诸子学派在不同区域形成，因而接受了传统文化中的不同方面，"各引一端，崇其所善，以此驰说，取合诸侯"③。各学派通过著书立说或是来坚持自身的学说，宣扬代表自己所属阶级、阶层利益的政治主张或是针对不同的主张进行评论、指责、批判，著书立说是春秋战国时期主要的创作动机。

表 1—7　　　　　　先秦科技文献作者群体写作目一览表

时间	写作目的	代表人物及作品
商、西周	与本职工作职能直接相关	巫史群体：甲骨科技档案
春秋战国	与本职工作职能直接相关	石申：《天文》；甘德：《天文星占》
	著书立说；总结经验；传播思想、政治主张	荀况：《荀子》；吕不韦：《吕氏春秋》；孔子：《春秋》

---

① 钱玄等注译：《周礼》，岳麓书社2001年版，第41页。
② 同上。
③ 班固：《汉书》，中华书局1962年版，第1746页。

(二) 先秦官方与宗教文献作者群体的资料来源

从官方与宗教作者群体的资料来源角度分析，以科技活动、档案史料为主，辅以其他诸子典籍。

科技活动经验是科技文献最早的资料来源。只有当人类的科技活动和科技思想达到了一定程度时，才有可能产生档案记录等科技文献，早期科技文献的资料来源就是在科技活动直接形成的经验、记录。从前文的阐述可以看出，在先秦时期，治水、农业生产、天文观测、地图绘制等科技活动已十分丰富、频繁，并且受到统治阶级的重视，因而可以累积更多的经验，成为科技文献的资料来源。以天文档案为例，天文档案的形成与天文观测活动有着直接的联系，而天文观测活动的历史，几乎和人类的历史一样久远。原始先人们对充满神秘且对人类生活关系影响巨大的天空必常仰望、观察之。一旦他们掌握了记录这些天象的工具，最初的天象记录就产生了，可以说早期的观测记录是天文文献形成最主要、直接的资料来源。

科技档案是科技文献最主要的资料来源。商、周王室以及诸侯国产生了大量的档案史料，种类繁多、内容丰富。迄今为止，共出土甲骨档案17万余片，其中在国内收藏的约12.7万余片。其中反映农业生产、天文、历法、气象、医药卫生、交通、手工业等科学技术方面内容的科技档案，约占全部出土甲骨档案的四分之一，有4万余片之多。如甲骨手工业技术档案，在甲骨档案中，有许多关于交通运输、工具制造、冶铸、酿造、土木工程、纺织等手工业方面的记载，卜辞中有关于商代"百工"的记录："王其令山司我工——工载王事"。甲骨医药档案，甲骨档案中关于疾病与医药的记载有近500条之多，是我国最早的医药档案，反映了当时医药卫生的水平。在疾病方面，甲骨档案中记载的有头、心、眼、耳、口、舌、牙、喉、鼻、腹、臀、肱、膝、足、趾、尿、妇、产等30多种，对某些疾病，已有比较细致的分类，甲骨档案中还记载了一些疾病的治疗方法，如拔牙、按摩、砭石疗法及倬用药物治疗等。这些数量可观、内容丰富的科技档案成为科技文献最主要的资料来源，例如甘德、石申各自根据自己所掌握的大量天文档案记录，分别著成《天文星占》八卷，《天文》八卷，合成《甘石星经》，据专家们研究，这部世界上最早的星表所需的材料应是数百年长期观测的档案记录的汇总，绝非少量短期记录所能胜任。

第一章 先秦时期

除此之外，春秋时期诸子典籍也是资料来源之一，这一时期文化典籍的初兴为治学、科技文献创作提供了思想上的启发。例如《吕氏春秋》便是参考了儒家、道家、法家、农家、兵家等多个学派的著作与科技思想。

(三) 先秦官方与宗教文献作者群体作品流传

先秦官方与宗教作者所著科技文献的传世途径大致分为两种，一是通过考古发掘而重见天日，如甲骨科技档案以及诸子典籍的竹简版本，迄今为止，共出土甲骨档案17万余片，其中在国内收藏（含台湾省藏）约12.7万余片，其中反映农业生产、天文、历法、气象、医药卫生、交通、手工业等科学技术方面内容的科技档案，约占全部出土甲骨档案的四分之一，即有4万片之多；二是后人辑著而成，经过手抄、刊刻、影印等流传至今，在先秦科技文献中以这种流传途径居多。除此之外，还有作品收录于其他典籍中，《考工记》便是收录于《周礼》中才得以流传的。官方作者群体作品流传范围的广度与该作品思想内容是否符合统治阶级要求有一定的关系。例如儒、墨同为先秦时期的显学，两派的代表作品在先秦时期都有较大的影响力，流传甚广，但是儒家思想从汉代开始成为正统思想，因此在后代流传情况相对较好；而墨家思想在之后的历史时期由于不被统治者推崇，因而《墨子》一书的传播情况已无法与盛时同日而语。文献的形式主要为档案和著作，文献版本实属繁多，以《管子》为例，在《周秦汉魏诸子知见书目》中著录的版本多达145种。

二 先秦民间科技文献作者的创作过程与作品流传方式

表1—8　民间科技文献作者的创作过程与作品流传方式一览表

学科	作者	作品	写作目的 资料来源	作品形式 主要内容	流传情况
农学	许行	《神农》	著书立说、传播思想 个人经验、农业档案	著作 不详	《汉书·艺文志》载录《神农》20篇（已佚）

续表

学科	作者	作品	写作目的 资料来源	作品形式 主要内容	流传情况
医学	扁鹊	《难经》	总结经验 个人从医经验	著作 全书共讨论了81个问题，所述以基础理论为主，还分析了一些病证。	《隋书·经籍志》著为2卷

首先，从先秦民间科技文献作者写作目的分析。

与官方科技文献作者群体不同，先秦民间科技文献作者写作目的比较简单，分为两类：一是记录经验；二是传播思想。扁鹊创作的《难经》是在总结前人医书、经验的基础之上，将自己的行医经历记录下来，以供后人参考之用；许行则是通过著述来传播自己的思想主张，春秋战国时期动荡的政治环境形成了一个相对宽松的学术氛围，因而学者可以通过著书立说来坚持自身的学说，或是宣扬代表自己所属阶级、阶层利益的思想主张。

其次，从先秦民间科技文献作者资料来源分析。

先秦民间科技文献作者的资料来源一是先秦科技档案、典籍；二是个人活动经验的总结。

医学、农业档案典籍也是民间作者科技文献创作重要的资料。从周平王东迁开始，原存于周朝的科技档案便分散到各诸侯国，鲁、晋、楚等诸侯国都有西周流传出来的档案。世卿制的破坏使原贵族失去了官职甚至沦为庶民，这样他们所掌管的科技档案也流传到了民间。

作者积累的经验也是主要的资料来源。扁鹊得长桑君真传后遍游各地行医，在长期的行医过程中逐步掌握了多种治疗方法，擅长各科，通过望色、听声，即能知病之所在，医术达到了炉火纯青的地步，丰富的医疗实践经验自然是《难经》主要的资料来源。

最后，从先秦民间科技文献作者作品流传情况分析。

扁鹊的《难经》，该书文字简要，内容又切于实用，学术地位很高，被后世视为可以和《内经》并提的经典医著，研究者甚多。宋及以前的主要注家就有三国时东吴的吕广、唐代的杨玄操、宋代的丁德用、虞庶、杨子建等。北宋校正医书局校正刊行了《难经》，使之有了完好的定本，加速了它的传播。宋以后注解诠释《难经》的著作层出不穷。其中元代滑寿的《难经本义》不仅有校勘注释，而且续有发挥和补正；明代王九思的《难经集注》（原题宋王惟一撰）汇集诸家注解，甚有益于研究该书。明清时期，各种通俗讲解或图解《难经》的著作不断出现，以明代熊宗立的《勿听子俗解八十一难经》、张世贤的《图注八十一难经》流传较广。此外，清代徐大椿的《难经经释》、黄元御的《难经悬解》等书，也都各有特色。日本丹波元胤的《难经疏证》，无论在源流探讨还是内容疏证方面，都有精要的见解。历代《难经》注释之作进一步使该书在指导中医临床诊治中发挥了巨大作用。

许行的《神农》现已失传。

第五节　总结与分析

一　先秦科技文献作者群体特点

第一，官方科技文献作者群体是先秦科技文献作者群体的主体，在数量上占据着绝对的主导地位。夏、商、西周时期政治、文化、教育、科技活动为官方垄断，从而使作者均为官方属性；春秋战国时期官方文献作者占据主导地位与这时期养士之风盛行有一定的关系。春秋战国，诸侯争霸、战争频繁，在社会的大动荡、大变革中各君主为争相赢得有识之士，养士之风盛行。"士"这一群体在春秋时期已经成为四民之首，指知识分子阶层，他们多怀有求仕的抱负，而众多有志之士也渴望依附于各君主，成为其门客、幕僚，从而施展才能或政治抱负。赵简王、魏文侯、齐威王、齐宣王、燕昭王都养士成百上千，其中齐国稷下学宫的创建，标志着春秋战国养士之风的最高峰。养士的盛行一方面使士人参与到政治、外交、军事等活动中，进而积累经验为著书提供条件；另一方面也使其具有了官方身份，成为官方文献作者，在资料获取上更加便利。

第二，学科分布与地域分布的集中性。在学科上，无论是官方科技文献作者群体还是民间科技文献作者群体研究的科技内容多属于实用性学科，与生产活动、人民生活密切相关，如农业、天文、医学等。在地域上，主要集中在黄河中下游地区，这一区域利于农业发展，而农业的发展为文化的繁荣提供了物质基础；从具体诸侯国来看，多集中在齐、三晋、秦，这些诸侯国在春秋或战国时期在经济、政治上都是一流的强国。

第三，官职构成呈现出从单一到多样的特点，在夏、商、西周三代，官方作者的官职基本为史官，这是古代中国最早的知识分子。及至春秋战国时期，官方作者的官职开始多样，官职的变化反映了文化被禁锢的状态被打破。

第四，先秦科技文献作者群体在知识背景方面呈现出从单一到多元化的特点。首先，从家庭情况看，春秋之前基本为贵族或史官等官宦世家，在春秋中末期到战国时期开始出现一部分没落贵族以及庶民出身的官方作者。其次，从教育情况看，早期教育由官方掌管，作者接受官学的培养，以学习"六艺"为主；春秋末期诸子私学开始兴起，作者可以选择的教育形式增多，很多作者开始学习某一学派的哲学思想、政治主张；战国时期稷下学宫建立并兴盛，学生来到稷下学宫后，并不限于师从某一个先生，其他先生讲学也可以听讲请教，这种灵活的教学制度，使学生有机会接触各种学说，打破了学术流派的局限，各家各派在稷下学宫相互批评，又相互吸收，促进了学术发展。

二 先秦科技文献官方、宗教与民间作者群体比较分析

（一）作者群体特征比较分析

由于生产力、政治、文化、教育以及士人强烈的政治参与意识等因素的影响，在先秦科技文献作者的构成中，官方作者始终占据着绝对的主导地位，而民间科技作者处于弱势地位，直到春秋中后期才开始出现民间著述。

在地域分布上，官方与民间两大作者群体既有相似之处，也存在着一定的差异。官方、民间作者活动区域的地理位置差异不大，基本位于黄河流域特别是中下游地区，这一地区的自然环境利于农业发展，而农业的发展为文化的繁荣提供了物质基础，黄河流域也正是先秦文明乃至中华文明的发祥地；但二者在具体诸侯国的分布上有很大的不同，官方作者集中于齐国、三晋、秦国，而民间作者分散在宋国、滕国、楚国，可以说官方作者在活动区域受政治、经济因素较大，而民间作者则更多受文化因素

影响。

就学科分布来看，官方群体主要学科分布在农学、医学、天文历法和综合类；民间群体学科分布在医学和农学。综上可知，医学、农学是这两类群体普遍关注的，表明当时的社会指向，也与可操作性强有关。民间作者研究的学科远不如官方广泛，如天文、手工业、综合类都没有涉及，因为民间作者不具备开展相应研究的资料条件以及物质条件，反而是医学、农学研究可操作性强，不需要太多资金投入，更适合平民百姓研究，因此，民间群体医学、农学领域研究成果较多。

(二) 作者群体教育背景、职业经历比较分析

通过对官方、民间作者群体知识积累的梳理，可以轻易发现二者在知识背景方面存在着较大的差异。在教育背景方面，官方作者多接受官学、家学教育，或游学于稷下学宫；而民间作者很难进入官学，多是拜师学艺。在职业经历方面，官方作者群体总体来说更为丰富，对于稷下先生、吕不韦等作者来说，主要从事国家管理等政治活动，科技活动、科技著述并不是他们的主业，民间作者群体则较为单一，一生基本是完全从事一种职业，或是行医、从事农业劳动，或是避世隐居。两大作者群体在知识背景上的诸多差异，也从侧面体现出在先秦文化中，民间文化处于较弱势地位。

(三) 作者群体创作过程与作品流传方式比较分析

一方面官方、民间作者在资料来源与写作目的方面有相同之处。

其一，资料来源的单一性。先秦时期，无论是对于官方作者还是民间作者而言，科技档案都是著述的重要资料来源。春秋之前，档案处于被禁锢的状态，只有王室贵族或史官可以接触到，而春秋时期这种禁锢被打破，档案文献在流传过程中被编纂成书，如《诗》《书》《春秋》等六经，从而扩大了档案的利用范围，不仅官方作者可以利用，民间作者也有机会接触。

其二，创作动机的集中性。先秦官方、民间作者的创作目的集中于职责需要和传播思想、经验两个方面。

另一方面，整体来看官方作者作品的流传情况稍好于民间作者作品，首先由于是官方作品，在当时的影响力和传播情况较好；其次，部分官方文献的载体如龟甲、兽骨、金石，质地坚硬，在流传过程中不易损毁。

三　先秦科技文献作者群体在科技与文化上的成就

上古先秦时代，巫史是最早、最重要的科技文献作者群体，兼有官方与宗教双重社会属性。甲骨文中通常称巫为史、作册、卜、宗、祝、贞、尹等，因夏商时期的史与巫是兼二任于一身，故后世也就皆以"巫史"相称。如汪中《述学》云："天道、鬼神、灾祥、卜筮、梦之备书于策者，史之职也。"①《说文解字》云："史，记事者也，从又持中，中，正也。"② 据古籍记载，上古先秦时期，史官这个职务就是陪侍于首领身边，备以咨询、记录言行、制作策命、管理策令典册，是文化知识的掌管者与垄断者。

巫史不仅是当时解释世界的精神领袖，而且也是中华民族的第一代文化人，他们对当时科学文化知识的保存、整理和传播有着极其重要的贡献。

从天文成就看，《史记·太史公自序》记载："文史星历近乎卜祝之间。"③ 巫史卜筮、祭祀、占星、书史等都涉及许多天象历法方面的知识。传说中黄帝命史官大挠作甲子以记时日，命容成制历法以定农时，命隶首作算数。而史官羲和则是从黄帝至夏代家族相传的执掌天文历法官职。《吕氏春秋·孟春》言："乃命太史，守典奉法，司天日月星辰之行"④。故自西周至明清，太史一直是记载编写史书，保管国家典籍，掌管天文星历祭祀的朝廷大臣。由于古人对变化莫测天象的敬畏，导致对上天的祭祀崇拜，以及天人感应思想的产生等，这就自然使有文化知识的巫史成为专门掌管天文学的朝廷大臣，同时也在此基础上发展了根据天象来预卜人间事物的占星术。《史记·天官书》历数先秦时期著名的天文学家都是巫史，其云："昔之传天数者，高辛之前，重、黎，于唐、虞，羲和；有夏，昆吾；殷商，巫咸；周室，史佚、苌弘；于宋；子韦；郑则裨灶；在齐，甘公；楚，唐昧；赵，尹皋；魏，石申。"⑤ 至今相传夏代的历书

---

① 汪中：《述学》，辽宁教育出版社2000年版，第25页。
② 许慎：《说文解字》，天津古籍出版社1991年版，第65页。
③ 司马迁：《史记》，中华书局2006年版，第758页。
④ 齐云主编：《古文观止上（增补本）》，辽宁大学出版社1998年版，第382页。
⑤ 司马迁：《史记》，中华书局2006年版，第161页。

《夏时》《夏小正》，书中将每年分为 12 个月，记载了每月的星象、动植物变化和应从事的农活，以及史书中所载的黄帝历、撷顼历、夏历、殷历、周历、鲁历等，应该都是巫史搜集整理的天文历法知识之结晶。

从医学成就来看，先秦时期巫医是相结合的。先秦人们普遍认为疾病之原因或是鬼神祟祸，或是祖先所降，因此治病的方法或祭祀祈祷，或用药物治疗。但不管哪种方法，都由巫史来施行。相传黄帝时代著名的医生都是巫史，如巫彭、雷公、岐伯、桐君等。殷墟甲骨卜辞中巫咸、巫彭的医名屡见，并涉及人体患病的各个部位，如头、耳、眼、喉、鼻、腹、牙、足、趾等，病名有风疾、痛疾、疟疾等，可见殷商巫史医术已有较高造诣。

从数学成就看，巫史在卜筮、占星时都需要应用数学，在客观上刺激了数学的发展。《周易》这本由巫史积累的大量筮辞，经过筛选、整理、编排而形成的卜筮之书，就是借助数学模式来进行占卜的。其中八卦重叠，推衍为六十四卦，共三百六十四爻的排列组合方法以及奇数为阳、偶数为阴的概念，都具有重要的数学意义。而巫史们运用卦象这种高度概括、浓缩的信息符号论证宇宙万物过程中表现出的抽象思维和逻辑推论能力，至今仍令人叹为观止。冯友兰认为周易哲学可以称为宇宙代数学。

巫史所形成的科技档案、科技文献不仅推动了上古三代文明的发展，也为之后历史时期的科技著述提供了文献基础，正如班固所言："自古书契之作而有史官，其载籍博矣。"[①] 例如中国古代数学典籍《九章算术》《周髀算经》《大衍求一术》《天元术》等书的数理知识源流都可上溯到《周易》。

春秋战国时期，王权衰微，史官文化失去了赖以存在的基础，开始发生更变与蜕变。从春秋时期开始，除了王朝设有史官，诸侯各国也都有自己的史官，史职泛化带来的是文化下移，大批文物典籍流散到民间，打破了文化高度集中的情况。与此同时，社会阶级层次也产生了一些变化，即上层贵族下降和下层庶民上升，由于士阶层处于贵族与庶人之间，是上下流动汇合之所，士的数量因而大大增加，从而使诸子文化大放异彩。诸子文化的发展、繁荣打破了奴隶主贵族对文化知识的垄断，在官方作者群体

---

① 班固：《汉书》，中华书局 1962 年版，第 2737 页。

的基础上孕育形成了民间文献作者,民间作者群体与官方作者群体在家庭出身、职业经历、教育背景以至于作品的思想、风格等方面差异甚大,但也有着共同的时代精神和特点。其一,诸子都具有理性特征。夏商周三代的文化与原始宗教有着密切的联系,然而诸子文化在一定程度上实现了与原始宗教、巫术的分离,以重人与社会取代了崇敬鬼神。其二,诸子都具有强烈的社会责任感,诸子之学是在春秋战国大变革、大动荡的背景下出现的,势必要从各自的角度去解决社会问题、寻求治国平天下的良策,从而著书立说。这一时期文献作者群体虽然没有形成专门的科技文献,但是他们的作品或多或少包含着一定的科技思想。总体来说,先秦诸子的成绩与影响主要体现在两个方面。

第一,构筑了中国文化思想的根本精神。

从前文对诸子作品内容的分析可以看出,他们在政治、经济、艺术、自然科学、军事、哲学、法律等方面都形成各自的理论学说,对后世文化的发展带来深远的影响。例如孔孟为代表的儒家思想演变为人道主义精神,老庄为代表的道家思想成为自然主义科学的基础,以韩非、商鞅为代表的法家思想则为历代改革家提供了理论基础。

第二,形成中国学术文化的基本元典。

西方学者指出公元前800年到公元前200年,是人类文明的轴心时代,世界各国的文化都在这一时期开始形成基本民族精神。表现之一是出现大量的圣贤,例如希腊的柏拉图、亚里士多德,波斯的左罗阿斯托,犹太的以赛亚,而在中国则是以孔子、老子为代表的先秦诸子。另外一个重要的表现是这一时期各位圣贤创作了大量的元典,这些典籍都包含本民族文化基本精神,如《佛经》《理想国》《新约全书》等等,这一时期也被称为"元典时代"。中国的元典时代正是西周和春秋战国时期,尤以先秦诸子时期为主。形成的元典诸如《诗》《书》等六经以及《老子》《孟子》《庄子》《孙子兵法》《管子》《列子》《晏子》《墨子》《公孙龙子》等等。由于诸子的努力与创造,使中华元典实现了从同一到多元的转化,为文化发展提供了思想上的推动力。

第二章　秦汉时期

秦汉是中国秦汉两朝大一统时期的合称，主要包括秦朝、西汉、新朝和东汉四个朝代。秦汉时期，民间作者群体与宗教作者群体地位并不突出，官方作者群体依然占据主位。秦汉时期科技文献作者群体共16人，其中官方作者群体12人，涉及学科以农学和天文历算的比例最大，活动于河南、陕西和山东地区的科技作者最多，官职结构分布广泛，上至皇室、下至基层地方官均有涉及，但以中央官员为主；民间作者群体3人，宗教作者群体1人，只占很小一部分，这是因为太学、官邸学、鸿都门学等在当时面向的群体是皇室成员以及官僚子弟，私学在当时也只是起步阶段，普通百姓很难获得系统的学习机会，民间与宗教这四位作者的创作主要是受其家庭背景影响。秦汉科技文献作者群体的作品形式包括科技著作（综合性和专门性）、工具书（标准与汇编）、科技教材与科普文献三种形式，其流传方式有官刻、私刻及手抄等，原本多佚失，现流传版本多为后代考订本。

第一节　秦汉科技文献作者群体存在的社会背景

公元前221年秦灭六国，从此诞生了中国历史上第一个中央集权制的国家。秦始皇废除封建，建立郡县，开始实行全面的统一。但是由于缺乏历史经验，秦朝二世而亡。在经过短暂的分裂之后，汉朝随之兴起，并基本延续秦朝的制度，历史上称之为"汉承秦制"。秦汉时期是中国历史上第一个大一统时期，也为中国成为一个统一的多民族国家奠定了基础，这段时期有着光辉的历史。

一 秦汉时期的社会政治与文化

（一）社会政治

秦汉时期的中国是一个统一的多民族国家。政治制度，既反映国家的性质，又包括一系列国家对社会进行管理的政权机构。政治思想，则主要是关于国家政权的思想，包括对于国家政权的态度、理论和主张等。

第一，皇帝制度及中央决策。秦始皇嬴政首创了"皇帝"这样一个称号，以表示其至高无上的权势和地位，皇帝制度不但是一个称号问题那么简单，其背后还包括后宫制度、官宦制度等一系列森严繁杂的礼制，所做的这一切都是为了凸显皇帝无比尊崇的地位。一个国家是巨大的，结构也是复杂的，庞大帝国的运行不是靠一人之力能够实现的，于是皇帝会亲自召集官员召开会议共同商讨国家大事，并作出决策。

第二，中央行政体制。当时的中央行政体制的明显特点是，皇帝是整个行政机构的中心，这些行政机构大多数是为皇亲国戚服务的，而不是国家的政务机构，所以在当时中央集权的行政体制，其实只是皇帝制度下为皇家服务的附属机构。后来的中央决策机构与台阁都是这种体制在不同历史时期的发展。

第三，地方行政体制。秦汉时期确立了郡县制的地方行政制度。根据郡县的面积和种类的不同，将它们划分为不同的郡，大体可分为三辅郡、普通郡和边郡，每个郡都有自己的最高行政长官，一般称为郡守。另外，国和县也有不同的划分标准。

第四，选官与检查制度。秦汉时期，为了避免官员在行使权力的过程中滥用职权，中央制定了明确的规章制度来保证人事权、司法权等权力在被执行的过程中有法可依，每一程序都有明确的责任和权力，体现出一定的公开、民主原则。这些制度主要包括：决策制度、巡视制度、公文传递制度、文官制度、司法审判制度、举劾制度、财政经济制度。

综上所述，秦汉政治文明建设取得了丰硕的成果，不仅提高了秦汉行政管理的质量和效率，促进了社会的和谐和可持续发展，而且产生了较大的影响。

第一，对汉以后历代王朝的政治文明建设产生了较大的影响。德法并用的治国理念被历代王朝沿用；察举与考试相结合的选官制度直接孕育了隋唐的科举制；三公九卿与尚书台的行政管理体制发展成了三省六部二十四司的新体制；决策中的集议制、谏诤制、封驳制，财政经济中的审计制度，官吏任用的连带责任制等都被后代所继承和发扬光大。

第二，对世界政治文明的发展也产生了一定的影响。民为邦本、用人之道、考试制度、教育制度、监督制约机制对欧洲的民主思想、民主体制、文官制度、三权分立制度等都产生过深刻的影响，成为资产阶级开创近代民主的重要思想文化资源。

第三，对我国现代政治文明建设产生了一定影响。秦汉政治文明建设中体现出的一定的公开、民主、法制、程序等政治原则和行政管理体制及各项政治制度中的制约与监督机制，也为我国现代政治文明建设提供了有益的借鉴。

（二）社会文化

秦汉时期的思想文化处于中国古代思想文化的承上启下时期。秦王朝统治者以法家思想作为主体统治思想，汉代统治者经历了从黄老道家思想的实践到对儒家思想认同的过程，从而最终确立了儒家思想作为统治思想。以董仲舒为代表的汉代儒家学者根据现实政治的需要，提出了"罢黜百家，独尊儒术"的政策，汉武帝接受了这一政策，实质上这是在吸收了诸子百家的思想后，对原始儒家思想进行了改造，即"霸王道杂之"，[①] 从此确立了儒家思想在全国的统一地位，以至于影响了中国两千多年。

第一，大一统的精神与原则是秦汉文化发展的价值取向和历史命运。

汉代政治历史的主要特点是"大一统"和"大统一"，不允许分裂，即使出现种种的"自治"性的现象，但"统一"是最基本的。在当时，皇帝是"一统"的一个主要象征，从"乱莫大于无天子"的认识到"皇帝"的至高无上、神圣不可侵犯的实际地位，汉代几乎所有的政策、措施都是围绕着这个中心而采取和变化的，其作用和影响也是很大的，整个社会都接受了一个早就出现的思想：普天之下莫非王土，率土之滨莫非王臣。天子和臣子、臣民的关系是天经地义的。政治的发展，就围绕着"君临天下"的天子而展开，或者想方设法维护天子的地位，或者在不得

[①] 班固：《汉书·元帝纪》，中华书局1962年版，第277页。

已时又设法限制"君权",有的人有的时候又会利用"君权"等等。

第二,阴阳五行思想是秦汉文化的哲学基础。

秦汉时期文化发展应从两部分进行解释,一个是政治基础,而另一个就是哲学基础。前文中提到的"大一统"可以理解为当时的政治基础,它所体现的是当时的时代特征;那么阴阳五行的理论则是秦汉文化的哲学基础,它所体现的是这一时期的逻辑特征。换句话说,秦汉时期的思想文化无论是在构成方面还是表现形式方面,都体现出了以阴阳五行思想为指导精神的特征,由此可见当时的文化思潮中饱含阴阳五行的理论。

秦始皇虽然在政治上是以法家学说为施政纲领的,然而在哲学观以及制度设置上却是全盘接受阴阳五行理论的指导的。

在两汉时期,阴阳五行思想不仅与占统治地位的儒学相结合,而且也与非主流的黄老之学和法家学说相结合,成为当时一切士人考察天人关系、探讨人事盛衰的共同思维模式。因为在他们看来,天地万物,地上人间,天时人事,都是按阴阳五行运转而变化的。这样一来,方士与儒士合流,遂使儒家宗教化,结果是产生了汉代的宗教儒学;至于方士与黄老合一,则是使道家宗教化,其结果是形成了道教。

阴阳五行思想,在当时除了同思想意识形态领域中的各家各派发生关系外,还广泛渗透到社会生活的其他方面,即凡秦汉时期的医学诊治、巫祝卜盆、算命看相、视日相宅以及各种工技,均无不与阴阳五行相涉及。由此可见,阴阳五行思想是整合和贯通秦汉文化的血缘纽带,秦汉文化的兴衰与阴阳五行密切相关,殆无可疑。

第三,学术上兼容博采、融会贯通是秦汉文化发展辉煌的重要原因。

到了秦汉时代,先秦时期已开始的磅礴的学术文化交流融合思潮遂有了根本性的飞跃,形成蔚为壮观的特殊文化景象。

首先,人们普遍肯定思想文化的统一乃是不可扭转的历史趋势,学术合流是文化整合与发展的必由之途;同时,又从哲理的高度指出,各家学术之间各有所长,存在着一种互补的关系,思想的统一绝非是独用某一家思想、排斥他家学说的做法所能实现,而只能以某一家理论为中心(主体)、融会吸收其他诸家之长方可达到目的。

其次,在取得上述共识的基础上,人们在实际的学术文化构建活动中,致力于学术兼容与互补,使秦汉文化呈现出兼容并取、博大精深的基本面貌，从而更好地服务于现实社会生活的需要。

综上所述，随着秦汉时期整个社会政治、文化形势发生重大的变化，学术兼容互补思潮也逐渐走向了成熟的阶段。它给当时学术文化的发展提供了绵延不绝、强劲刚健的动力，使整个秦汉文化呈现出兼容并包、博大圆融的恢宏气魄。

二 秦汉时期科学技术的总体发展水平

秦汉时期是中国科技发展史上极为重要的一段时期，因为这一段时期为中国历史上第一个大一统国家奠定了基础，同时这也是一个多民族的国家。"秦汉帝国与同时期的罗马帝国、印度的孔雀王朝是当时世界上最大、最先进的文明古国，中亚一带的安息（帕提亚）、贵霜帝国则相对落后弱小，科技方面除建筑外，别无建树。罗马帝国此时还处于奴隶制阶段，疲于征伐，粮食、人口严重不足，科技建树极少。"[1] 而这一时期，中国科学技术的发展则面临着一个全新的环境。一方面，统一的封建专制帝国的建立与巩固，生产力的逐步发展，使中国古代科学技术体系逐渐形成，并且许多生产技术也在逐渐完善，这体现了秦汉时期我国科学技术发展的时代特征。尤其是两汉为中国古代的科技发展奠定了理论基础，形成了理论体系，特别是在农学和医学这两方面，许多基本原则都已在汉代确定。另一方面，封建专制主义思想文化政策的推行，以及秦汉之际、两汉之间的战火对于思想文化的摧残与破坏，也给科技的发展带来了不利因素。综上所述，秦汉时期科学技术取得了耀眼的成就，这些成就在推动社会文明进步的同时，这些宝贵的科技经验也对现代科技工作有着重要的借鉴意义，因此对后世的影响也是极其深远的。

（一）科学的发展

在经历了夏商的知识积累和春秋战国时期的繁荣与发展，到了秦汉时期，中国古代的农学、医药学、天文学、算法四大学科进步明显，并且在这段时期都已形成了自己独特的体系。

第一，犁壁、耧车与耦犁的推广使农业生产工具实现了重大突破。犁

---

[1] 慕容浩：《秦汉时期科技发展的国际影响与当代启示》，《科学管理研究》2014年第3期。

壁的主要作用是使耕犁在耕地过程中对土地进行优化，因其特殊的构造，使其能在各种不同的地形中顺利使用，大大提高了农耕生产的效率。"耧车"与"耦犁"均为西汉搜粟都尉赵过发明，"耧车"用于播种，能同时播种三行，且开沟、下种、覆盖一次性完成，一天可播种一顷地，极大提高了播种效率。"耦犁"用于耕种，通过增加犁壁的方法来增大这种犁铧的体积，使其能够同时完成深耕和翻土以及培垄，在提高了耕地效率的同时，能够耕出深一尺、宽一尺符合代田法标准的犁沟。其次，耕作方法的改进使农业生产效率显著提高。汉朝创造推广了旱田的先进耕作技术，如"代田法""区田法"，北方地区推广水稻种植技术，影响巨大。农学著作大量涌现，如《四民月令》《氾胜之书》等书籍在总结实践经验的基础上，把农业科技知识上升为系统化的理论，使中国的农业实用科学体系得以形成。

第二，秦汉时期出现了实用性很强的数学书籍，无论是岳麓秦简《数》，还是张家山汉简《算数书》都代表了当时世界的先进水平。东汉时期的《九章算术》则属于集大成之作，全书分成九大类，算题涉及算术、代数、几何等方面的内容，有很多数学成就在当时世界上是先进的，其出现是中国古代数学体系确立与数学特点形成的核心标志。

第三，秦汉时期地理学出现了长足的进步。天水放马滩与长沙马王堆出土的古地图表明中国古代的地图绘制达到世界先进水平。东汉班固的《汉书·地理志》，开创了中国的历史地理学之先河。王逸的《广陵郡图经》则是汉代第一部被称为图经的地理学著作。

第四，秦汉时期，中国医药学与医疗卫生科技方面也取得了极高的成就。张仲景的《伤寒杂病论》和《金匮要略方论》，全面阐述了中医理论和治病原则，张仲景被后世尊为"医圣"，张仲景的医学成就被世界所公认。

(二) 技术的进步

秦汉时期，随着社会经济的恢复和发展，各地经济文化的交流日趋频繁，农业、手工业技术得到了蓬勃的发展。东汉时期蔡伦发明的造纸术，是中国对世界文化发展的一项重大贡献。此外，在冶炼、纺织、印染、陶瓷、酿酒和机械制作方面，生产技术也有了全面的提高，取得了前所未有的成就。

这时，农具已完全铁器化，铁犁和牛耕法的推广改进，大大提高了农业生产力。"施肥更为普遍，在选种、播种、中耕、虫害防治等方面都有新创造。南方大多数地区则实行'火耕水耨'"，[1] 有些地方利用陂溏灌溉稻田，犁耕、施肥、移栽、中耕除草等先进技术已出现，或正在逐渐推行中。园艺生产有巨大的发展，技术上有不少重要发明。畜牧业尤以养马为发达，相畜、养畜等技术获得相应的发展。丝织品和水平较高的桑蚕技术开始通过'丝绸之路'传到西亚诸国。渔业和林业已经成为农业中的独立生产部门，在技术方面也取得若干重大成就。各民族农业技术交流与融汇的加强是此时期农业生产和农业科学技术的一个重要特点。[2]

随着生产工具的铁器化，冶铁技术在秦汉时期也有很大的进步，这时的采冶程序和工艺已经完善化。与此同时，炒钢技术的出现、炉火纯青的百炼钢工艺，到之后铸铁脱碳钢技术的采用，这一系列成就都标志着我国秦汉时期在钢铁技术方面已经取得重大发展。在这样的背景下，中国古代的主要纺织机械和农具在此时均已出现。

春秋战国之后，秦汉时期的水利工程无论是在规模方面还是技术层面，甚至技术类型上都取得了很大的发展。当时，水利工程的分布以关中地区为中心，遍及全国各地，并因各地自然条件不同，呈现出各自的特点。在汉代，特别是在汉武帝时期得到了较大的发展，先后修建了龙首渠、六辅渠、白渠等，并发明了至今仍在使用的"井渠法"。

另外，马王堆出土的五彩缤纷的纺织品和地图，展示了纺织技术和地图测绘技术的巨大发展。造纸术发明并得到重大的改进，主要的造纸工艺均已出现。漆器工艺已发展到极高的水平，巨型楼船的建造以及橹、舵、帆等的发明与应用，意味着船舶技术正在日趋成熟。这一时期大规模的土木工程技术已达到了很高水平，主要体现在长城、驰道、栈道以及水利工程的兴修。以上提到的种种，都可以看出我国秦汉时期的农业、手工业生产技术已经相当成熟。

秦汉时期不同学科科技文献所占的比例如图2—1所示，具体的文献

---

[1] 司马迁：《史记·平准书》，中华书局1959年版，第1437页。
[2] 唐赞功等撰：《中华文明史·第3卷·秦汉》，河北教育出版社1992年版，第249页。

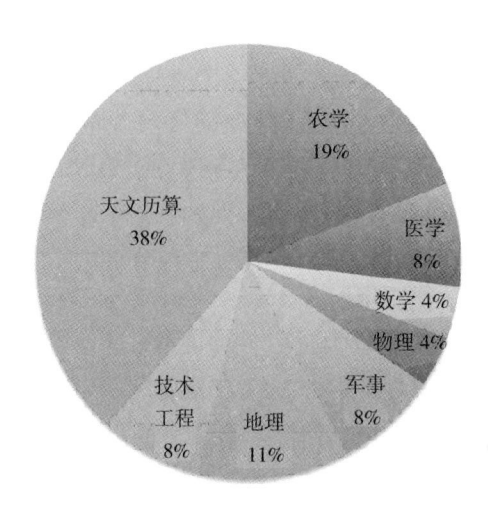

图 2—1　秦汉各学科科技文献所占比例图

研究将在后文进行分析。科学技术的长足进步为秦汉时期科技文献的丰富和成熟奠定了基础，各学科都出现了堪称后代学科发展的开山之作。比如药物学专著《神农本草经》奠定了后世本草学的基础，而《伤寒杂病论》则确立了理、法、方、药具备的辨证论治的医疗原则，大大充实了中医药学体系的内容。又如《太初历》《三统历》《史记·天官书》和《灵宪》等天文著作的出现，各种天文仪器和天象观测手段的发明与运用，以及各种天体结构理论的提出，都标志着中国古代独特的天文学体系的初步形成。再如《九章算术》是中国现存最早的数学专著。它的出现，标志着中国古代已经形成了自己与众不同的数学体系，而这种体系以算筹作为计算工具。

第二节　秦汉科技文献作者群体的组成

丁海斌在《关于"官文化、民间文化、宗教文化"的概念》一文中根据人的基本社会角色将人的社会属性划分为三种，即官方、民间和宗教。在文献作者范畴内对应为官方作者群体、民间作者群体和宗教作者群体三大群体。在秦汉文献中，民间作者群体与宗教作者群体属性并不突出。先秦至秦汉，是巫官与史官由混同到分离的发展时期，史官从单纯的巫官发展成集宗教祭祀与文书记录职能于一身的综合性职官，又进一步分化成具有不同职能的官职，由于秦汉时期纯粹的宗教群体还未形成，部分宗教作者也是国家机构中的官员，具有双重属性，因此已归入官方作者。另外，古代中国政治讲求天人合一，这本身就具有极强的宗教色彩，即皇帝是当时最大的宗教领袖，由此可见三大作者群体是相互交叉的。由于民间与宗教作者群体数量较少，因此不管是把民间作者群体单独拿出来研究，还是单独把宗教作者拿出来研究，都略显单薄并且不具有说服力，因此在后文中，本书将把作者群体分为两大部分进行探讨，即官方作者群体、民间和宗教作者群体。

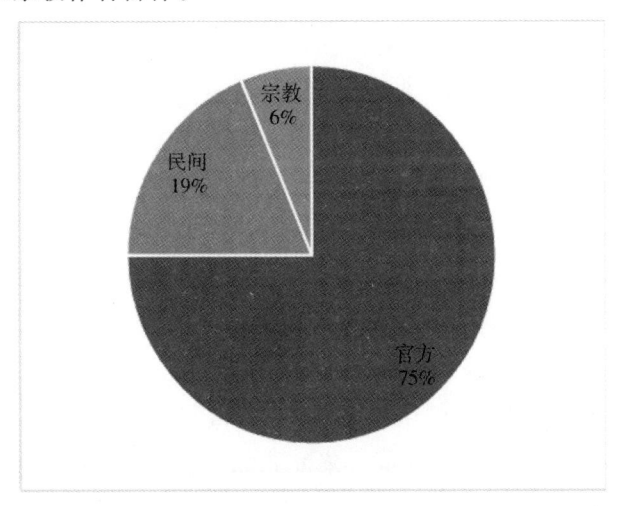

图2—2 秦汉官方、民间、宗教作者所占比例图

由图2—2我们可以清晰地看出，秦汉时期的科技文献作者主要来自官方，这也符合当时的历史条件和科技发展的阶段，官方人员能够获得一手资料，并且有机会接触到学识渊博的人，所以见识度更广，在科技领域能有更高的建树。相比之下，当时的教育水平还不足以使民间产生大批的先进学者，所以也就不难想象官方作者、民间作者和宗教作者比例如此悬殊的原因了。

一 秦汉官方科技文献作者群体的组成

前文中提到官方科技文献作者群体，主要指的是作者身份为官员以及所从事的科技活动与其社会身份——官员有密切关系的群体。秦汉科学技术的发展主要集中于汉代。这些我们能够从官方科技文献作者群体所占人数比例、地域分布、学科分布、官职结构的变化分析得出。

(一) 秦汉官方科技文献作者的数量

秦汉科技文献作者群体共16人，其中官方作者群体12人，占科技文献作者群体总人数的75%。这12人分别是张苍、刘安、司马迁、刘歆、氾胜之、王景、班固、张衡、崔寔、刘洪、王逸和桓宽。这些作者全部在官方机构任职，官位由高到低不等。张苍、刘安、司马迁、刘歆、氾胜之5人为西汉作者，其余7人为东汉作者。

从时间分布上可以看出，这些作者中没有秦朝的，主要是因为秦汉之交的战争使科学技术的发展受到了极大的破坏，以致汉朝建国后不得不花很长时间致力于恢复以往水平。秦汉时期对古文化进行了大规模的整理，在继承和恢复的基础上，进行发展和创造，因此在秦朝灭亡后，西汉在传承秦朝科技成果的基础上又出现了新的科技工作者，而随着整个社会的进步，科技发展水平也在缓慢地提升过程中，到了东汉时期，科技文献作者的人数比西汉时期多2人，由此可见秦汉时期中国的科技水平是一个缓慢升高的过程，科技文献的数量也在逐渐增多。

(二) 秦汉官方科技文献作者的地域分布

秦汉时期官方科技文献作者的地域分布情况如下：河南省有张苍西汉武阳县（今河南省原阳县）富宁集乡张大夫寨村、张衡东汉南阳西鄂（今河南省南阳市石桥镇）、桓宽（生卒年不详，约东汉）汝南郡（今河南省上蔡西南）3人；陕西省有班固扶风安陵（今陕西省咸阳市东北）、司马迁西汉夏阳（今陕西省韩城南）2人；山东省有氾胜之西汉末期氾水（今山东省菏泽市曹县北）、刘洪东汉泰山郡蒙阴县（今山东省临沂市蒙阴县）2人；江苏省有刘歆西汉沛县（今江苏省沛县）1人；河北省有崔寔东汉后期涿郡安平（今河北省安平县）1人；湖北省有王逸（生卒年不详，约东汉时期）南郡宜城（今湖北襄阳宜城）1人；安徽省有刘安西汉淮南（今安徽省淮南市）1人；朝鲜有王景东汉乐浪郡[①]䛁邯（今朝鲜平壤西北）1人。具体分布情况如图2—3所示。

由上图我们可以看出，河南地区与陕西地区以及山东地区的科技作者最多。这样的结果并不意外，究其原因有几下几点。

---

① 乐浪（前108—313年），是汉武帝于公元前108年平定卫氏朝鲜后在今朝鲜半岛设置的汉四郡之一。

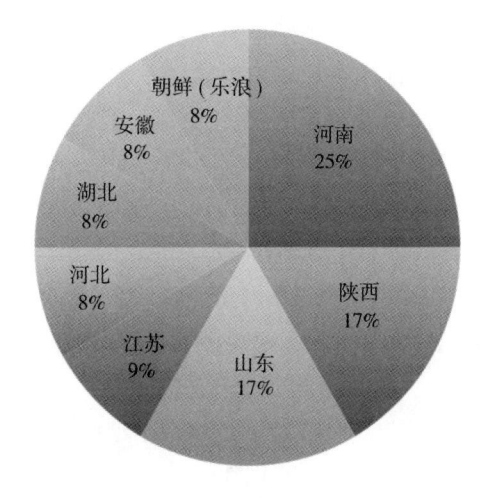

图2—3　官方科技文献作者地域分布比例图

第一，在当时，长安（今西安）为西汉的首都，而洛阳则是东汉的首都，首都是一个国家的政治、经济以及文化中心。作为最高行政地区，这里有较多的中央官员，另外，这些地区的科技发展水平较其他地区更高一些，因此河南和陕西出现了更多的官方科技文献作者。

第二，山东地区的官方科技作者比例与陕西的相同，而江苏、河北、湖北以及安徽地区官方科技作者较少并大多集中在东汉时期。这主要是因为西汉时期，汉武帝主导的汉代第一次科技高潮，中心在北方黄河流域，其中有河北和山东地区。武帝拓边，逐渐开发南方，再一次唤醒了南方居民的创造欲。凭借较优越的自然环境条件，江淮流域的人才一旦受到中原文化传统的感应，便会即刻登上中国古代科技的舞台，江苏、安徽、湖北正是属于江淮流域，因此出现了刘安、刘歆、王逸等官方科技文献作者。

第三，朝鲜地区的王景，其祖辈原先居住在琅琊郡不其县（今山东即墨西南）。后因政治原因，举家迁至乐浪避居。在当时乐浪是汉武帝于公元前108年平定卫氏朝鲜后在今朝鲜半岛设置的汉四郡之一，属于西汉的统治。"乐浪郡，武帝元丰三年开。莽曰乐鲜。属幽州。"[①]

（三）秦汉官方科技文献作者的学科分布

秦汉时期，与人们生产、生活密切相关的传统科学技术如农学、医

---

① 班固：《汉书·地理志》，中华书局1962年版，第1627页。

学、天文学、数学等在先秦的基础上有了较大的发展,科学技术的长足进步为秦汉时期科技文献的丰富和成熟奠定了基础,各学科都出现了具有代表性的作品,具有极高的学术价值。具体科技文献作者的学科分布如下图2—4所示。

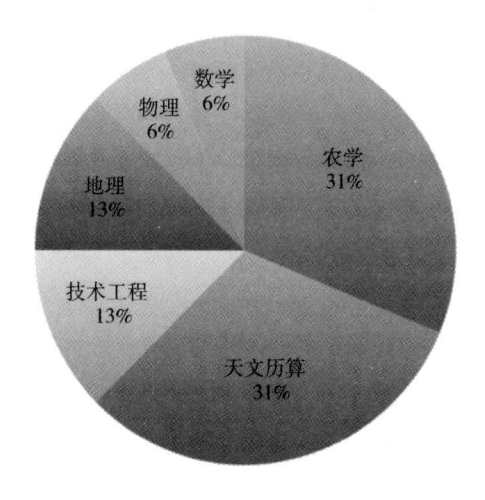

图 2—4 官方科技文献作者学科分布比例图

由上图可以看出科技文献作者学科比例中农学和天文历算的比例最大,地理与技术工程相对较少,最少的则是数学和物理,其原因是:

第一,在中国古代天文学发展史上,秦汉时期是极其重要的。在先秦奠定的基础上,随着封建制的巩固,中国古代天文学体系逐渐形成和许多天文观测技术趋于成熟,是这一时期天文学发展的总特征。我国古代天文学有众多组成部分,其中历法是很重要的一个部分,它不仅涵盖了计算朔望、二十四节气和安置闰月等编撰日历的工作,还涉及日月食和行星位置的计算等一系列方位天文的课题,类似编算现在的天文年历。汉代的历法已具备了后世历法的主要内容——气、朔、闰、五星、交食、晷漏等,在天文仪器、天象记录以及宇宙理论等方面都形成了自己的传统。刘洪的《乾象历》就是著名的代表作品。

第二,秦汉时期,各级政府十分重视农业文献的编写,总结农业生产的经验和创造新的耕作技术。也许是因为各级官吏有监督管理并且指导农业生产的责任,这促使他们利用平日积累的经验和知识进行创作,写出各种农学著作或创造出新的耕作技术用以指导农业生产,所以这些农学文献大部分是由官吏创作的。

第三,秦汉时期,地图作为表达和传播地理知识的手段,有了很大发展,测绘水平很高。统一中国后,之前旧的地图已不能满足统治者治理国家的需要了,因此需要测绘集存新的地图。汉朝建国之后,政府非常重视地图的绘制与收集工作,并规定地方政府必须定期将新绘制的地图呈送给中央政府。这些图籍在当时的行政管理等统治活动中发挥了重要的作用,还给后来的汉王朝带来诸多好处。

综上所述,以农学、天文历算、地理和技术工程为背景的学科作者能够创作出相对较多的文献,与当时的政治背景是有着不可分割的关系的,先进的科学技术为统治者带来了巨大的利益,同时促进了社会的发展,因此在官科技盛行的秦汉时期,涌现出了一批官方科技文献作者,同时形成了中国古代科技体系的基本框架。

(四)秦汉官方科技文献作者的官职结构

秦汉时期,为了加强中央集权和君主专制的统治,封建地主阶级在官僚制度上确立了中央朝廷的三公九卿制,并且继续实行地方的郡县制体制。但是由于秦王朝的命运短暂,因此秦朝三公九卿制的发展仅仅停留在起步阶段,这一制度的真正完善是在西汉时期,并在东汉有了新的发展。官方作者的官职分布见表2—1。

表2—1　　　　　秦汉官方科技文献作者官职分布表

一般性机构			专门性机构	
8人(约70%)			4人(约30%)	
中央	地方	中央		
皇室	三公	九卿	都尉 太守	奉命编写史书 和天文历法	奉命掌水利之事
刘安	张苍	氾胜之 刘歆 崔寔 桓宽	刘洪 王逸	司马迁 张衡 班固	王景[①]

---

① 王景的官职为司空,汉朝本无此官,成帝时改御史大夫为大司空,掌水利之事。

分布表只是简单地对秦汉官方科技文献作者群体的官职结构进行了粗略统计，从中我们可以看出秦汉官方科技文献作者官职分布广泛，从皇室成员到官位最高的丞相到地方行政机关的都尉和太守均有涉及；他们70%任职于一般性机构，这其中包括中央官员和地方官员，任职于专门性机构的作者有30%，这30%的作者全部属于中央官员里的九卿，并且这一部分没有地方官员，由此可见大部分官方科技文献作者任职于中央机构，他们或者属于一般性机构或者属于专门性机构，只有一小部分官方科技文献作者任职于地方机构，这主要是因为在秦汉时期科学技术作为一种有效巩固政权，维护国家和谐的工具，在大多数情况下是由统治者决定交给中央官员进行研究的，另外丰富的官藏书籍也为这些科技文献作者提供了大量的有用资源，而地方官员的资源有限，也没有能力进行专门性质的研究，因此大部分官方科技作者为中央机构官员的原因就显而易见了。

二 秦汉民间与宗教科技文献作者群体的组成

民间与宗教科技文献作者是指其社会身份主要为民间或宗教工作者，文献作品创作活动亦植根于民间或宗教相关活动的文献作者群体。民间作者与宗教作者的数量较少，不及官方作者数量多，因此在这里将二者合并在一起进行研究。

第一，秦汉民间与宗教科技文献作者的数量。

秦汉科技文献民间作者有3人，分别是落下闳、王充、张仲景；宗教作者只有黄石公一人。从数量上就能明显看出与官方科技文献作者的差距，官方作者的数量是民间与宗教作者数量总和的3倍。由此可以看出，官科技在秦汉时期占据主导位置，民间与宗教科技文献作者不是没有，但是只占了一小部分。

这是因为太学、官邸学、鸿都门学等在当时面向的群体是皇室成员以及官僚子弟，民间作者想要进入其中学习是不可能的。而地方学校虽然有统一的诏令，但实行的情况千差万别。有些地方能贯彻执行，但是大部分地方是不可能实行的，有些地方时兴时废，少数的地方由于长吏重视因此实行得很好，而且在荒乱情况下也能坚持办学的，规模程度等更是千差万别。另外，囿于不同地方的不同基础和不同传统，导致各个地方教育差别很大，影响也很大，甚至影响后世，因而形成有的地方文化发达，有的地方落后。帝都所在地陕西、河南等地,是一贯发达的地区,南方的不断开化,也与办学有很大关系。私学在当时也只是起步阶段,所以民间人士很难入学学习,在科技文献的写作方面也稍显逊色。这四位虽然是民间与宗教科技文献作者,但是促使其创作的原因与其家庭背景是有着密切联系的,这将在后文进行分析。

第二,秦汉民间与宗教科技文献作者的地域分布。

地域分布上,四川省有落下闳,西汉巴郡阆中(今四川省阆中)1人;浙江省有王充,东汉会稽上虞(今属浙江省)1人;河南省有张仲景,河南省南阳1人;江苏省有黄石公,秦汉下邳(今江苏省邳州市邳城镇)1人。四位作者的地域分布比较分散。

首先,浙江、河南、江苏省的民间与宗教科技文献作者与官方科技文献作者的地域分布一致,原因相同,因为政治原因和科技发展的向南转移使这些地区呈现出了一部分民间科技文献作者,属于江南文化的区域,这片区域的崛起较中原地区稍晚一些。关于宗教作者黄石公,据《史记·留侯世家》中的记载,在秦朝的战乱时期,黄石公隐姓埋名隐居在下邳(今属江苏)。

其次,四川境内有一位民间作者,这与历史条件有着直接原因,太行山以西的秦人故地,分为三辅文化、河西文化、巴蜀文化,而阆中就处在属于巴蜀文化的四川地区,两汉时期的巴蜀文化发达,其中文翁有着功不可没的贡献。《汉书·循吏传》:"文翁,庐江舒人也。少好学,通春秋,以郡县吏察举。景帝末,为蜀郡守,仁爱好教化。见蜀地辟陋有蛮夷风,文翁欲诱进之,乃选郡县小吏开敏有材者张叔等十余人亲自饬厉,遣诣京师,受业博士,或学律令。减省少府用度,买刀布蜀物,赍计吏以遗博士。数岁,蜀生皆成就还归,文翁以为右职,用次察举,官有至郡守刺史者。又修起学官于成都市中,招下县子弟以为学官弟子……"[1] 西汉时期文翁兴学于蜀,于是四川地区的文化科技开始逐渐发展起来。

但是仅从地域分布上还不能全面了解作者创作的背景和促成写作成功的原因,因此需要结合对作者知识积累的分析,这部分将在后文进行阐述。

第三,秦汉民间与宗教科技文献作者的学科分布。

---

[1] 班固:《汉书·循吏志》,中华书局1962年版,第3625—3626页。

在学科分布上，天文历算类的作者有落下闳；物理学类的作者有王充；医学类的作者有张仲景；军事类的作者有黄石公。

民间科技文献作者的学科种类较少、分布比较零散，不像官方作者的学科那么集中，这种情况具有一定的偶发性。在秦汉时期，江浙地区稍欠发达，这种情况在武帝拓边，向南开发后得到了好转。与官方作者受职业影响，以及工作限制不同，民间作者没有职务限制，爱好比较自由，因此可以选择自己喜欢的学科进行研究，或者从事自己喜欢的职业，进行知识积累从而进行专业的科技文献创作。

综上所述，秦汉时期的官方科技文献作者比例远远大于民间作者的比例，他们大部分集中在东汉时期，而地域分布也有明显的集中区域与稀疏区域，具体的对比将在本章第五节进行分析。

第三节 秦汉科技文献作者群体的知识积累

针对秦汉科技文献作者群体的研究，不能只停留在人数统计方面，还应当全面了解科技作者的知识背景，即知识积累。该部分将科技作者的知识积累划分为三部分进行研究分析，这三部分分别是科技作者的家庭背景、教育背景和职业经历。

一 秦汉官方科技文献作者群体的知识积累

（一）秦汉官方科技文献作者的家庭背景

通过统计，秦汉官方科技文献作者群体的家庭背景主要包括官宦世家和平民家庭，其中平民家庭分为布衣家庭和科技世家，王逸与桓宽的家庭背景无法考证，因此不纳入统计。具体人物分布情况如表2—2所示。

表2—2　　　　秦汉官方科技文献作者的家庭背景统计表

家庭背景	官宦世家①	平民家庭	
人数比例	7人（70%）	3人（30%）	
代表作者	刘安、司马迁、刘歆、班固、张衡、崔寔、刘洪	布衣家庭	科技世家
		张苍、氾胜之	王景

---

① 官宦世家：三代之内有人做官的家庭。

第二章 秦汉时期

由上表可以看出，秦汉时期的官方科技作者出身官宦世家的占70%，而出身平民家庭的仅占30%，即便在两大系统内部，每人的具体家庭背景也各不相同。比如刘安出身皇室，祖父是汉高祖，父亲是淮南厉王刘长，刘长王位被废后，16岁的刘安以长子的身份被袭封为淮南王；司马迁出生在官宦世家，其家族从战国时期就有人做官，其中不仅有其父司马谈这样的文官，也有八世祖司马错这样的武将，汉文帝年间，其祖父用粟米换取了九等吴大夫的爵位，所以全家才能免于徭役；刘歆的六世祖刘交是汉高祖刘邦同父异母的弟弟，其父刘向曾任光禄大夫、领校中五经秘书，总共居列大夫官三十余年；班固出身儒学世家，他的家族背景和司马迁有共同之处，都是从很早就有家庭成员做官，其父班彪曾任职县令，伯父班嗣则是当时著名的学者；张衡的家族为当地的大姓，祖父张堪曾被光武帝刘秀任命为蜀郡太守，讨伐公孙述立有大功，在张堪任期内，地方太平，因此被百姓歌颂；崔寔出自官宦世家，其多代家族成员都曾担任过郡太守以上的官职，其祖父崔骃与班固齐名，是东汉著名的文学家，父亲崔瑗精通天文历算，任职县令期间政绩显著，对农耕生产非常重视；刘洪是东汉鲁王刘兴的后裔，属于鲁王宗室。平民家庭出身的张苍父亲的姓名无人知晓，"张苍父长不满五尺，及生苍，苍长八尺余"。① 而张苍却贵为丞相；氾胜之来自一个农民家庭，很小的时候就对农作物的种植产生浓厚的兴趣，善于钻研农业生产技术，并能够收集总结生产经验；王景的祖辈本来居住在琅琊郡，即今山东地区，但是八世祖王仲热衷道术，通晓天文观测，在吕后当政之时，刘襄与刘兴居谋反希望能得到王仲的指点，但是王仲不希望受到牵连，于是迁家到了乐浪。

综上所述，其官宦世家出身的官方科技文献作者数量是平民家庭官方科技文献作者的近两倍，原因主要是许多官宦世家出身的作者的官位是世袭的。比如淮南王刘安继承王位，自幼接受官方文化的熏陶，或者如司马迁、班固之类的作者，他们家族的文化底蕴深厚，加上自身有着较高的学术能力，因此在朝廷做官并奉命编写史书。先天优势决定了出身官宦世家的作者更容易踏上仕途，而出身平民家庭的作者只有通过自己的努力才能做官，这在当时教育水平还不那么发达的情况下是很难实现的。

---

① 司马迁：《史记·张丞相列传》，中华书局1959年版，第2682页。

(二) 秦汉官方科技文献作者的教育背景

中国古代是有学校教育的,《学记》上说:"古之教者,家有塾,党有庠,术有序,国有学。"《孟子·滕文公上》说:"夏曰校,殷曰序,周曰庠,学则三代共之。"① 但是学校的具体情况不是太清楚,从有关"小学""大学"之类的零星记载来看,其性质与内容都与后代不同。

秦汉时期,汉武帝设立太学,到了东汉时期,中央管办的具有一定组织形式和内容的学校,除了太学之外,又出现了两种特殊的学校:即官邸学和鸿都门学。官邸学简而言之就是贵族学校,鸿都门学被认为是专门研究文学艺术的学校。

班固《东都赋》云:"四海之内,学校如林,庠序盈门;献酬交错,俎豆莘莘,下舞上歌,蹈德咏仁。"这当是溢美之词,但汉朝作为一个统一的大帝国,除了立太学之外,确有令天下郡国立学校之举。地方学校系统的成立是在西汉时期,但是真正的普遍发展还是在东汉时期,因为东汉时期有关地方学校的记载比较多,比如光武时卫飒守桂阳时"修庠序之教"② 以及"锡光为交阯,任延守九真",③ "建立学校,导之礼义"④ 的事迹,都是东汉时候的事,锡光更是从西汉平帝时就为交阯太守,长期在该地"教导民夷,渐以礼义"。⑤

关于学校教育,秦汉时期,从中央到地方初步形成了体系,草创了一套有关制度(教育制度),对后世有很大影响。但是总的来看仍属于初创阶段,相比之下这一时期私学的发展在人数、规模及其影响上都更大。汉代学制系统图如图 2—5 所示。

张苍,战国末期曾在荀子的门下学习,与李斯和韩非等人是同门师兄弟;刘安从小文思敏捷,酷爱读书,善文辞,并且能够演奏鼓琴,他本人爱贤若渴,礼贤下士,促使淮南国都寿春成为文人荟萃的文化中心;司马迁幼年时在父亲司马谈的指导下识字读书,十岁随父亲到长安,曾从学于经学大师董仲舒、孔安国学习古文典籍,二十岁开始游历天下,了解风

---

① 万丽华、蓝旭译注:《孟子·滕文公上》,中华书局 2006 年版,第 105 页。
② 范晔:《后汉书·循吏传》,中华书局 1965 年版,第 2459 页。
③ 范晔:《后汉书·南蛮西南夷列传》,中华书局 1965 年版,第 2836 页。
④ 同上书,第 2836 页。
⑤ 范晔:《后汉书·循吏传》,中华书局 1965 年版,第 2462 页。

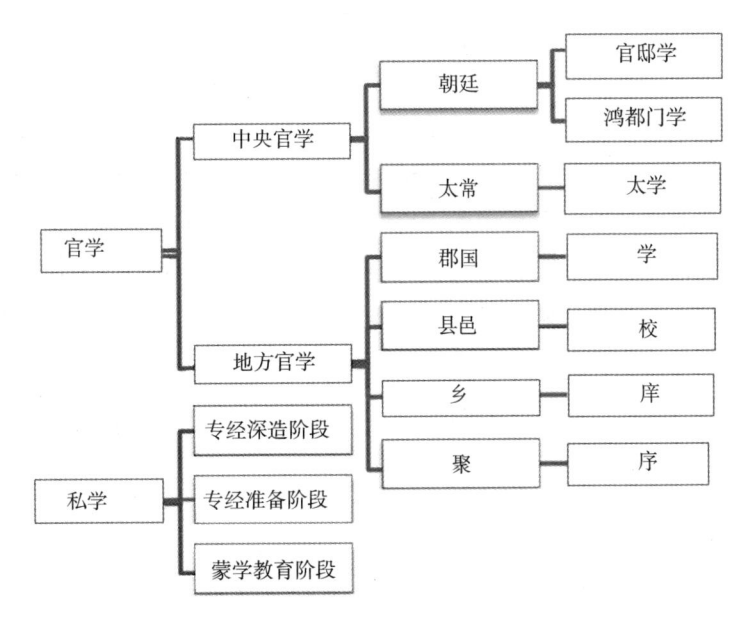

```
                                    ┌── 官邸学
                        ┌── 朝廷 ──┤
                        │           └── 鸿都门学
            ┌── 中央官学 ┤
            │           └── 太常 ──── 太学
            │
            │           ┌── 郡国 ──── 学
官学 ───────┤           │
            │           ├── 县邑 ──── 校
            └── 地方官学 ┤
                        ├── 乡  ──── 庠
                        │
                        └── 聚  ──── 序

        ┌── 专经深造阶段
私学 ───┤── 专经准备阶段
        └── 蒙学教育阶段
```

图 2—5　汉代学制系统图

俗，采集传闻；刘歆，年少时通读《诗》《书》，精通经学，善属文，于是被汉成帝召见，时任黄门郎，后来由于职业原因得以饱览群书，积累了大量的知识；氾胜之来自农民家庭，从小所感兴趣之事就是农作物的生长与栽培，他喜欢钻研农业生产技术，并能够进行经验总结与分析，积累了丰富的农耕知识；王景来自科技世家，从小成长在浓厚的家庭学术氛围当中，很小就开始学习《周易》，饱读诗书，酷爱天文历算；班固出身儒学世家，从小受到良好的家庭教育，九岁时就能属文，诵读诗赋，十六岁时进入太学，通过阅读大量书籍，达到了精通儒家经典和历史的程度；张衡从小学习刻苦，小时候就能做文章，十六岁开始游学，后来在洛阳进入太学学习，结识了崔瑗，他在天文历算和地理方面有着很深的造诣；崔寔的祖父崔骃是东汉与班固齐名的文学家，父亲崔瑗是书法家，且对天文历算也有研究，崔寔受到祖父和父亲的影响，"崔氏世有美才，兼以沉沦典籍，遂为儒家文林"；[①] 刘洪自幼学习刻苦，知识渊博，热衷于钻研天文历算；王逸与桓宽的教育背景不可考证。

---

① 范晔：《后汉书·崔骃列传》，中华书局 1965 年版，第 1732 页。

由此可见，秦汉时期的教育制度虽然还是起步阶段，但是已经形成了基本的体系，关于官方科技作者教育背景的记载并不多，甚至难以查考，但是我们推测，这些官方作者应该都受到过良好的学校教育，因其家庭背景出身多为官宦世家，其受到的教育必定是高于普通百姓的，比如张苍和司马迁都曾拜师学习，班固曾在太学学习。而王景来自科技世家，从小生活的家庭环境就具有很强的学术氛围，因此这里的教育背景不应单看作者上过哪所学校，还应该联系其生活环境的学术氛围。

（三）秦汉官方科技文献作者的职业经历

秦汉官方科技文献作者的身份比较复杂，不仅有国家丞相这样的高级官员，也有都尉和太守这样的地方官员。具体职业经历见表2—3。

表2—3　　　　秦汉官方科技文献作者的职业经历

作者	职业经历	作品
张苍	御史（秦）——常山郡守——代国国相——赵国国相——代国国相——封北平候——计相——主计——御史大夫——丞相——告病退职	《九章算术》
刘安	淮南王	《淮南子》
司马迁	太史令——中书令	《史记·天官书》《史记·河渠书》
刘歆	黄门郎——中垒校尉——侍中太中大夫——光禄大夫	《三统历》
氾胜之	黄门侍郎——御史	《氾胜之书》
王景	司空属官——河堤谒者——徐州刺史——庐江太守	《蚕织法》
班固	兰台令史——校书郎——玄武司马——中护军——免职	《汉书·地理志》《汉书·律历志》《汉书·天文志》《汉书·五行志》《汉书·沟洫志》《汉书·食货志》

作者	职业经历	作品
张衡	主簿——辞官——郎中——太史令——侍中——河间王刘政国相——尚书	《灵宪》《浑天仪注》
崔寔	议郎——五原太守、辽东太守、尚书、归免	《四民月令》
刘洪	校尉——太史部郎中——常山国长史——上计掾——郎中——谒者——谷城门候——会稽郡东部都尉——山阳郡太守——曲城侯相	《乾象历》
王逸	校书郎——侍中——豫州刺史——豫章太守	《广陵郡图经》
桓宽	侍郎——庐江太守丞	《盐铁论》

官方科技文献作者群体基本上都在朝廷任职，文献的形成和职业经历有着一定的关系，主要体现在以下方面。

第一，文献创作与职业经历有关的。张苍校正《九章算术》，在秦朝时他曾经担任过御史，负责掌管文书档案，后来也担任过管理财政的计相，因其精通算数与历法，始终致力于这方面的工作，后来出任丞相；刘安作为淮南王，治国安邦，注重地方的文化发展，与众门客协力完成《淮南子》；司马迁为太史令，继承父业，撰写历史，写就了被鲁迅称为"史家之绝唱，无韵之离骚"的《史记》；刘歆曾任天文官，期间写成了《三统历》；氾胜之曾任劝农使者和轻车使者，负责指导农业生产活动，编写了《氾胜之书》；班固受召修史，其职务负责整理校雠皇家藏书，《汉书》正是在这样的经历中完成的；汉安帝听闻张衡善术学，于是任其为太史令，专门研究阴阳，著有《灵宪》；不论《四民月令》是崔寔在东观著作时创作还是在其任职辽东太守时创作，就其内容而言，可以看出是与其本职工作有关的；刘洪奉命写《乾象历》，是其本职工作；桓宽所著《盐铁论》是其记录整理的会议记录。

第二，文献创作与职业经历无关的。王景是水利专家，明帝拜其为河堤谒者，但是他创作的《蚕织法》则属于农业生产或手工业领域的科技文献。

综上所述，官方科技作者的创作与职业经历有关的人数远远多于无关的人数，文献创作与职业经历无关的作者只有一人。这说明在当时，在朝廷任职的官员都在从事着与本职工作有关的科学研究，或者说从事科技文献撰写工作的官员们，他们的职务都是专业的，术业有专攻，他们在最适合自己的岗位上进行着工作，这也从侧面说明秦汉时期的官职设定做到了与科技研究相关，不管这种设置是故意而为，还是纯属巧合，都说明了科技研究工作是渗透到官方作者的工作中的，两者是相互交融的。

二 秦汉民间与宗教科技文献作者群体的知识积累

秦汉民间与宗教科技文献作者数量较少，因此将两部分合并在一起进行研究，但是因为史料记载的缺失，部分作者的家庭背景或是教育背景无从查考。秦汉民间与宗教科技文献作者有 2 位出身官宦世家，但是他们却未从官，另外有 1 位出身平民家庭，具体研究情况将在下文中进行分析。

（一）秦汉民间与宗教科技文献作者的家庭背景

秦汉民间与宗教科技文献作者的家庭背景与官方作者之间有着明显的不同。其中宗教作者黄石公的家庭背景无法考证，在此不做分析。其他三位作者出身官宦世家的有王充和张仲景，出身平民家庭的有落下闳，如表 2—4 所示。

表 2—4　　　　　　秦汉民间科技文献作者家庭背景分布表

家庭背景	官宦世家	平民家庭
作者	王充、张仲景	落下闳

出身官宦世家的王充祖籍是魏郡元城，是元城王氏的后代，王氏家族在当时极为风光，家族中出现过皇后以及丞相等各级官吏，到了王莽时期，王氏家族成为天下第一家族，但是随着后来王莽政权的消失，王氏一族也跌入谷底；张仲景出生在一个没落的官僚家庭，他的父亲是张宗汉，作为读书人任职于朝廷，因此张仲景小时候可以接触到很多典籍；出身平民家庭的落下闳，少年时期在家乡小有名气，因为他酷爱天象观察，后来在同乡、太常令谯隆和太史令司马迁的推荐下，被召入京研制历法。

综上所述，这些民间作者虽然没有在政府机关任职，但是他们仍然能够创作出优秀的科技文献，首先，这与他们的家庭背景是有着密切联系的，比如王充和张仲景，他们同属于没落官僚家庭，虽然家道落魄，但是他们的先天条件仍然优于普通百姓，在不必为生存烦恼的同时，他们能够接触到更多的典籍，并且能够进入学校学习或者拜师学艺，良好的教育让他们能够学以致用，创造科技文明；其次，落下闳这样出身平民家庭的作者，通过培养兴趣爱好与自身付出的努力，也会遇到伯乐，从而发挥自己的一技之长，对科技发展作出卓著的贡献。

(二) 秦汉民间与宗教科技文献作者的教育背景

秦汉民间科技文献作者的教育背景与其家庭出身有着不可分割的联系，由于教育制度和家庭条件的限制等原因，一部分民间作者是无法享受学校教育的，因此家庭教育、自学以及个人的知识积累对民间作者来说是尤为重要的。秦汉民间作者的教育背景有两种。

第一种是出身平民家庭的，没有进入过学校学习的。比如落下闳，年轻的落下闳所处的时期，正值西汉大兴教育，他自然或多或少会受到"文翁兴学"的影响，顺应时代特征，借着这股思潮落下闳刻苦学习天象观测，在家乡已是小有名气。

第二种是出身官宦世家的，但是都属于没落官宦家庭，他们都曾入学或从师并受到良好的教育。比如王充，虽然是孤门细族，但是家庭条件还是足以支撑其进行学习的，王充天资聪颖，幼读诗书，勤奋程度远超书馆中的其他同龄孩童，离开书馆后潜心学习儒家经典并修炼儒家道德，后游学至洛阳，进入太学学习，博览群书，开阔了视野，初步形成了他博达求是的学术风格。另一位民间作者张仲景同样来自没落官僚家庭，因为特殊的家庭条件，使他能够在少时阅读很多典籍，自从在书中读到扁鹊的故事后，便对医学产生了浓厚的兴趣，十岁时便拜张伯祖为师，专心学医。

另外，宗教作者黄石公的教育背景无法考证，因此无法分析。

综上所述，民间作者的教育背景相对于官方作者更为丰富。虽然在西汉末年王莽当政时，对太学博士弟子人员设有特殊的限制，落下闳依然没有进入学校学习，或许是因为落下闳位于四川阆中，尽管文翁兴学于蜀，但也只是起步阶段，大量边远地区的学校是在东汉时期才涌现出来的，而私学在当时也是流行于较发达的地区，所以落下闳没有受过学校的教育。王充曾在太学学习，在当时学生的学习是比较自由的，"好博览而不守章句。家贫无书，常游洛阳市肆，阅所卖书，一见则能诵忆，遂博通众流百家之言"①，正是这样自由的学习方式王充才能通晓百家言论。张仲景所学正是自己的爱好，因为在当时学校里教授的知识基本上都是儒家经典，而他所喜爱的是医学，这在当时的学校里是学不到的，于是拜同乡的医生张伯祖为师，专心研究医学。

（三）秦汉民间与宗教科技文献作者的职业经历

秦汉时期民间与宗教科技文献作者的职业经历主要有以下几种情况。

第一，从未当官，受召进行文献编写。比如落下闳因其出色的天象观测能力，被同乡、太常令谯隆和太史令司马迁推荐入京，受汉武帝的征召，与当时官家的天文学家唐都、邓平等二十人一同研制历法，最终形成了《太初历》，汉武帝曾特授落下闳侍中之职来表彰他的功绩，但是他坚辞不受。

第二，仕途落拓，长期不得志。比如王充，在学成之后也曾想过踏入官场。但是他在官场的境遇并不好，一生只当过地方官，造成这种情况的原因有很多，就像古语云"千里马常有，伯乐不常有"，贤能的人常有，但是仕宦的机会并不多，生不逢时，难遇其主，即使才高德厚也会落拓在野，怀揣着仕途梦想的王充创作了《论衡》。

第三，学以致用，视爱好为职业。比如张仲景拜师学艺，一心钻研医术，因此张伯祖才将毕生的行医经验毫无保留地传授给他。由于汉武帝时期开始"举孝廉"，② 因此张仲景承袭家门，踏入官场，任职长沙太守，在其为官期间仍用自己的医术为百姓解决病痛困扰。东汉末年频繁发生战乱，大批的人死于伤寒病，于是张仲景辞官隐居岭南，最终完成划时代的医学巨著《伤寒杂病论》。

第四，宗教作者黄石公，关于他的背景无法考证，据传他是秦始皇父亲庄襄王的重臣，在其死后秦始皇登基，年少气盛的始皇独断专行，推行暴政，对于忠臣元老的意见置若罔闻。于是黄石公挂冠归隐，离开了官场，隐居在下邳地区，完成了《素书》的创作。

---

① 范晔：《后汉书·王充传》，中华书局 1965 年版，第 1629 页。
② "举孝廉"是汉代发现和培养官吏预备人选的一种方法，它规定每二十万户中每年要推举孝廉一人，由朝廷任命官职，被举之学子，除博学多才外，更须孝顺父母，行为清廉，故称为孝廉。

不同的职业经历，创造出了不同的科技文献，它们有的受用于朝廷，有的则是造福百姓。不论是哪种学科的科技文献，它们都是秦汉民间与宗教科技文献作者留给后世的宝贵财富。

第四节 秦汉科技文献作者群体的创作过程与作品流传方式

我们要研究秦汉科技文献作者群体，必须对他们的相关作品进行研究，主要从写作目的、资料来源、作品形式和内容，及作品流传方式四个方面阐述。

秦汉科技文献作者的写作目的主要有以下四类：一是官修；二是与本职工作职能直接相关；三是与本职工作职能间接相关；四是个人爱好。

秦汉科技文献作者进行创作的资料来源比较广泛：一是来源于官方，比如官方编纂书目等书籍进行创作；二是来源于个人搜集，比如作者亲身经历，如游学经历、行医临床经验等的总结。

秦汉科技文献作者作品形式包括：科技著作（综合性和专门性）、工具书（标准与汇编）、科技教材与科普三种形式。

秦汉科技文献的主要流传方式有官刻、私刻及手抄等。

一 秦汉官方科技文献作者群体的创作过程与作品流传方式

秦汉之交的战争使科学技术的发展受到了极大的破坏，以致汉朝建国后不得不花很长时间致力于恢复以往的水平。秦汉间对古文化进行了大规模的整理，使许多已佚古籍得以复现，就是这种努力的重要组成部分。无疑，它对于继续发展古代科技遗产起了巨大作用。

强调秦汉对前代科技遗产的整理、继承和恢复，并不否认它本身的发展和创造，造纸术和指南针的发明，中医切脉学、中药学的成熟等等，每一件都足以使这个时代自豪。不过我们可以发现，这一时期的许多重大发明有的是战国成就的余续，有的是南北朝成就的发端，而缺乏原创性，因此说秦汉科技成就的基本特征是整理和继承，是恢复和发煌，而大规模的创造须要等到南北朝。

这一时期的科技文献虽然不少，但保存下来的却寥寥无几，本书仅对其中能够考证的科技文献的创作过程与作品流传方式进行分析。

（一）秦汉官方科技文献作者的写作目的

秦汉科技文献作者的写作目的主要有以下几类：

第一，官修。比如司马迁奉命著述历史，撰写《史记》；班固奉命编写《汉书》。

第二，与本职工作职能直接相关的。作为天文官的刘歆，编制《三统历》属于本职工作分内的事；氾胜之在担任轻车使者期间，负责指导农业生产，因此编写了《氾胜之书》；张衡的《灵宪》是在其担任太史令期间完成的，这是他的本职工作之一；崔寔的本职工作是在皇家书馆进行著作，在担任太守期间有责任对当地农业生产进行指导，因此著有《四民月令》；汉灵帝调刘洪回京师，任职郎中，就是为了让其专门从事历法研究，写成《乾象历》；王逸为郎，在盐铁会议上负责记录，因此写成了《盐铁论》。

第三，是与本职工作职能间接相关。比如张苍在任职丞相期间，充分利用自己在数学与历法方面的才能，校正《九章算术》；刘安为了发展地方文化，促进科技发展，因而与众门客创作了《淮南子》。

第四，是个人爱好。王景所著的《蚕织法》体现了其个人在农业生产和手工业方面的造诣。

综上所述，秦汉官方科技文献作者的写作目的比较平均。首先，最多是与本职工作直接相关的，主要是因为官方作者在朝廷任职，其接触到的最多的科技信息或者擅长研究的领域是与本职工作有直接关系的，或者出于工作需要或者出于爱好。其次，有些作者的写作目的与本职工作间接相关，主要是因为这些作者原本擅长的领域，在朝廷中没有对应的职务，因此这些作者只能在现有职务上进行创作，但是这些职务或多或少与其创作的科技文献学科有一定的联系。再次，还有一部分作者的写作目的比较明确，比如司马迁和班固是奉命编写史书。最后，单纯出于个人爱好的目的，比如王景虽然是水利专家，但是他同时在农业生产技术的总结方面也很有经验，由于他被拜为河堤谒者，所以本书将《蚕织法》的写作目的归到个人爱好当中。由此可见无论是官修、与职业直接相关还是与职业间接相关，都可以看成与职业相关，而个人爱好则与职业无关，因此得出结论秦汉官方科技文献作者的写作目的绝大多数是职业需要，仅有一位的写作目的是出于个人爱好，与职业无关。

（二）秦汉官方科技文献作者的资料来源

秦汉官方科技文献作者的资料来源与其职业经历是有一定联系的，所以对资料来源的分析应当结合职业经历的部分。官方科技文献作者的资料来源主要有以下几种情况：

第一，参阅官私藏书进行创作。这类资料来源在官修文献上体现的尤为明显。比如张苍作为一国丞相，能够阅读大量的官方典籍，这对他校正《九章算术》有着直接的帮助；刘歆编制《三统历》时，参考了前人编制的《太初历》，并就其内容进行了补充；班固撰写《汉书》时，参考了大量的自家藏书和皇室藏书。

第二，作者亲身经历和个人经验总结。如游学经历、农业生产经验等的总结。司马迁师从董仲舒、孔安国后，游学各地，了解风俗，采集传闻，以"究天人之际，通古今之变，成一家之言"① 的雄心创作了《史记》；《氾胜之书》中的内容都是氾胜之在研究和从事农业生产活动中的经验总结；王景所著《蚕织法》来源于他本人的农业生产经验；《灵宪》是张衡的一篇代表作，其内容大部分是由张衡本人观察与测算得到的；刘洪在写《乾象历》的过程中，在参考和校对他人上报的研究成果的同时，还对自身多年积累的经验进行了总结；《盐铁论》的内容全部为盐铁会议的记录，桓宽作为记录人员，亲身经历了盐铁会议。

第三，生产活动和不同领域知识的记录总结。比如刘安创作的《淮南子》，其作者不是刘安一人，还包括其门客，集思广益共同商讨，因此《淮南子》中的内容涉及到文史政治、物理经济等各个方面；崔寔的《四民月令》其内容记录的就是一个庄园，在一年之内的家庭事务的计划安排。

综上所述，秦汉官方科技文献作者的资料来源是比较平均的，通过阅读官私藏书进行写作的、通过总结个人经验进行写作的，和对农业生产及不同领域知识总结进行写作的各占了一部分，大致来看三种资料来源是有着明显的分别的，但其实三者之间是相互交错的关系，比如司马迁编写《史记》，虽然资料来源是游学经历，但是在创作过程中必然会阅读大量的史书进行参考；再比如崔寔编写的《四民月令》是对农业生产过程的

---

① 班固：《汉书·司马迁传》，中华书局 1962 年版，第 2735 页。

记录,但是如果没有自身从事农业活动的经验或者管理农业生产的话,是不可能写出像《四民月令》这么详细的农学著作的。所以,资料来源的划分只是大体的,具体属于哪部分要看在创作过程中来自哪部分的资料占据了较多的篇幅。

(三)秦汉官方科技文献作者的作品形式

秦汉官方科技文献作者的作品主要有科技著作和工具书两种形式,其中科技著作又分为综合性和专门性两种,工具书的内容为制定的标准与档案汇编。如表2—5。

表2—5　　　　　　　　秦汉官方科技文献形式表

作品形式	科技著作		工具书	
所占比例	70%		30%	
	综合性	专门性	标准	汇编
作品名称	《淮南子》《史记》《汉书》	《九章算术》《氾胜之书》《四民月令》《灵宪》	《三统历》《乾象历》	《盐铁论》

从上表可以看出,秦汉时期官方科技文献,以科技著作为形式的占了70%,而工具书类的占了30%。结合作者的教育背景分析我们可以得到以下结论:

第一,科技著作中,综合类文献的数量和专门性的数量相当,通过对比两者发现,在知识积累过程中,阅读了大量的官私藏书的作者,他们往往能够写出综合性的科技著作,比如《史记》的作者司马迁和《汉书》的作者班固,他们都出自官宦世家,能够接触到大量的典籍,这样的知识积累是比较系统全面的,因此他们的作品是综合性的;出身平民家庭的作者,他们往往专长于单一学科,这与他们的兴趣爱好是密不可分的,比如校正《九章算术》的张苍,从小就善于计算,而氾胜之和崔寔,原本就对农耕生产有着极大的兴趣,因此在他们任职期间能发挥他们的专长,进行农业生产的管理,同时进行经验总结与文献创作。

第二,工具书中,标准类的文献有两部,都是天文历算类的作品,档案汇编类的作品《盐铁论》，其实是桓宽所做的盐铁会议的记录，后经过整理形成散文。工具书的写作目的都是与本职工作有关的，它们的作者都任职于朝廷，所以不难看出在当时工具书是诞生于统治阶级并受用于统治者的。

（四）秦汉官方科技文献作者的作品流传方式

秦汉时期的科技文献的早期版本一般都已佚，后期能查考的版本大多为后代作者根据《汉书·艺文志》进行翻刻的，因此秦汉当代的刊刻版本比较少见，大多为明代以后的版本。

第一，官方刊刻本。

桓宽的《盐铁论》最早的版本出现在班固的《汉书·艺文志》中，明代有涂祯覆宋刻本，这一版本现存于北京图书馆，是现存最早的版本；清代有王先谦校勘本。

氾胜之的《氾胜之书》最早的版出现在《隋书·经籍志》中，后来的《旧唐书·经籍志》中也都有著录；新中国成立后，许多学者对《氾胜之书》进行校订，如石声汉、万国鼎等。

《史记》的版本可以分为四系，第一系为宋刻十行本，第二系为南宋绍兴年间杭州十四行刊本等四种，第三系为集解索隐二家注本，第四系为南宋乾道七年蔡梦弼刻二家注本。

刘安《淮南子》较有名的版本是明正统《道藏》本。

班固的《汉书》在唐朝以前的版本大多已佚，清代出现了"武英殿本"和"局本"，现在使用最多的则是中华书局在1962年出版的版本，即通行本。

第二，私家刊刻本。

桓宽的《盐铁论》在明代出现了最早的注本，张之象注本，后收入《四库全书》；至清代张敦人请顾广圻对《盐铁论》进行校刊，并另附《盐铁论考证》；直到民国时期出现了白话文版本的《盐铁论》，主要有徐德培的《盐铁论集释》（1975）等。

第三，官方抄本。

桓宽的《盐铁论》在明代出现了王宗沐撄宁斋抄本；

其他的文献流传方式难以考证，即便有记载也只是在后人的文中有着只言片语的描述。

二 秦汉民间与宗教科技文献作者群体的创作过程与作品流传方式

对于秦汉民间与宗教科技文献作者作品创作过程和作品流传方式的研究是依据学科分布划分进行研究，这样更能全面系统阐述秦汉科技文献作者作品的情况。

（一）秦汉民间与宗教科技文献作者的写作目的

秦汉民间与宗教科技文献作者的写作目的主要有以下几点：

第一，受召编制历法。虽然落下闳只是普通百姓，并没有当官，但是因其学识渊博，恰逢太史令司马迁等人上书建议改历，于是统治者召集民间的天文学家，落下闳在同乡的推荐下，进京参加改历工作，参与编制了《太初历》。

第二，与本职工作直接相关。张仲景为了解决伤寒病给人们带来的极大病痛，深入对该病的了解，创作了《伤寒杂病论》，作为医生，救死扶伤是他的本职工作。

第三，个人爱好。如王充的《论衡》，王充仕途落拓，官场的不得志并没有掩盖他的才华，他十分推崇司马迁、杨雄、桓谭等人，继承了这些先行者的叛逆精神，与"天人感应"的神学目的论和谶纬迷信进行了针锋相对的斗争，在斗争中，王充建立了一个反正统的思想体系，创作了《论衡》。黄石公的《黄石公三略》和《素书》是其在隐居后的作品，虽不为官，但仍忧国忧民，写下了治国平天下的策略。

综上所述，民间与宗教作者的写作目的非常单纯，一种是工作需要，如奉命编写历法和行医救死扶伤；另一种则是出于个人爱好，或者是为了用文字作为武器来抨击传统，如王充利用《论衡》批判"天人感应"和谶纬迷信，或者是将自己的经验总结下来留给后人，如黄石公的《素书》。不难看出，无论是出于哪一种写作目的，这些作者选择的都是自己擅长的学科，由此可见民间作者所学比较专一，擅长单一学科的文献写作研究。

（二）秦汉民间与宗教科技文献作者的资料来源

第一，参阅官私藏书合作创作。比如落下闳的《太初历》，并非一人完成，被召入京参加历法编制，在参考之前历法的同时，与邓平和唐都等20多人一同进行编写，最终的成稿，在与其他人编写的历法的对比中脱颖而出，遂被采用；王充自幼热爱读书，游学天下，也曾阅读在市场上贩卖的书籍，为《论衡》的创作积累了丰富的知识。

第二，作者个人经验总结。如行医临床经验等的总结。比如张仲景为了研究治疗伤寒病的方法，苦读大量医书，并对自己多年的临床医疗经验进行总结，最终完成了《伤寒杂病论》的创作；黄石公隐居，用毕生积累的知识和理想抱负写就了《黄石公三略》和《素书》。

综上所述，民间与宗教作者的资料来源都与他们的工作条件有着密切的联系，他们有的利用职务之便能够阅读官藏典籍；有的官场不得志，读书于市肆；也有在行医过程中进行知识积累的。但是不管是哪一种资料来源，这些都是他们能够直接获得的资料，而不是间接获得的。

（三）秦汉民间与宗教科技文献作者的作品形式

秦汉民间与宗教科技文献作者的作品形式如表2—6所示。

表2—6　　　　　　　秦汉民间与宗教科技文献形式表

作品形式	科技著作		工具书（标准）
所占比例	80%		20%
作品名称	综合性	专门性	《太初历》
	《论衡》	《伤寒杂病论》《黄石公三略》《素书》	

由上表可以看出，民间的科技著作的比例大于工具书的比例，科技著作中的综合类图书有《论衡》，其作者是王充，生于没落官宦家庭，他的知识积累过程也是在阅读大量书籍中进行的，因此得到的知识也是较全面的。专门性科技著作的作者张仲景和黄石公，一位来自民间一位来自宗教，张仲景作为医生，精通医术，因此写出专门性的科技著作，黄石公的生平难以考证，据传他曾是始皇父亲的重臣，隐居后将毕生的治国与军事经验写成《素书》和《三略》。工具书的作者落下闳，其受召于朝廷，进行历法编制，因此可以看出工具书在当时是为统治者所使用的。民间多产专门性的科技著作，而综合性的科技著作与工具书的编撰都与官方文化有一定的联系。

（四）秦汉民间与宗教科技文献作者的作品流传方式

秦汉民间与宗教科技文献作者的作品流传方式与官方相同，也分为官方刊刻版本、私人刊刻版本等。

第一，官方刊刻版本。

黄石公的《素书》有民国时期鄂官书处重刻本等。

王充的《论衡》在宋代之前没有定本，北宋庆历五年，进士杨文昌对其进行了校对，作序刊印，成为善本，后来洪适又对其进行了校订重刻。现存北京图书馆宋本，经元、明两代不断修补，是今存最早刊印的全本。

第二，私家刊刻版本。

黄石公《素书》明清两代的刊刻版本较多，比如：明吴勉学辑二十子本、清胡文焕校本等。

张仲景的《伤寒杂病论》在成书不久后便佚失，后晋王叔和轶析为《伤寒论》与《金匮要略》两本书，北宋时期经过校正医术局的校刊，而后每代都又刻印多次，最终流传至今。

王逸的《广陵郡图经》已佚，清代之前没有著录，现在能够考证的汉代图经，只有王逸的《广陵郡图经》和《巴郡图经》。《巴郡图经》与《广陵郡图经》的成书时间大致相同。《巴郡图经》被称为"我国最早的以图经为名的地方志"，[①] 因此可以确定《广陵郡图经》是现有史料记载最早的以图经为名的地方志。秦子卿称《广陵郡图经》为"古代扬州最早的郡志"，[②] 文献具有极高的科研价值，但可惜能查考的信息只有这一条。

综上可以看出，秦汉时期官方与民间作者的文献流传情况并不乐观，它们大多在成书年代就已佚，经后代的著录或者重新校订才得以流传到现在，但最初版本都已不存在。

第五节　总结与分析

科学技术的进步，有力地推动了秦汉社会生产力的提高，也为西汉文

[①] 中国方志大辞典编辑委员会：《中国方志大辞典》，浙江人民出版社1988年版，第323页。

[②] 陈桥驿：《中国都城辞典》，江西教育出版社1999年版，第1350页。

帝、景帝和武帝时期以及东汉前期的社会繁荣创造了条件，即这些时期几位统治者施行的一些开明的政策措施对科学技术的发展起了促进作用，而科学技术的进步又推进了社会经济的发展。同时，科学技术的进步，给神学目的论和谶纬迷信说以有力的打击，也给两汉时期思想斗争的开展以直接的刺激。因此说秦汉时期是我国古代科学技术发展史上极为重要的时期，我国古代各学科体系在这时大多已形成，许多生产技术趋于成熟，这些都为后世科学技术的发展决定了方向，搭成了骨架。[1]

一 秦汉科技文献三大作者群体的特点

通过对秦汉科技文献官方、民间、宗教三大作者群体的组成、知识积累和他们作品的创作过程与流传方式进行总结分析，得到不同群体各个方面的特征。

（一）秦汉官方科技文献作者群体的特点

秦汉时期是我国古代科技起步的阶段，封建时期正是官文化盛行的时期，因此诞生于官文化中的官科技必然成为秦汉科技文献作者群体的重要组成部分。

第一，从群体组成上看，官方科技文献作者的地域分布是有非常明显特点的，最开始这些作者往往集中在帝国的首都，或者是经济较为发达的地区，因为这些地区无论是学术氛围还是研究学习条件都要优于其他地区，但是随着统治者开始向南拓边、郡国学校和私学的创办，文化发展的脚步渐渐踏向江南地区，于是江淮流域也出现了部分科技作者。

这一时期，科技作者的学科分布中，农学与天文历算占了半壁江山，由此可见出于科技起步阶段的文献作者，他们的研究还是致力于传统的农学，农业生产作为基础产业，它不仅最接近百姓的生活，同时也最接近统治者的管理。另一学科天文历算，自古就是我国古代的强势学科，在汉代仍然保持世界前列的位置。新兴学科数学、物理、地理、技术工程（水利工程）也在渐渐发展。所以这一时期官方科技文献较多的仍来自以实用为主的传统学科，而学术性较强的物理和数学则在萌芽状态中。

在官职结构中，从事科技工作的官员大都属于中央机构，地方官员

---

[1] 董粉和：《中国秦汉科技史》，人民出版社1994年版，第179—180页。

较少。

第二，从知识积累上看，大部分官方作者来自官宦世家，他们的数量远远多于其他出身的作者，主要是因为这部分作者从小受到较好的家庭教育，在浓浓的学术氛围下生长，还能接触到一般百姓不能查阅的图书，这为他们创造了良好的条件，而来自科技世家的王景与官宦家庭出身的作者一样，从小能受到更好的教育。总之，官方科技文献作者在家庭出身与教育背景方面比起民间与宗教作者有着先天的优势。

官方作者的仕途比较复杂，有的职位从低慢慢升高，有的承袭家门而后来却衰落，但是他们都曾在自己擅长的领域做出成就。

第三，从作品创作过程与流传方式上看，官方作者的写作目的大多是与本职工作有关的，这种关系有的是直接相关，有的是间接相关，而有的作者是奉命编写史书，那么编写史书就是他们的本职工作，因此在当时的文献创作都是与职业经历有关的，出于个人爱好原因的只占了少部分。

在作品形式上，大多以科技著作为主，工具书为辅。可以明显看出的是，在当时工具书的使用者是统治阶级。

科技文献的流传方面，很多这一时期的文献的最初版本都难以查考，很多文献仅仅是在后代的著作中有所著录，而经过几代人的考补注释才流传到今天。我们猜测主要原因是在东汉造纸术发明之前，文献的载体大多为竹简或者是布帛，这种载体一方面不方便携带，难以广泛传播，另一方面，保存极其不便，后期维护需要投入大量的人力物力，因此秦汉时期的文献大多在当时就已佚失。

(二) 秦汉民间与宗教科技文献作者群体的特点

民间与宗教作者群体作为秦汉科技文献作者群体的重要组成部分，虽然只占了小部分，但它们创造出的价值却是巨大的，所以他们的存在也是尤为重要的。

第一，从群体组成上看，民间与宗教科技文献作者的分布是比较零散的，他们中有的来自传统的发达地区，也有来自新兴发展的地区，比如江淮地区和四川地区，与官方作者的地域分布相同，他们也受益于教育制度的完善与文化发展的向南转移。

民间作者的学科分布不像官方作者那样集中，主要原因是爱好自由，他们没有工作的限制，因此可以对自己喜好的学科进行钻研。

第二，从知识积累上看，民间作者中同样有来自官宦世家的，而平民家庭出生的只有一人，所以即使是来自民间，但是他们仍然能够得到好的教育，这对他们的知识积累有很大帮助。另外民间作者的学术爱好比较自由，他们能够拜师学艺，比如张仲景就曾拜张伯祖为师，潜心钻研医术。

民间作者的职业经历各不相同，但是不可否认的是他们的才能都得到了充分发挥，或受召于朝廷进行创作，或学以致用，救死扶伤，即使是仕途落拓的王充，最终也写成了"百科全书"般的《论衡》，以此抨击传统迷信。

第三，从作品创作过程与流传方式上看，民间作者的写作目的与官方作者大致相同，有的受召于朝廷，有的则是在自己爱好的领域进行创作。

作品形式上也分为科技著作和工具书，而工具书的创作目的是作者被朝廷征召，发挥他在天文历算方面的才能而对历法进行改制的，此处确定了我们之前的猜测，在当时工具书的使用者是统治阶级，工具书是一种维护统治的工具。

作品流传情况与官方文献一样，大部分为后代的考补版本。

二 秦汉科技文献三大作者群体的比较分析

上文中，我们单独对官方、民间、宗教三大作者群体进行了分析与特点总结，在这里，我们将对三大作者群体进行对比分析。

（一）秦汉科技文献作者群体组成的比较分析

通过对秦汉科技文献三大作者群体的群体组成进行比较分析，能够得出以下结论。

第一，就地域分布而言，官方作者主要集中在当时的都城以及较发达的城市，民间作者比较分散，有的处在南方，而南方在当时还没有发展起来，相对来说不那么发达，江南地区真正开发展起来的原因是统治者向南拓边开发，并完善教育制度。

第二，就学科分布而言，当时的作者都停留在传统优势的学科上面比如农学与天文学，而研究型的学科，如数学、物理学则少有人进行研究，主要是因为秦汉是中国古代科技的起步时期，在继承之前科技文化的情况下，发展新的科学技术需要一个过程，而这个过程是缓慢的。

(二) 秦汉科技文献作者群体知识积累的比较分析

前文对三大作者群体的知识积累进行了单独的分析，科技作者知识积累的比较主要从家庭背景、教育背景和职业经历三个方面进行。

第一，家庭背景方面，不论是官方作者群体还是民间与宗教作者群体，他们当中的大多数人来自官宦世家，另外少部分来自平民家庭，因此我们可以看出，在秦汉时期，民间作者之所以能够创作出传世的科技文献，与其家庭背景是有着密不可分的关系的，官宦世家的背景，让他们能够得到普通百姓得不到的资源，接受普通百姓不能享受的教育，在知识积累方面他们就已经领先于普通百姓了。

第二，教育背景方面，官方作者从小在良好的学术氛围下生长，接触到的人或事都比民间作者的层次高，而民间作者虽然学习条件不如官方作者那么稳定，但是由于出身官宦世家的家庭背景，他们仍然能够进行知识的积累。而纯民间与宗教作者只能靠自身的努力与兴趣培养来进行知识积累。

第三，职业经历方面是比较复杂的，官方作者大多在朝廷做官，也有部分作者来自民间，受召入京进行科研工作。民间与宗教作者有的虽然出身官宦世家但是厌恶做官，于是以爱好为业，有的想踏上仕途，却怀才不遇，还有的为求安逸而隐居进行创作。由此可见，尽管在当时他们的职位并没有确切的权力，但是他们能够在自己的职位上发挥自己的专长，为科技的发展做出贡献。

综上我们可以看出，秦汉时期的科技作者虽然分为官方、民间与宗教三大方面，但是结合他们的家庭背景，我们就能很轻易地看出不论是官方还是民间与宗教作者，他们大都来自官宦世家，在当时官文化的熏陶下，官科技还是占了主流，真正的民间与宗教科技也仅仅是刚刚起步。

(三) 秦汉科技文献作者群体的创作过程与作品流传方式的比较分析

秦汉科技文献作者群体的创作过程与作品流传方式的比较，主要从写作目的、资料来源、作品形式及流传方式单方面进行。

第一，写作目的方面，从前文的统计分析中我们不难看出，官方作者、民间与宗教作者写作目的不尽相同，大都是与工作有关的，这一部分作者占了很大的比重，而以个人爱好为写作目的的只占了小部分。

第二，资料来源，官方作者的资料来源大部分是参阅官私藏书与个人经验的总结,这两者结合在一起,形成了较为严谨的官方科技文献,而民间与宗教作者群体,他们的经验则更多偏向于个人游学经历与工作经验的总结。

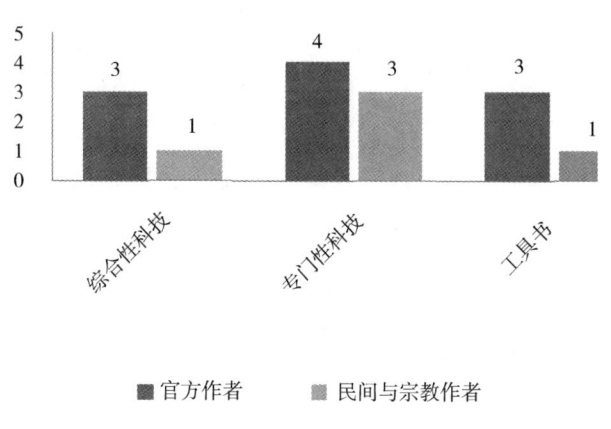

图2—6 秦汉科技文献作品形式分布图

第三,作品形式方面,由图2—6可以看出,不论哪一种类型的科技文献,民间与宗教作者的数量都少于官方作者的数量,这部分原因与作者的家庭背景、教育背景和职业经历有着密不可分的关系,在前文已经分析,在此不再赘述。而专门性的科技著作数量要高于综合性的科技著作和工具书,主要是因为综合性的科技文献需要掌握大量的知识,参考大量的书籍,这对于一般百姓或者天资不高的官员来说比较困难,仅有少数的作者能够写就这种大型的综合类科技文献,而一般的作者都是在自己擅长的学科里进行科技研究,所以专门性的科技文献比较多,工具书包括制定标准与档案汇编,与官方文化密不可分,它们的使用者多为官僚。

第四,作品流传方式方面,无论是官方科技文献还是民间与宗教科技文献,秦汉时期形成的科技文献,最初版本都难以考证,比较多的是后世作品中对它们的著录,或者经过历代学者的考补与校订而流传到现在。

三 秦汉社会的特殊性对科技发展的影响

总结历史的特殊性,特别是科技发展的特殊性对当代科技文献作者群体的影响有着深远的意义,作为社会组成的一部分,社会政治与科技可以说与人们的生活息息相关,通过对社会政治与科技发展特点的分析,便能看出科技文献作者进行创作受到哪些条件的影响。

(一) 秦汉社会政治对科技文献作者群体的影响

秦汉时期历史横跨了公元前221年到公元220年之间的440多年,这期间的社会政治在每一时期有着不同的特点,不同的社会政治背景对科技的发展和科技文献作者的写作会有不同的影响。

第一,秦统一六国之后。始皇废分封,建立郡县,采取了一系列措施来巩固国家的统一。但是农民阶级在当时受到秦朝政府的严厉压迫和残酷剥削,生产力和物力没有得到合理的利用,加之严厉的思想统治以及焚书坑儒对文化的严重破坏,致使民不聊生,随后秦朝便在农民起义的打击下很快灭亡。社会动乱与文化破坏行为,使这一时期鲜有科技文献的出现。

第二,汉承秦制,汉文帝、景帝时期出现封建"治世"的初步兴盛景象。战国时期百家争鸣现象余韵绕梁,这都给社会生产力和科技的发展提供了良好的条件。"文景之治"时期张苍校正了《九章算术》。接着进入"汉武盛世",在加强封建统治的同时,武帝向南拓边,带动了南方的科技发展,推进了经济与文化的传播,同时武帝重视农业生产和水利灌溉,通过兴修各级学校来完善教育制度,这期间有司马迁这样的大文学家出现。再到后来的"昭宣中兴",是中国科技发展史上的一个重要时期,"轻徭薄赋,与民休息"[①]的政策为科技的发展与生产提供了安定的社会条件,诞生了刘歆和氾胜之这样的农学作者。

第三,王莽夹缝时期与东汉的科技高潮。王莽严厉的封建统治,直接导致了农民起义的浪潮。新建立的东汉政权对封建的生产关系做了调整,减轻徭役赋税等政策的颁布,为生产力和科技的发展提供了有利条件,于是涌现出了张衡、崔寔、班固等一大批科技文献作者。这是秦汉科技发展的第二次高潮。

总之,科学技术的发展有自身的规律性,有一个积累、提高和总结、飞跃的过程。东汉前期科学技术出现的一系列进步是在西汉以来长期积累、提高的基础上实现的。如浑天说的完善、天文仪器及天文学其他方面的进步都有一个发展的过程;造纸术的改善也有一个摸索的过程等等。东汉以后,统治阶级日趋腐败,社会危机四伏,生产下降,但在医学上却出

---

① 班固:《汉书·昭帝纪》,中华书局1962年版,第233页。

现了张仲景的《伤寒杂病论》这样的巨著，除战乱与疫病蔓延的直接刺激外，主要同医药学知识的长期积累有密切关系。同样，天文学亦趋活跃，长期天文观测资料的积累当是其主要原因之一。

（二）秦汉科技发展的特殊性对科技文献作者群体的影响

秦汉时期，我国科技在不同领域方面都得到了一定的发展，保持传统优势学科研究的同时，在其他学科方面也取得了不小的成就。

第一，农业科学技术。秦汉时期我国的政治、经济、文化中心在黄河流域，农耕用具的改善与种植技术的改良，大大提高了我国这一时期的农业生产水平。崔寔的《四民月令》和氾胜之的《氾胜之书》就是这一时期的典型农学科技文献。

第二，先进的天文历算方法。由于当时历法不能适应农业生产的特点，于是历法改革势在必行。从历法改制的过程中我们可以发现，当时不管是官方还是民间都对天文学非常重视，尤其是民间出现了落下闳这样优秀的天文学家。这一学科的科技文献主要是天文历法如落下闳的《太初历》、刘歆的《三统历》、刘洪的《乾象历》，也诞生了著名的天文学家张衡。

第三，数学体系的形成。《九章算术》的出现标志着我国已经形成了自己独特的数学体系，至于《九章算术》的作者无法查考，但是它并非一时一人之作，秦汉时期，丞相张苍对其进行过校正。

第四，高水平的地图测绘技术。战国时期我国的地图测绘就已经达到了很高的水平，这一时期班固创作出《汉书·地理志》，这是我国历史上第一部以"地理"命名的地学科技文献，其他的地理学作品还有王逸的《广陵郡图经》，为方志。

第五，医药体系的充实和提高。统一之后的国家，增强了地域间的交流，也促进了不同民族文化的交融，使一些原本只存在于少数民族地区的中草药出现在人们的视野之中。张仲景根据其多年的行医经历与经验总结汇集成了《伤寒杂病论》。

第六，造纸术的出现。造纸术是秦汉时期重要的科技成果，对后来人类文明的发展有着至关重要的作用。我国古代的科技文献曾经以金石、甲骨、简牍、布帛等材质为载体，这些材质的共同特点就是笨重，不易于携带，因此以这些材质为载体的知识无法得到很好的传播，另一方面，这些载体的保存需要耗费大量的人力物力，因此，很多文献早已佚失。东汉蔡伦造纸术的发明，大大加快了知识传播的速度，以纸张为载体的科技文献便于保存，这都在无形中加快了我国古代科学技术的发展。

（三）秦汉中外科技文化交流

秦汉时期中外贸易交流的发展，极大地丰富了人们的物质生活，在睦邻友好的同时，也大大增强了中外的科学技术文化交流。

第一，发达的海陆交通，使人们能够探索新的未知世界，丰富了当时人们的地理知识，同时也促进了人员往来，文化交流更加迅速。如张骞的出使西域，促进了各国人民之间的了解和科技的交流。"丝绸之路"更是将我国优质的物质文明带到了西方世界。

第二，我国的铁器和农业生产技术传入越南，大大提高了越南的农业生产水平。此外，井渠法也传入大宛，对农业生产的发展产生了有利的影响。与此同时，来自世界各地的新奇物种、农产品、生活用品也渐渐传入我国。

第三，在相互交往的过程中，各国人民取长补短，创造了融汇中外特色的新物品。如在楼兰，曾发现汉代织有中国和希腊混合风格图案的毛织品；和阗出土的一种铜钱，一面铸有"汉文廿四铢"字样，另一面铸着马的图像和佉卢文字；日本曾利用中国的铜器熔铸具有日本民族风格的器物等等。

综上所述，中外人员往来频繁，文化交流顺畅，不同文化的交融与物产的相互碰撞，不仅极大地丰富了人们的物质生活，同时也大大提升了精神文明的层面。开放的交流，为科学技术的传播提供了便捷的途径，将我国先进的科技曙光洒向全世界，同时外国科技的传入也极大地丰富了我国科技文明的宝库。

第三章 魏晋南北朝时期

魏晋南北朝时期，虽然长期南北对峙，战争严重破坏生产，但是总的来说战乱时间比较短，相对稳定的时间比较长，生产和科学技术在和平与安定的间隙中得到发展。同时，由于民族大融合，科学技术交流联系提高了，也产生了诸多科技文献。魏晋南北朝科技文献作者数量比秦汉增加了许多，反映出科技在不断进步，科技文献作者群体在不断壮大，其中官方作者群体仍以 28 人居首位，以地理学、医药学为主要研究对象，集中活动于江苏、河北、山东、河南等传统经济和文化繁荣区域，且多数作者的活动区域和祖籍没有直接关联，这主要是因为魏晋南北朝时期门阀士族南迁和频繁的战乱导致迁徙较为频繁。民间和宗教科技文献作者各有 1 人，分别是数学家刘徽和佛教的法显，代表作品为《九章算术注》和《佛国记》。因为朝代更迭频繁、社会动荡不安，为满足战争需要，这一时期的地理学和医药学较为发达，但作品佚失量较大，仅有少数作品得以流传。

第一节 魏晋南北朝科技文献作者群体存在的社会背景

一 魏晋南北朝的政治背景

魏晋南北朝是中国历史上政权更迭最频繁的时段。在近四百年的时间里，先是魏、蜀、吴三国鼎立；继之而起的西晋虽然统一了全国，但命祚短促；伴随着西晋的灭亡，整个中国构成了南北朝时期南北对立的局面。在北方，先有十六国割据，后有北魏、东魏、西魏、北齐、北周的政权嬗变；在南方，则有东晋、宋、齐、梁、陈五个封建王朝的兴替更迭。直至 589 年隋灭南朝陈为止。

秦汉官僚政治体制以中央集权为形式，实行皇帝独裁，各级机构和管理人员，最终都是为皇帝个人负责的，皇权至高无上，并运用法律加以确定，到了魏晋南北朝时期情况发生改变了，以家族或宗族为基础的官僚阶层随着各种因素的转化，形成了一个新的官僚世族阶层，即门阀士族。权力为皇族和门阀士族共享，它们在内部瓜分权力；皇权"贬值"，名义仍照旧，但实权下移；从北方迁徙侨居南方，置办田地；皇权的至尊和绝对性也受到了侵害。

二 魏晋南北朝的经济背景

第一，南北经济趋于平衡。原因在于江南成为经济中心，并得到迅速开发，中原虽然也有朝代建都，但发展相对缓慢。原因是在魏晋南北朝时期，在北方发生了大规模持续时间很长的战乱，严重破坏北方的经济。稳定的南方得到了经济上的迅速发展。南北经济的平衡改变了从前北方黄河流域为重心的经济格局。

第二，士族庄园经济和寺院经济占有重要地位。由于士族制的发展和统治者崇信佛教，导致地主庄园经济和寺院经济恶性膨胀，造成土地和劳动力的大量流失。

第三，商品经济处于较低的水平。城市在战乱后，遭到严重的破坏，南方开发刚刚起步，也导致商品经济发展缓慢。

第四，各民族经济交流加强。民族融合的加强促进了经济的恢复和发展。同时也为隋唐时期的繁荣奠定了基础。

三 魏晋南北朝的文化背景

魏晋南北朝的战乱打破了汉朝建立起来的儒学大一统的地位，虽然儒家思想不再具有统治地位，但不能动摇它作为社会思想发展的主流和主要派别；佛教经过两汉的改造与发展，在魏晋南北朝时期与玄学有机地结合，并充分借鉴儒道思想，也成为一支重要的思想派别；道教经历了一系列的主要道士的改造与充实，发展分化出很多新的道教派别，并积极与上层统治阶级相融合，也是一支不容小觑的思想力量。可以说，魏晋南北朝时期，正式开创了我国古代儒释道三教并行的思想态势。

儒家学者所追求的是"修身、齐家、治国、平天下",在乱世之中受战乱影响,独特的魏晋玄学就产生了。玄学家们一方面有感于社会动荡,政治黑暗,另一方面,又感叹于统治者不施仁政,这样,绝大部分转向老庄的清修无为,魏晋风骨逐渐形成了。魏晋时期的儒家思想对于科技发展的影响微乎其微。

佛教是外来宗教,在社会上具有举足轻重的地位,在魏晋南北朝时期发展壮大,不仅带来了印度文化,也为思想界带来了全新的思潮。弊端就是与中土文化的交融和认可问题,难免和我国固有文化发生冲突,如北魏太武帝的"灭佛"事件、北周武帝的"灭佛"事件,就鲜明地说明了佛教在与中国固有文化的交流中,还是免不了被排斥的,因而佛教对于魏晋南北朝时期科技发展影响的效果是有一些的,只是和道教相比,其接受过程没有那么顺利。

道教从创立走向成熟。道教在派别上发展壮大,它的影响力从蜀中、巨鹿等地区发展到全国以及少数民族地区;成员上,道教派别依附于社会上层,大批的士族知识分子也加入其中,因而道教的整体素质得到了很大的提高;在教义上,神仙教义得到了基本的创立。道教的壮大发展,同样在社会各个方面,尤其是在科技上的作用也十分重要。

四 魏晋南北朝科学技术的总体发展水平

(一)科学发展

在医药学领域:魏晋南北朝时期,人民和大量医家面对的情况是连绵的战争、动荡的社会以及各种民族的融合、文化交流的情况,所以必然产生一定量的医治伤病疾苦的实践,从而显著提高了诊断和治疗水平,也使疗法得以丰富,诊治均有新的创造和发现。基于前人的研究成果,总结和发展了许多诊断学的基础理论和实践知识,比如王叔和、皇甫谧为魏晋南北朝时期医药学领域的卓越代表,其著作对后世产生了深远影响。

在地理学领域:魏晋南北朝时期由于军事、政治、生产、宗教等方面的需要,在扩大边疆及域外地理知识、开辟中外交通、绘制地理舆图、深入研究中国地理等方面都得到较大的发展。地理学方面的知识和以前比较,变得更为丰富,地形、物候历方面都有了进一步的了解,水文地理得到发展，潮汐理论得到提升，边疆和域外地理知识更是进一步得到扩展，著名的地图学理论——"制图六体"就是在这个时期产生的，诸如《水经注》这样水文地理巨著和许多地理与地方志类著作也形成于这一时期。

在生物学领域：魏晋南北朝的生物学比前代的进步是十分显著的。植物和动物的形态学、生态学知识，在这个朝代变得越来越丰富；表现在对昆虫和微生物的认识有了提高；值得一提的是，关于遗传性和变异性的认识也有了发展；出现了植物志专著《南方草木状》，植物学专著《竹谱》，以及类如郭璞《尔雅注》、陆玑《毛诗草木鸟兽鱼虫疏》、张华《博物志》等与生物学有关的著作。

在天文学领域：和汉代对比，魏晋南北朝关于宇宙理论的探讨表现得更为活跃。有了理论上的论争，才能促进人们对茫茫宇宙的探索，人们对宇宙的认识得以完善，这些都推动着天文学的发展。人们对岁差和五星运行的不规则性使人们开始注意到视差对交食的影响，并推算出一些重要的天文常数，如交点月长度和回归年长度，这些成就领先于同时代世界水平。

在数学领域：秦汉时期，我国古代数学体系已经初步形成。在此基础上，魏晋南北朝时期的数学研究飞速发展。在魏晋南北朝时期数学著作多达数十种，在《隋书·经籍志》一书中所记载的就有二十多种。如赵爽的《周髀算经注》，刘徽的《九章算术注》，甄鸾的《五曹算经》，祖冲之的《缀术》等，都是重要的数学典籍，其中有多部被收入著名的《算经十书》。魏晋南北朝时期的数学著作对我国古代数学体系的贡献颇为深远，不仅使其得到充实与发展，而且在许多方面获得了新的重要成果。

在炼丹术与化学领域：在魏晋南北朝时期，炼丹术的兴盛促进了人们对化学变化的认识，开始了人工合成技术，制备了银珠、黄丹（Pb_3O_4），以及砷白铜等物，纵观世界领域，炼丹术可谓世界化学的鼻祖。在中国，炼丹术有悠久的历史，到了魏晋南北朝时期，道教丹道理论更为成熟，且变得更理论化和系统化。同时在炼制丹药的过程中，炼丹家积累了许多的化学知识。著名炼丹家葛洪仔细地观察到了铁对铜盐的置换反应。陶弘景作为著名的炼丹家和医学家，推陈出新地把炼丹的药物引入到医疗实践中,使我国传统医学的内容得以丰富,为化学的初期发展做出了巨大的贡献。

(二) 技术进步

在农业领域,连年的征战,严重地破坏了魏晋南北朝的农业,战争使北方地区耕地严重荒废,粗放式农业发展有了萌芽,很大一部分耕地变为牧场,冲击了中原老式的以种植为主的农业结构以及精耕细作的经营方式。但由于生活和战争本身的需要,农业技术仍旧在夹缝中发展着。北方已形成了以耕、耙、耱、锄相结合的防旱保墒耕作体系,选种、育种、田间管理和轮作制度都有了较大发展,中国历史上伟大的农学巨著《齐民要术》出现了;江南一带自三国的吴国以来,农业生产也逐步发展,形成适合当地的水田生产农业技术系统。

在水利方面,魏晋南北朝时期用陂塘联系由江、淮、河、海四大水系组成的航运网,这样的变化,对灌溉和漕运都具有重要的意义。水利方面的著作有郦道元的《水经注》。

在手工业技术中,在瓷器方面,突出表现为南方青瓷推广开来,主要的成就是:北魏时期烧出了青、黑、白瓷。在纺织技术方面,绫织机的改革以及染色都达到了比较高的水平。在造纸技术方面,加工技术的进步,使纸的产量和质量大幅度提高,在这个时期,完成了由简到纸的转变。粮食加工机械如翻车、水磨、水碾,交通航运机械如木牛流马、帆车、水车等,都是这个时代发明的,更值得注意的是在魏晋南北朝时期发明了一种飞车,它的原理是利用了螺旋桨进行飞行。

魏晋南北朝时期,社会并非停滞不前,首先政权对峙和战乱并非在全国各地都同时发生,因此在许多地方还是有相对稳定的发展局面,并为生产力的恢复和发展,为科学技术的进步提供了最重要的前提条件,使得科学技术的发展可以继往开来。其次,生产力的发展,如屯田、漕运的发展,促进了水利事业和航运机械的发展;社会的客观需求也推动着科学技术的进步,如战争需要锋利刀剑,就相应促进了百炼钢及以之为原材料的刀剑的兴盛。再次,魏晋南北朝时期出现了许多著名的科学家,诸如农学家贾思勰、天文及数学家祖冲之、数学家刘徽、地图学家裴秀、医学家及炼丹家葛洪等,他们都在各自的领域为科学技术的进步起到推动作用;最后,随着佛教的传入,为科学技术添加了新的动力,中国固有的科学传统也得到了进一步发展。

第二节　魏晋南北朝科技文献作者群体的组成

群体是指通过一定的社会关系，把一定数量的人结合在一起，他们在其中共同活动也相互作用的集体。从社会学的角度，以文献作者的社会身份为基本出发点，并兼顾其社会身份与科技文献创作活动的关系，对魏晋南北朝科技文献作者群体进行划分。具体说来，其社会身份主要是官员，其文献作品的创作与其官方身份密切相关的作者群体为官方群体；其社会身份主要为民间工作者，文献作品创作活动亦植根于民间的文献作者群体为民间群体；其社会身份为宗教人士，且其文献作品创作活动亦与其宗教活动密切相关，该类文献作者群体属于宗教群体。部分作者兼具官方与民间、官方与宗教双重社会身份，其作者群体的归属以其文献作品创作活动与其社会身份的主要关系为划分标准，即官方身份对其文献创作活动影响较大的为官方群体；民间身份对其文献创作活动影响较大的为民间群体；宗教（包括传教士）身份对其文献创作活动影响较大的为宗教群体。考察社会身份对其科技文献创作活动影响主要从知识积累（家庭与教育背景）、创作条件（资料、经费、项目来源等）、传播途径等方面为依据。

一　魏晋南北朝官方科技文献作者群体的组成

对魏晋南北朝时期官方科技文献作者的群体组成研究，主要从该群体在整个领域所占比例、地域分布、学科分布、官职结构等方面进行。

（一）魏晋南北朝官方科技文献作者群体组成数量

经过统计分析，可考的魏晋南北朝官方科技文献作者群体一共有28人，约占魏晋南北朝科技文献作者总体的93%，而在魏晋南北朝前一个历史时期——"秦汉，官方科技文献作者群体占75%"，[①] 所占百分比增加了18%，增加16个作者，但因秦汉的科技文献作者整体数量少，魏晋

---

① 马宁：《秦汉科技文献官方、民间、宗教三大作者群体研究》，硕士学位论文，辽宁大学，2015年，第13页。

南北朝官方科技文献的作者在数量上还是比秦汉增加了许多的，侧面反映了科技在进步。这个现象充分说明在魏晋南北朝时期，官方科技文献作者群体占了主体地位。

魏晋南北朝官方科技文献作者群体主体地位的凸显，也深刻地印证了丁海斌在《李约瑟现象的"官科技"解读》中关于"官科技"的定义："我国古代科学技术的学习、传播、科技活动的组织与实施多以官方为主，古代科学家多数同时又是政府官员，他们进行科技活动的目的，常常是为统治活动服务或邀宠于皇帝，'集中统一'的特征明显。我们称这种特点与现象为'官科技'。"[①]

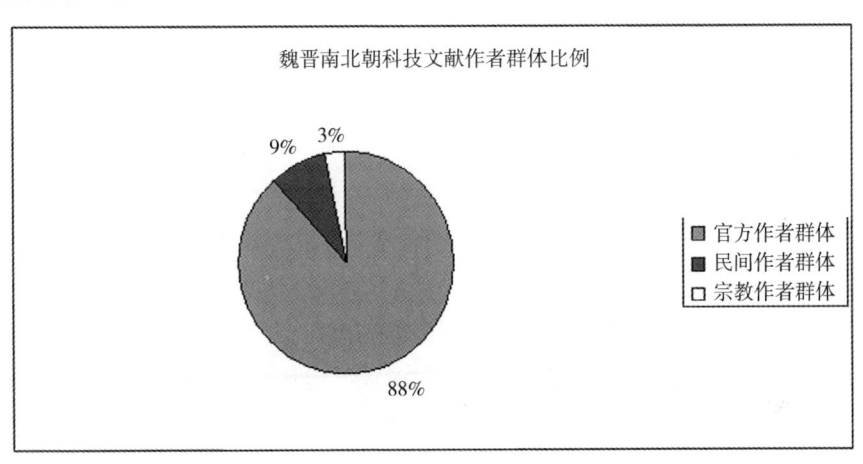

图 3—1 魏晋南北朝科技文献作者群体所占比例图

（二）魏晋南北朝官方科技文献作者群体地域分布

魏晋南北朝是一个政权更替频繁的历史时期，经历了数个朝代，建都地点各不相同。表 3—1 列出了各个时期的都城分布。

表 3—1　　　　　　　　魏晋南北朝时期建都一览表

朝代	都城
曹魏	河南洛阳
蜀汉	四川成都

---

① 丁海斌、陈凡：《李约瑟现象的"官科技"解读》，《社会科学战线》2005 年第 4 期。

续表

朝代	都城
孙吴	江苏南京
西晋	河南洛阳
东晋	江苏南京
南朝：宋	江苏南京
齐	江苏南京
梁	江苏南京
陈	江苏南京
北朝：北魏	山西大同（后迁洛阳）
东魏	河北临漳西南
西魏	陕西西安
北齐	河北临漳西南
北周	陕西西安

在地域分布上，都城比较集中在江苏、山西、河北和河南。鉴于魏晋南北朝时期社会动乱，南北割据，所以形成了定都地点多样性、多地域分布的特点。官方身份的魏晋科技文献作者有28人，官方群体约占魏晋南北朝科技文献作者总数的93%；地域分布如下：江苏7人、河北4人、山东3人，山西2人、河南2人、湖北2人，浙江1人，安徽1人，甘肃1人，陕西1人，四川1人，其余3人查不到籍贯（如图3—2所示）。

魏晋南北朝官方科技文献作者群体的地域分布特征明显，官方科技文献作者群体主要集中在江苏、河北、山东，这与当时的经济和文化有密不可分的关系。魏晋南北朝官方科技文献作者群体中，甘肃、安徽、浙江、陕西、四川一带的人最少，分别只有1个人，山西、湖北、河南的官方科技文献作者数量一样，占据数量很大，详见表3—2。

表3—2　　　　　　魏晋南北朝官方科技文献作者地域表

排名	地域	代表人物	人数
1	江苏	陶弘景、葛洪、祖冲之	7

续表

排名	地域	代表人物	人数
2	河北	甄鸾、郦道元	4
3	山东	贾思勰、王叔和	3
4	河南	谢庄、江淹	2
5	山西	裴秀、郭璞	2
6	湖北	张华、戴凯之	2
7	浙江	沈约	1
8	安徽	嵇含	1
9	甘肃	皇甫谧	1
10	陕西	杜预	1
11	四川	常璩	1

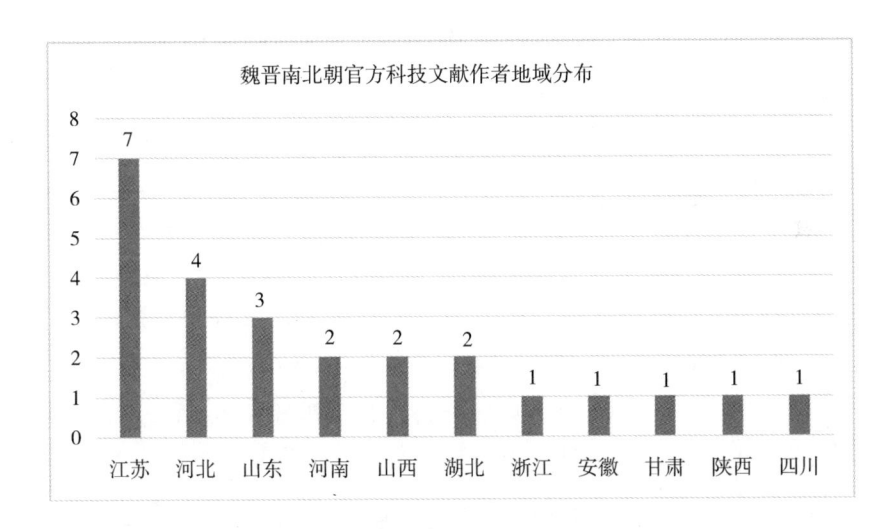

图3—2 魏晋南北朝官方科技文献作者群体地域分布

魏晋南北朝官方科技文献作者群体的地域分布呈现出如下特点：

（1）江苏省的科技文献作者数量是最多的，原因清楚：古代一国之都往往都是该国的政治、经济、文化、科技中心，南朝的宋、齐、梁、陈建都建康（今江苏南京），建都会带来经济的繁荣与文化的传播。分布于江苏的科技文献作者，其中不乏魏晋南北朝杰出的科学家，如数学家兼天文学家祖冲之、医药学家葛洪以及陶弘景。

（2）河北、山东也涌现出相对较多且有名气的科技文献作者，如郦道元、贾思勰和王叔和。在中国历史上，魏晋南北朝是一个政治、经济、文化交融复杂变化的重要时期，在此期间，经济中心开始向江浙一带转移，但没有完全南迁，中原地带还是主要的政治文化中心。河南、山西、湖北也是传统的文化地区。曹魏建都河南洛阳，北魏建都山西大同（后迁洛阳），也一定程度上影响文化的发展，这些地区也产生了一定数量的官方科技文献作者。

（3）从历史发展上看，魏晋南北朝以后南方的文化开始兴起，以前甘肃、四川等地的作者数量非常少，关于对皇甫谧的祖籍考究中，从历史习惯上，说皇甫谧是甘肃人，是准确无误的。但是他一生的活动区域主要在洛阳附近，西晋建都洛阳，皇甫谧的一生也是在政治经济文化中心附近活动的。

通过上述图表我们也应该注意到，陕西省的官方科技文献作者人数排在较后面的位置，长安是西魏和北周的都城，是隋唐文化的开端，可惜作者很少，应与当时的南北战乱有关系。由此可以看出，北宋官方科技文献作者的地域分布受政治影响比较明显，政治中心、传统文化地区以及经济较发达地区产生了大量的官方科技文献作者。

总体上，多数作者的地域分布和祖籍没有直接的联系，原因有二：一是门阀士族南迁，从祖父辈远离家乡，到经济发达的地位为官；二是战乱导致各种文化的融合，许多人为一生出仕多个朝代，迁徙较为频繁。

（三）魏晋南北朝官方科技文献作者群体学科分布

如图3—3所示，魏晋南北朝官方科技文献作者群体学科分布的特点十分明显，地理类占了主导地位，其次是医学、植物学、天文数学和农学，其他方面基本无涉及。其中地理学12人，医药学6人，数学5人，植物学4人，农学1人，综合1人。

学科分布如是的特点应该与魏晋南北朝的科技文化有很深的关系。很显然，在缺乏统一中央集权的分裂的大背景下，中央集权的弱化在一定程度上解放了人民的思想，造就了"小百家争鸣"时期，涌现出许多著名科学家以及他们留下的优秀科技成果。魏晋南北朝时期的许多科学研究活动，是从科学家个人兴趣出发，受中央集权思想的影响小，科学发展和科技文献作品呈现出更多的新特点。

魏晋南北朝官方科技文献作者学科分布

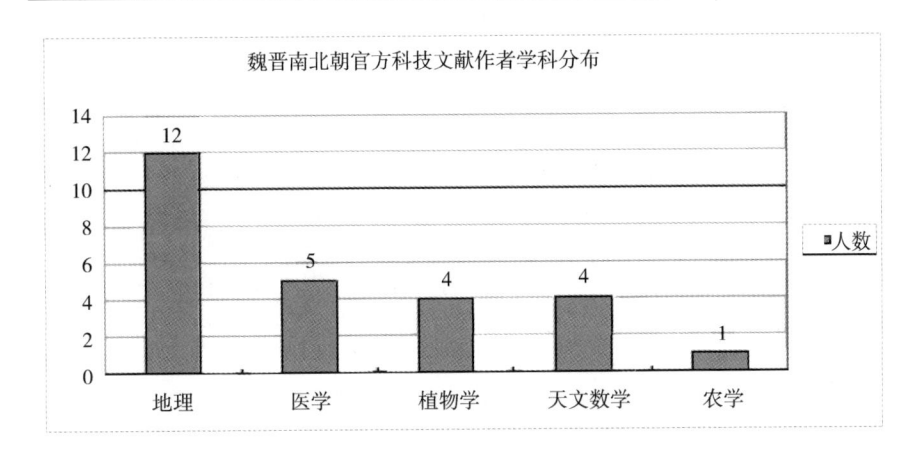

学科	人数
地理	12
医学	5
植物学	4
天文数学	4
农学	1

图 3—3　魏晋南北朝官方科技文献作者学科分布图

官方科技文献作者群体的学科分布体现了当时的科技学术风潮，地理学科分布占据较大百分比，以及医学、数学、农学在后世产生的巨大影响，是显而易见的。魏晋南北朝时期，农民和农业生产是农学的主要服务对象，农业又是我国的基础，因此，发展农业科技是为国家服务，比如贾思勰生活的朝代北魏，正是一个由经济繁荣、社会安定走向经济衰落和政治腐败的时期，他感到巩固政权的前提条件是恢复并发展经济，保障人民生活。贾思勰受他"以农为本"的立国农学观写出了《齐民要术》。

天文学领域观测天象的目的是认识和预测，最终目的是在行政方面上保证国家政权的稳固。体现统治阶级权威的一种途径就是制定天文历法，进而为统治阶级服务，古代天文历法更是直接服务于国家政治的科学。"历法的制定和颁发"意味着代天行事，谁颁发历法，谁就可以代天行事，在某种意义上是接受天命的象征，自然，在某种意义上历法就是天命和皇权的象征。魏晋南北朝时期对历法极为重视，23部新历法诞生于魏晋南北朝时期，历法多产恰恰反映了魏晋南北朝统治者的权威有着功利的目的——巩固统治地位。这一时期，很多历法的精准程度处于同时期世界领先水平。

魏晋南北朝时期的学科分析，更加体现了价值理性的科技价值观思潮，这与当时的社会背景有着密不可分的关系。这种价值理性精神，孕育和产生它的肥沃的土壤，莫过于当时经济方面和思想文化方面带来的变化，经济中心由北向南转移，思想文化朝着多元化发展，在这两种特殊的背景下，形成了这样的学科分布。

（四）魏晋南北朝官方科技文献作者群体官职结构

对魏晋南北朝官方科技作者群体的官职变迁过程进行统计，根据机构的性质分为一般性机构和专门性机构，专门性机构分为临时性专门机构和常设性专门机构，根据其官职等级可将其划分为中央官员和地方官员两个等级，[①] 整体来说分布较为广泛。

表3—3　　魏晋南北朝官方科技文献可考作者群体官职分布表

一般性机构		专门性机构	
		临时性专门机构	常设性专门机构
66%		17%	17%
中央官员	地方官员	航海团队	奉命编纂史书人员	太医院
郦道元、杜预、嵇含、裴秀等	贾思勰、沈莹、甄鸾、戴凯之	朱应	沈约、萧子显、魏收、江淹	葛洪、陶弘景、王叔和、皇甫谧、刘涓子

魏晋南北朝时期一共可查的官方科技文献作者有28人，其中中央官员24人，地方官员4人。魏晋南北朝战争纷起，在他们的生平中，很多人出仕了几个朝代，职位变动很大，多数人一生中出任过两个以上的职位，其中多数担任过中央官员；而地方官员的作者，他们的作品多数与地方的风土有很大的关系，中央官员中也不乏历经多地官职，并以此成书之人。

在官员等级方面，魏晋南北朝官方科技文献作者的官职结构，体现了明显的中央集权特点，中央官员无论是在人数上还是在科技文献作品数量上，都远远高于地方官员。这可能有两方面原因：一方面，中央官员从事科技研究与创作有自身优势，中央官员一般都是门阀士族的后代，自身的

[①] 关于中央和地方的职位划分，有一些官员既担任中央又担任地方官员，根据其文献形成和主要职务划分。

第三章　魏晋南北朝时期　　　　　　　　　　　　　　　　　　　　93

魏晋南北朝官方科技文献作者官职结构分布对比

14%
86%

■ 中央官员
■ 地方官员

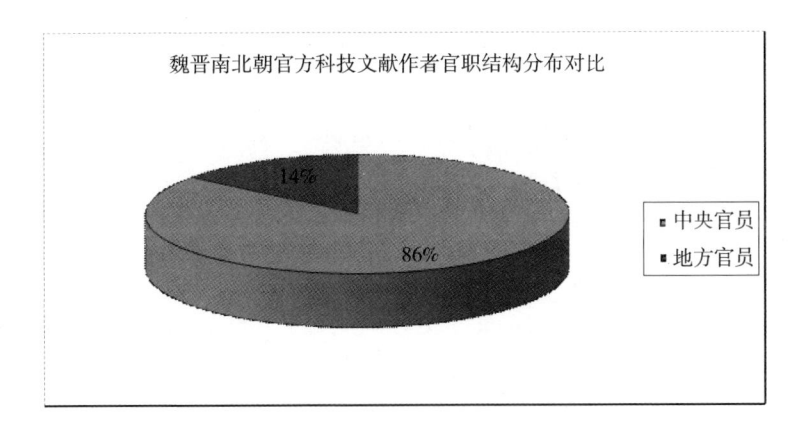

图 3—4　魏晋南北朝官方科技文献作者群体官职结构分布图

文化水平普遍高于地方官员；二是中央官员相比地方官员，接触到的文献更多一些，文献资料是科技文献创作必不可少的前提条件之一。

在机构设置方面，中央机构中，任职于专门性机构的科技文献作者比例较低于一般性机构，这于中央机构职能划分不够细化有关；在地方官员中，没有任职于专门机构的作者，这从侧面反映了魏晋南北朝时期在科技方面，地方的发展还不够发达。具体来看：

（1）中央官员

陶弘景。他是官方科技文献作者群体中比较特殊的一位，多数有关他的著作里，对他的第一称谓是魏晋南北朝时期著名的道士，他是一位学问渊博的人，精通天文地理、医学、炼丹术、文学、艺术等学科。在二十三岁时，他拒绝了"齐高帝"太尉豫章王侍郎的任命。陶弘景还做过多年的诸王侍读，齐武帝即位，以振武将军起宜都王侍读。《华阳隐居先生本起录》里说："齐世侍读任皆总知记室，手笔事选须有文才者。先生于吉凶内外，仪礼表章，爰及笺疏启牒，莫不绝众，数王书、佐典书皆承授以为准格。"① 正因为如此，也招来其他侍读的嫉妒，但他毫不在意。在二十八岁的时候，召拜为左卫殿中将军，他很不得志，二十九岁时，逢清溪宫新成，陶弘景拜表献颂，深得皇帝赏识，正要准备升他的职，但由于他的母亲去世，就错过了这次机会。后来回到京城，被任命为奉朝请，这样

---

① 张君房：《云笈七签》，华夏出版社 1996 年版，第 662 页。

的官职是闲职,《晋书·职官》上说:"奉朝请,本不为官,无员……奉朝请者,奉朝会请召而已。"① 于是在永明十年(492),即他三十七岁时,挂朝服于神武门,拜表辞职,从此入山归隐。"山中宰相"陶弘景也曾为梁武帝炼丹,他与道家的渊源颇深,之所以把他归为官方科技文献作者,是因为其与官方联系非常多。

宗懔。他生活的南梁是南朝四个朝代中的第三个朝代,都建康(今江苏南京),宗懔因与湘东王萧绎交好,开始了其仕途生涯,曾任刑狱参军,兼掌书记。历任临汝(江西临川)、建成(高安)、广晋(鄱阳)三县县令,梁元帝(萧绎)即位后,重用了宗懔,他开始了在中央任职的生活,官职一升再升,由吏部郎中、五兵尚书至吏部尚书,在周孝闵帝时还被拜为车骑大将军、仪同三司。宗懔属于既任职过地方官员也任职过中央官员,但主要以任职中央官员为主。

王叔和。关于他的官职结构就比较单一,基本是任职于中央,宋大仁先生分析:"王粲在建安十三年(208)投归曹操,被'辟为垂相椽,赐爵关内侯',建安十八年(213)'魏国既建',王集拜为侍中,从这时候起,王叔和担任魏太医令的官职。"② 王叔和官太医令,为众太医之长,也是掌管医药的最高官职。太医令的职务使王叔和接触到更多的传世资料,有助于他撰辑《伤寒杂病论》和《脉经》等著书。

(2)地方官员

贾思勰。史上记载他的资料很少,但是较有说服力的资料中论证了贾思勰历任过青州太守,他一生为官经历比较单一,但这不影响他从事科技文献的创作,也正是因其担任地方官,得到了更多体察民情的机会,促使他完成对后世影响极大、有"中国百科全书"之誉的《齐民要术》。

二 魏晋南北朝民间科技文献作者群体的组成

三国战争不断,使得国家人口急剧下降,经济严重受到损害,晋朝又

---

① 房玄龄:《晋书·卷二十四·职官》,中华书局1997年版,第734页。
② 宋大仁、徐春霖:《伟大医学家王叔和的生平与遗迹的考察并论述其脉学成就》,《中医药学报》1980年第Z1期,第39页。

是上承三国，下启南北朝，西晋灭吴之后，统一天下。在这样战乱中，民间科技文献作者群体发展数量极少，有可靠史料佐证的仅刘徽一人。在这样的一个战乱动荡的社会背景、思想背景和文化氛围之中，他的数学成果的取得，是时代造就和个人努力两者统一的结果。

（一）民间科技文献作者群体组成数量

民间科技文献作者群体在整体科技文献作者群体所占人数比例极少，占总体的3.3%，仅有刘徽1人。

（二）民间科技文献作者群体地域分布

由于史料的缺乏，刘徽虽作为一代科学大家，其籍贯和生平却无从查考，关于刘徽的籍贯，唯一可以参考的资料是《宋史·礼志》中关于北宋末年算学祀典的记载，其记曰"封……魏刘徽淄乡男"。根据这一记载，严敦杰于1940年著《南北朝算学书志》推测说"刘徽魏末著九章，其卒年当在晋代，余依《宋史》祀典，考得徽系淄川人"。郭书春在1991年撰的《刘徽籍贯考》（《九章算术暨刘徽学术思想国际研讨会议（北京）论文集》，1991年）更以为刘徽可能是山东邹平籍人，理由是："淄乡不是刘姓郡望，也不会是刘徽生前封号，因此只能是其籍贯或其他活动地区。又根据《汉书》《元丰九域志》《金史》《山东通志》等史籍，……淄乡在今山东邹平县境。"同年沈康身亦以山东邹平县东濒渤海、北临黄河和大清河的地理位置与刘徽著《海岛算经》题文中的有关地理描述加以比较，为刘徽系山东邹平籍人的推测提供了又一旁证。

刘徽的人生经历了三国和两晋初期阶段。220年曹操病逝，其子曹丕迫汉献帝禅让，立国号为魏，史称曹魏，至此东汉灭亡，正式进入三国时期。刘徽出生于225年，正是曹魏建国初期，定都洛阳，约是魏明帝曹叡即位之初。

（三）民间科技文献作者群体学科分布

民间科技文献作者群体的学科分布必然与其本身的职业关系密切，但是关于刘徽的生平事迹，现在也只能根据其所著《九章算术注》中的有关内容加以推测。不可否认的是，刘徽是中国数学史上一个非常伟大的数学家，是古典数学理论的奠基人，后人对其评价颇高。

三 魏晋南北朝宗教科技文献作者群体的组成

佛教传入中国,到了东晋时代,已经约有 300 年历史,主要流传有两大体系,一是以支娄迦谶、支谦为代表的大乘空宗般若学;二是以安世高为代表的小乘禅学。一个外来的宗教传入一个文化传统迥异的国家,经过长时间的磨合,到了东晋,佛教与中国本土文化融合的阶段已经达到了。在这个时期,有一个重要的转折是佛教从过去的基本上是送进来的阶段向拿进来的阶段转变,中国僧人或者居士前往西域求法的人不少,但是他们多半只到了西域就没有继续前行。西行求法运动就是在这样的背景下兴起来的。

(一) 宗教科技文献作者群体组成数量

在魏晋南北朝统计出的 30 位科技文献作者中,宗教科技文献作者只有法显 1 位,所占比例为 3.3%,其教别是佛教。

法显是西行取经归国的第一人,在他 65 岁的时候,为了维护佛教真理,矫正时弊,399 年他同慧景、道整、慧应、慧嵬等僧人一起,自长安出发,向西进发,游历 30 余个国家,第一次实现了自陆地游历印度,由斯里兰卡经南洋群岛航归的伟大旅行。于义熙九年(413 年)到达建康(今南京)。义熙十年(414 年),法显写出历时 13 年远赴天竺的旅行经过,两年后增补为流传至今的《佛国记》,现存较早的版本是宋代藏本。《佛国记》全文 9500 余字,又称《法显传》《佛游天竺记》《历游天竺记传》等。之所以把《佛国记》列为科技文献,是因为《佛国记》长卷记述的地域极其广阔,不仅对所经过的中亚、印度、南洋约 30 国的地理、交通、宗教、文化、物产、风俗、社会、经济等都有所记述,它还是关于中国和印度间陆、海交通的最早记述。《佛国记》也是中国南海交通史上的巨著。中国与印度、波斯等国的海上贸易,早在东汉时期已经开始,而史书上却没有关于海风和航船的具体技术,而《佛国记》对信风和航船的详细描述和系统记载,是极为珍贵的史料。

(二) 宗教科技文献作者群体地域分布

法显是平阳郡武阳(今山西临汾)人,他从长安出发,开始周游列国。据记载,东晋 104 年,共建寺 1768 所,僧伽已经有了一定的规模,僧尼数目与日俱增,而且名僧辈出,出现了一些很有影响的高僧,从印度和西域来的和尚也多了起来。

（三）宗教科技文献作者群体学科分布

从科技文献角度看，《佛国记》主要有关于中国和印度间陆、海交通的最早记述，因此其学科分布为地理学。《佛国记》是中国南海交通史上的巨著，中国与印度、波斯等国的海上贸易，早在东汉时期就已开始，而史书上却没有关于海风和航船的具体技术，《佛国记》对信风和航船的详细描述和系统记载，是极为珍贵的史料。

第三节 魏晋南北朝科技文献作者群体的知识积累

对魏晋南北朝科技文献作者的知识积累进行系统的分析有助于对作者群体深入研究，在这一部分中，将分别对科技文献作者群体的家庭背景、教育背景和职业经历进行总结与分析，从而反映各群体在知识积累方面的特点。

一 魏晋南北朝官方科技文献作者的知识积累

王瑶先生在《政治社会情况与文士地位》一文中云："在变相的封建势力下面高门世族不只是握有政治经济的特权，而且也是文化的传统继承者，他们有累代的上层家庭教养，有优裕的生活闲暇，有收藏的典籍和文化的环境，这一切都构成了他们有独特的享有和承继文化传统的特权。"[1] 钱穆先生亦云："魏晋南北朝时代的一切学术文化，必以当时门第背景作中心而始有其解答，当时学术文化，可谓莫不寄存于门第中，由于门第之维护而得传习不中断，亦因门第之培育，而得有生长有发展。"[2] 这些观点，都印证了在魏晋南北朝时期，官方科技文献作者所占主体的原因，这与他们的家庭背景和教育背景密不可分。

（一）魏晋南北朝官方科技文献作者的家庭背景

经过统计，魏晋南北朝官方科技文献作者主要包含四种类型的家庭背景：一是出身官宦世家；二是出身科技世家；三是出身寒门，包含了没落

---

[1] 王瑶：《中古文学史论》，北京大学出版社1986年版，第26页。
[2] 韩复智：《钱穆先生学术年谱》第5卷，中央编译出版社2012年版，第1448页。

贵族出身的人；四是无法考证的作者群体。

表3—4　　魏晋南北朝官方科技文献作者群体家庭背景分布表

家庭背景	代表作者
官宦世家①	王叔和、贾思勰、葛洪、杜预、谢庄、裴秀、常璩、陆澄、何承天、郭璞、嵇含、沈约、陆机、魏收
科技世家	祖冲之
寒门（包含没落贵族）	戴凯之、张华、皇甫谧、江淹
无法考证	沈莹、陈卓、朱应、宗懔、甄鸾

通过对数据的采样分析，发现在魏晋南北朝这个动乱的年代，大多数的官方科技文献作者的知识积累与其家庭背景有很深远的关系，他们当中多数生于达官显贵的家庭，有能力受到良好的教育和熏陶。许多官宦世家出身的作者的官位是世袭的。先天优势决定了出身官宦世家的作者更容易踏上仕途，家学的影响也更为深厚。而出身寒门家庭的作者只有通过自己的努力才能做官，在出身寒门的作者当中，有些是没落贵族的后代，相对受影响比较小，他们在小的时候，受到了良好的熏陶，养成了坚韧的性格，为其后进行科技文献创作奠定了基础。

（1）出生于官宦世家的作者

王叔和。小曾户洋引原南阳《通志》氏族略载："王叔氏，姬姓，周襄王之子叔之后也。"② 复姓王叔，虽然王叔和的生平没有在史传中出现，但是经过多方面的考证，王叔氏，是王者之叔的意思，是血缘关系的称谓，王族的庶支才能得到此姓，所以王叔氏后人为王族后裔。在魏晋南北朝时期，王叔和为官宦世家出身。

陆机。他也是拥有显赫家世的一位作者，属江东大族吴郡四姓之一的陆氏一支，他的祖父是陆逊，"本名议，世江东大族"，娶了孙策的女儿。陆机的父亲是一位文臣，博学多识，陆机的弟弟陆景娶了孙皓的妹妹，属

---

① 官宦世家不包括三代以内没落的贵族之家。
② ［日］小曾户洋、镖原孝市、丸山敏秋：《东洋医学善本丛书解题研究索引》，日本：东洋医学研究会1981年，第348页。

于皇亲国戚的家庭，正是因为成长于如此显赫的家庭，陆机自然从小就有建功立业的抱负。

郦道元。其祖父和父亲均在朝为官，是出身于官宦之家的典型代表。他的祖父郦嵩任北魏天水太守，其父亲郦范历仕四朝，在北魏太武帝时期被任命为东宫给事，在文成帝时期任治礼郎，在献文帝和孝文帝时期出任青州刺史。郦范生有五子，"郦道元为其长子。"[1] 在郦道元的父亲这一代，郦道元家境非常好，世代官宦的家庭，不仅给郦道元铺平了政治上的道路，在他研究学问方面，也提供了较好的客观环境和经济条件。父亲去世后，他就承袭了爵位，成为了尚书主客郎。

谢庄。其祖父是谢思，武昌太守，父亲是谢密，是南朝宋文帝时的大臣，他的父亲也是个品行高尚的人，虽然富足，但是生活清廉简约，谢庄本人在七岁时就表现出了极高的天赋。

嵇含。其祖父嵇喜，曾经担任过曹魏太仆、宗正、徐州刺史。他的父亲嵇蕃，曾任太子舍人。"竹林七贤"嵇康是其叔祖父，"忠君典范"的嵇绍是他的叔父，嵇含是叔父抚养长大的，受到良好家庭环境的熏陶，嵇含少年时态度谦虚，时刻鞭策自己，以后终于"举秀才，除郎中"，成为一名才人。

（2）出生科技世家的作者

祖冲之，出身科技世家的典型代表。他的祖父祖昌，是刘宋朝廷的大匠卿，他的父亲祖朔之是刘宋奉朝请，家学的影响为其提供了从事科学活动的有利条件。加之少年就勤奋好学，得到了宋孝帝的赏识，被送进华学省学习。

（3）出身于寒门的作者

皇甫谧，虽然祖上可以追溯到东汉的名门望族，皇甫谧的祖父皇甫叔献，当过霸陵令，到了他的父亲皇甫叔侯，官位就非常小了，仅举孝廉。[2] 但皇甫谧丧母之后，家道更加衰落，过继给叔父，十五岁时随叔父迁居新安，其叔父家境也很贫寒。他的童年是在战乱中度过的，二十岁之前贪玩，二十岁以后在叔母的劝说下，才"修身笃学"。

---

[1] 李凭：《郦道元的生平与学术成就》，《文献》1994年第4期，第84页。
[2] 杨勇：《世说新语校笺》（第一册），中华书局，2006年，第232页。

何承天，南朝宋大臣、著名天文学家、无神论思想家，五岁丧父，赖母徐氏抚孤成人，属于出身寒门的典型。但他自幼聪明好学，博览诸子百家群书，幼年从学于当时的学者徐广。

（4）无法考证的作者

史书中没有正史记载的作者有三国吴的将领沈莹、天文学家陈卓、朱应、宗懔，这些人的资料在《畴人传》中有记载。

（二）魏晋南北朝官方科技文献作者的教育背景

魏晋南北朝时期是封建割据混战的时期，天文、数学、医药在私学中广为传授，致使科技有了一定的发展。这个时期的教育情况是初设国子学、太子学、立四馆以及家族教育形式，详见图3—5。

（1）太学和国子学。魏国设立过太学。由于三国纷争，太学生多半是为了逃避兵役，学业水平较低，百人应试能通过的不过十人。[①] 西晋是司马氏创立起来的，惠帝元康三年（293）有明确规定：只有官至五品以上子弟才可以进入国子学，六品以下子弟求学到太学。这反映了士族不仅兼有政治特权，还有教育特权。

（2）家族教育。在魏晋南北朝时期，虽然官学不振，但私家设馆收徒初具规模，家族门第观念如此强化的情况下，家族教育自然异军突起，独树一帜，兴盛发展。家庭教育中，科学教育开始逐渐占有一定地位。通过统计发现，在天文、数学、医学方面，科技技术方面的知识是是由家族形式传递下去的。

（3）私学。私学中包括儒、释、玄、科技、史学、艺术等诸科。

在魏晋南北朝时期，官学是当时主要的受教育方式，官方科技文献作者群体的教育背景包括入国子监读书者、进私塾学习者、接受家庭教育者和师从名家者，以受教于地方教育为主，以这种形式培养出一大批优秀的官方科技文献作者。

例如著名的天文学家、数学家祖冲之，出生在有科技渊源的家族，自幼就受到深厚家学的熏陶，他的祖父祖昌曾担任刘宋王朝的大匠卿，参与主持了许多重要建筑工程，因其家族历代对天文历法都很有研究，也就促

---

① 张旭华：《试论国子学的创立与西晋门阀士族的形成》，《郑州大学学报》1988年第4期。

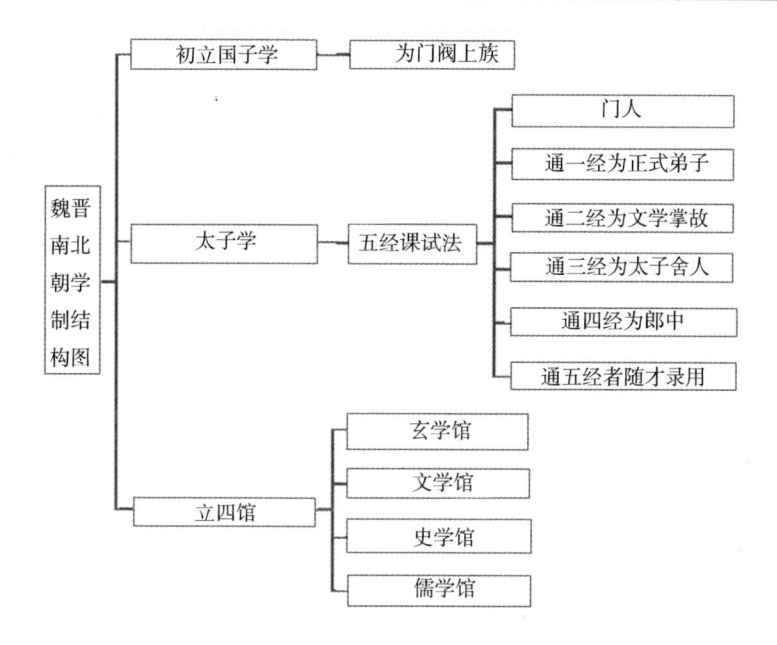

```
                    ┌── 初立国子学 ── 为门阀士族
                    │
                    │                        ┌── 门人
                    │                        ├── 通一经为正式弟子
                    │                        ├── 通二经为文学掌故
魏晋南北朝学制结构图 ──┼── 太子学 ── 五经课试法 ┼── 通三经为太子舍人
                    │                        ├── 通四经为郎中
                    │                        └── 通五经者随才录用
                    │
                    │                ┌── 玄学馆
                    │                ├── 文学馆
                    └── 立四馆 ──────┼── 史学馆
                                     └── 儒学馆
```

图 3—5　魏晋南北朝官学制结构图

成了祖冲之接触科学技术的机会，这属于幼年时受到了良好教育，等到青年时就有机会进入华林学省——一个学术研究机关，从事学术研究活动。

在医学方面，中国的医学领域里，有一个讲究的说法：父子相传，世代行医。先秦时就有"医不三世，不服其药"① 的说法。人们觉得行医对人的生死有决定性作用，所以人们会倾向相信那些有丰富医疗经验的祖传世医。魏晋南北朝成为我国医学发展史上的重要阶段。

东晋葛洪，出身低级士族，其祖父葛系，"学无不涉，究测精微"；其父葛悌，"方册所载，罔不穷览"。② 葛洪自幼丧父，不及从其父亲受家学传授，但其"少好学，家贫，躬自伐薪以贸纸笔，夜辄写书诵习，遂以儒学知名"。③ 这种好学的品质，不能说与家族教育风气无关。葛洪的从祖葛玄，号葛仙公，以其炼丹秘术授弟子郑隐，葛洪又从郑隐处学得其法。以后葛洪又以南海太守鲍玄为师，学习逆占将来的内学。史称葛洪

---

① 《礼记·曲礼下》。
② 《抱朴子·外篇》卷15自叙。
③ 《晋书·卷72 葛洪传》。

"兼综练医术,反所著撰,皆精覈是非,而才章富赡"。① 可见葛洪的成长与家学和私学关系密切。

江淹。《南史》本传云:"父康之,南沙令,雅有才思。"江淹《自序》云:"幼传家业,六岁能属诗"。② 这说明了江淹受父辈及家学的影响,获得良好的启蒙教育。成年后,他逐渐显露的才华也赢得了当时很多名士的赞许和赏识。

魏晋南北朝官方科技文献作者的教育背景从史料中没有得到详细的论述,但从史料侧面分析,门阀士族的后代,应该都进入了官学学制体系学习,这对他们一生的知识积累产生了深刻的影响。

(三) 魏晋南北朝官方科技文献作者的职业经历

作者的职业经历对其思想的形成、作品的内容有着很大程度的影响。魏晋南北朝官方作者很多出仕多朝,如表3—5所示,职业经历较为复杂。

表3—5　　魏晋南北朝官方科技文献作者职业经历一览表

作者	职业经历
祖冲之	南徐州(今镇江市)从事史—公府参军—娄县(今昆山市东北)令—谒者仆射—长水校尉等官职
陆机	平原内史—祭酒—著作郎
嵇含	太守—将军和刺史
郦道元	骑都尉—御史中尉—北中郎——冀州长史—鲁阳郡太守—东荆州刺史—河南尹等职务
张华	太常博士—河南尹丞—佐著作郎—中书郎—西晋建立—拜黄门侍郎—封关内侯
谢庄	洗马—中舍人—江州任庐陵王刘绍南中郎咨议参军—中书令—加金紫光禄大夫

通过上表,可以得出一个结论:魏晋南北朝官方科技文献作者多数经历了数任官职,有的一直在地方任职,有的从地方到中央,也有一直在中

---

① 《晋书·卷72葛洪传》。
② 俞绍初注曰:"菊以肚,即家学,家传之学。"

央任职的，其中不乏经历数朝代，效忠过几个君主的，职业经历与个人的努力分不开，但也深受时事政治影响，也正是这样的职业经历为他们的文献创作奠定了基础。

官方科技文献作者群体基本上都担任过朝廷的重要官职，受到统治者的信任和提拔嘉奖，文献的形成和职业经历有着一定的关系，主要体现在以下几个方面。

第一，官员任职期间进行创作。

这类作者步入仕途的途径不尽相同，魏晋南北朝时期主要是子承父业步入仕途，如祖冲之、陈卓等，随着王朝易主衰落，经济基础变化和社会政治的变革，世袭世官制度也趋于解体，选官制度也呈现多元化。官方作者的职业经历相对顺利，他们顺应历史潮流，左右君主的决策，决定着国家的存亡。例如陶弘景、常璩、萧子显等都在政治改革或领兵作战中成绩斐然，从而加官晋爵；但也不乏仕途并不顺利者，他们的政治抱负不符合君主的需要，或是由于奸佞小人的离间而不受重用甚至遭遇贬官流放[①]。

第二，辞官后进行创作。

在连年的战争中，地形地貌对战争起着十分关键的作用，随着时间的流逝，地理情况自然会发生巨大变化。以郦道元为代表的科技文献作者认识到应该及时记录这些关于地理现象变迁，否则后人就更加不能弄明白历史上的地理变化。因此，郦道元在辞官后，工作量没有那么繁重，经过对地理情况进行详细考察，参阅古代文献，通过把看到的地理现象同古代地理著作进行对照与比较，以《水经》为蓝本，完成了《水经注》这部地理学著作。

二 魏晋南北朝民间、宗教科技文献作者的知识积累

（一）魏晋南北朝民间、宗教科技文献作者的家庭背景

由于史料的缺乏，关于刘徽的家庭背景，无从考究。法显三岁入寺后，父母相继去世，更是无从考究，推测是平民之家。

（二）魏晋南北朝民间、宗教科技文献作者的教育背景

刘徽，作为魏晋时期民间科技文献作者，他的教育背景无从考究，但

---

① 参见张小稳《魏晋南北朝地方官等级管理制度研究》，九州出版社2010年版。

可从魏晋时期民间方技之学分析。魏晋以来各种方技知识或技能的民间传授，部分可以通过名师学馆的兼习来展开，大部分都不是通过学校方式，而是以家传世授或师徒之间的个别教学等方式来进行的。而魏晋时期知识和社会系统的演变，士大夫阶层或文儒之士对方技的态度越来越严格，朝廷则禁止"内学"私授，力图垄断某些重要的知识技术资源，并迅速扩展了官方部门之学的规模和类型，这都挤压和限制了民间方技学校的存在和发展空间，也就决定了民间方技之士主要仍靠家传世授、师徒之间的个别教学及自学、兼习等传统方式来培养和训练的基本状态。关于刘徽的史料极少，他的教育背景推测应该是魏晋时期民间方技之士的学习途径。

法显，三岁起在寺庙中生活，他的教育背景，可从他所生活的东晋时期的佛教寺院之学及其教学活动分析。佛教自汉代传入中国，魏晋以来是其迅速传播、发展和融入全社会的关键时期，无论是僧尼培养和训练，还是信众对教义的研习、践履，以及在各方面扩展佛教的作用，都需要和伴随着相应的教学过程，而集诸僧人修行、传教的寺院，则是最终重要的依托或载体。《出三藏记集》卷15《佛念法师传》载其凉州人："弱年出家，志业坚清，外和内朗，有通敏之鉴。讽习众经，粗涉外学，其《苍》、《雅》诂训，尤所明练。"这大约是西晋（265—316）末年的事，可见少年出家的沙弥，除须习经外亦须兼习"外学"[①]，包括文字书写及诂训等世俗社会同行的公共知识。魏晋以来的佛教寺院之学，大抵是由拜师入寺完成佛学启蒙，并按僧人仪规逐步展开修行课业，包括集中讲经和自我研习而构成的一个教学综合体。佛教特有的教学方式也不少，像禅宗和密宗均有特定心法、秘诀的传授教学。

（三）魏晋南北朝民间、宗教科技文献作者的职业经历

科技文献作者的职业经历是指科技文献作者在其职业经历中的知识积累，即科技文献作者在从事某项工作中所积累的知识、资源、素材、经历、经验等对其科技文献作品形成的帮助。

由于史料的缺乏，刘徽虽为一代科学大家，但是关于他的生平无从查考。根据一些零星的史料以及他所著《九章算术注》的有关内容推测，他生活年代为汉末魏初，他的主要数学工作大部分是在魏时完成的。

---

① "外学"即佛教以外的知识。

法显的职业经历较单纯,他是出家高僧,也可称为宗教人士。富于宗教知识和专事宗教活动,是其社会属性的基本特点。他的职业选择是从小在寺庙生长,受生活环境佛教的影响直接导致的。佛教也在当时极大地影响了社会各个领域的事态,更加渗透至人们的意识形态、知识结构和文化生活,更何况法显就是身体力行推动、化育这一切的宗教人士之一。

第四节　魏晋南北朝科技文献作者群体的创作过程与作品流传方式

对魏晋南北朝官方、民间和宗教作者群体文献创作过程以及作品流传方式进行分析,有助于使我们对魏晋南北朝科技文献作者群体的研究更为完整和全面。

一　魏晋南北朝官方科技文献作者群体的创作过程与作品流传方式

对魏晋南北朝官方作者群体创作过程与作品流传方式分析主要是从写作目的、资料来源、作品形式和内容及作品流传方式四个方面展开。

(一) 魏晋南北朝官方科技文献作者群体写作目的

魏晋南北朝官方科技文献作者的写作目的主要可以分为三种。

(1) 与本职工作职能直接相关

官方科技文献作者为履行本身职责而形成许多科技文献,这是与其本职工作职能直接相关的,这样的代表人物有沈约、萧子显、魏收、江淹等,他们在创作过程中,受到官方修书的指派,因为他们主持修书的编纂工作,参与编写了著作,其中有包含地理方面的知识,如沈约的《宋书·州郡志》、魏收《魏书·地形志》、江淹《齐书·州郡志》。

王叔和、葛洪、皇甫谧都是任职过太医令的人,所以他们写成的医学著作,与他们的本职工作职能直接相关。

魏晋南北朝时期战争频发,地图类的著作就是为了满足军事需要,如杜预《春秋盟会图》、谢庄《木方丈图》。

朱应本是一名航海家,受吴帝之命,使扶南和南海诸国,进行外交活动,《扶南异物志》记述的是他出使扶南等国的见闻。

何承天发现了沿用的历法有疏漏,就奏请改历,订正后完成了《元嘉历》，他历任数种官职，立国子学后，领国子博士，这是当时的官学学府，他的写作出发点就是为了弥补国家天文历法方面的不足。

（2）与本职工作职能间接相关

许多官方科技文献作者在完成本职工作之余也完成了一些科技文献的创作，其写作目的并不局限于职责需要。许多地方官员在关心民间疾苦的过程中，为了弥补某些科技研究领域的空白，完成了科技著作，例如郦道元，他曾当过太守，能体察民间疾苦，他把经验都写在纸上并亲自去做，再记录下来。总之，他写出来的或总结出来的经验，是经过实践的，更具科学价值。

（3）个人爱好

一些官方科技文献作者，其写作目的与自身的工作职责完全无关，更多是个人的爱好，传播自身学术思想等。

个人兴趣的，如戴凯之，在刘宋时期，士族门阀制度让身世低微的戴凯之无法担任高官。即使"他有真才实学，会写诗作画，也未能受到重用，只当了一名'参军'和'南康相'，过着贫寒的生活"[①]。一生主要活动在长江中下游及岭南地区，后又去了交州，他沿途考察"五岭"地理位置，对我国岭南和"交州海石林"竹类进行了考察，并曾在广西、越南的北部地区生活了较长时间。他到过宁州，进行实地考察，晚年隐居在南齐时的扬州，写了《竹谱》一书。

为了学术追求，弥补学术研究的空白。陶弘景出身医学世家，子承父业，也对医学产生了浓厚的兴趣，并推崇葛洪及其理论，亲自去寻找药物，多次拒绝皇帝的出仕请求，在隐世后写成了《本草经集注》。

祖冲之、陈卓、甄鸾，他们在天文地理方面的著作，写作目的，也多是出于自身对学术的热爱。

(二) 魏晋南北朝官方科技文献作者群体的资料来源

从官方作者的资料来源角度分析，以档案古籍和实践经验为主，个人收集或者官方资料为来源。魏晋南北朝官方科技文献作者，由于官方身份，更能接触到广泛的文献来源，这为个人资料收集提供了便利。

第一，参阅官方藏书、官方编纂书目等书籍进行创作，这类资料来源

---

① 陈爱芬：《我国古代竹类专家——戴凯之》，《中国林业》1998年第8期，第42页。

于官修文献。

皇甫谧的《针灸甲乙经》是对前世医学著作中针灸穴位的科学归类整理及系统介绍，这也与他自身的行医经历分不开，在实践中总结经验，编辑成书。

郭璞的《尔雅注》是对《尔雅》记录的动植物名称的注解。

第二，积累实践经验，如游学经历、行医临床经验的总结。

戴凯之是在隐居南齐的扬州时进行创作的，在此之前，他沿途考察，并在广西、越南等地生活了很长时间，依据丰富的实践经验写成《竹谱》。

郦道元在游历秦淮以北和长城以南地区期间，在对河道和沟渠等进行实地考察的过程中注意对当地的风土民情、历史神话进行搜集，在此基础上汇成了《水经注》。

王叔和在担任太医令期间，利用职务便利可以接触到许多珍贵的药学著作，精心研究古代名医扁鹊和华佗等的脉诊理论学说，并在此基础上与自己数十年的临床实践经验相结合，创作完成了脉学专著《脉经》，其完整系统性使其成为我国医学历史上非常重要的医学科技文献。

刘涓子在公元410年，随宋武帝刘裕北征，医治受伤军士。军阵外科经验日渐丰富，"有被创者，以药涂之，随手而愈"。《刘涓子鬼遗方》是他在总结行医经验基础上写成的。总结发现，医书类的资料主要来源于行医经历。

第三，国家管理和军事需要。魏晋南北朝时期政权不稳，战争频繁，地图的创作就应运而生，如谢庄的《木方丈图》和杜预的《春秋盟会图》。

（三）魏晋南北朝官方科技文献作者的作品形式

魏晋南北朝官方科技文献作品形式包括科技著作、工具书（资料汇编）、标准、科普教材和综合类图书；作品内容则涉及农业、天文和气象、医药、地理、水文和水利、数学、军事等诸多方面。

图中明显看出，科技著作的数量是最多的，工具书和档案汇编数量差不多，教材科普文献最少，在频繁的战乱年代，一部分官方作者根据毕生为官经历，潜心钻研某一学科，比如医学，成果颇多。据查阅资料进行统计，在工具书中，医学著作起到了中流砥柱的作用，这也与当时的社会风

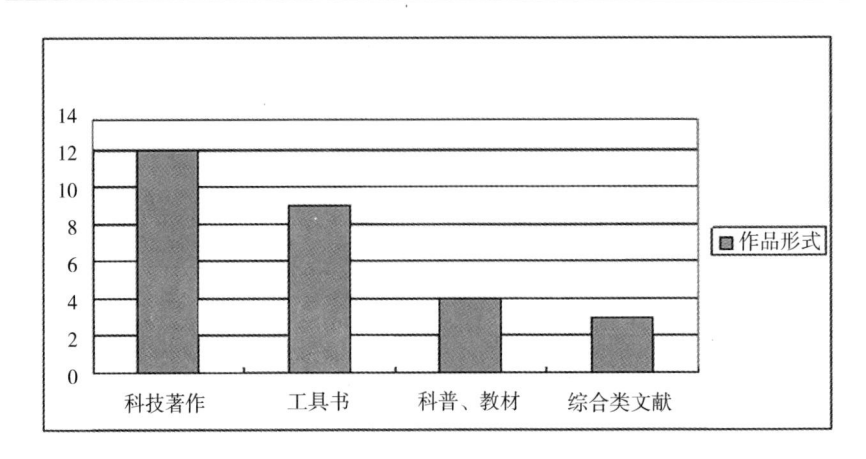

图 3—6　魏晋南北朝官方科技文献作者群体作品形式分布图

气有非常大的关系，文化对科技水平的影响是很大的，当时"炼丹"风气重，人们都对医学很重视，再者战乱中，医学也是有很大的用武之地的。地理学方面的著作多是档案汇编。

表 3—6　魏晋南北朝官方科技文献可考作者群体作品形式统计表

作品形式		代表作者及作品
著作	专门性著作	宗懔《荆楚岁时记》；郦道元《水经注》；嵇含《南方草木状》；祖冲之《缀术》；陈卓《三家星经》
	综合性著作	贾思勰《齐民要术》；常璩《华阳国志》、沈约《宋书·州郡志》、萧子显《南齐书·州郡志》、魏收《魏书·地形志》、江淹《齐史·州郡志》；陆澄《地理书》
工具书		陶弘景《名医别录》；皇甫谧《针灸甲乙经》；杜预《春秋盟会图》；谢庄《木方丈图》；裴秀《禹贡地域图》；戴凯之《竹谱》
档案汇编		葛洪《肘后备急方》；刘涓子《刘涓子鬼遗方》；沈莹《临海水土异物志》；朱应《扶南异物志》；陆机《毛诗草木鸟兽虫鱼疏》；郭璞《尔雅注》、何承天《元嘉历》、张华《博物志》
教材与科普		甄鸾《五曹算经》

（四）魏晋南北朝官方科技文献作者的作品流传形式

经过查阅统计发现，魏晋南北朝官方科技文献作者的作品极少有完整

第三章 魏晋南北朝时期

流传下来的，原因应该是战争频繁不利于文献的保存和距离现在时间较久远。最初推测原因之一是魏晋南北朝的出版事业不够完善，作品没有得以流传，但后来发现，在魏晋南北朝出版史上，还是可以看出，对图书的出版、科技文献的出版也是十分重视的。

魏晋南北朝在我国历史上，是出版事业发展的一个重要的时期，在这个时期，造纸术提高了，纸张的利用也得到了普及，这就为出版事业提供了强大的物质基础，也为图书的流通提供了便利的条件，官方科技文献的作品流传，必然也得到了进一步的发展。

魏西晋时期是出版事业得以恢复和发展阶段，这个时期，出版物材料为纸、简、帛。东汉末年"一时焚荡，莫不泯尽焉"①。三国鼎立后，才开始了图书的收集、整理和出版的工作。由曹魏时的著作郎制度到西晋时期的专门著作机构——著作局，并附设有一系列官职。西晋王叔和的《脉经》、皇甫谧的《针灸甲乙经》等就是这个时期出版的科技文献。

东晋十六国时期，是出版事业缓慢发展以及过渡阶段。东晋沿袭了西晋的官署建制，十六国政权也同样有著作官制度，在这个时期，东晋葛洪著《肘后卒急方》，是当时实用医方的汇集。

到了南北朝时期，出版事业发展达到了顶峰。除保留了著作局的设置，北魏还新增了集书省，北齐设立了史馆。贾思勰《齐民要术》和祖冲之《大明历》以及圆周率等，更有何承天的《元嘉历》流传到了国外，可见影响很大。

魏晋南北朝对图书出版业如此之重视，这些科技著作却没能得以保存，主要原因可能是由于时间比较久远，朝代变更频繁，战乱年代不利于保存文献。遗憾的是，这些著作中初版大多佚失，比如贾思勰的《齐民要术》，它闻名于世，但最初的版本已佚，北宋时期由崇文院正式刊印，在南宋时第一次重刻，其后刻本大都以"崇文院刻本"为底本。宗懔的《荆楚岁时记》遗书很早就流传国外，尤其是深受中国化影响的东亚诸国。② 王叔和的《脉经》最初的版本是经北宋校正医书局校定后，由国子

---

① 范晔：《后汉书·儒林列传序》卷七十九上，中华书局 1965 年版，第 2548 页。
② 张勃：《南朝梁宗懔〈荆楚岁时记〉》，《民俗研究》2010 年第 4 期，第 2 页。

监刊行的大字本，后又有何大任本与龙兴本；皇甫谧《针灸甲乙经校注》有北宋国子监刊本、嘉靖刊本、明万历吴勉学刊《医学六经》本、医统正脉本及其影印本、四库全书本等。魏晋南北朝官方科技文献多数都是到了宋朝有了刊刻本，但都保存不完整，实属遗憾。

表3—7　魏晋南北朝官方科技文献作者群体作品流传形式一览

姓名	主要作品	作品流传与版本
贾思勰	齐民要术	北宋时期由崇文院正式刊印，在南宋时第一次重刻，其后刻本大都以"崇文院刻本"为底本
宗懔	荆楚岁时记	《荆楚岁时记》一书很早就流传到国外，尤其是深受中国文化影响的东亚诸国。
王叔和	脉经	北宋、南宋刻本，广西漕司本衍化出的龙兴系统系列刊本；何大任刊本衍化出的何氏系统系列刊本
葛洪	抱朴子	元至正间翻刻本及明、清年间版本共十种
刘涓子	刘涓子鬼遗方	①南齐·龚庆宣整理宋刻五卷本；②《刘涓子治疽神仙遗论》一卷本；③新疆吐鲁番出土《刘涓子方》残叶二纸。
陈延之	医品方	已佚，佚文散见于后世增补之《肘后备急方》《千金要方》《外台秘要》及《诸病源候论》及日本的《医心方》及朝鲜的《东医宝鉴》
陶弘景	本草经集注	已佚，现仅存敦煌石室所藏的残本，原书的主要内容，可见《证类本草》和《本草纲目》
皇甫谧	针灸甲乙经	最早刊本属北宋初期版本，现存版本均系由宋本衍化而来
常璩	华阳国志	宋代之前，多被引用；辑入《太平御览》《太平广记》等，并出现刻本
陆澄	地理书	明代如隐堂本和吴琯《古今逸史》本为两大系统
张华	博物志	士礼居刻本系统；明弘治贺志同刻本

续表

姓名	主要作品	作品流传与版本
郦道元	水经注	钞本：明代主要版本有《永乐大典》本，柳大中影宋钞本，清代版本众多；刻本：南宋刊本，明黄省曾刊本，吴琯刻本，朱谋㙔校勘刊本，清刊本较多
沈莹	临海水土异物志	已佚，有辑本四种：明陶宗仪所辑，收在《说郛》中；清王仁俊所辑，收在《玉函山房辑佚书补编》中；民国杨恩所辑，收在《台州丛书后集》中；刘纬毅书亦收
陆机	毛诗草木鸟兽虫鱼疏	有《唐宋丛书》《说郛》《四库全书》《增订汉魏丛书》《丛书集成》《颐志斋丛书》《聚学轩丛书》《晨风阁丛书》等本
张丘建	张丘建算经	清初有南宋刻本、影宋抄本
甄鸾	五曹算经	在宋代有北宋秘书省刻本和南宋鲍澣之刻本。清初时只传有南宋孤本

二 魏晋南北朝民间、宗教科技文献作者群体的创作过程与作品流传方式

（一）魏晋南北朝民间、宗教科技文献作者的写作目的

民间作者刘徽的数学工作、数学成就以及蕴涵其中的科学思想都体现在他的《九章算术注》中，他的写作目的是个人爱好。

印度古代缺少真正的史籍，因此，研究印度古代历史，必须借助外国的一些著作，其中尤以中国古代典籍最为重要，而这些典籍，古代僧人的游记更为突出，僧人游记数量极多，而繁简不同，时代先后不同。法显的《佛国记》是其中最全面的文献之一，而法显真正的写作目的是求法。

（二）魏晋南北朝民间、宗教科技文献作者的资料来源

刘徽的资料主要源于对《九章算术》的研究，《九章算术》是我国古代数学最具有代表意义的经典著作，它成书于汉代，作者不详。全书由246个应用例题以及解答这些例题的方法（术）所组成，对我国秦代至汉代的数学知识作了比较全面的整理和总结，建立了具有独特风格的中国传

统数学体系。刘徽的《九章算术注》采取为《九章算术》作注解的形式，一方面对《九章算术》的数学具体方法和正确结论作了详尽的定义、论述和证明，从而使《九章算术》的数学内容更加严密和完善，并由此而奠定了中国古代数学理论的基础；另一方面对《九章算术》有关内容的阐述，提出了许多新的创造性见解，给出了许多《九章算术》所没有的新方法、新思想、新理论，从而使中国古代数学在《九章算术》的基础上又大大向前发展了一步。

法显的资料来源主要是周游列国，他所到之地最多、最远，而且真正到了印度，他是游历了当今的印度、巴基斯坦、阿富汗、印度尼西亚、尼泊尔和斯里兰卡等国的第一个中国人，所闻所见，如实记录，最终成书。

（三）魏晋南北朝民间、宗教科技文献作者的作品形式

民间作者刘徽的《九章算术注》属于工具书（汇编、标准），宗教作者法显的《佛国记》属于综合类科技著作，科普类。

（四）魏晋南北朝民间、宗教科技文献作者的作品流传方式

东吴和蜀汉为了自身生存和兼并战争的需要，采取了一些措施以恢复生产，使江南和西蜀出现了一定程度的复苏，《九章算术注》著于此。后来几经战乱，《九章算术注》在宋代失传。

宗教作者法显的《佛国记》最早的版本是宋代藏书。

第五节　总结与分析

任何社会存在都有其产生的社会条件，都与一定的社会政治、经济结构和文化背景相关联。科技文献的作者产生和发展植根于当时社会的土壤。魏晋南北朝上承秦汉，下启隋唐，是中国历史上一个非常重要的时期。其特殊的历史状态，使该时期的科技文献作者具有自身特点。魏晋南北朝只有三十七年大一统，其余时间朝代替换迅速、多国并存，中原人民向南或西南边陲迁徙，边疆少数民族入主中原，这些都带来了积极方面的影响，各民族的大融合，科技文化也得到了交流。各兄弟民族在和内地的密切联系中，把他们的畜牧兽医知识和优良的动植物品种带进了内地，同时，居住在边远地区的各民族对于和内地先进的科学技术的交流也非常重视。在南北对峙的政权中间，也有科学技术方面的交流和联系，这些对于

提高整个中华民族的科技文化水平都是有利的因素。

一　魏晋南北朝官方科技文献作者群体的基本特点

经过统计分析,在魏晋南北朝科技文献的作者群体中,官方群体占了93%,中国古代封建社会的官文化,影响了魏晋南北朝时期的科技文献作者,体现更明显。

魏晋南北朝时期,中央集权,门阀士族等级森严,这样的背景下,只有名门后代才可能进入仕途,在魏晋南北朝时期的官方科技文献作者群体中,很明显在地域分布上受政治影响,随着由北向南迁徙,政治中心江苏南京和传统文化中心河南洛阳地区以及其他经济发达地区都是官方科技文献作者高产的地区。

魏晋南北朝官方科技文献作者的学科分布,包括医学、农学、地理学、天文学、化学、数学等,呼应传统封建社会学科发展的潮流:科学技术研究以实用性为主,对基础性学科研究相对较少。

魏晋南北朝官方科技文献作者的官职分布在中央和地方官员,也有一些专门性机构进行科技文献的编写工作,比如修史书的过程中,也夹带了科技方面的知识,促进了魏晋南北朝官方科技文献的发展与繁荣;如奉皇帝之命出使他国,通过自身游历带来了新式科技方面的内容。

(一) 魏晋南北朝官方科技文献作者群体知识积累的基本特点

通过从家庭背景、教育背景、职业经历三个方面的分析,对魏晋南北朝官方作者群体有了宏观的认识。魏晋南北朝官方科技文献作者群体的知识积累特征显著。

第一,从家庭背景来看。

魏晋南北朝官方作者群体的家庭背景差异大,但是家庭教育对他们的仕途和为人都产生了很深远的影响。出身较好、出身于官宦和没落贵族之家的作者多于其他出身的作者,家庭对他们以后的仕途和为人都具有十分有利的影响,当中不乏历代为官的家庭。虽然家庭并不一定可以完全决定一个人的仕途,在寒门之家中的作者,也有发奋图强,努力学习进入仕途的,但官宦家庭背景的人更容易受到良好的文化熏陶、得到良好的教育、接触到诸多藏书,为他们进行科技文献的创作提供了良好的条件。总体来说,魏晋南北朝官方科技文献作者的知识积累与家庭出身的关系颇深。

第二，从教育背景来看。

这些官方科技文献作者的学术成果离不开当时的教育背景。魏晋南北朝在各个方面都上承秦汉文明，教育制度也包含在其中。用"若有若无，时断时续"形容魏晋南北朝时期的教育制度，再贴切不过。事实上，魏晋南北朝时期正是中国古代史上教育制度趋向多样化、细致化的发展阶段。

官学制度，设立国子学、太学、庙学等，私学制度，当时呈现出生动活泼的景象，私学的多向发展瓦解了独尊儒学的局面，但没有动摇官私学教育中儒学的主体地位。这种学校教育的制度形式，此后中国教育一千多年都受其影响。

虽然没有过多资料详细记载魏晋南北朝官方科技文献作者的教育背景，但纵观整个朝代的教育制度，由于魏晋南北朝官方科技文献作者的出身较好，所以接受官方教育比较多，对他们的知识积累是有一定程度的有利影响的。

在魏晋南北朝官方科技文献作者群体中，医学作者的知识积累与时代背景息息相关。魏晋南北朝时期，涌现出的医学家，他们的身份多半兼具太医，这与魏晋南北朝时期医学教育的兴起有莫大的关系。确切地说，医学教育在魏晋南北朝开始了萌芽阶段。在刘宋时期，政府已经开始设置医学教育机构。魏晋南北朝时期的医学家，刘涓子、陶弘景是南宋人，他们一定程度上也受到当时医学教育的有利影响。

魏晋南北朝时期，医学知识得到普及的原因有三：一是"寒石散"风尚，服食的同时，也要避免导致生命危险的错误，这就需要一定的医学常识；二是门阀士族用医学常识捆绑"行孝道"；三是掌握一些消灾防病的医学知识对那些逃难的士人是必不可少的技能。战争的频繁，医学工作者成了稀缺资源，在这种情势下，医学教育得到了大力发展。

在魏晋南北朝时期出现的官方科技文献作者中，如王叔和、葛洪这些有名医学家，他们的知识积累与当时的医学教育发展有很深的关系，史书关于医学教育的记载不多，但通过纵观隋、唐医学教育的发达程度，联系文化的继承性特点，魏晋南北朝时期在医学教育方面的发展程度，以及教育规模和教育投入，必然较以往有了较大幅度的提升。

第三，从职业经历来看。

职业经历对于作者的影响也是巨大的。王叔和、葛洪都担任过太医，他们自然能接触到更多的书籍以及拥有更多的行医经历，这对他们的知识积累会有非常大的提升。

通过对魏晋南北朝官方科技文献作者的知识积累的分析，发现他们受家庭背景、教育背景以及职业经历影响非常大，家庭背景和教育背景有极深的联系，有了好的出身，受到的教育自然不会差，魏晋南北朝官方科技文献作者群体中，多数人家庭背景良好，父辈甚至祖辈有在朝廷中担任官职的，自然而然地，受到良好教育的熏陶，利于他们的创作；至于出身科技世家的作者，也是子承父业，受家庭教育影响很深；出身寒门的作者，多数自幼好学，努力上进，又得良师，对日后的创作都有一定的影响；职业经历的影响主要体现在他们接触文献资料方面，也对创作有一定影响。

(二) 魏晋南北朝官方科技文献作者群体创作过程与作品流传方式的基本特点

从魏晋南北朝官方作者群体的创作过程与作品流传方式的分阶段特征来看，主要特点为：

第一，写作目的较明确。

魏晋南北朝时期，官方作者群体的创作动机基本是一目了然，官方的创作动机大多来源于与本职工作息息相关的要素，也有为满足传统科学技术工作或记录自身经历的需要。

第二，作品形式的多样化。

魏晋南北朝官方科技文献作者的作品形式多样化，以科技著作为盛。魏晋南北朝是中国社会发展历程中最纷乱的时期之一，动荡的社会环境虽然没有为科学技术的发展提供良好的氛围，但战争带来的地理迁徙加速了这个时期中国各民族的大融合，促进了经济文化的交流。此时，科技文献在种类和数量上较前代有一定进步。特别是某些学科，如医学得到了长足的发展，这一时期的医学文献数量较多，并且种类丰富，完善了中国传统医学体系，对后世影响也较大。但也有某些学科受战争影响较大，如手工业，虽然有用齿轮转动的指南车、水力转动连机碓等工具的发明和技术的改进，但关于它们的记载大都零散地分布在相关专业的文献中，没有形成系统的专著。

第三，作品流传失传量大。

魏晋南北朝时期朝代更迭频繁，社会动荡不安。虽然得益于造纸技术的提高，纸张利用也得到了普及，为出版事业的进步提供了巨大的物质基础，为文献作品的生产和流通准备了极有利的条件，且魏晋南北朝时期的官方科技文献作者留下的作品都是对后世影响颇深的，但是魏晋南北朝时期的官方科技文献作者的作品已佚的数量较大，只有少数的作品在宋朝得到刊刻，颇具盛名的如《齐民要术》也只有北宋时期由崇文院正式刊印，在南宋时第一次重刻，其后刻本大都以"崇文院刻本"为底本；甄鸾的《五曹算经》在宋代时有北宋秘书省刻本和南宋鲍澣之刻本，清初时只传有南宋孤本；常璩的《华阳国志》作为我国现存最早、最完整的一部地方志，在宋代以前多被引用，后辑入《太平御览》《太平广记》等，并出现刻本；郦道元的《水经注》钞本，明代主要版本有《永乐大典》本，柳大中影宋钞本，清代版本众多；刻本有南宋刊本，明黄省曾刊本，吴琯刻本，朱谋㙔校勘刊本，清刊本较多。

二 魏晋南北朝民间和宗教科技文献作者群体的基本特点

魏晋南北朝时期，除官科技外，民间和宗教因素对科技和科技文献的发展也产生了深刻的影响，尤以道教为突出代表。这一时期，道教历经数次整合发展、社会地位显著提高成为不可忽视的一支宗教势力，同时其余各个宗教势力极力迎合统治阶级，积极改革与道教融合，门阀士族子弟积极入教，客观上帮助了道教的发展壮大。道教以其圆熟的基本理论、登峰造极的丹药理论、完善的仪式制度渗透在魏晋南北朝社会政治、经济、文化、科技等方方面面，其影响举足轻重。道教在这一时期的充分发展使得一度占社会统治地位的儒学地位不复当初，佛教也因此遭遇了强有力的竞争对手。

魏晋南北朝时期道教对科技发展的影响主要表现在以下两个方面。

第一，道教炼丹术对化学发展的贡献。道教炼丹术有另一个响当当的名字——中国炼丹术，如此可见道教炼丹术的重要地位，它的思想来源是中国古代神仙传说。在炼丹过程中，分布有散乱的化学知识，即使没有形成完备的学科体系，也不能忽视炼丹术在化学领域的地位。早在一千多年前，"炼丹家就能将汞（水银 Hg）从丹砂（硫化汞 HgS）中分离出来。又能将汞和硫还原成硫化汞，阐明了反应的可逆性及物质间相互转化的关系"。①

葛洪几乎是魏晋南北朝炼丹术的代名词，炼丹实践的叙述和研究详细地体现在他的著作《抱朴子·内篇》，书中不仅对前人的炼丹成就进行了系统的总结，还详细介绍了多种炼丹的方法。

南北朝时期的医学家陶弘景，其另外一个身份是炼丹家，他曾为皇帝炼制金丹，他在《神农本草经集注》中，也记载了关于炼丹术和化学方面的成就。

第二，道教对传统医学的贡献。葛洪曾经编著了医书《玉函方》一百卷，因为遗失了，内容不详，后又收集其他医疗技术和单验方，编纂了《肘后备急方》，这在很大程度上影响了传统医学。陶弘景的《神农本草经集注》中，对中医药物学的研究十分全面、系统，并作了总结和提高，在本草学方面，作出了巨大的贡献。

综上所述，道教在魏晋南北朝的科技发展中扮演了重要的角色，对当时的科技发展产生了极大的影响。同时，负面作用也很显著：不平衡性在科学发展中更为突出，化学、医药这些与道教关系密切的学科得到了快速发展，与道教关系疏离的学科发展缓慢。在区域上，表现在南方科技发展高于北方。

魏晋南北朝的科技文献作者为中国古代科学技术发展也作出了很大的贡献。长期的动荡和短暂的统一是这一时期社会发展的主旋律，科学技术在这样的时代背景下，继承前代成就，同时进行有意义的改革、创新，依然成绩斐然。科技文献作为传承科学技术的重要手段，其发展既追随着科学技术的进步，又体现着该历史阶段的特点。在多方面因素的作用下，魏晋南北朝时期的科技文献迎来了发展的契机，它们既总结了前代及该历史阶段科学技术的发展成果，也推动了该时期历史文献学的进步，并为后代科学技术的发展作了铺陈。这些科技文献中的一部分通过不同方式流传至今，是一笔宝贵的财富，既是中国古代科学技术发展的结晶，见证了魏晋南北朝时期科技文献作者为促进社会进步所作的努力，也是中国古代科学技术史的重要组成部分，还是现代科学技术研究的珍贵史料。

---

① 颜秀云：《炼丹术与化学》，《学苑教育》2009 年第 6 期，第 25 页。

第四章 隋唐时期

隋唐时期，是经历了三百多年大分裂大混战后的两个大一统王朝，是中国历史上最强盛的时期之一。在统计出的 97 位科技文献作者中，共有 78 人属于官方科技文献作者，所占比例最大。官员是产生隋唐科技文献的最主要群体，且主要是以在朝为官的群体为主，其中隋朝官员 11 人，唐朝 67 人，唐远多于隋。官方作者群体在地域上集中于陕西、河北、山西、河南等地，他们在数学、天文、历法、地理、医药、农学等方面的探索与成就都达到了很高的水平。民间作者群体共 10 人，与前代相比数量增长明显，但与本时期官方作者群体相比仍有较大差距，而隋唐时期科举制的兴起进一步扩大了这一差距，科举考试使得更多民间人才得以走进仕途、考取功名，官方作者群体更为壮大。民间作者群体主要在农学、天文学、药学、地理学上有所建树，分布于江苏、湖北、四川、浙江等地域，与官方群体分布略有不同。隋唐宗教科技文献作者共有 9 人，其中佛教 5 人，道教 4 人，与秦汉、魏晋南北朝宗教作者仅有 1 人的情况对比明显，这主要与唐朝统治者，奉行较为自由的宗教政策支持宗教发展有关。这些宗教作者在药学、地理学、天文学和农学上颇有建树，多分布于甘肃、河南、陕西等宗教发达省域。总的来看，官方群体在知识积累、作品流传等方面仍优于民间和宗教群体。

第一节 隋唐科技文献作者群体存在的社会背景

隋唐为大一统时期，社会政治较为稳定，在民族思想上比较开放，稳定的社会环境和多民族广泛的交流使得科技和文化都有长足进步。隋唐时期的科技文献作者群体生活在这样的时代背景下，其特点十分突出，并且充分地体现在了作者群体的文献特点和自身属性中。

一　隋唐社会政治与文化

（一）隋唐科学技术发展的社会政治环境。

隋文帝篡夺北周政权，建立隋朝。他励精图治，迎来了"开皇之治"。在政治制度方面，隋朝首创三省六部制，分别为尚书、门下、内史三省。在隋朝的基础上，唐朝统治者沿用隋朝制度，并进行了完善，将三省改为中书省、门下省和尚书省。

在用人制度方面，隋朝废九品中正制，采用了科举制度，有利于选拔人才，维护统治。唐朝沿袭了隋朝的科举制，并将其发扬光大，使得唐朝时期人才辈出。

在军事制度方面，唐朝军事力量十分强大。征服东西突厥、高句丽，扩大了疆域。其间出现了许多著名将领，如薛仁贵、郭子仪等。但安史之乱后，国力衰退，经济萧条。

（二）隋唐科学技术发展的社会经济环境

在农业方面，隋朝采用均田法，轻徭薄赋，与民休息。使得农业发展水平有很大提高。而在唐朝，农业的生产工具得到了进一步的提升，出现了水车、筒车、曲辕犁等工具。

在手工业方面，隋朝的瓷器生产技术得到了进一步的发展，出现了著名的白釉瓷、青瓷等，极大地促进了手工业经济的发展。到了唐朝，各种手工业均发展良好，如纺织业、造船业等。

在商业方面，长安不仅是隋唐两朝的政治中心，也是当时世界的经济中心。商业繁荣发展，是当时世界所罕见的。

（三）隋唐科学技术发展的社会文化环境

在文化方面，隋朝统治者主张融合儒家、佛家、道家三者的思想，而不是互相抵制，对后世影响深远。唐朝几乎全部承袭了隋朝的制度，但有着唐朝独特的魅力——唐诗，有雄浑的边塞诗，又有脱俗的田园诗。同时，隋朝首创了科技学校，招揽了大批科技人才。

在绘画方面，隋朝的山水画已颇具盛名。代表作家有顾恺之、张僧繇等。至唐朝时期，壁画艺术异常发达，如莫高窟的洞窟壁画。

二 隋唐科学技术的总体发展水平

（一）隋朝科学技术的总体发展水平

在天文方面，刘焯的皇极历，是最先进的历法。在建筑方面，有现存世界上最古老的石拱桥——赵州桥，其次大兴城是当时"世界第一城"，展现了国家的综合实力和科学技术水平。在数学方面，发明了等间距二次内插公式。在医学方面，有巢元方的《诸病源候论》。以上都充分展示了隋朝科学技术的发展水平。

（二）唐朝科学技术的总体发展水平

1. 恢复时期

经历了战火纷飞，唐太宗李世民最终成为唐王朝的第二任统治者。他兢兢业业治理国家，实现了唐王朝的"贞观之治"。在政治斗争趋于稳定、经济不断发展之后，唐代的科学技术发展亦初露端倪。

2. 发展时期

唐朝政治、经济、文化大发展时期是在唐玄宗时期，人们称这一时期为"开元盛世"，与此同时，唐朝的科学技术也呈现出了大繁荣的趋势。由于早期便设立了专门的科技学校，培养了大批的科技人才。为了更好地创新科学技术，唐玄宗又将各门科技学科进行细分，如医学和算学，使得唐朝的科学技术日益发展。

3. 衰退——安史之乱至唐末

安史之乱的发生标志着唐朝由盛转衰。天宝十四年，发生了安史之乱，唐朝元气大伤，经过 8 年时间才平定叛乱。但在此期间，宦官干政，朝政败坏，使得许多官员不堪忍受耻辱，纷纷告官回家。许多科技机构也因此被打入冷宫。政治的腐败最终使晚唐时期的科技发展难以延续，唐朝科学技术就此跌入谷底。

唐朝时期的科技文献众多，人才辈出。政局不定导致隋唐时期科学技术的落寞，但并不能否定隋唐时期的科技贡献为后来、为全世界所作出的巨大贡献。

第二节 隋唐科技文献作者群体的组成

一 隋唐官方科技文献作者群体的组成

（一）官方科技文献作者群体的数量

在统计出的 97 位科技文献作者中，共有 78 人属于官方科技文献作者，所占总体比例最大，达到 80%，其中隋朝官员 11 人，唐朝 67 人。官员是产生隋唐科技文献的最主要群体。这和当时的政治、文化政策是分不开的。官方科技文献作者主要是以在朝为官的群体为主，其中著名的作者有：刘禹锡、韩愈、柳宗元、白居易、欧阳询、李吉甫、王孝通、李淳风等。如图 4—1 所示。

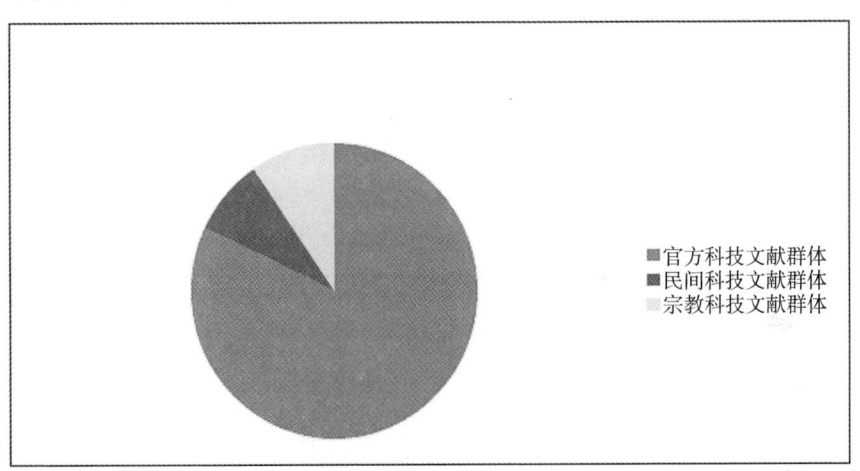

图 4—1 三大科技文献作者群体所占比例图

（二）官方科技文献作者的地域分布

隋唐科技文化的发展与其地域环境是紧密相连的，官方科技文献作者主要分布于陕西、山西、河北、河南。而像南方地区的浙江、江苏、湖南稍露雏形，也有少量的科技文献作者。

首先，自两汉以来，都城分别建于长安和洛阳。而隋唐两代首都都定都于长安，地属关中地区，能够为隋唐提供一个有利于制内御外的战略支点。"帝国的都城不论是咸阳还是长安，都是因为它在战略上的有利条件而中选；也许在长达一个世纪或更多的时间中，帝国行政的主要目标与秦其次，陕西、河北、河南的科技文献作者人数最多，由于在黄河流域，沿黄河及其支流形成一个东西轴心区，国家重心沿东西轴向摆动，政治、经济都呈现出明显的东西特征。经济上表现为以关东大平原为标志的东部产粮区和以关中平原为标志的西部产粮区，沿黄河流域分别形成东西两大经济重心区，②两者既相互独立又密切连为一体，既互为奥援又呈现为离异趋势；政治上表现为统治集团的地域分野；文化上表现为黄河文化在特定历史发展阶段中的主导作用，在地域上东迁西移并向周边扩展、不断扩大覆盖面，并逐渐形成中华民族文化的主体。

而如江苏、浙江、江西等南方省份也有少量科技文献作者出现，唐中叶的安史之乱是一个十分重要的分界事件。战乱发生后，黄河流域的绝大部分地区受到严重的破坏，人口锐减、田园荒芜、农业生产萎缩不振。以河南府为例，开元时（713—741）有12万户，到了宪宗（805—820）时只剩下1.8万户。长江流域人口普遍增加，开元时苏州仅有6万户，元和时（806—820）已增加到10余万户。到唐代末年，已出现"大历（776）初，仕多避处江淮间"的趋势，形成南阳、西京"衣冠尽投江湘"，"天下贤士大夫多在江淮间"，"赋之所处，江淮居多"的局面。③ 中唐以后，贡岁赋者，尽在江南八道，即长江中下游地区，尤以太湖流域为最，形成"军国费用，取资江淮"，④"赋出天下而江南居什九"，⑤"今天下以江淮为国命"⑥ 的局面，南方经济发展速度超过了北方，经济重心开始由黄河流域向江南转移。经济重心的逐渐转移，使得文化在江南地区逐渐生根发芽。

---

① 崔瑞德、鲁惟一编：《剑桥中国秦汉史》，杨品泉等译，中国社会科学出版社1992年版，第27页。

② 王大华：《论农民起义的东西战争和南北战争》，《陕西师大学报》（哲学社会科学版）1987年第4期。

③ 于希贤、陈梧桐：《黄河文化——一个自强不息的伟大生命》，《北京大学学报（哲学社会科学版）》1994年第6期。

④ 董诰：《全唐文·宪宗元和十四年七月二十三日上尊号赦》，中华书局1983年版，第238页。

⑤ 韩愈：《韩昌黎集》，北京燕山出版社1996年版，第672页。

⑥ 董诰：《全唐文·杜牧·上宰相求杭州启》，中华书局1983年版，第742页。

山西、山东、四川省是传统的文化地区。成都在唐代曾经作为南都，山西太原在唐代曾作为北都，都是经济比较发达、文化也比较稳定的地区。山东作为中国历史上第一个诸子百家时代里表现最优异并首先崛起的文化中心，也是一个文化强省。受传统文化的影响，这些地区也产生了一定数量的官方科技文献作者。

由以上可以看出，官方科技文献作者的地域分布受政治、经济因素影响比较明显，政治中心、传统文化地区以及经济较发达地区产生了大量的官方科技文献作者。

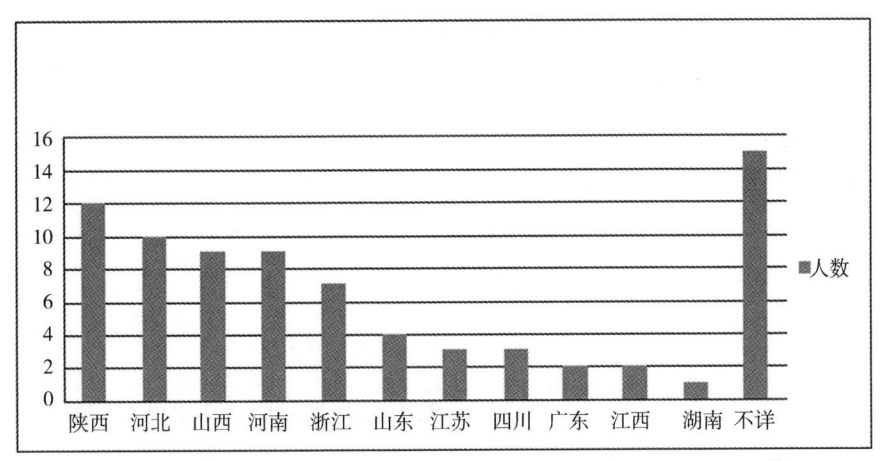

图4—2 隋唐官方科技文献代表作者所处地域列表

（三）官方科技文献的学科分布

隋唐是我国科学发展史上的大发展时期，并在当时的世界上处于领先的地位，其数学、天文、历法、地理、医药、农学等方面的探索与成就都达到了很高的水平。隋唐时期科技文献作者学科分布情况如下。

1. 地理学。隋唐的地理学在中国地理学史上占有重要地位。其一，在方志的修著、制图学的充实、域外地理知识的丰富，以及在海陆变迁、潮汐成因等自然地理的研究考察方面，都较之前有着巨大的进步，从而为这一时期地理学的发展写下了光辉的篇章。隋大业年间，"普诏天下诸郡，条其风俗物产地图，上于尚书"，[①] 汇集编纂成《诸郡特产

---

① 魏征等：《隋书卷三十三，志第二十八，经籍二》，中华书局1973年版，第988页。

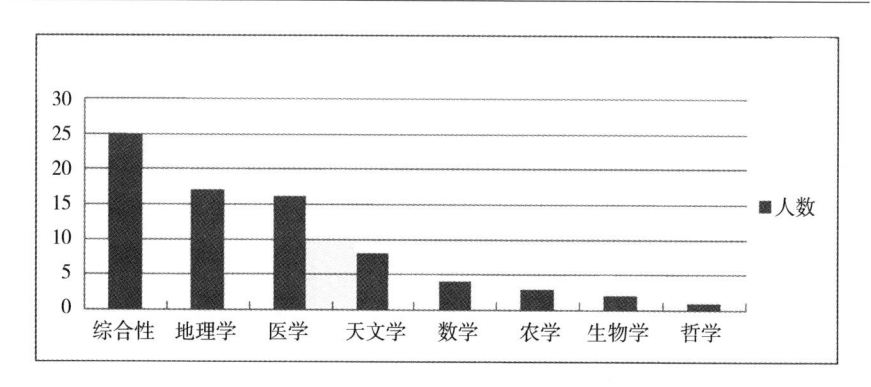

图4—3 隋唐官方科技文献学科分布图（单位/人次）

土俗记》131卷，《区宇图志》129卷，《诸州图经记》100卷。这是我国官修全国性区域志的开始。[①] 制图学在唐代有了很大的发展。在唐朝建立的初期，它的疆土扩大了，这就刺激了中亚地图的绘制工作。贾耽的《海内华夷图》，"广三丈，长三丈，率以一寸折成百里"[②]。全国性的地志和图志也有了崭新的发展，如肖德言的《括地志》、李吉甫的《元和郡县图志》、贾耽的《古郡国道县四夷述》、孔述睿的《地理志》等。

其二，唐代的行政区划图、军事地图也有所发展，为中国古代地理学写下凝重的一笔。我国有着广阔的海岸线，潮汐的利用和潮灾的防止极为重要。颜真卿的《抚州南城县麻姑山仙坛记》、白居易的《海潮赋》，详尽地描绘了潮汐逐日推移的规律，对于唐代在海陆变迁方面的认识进行了生动的记载。对于黄河源头的考察，海岸地形、地下岩溶地形、沙漠地形等自然地理的认识，都得出了科学的结论。[③]

2. 医学。隋唐官方科技文献作者产生了大量的医学文献。第一，隋唐社会的繁荣，给医学的发展提供了一个良好的外部环境，而医药内在的经济价值刺激了医学的发展，整个社会上至天子、王公大臣、士大夫，下至平民百姓都热爱医学，热衷于搜集秘方效药。由于隋唐王朝对

[①] 谢玉杰、王继光：《中国历史文献学》（修订版），上海古籍出版社2014年版，第168页。

[②] 刘昫等：《旧唐书·列传第八十八·贾耽传》卷一百三十八，中华书局1975年版，第3786页。

[③] 张奎元、王常山：《中国隋唐五代科技史》，人民出版社1994年版，第6页。

医学的重视与支持，隋唐的医学成就至今仍盛传于世。病源学著作的问世，标志着隋唐的医学在病因、病机上有了系统、全面的认识。隋朝名医巢元方的《诸病源候总论》，记述了多种疾病的诊断、病因、预防和治疗方法，反映出隋代的医学水平已颇高。第二，唐朝时期医药学思维开放，内外往来频繁，医学教育不仅有了太医署主办医学校，还有地方府、州、县办的医学院校。在教学内容、教学方法、学制、专业设置及留学教育制度等方面都有极大的发展。从教育制度的角度来看，政府主办的医学教育在继承隋朝制度的基础上，使得唐朝的医学有了显著的发展，并逐步完善。第三，隋唐医学的发展与医学体系的完备体现在对大型医书的编修上，如隋代官修医书《四海类聚方》《四海类聚单要方》，世界第一部国家官修药典——唐《新修本草》。被称为药王的孙思邈在唐高宗时编著的《千金方》是一部临床实用百科全书，他认为"人命至重，有贵千金"。① 此书记载了5300多个药方，收集记录了800多种药物的使用方法，并且论述了200多种药物的采集和炮制。第四，隋唐时期医事制度的日臻完善。对医学典籍进行了深入的研究和系统地总结，科学地划分了医科，藏医和中外医药得到了广泛的交流，铸就了一个医学上的辉煌时代。

3. 综合性文献。从综合性科技角度来看，隋唐官方科技文献作者群体产生了大量的综合性科技文献，这与其官员的社会身份密不可分。在隋唐时期，官员能够接触到很多官方藏书、资料，而民间和宗教科技文献作者群体是很难接触到的，一定程度上有利于官方科技文献作者形成综合性科技文献。并且很多官员一生会经历不同官职，在不同的工作经历中，也可形成一定综合性科技文献。例如令狐德棻等撰写的《隋书》，其中涉及大量有关天文，地理，水利，历法等诸多学科，这与他的教育背景和官方的工作经历有很大关系。

4. 数学。从图4—3可知，隋唐时期数学学科的科技文献作者也占了一定比例，主要源于当时唐朝为了选拔数学学科的人才，在科举考试中第一次创立了明算科，考试中只进行数学一科的测试。只要考试过关，便可

---

① 王绍增、张天柱：《医古文百篇释译备急千金方要序》，黑龙江科学技术出版社1995年版，第263页。

授予其官职。这一举措大大调动了人们学习数学的积极性，极大地推动了数学的发展。显庆元年（656）唐朝在国子监开办了数学专科学校"算学馆"，设算学博士和算学助教，主持日常数学教学工作。这样国子监内就有了六间学馆，包括国子、太学、四门、律学、书学、算学。唐六典云："凡诸州每岁贡人，其类有六：一曰秀才，二曰明经，三曰进士，四曰明法，五曰书，六曰算。"

5. 天文学

唐朝重视天象的观测与记录，日影的测量与大地长度的测定、在历法的推演与修订、天文仪器的制造上都取得了巨大的成就。贞观初年"淳风上言：'舜在璇玑玉衡，以齐七政，则浑天仪也……盖浑仪无黄道久矣。'太宗异其说，因诏为之。至七年仪成"。唐开元九年梁令瓒在李淳风的基础上制成木质的黄道游仪，一行认为可用，乃上奏获准。"又诏一行与令瓒等更铸浑天铜仪，圆天之象，具列宿赤道及周天度数"[1]，开元十一年制造出了"黄道铜浑仪"，从此对天象的观测和记录就更确切了。

（四）官方科技文献作者群体的官职结构

按照职务层次，我们可将隋唐官方科技文献作者分为皇帝、中央官员和地方官员三大类，见表4—1。

我国古代官职涉及官署名、官名、官员的职掌等诸多方面。各朝代的状况，也各不相同。大体可分为中央官职和地方官职两大类。从隋朝时期开始，对中央官职执行三省六部制。而唐朝在隋朝的基础上对其进行了改进。三省为中书省（决策）、门下省（审议）、尚书省（执行），中书、门下、尚书三省的长官都是宰相。此外，中央还设有专门机构和官员，负责制定历法、编修历史、管理图书等工作。

对于地方官职，唐朝主要行政区是州，州官称刺史，属官有长史、司马等。唐朝还特别设节度使，对于军事重镇，属官有行军司马、参谋、掌书记等。此外，全国分十几个道，也称监察区，中央派官员随时前往巡视，称黜陟使。

---

[1] 欧阳修、宋祁等：《新唐书·卷三十一·志第二十一·天文一》，中华书局1975年版，第807页。

表 4—1　　　　　隋唐官方科技文献作者群体官职分布表

一般性机构 78%				专门性机构 22%		
皇帝	中央	地方官员①	太史局	太医署	太史曹
杨广、李适、武则天	刘焯、阎立本、李吉甫、许善心、虞绰、虞世基、贾耽、李石、李勣、于志宁、孙过庭、褚遂良、杜佑、长孙无忌、孟诜、令狐德棻、苏鹗等	王希明、袁滋、徐云虔、王勃、卢照邻、骆宾王、陈藏器、张旭、王定保、郑綮、樊绰、南卓等	瞿昙悉达	巢元方、苏敬、许孝宗、甄权、孔志约、昝殷、	梁述 王真儒 王孝通 李淳风
			张胄玄、杨炯、曹士为		

根据上表，我们可以得出隋唐官方科技文献作者群体官职集中在一般性机构中，并且官职分布广泛，上到皇帝、下到地方官员群体均有创作；专门性机构中的临时机构人员的创作往往是政治和社会的需要并且集中于某一段特定的时期进行的创作；而如太史局、太医署的科技文献居多。官方科技文献作者涉及范围之广，在一定程度上反映出隋唐官方科技文献的发展和繁荣。

二　隋唐民间科技文献作者群体的组成

隋唐时期，社会经济的日益繁荣、文化的多元发展、对外的空前开放，都为民间科技文献作者的发展提供了便利，民间科技文献作者群体的发展依旧可以从数量、地域分布、学科分布的统计中分析得出。

（一）民间科技文献作者群体的组成所占人数比例

在统计出的 97 位科技文献作者中，共有 10 人属于民间科技文献作者，所占比例为 10%。在数量上，与官方科技文献作者群体相比，民间

---

① 关于地方官员的划分问题，部分官员既担任过地方官员，又担任过中央官员，以他们主要服务于哪类机构来进行划分，或者是其文献形成于什么背景来进行划分。

科技文献作者显然差距很大。其一，隋唐之前的选举制大多是世家名门望族之间长期互相推举、支持与利用，结成政治联盟，"门阀士族"也便形成。从汉到南北朝，门阀士族拥有强大政治势力、经济势力和文化势力，但建立多民族的统一大国是百姓的愿望，也是历史的必然。其二，中央统一政权，培养选拔为中央政权服务的官员，需要找出一条合理的选拔培养人才的途径，建立一种新制度，隋唐时期的科举制度便应运而生。科举制，不以家族出身选拔人才，只要具备治理国家的才能或善于用兵打仗，或有管理经济的特长都可以参加考试。科举制，符合中国的国情，也达到了强国的效果。正是由于科举制，使得大量的民间人才得以有发挥的空间，参加考试，走上仕途。这也是上文官方科技文献作者群体占主体的原因，使得民间科技文献作者只占一小部分。

（二）民间科技文献作者群体的组成地域分布

在统计的10位民间科技文献作者中，除黄子发地域不详外，其余9位分别来自于江苏省、湖北省、四川省、山东省和浙江省。

表4—2　　　　　隋唐民间科技文献代表作者所处地域列表

地域	姓名	人数
江苏省	诸葛颖、陆龟蒙	2
湖北省	陆羽、杜环	2
四川省	赵蕤、梅彪	2
山东省	段成式	1
浙江省	窦叔蒙、张志和	2
不详	黄子发	1

与官方科技文献作者群体的地域分布不同，民间科技文献作者群体分布比较零散，集中性不强。通过对比上文，可发现，隋唐时期陕西省、河南省、山西省的官方科技文献作者数量很多，而未发现民间科技文献作者，这一定程度上体现了民间科技文献作者受政治影响比较弱，而受传统文化影响较大。山东省、四川省作为传统文化地区，有一定数量的民间科技文献作者，说明民间科技文献作者受传统文化影响较大。江苏省、浙江省作为当时的经济较发达地区，也带动了当地科技文化的发展，产生了一

定数量的民间科技文献作者,说明民间科技文献作者也受经济发展的影响。综上,民间科技文献作者的发展与当地经济、文化的发展关系密切,而与当地政治几乎没有关系。

(三) 民间科技文献作者群体的组成学科分布

10 位民间科技文献作者主要在农学、天文学、药学、地理学有所建树,如表 4—3 所示。

表 4—3　　　　民间科技文献作者群体的组成学科分布表

学科	姓名	人数
农学	诸葛颖《种植法》、陆龟蒙《耒耜经》、陆羽《茶经》	3
天文学	黄子发《相雨书》、张志和《玄真子》	2
药学	梅彪《石药尔雅》	1
地理学	杜环《经行记》	1
综合	赵蕤《长短经》、段成式《酉阳杂俎》	2
潮汐学	窦叔蒙《海潮赋》	1

上文分析到,隋唐时期官方科技文献作者关于医学、地理学、天文学以及综合性的科技文献比较多。而民间科技文献作者关于农学居多,这主要是由于农学与民间密切相关,是与百姓生活密切相关的学科,因此所占比例较大。代表作有诸葛颖的《种植法》、陆龟蒙的《耒耜经》和陆羽的《茶经》。

民间科技文献作者产生综合性科技文献的数量较少,这是由于民间科学家所见所闻有限,所以他们的研究中并未出现一般意义上的综合性文献,而在本书中所列的综合性文献中,如段成式《酉阳杂俎》,单独介绍了矿石、矿产,原因在于这些矿石的研究是不受职务的局限的,民间科学家可以接触到。

三　隋唐宗教科技文献作者群体的组成

隋唐时期是一个宗教政策比较开明的朝代,在这一大背景下,隋唐的佛教、道教也得到了发展的空间,从而形成了一部分宗教科技文献作者。本部分对宗教科技文献作者群体的组成进行研究。

(一) 宗教科技文献作者群体所占人数比例

隋唐宗教科技文献作者的教别主要是佛教和道教。在统计出的97位科技文献作者中共有9位宗教作者。所占比例为9%。其中佛教5人，道教4人。

宗教作为统治者维护统治，控制人民思想的工具，客观上决定了宗教科技文献的创作目的主要是辅助统治者的统治，而不是进行科学技术的研究。所以宗教科技文献作者群体在隋唐科技文献作者群体中所占比例是很小的。

从纵向角度看，魏晋南北朝时期宗教科技文献作者仅有一位，而到了隋唐时期发展到9位。源于从唐朝开始，统治者支持各种宗教的发展。当时有来自波斯国的祆教、摩尼教和景教，此外在长安等地也流传着伊斯兰教，但主体是西域胡商，唐人信仰的极少。在唐朝流行的主要宗教是佛教和道教，其中势力最大，影响最深的是佛教。道教尊老子李耳为教主，因为唐朝的皇帝姓李，所以从李渊起皇帝就大力扶植道教，想以此来巩固皇权。此外，唐朝对宗教的规范原则体现在三个方面：

(一) 要求遵循古代传统的"礼"。而各朝的律令规章，不过是"刑法"而已。故《唐律疏义》谓："德礼为政教之本，刑罚为政教之用"。[①]如拜祖宗、孝敬父母、尊敬王者等都是佛道必须遵守的。法令均规定寺观之内住持师父与徒众僧道拟同俗世一样之亲属伦理关系。

(二) 依法对佛道教进行管理，支持真正信仰者，处罚不法之教徒。唐太宗贞观十二年七月诏准曰："道无常名，圣无常体，随方设教，密济群生。"[②] 充分说明了唐朝对所有宗教的态度：不管它称为什么"教"，只要这种宗教是有利群生的，便承认它是"道"，是"圣"。这种思想，延续于历代对佛教的法令。

(三) 平等对待佛、道二教。自魏晋南北朝以来，佛教与道教一直处于此消彼长的关系，从历代王朝所颁的法令中可以看出，对于佛教和道教不时有偏袒现象，但从全局来看，佛教与道教的地位是平等的。

综上，由于隋唐较为自由的宗教政策，使得隋唐出现了一些宗教科技

[①] 汪向荣校注：《唐大和上东征传》，中华书局1979年版，第40—51页。
[②] 宋敏求：《唐大诏令集卷》卷110·诫励风俗敕，商务印书馆1959年版，第572页。

文献作者，并且这些作者的宗教类别集中为佛教和道教，但是与官方科技文献作者相比，隋唐宗教科技文献作者数量较少。

（二）宗教科技文献作者群体地域分布

9位宗教科技文献作者中，除佛教慧超来自于朝鲜半岛，其余分别来自于甘肃省、陕西省、浙江省、河南省。如表4—4：

表4—4　　　　　　宗教科技文献作者群体地域分布表

地域	姓名	人数
甘肃省	李筌　慧立	2
陕西省	孙思邈　蔺道人	2
浙江省	释道宣	1
河南省	僧一行　玄奘　王旻	3
新罗国（朝鲜半岛）	慧超	1

上表显示，隋唐宗教科技文献作者所在地分布得比较分散，不够集中，但是也能够发现隋唐宗教科技文献作者所在地大多为宗教发达省份。

甘肃省靠近当时西域地区，西域是丝绸之路的重要通道。不仅是东西方贸易来往的交通纽带，更是东西方文化传播与交流之道。正如季羡林先生所言："世界上历史悠久、地域广阔、自成体系、影响深远的文化体系只有四个：中国、印度、希腊、伊斯兰，再没有第五个；而这四个文化体系汇流的地方只有一个，就是中国的敦煌和新疆地区，再没有第二个。"[①]宗教是人类重要文化现象，很早就沿着丝绸之路开始了东西之间的相互传播。

慧超是唐朝时朝鲜半岛新罗国僧人，早年入华，他从中国由海路至印度，后来通过陆路经西域回到中国，开元十五年至安西。外国的僧人可以来中国吸收和传播教义，足以证明唐朝时期对于宗教持开放的态度。

（三）宗教科技文献作者群体学科分布

9名宗教科技文献作者分别在兵学、药学、地理学、天文学和农学上

---

① 季羡林：《佛教与中印文化交流》，江西人民出版社1990年版，第148页。

有所建树。

表4—5　　　　　　　宗教科技文献作者群体学科分布表

学科	姓名	人数
兵学	李筌《太白阴经》	1
药学	孙思邈《千金要方》、《千金翼方》 蔺道人《仙授理伤续断秘方》	2
地理学	玄奘《大唐西域记》、释道宣《释迦方志》 慧立《大慈恩寺三藏法师传》慧超《往五天竺传》	4
天文学、数学	僧一行《大日经疏》《大衍历》	1
农学	王旻《山居要术》	1

宗教科技文献作者的学科分布远不如官方作者和民间作者分布广泛，主要集中于佛教的地理学和道教的药学两门学科，这也分别反映了佛教与道教各自的特点。

唐太宗时期，大量僧人到天竺游学，求取佛经。例如玄奘归国后把西行途中的所见所闻口述下来，由其弟子整理成书，这就是著名的《大唐西域记》，其对于研究印度半岛、中亚地区以及我国新疆地区的佛学和历史有重要的研究价值。再如唐代天文学家著名代表人物一行（683—727）多年隐居河南嵩山，精心研究天文历算。他编制的《大衍历》为后代历法家编历提供了固定的模式，被称为"唐历之冠"。[①] 一行还领导了大规模的大地测量。一行的这次测量最终否定了汉代以前关于"南北地隔千里，影长差一寸"这一错误的传统说法，证实了刘焯、李淳风等关于日影长度差和南北距离差的比率是不固定的观点，为浑天说的理论提供了佐证。[②] 开元十二年，他提议测量河南的平地，测出子午线一度长为351.27唐里。这是世界史上测量子午线的开始，比阿拉伯人在美索不达米亚（今伊拉克）的测量早九十年。一行观测天象，发现恒星的移动，比1712年英国人哈雷的发现，几乎早了一千年。[③] 这体现了宗教对于天文学的重

[①] 睿松：《最有影响的华夏100人》，陕西旅游出版社2002年版，第232—233页。
[②] 陈美东：《简明中国科学技术史话》，中国青年出版社1990年版，第347页。
[③] 睿松：《最有影响的华夏100人》，陕西旅游出版社2002年版，第232—233页。

大贡献。

道教早期以养生方术、炼丹为主，注重内丹修炼的理论和方法，因此，出现了孙思邈的《千金要方》《千金翼方》和蔺道人的《仙授理伤续断秘方》。

（四）宗教科技文献作者群体宗教类别

隋唐时期宗教类别主要分为佛教和道教两类，具体如下。（表4—6）

表4—6　　　　宗教科技文献作者群体宗教类别表

宗教	姓名	人数
佛教	僧一行、玄奘、释道宣、慧立、慧超	5
道教	李筌、孙思邈、蔺道人、王旻	4

西汉末年，佛教开始传入中国，佛教的性质在融入中国社会的过程中也逐渐发生了改变，从最开始纯粹的宗教组织逐渐演变成为统治阶级服务的社会组织。但国民都热衷于这样的社会组织，正如一些古人所言："惟佛之为教也，劝臣以忠，劝子以孝，劝国以治，劝家以和，弘善示天堂之乐，惩非显地狱之苦，不唯一字以为褒贬，岂止五刑而作戒。"[1] 也正是由于统治阶级对于佛教的态度，使得佛教日益壮大。

道教在创立之后，一直经历着大起义，大叛乱。直到北魏时期对道教进行改革之后，道教才有了自己的发展轨道，但起义和叛乱依然不断。直至唐朝，政治清明，经济繁荣的社会背景使得因道教而起的战乱逐渐减少，道教与国家的关系也发生了变化，地位的稳定与逐步提高，使得道教极大发展，也成为了国家控制的宗教。

第三节　隋唐科技文献作者群体的知识积累

要对官方、民间、宗教三大科技文献作者群体进行研究就必须对他们的知识积累进行系统分析，这样才能对隋唐科技文献有全面的了解。本节主要从家庭背景、教育背景和职业经历三个方面进行研究。

---

[1]　释道宣辑：《广弘明集》，上海书店1989年版，第748页。

一 隋唐官方科技文献作者群体的知识积累

（一）隋唐官方科技文献作者的家庭背景

为了更好地了解这些科技文献作者的家庭背景与其社会身份之间的联系，现将78位官方科技文献作者，按照其家庭背景的不同，分为官宦世家和平民之家两大类，如下表。此外还有一些作者无法考证，此表数据有一定偏差，仅供读者参考，无法考证的数据为出身寒门的可能性较大。

表4—7　隋唐科技文献作者群体（典型代表）家庭背景统计表

家庭背景		代表作者
官宦之家		李靖、张彦远、许善心、裴矩、李淳风、段安节、令狐德棻、李吉甫、张九龄、长孙无忌、刘禹锡、李德裕、武则天、徐坚、李淳风、于志宁、李适、褚遂良、柳宗元
平民之家	一般性平民家庭	韩愈、李肇、卢肇、张说、苏鹗、颜真卿、朱景玄、陈藏器、甄权、昝殷、巢元方
	科技世家	颜师古、张旭、祖孝孙、孔志约

由表可见，在隋唐，科技文献作者的家庭背景与其社会身份之间存在一定的联系。在官方科技文献作者群体中，出身于帝王与官宦家庭的作者要远远多于其他出身的作者。这是由于，在当时帝王与官宦家庭背景的人更容易获得较多的学习机会、受到较好的文化教育、得到良好的教学环境、接触到更多的资料素材，进而进行科技文献创作。

在官方科技文献作者中，很多医学著作的作者都出身于科技世家，这些文献的形成与他们受家庭熏陶、耳濡目染的经历密切相关。

虽然隋唐时期官方科技文献作者以官宦之家为主，但官方作者群体中也有一部分布衣出身的作者，他们不仅在政治上卓有建树，也为后人留下了弥足珍贵的科技文献作品，如张说、苏鹗、颜真卿、朱景玄、陈藏器、甄权等人。

（二）隋唐官方科技文献作者教育背景

隋朝的科技教育是由国家兴办的，在《隋书》之中有对隋朝科技教育制度的描述。对于科技教育制度，主要是建立在宫廷之中，由专门从事本专业的专业人员在行使工作职责之外负责培养数量有限的学生。如在

《隋书》卷二十八《百官下》记载:"太常寺……太医署有主药二人。医师二百人。药园师二人。医博士二人。助教二人。按摩博士二人。祝禁博士二人,等员。"① 在《隋书》卷二十七《百官中》中记载:"太常,掌陵庙群祀、礼乐仪制,天文术数衣冠之属。其属官有博士四人,掌礼制……太史、掌天文地动,风云气色,律历卜筮等事。太医、掌医药等事。"② 详见表4—8。

表4—8　　　　　　　　隋朝中央科技教育机构设置

所属机构	分科	师资配置（人数/个）
国子寺	算学	算博士（1,增至2）助教（2）学生（80）
太常寺	医学	太医令（1,增至2）；太医丞（2）；主药（2）；医师（200）；药园师（2）；医博士（2）；医助教（2）；按摩博士（2）；祝禁博士（2）
太史曹	天文历法	太史令（1），太史丞（1），司辰师（8），监侯（4,增至10）
		天文博士（1）
		历博士（1）
		漏刻博士（1）
		视祲博士（1）

隋朝的科技教育中央机构分别是国子寺、太常寺和太史曹。教育制度按不同的工作性质分为：职业教育、经学教育和实科教育。实科教育包括算学和医学等学科。职业教育包括天文、历法等专业。与此同时，提倡承袭前代的经验与技术，并通过固定的教学模式培养为将来财会、医学卫生、天气时令、灾害预防等方面发展所需要的人才，从某种程度上讲，这正是近代意义上的科技教育的制度源头。此外，隋朝时期设立了中国第一所科技专科学校，为加强医学教育，在太常寺下设立太医署；为加强数学教育，在国子寺下设算学；为加强天文教育，在太史局设立天文历法专科

---

① 魏征:《隋书·卷二十八·百官下》,中华书局1973年版,第776页。
② 魏征:《隋书·卷二十七·百官中》,中华书局1973年版,第755页。

学校。此外，在太仆寺设立专门的兽医专科学校，也为后来李石所作的《司牧安骥集》创造了良好的条件，更为我国科学技术的发展奠定了实施的基础，并提供了资料来源。唐朝承袭了隋朝的科技专科学校制度，逐步使各个机构固定下来。如医学专科教育管理机构的太常寺，国子监对算学的领导，太史局对天文历法的领导，太仆寺对兽医专科学校的领导等。

然而在隋朝时期，科技教育并不都是通过官方途径进行传播，而更多的是一种子承父业的方式。其原因有二。其一为政治传统，我国隋唐前期许多政府都明文规定职业必须世代相袭。"其百工技巧趋卒子息，当习父兄所业"，[①] 也就是说，掌握一定科学技术或者手工业商人，必须子承父业。这样的传统方式有利于政局、阶级的稳定，也同样有利于社会环境的和谐。其二为家族利益，通过科技教育的方式使大量的生产者从事社会生产，使其掌握手工技术和科技经验显然是比较艰难的。因此大量手工业者采取了家族传承的方式，将技术以世传家授的方式传授给自己的后代。这样既能获得稳定和丰厚的物质收益，又能将技艺与血脉传承相结合。

因此，隋朝时期的科技教育与政府和家庭都有着密切的关系。

唐朝中央科技教育机构设置，如图4—4。

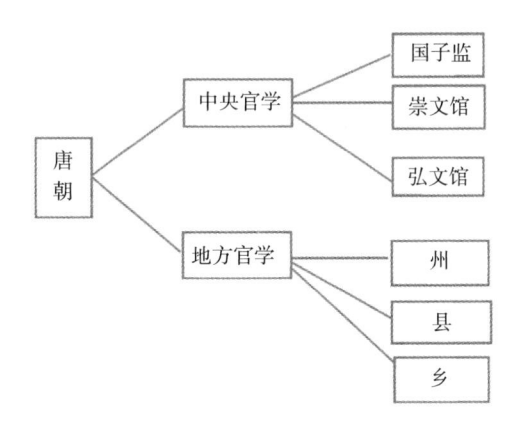

图4—4 唐朝教育系统图

唐代的科技教育在隋朝奠定的基础上，学校教育更趋发达。首都长安有三个高等教育机构，它们分别是：隶属于尚书礼部的国子监，即国立京

---

① 魏收：《魏书·卷四·世祖纪下》，中华书局1995年版，第178页。

师大学；再有隶属于门下省的弘文馆，即政府主办的普通贵族大学；最后是隶属于皇太子宫的崇文馆，即皇太子主办的高级贵族大学。后两者的学生入学需要具备特殊的条件，如皇族近亲、皇后或皇太后近亲、宰相的儿子或一品以上高官的儿子。而一般的平民百姓家的儿子，只有在通过考试之后才有机会进入到国子监学习。

在地方层面，唐朝按照地方行政区域建学，在地方行政教育分为州、县、乡三级，并设立地方科技专科学校，而各个州的长使负责管理各个州的科技教育。据记载，隋唐时期"州县学生，州县长官补，长史主焉"[1]。也就是说，各州的长官长史，对于州内的政治、经济事务和科技专科教育要二者兼顾。可见，隋唐时期的地方科技教育专科学校主要由地方行政长官直接管理。

（三）隋唐官方科技文献作者的职业经历

科技文献作者的职业经历，是指科技文献作者在其职业经历中的知识积累，即科技文献作者在从事某项工作中所积累的知识、资源、素材、经历、经验等对其科技文献作品形成的帮助。

大部分隋唐科技文献作者的作品都是与其职业经历相关的，见表4—9。

表4—9　　官方科技文献作者（代表人物）职业经历一览表

作者	职业经历	作品
裴矩	任尚书左丞、吏部侍郎、黄门侍郎、右光禄大夫	《西域图记》
令狐德棻	礼部侍郎，兼修国史，太子右庶子，雅州刺史，秘书少监	《艺文类聚》
张九龄	调校书郎、迁右补阙、中书侍郎、同中书门下平章事、中书令	《唐六典》
陈叔达	黄门侍郎、纳言、侍中、礼部尚书，进拜江国公	《艺文类聚》

---

[1] 欧阳修、宋祁等：《新唐书·卷四十四·选举志》，中华书局2003年版，第425页。

续表

作者	职业经历	作品
李德裕	任校书郎、监察御史、翰林学士、中书舍人、浙西观察使、兵部侍郎、郑滑节度使、西川节度使、兵部尚书、中书侍郎、镇海节度使、淮南节度使	《平泉草木记》
张彦远	舒州刺史、左仆射补阙、祠部员外郎、大理寺卿	《历代名画记》《法书要录》
孔颖达	河内郡学博士、文馆学士、国子博士	《五经正义》《礼记注疏·月令》
张说	历任太子校书、左补阙、右史、内供奉、凤阁舍人、任兵部员外郎、累迁工部侍郎、兵部侍郎、中书侍郎，加弘文馆学士	《唐六典》
杨炯	授校书郎、崇文馆学士，迁詹事、司直、梓州司法参军	《浑天赋》
崔绩	协律郎、记室参军、鹰扬长史	《区宇图志》
贾耽	贝州临清县尉，绛州正平县尉、检校膳部外郎、太原少尹、北都副留守、检校礼部郎中、节度副使、汾州刺史	《海内华夷图》
李吉甫	仓曹参军、太常博士、屯田员外郎、明州长史、忠州刺史、柳州刺史、考功郎中、中书舍人	《元和郡县图志》
徐云虔	邕州道节度使	《南诏录》
袁滋	试校书郎、湖南观察使	《云南记》
阎立本	工部尚书、总章元年，迁右相	《王会图》《步辇图》
刘焯	中举秀才，射策甲科，拜为员外将军	《皇极历》
曹士为	大中大夫	《符天历》
孙过庭	右卫胄参军、率府录事参军	《书谱》
巢元方	太医博士	《诸病源候论》

续表

作者	职业经历	作品
李靖	长安县功曹，后历任殿内直长、上柱国、永康县公	《李卫公兵法》
昝殷	医学博士	《食医心鉴》《经效产宝》《道养方》
许敬宗	淮阳书佐、秦府学士、洪州都督府司马、后迁给事中，兼修国史	《新修本草》
孟诜	进士及第、同州刺史、凤阁舍人	《食疗本草》

很多官方科技文献作品的形成与作者的官员职业经历有密切联系，主要体现在以下三方面。

其一是官员奉命编写科技文献，国家会提供大量的资料文献供其参考。如《新修本草》。唐代的文化在当时居于世界文化的前列，医药学也属文化的一种。就药物而言，品种日益增加，内容不断丰富。而当时医家奉为用药指南的《本草经集注》，在内容方面存在着问题。为避免造成医学的误导，苏敬于显庆二年上奏请求修定《本草经集注》，得到唐高宗的批准，于显庆四年修定完毕，名曰《新修本草》，是世界上最早的一部药典。又如崔赜在隋炀帝大业初年，与众儒生完成的《区宇图志》。该书1200卷，目的在于"明九域山川之要，究五方风俗之宜"，[①] 其最大的特点是有多幅地图。据《大业拾遗》载，该书"卷头有图，别造新样，纸卷长二尺，叙山川则卷首有山川图，叙郡国则卷首有郭邑图，其图上有山川、城邑"。《区宇图志》是一部综合地图、地志的内容和体例的地理总志。

其二是官员在做官期间，利用官员身份，能够接触、收集到很多资料，进而形成科技文献。如巢元方在隋大业年间医事活动较多，隋大业五年八月，开凿大运河总管得了风逆症，隋炀帝命太医令巢元方前往进行医治。巢元方任太医博士，业绩卓著。正是在这样的背景下，完成了《诸

---

① 王应麟：《玉海·卷十五》，中华书局1957年版，第326页。

病源候论》。李淳风天文学造诣极高,"幼爽秀,通群书、明步天历算"①正是形容李淳风的学术造诣。唐朝初期所用的历法是傅仁均编撰的《戊寅元历》,而《戊寅元历》存有一定的缺陷,早在贞观初年,李淳风就对其进行了详细研究,提出了修改意见,唐太宗派人对其考察,接受了他的部分建议。在中国古代,历法编撰是专门之学,普通学者很难问津,而对《戊寅元历》提出修订意见的李淳风才20多岁,因此得到褒奖,被授予将仕郎,任职于太史局,开始了他官方天文学家的生涯,这才有了《推背图》《乙巳占》的问世。

其三是官员在某地任职时,根据任职经历形成科技文献。如樊绰在当安南经略使时,写下了《蛮书》,记载了云南自然地理、物产、城镇、交通、里程,特别是对南诏经济、政治、军事以及云南民族的生活习俗,作了系统的介绍,是唐朝时期有关云南的专著及研究唐代西南民族历史的著作,极具史料价值。再如袁滋,奉命出使南诏时,写下了《云南记》。

我们可以看出唐代官方科技文献作者群体的职业经历都是从考取功名开始,任职比较繁杂,而且在仕途上起伏较大,被罢官和被弹劾是为官者经常会面对的,官方科技文献作者群体基本上都担任过朝廷的重要官职,受到统治者的信任和提拔嘉奖。

二 隋唐民间科技文献作者群体的知识积累

(一)隋唐民间科技文献作者的家庭背景

按照上文方法,根据家庭背景将所统计的10位民间科技文献作者进行分类,以研究这些科技文献作者的家庭、教育背景与其社会身份之间的联系。在此,将民间科技文献作者的家庭背景分为两类:即生于普通百姓之家和官宦之家。

唐代民间科技文献作者群体的家庭背景和官方科技文献作者群体相比较,主要是来自官宦之家和普通老百姓,在家庭背景上普遍没有官方科技文献作者有创作优势。如表4—10。

---

① 欧阳修、宋祁:《新唐书·卷二百四·方技·李淳风》,中华书局,1975年版,第5798页。

表4—10　　　　隋唐民间科技文献作者的家庭背景分析表

家庭背景	作者
普通百姓之家	梅彪、杜环、赵蕤、陆龟蒙、黄子发、陆羽、都叔蒙
官宦之家	段成式、诸葛颖、张志和

表中统计的是能够考证到其家庭出身的民间科技文献作者,其中有些人员在家庭出身上无法考证,所以此表数据有所偏差,仅供参考。我们可以发现,这10位民间科技文献作者中,很多作者的家庭背景缺少详细的记载;无法考证的人中,按照常理推测,其出身普通百姓之家的可能性大一些。

有据可考的几位民间科技文献作者中,仅有3人出身于官宦家庭,与上文中官方科技文献作者大多出身于官宦家庭形成了鲜明的对比。由此我们可以推出,家庭环境和文化背景对于人的影响比较大,一般来说,出身官宦家庭的人,其追求、价值观比较受家庭影响,一般不会转变为纯粹的民间科技作者。出身普通百姓之家的人,一部分受家庭环境、教育背景的影响,成为了民间科技文献作者。

(二) 隋唐民间科技文献作者的教育背景

隋唐民间科技文献作者接受的教育是和其家庭息息相关的。家庭背景基本上决定了他们接受何种教育。接下来将进行一一阐述。

一是出身于官宦之家的作者,其教育背景与其家庭背景有着紧密的联系。段成式早年随父亲段文昌转徙各地,掌握各地风土人情、轶闻趣事,开阔了生活视野,加之他勤思敏学,博览了大量包括官府秘籍在内的图书。所著《酉阳杂俎》,分类记载各种异事方物,被《新唐书·艺文志》列入了小说家类。书以内容广博,记录了矿藏、陨星、化石的记载,动植物特性、形态的说明,具有极高的科学价值。

二是出身于百姓之家的作者,普通百姓之家的作者群体基本上是自学成才。如陆羽游历长江中下游和淮河流域各地,考察收集了大量第一手的茶叶资料,并累积了大量品泉鉴水的经验,撰下《水品》一篇。而其所著《茶经》,是唐朝和唐朝以前有关茶叶的知识和实践经验的系统总结;是陆羽亲身实践,博览群书,广泛吸收茶家经验的结晶。

唐朝是中国与其他国家往来甚多的时代,通过丝绸之路的交通在盛唐时期络绎不绝。杜环正是在这个花团锦簇的时空留下《经行记》。他于751—762年遍游了黑衣大食国全境，留下了丰富的见闻，其中最具意义的部分便是伊斯兰医药的部分。

（三）隋唐民间科技文献作者的职业经历

民间科技文献作者的职业经历相对单一，基本上终身不仕，专注从事某项工作。与官方科技文献作者相同，大部分民间科技文献作者的科技文献作品都是与其职业经历相关的。

一是不慕功名，如赵蕤，他是唐朝道家末枝纵横家，长于经世，博于韬略。他出生在唐朝的"开元盛世"，没有经历过战国时期那种大辩论的政治环境，他视功名如粪土、富贵如浮云。他的处世态度是"夫妇隐操，不应辟召"。

二是仕途不得志，如陆龟蒙举进士不第后，隐居于松江甫里，人称"甫里先生"。置园顾渚山下，不与世俗交接，经常乘船，并于船内设蓬席，备束书、笔、茶，游历于江湖间。

三是仕而后隐，即当过官，因为对官场不满而解冠归去，甚至朝廷重新延请，他们也不再重返官场。如张志和在天宝十五年（至德元年），被授予左金吾卫大将军，但在至德三年即乾元元年（758），以"亲丧"为由离开了官场，在湖州隐居，隐居第四年，完成了《玄真子》的撰写。

三 隋唐宗教科技文献作者群体的知识积累

隋唐时期宗教科技文献作者群体因其所占比例较小，所以无论是家庭背景、教育背景、职业经历都比较简单。

（一）隋唐宗教科技文献作者的家庭背景

由于隋唐时期宗教科技文献作者数量较少，对其家庭背景的记载也极少，很难考证。与官方科技文献作者大部分家庭背景可考形成了鲜明的对比。对一些著名的宗教科技文献作者，我们进行了缜密的考证。如孙思邈出生于一个贫穷农民的家庭。他年幼时便聪明过人，受到老师的喜欢，长大后爱好道家学说；又如僧一行，其出身贵族家庭，年轻时博览群书，精通天文、阴阳五行，曾拜师于著名天文学家、道士尹崇，学习星象观测与天文历法的知识，系统学习中国传统的天文学名著《甘石星经》、扬雄的《太玄经》，并掌握其内涵；而唐朝著名高僧玄奘有着良好的家庭背景，他是东汉名臣陈寔的子孙，曾祖父陈钦，曾在后魏担任上党太守；祖父陈康，于北齐任国子博士，食邑周南，父亲陈惠，潜心研读学问，熟读经书，为时人所景仰，曾在江陵做县官，后来隋朝衰亡，便隐居于乡间。

综上，以佛教为例，良好的家庭背景为这些科技文献作者的创作奠定了坚实的基础。

(二) 隋唐宗教科技文献作者的教育背景

在隋唐时期，佛道教发展迅速，他们在宣扬教义时也会对一些科学知识进行传播，隋唐两朝有很多科学家都是通过这种方式了解和接触到科学技术，受到科技教育的熏陶与训练的。并且，佛教僧人与道教的道士在钻研探讨科技知识时，经常本着佛教与道教的教义为出发点。佛教与道教教义往往包含阴阳和谐、灾异谶纬、普度众生等理念，因此佛教人士在进行教义研究过程中不可避免地接受天文历法、医药学、数学方面训练；再加之"个体躬行实践的奋斗与积累"，[①] 由此看来，隋唐时期科技教育之中教师也包含大量的佛道人士。

因此，我们可以看出佛道两教大多是以师徒关系进行学习。如卢照邻拜师于孙思邈，学习医术。孙思邈是唐代著名的医药学大师，被誉为"药王"，孙思邈一生授徒无数，根据《旧唐书》记载，孙思邈的徒众之中，较为著名的就有卢照邻、孟诜等。卢照邻师从孙思邈，虽然并不能从史料中找出孙思邈对卢照邻怎样在科技教育过程中谆谆教导，但是可以从卢照邻对孙思邈为人与为学两方面的评价中看出卢照邻对师恩的感谢："邈道合古今，学殚数术。高谈正一，则古之蒙庄子；深入不二，则今之维摩诘。其推步甲乙，度量乾坤，则洛下闳、安期先生之俦也。"[②]

(三) 隋唐宗教科技文献作者的职业经历

在隋唐时期，由于统治者更加注重佛教与道教的发展，佛教僧侣与道教道士的人数不断增加；加之我国有入仕之人弃官后隐修甚至遁入佛门或道门的传统，正是这样的经历使得佛教与道教之中掌握丰富科学知识的人数逐渐增多；在新旧《唐书》《唐六典》《唐会要》等典籍之中，均对这

---

① 王凌皓、李术红：《先秦原创性教育思想研究》，《河北师范大学学报（教育科学版）》2006年第3期。

② 刘昫《旧唐书·卷一百九十一·方技·孙思邈》，中华书局1975年版，第5094—5097页。

样的佛道人士传播科技知识有所记载。

与官方、民间科技文献作者一样，宗教科技文献与作者的职业经历之间的关系密切。例如：隋唐时期著名天文学家一行，年轻时便已博览群书，尤其精通阴阳五行之学。他曾长途跋涉三千里路，来到天台山国清寺向一个隐名大师讨教数术。

玄奘法师是唐代著名佛学专家，他以纠正当时佛教经典之中存在的众多翻译错误为出发点，在贞观初年游历西域，十七年间访问西域上百个国家，在了解当地语言，保留当地风俗的前提下，撰写了《西域记》，记录了西域各国的风土人情，名山大川，并勘测地理数据。在玄奘回到大唐，带回了从西域总结的经典，并修正当时经典中存在的错误，宣扬佛教的同时向人们讲述西域各国的名川大山、地形地貌。

综上，隋唐时期虽然宗教政策比较开明，进而产生了一些宗教科技文献作者，在知识积累方面，宗教科技文献作者群体明显有别于官方、民间科技文献作者群体。

第四节 隋唐科技文献作者群体的创作过程与作品流传方式

我们要研究隋唐科技文献作者群体，就需要对他们的相关作品进行研究，本部分主要从写作目的、资料来源、作品形式和内容，及作品流传方式四个方面阐述。

一 隋唐官方科技文献作者群体的创作过程与作品流传方式

对于隋唐官方科技文献作者作品创作过程和作品流传方式的研究主要是依据学科分布划分进行研究，这样更能全面系统阐述隋唐科技文献作者作品的情况。

（一）隋唐官方科技文献作者的写作目的

所谓科技文献作者的写作目的，就是科技文献作者出于什么目的进行创作。在此，将隋唐官方科技文献作者的写作目的分为三类：一是官修；二是与本职工作职能直接相关或间接相关；三是个人爱好及研究。

隋唐科技文献作者的写作目的主要有以下几类：

第一，官修，即特设的、官方临时指派的项目。如李吉甫的《元和郡县图志》其目的正是为皇帝便于周览全国形势，以达到"扼天下之吭，制群生之命"[①] 的目的。再如杜佑的《通典》，崔绩、虞绰、虞世基的《区宇图志》等。

第二，与本职工作职能直接相关或间接相关，即官方科技文献作者所任官职职能与科学技术的相关性。如王孝通的《缉古算经》、袁天罡的《六壬课》《五行相书》《推背图》、杨炯的《浑天赋》。

第三，个人爱好，即根据日常兴趣爱好或为学术，作者进行深入研究、挖掘，进而形成科技文献作品。个人兴趣爱好及学术研究是官员进行科技文献创作的另一大目的。如李德裕的《平泉草木记》、王希明的《步天歌》、韦行规的《保月生录》、南卓的《羯鼓录》等。

（二）隋唐官方科技文献作者的资料来源

所谓科技文献作者的资料来源，就是科技文献作者是利用什么资料来进行写作的。隋唐科技文献作者进行创作的资料来源比较广泛，包括：

第一，参阅官方藏书、官方编纂书目等书籍进行创作。这类资料来源对于官修文献而言体现得尤为明显。这主要源于在唐朝建立以后，统治者非常注重图书的收集和整理。唐太宗李世民在贞观初年，先后任魏征、虞世南、颜师古等人为秘书监，并广购天下图书，挑选五品以上官员中书写工整的人为写手，开辟专门库房收藏图书典籍，设置专人进行图书典籍的管理。如杜佑的《通典》，参阅官方藏书，记叙历代图书典籍的沿革变迁，从远古时代的黄帝起，到唐玄宗天宝末年止。瞿昙悉达的《开元占经》，参阅了唐以前大量的天文、历法资料和纬书。陈藏器的《本草拾遗》、孟诜的《食疗本草》、王焘的《外台秘要》等也是如此。

第二，作者亲身经历，如游学经历、行医临床经验等的总结。如孙思邈的《千金方》、韦行规的《保生月录》、李石的《司牧安骥集》、巢元方的《诸病源候论》等。

第三，是根据自身的测量计算与研究创造。如李淳风的《麟德历》《乙巳占》、刘焯的《皇极历》等。

三大分类只是便于我们理解官方科技文献作者创作的资料来源，一般

[①] 李吉甫：《元和郡县图志·序》，中华书局1983版，第2页。

每部文献的创作三者都有借鉴，只是参考比例不同而已。

（三）隋唐官方科技文献作者的作品形式和内容

科技文献作者作品形式包括科技著作、工具书（资料汇编）、标准、科普、科技教材和综合类图书（见图4—5）；作品内容则是涉及农业、天文和气象、医药、地理、水文和水利、手工业、数学、军事等诸多方面。

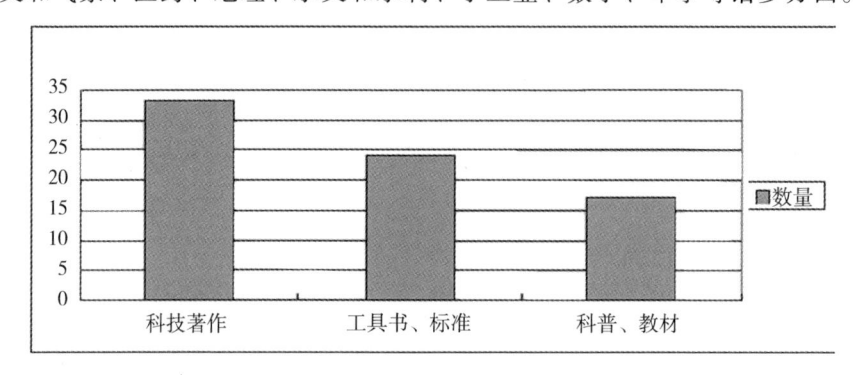

图4—5 官方科技文献作者群体作品形式分布图

从图中看出，隋唐官方科技文献作者的作品形式分布比较平均，比例相差较小，以科技著作为盛。这主要和隋唐时期官方科技文献作者群体的知识积累有密切的关系。

（四）隋唐官方科技文献作者的作品流传方式

唐朝时期发明了雕版印刷术。唐朝时期政治的清明，社会的稳定、经济的繁荣和文化的发达是雕版印刷术发明的时代背景。制墨术、摹拓术和造纸术的日臻成熟，以及广大人民对图书的大量需求，是雕版印刷技术发明的内在动力。雕版印刷术的发明加速了人类文明进步的历程，在人类文化发展史上具有史诗般的意义。它为世外桃源的芸芸众生带来了迷人的信息，为封闭的世界打开了八面来风的窗口。马克思指出："火药、指南针、印刷术——这是预告资产阶级社会到来的三大发明。火药把骑士阶级炸得粉碎，指南针打开了世界市场并建立了殖民地，而印刷术则变成新教的工具，总的来说，变成科学复兴的手段，变成对精神发展创造必要前提的最强大的杠杆。"[①] 因此，对于科技文献作品的流传方式，以雕版印刷术为分界点，我们将其分为隋朝和唐朝两个朝代进行分析。

---

① 马克思：《机器，自然力和科学的应用》，人民出版社1978年版，第233页。

隋朝官方科技文献流传方式均为人工抄写。隋朝时期的秘书省不仅是当时的修书机构，也是当时的官方出版机构。抄书是官方每天所进行的工作之一，需要人工抄写的有各类官修书的定本，官方颁布的律令、历书等，有的甚至要抄写大量复本。隋朝官方书手极多。开皇八年三月戊寅为了攻打陈国，积极进行舆论准备，隋朝"散写诏书三十万纸，遍谕江外"[①]。可见隋代抄书人员极多，工作量极大。此外，隋朝官方出版具有如下特点：其一，图书出版与古籍整理相结合。每一次古籍整理之后，都要进行抄书活动，所抄之书的内容准确无误。其二，官方出版时间长、投资多、内容广、规模大，在国家图书出版中占主导地位。其三是讲究形式美，严禁纸墨不精、书法拙劣、专请天下工书之士抄写。

唐代图书的流传方式有手工抄书和雕版印书两种，手工抄书又可分为官方抄书和民间抄书两种。官方多次举办大规模抄书活动。

第一，官方抄书。除官方进行规模较大的抄写活动之外，平时官方也从未停止抄书，例如集贤院每年十一月都要抄写第二年的历书，并且集贤院本历书是国家颁发的权威标准本，其流通过程分为两步：第一步是由集贤院抄写120本；第二步是根据集贤院本递相传写，流布全国。如王孝通的《缉古算经》，在唐朝有官方抄本，宋元丰七年（1084年）有秘书监赵彦若等校定刊本，刊本接近遗失，仅存章丘李开先所藏一部南宋刊本。清代毛晋获得《缉古算经》，影抄传世。孔继涵所刻《缉古算经》，世称为微波谢本。同时《四库全书》又收入吏部侍郎王杰所藏《缉古算经》的毛晋影抄本。微波谢本后佚，影抄本现存北京故宫博物院。

第二，官方刻书。关于唐代刻书的资料不多，除最早的印刷品之外，可考证的多为刻印的佛经，如我们所熟知的《金刚经》；再有就是个人传记之类，如唐宣宗大中年间江西刻印的《刘宏传》。但都不属于科技文献作品。

第三，民间抄书。为了加强政权和维护图书市场的合理秩序，严禁民间出版和收藏天文、兵书、占卜、历书等杂书，便造成官方科技文献的民间抄书流传方式的缺失。

[①] 司马光：《资治通鉴·卷一百七十六·陈纪十·长城公祯明二年》，中华书局2009年版，第875页。

综上，唐代出版处于由人工抄写到雕版印刷的转型时期。雕版印刷发明的时间还不太长，人工抄写仍然是图书出版的一种主要方式。对于官方科技文献，多是以集贤院为权威标准本，出版大量图书。而民间抄书几乎没有。

二 隋唐民间科技文献作者群体的创作过程与作品流传方式

对于隋唐民间科技文献作者的作品创作过程和流传方式研究主要也是依据上述方式进行，这样更能全面系统阐述隋唐科技文献作者作品的情况。

（一）隋唐民间科技文献作者的写作目的

隋唐民间科技文献作者群体由于没有官职，所以写作目的比较简单，分为两类：一是与本职工作相关的；二是个人爱好。见表4—11。

表4—11 隋唐民间科技文献作者群体写作目的一览表

写作目的	作品
本职工作相关	韩鄂《四时纂要》、窦叔蒙《海涛志》、陆龟蒙《耒耜经》、黄子发《相雨书》、梅彪《石药尔雅》、杜环《经行记》、赵蕤《长短经》
个人爱好	张志和《玄真子》、陆羽《茶经》、段成式《酉阳杂俎》

（二）隋唐民间科技文献作者的资料来源

在隋唐，数量浩繁的官方文献只能被皇室、官员查阅，而民间学者无法查阅。所以民间科技文献作者只有根据个人的亲身经验或者个人研究进行创作。在一定程度上也限制民间科技文献的发展，使得民间科技文献作者及作品均少于官方科技文献作者与作品。

隋唐的政治环境、教育制度决定了隋唐民间科技文献作者的资料来源相较于官方群体的缺乏性，上文中提到唐朝统治者禁止民间出版和收藏天文等相关的科技书籍，也造成了资料来源局限于自身的工作经验和民间藏书。

（三）隋唐民间科技文献作者的作品形式

按照作品的形式与内容，将民间科技文献作者的作品分为科技著作、工具书、科普教材三类。如图4—6所示：

与隋唐官方科技文献作者群体的作品形式的多样化相比，民间群体的

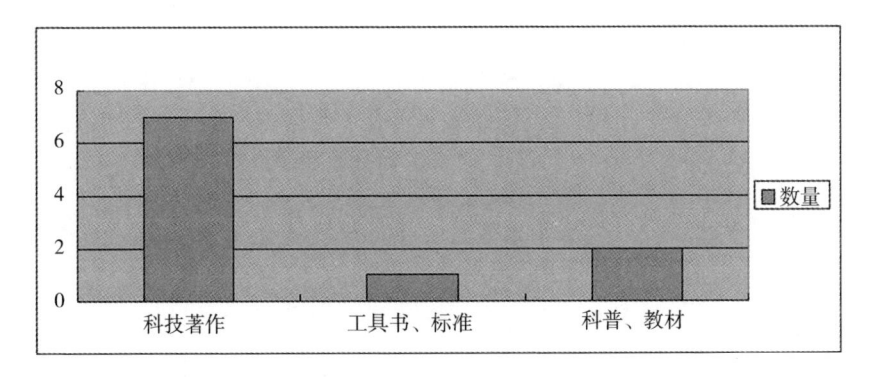

图4—6 隋唐民间科技文献作者群体作品形式分布图

作品形式较单薄,主要集中于技术类文献的创作,综合类文献只有赵蕤的《长短经》。主要原因在于:第一,民间群体知识积累的局限性,很少能驾驭大型综合类文献的创作;第二,民间群体受政治影响比较弱,受到民间传统文化的影响,出现较多实用类文献。

(四)隋唐民间科技文献作者的作品流传方式

上文中提到唐代处于由人工抄写到雕版印刷的转型时期,官方科技文献的流传方式大多都是以官方抄本为主。所以民间科技文献作者作品的流传相较于官方科技文献的流传,传播范围更窄,只有民间抄本作为流传方式,比较单一化。

陆羽的《茶经》最早为宋代左圭本,流传下来的惟有百卷《说郛》本、删节本,即割裂删节原文,即隋唐王圻本。韩鄂的《四时纂要》有朝鲜重刻本在日本被发现,随即由日本山本书店于1967年影印出版。又如赵蕤的《长短经》在南宋时期,杭州净戒院刊刻了《长短经》,是目前发现的《长短经》最早刊本。

三 隋唐宗教科技文献作者群体的创作过程与作品流传方式

对于隋唐宗教科技文献作者作品创作过程和作品流传方式的研究同样是依据上述方式进行研究,这样更能全面系统阐述隋唐科技文献作者作品的情况。

(一)隋唐宗教科技文献作者的写作目的

佛道人士研习与传授科技知识的初衷,居于首位的是弘扬宗教,如玄奘勘探国外情况,初衷却是远赴佛国天竺校对大唐现行佛经之中的翻译错误。许多显贵甚至皇室启用具备高深科技知识的佛道人士都是带有一定的目的去研究科技。隋唐时期，宗教作者群体主要是佛教与道教人士。佛教僧人的写作目的主要是传播外来的佛教文化，以便中国与西域各国之间进行佛教文化上的传播，如玄奘的《大唐西域记》；再有便是个人喜好且与其之前曾任官职相关，如僧一行的《大衍历》。而道教的作者是凭借着个人的爱好，如蔺道人的《仙授理伤续断秘方》。

(二) 隋唐宗教科技文献作者资料来源

隋唐时期宗教科技文献作者群体的资料来源，佛教的僧人主要是以自己一路游历各国的见闻记录下来，由此创作的文献。如慧立的《大慈恩寺三藏法师传》、慧超的《往五天竺传》；比较典型的是僧一行的《大衍历》和《大日经疏》，他是通过平时大量的测量与计算。而道教主要是自学，如王旻的《山居要术》。

(三) 隋唐宗教科技文献作者的作品形式

9位宗教科技文献作者的作品形式，如图4—7所示：

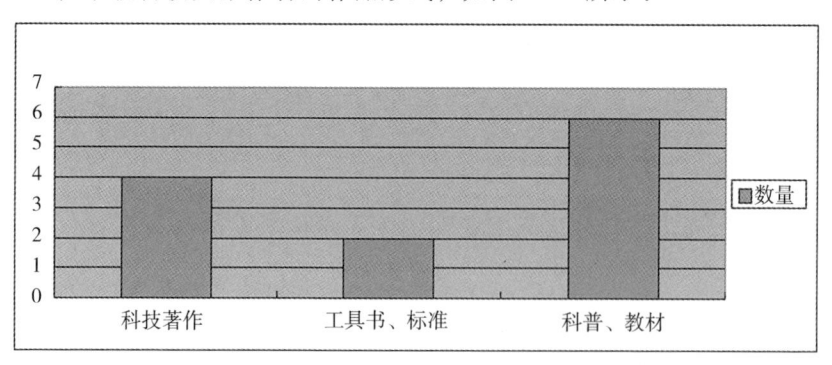

图4—7 隋唐宗教科技文献作者群体作品形式分布图

隋唐时期宗教科技文献除僧一行的《大衍历》和《大日经疏》旨在传播科学技术，其余佛教僧人的文献属地理游记，介绍外域风光，属于科普教材。而道教李筌的《太白阴经》和蔺道人的《仙授理伤续断秘方》分别属于传播科学继续作为一种工具书的形式出现。

(四) 隋唐宗教科技文献作者的作品流传方式

当时的人们对佛教经书有大量需求。整个唐朝时期，佛教逐步发达，人数日益壮大。正像杜牧所抒："南朝四百八十寺，多少楼台烟雨中。"由于僧尼需要读经诵经，朝廷建立了译经场，大量翻译佛教经典。如著名高僧玄奘，他翻译众多佛教著作。由于一部经典往往需要重复抄录成千上万卷，既费人力，又费物力，准确性不高，人们便产生了雕版复印的创意。

唐代发明雕版印刷后，虽然刻印了一些佛经零种，但是，手工抄写仍然是宗教科技文献出版的主要手段。唐代的手写经文又分为官方写经和僧人写经。如太原寺主慧立曾协助玄奘翻译，题为《慈恩三藏行传》，即今所见《大慈恩寺三藏法师传》十卷；又如《大唐西域记》有唐代敦煌写本残卷，到北宋福州本残卷、金赵城藏本残卷（以上三种见向达辑《大唐西域记古本三种》）、南宋资福寺本（《四部丛刊》影印本）、明洪武南藏本、1977年上海人民出版社出版的章巽点校本、1985年中华书局出版的季羡林等校注的《大唐西域记校注》、1911年日本京都帝国大学文科大学出版的校本。

第五节 总结与分析

隋唐时期是中国历史上最强盛的时期之一，也是我国科学技术发展史的重要时期，处于世界领先地位。本书将从三大作者群体的基本特点的总结、比较及隋唐历史特殊性对科技文献作者群体的影响三部分展开本部分内容。

一 隋唐官方科技文献作者群体特征分析

通过群体组成、知识积累、创作过程与作品流传方式三大维度对官方、民间、宗教科技文献作者群体进行了系统的分析统计，探究出隋唐三大作者群体的时代特征。

（一）官方科技文献作者群体的基本特点

官文化作为封建社会的主流文化，创造官文化的官方科技文献作者群体自然成为隋唐科技文献作者群体组成的主要部分。

第一，从群体组成看，隋唐官方科技文献作者的人数所占比例与魏晋南北朝时期相比具有绝对性优势，隋唐时期的地理特征趋势上是从东西两极格局向南北两极格局的转变。从秦汉，到三国两晋南北朝，都城文明的发展以中原为中心，呈东西向位移，其基本趋势是由中原而关中，由关中而中原，沿东西轴线运动，从而构成东西政治轴心区。经济上表现为关东和关中两大经济重心区之间的空间互动。安史之乱之后，南方经济发展速度超过了北方，经济重心开始由黄河流域向江南转移。经济重心的逐渐转移，使得文化在江南地区逐渐生根发芽。

隋唐官方科技文献作者群体的学科分布很广泛，包括医学、农学、地理学、天文学、数学、音律学等等，符合传统封建社会科学发展的潮流：科学技术研究以实用性为主，而对基础性科学研究较少。

隋唐官方科技文献作者的官职分布比较广泛，由于从隋朝开始，建立了三省六部制，使得官员系统逐渐完善。上到皇帝、下到地方知县群体均有创作，体现了隋唐整个王朝对于科学技术的重视程度。加之一些专门性机构进行科技文献的编写工作，促进了隋唐官方科技文献的发展和繁荣。

作为隋唐官员，官方科技文献作者群体有优于民间、宗教科技文献作者群体的优势：查阅史料的便捷性、研究环境的优越性、帝王的支持等。

第二，从知识积累上看，隋唐官方科技文献作者群体无论是家庭背景、教育背景还是职业经历都远胜于民间群体和宗教群体。官方科技文献作者群体的家庭背景虽然差异比较大，但是家庭教育对他们以后的仕途和为人都产生了不同的影响。在隋唐时期，科技文献作者的家庭、教育背景与其社会身份之间存在一定的联系。在官方科技文献作者群体中，出身于官宦家庭的作者要多于其他出身的作者。这是由于在当时官宦家庭背景的人更容易获得更多的学习机会、受到良好的文化熏陶、得到良好的教育、接触到诸多藏书，为他们进行科技文献的创作创造了良好的条件。

隋唐官方科技文献作者群体的职业经历比较复杂，而且仕途上起伏较大，被罢官和被弹劾是官员经常会面对的。官方群体创作动机和其职业经历是分不开的。

第三，从创作过程和流传方式看，我们可以有以下结论：

隋唐官方科技文献作者群体的写作目的以因官职需要为主，也有一些属于奉命编写，兼有部分因兴趣爱好进行科技文献创作的官员，这也体现了隋唐时期整个国家对于科学技术的重视程度。

隋唐官方科技文献作者群体的资料来源比较丰富，由于其身份的特殊性，使其可以接触到官方资料进行创作，又可以通过个人研究、收集等私人资料来源进行创作，也正是由于身份的特殊性，才使得他们有机会接触到大量的资料或参与到实践中去，形成大量科技的文献。

隋唐官方科技文献作者群体的作品流传较为单一，隋朝均为手抄本。虽然在唐朝发明了雕版印刷术，但仍处于由人工抄写到雕版印刷的转型时期。雕版印刷发明的时间还不太长，人工抄写仍然是图书出版的一种主要方式。

（二）民间科技文献作者群体的基本特点

民间科技文献作者群体也对北宋科技文献的繁荣发展起到了一定的促进作用，其基本特点如下。

第一，从群体组成看，隋唐民间科技文献作者群体在北宋科技文献作者群体中也占据着一定的比例，虽然数量不如官方科技文献作者多，但是也是一个重要组成部分。民间科技文献作者群体的变化主要和当时经济发展和职业经历的关系比较密切。地域分布受政治影响比较弱，而受传统文化影响较大，与当地经济、文化的发展关系密切。

第二，从知识积累方面看，民间科技文献作者群体的家庭背景、教育背景、职业经历均没有官方科技文献作者群体优厚，但是也客观上对民间群体的创作奠定了基础。

第三，从创作过程与作品流传方式看，我们可以归纳出以下几个方面：

首先，民间科技文献作者的写作目的较为单一，分为因工作需要和兴趣爱好两种，并且因兴趣爱好进行科技文献创作的民间作者要比因工作需要进行科技文献创作的民间作者数量多。其大多数是满足传统科学技术工作的需要。

其次，民间科技文献作者作品创作条件相比较官方作者而言，所参阅的资料比较缺乏，所以大部分作者的创作来源主要是对自己的亲身经历和自身工作经验进行汇总。

最后，作品形式和作品内容的特征表现为：作品形式以科技著作为主，兼有工具书、科普等，而作品内容涉及了农业、医药、地理等诸多方面，但值得注意的是由于民间科技文献作者群体所接触到的资料、所受的教育环境等一系列因素，其形成的综合性科技著作数量很少。

隋唐民间科技文献作者的作品有部分流传下来，由于其都为手抄版本，使得一部分已经佚失或无法考证。

(三) 宗教科技文献作者群体的基本特点

宗教科技文献作者群体在封建社会科技文献作者群体中历来占据比重最小，但也具有隋唐宗教科技文献群体发展的独特性。隋唐时期多以经文为主，游记和一些科技类经文较少。其独特性表现在以下三方面：

第一，从群体组成看，集中于佛教和道教，人数分布比较平均。隋唐能够产生一定数量的宗教科技文献作者，与其较为开明的宗教政策密切相关，促进了宗教科技文献作者的发展。

第二，从知识积累上看，宗教科技文献作者除佛教僧人僧一行外，其家庭背景、教育背景和职业经历相对简单，但普遍受到良好的教育。

第三，从文献创作过程和流传方式来看，隋唐佛教科技文献作品总体上以自己游历的经验为主。而道教科技文献作品主要来源于生活经验。

二 隋唐三大科技文献作者群体比较分析

通过横向对官方、民间、宗教科技文献作者群体的梳理，我们研究出隋唐三大作者群体各自的发展态势；接下来从纵向出发对三大作者群体进行总结。

(一) 三大科技文献作者群体组成比较

通过从官方、民间、宗教三大作者群体组成的研究，我们可以得出以下结论：

第一，隋唐科技作者群体和封建社会其他朝代拥有共同特征：隋唐官方科技文献作者群体在隋唐科技文献作者群体中占据明显的比例优势；人数远超过民间和宗教科技文献作者群体。是一个中央集权较强、顺应古代封建社会发展的王朝，这就使得官方科技文献作者群体人数占了绝大比例。民间和宗教科技文献作者群体在隋唐科技文献作者群体中所占比例是很小的。

第二，三大作者群体的地域分布和当时政治经济重心的转变是密切相关的。山西、河南等地区，一直是隋唐经济文化的中心，科技创作的物质基础较好，文化氛围浓厚，这些都使得隋唐地区成为三大科技文献群体集中的地区。安史之乱后，黄河流域的绝大部分地域受到严重的破坏，田园荒芜、人口锐减，南方经济发展速度逐渐超越了北方，经济重心开始由黄河流域转移到江南区域。经济重心的逐渐转移，使得一部分官方、民间科技文献作者群体在江南地区逐渐生根发芽。

第三，从学科分布方面，三大科技文献作者的作品均以单一性学科科技文献为主。官方科技文献作者所涉及的学科内容要比民间和宗教科技文献作者所涉及的学科内容、学科方向要多，隋唐时期国家比较重视医学、地理规划的发展，因此这方面的科技文献也多于其他方面的科技文献。但也要注意到，受社会身份、知识积累、资料来源等方面的影响，官方科技文献作者形成的综合性科技文献要远超于民间和宗教科技文献作者。

（二）三大科技文献作者群体知识积累比较

通过从家庭背景、教育背景、职业经历三个方面的分析，能够深入了解三大科技文献作者群体的知识积累情况，更好地对其进行比较。

第一，从家庭背景来看，官方作者群体的家庭出身较好，大多出身于帝王、官宦之家，家庭环境和文化背景对于人的影响比较大，一般来说，出身官宦家庭的人，其追求、价值观比较容易受家庭影响；家庭对他们以后的仕途和为人都产生了良好的影响；民间群体出身多为百姓之家，在家庭背景上普遍没有官方科技文献作者有创作的优势；而对于宗教群体，佛教多拥有着良好的家庭背景，道教则不然。

其次，在教育背景上，受家庭环境影响，家庭背景基本上决定了接受何种教育；官方作者群体以官学为主，民间科技文献作者则以家庭教育、自学成才为主，宗教科技文献作者则主要通过师徒之间的传授。三者的差异性很大，官方科技文献作者所接受的教育整体上来说要高于民间、宗教科技文献作者，这也在一定程度上解释了官方科技文献作者人数多、作品多、种类丰富的原因。

第三，在职业经历方面，隋唐官方科技文献作者群体的职业经历比较丰富；民间作者群体职业经历更加侧重于专门科学技术文献的创作；综合性学科极少。宗教作者在隋唐担任的角色只是中国与西域国家文化传播的桥梁。三大作者群体的知识积累的特点也从侧面反映了隋唐科技文化发展的特点。

（三）隋唐三大科技文献作者群体创作过程和作品流传方式比较

通过对隋唐三大作者群体的创作过程和作品流传方式进行比较，可以得出以下结论。

第一，在写作目的方面，因官职需要进行科技文献创作的官员以及奉命撰写的官员数量居多。而民间科技文献作者与官方有所不同,民间科技文献作者群体因工作需要进行创作的作者数量居多。宗教科技文献作者的写作目的在本职需要和兴趣爱好这两方面分布的则比较平均。

第二,在资料来源方面,官方科技文献作者的资料来源既有官方资料,又有个人经验与研究,但以官方资料为主,主要由于官方科技文献作者可以非常方便对其进行掌握。而民间、宗教科技文献作者的资料来源基本上都是来源于个人的亲身经验或者个人研究,鲜有来源于官方资料的情况。这是由于在隋唐时期,数量浩繁的官方文献资料只能被皇室、官员接触到,而民间与宗教学者是无法接触到的。这也会在一定程度上限制民间与宗教科技文献作品的发展,使得民间与宗教科技文献作者及作品均少于官方科技文献作者与作品。

第三,在作品形式与内容方面,官方科技文献作者群体的作品形式比较丰富,而民间和宗教科技文献作者的作品形式比较单一。

第四,在作品流传方式方面,官方科技文献作者的作品要强于民间和宗教的,这与官方科技文献作者的作品多为官修或经过正式颁布有关。但作品流传方式较为单一,唐朝时期虽发明了雕版印刷术,但主要仍以手抄方式为主,致使许多官方、民间、宗教科技文献作品失传。

三 隋唐时期的历史特点对科技文献作者群体的影响

第一,隋唐盛世。隋唐时期国家统一,经济繁荣,国力雄厚,对外开放,科技领域争大求精。长安、洛阳的超级都市建设,已成为当时全世界的经济中心;纵贯南北的大运河的沟通,海陆交通的全面出击,造船、纺织、造纸、陶瓷、冶金等手工业技术的进步,无不带有隋唐盛世的时代特点。因而,隋唐时期的科技文献作者群体也正是在这样的时代背景下应运而生的。

隋唐时期,天下重新一统,两朝政府为百年大计,十分重视重视科技文化,注《算经十书》、修《新修本草》,表现了科技文化建设的远见和魄力。唐政府对各种思想,包括道家、佛家、儒家,甚至对西方和西方宗教的宽容,不但体现在整个社会风气上,而且在科学家个人身上也产生了积极意义的结果。著名的科学家如一行、李淳风、孙思邈等,往往兼收并蓄。

第二,科举制。科举制由隋朝的隋炀帝创立,正是由于科举制,使得隋唐乃至隋唐以后人才辈出，使得科技人才拥有了平等的权利与机会，不仅调动了科技人才的积极性，也将科技人才纳入到国家培养的正轨之中，提高科技教育的专业化程度，也极大提高了隋唐时期科技教育与科技人才的地位。隋唐以前，科技人才并没有一个固定的入仕的途径，一直到隋代科举制创立之初，也没有将科技人才纳入到科举制度之中，甚至并没有为科技人才设置相应的科举科目。据记载，一直到唐高宗显庆元年（公元656年），科举制度中出现了明算科，参加明算科考试的学生主要来自国子监下的算学，并且要通过旬试、年试、国子监考试与省试四个环节。据《新唐书》记载"凡算学，录大义本条为问答，明数造术，详明术理，然后为通。试《九章》三条，《海岛》《孙子》《五曹》《张邱建》《夏侯阳》《周髀》《五经算》各一条，十通六……《记遗》《三等数》帖读十得九，为第"[①]。

第三，科技专科学校。中国第一所科技专科学校是在隋朝时期设立的，为加强医学教育，在太常寺下设立太医署；为加强数学，在国子监下设算学；为加强天文，在太史局设立天文历法专科学校。此外，在太仆寺设立专门的兽医专科学校，也为后来李石所作的《司牧安骥集》创造良好的条件，更为我国科学技术的发展奠定的实施的基础，并提供了资料来源。唐朝承袭了隋朝的科技专科学校制度，逐步使各个机构固定下来。如医学专科教育管理机构的太常寺，国子监对算学的领导，太史局对天文历法的领导，太仆寺对兽医专科学校的领导。

在我国科技教育发展的历史，科技教育专科学校具有重要的意义。隋唐时期，确立了科技教育专科学校教育制度开始，并建立了科技教育专科学校，培养了大批科技教育人才，为当时历法、地理勘测、数学等专业培养了大量的科技人才。

[①] 欧阳修、宋祁等：《新唐书·卷四十四·选举制》，中华书局2003年版，第425—426页。

第五章 五代时期

　　五代是指907年唐朝灭亡后依次更替的位于中原地区的五个政权，即后梁、后唐、后晋、后汉与后周。五代可考的科技文献作者共13位，其中官方7位、民间2位、宗教4位，与前代比，官方比例略有下降但依然占据主位。官方修订的主要是天文历法文献，而民间以医药类居多，五代是道教全盛时期，道家成为这一时期形成与保存科技文献的一支重要力量，4位宗教作者全来自于道教，《道藏》更是成为挖掘中国古代科技文献的宝库。总体来看，五代时期虽因战乱，科技发展略慢，但依然有所发展，科技文献数量和内容得到进一步丰富。

第一节　五代科技文献作者群体存在的社会背景

　　五代十国时期是中国历史上最混乱的时期之一，中央政权更迭频繁，割据政权林立。但同时，唐代出现的雕版印刷技术在这一时期开始普及，书籍文献数量暴增，更加适合印刷出版的册装书开始流行。这一时期科学理论方面并无明显进步，但官方和民间都形成了不少科技文献汇编，这为宋代的科技文献的收集提供了很大的方便，也间接为宋代的科技发展打下基础。

一　五代社会政治与文化

　　五代是指907年唐朝灭亡后依次更替的位于中原地区的五个政权，即后梁、后唐、后晋、后汉与后周。960年，赵匡胤篡后周建立北宋，五代结束。而在唐末、五代及宋初，中原地区之外存在过许多割据政权，其中前蜀、后蜀、吴、南唐、吴越、闽、楚、南汉、南平（荆南）、北汉十个割据政权被《新五代史》及后世史家合称十国。北宋建立后先后统一了尚存的荆南、武平、后蜀、南汉、南唐、吴越、北汉等政权，基本实现了全国的统一。

　　五代十国的政治制度大体沿用唐朝制度，但是各朝变化很多，官职时常废置不用，其制度比较混乱。朝廷设有主管行政的三省六部、主管财政的三司与主管军事的枢密院。由于五代十国战乱不断，枢密院的权力往往比三省来得大，所以时常以宰相兼领枢密使。五代十国以"使"名官者很多，据《五代会要》记载有崇政院使、宣徽院使、飞龙使、翰林使、五坊使等30种之多。十国诸国中有臣服于五代各朝，在制度上仍然是独立的国家，政治架构等同五代。由于五代十国大多是从节度使起家，支持他们的幕僚往往担任新朝廷的职位，而前朝遗老则给予三师、三公或台省官等虚职。而将士有功时，为了笼络他们，也以官爵名号为赏赐。这些状况成为后来宋朝冗官繁多的源头。

　　五代在史学领域取得了重要的成绩。《旧唐书》是这一时期撰成的最重要的史学著作。唐代原有吴兢、韦述编撰的前朝国史，历朝实录也比较完备。但由于安史之乱和藩镇战争，历朝实录多有亡佚，特别是武宗以后六十年的实录未能流传下来。这使唐史的修撰遇到困难。五代时，首先重视了搜集唐史料的工作。后梁末帝下诏征集唐代的家传以及公私章疏；后唐明宗设三川搜访图籍使到成都一带搜寻唐实录，并明令保护唐人碑碣，这就为《旧唐书》的编撰做了重要而及时的准备。后晋天福六年（941年）至开运二年（945年），刘昫、张昭远等人撰成《唐书》二百二十卷（今本均为二百卷），后世称为《旧唐书》。尽管历来认为《旧唐书》有不少缺点，主要是对原始材料缺乏加工，唐宪宗以前多照抄国史、实录，而唐穆宗以后系编纂杂说、传记，但也因此保存了大量唐代的原始资料，受到后世史学家的重视。此外，王仁裕撰《开元天宝遗事》记载唐玄宗时的朝野逸事，王定保撰《唐摭言》详述唐代贡举制度，尉迟偓撰《中朝故事》记载唐末四朝的旧闻，刘崇远撰《金华子》记叙唐末朝野故事，孙光宪撰《北梦琐言》记载唐及五代士人逸事，等等。这些五代十国时期的撰著都有不同程度的史料价值。

　　在诗词方面，五代十国是词的重要发展时期。西蜀和南唐词人较多，水平也较高，从而成为两个中心：西蜀有韦庄、欧阳炯等人，他们的作品后来由赵崇祚等收入《花间集》；南唐有冯延巳、中主李璟、后主李煜等人，李璟父子的作品，后人集刻为《南唐二主词》。李煜是这一时期最重要的词人。晚唐五代的词大都是描写统治阶级的享乐生活，题材庸俗，境界狭窄，风格柔靡。花间派的作品就是这种风格的代表。李煜前期的作品也是如此，但他在国亡被俘以后写的词，或慨叹身世，或怀恋往昔，形象鲜明，语言生动，把伤感之情写得很深挚，突破了晚唐以来专写风花雪月、男女之情的窠臼，在内容和意境两方面都有创新，为北宋词的发展开拓了新的领域。

绘画方面，五代十国的著名画家有后梁的荆浩、关仝，南唐的董源、巨然、徐熙，后蜀的黄筌等人。荆浩擅长画崇山峻岭，关仝师承荆浩而有发展，擅长画关河之势，两人并称为"荆关"，是五代时北方山水画的主要流派之一。董源、巨然擅用或浓或淡的水墨描绘江南景色，两人并称为"董巨"，是五代北宋时南方山水画的主要流派之一。黄筌擅画宫廷的珍禽异卉，徐熙擅画江湖上的水鸟汀花，两人并称为"黄徐"，当时有"黄家富贵，徐熙野逸"的谚语，形容两人作品的不同风格。此外，顾闳中所画《韩熙载夜宴图》，亦为传世的艺术珍品。

二 五代科学技术的总体发展水平

五代十国时期的科学理论的成果主要体现在天文、物理、医药与化学方面。

天文历法方面，五代时期出现了《调元历》和《钦天历》，《调元历》是根据前代历法重新编制的，而《钦天历》则是根据新的天体运行理论编制而成。

物理学方面，道家文献《化书》记录了各种透镜的光学原理以及大量化学和物理实验，以及作者通过实验结果而提出的关于世间万物存在形式的基础理论，并且提出了"人类可以通过认识自然去改造自然"的理论，认为日月星辰与构成我们的物质没有本质不同。

医学方面，主要是一些前代药谱的汇编整理，值得注意的是《海药本草》是中国历史上第一部记录和描述外来药物的专著，记录了来自唐朝领土以西的国家和地区引入中国的药材。

化学方面，《丹方鉴源》是一部化学实验与化学物质性质的笔记性文献，主要用于指导道家炼丹、冶金以及部分医用药物的炼制。

相比唐代，五代十国时期，战争连绵，手工业和轻工业发展缓慢，主要的技术进步体现在雕版印刷术和火器方面。

雕版印刷术得以在民间和官方普及，出现了官刻书籍，同时因为版权制度尚不成熟，私人刻印发行的图书数量也非常巨大。这些作为商品的书，辑录了大量的科技文献。而随着文献副本的数量增多，文献信息的扩散速度也大大加快，这使得许多文献即使没有官方保存，也因为其发行量大而在民间得以保留，这是以前的朝代所没有的特点。

另一方面，五代十国时期，火器技术得到长足发展，石油开始成为战略资源，人们懂得使用"猛火"（石油）进行火攻或防御，后梁时期，"梁遣捉生军将李霸将千人戍杨刘"，用火攻方法，"长竿缚布沃油"[①] 焚烧杨刘城门，这里的油就是石油。使用火药的武器开始更大规模地被军队所采用，单兵火器及单兵投掷火器在战争中夺去了无数人的生命。这些事件在五代时期并未得到系统的总结和研究（或者因相关文献遗失无法进行研究），但这些事件的记录与各种武器的制造方法显然通过某种方式流传到了宋代，因为宋代的《武经总要》中出现了这些军事历史内容。

第二节 五代科技文献作者群体的组成

丁海斌在《关于"官文化、民间文化、宗教文化"的概念》一文中根据人的基本社会角色将人的社会属性划分为三种，即官方、民间和宗教。在文献作者范畴内对应为官方作者群体、民间作者群体和宗教作者群体三大群体。本节通过这种划分方法来探究五代时期这三大群体各自的组成、知识积累以及其作品创作过程和流传方式，从而试图发掘该时代科技文化和五代社会的特征。

一 五代官方科技文献作者群体的组成

官方科技文献作者群体主要指的是其所从事的科技活动与其社会身

---

① 欧阳修：《新五代史》，中华书局1974年版，第509页。

份——官员有密切关系的群体。五代十国时期的科技文献,主要包括天文、医学、化学、物理学、地理学等方面。我们将从官方文献作者群体所占人数比例、学科分布、官职结构三个方面对其基本特点进行总结与分析。

(一) 官方科技文献作者群体所占人数比例

五代所统计的 13 位科技文献作者基本上都可以判定其社会身份,其中具有官方属性的作者共计 7 位,所占比例将近 54%,可以说,官方作者是五代科技文献作者群体的主体。这和当时的政治文化背景是分不开的。官方科技文献作者主要是以在朝为官的群体为主,有马重绩、王朴、刘昫、陈士良、和凝、宋齐邱、韩保升等 7 人。

(二) 官方科技文献学作者群体学科分布

所统计的科技文献中,有天文学类两篇,地理学类一篇,医学、化学类五篇。这些科技文献,充分反映了当时五代科技在各个方面的发展。

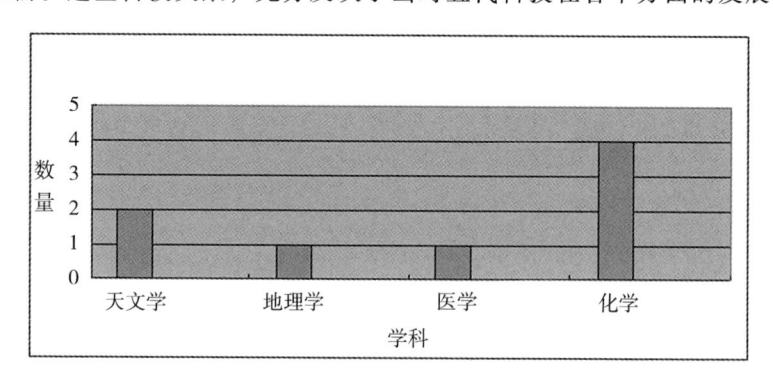

图 5—1　五代官方科技文献学科分布图

从以上的图表中可以看出,五代官方科技文献涉及的种类主要是天文学、地理学、医学、化学四方面,数量也较少。造成文献数量少的原因是五代时期政权更迭较快、国家长期不统一。天文学有:《调元历》,共二十一卷,"七章上下经二卷,算草八卷,立成十二卷,以唐天宝十四载乙未,立为近元,以雨水正月初朔为岁首"。[①]《钦天历》,后周世宗显德三年 (公元 956 年),端明殿学士、左散骑常侍王朴撰成《钦天历》十五

---

① 薛居正等:《旧五代史·卷一百四十·历志》,中华书局 1977 年版,第 1862 页。

卷，包括历经一卷、历十一卷、（算）草三卷、《显德三年七政细行历》一卷。地理学有：《旧唐书》中的《地理志》和《五行志》均包含地理学相关内容。有趣的是，《旧唐书·地理志》主要是人口与人口记录的郡县户口数目。例如开元二十八年（740）的统计数字，郡府328，县1573，户84是为政区划分问题，基本上没有自然地理相关内容。其中能与"科学"二字联系起来的，也就只有人口48143609，反映了当时人口已达四千万这一事实。《旧唐书·五行志》，记录了唐代地震、山崩、滑坡、暴雨、洪水等自然灾害。医学、化学有：《食性本草》，作者陈士良，南唐钱塘县人，曾官至陪戎副尉，并任剑州医学助教及药局奉御。关于本书包括"淮南王《食经》一百二十卷，并有崔浩《食经》九卷，竺暄《食经》十卷，《膳馐养疗》二十卷，咎殷《食医心鉴》三卷，娄居中《食治通说》一卷，陈直《奉亲养老书》二卷"，[①] 由此可知该书多为摘录引用其他文献资料，其个人观点不多，对后世也无甚影响。本书约成书于937—957年。原书早佚，其内容主要保存于《本草纲目》。

法医文献《疑狱集》，作者和凝，后晋高祖时（936—946），和凝与其子合编了最早的一本带有法医学性质的书《疑狱集》，书中所载的都是从战国、秦汉乃至后晋的平反冤狱、揭露奸凶之类疑难奇案，以及审理案件的人如何充分应用智慧分析研究、迅决狱讼的公平合理之事。《玉管照神局》，全书专论相法，颇为系统，所相有形有神，既相五官，又看身形，既论气色，又分四时。书中还特详掌法，载有各种掌纹图72幅。由于该书是相法著作中较早的一部，流传较广，为历代相士所取。书中保存了丰富的相法资料，可为研究我国相法的发展提供参考。《蜀本草》，作者韩保升，内容较苏敬的《新修本草》更为详尽。惜原书已亡佚，其文多为宋唐慎微的《证类本草》及李时珍的《本草纲目》所采录，在历史上有一定影响。

（三）官方科技文献作者群体官职结构

五代沿袭了唐代的官职结构，官方科技文献作者群体中，官职分布较为广泛。

[①] 李时珍：《本草纲目》，内蒙古人民出版社2008年版，第6页。

表 5—1　　　　五代官方科技文献作者群体官职分布表

官职	司天监	后周大臣端明殿学士	宰相	陪戎副尉、剑州医学助教、药局奉御	中书侍郎	左司员外郎兵部侍郎	翰林学士
作者	马重绩	王朴	刘昫	陈士良	和凝	宋齐邱	韩保升

上表是对五代官方作者官职的粗略统计，可以看出五代官方作者的官职分布较为广泛。有文员，有武将，官职大多较高。这反映出五代官方科技文献作者群体的数量和职级。

二　五代民间科技文献作者群体的组成

民间文献作者是指其社会身份为主要民间工作者，文献作品创作活动亦植根于民间的相关活动的文献作者群体。民间作者在五代文献作者只有极少的一部分，这与五代这一时期的社会政治动荡有着密不可分的关系。

（一）民间科技文献作者所占人数比例

民间作者共 2 位，仅占总人数的 15%。

民间科技文献作者群体在整个科技文献作者群体所占人数比例是和五代时期的政治背景息息相关的。民间群体的创作活动主要是扎根于民间，出于当时的时代背景和个人爱好等原因进行的，所以社会因素对民间群体的创作影响比较大。

首先，五代时期局面混乱，从公元 907 年到 960 年，共 53 年。唐末的藩镇割据是导致这一时期政治混乱的开始。唐朝的藩镇势力非常大，藩镇的军长官拥有当地的军政大权，而且权力可以世袭，不受中央政府的节制。这主要是由于唐朝后期"府兵制"的瓦解，而采取了"募兵制"，军队归地方军事长官指挥，外重内轻，导致中央实力弱小，无法控制地方。再加上中央政治腐败，失掉了统驭全国的能力。地方还拥有经济自主权，最终导致藩镇割据的形成。

第二，黄巢起义摧毁了唐朝的贵族官僚统治，打击了藩镇割据势力和地主。黄巢起义大大加速了唐王朝的灭亡，进一步打击了中央和地方门阀大族的势力，使得一批新军阀打着镇压黄巢、勤王的旗号纷纷崛起，从此开始，地方割据势力形成。这有点像东汉末年群雄并起的形势，都是打着维护中央政权的旗号搞地方割据。总之，战乱导致五代民间文化发展非常缓慢，产生的科技文献数量也较少。

（二）民间科技文献作者群体学科分布

民间科技文献作者群体的学科分布和他们本身的兴趣与专长关系密切，如李珣以炼丹制药为趣，朱遵度擅漆艺。可以说，民间科技文献都是兴趣和个人经历的体现和总结。见表5—2。

表5—2　　　　　五代民间科技文献作者群体学科分布

作者	李珣	朱遵度
职业	词人/商人（卖香料药物）	藏书家
学科分布	医学 《海药本草》	著《漆经》（已佚） 编《鸿渐掌记》等

从上表可以看出五代民间的科技文献著作很少，并且主要以传统科学为主，并没有涉及到天文、物理、数学等方面。

三　五代宗教科技文献作者群体的组成

"唐朝奉老子为始祖，崇奉道教，尊老子为圣祖、玄元皇帝，后梁代唐，道教宫观'例多毁废'。后唐代梁，以继承唐朝自居，亦以老子为圣祖、玄元皇帝，于都城洛阳建有圣祖玄元庙。明宗天成二年（927），以'天下宫观，久失崇修'，以及'有玄元皇帝（老子）宫殿处'，一进行修复。后晋高祖也是'素尚玄元'，多次召见道士张荐明'礼之为师'，赐号通玄先生，天福五年（940）刻印《道德经》颁行。后周世宗于显德三年（956）召见华州道士陈抟，六年又于都城开封'新修太清观'，并将濮州一大钟移置观内。五代皇帝除后梁外，大多崇奉道教。十国帝王也大都礼遇或重用道士，如唐末歙州南山道士聂师道，郡守时咨以郡政，名其山为'问政山'，时人称之为问政先生，其地归吴后他得到吴王杨行密的宠信。泉州道士谭紫霄，先后受到闽帝王继鹏、南唐后主李煜礼遇。吴越王钱镠为道士闾邱方远、朱霄外，分别建或修太极宫、栖霞宫道观。此外，前蜀王建重用道士杜光庭，北汉刘崇重用道士郭无为、闽帝王鏻重用道士陈守元。"①

（一）宗教科技文献作者所占人数比例

所统计的科技文献中，宗教作者共4人，占总人数的31%。四位作者均是道士。

宗教作为统治者维护统治，控制人民思想的工具，使得宗教科技文献作者群体的主要作用是辅助统治者的统治和控制思想，加上五代战乱，很多士人归隐山林，从而形成一定数量的宗教科技文献。

（二）宗教科技文献作者学科分布

宗教是人类社会发展到一定历史阶段出现的一种文化现象，属于社会意识形态。"五代时战乱不断，不少士人隐遁山林，道教成为他们的归宿。"②

四名宗教科技文献作者分别在物理学、医学、化学方面有所建树。

表5—3　　　　　　宗教科技文献作者群体学科分布表

学科	姓名	人数
物理学	谭峭《化书》 杜光庭《异录记》	2
医学	轩辕述《宝藏畅微论》	1
化学	独孤滔《丹方鉴源》	1

宗教科技文献作者的学科分布不如官方作者分布广泛，主要集中于与道教关系密切的学科，在一定程度上反映了五代时宗教发展的特点。

在五代的五十三年中，仍有不少地方王朝崇奉道教。他们尊宠道徒，兴建宫观，收集散失的道书，命道士宣讲道经等，这对道教的维系和发展起了一定的推动作用。这使得这一时期的道教科技文献有所发展，这些科技文献的作者致力于道教的理论、方术乃至物理学、医学、化学等方面的研究和建设，使低潮中的五代道教仍向前迈进。

（三）宗教科技文献作者宗教类别

在所统计的科技文献中，四位作者均为道士，集中于道教。

---

① 白寿彝总主编，陈振主编：《中国通史》，上海人民出版社2015年版，第829—830页。
② 同上书，第830页。

第三节 五代科技文献作者群体的知识积累

要对官方、民间、宗教三大科技文献作者群体进行研究就必须对他们的知识积累进行系统的分析，这样才能对五代科技文献进行全面的了解。本章节主要从家庭背景、教育背景和职业经历三个方面进行研究。

一 五代官方科技文献作者群体的知识积累

（一）五代官方科技文献作者家庭背景

为了更好地了解这些科技文献作者的家庭背景与其社会身份之间的联系，现将可考的5位官方科技文献作者，按照其家庭背景的不同，分为官宦世家和平民之家两大类，如下表。此外还有2位作者无法考证，此表数据有一定偏差，仅供读者参考。

表 5—4　　　　五代科技文献作者群体家庭背景统计表

家庭背景	作者
官宦之家	刘昫、宋齐邱、马重绩
平民之家	王朴、和凝

由表可见，在五代，科技文献作者的家庭背景与其社会身份之间存在一定的联系。在官方科技文献作者群体中，出身于官宦家庭的作者要多于平民之家出身的作者。这是由于，在当时官宦家庭背景的人更容易获得公平的学习机会、受到较好的文化教育、得到良好的教学环境、接触到更多的资料素材，进而进行科技文献创作。

（二）五代官方科技文献作者职业经历

表 5—5　　　　五代科技文献作者群体职业经历统计表

作者	职业经历	作品
马重绩	大理司直、司天监	《调元历》
王朴	辅佐皇子柴荣、右拾遗、开封府推官、比部郎中、左谏议大夫、左散骑常侍、端明殿学士、知开封府事、枢密副使、枢密使	《钦天历》

续表

作者	职业经历	作品
刘昫	常博士、翰林学士、兵部侍郎、端明殿学士、中书侍郎兼刑部尚书、吏部尚书、门下侍郎（监修国史）	《旧唐书·地理志》
宋齐邱	殿直军判官、左司员外郎、谏议大夫、兵部侍郎、中书侍郎、左仆射平章事、知尚书省、洪州节度使、太傅、浙西节度使	《玉管照神局》
陈士良	陪戎副尉、医学助教	《食性本草》
和凝	礼部员外郎、刑部员外郎、翰林学士、工部侍郎和凝为礼部侍郎、端明殿学士、任尚书户部侍郎、中书侍郎	《凝狱集》
韩保升	翰林学士	《蜀本草》

从上表中可以看出，官方科技文献作者的职业经历对其科技文献的形成有着密切的联系，具体表现在两个方面：一方面形成科技文献、档案是本职工作的一部分，如王朴的《钦天历》，该历法对日月及当时人们已知的金、木、水、火、土五星的轨道进行了细致计算，对天体运行规律进行了总结，"星之行也，近日而疾，远日而迟，去日极远，势尽而留"，[1] 对传统上日月食的形成规律提出了修正以及预测方法："自古相传，皆谓去交十五度以下，则日月有蚀，殊不知日月之相掩，与暗虚之所射，其理有异焉。今以日月径度之大小，校去交之远近，以黄道之斜正，天势之升降，度仰视旁视之分数，则交亏得其实矣。"[2] 另一方面由于官员身份，能够接触、收集到很多资料，进而形成科技文献，如马重绩的《调元历》。《调元历》共二十一卷，"七章上下经二卷，算草八卷，立成十二卷，以唐天宝十四载乙未，立为近元，以雨水正月初朔为岁首"。[3] 唐代末年动乱导致天文工作无法正常开展，因此后梁后唐两代均沿用唐代《长广宣明历》和《景福崇玄历》，两历互相参照使用。随着时间的推移，这两部历法开始出现误差，《长广宣明历》所记录的星体运行已经不再准

---

[1] 薛居正等：《旧五代史》卷140《历志》，中华书局1977年版，第1866页。
[2] 同上书，第1866页。
[3] 同上书，第1862页。

确，而《景福崇玄历》每年差一天。因此到后晋高祖时（936年）司天监马重绩上表使用新历，这是以《符天历》为基础，综合《长广宣明历》和《景福崇玄历》编制的《调元历》，其名称应该是意指该历重新确定元日。

二 五代民间科技文献作者群体的知识积累

第一，在家庭背景方面。李珣祖籍波斯，其先祖隋时来华，唐初随国姓改姓李，安史之乱时入蜀定居梓州，人称蜀中土生波斯。李珣兄妹可考者三人，珣为长兄。其妹李舜弦为蜀主王衍昭仪。其弟李玹，字延仪，人称李四郎，喜游历，好摄生，尤以炼制丹药为趣，倾家之产不计，以鬻香药为业，曾为王衍的太子率官。朱遵度的家庭背景已无从考证。

第二，在教育背景方面。李珣祖上以卖香药（即海药）为生。受其祖上熏陶，李珣对药学颇有研究，并参考古籍几十种，著有《海药本草》六卷，以引述海药文献为特点。据现存佚文统计，全书收录药物124种，其中96种标注外国产地。朱遵度笃好藏书，收书数千卷，集古今文章著为六例：一为《六籍琼华》250卷，二为《信史瑶英》180卷，三为《玉海九流》350卷，四为《集苑金銮》50卷，五为《绛阕蘂珠》40卷，六为《凤首龙编》130卷，合为267门，总杂文13800首，成1000卷，别撰目录有50卷。编著有《鸿渐学记》1000卷，《群书丽藻》1000卷。

三 五代宗教科技文献作者群体的知识积累

五代时期宗教科技文献作者群体人数较少，学科分布单一，无论是家庭背景、教育背景、职业经历都比较简单，但由于资料记载的有限，对其教育背景、职业经历的记载也极少，很难考证。所以，只从家庭背景方面做简要分析。

第一，在家庭背景方面。谭峭（生卒年不详，约873—973），字景升，晋江人，唐国子司业（国子监副长官）谭洙的儿子，是我国五代时著名道士和道学理论家。谭峭幼时聪颖，长大后博学能文，《全唐诗·谭峭小传》称其"博涉经史，属文清丽"。其父希望他遵循科举之路，走入仕途，但他自幼醉心黄老之术，无意功名利禄，后离家出游终南、华、岱诸名山，拜嵩山道士为师，学道十余年，深得辟谷养气的法术。

第二，在教育经历方面。谭峭，名道陈抟曾言与他为师友。史称谭峭幼而聪明，及长颇涉经史，博闻强记，问则无所不知，文则清新华美。好黄老之学，精心研究，立志修道。杜光庭，少习儒学，博通经、子。唐咸通（860—874）年间应九经（儒家的九种经典）试，不中，感慨古今浮沉，于是入天台山学道。青少年时代，勤奋好学，博览群书。唐懿宗朝应九经举，赋万言不中，乃弃儒入道，师事天台道士应夷节，为司马承祯五传弟子（司马承祯传薛季昌、季昌传田虚应，虚应传冯惟良，惟良传应夷节）。尝谓汉天师、陆修静撰集的道门科教，因岁久废坠，乃考定真伪，条列始末，为天下道流遵行。郑畋荐其文于朝，僖宗召见，赐以紫服象简，充麟德殿文章应制，为道门领袖。

综上，以道教为例，良好的家庭背景为这些科技文献作者的创作奠定了殷实的基础。

第四节　五代科技文献作者群体的创作过程与作品流传方式

这一节分别对五代官方、民间、宗教作者群体科技文献创作过程以及作品流传方式的分析，有助于对其研究的深入，使我们对五代科技文献作者群体的研究更为完整和全面。

一　五代官方科技文献作者群体的创作过程与作品流传方式

表 5—6　　五代官方科技文献作者创作过程与作品流传方式一览表

学科	作者	写作目的 资料来源	作品形式与内容	作品流传情况
天文学	马重绩	避免先前立法的误差 天文观测、 天文档案	著作 记载天文现象	不详
	王朴	履行工作职责 天文观测、 天文档案	著作 记载天文现象	不详

续表

学科	作者	写作目的 资料来源	作品形式与内容	作品流传情况
地理学	刘昫	履行工作职责 地理档案	著作 记载地理现象	不详
医学、化学	陈士良	著书立说 官方档案	著作 包含医学知识	不详
	和凝	著书立说 官方档案	著作 包含法医知识	《四库全书》
	宋齐邱	著书立说 官方档案	著作 包含相法资料	不详
	韩保升	著书立说 官方档案	著作 包含医学知识	《证类本草》 《本草纲目》

(一) 五代官方科技文献作者写作目的

表 5—7　　　　　五代科技文献作者写作目的一览表

写作目的	代表人物及作品
与本职工作职能直接相关	王朴《钦天历》
著书立说；总结经验；传播思想	和凝《疑狱集》 韩保升《蜀本草》

早在先秦，就专门设置了与科技活动相关的官员，到了五代时期，他们的职责之一就形成并保管好科技档案等原始记录。如《旧唐书·五行志》记录了唐代地震、山崩、滑坡、暴雨、洪水等自然灾害。典型的关于地震的记载如"贞观十二年正月二十二日，松、丛二州（今四川一带）地震，坏人庐舍"[①]，以日期开头，记录地震震中和破坏情况。记载余震的如"三日，又震。十一月五日，又震。永徽元年四月一日，又震。六

---

① 刘昫：《旧唐书·卷三十七·志十七》，中华书局 1975 年版，第 1347 页。

月十二日，又震"。① 这些震中位置相近且在一定时间内连续发生的地震被古人当作同一事件处理，可能表明古人已模糊地认识到余震的因果关系。此外还有记录山体滑坡的如"大历十三年，郴州黄芩山崩震，压杀数百人"。② 记录强降雨引发洪涝灾害的如"永徽五年六月，恒州大雨，自二日至七日。滹沱河水泛溢，损五千三百家"。③ 可见，这时已有对天文、地理的详细记载，而且形成并保管这种档案的是相关的官员。

在五代，科技文献作者群体并没有与前朝一样呈明显扩大的趋势，写作目的也更多是传播自身学术思想、著书立说、总结经验等。如《玉管照神局》专论相法，颇为系统，所相有形有神，既相五官，又看身形，既论气色，又分四时。书中还特详掌法，载有各种掌纹图72幅。由于该书是相法著作中较早的一部，流传较广，为历代相士所取。书中保存了丰富的相法资料，可为研究我国相法的发展提供参考。《疑狱集》记载了中国历史上第一次用动物实验作为法医学证据的事件："张举，吴人也。为句章令。有妻杀夫，因放火烧舍，乃诈称火烧夫死。夫家疑之，诣官诉妻，妻拒而不认。举乃取猪二口，一杀之，一活之，乃积薪烧之，察杀者口中无灰，活者口中有灰。因验夫口中，果无灰，以此鞫之，妻乃伏罪。"④ 这种鉴别方法至今仍是鉴别死前伤和死后伤的有效方法。各官员因自身身份的不同，著书立说来宣传自己的思想，可以说，著书立说是五代时期主要的创作动机。

（二）五代官方科技文献作者的资料来源

从官方作者的资料来源角度分析，以科技活动、档案史料为主，辅以其他资料。

科技活动经验是科技文献最早的资料来源。只有当人类的科技活动和科技思想达到了一定程度时，才有可能产生档案记录等科技文献，早期科技文献的资料来源就是在科技活动直接形成的经验、记录。第一，参阅官方藏书、官方编纂书目等书籍进行创作。这类资料来源对于官修文献而言体现得尤为明显。第二，作者自身经验等的总结。两种分类只是便于我们

---

① 刘昫：《旧唐书·卷三十七·志十七》，中华书局1975年版，第1347页。
② 同上书，第1351页。
③ 同上书，第1352页。
④ 和凝撰、杨奉琨校释：《疑狱集校释》，复旦大学出版社1988年版，第6页。

二 五代民间科技文献作者群体的创作过程与作品流传方式

表5—8　　民间科技文献作者的创作过程与作品流传方式一览表

学科	作者	作品	写作目的 资料来源	形式与内容	流传情况
医学	李珣	《海药本草》	著书立说、传播思想 个人经验	著作 中国第一部关于外来药物的专著	至南宋末已佚
其他	朱遵度	《漆经》	著书立说、传播思想 个人经验	著作 世界上最早的漆工专著	此书已佚

第一，从五代民间科技文献作者写作目的分析。

与官方科技文献作者群体不同，五代民间科技文献作者写作目的比较简单，分为两类：一是记录经验；二是传播思想。李珣的《海药本草》，根据自己的从商经验，使其书成为中国第一部关于外来药物的专著。本书书名中"海药"意为海外药物，或者是海外药物移栽到中国的。从书中注明的产地来看，来自外国的药物有96种。本书至南宋末已佚，现存部分为后人引文。其中《证类本草》引本书130种药物，北宋傅肱《蟹谱》引1种，合计131种药物条目，其中13条是石类，38条是草药类，48条是木类，3条是兽类，17条是虫鱼类，11条是果类，1条是米类。而全书记载药物总量至今已不可考。原书虽已佚，但凭后世引文可知原书体例如："艾蒳香谨按《广志》云：生剽地。温平。主伤寒五泄，主心腹主气，下寸白，止肠鸣，烧之辟瘟疫，合鳖窠浴治脚气，甚良"。[①]

第二，从五代民间科技文献作者资料来源分析。

[①] 李珣、尚志钧辑校：《海药本草（辑校本）》，人民卫生出版社1997年版，第30页。

五代民间科技文献作者的资料来源主要是个人活动经验的总结。朱遵度是著名的藏书家,他创作的《漆经》是世界上最早的漆工专著。郑文宝的《江表志》卷二记载:"朱遵度,本青州书生,好藏书,高尚不仕,闲居金陵,著《鸿渐学记》一千卷、《群书丽藻》一千卷、《漆经》数卷,皆行于世"①。《漆经》已佚,推测可能是对数千年来漆工技艺的总结,类似于行业规范手册的东西,可惜全书内容现已无从考证。

三 五代宗教科技文献作者的创作过程与作品流传方式

表5—9　宗教科技文献作者的创作过程与作品流传方式一览表

学科	作者	作品	写作目的 资料来源	形式与内容	流传方式
物理学	谭峭	《化书》	著书立说、传播思想 个人经验	著作涉及光学、声学、电磁及力学甚至生物学等现象的观察或实验。	不详
	杜光庭	《异录记》	著书立说、传播思想 个人经验	著作道士的实验、观察记录,有物理现象、自然现象、流言传说等	《崇文总目》《宋志》中记载为十卷,但今天仅存八卷
医学、化学	轩辕述	《宝藏畅微论》	著书立说、传播思想 个人经验	全文内容明代已不可见	原书已佚,现代可见的记载多见于《证类本草》《本草纲目》等的引文。

---

① 朱易安编:《全宋笔记》,上海师范大学古籍整理研究所2003年,第226页。

续表

学科	作者	作品	写作目的资料来源	形式与内容	流传方式
医学、化学	独孤滔	《丹方鉴源》	著书立说、传播思想 个人经验	列举外丹黄白术所用金石药物之名称、产地、异名、性状及功能	《正统道藏》保存有两种《丹房镜源》，一为单行本，标题《丹方鉴源》，共三卷，题"紫阁山叟独孤滔撰"；一本收载于《铅汞甲庚至宝集成》卷4

第一，从五代宗教科技文献作者的写作目的分析。

与民间科技文献作者群体类似，五代宗教科技文献作者写作目的比较简单，分为两类：一是记录经验；二是传播思想。如《化书》：取变化之意，事物之间可以相互转化，可以为人们所认识和利用，即为该书的核心思想。谭峭的基础理论认为物质是由"虚""神""气""形"四个要素所构成，"虚化神神化气气化形形而生万物所以塞也道之用也形化气气化神神化虚虚明而万物所以通也"①，这些要素相互融合，相互转化，形成不同的事物，构成了我们所知的世界。《化书》涉及光学、声学、电磁及力学甚至生物学等现象的观察或实验。涉及光学的部分，谭峭记录了关于"圭"（凸透镜）、"珠"（凹透镜）、"砥"（平镜）、"盂"（凹面镜）四种镜子（透镜）的实验，②发现了"镜镜相照、影影相传"③的物理现象；涉及生物条件反射的记载，如《食化第五·庚辛篇》载："庚氏穴池，构竹为凭槛，登之者其声策策焉。辛氏穴池，构木为凭槛，登之者其堂堂焉。二氏俱牧鱼于池中，每凭槛投饵，鱼必踊跃而出。他日但闻策策、堂

---

① 任继愈主编：《中国科学技术典籍通汇》物理卷第一分册，大象出版社1993年版，第297页。
② 同上书，第298页。
③ 同上。

堂之声,不投饵亦踊跃而出,则是庚氏之鱼可名策策,辛氏之鱼可名堂堂,食之化也"①。只要投放鱼饵的同时策策或堂堂的声音刺激鱼,一段时间之后,出现策策或堂堂的声音时,鱼像投放鱼饵时一样踊跃而出,他同时还认识到出现这种情况的原因是由于"食之化也",可以按照当时人的理解简单理解为"食物化为声音刺激信号,它们对鱼来说是等效的"。这是人类最早关于条件反射的记录之一。此外谭峭还阐述了他对人类依靠自身力量研究驾驭自然之力的方法的信心,认为,"牛可使之驾,马可使之负,犬可使之守,鹰可使之击,盖食之所感也。猕猴可使之舞,鹦鹉可使之语,鸥鸢可使之死斗,蝼蚁可使之合战,盖食有所教也。鱼可使之吞钩,虎可使之入陷,雁可使之触纲,敌国可使之自援,盖食有所利也,天地可使之交泰,神明可使之掖卫,高尚可使之屈折,夷狄可使之委伏,盖食有所奉也。故自天子至于庶人,暨乎万族,皆可以食而通之。我服布素则民自暖,我食葵藿则民自饱。善用其道者,可以肩无为之化"②。甚至进一步认为"小人由是知,阴阳可以召,五行可以役,天地可以别构,日月可以我作"③,宣扬人类可以通过实验来认识自然规律,将其应用到人类生活中,增强人类所掌握的力量,而最终甚至可以拥有创造星辰的力量。《录异记》可以看作是道士的实验、观察记录,有物理现象、自然现象、流言传说等,那时的道士将这些都称为"异"。卷一:仙,卷二:异人,卷三:忠、孝、感应、异梦,卷四:鬼神,卷五:龙、异虎、异龟、异鼋、异蛇、异鱼,卷六:洞,卷七:异水、异石,卷八:墓。《录异记》与《化书》相类,其本来目的并非为物理专著,盖因其记述内容涉及大量物理现象且作者均试图解答这些现象之成因才将其算作物理类著作。其中第三、第四卷除了附会神鬼之外,实际也记载了梦境之类的心理学知识。而卷五、卷七则记录了各种关于各种石头的物理现象。《录异记》卷七"石"中记载了一次陨石坠落的事件:"唐天复十年庚午夏,洪州陨石于越王山下"④,"有声如雷,光彩五色,阔十丈",这句为陨石坠

---

① 任继愈主编:《中国科学技术典籍通汇》物理卷第一分册,大象出版社1993年版,第300页。
② 同上书,第304页。
③ 同上。
④ 王汝涛:《太平广记选》,齐鲁出版社1981年版,第560页。

落地点及坠落瞬间表现的记录。"有石长八尺，围三丈余"，这是对陨石体积的描述，而"七日之内，石稍小"意义不明，可能是陨石表面熔壳剥离（陨石与空气摩擦产生高温表面融化后凝固成一层壳，长时间暴露在空气中渐渐剥离）的现象。

第二，从五代宗教科技文献作者资料来源分析。

主要是个人活动的经验总结或对前人留下资料的总结。如《宝藏畅微论》据宋代晁公武《郡斋读书志》的记载如下："五代轩辕述撰，青霞君作《宝藏论》三篇，著变炼金石之诀，既详，其未善，因刊其纰谬（复刊其谬误），增其罅（缺）漏，以成是言（书），故曰畅微"。李时珍《本草纲目》引《宝藏畅微论》："铅有数种：波斯铅，坚白为天下第一。草节铅出建为，银之精也。卫银铅，银坑中之铅也，内含五色。并妙。上饶乐平铅，次于波斯、草节。负版铅，铁苗也，不可用。倭铅，可勾金。"① 证明其记述内容包括不同产地铅的不同以及炼锌内容（古代将锌称为倭铅）。《丹方鉴源》列举外丹黄白术所用金石药物之名称、产地、异名、性状及功能，共计二百三十一条。论述药物均以简明的条文言其产地、异名、形性或功能。反映了五代时期医学活动中的用药情况，也反映了五代时期中国炼丹家们对各种化学物质性质的探索。

上卷五篇："金银篇第一"包括金、银、铜、锡等各种金属和数种矿石，共二十四条；"诸黄篇第二"，包括雄黄、雌黄、砒黄、硫黄等，共七条；"诸砂篇第三"，包括朱砂、砂等，共八条；"诸矾篇第四"，包括黄矾、白矾、绿矾等，共二十二条；"诸青篇第五"，包括空青、曾青、白青等，共五条。中卷八篇："诸石篇第六"，包括称为"石"的诸物，如阳起石、寒水石、凝水石等，共二十二条；"诸石中篇第七"，包括"石"字在前为命名的物质，如石膏、石脂、石乳等，大都可作"外匮"，共十三条（按何丙郁以为"石炭"条文重出，此条应以《纲目》作石灰）；"诸霜第八"，包括粉霜、砒霜等四条；"诸盐篇第九"，包括青盐、卤盐等九条；"诸粉篇第十"，包括定粉、胡粉等五条；"诸硝篇第十一"，包括马牙硝、朴硝等五条；"诸水篇第十二"，包括茅屋雨水、密水等三条；"诸土篇第十三"，包括土母等八条。下卷十二篇："杂药篇第十四"，

---

① 李时珍：《本草纲目（校点本）》，人民卫生出版社，第 470 页。

共十三条;"杂药汁篇第十五",共四条;"诸油篇第十六",共六条;"诸脂髓篇第十七",共九条;"诸鸟兽类篇第十八",共七条;"诸灰篇第十九",共十七条;"诸草汁篇第二十",共十九条;"杂要篇第二十一",共五条;"药泥篇第二十二",共三条;"辨火篇第二十三",共五条;"造铜银铅砂篇第二十四",共三条;"杂论篇第二十五",共五条。全书共计二百三十一条。

第五节　总结与分析

由唐代到宋代是中国古代科技进步的时期,五代十国时期处于这一阶段中间,亦是科技进步的时代,虽然由于战乱影响,其科技进步受阻,但依然有所发展,开创了一些新的学科,涌现出一批中国古代科技文献作者,对后世造成了深远的影响。

五代十国时期形成的科技文献所涉及的学科较少,像地理及轻工业几乎完全没有涉及。官方修订的主要是天文历法文献,而民间则以医学类居多。这虽然说明该时期基础科学发展缓慢,但另一方面也使得这些文献很容易被收录于相关行业的汇编之中。除了像《漆经》这类行业专著之外,大多遗存下来的科技文献并非独立成本,而是属于某些著作的某一章节(如《旧唐书》中的《天文志》等)。还有一些属于当时的志怪书籍,其中记录了许多当时人们无法理解但现代人找到缘由的事件(如杜光庭《录异记》记录的宝石变色现象以及《化书》中所记载的各种声学现象),此外还有各种人的笔记和日记,其中有记录自然现象或工程具体数据的内容。易于归类集中的文献更易于保存,而像《漆经》这类本身过于专业而无法在文献汇编中找到位置的文献,反而无法被保留下来。

五代十国时期官方和民间都开展了大规模的科技文献编纂工作,他们将收集来的原始文献材料进行加工、整理、编纂,这固化了原本零散的科技文献,将其结合成整体,利于保存。五代十国时期各个朝代虽然更替频繁,但文献收集编纂工作各朝延续,从未中断。如《旧唐书》,早在后梁时,唐史的纂修就已经被提到了议程之上,当时唐朝的实录和国史都没有修完,又经唐末战乱,史馆资料颇多损失。后梁末帝时,史官征集民间资料以及抄录公文、奏疏,以为修唐史准备资料。但直到后晋天福六年

（941年）二月，石敬瑭正式下诏"有唐远自高祖，下暨明宗，纪传未分，书志咸阙。今耳目相接，尚可询求。若岁月寝深，何由寻访？……修撰唐史，仍令宰臣赵莹监修"[①]。这种跨朝代的文献修撰一方面体现了政权频繁更迭为文献工作带来的困难，另一方表现了文献征集和编纂工作对文献保护与遗存的重要性，在有官方制度并严格执行的情况下，文献征集工作大大提高了科技文献留存下来的几率。

五代十国时期正是道教全盛之期，自唐代开始的崇道之风以及道家自身理念导致其投入大量的实验与思考，使得道家成为这一时期形成与保存科技文献的一支强大力量。道教的炼丹活动首先需要地理知识以寻找矿物原料，其次需要物理化学知识以应对炼丹过程中的化学反应和物理变化（如爆炸、液化），因此物理、化学方面均有著述，而官方的支持则使得道家有力量修建大型文献储存点。且因为五代十国时期崇尚道教，道家建筑一般不会遭到恶意破坏，所以许多科技文献得以在道家手中得以保存，为宋代道教文献的重新编纂打下基础。道家在唐代统治者的扶植与帮助下，养成了编纂自身形成的文件的习惯，《道藏》也因此成为挖掘中国古代科技文献的宝库。

总之，由唐代到宋代是为中国古代科技进步的时期，五代十国时期处于这一阶段中间，亦是科技进步的时代，虽然由于战乱影响，其科技进步受阻，但依然有所发展，开创了一些新的学科，丰富了中国古代科技文献的记录内容，对后世造成了深远的影响。

---

① 董诰：《全唐文》，中华书局1983年版，第1128页。

第六章　北宋时期

　　北宋自960年建立，至1127年灭亡，历时一百六十七年，先后经历九位皇帝。北宋官方科技文献作者群体所占比例具有压倒性优势，这与北宋时期加强中央集权、实行崇文抑武的国策密切相关，他们的地域分布受政治影响比较明显，政治中心、传统文化地区以及经济较发达地区产生了大量的官方科技文献作者，研究学科包括医学、农学、地理学、天文学、化学、手工业生产技术、数学、工程技术学等。以实用性学科为主，北宋官方科技文献作者的官职分布比较广泛，上到皇帝、下到地方知县群体均有创作，体现了北宋整个王朝对于科学技术的重视程度，加之一些专门性机构进行科技文献的编写工作，促进了北宋官方科技文献的发展和繁荣，北宋时期刻书业的发展为官方科技文献作品的流传提供了便利，很多科技文献作品通过官刻、私刻、坊刻或手抄方式中的一种或者几种流传至今。北宋民间科技文献作者的地域分布受政治影响比较弱，而受传统文化影响较大，与当地经济、文化的发展关系密切，其学科分布同样广泛，包括医学、农学、天文学、化学、手工业生产技术、数学、工程技术学等，以实用科学为主，综合性科技文献较少，北宋民间科技文献作者没有人出身于官宦家庭，这与官方科技文献作者大多出身于官宦家庭形成了极大的反差，他们有的接受家庭教育，有的自学成才，但整体上所接受的官方教育较少，同时职业经历相对单一，基本上终身不仕，专注从事某项工作，因兴趣爱好创作科技文献者居多。北宋宗教科技文献人数所占比例较小，集中于佛教和道教，地域分布比较分散，但大多为宗教发达省份，学科分布则比较集中在化学、医学、农学领域，宗教作者主要通过师徒关系的传授接受教育，其科技文献作品与日常工作密切相关。总体上，民间与宗教科技文献作品流传情况不佳，这与其社会身份的局限性有一定关系。

第一节 北宋科技文献作者群体存在的社会背景

公元960年,赵匡胤发动了史上著名的"陈桥驿兵变",建立宋朝,史称"北宋"。宋太祖建都于汴梁(今河南开封),并设西京河南府(今河南洛阳)与东京开封府合称二京,后宋真宗设南京应天府(今河南商丘)、宋仁宗设北京大名府(今河北大名)。北宋为加强皇权,在政治和军事方面加以严格控制,这也致使北宋的经济和文化得到空前发展。

一 北宋社会政治与文化

(一)政治背景

北宋改革、发展与创新了一系列政治制度与政策,具体如下:

第一,加强中央集权。在中央制度方面,经过一系列改革,北宋皇帝的权力超过历朝历代。首先,北宋大体沿袭唐朝的政治制度,但通过分化事权的方式,对宰相的权力加以限制。其次,推行官、职、差遣分授制度。"官以寓禄秩、叙位著,职以待文学之选,而别为差遣以治内外之事"[①]。即官员的官衔与其实际职务分开授予的制度。上述措施,在一定程度上维护了国家的安定,但是也埋下了北宋时期积贫积弱的祸根。

第二,实行重文轻武、文人治国的国策,十分注重对文人的选拔与任用。宋太祖通过发动兵变夺取政权,创建北宋王朝,他害怕手下掌握兵权的将领发动兵变,因此采取一系列措施抑制武将,采取崇文抑武的方针,中央及地方的最高行政长官由文官担任。北宋开明的政治气氛,造成知识分子相对而言政治上有理想、文化上有创新、道德上有追求、生活上有保障。这种开明的治国方略在当时是比较罕见的,为北宋发展提供了坚实的基础。

第三,打破科举制度常规。北宋建国后,科举制度有所改革,考试程序日趋严格,考试措施日趋完善,并且扩大录取范围,为平民百姓提供了施展才华的机会,使得北宋的官僚队伍不断发展扩大,为北宋政治发展奠定了基础。

[①] 脱脱:《宋史·卷一百六十一·职官一》,中华书局1985年版,第3768页。

(二) 经济背景

北宋时期，经济发展迅速，达到了中国封建王朝的巅峰。宋朝是中国古代唯一长期不实行抑商政策的王朝。开明的经济政策使得北宋商业发展迅速，北宋社会经济生产总值占当时世界总值的百分之八十左右。

在农业方面，农业生产技术取得长足进展，为农民作业提供了很大帮助，并且出现了大量有关于农业生产知识的科技文献，如竹谱、花谱、笋谱等。在手工业方面，手工业作坊规模扩大、分工愈加精细，使得手工业产品较前代有明显改进。在商业贸易方面，北宋在当时世界遥遥领先。在交通干道上出现许多10万人以上的城市，如开封，它是北宋城市繁荣的典型，人口过百万，店肆比比皆是，从张择端的《清明上河图》中就可以窥见北宋时开封的繁荣。

(三) 文化背景

虽然，北宋在政治方面中央集权加重，在军事方面积弱。但是，北宋的文化异常发达，可谓是中国历史上文化最繁荣、科技最先进、艺术最昌盛的一个时期。在科技方面，中国历史上的很多重大发明都出现在北宋。文化方面，北宋在其发展史上占有一席之地。正如陈寅恪先生所说的："华夏民族的文化，历数千载之演进，造极于赵宋之世。"[①] 在诗词方面，北宋达到词的鼎盛时期。在书画方面，北宋涌现了许多著名书法家和画家，如北宋四大家、宋徽宗的瘦金书等等。在史学方面，出现了《新唐书》《新五代史》《资治通鉴》等一系列史学著作。在哲学方面，与唐代相比，北宋出现了一批著名的理学家。

二 北宋科学技术的总体发展水平

(一) 科技发展状况

在中国科学技术发展史中，北宋做出了巨大的贡献。"作为农耕社会，拥有当时中国最富庶的中原、两河、两淮、两浙、江南、两湖、两广、西蜀、关中和陇右等地区，人口也从建国初的近五千万，发展到超过一亿。"[②] 这样版图广阔、人口众多的大帝国，在各方面都是处于世界领

---

① 李哲良：《独眼看禅机》，重庆出版社2006年版，第71页。
② 安作相：《北宋科技的空前发展和动因》，《前进论坛》1996年第10期，第19页。

先地位，科技也是如此。

首先，天文历法方面。卫朴的制历术超过前代；苏颂创建了大型天文仪器"水运仪象台"；沈括提出了《十二气历》，当下行用的公历，其实质都与十二气历相似。

其次，农学方面。北宋时期的农业生产工具有所改良，大大提高了百姓的生产效率，粮食等农产品单产和总产大幅提高。"北宋时期的动植物谱录已大量出现，园艺业的高度发展……而且分区栽种各种园艺植物，具有近代植物园之雏形。"① 欧阳修的《洛阳牡丹记》、赞宁的《笋谱》、蔡襄的《荔枝谱》等都是北宋植物谱的典型代表，记录了各种植物的种类、特征、培育方法以及演化过程等等，具有很高的农学价值。

第三，医学方面。北宋注重医学发展，不仅官方修订、刊印了大量的医学著作，同时也加强了医学的教育，使得北宋时期的医学较前代有明显进展。如作为中国古代儿科学发展的鼎盛时期，北宋不仅出现了被誉为"儿科圣手"的儿科专家钱乙，而且对天花、麻疹、惊风、疳积，已有较明确的认识和有效的治疗方法。

第四，建筑方面。北宋的建筑也极具特色，虽然在规模方面普遍小于唐朝，但是更加秀丽、绚烂，十分具有代表性。"装饰上多用彩绘、雕刻及琉璃砖瓦等，建筑构件开始趋向标准化，并有了建筑总结性著作如《木经》《营造法式》。"②

第五，数学方面。出现了很多著名数学家，如贾宪、刘益、沈括等等。这些数学家取得了骄人的成果，开拓了我国数学领域诸多先河。如贾宪所创的增乘开方法，是中算史上首个完整的、可推广到任意次方的开方程序。

第六，四大发明方面。造纸术、印刷术、指南针以及火药，在北宋较前代都有很大改进，臻于完善。

第七，地理方面。地学的发展是以图经形式编写地理著作为特点的，图经也正向地方志的方式过渡。如乐史编撰的《太平寰宇记》，是北宋地理总志的典型代表，记录下来北宋的疆域版图，其价值不言而喻。

---

① 丁海斌：《中国古代科技文献史》，上海交通大学出版社2014年版，第290页。
② 宋奕勤：《艺术设计概论》，清华大学出版社2011年版，第140页。

此外，炼钢技术、丝织技术、烧瓷技术、测量技术等等，都是超过前代而领先于世界。

(二) 科技发展原因

北宋之前，唐朝已十分繁荣，不论是经济方面，还是文化方面，都为北宋科学技术飞速发展打下了坚实的基础。北宋科学技术发展繁荣的原因包括以下几点：

首先，由于北宋王朝建成以后，采取了一系列奖励生产的政策和办法，百姓久乱思治，太祖、太宗两朝三十多年，除完成统一大业外，生产突飞猛进地发展。正因有这样大的经济实力，才支撑起北宋科技文化的发展。

其次，北宋朝廷重用士人，以文制武。从宋太祖起，就尊重知识，提倡读书。他还立誓碑密藏于太庙，作为后世子孙的戒律，其中就有不杀士大夫和上书言事者。朝廷采取一系列措施，兴办学校，改良科举，广设科名，发现人才，优待士人。

第三，作为官方的指导思想——儒学，发挥着促进科学技术向前发展的作用。士人继承着儒学的"儒者爱人"的思想，努力探索。王安石进一步提出："天命不足畏，祖宗不足法，人言不足恤"[1] 的主张，大大激发了士人的创造精神。于是，科技士人和其他士人群一样精神得到了空前的解放。

第四，北宋还采取了一系列的科技奖励政策，促进科技迅速发展。"史载：'太祖太宗下诸国，其伪命臣乃忠于所事者，无不面以奖激，以至弃瑕而用。'如有人制定'新历二十卷'，便'拜司天监'赐官；制定'乾元历'颇为精密，'皆优赐束帛'；有人献所制火药、火球、火蒺藜，项绾'献海战船式，各赐缗钱。'这样的例子在《宋史》里不胜枚举。"[2] 在这种开明政策之下，百姓学者有动力、有激情去进行科技研究，促进科技进步。

总之，在这样一个特殊的历史背景之下，北宋时期科学技术发展迅

---

[1] 脱脱：《宋史·卷三百二十七·王安石》，中华书局1986年版，第10550页。

[2] 葛艳红：《宋代的奖励政策对科技发展的影响》，《湖北广播电视大学学报》2009年第1期，第62页。

速，在天文学、地理学、农学、医学等多学科取得了瞩目的成就，在这个过程中，形成了大量记载这些科学技术的文献，成为后世的宝贵财富，记录这些宝贵财富的主体，就是北宋时期的官方、民间、宗教科技文献作者。

第二节 北宋科技文献作者群体的组成

本节对北宋科技文献作者群体的组成作结构性分析，包括官方、民间、宗教三大科技文献作者群体所占人数比例、地域分布、学科分布和官职构成等。

一 北宋官方科技文献作者群体的组成

这类作者的社会身份主要是官员，其科技文献作品的创作与其官方身份密切相关，是为官方科技文献作者群体。北宋时期官方科技文献作者群体为北宋科技发展作出了巨大的贡献，借助群体数量、地域分布、学科分布和官职结构等多角度的研究分析，可以更深入地认识和理解这一代表性群体。

（一）官方科技文献作者群体数量分析

在统计出的123位北宋科技文献作者中，可考证的共有89人属于官方科技文献作者，所占比例最大，达72.4%，表明官方科技文献作者是北宋科技文献作者群体中的主要组成部分。官方科技文献作者能成为北宋科技文献作者群体的主要组成部分，原因如下：

第一，北宋通过推行"崇文抑武"的国策，建立了一个以文官为主体的官僚制社会。在这种"官意识"强烈的社会环境中，登科出仕被看作是实现人生价值的最佳途径，很多有能力、有才华的人士便通过科举实现自己的人生理想。

第二，北宋统治者通过多种途径，设法将那些隐迹于民间的科技人才收于国家的掌控之中。这种意图的实现途径有二：一是"博求方技"；二是创办科技专门学校。根据学科性质，科技专门学校又分为两种，一种是中央和地方都设置的专业学校，如医学、算术；另一种是国家垄断的学科，如天文、历算，只有中央司天监或国子监才有权来组织其教学和管理。

第三，围绕如何培养和造就合格的科技专门人才，北宋统治者在从教学、管理到学生的选拔与任用等每一环节都有严格制度，依章循法，优化教程。如太医局的判局人选，须由"知医事者为之"①，而教授则须"选翰林医官以下与上等学生及在外良医为之"，②对专业素质的要求较高，这是北宋科技教育管理政策的重要特色之一。除了学校教育之外，北宋尚有庞大的存在于官营作坊里的艺徒技术教育。

第四，从北宋官僚制社会的运行过程看，由于某些学科与北宋政治联系密切，所以就出现了国家垄断的现象。例如，天文学在北宋就带有官学性质，严禁民间私习。

综合上述几个方面，导致了官方科技文献作者占据了北宋科技文献作者的绝大部分。同时，值得注意的是，据统计，"隋唐时期官方科技文献作者共78人，占隋唐科技文献作者群体的80%"③，而北宋官方科技文献作者占北宋科技文献作者群体的72.4%，尽管人数上升，但比例有所下降，这也体现了北宋科技文献作者群体发展多元化的特点，但官方科技文献作者群体所占比例仍然最大，是封建社会鼎盛时期科技文献作者的主体，这也顺应了历史发展的潮流。

（二）官方科技文献作者群体地域分布

北宋官方科技文献作者散布于当时国土的各个地方。在统计的89名官方科技文献作者中，有10人的籍贯无法考证，剩下的79人，按照各地区科技文献作者数量由高到低排序，如图6—1所示。

河南省的科技文献作者数量是最多的，这是有一定原因的。古代一国之都往往都是该国的政治、经济、文化、科技中心。北宋四京分别位于现在的河南开封、河南洛阳、河南商丘以及河北大名，河南省作为当时的政治、文化中心，科技发展自然处于比较领先的地位，有很大一部分科技文献作者都来自于河南省。

江浙一带，包括江苏、江西、浙江、安徽省，也产生了大量的官方科

---

① 程雅君：《中医哲学史》，巴蜀书社2010年版，第393页。
② 脱脱：《宋史·卷一百六十四·职官四》，中华书局1986年版，第3885页。
③ 李超：《隋唐科技文献官方、民间、宗教三大作者群体研究》，硕士学位论文，辽宁大学，2015年，第7页。

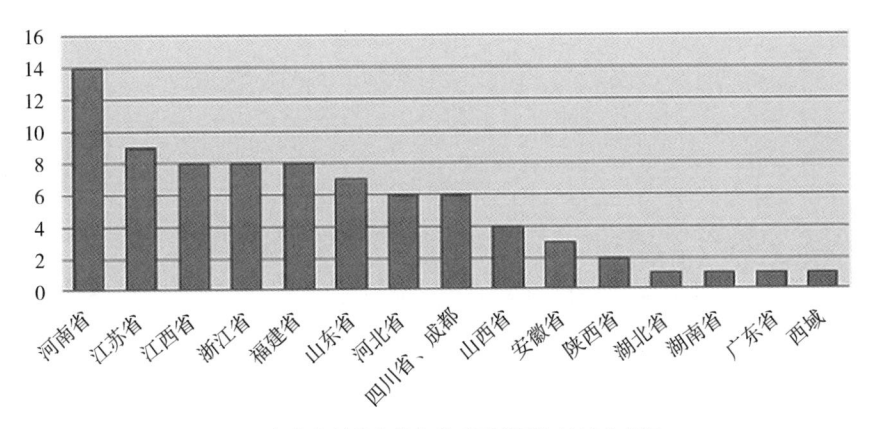

■北宋官方科技文献作者（可考证）地域分布图

图 6—1　北宋官方科技文献作者（可考证）地域分布图

技文献作者。在中国历史上，北宋是一个政治、经济、文化转变的重要时期，在此期间，经济中心向江浙一带转移，经济的发展带动了科技、文化的发展，由此江浙一带产生了大量的科技文献作者。

河北、山西、四川、山东省是传统的文化地区。成都在唐代曾经作为南都，山西太原在唐代曾作为北都，都是经济比较发达、文化也比较稳定的地区。山东省在北宋之前也曾是文化中心之一，是一个文化强省。受传统文化的影响，这些地区也产生了一定数量的官方科技文献作者。

通过上图我们也注意到，陕西省的官方科技文献作者人数排在较后面的位置，长安是唐代的都城，是当时的政治、文化中心，随着唐朝的没落，当地科技文化也因之没落，导致北宋时期陕西省的官方科技文献作者人数较少。

由此可以看出，北宋官方科技文献作者的地域分布受政治影响比较明显，政治中心、传统文化地区以及经济较发达地区产生了大量的官方科技文献作者。同时，与隋唐时期作比较，官方科技文献作者群体的分布区域也有所转变，主要向东、向南移动，由主要分布在中原地区向南方迁移，由主要分布于黄河中下游一带向分布于运河一带转变。

（三）官方科技文献作者群体学科分布

北宋科学技术发展迅速，官方科技文献作者所涉及的领域很广，包括医学、农学、地理学、天文学、化学、手工业生产技术、数学、工程技术学等等，以下我将从两个方面研究其学科分布。

第一，从作者研究领域是否跨学科角度看，我们可以把官方科技文献作者分为单一学科科技文献作者和跨学科科技文献作者。单一学科科技文献作者指其科技文献作品内容仅指向某一类学科，如钱乙的《小儿药证直诀》《伤寒论发微》《婴孺论》《钱氏小儿方》都为医学文献；马依泽的《应天历》《后周广顺明元历》《太一青虎甲寅经》都为天文学文献。跨学科科技文献作者指其科技文献作品内容不局限于某一单一学科内容，如苏颂既有医学文献《开宝本草》《嘉祐补注神农本草》，又有天文学文献《新仪象法要》；欧阳修既有农学文献《洛阳牡丹记》《大明水记》，又有金石学文献《集古录》；沈括既有综合性文献《梦溪笔谈》，又有医学文献《苏沈良方》，还有天文学文献《浑仪议》《浮漏仪》《景表议》《奉元历》等。

在89名官方科技文献作者中，单一学科科技文献作者74人，跨学科科技文献作者15人，表明北宋官方科技文献作者的作品以单一学科科技文献为主。

第二，从科技文献作品内容来看，可以按照天文、地理、医学、数学、农学、综合性科技等不同学科，将北宋官方科技文献作者群体进行分类，如图6—2所示。

综合性科技文献包括两类：一种是百科全书式的科技文献，即一本科技文献中包括了两类及两类以上科技学科内容，涉及到科学、技术的各个方面，如沈括的《梦溪笔谈》、宋祁的《益部方物略记》；另一种是既涉及到科学技术方面，又涉及到人文方面的，本书亦将其归入综合性科技文献，如徐铉等人的《太平御览》《太平广记》等。另外，本书统计过程中还发现了少量金石学文献，金石学并不是严格、专业意义上的科技文献，只是其中出现了一些科学知识，所以也把它放在综合类中。

需要说明的是本书所统计官方科技文献作者共89人，而图6—2是依据科技文献作品内容进行划分的，存在某一作者拥有多部不同学科类型科技文献的情况，因此上图中共计104人次。

通过上述统计可见，北宋时期关于医学、农学、地理学、天文学以及综合性科技文献相对更多，该时期这几门学科也更为发达。而其他学科，

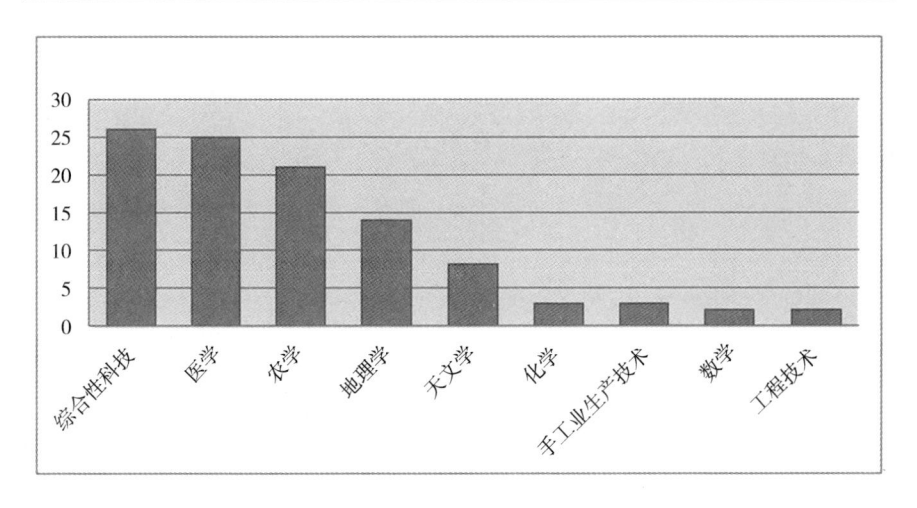

图 6—2　北宋官方科技文献作者群体学科分布统计图（单位：人次）

虽有涉猎，但相关留存记载并不多。

从综合性科技角度来看，北宋官方科技文献作者群体产生了大量的综合性科技文献，这与官员的社会身份密不可分。在北宋，官员能够接触到很多民间和宗教科技文献作者群体很难接触到的官方藏书资料，而这在一定程度上有利于官方科技文献作者形成综合性科技文献。此外，很多官员一生会经历不同官职，在不同的工作经历中，也会形成一定综合性科技文献。例如沈括，他所作《梦溪笔谈》，涉及到了天文、地理、物理、数学、医学等诸多学科，这与他的教育背景和官方的工作经历有很大关系。

从农学角度来看。"宋代官僚队伍庞大，官员们从总体上说是读书人中的精英群体，掌握着更多的社会资源，大多数农书，不单农书，任何类型的著作皆如此，出自其手实属当然。"[1] 具体而言，北宋时期官方科技文献作者群体产生大量农学文献，主要有以下五方面原因：一是落实自身的工作任务，如"上（真宗）勤政悯农，每雨雪不时，忧形于色，以昺素习田事，多委曲访之"[2]，邢昺编写了《耒耜岁占》。二是官员的职责所在，如黄儒职司贡茶，"为原采造之得失、较试之低昂"[3]，故此编写了《品茶要录》。三是官员在某地任职，记录当地有特色的产物与农业技术，

---

[1] 邱志诚：《宋代农书考论》，《中国农史》2010 年第 3 期，第 32—33 页。
[2] 脱脱：《宋史·卷四百三十一·儒林一》，中华书局 1985 年版，第 12799 页。
[3] 黄儒：《品茶要录·总论》，中华书局 1991 年版，第 5 页。

此类农书最多，如周师厚在洛阳做官时所作的《洛阳牡丹谱》，刘颁、王观在扬州做官时所作的《芍药谱》，官员到建州做官而记录建州茶叶的更是数不胜数。四是官员的个人兴趣所在，如欧阳修所作的《洛阳牡丹记》。五是为了解决学术问题。

从医学角度看。北宋官方科技文献作者形成了大量的医学类科技文献，原因如下：一是北宋的社会背景为医学发展提供了良好的氛围，国家稳定、经济繁荣，举国上下关注医学发展，热衷于收集医方药方。二是北宋的士大夫热衷于参与医学研究，带动了社会风气，促进了医学研究的不断深入。三是北宋政府注重医学发展，设立了太平惠民和剂局、校正医书局等机构，官修、刊定了多部医书，带动了医学的发展。四是改进医学的教育体制，提供专业医学教育，首次把医学纳入到国家官学教育系统之中，体现了对医学的重视。

农学、医学等都是北宋时期比较大众化的科技知识，与百姓的生活息息相关，得到了更多人的关注，从而形成了大量相关的科技文献，而化学、手工业生产技术等学科是比较小众的学科，对其进行研究的人员则相对较少。

结合统计结果可知，北宋官方科技文献作者群体所作的科技文献大多较注重实用性，如医学、农学等，而纯粹的基础科学是比较少的。即使是上文中所提到的数学，它本身是一门基础科学，但是也有一定的实用性，在北宋主要是为天文历法服务的。这一现象也反映了我国古代科技发展的特点，即中国古代科学从内容上看主要是应用科学，经验的总结，实用性强，以满足百姓工作生活实际需要为主要目的，与西方国家重视基础科学的研究形成了鲜明的对比。

（四）官方科技文献作者群体官职结构分析

从包括官方科技文献作者群体的职务层次分析和所在职能机构性质分析。

1. 从职务层次角度分析

按照职务层次，北宋官方科技文献作者分为皇帝、中央官员、地方官员三大类，见图6—3。

统计可见，北宋89位官方科技文献作者中，有皇帝2人，中央官员72人，地方官员15人。皇帝中，赵佶的《大观茶论》《圣济经》《圣济

第六章 北宋时期

北宋官方科技文献作者群体官职结构分布图

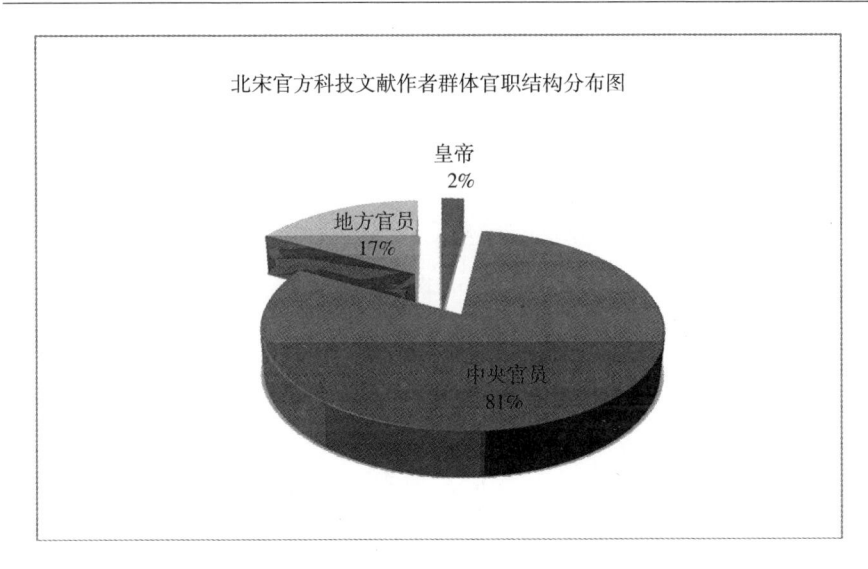

- 皇帝 2%
- 地方官员 17%
- 中央官员 81%

图6—3 北宋官方科技文献作者群体官职结构分布图

总录》，宋真宗赵恒的《授时要录》较具有代表性；中央官员中，马依泽的《应天历》《后周广顺明元历》《太一青虎甲寅经》，王怀隐的《太平圣惠芳》，贾黄中的《神医普救方》，李宗谔的《祥符州县图经》，王惟一的《铜人腧穴针灸图经》，掌禹锡的《嘉祐补注神农本草》，苏颂的《新仪象法要》《图经本草》等都较具有代表性；地方官员中，曾安止的《禾谱》、周绛的《茶苑总录》、王观的《扬州芍药谱》、蔡襄的《荔枝谱》《茶录》等较具有代表性。

北宋官方科技文献作者的官职分布情况较为广泛，在一定程度上说明上至皇帝下到地方官员，都很重视科学技术的发展，并且中央官员不论是在人数上还是在科技文献作品数量上都要高于地方官员。这主要有两方面原因：一方面，中央官员对科技发展重视程度较高；另一方面，中央官员的自身优势。自身优势体现为两点，一是人才优势，中央官员自身文化水平普遍高于地方官员；二是相对于地方官员来说，中央官员能够接触到更多的官方资料。在科技文献作者数量方面，中央官员多于地方官员，一定程度上也体现出北宋中央集权严重的特点。

2. 从职能机构性质角度分析

按照职能机构性质，北宋官方科技文献作者群体分为出身于一般性机构和专门性科技机构两类。在划分过程中，根据科技文献形成背景来确定其作者是属于一般性机构还是专门性机构，详见表6—1。

表6—1　　　　　北宋官方科技文献作者群体官职分布表

一般性机构			专门性机构		
83%			17%		
皇帝	中央官员	地方官员①	太医院	司天监	将作监
宋真宗赵恒、宋徽宗赵佶	苏易简、王曾、丁度、曾公亮、欧阳修、司马光、王安石等	乐史、钱俨、路振、丁谓、沈立、蔡襄、张载、周师厚、李格非等	王怀隐、王惟一、钱乙、杨介、孙用和、孙奇、孙兆、许希、陈昭遇等	马依泽、周琮、姚舜辅、楚衍等	李诫

一般性机构是指与科学技术无直接关系的常规机构，如县官等。这些官员虽然不从事专门性科技活动，但是在日常工作中关心科技发展，进而产生了一定的科技文献。如丁谓任官期间，关心建茶发展，经过悉心研究，形成《北苑茶录》；周绛祥符初年到建州任职，著《补茶经》《茶苑总录》。

专门性科技机构，即机构职能与科学技术有直接关系，如司天监、将作监等。如沈括负责领导司天监时，形成了《浑仪议》《浮漏仪》《景表议》《奉元历》；李诫任职将作监时著《营造法式》。

在划分过程中，存在国家为编修某一类科技文献而临时设置机构的情况，本书仍根据作者的具体官职进行划分。

根据上表，从横向上来看，北宋官方科技文献作者群体官职集中在一般性机构中，并且官职分布广泛，上到皇帝、下到地方知县群体均有创作；专门性机构形成的科技文献则以医学类、天文类科技文献居多。从纵向上来说，官方科技文献作者群体主要集中于一般性机构，很多非专业人士参与科技文献的编写，在某种程度上可能会造成官员研究不专的现象。官方科技文献作者涉及范围之广，在一定程度上反映出北宋官方科技文献

---

① 关于地方官员的划分问题，部分官员既担任过地方官员，又担任过中央官员，以他们主要服务于哪类机构来进行划分，或者是其文献形成于什么背景来进行划分。

的发展和繁荣。

综上所述，北宋官方科技文献作者群体在数量上占绝对优势，官职分布覆盖广，而且地域分布、学科分布和北宋时期的政治、经济发展趋势呈现出正相关性。

二 北宋民间科技文献作者群体的组成

北宋时期，社会经济的日益繁荣、文化的多元发展、对外的空前开放，都为民间科技文献作者的发展提供了便利，民间科技文献作者群体的发展依旧可以从数量、地域分布、学科分布的统计中分析得出。

（一）民间科技文献作者群体数量分析

在统计出的 123 位科技文献作者中，可考证的共有 17 人属于民间科技文献作者，所占比例为 13.8%。北宋时期民间科技文献作者的数量明显少于官方科技文献作者的数量，但同时也是北宋科技文献作者群体中的重要组成部分。

"相对于唐朝，北宋是一个平民化色彩比较浓厚的历史时期。"[①] 当宋太祖登基之后，为了解决汴都的漕运问题，他推出了一项旨在调动开浚河渠淤浅丁夫积极性的政策，即每年参加开浚河渠淤浅的丁夫，改先前"糗粮皆民自备"为"悉从官给，遂著为式"[②]。这项从平民切身利益着眼的"勤恤民隐"政策，体现了北宋开国之后国家政策的基本走向。平民既是北宋人口的多数，同时又是其各种科技实践活动的主体，他们总是活跃在北宋农业和工商业基本建设的第一线，成为推动科技发展的重要力量。

有相当一部分孤寒之士，或甘于贫寒，或应举不第，专事科学技术研究，最终成为中国古代著名的科学家或思想家。如平民木匠喻皓在实践中通过不懈研究，解决了杭州城南梵天寺六角形多层木塔的稳定性问题；布衣毕昇创活字印刷术，"若止印三二本，未为简易；若印数十百千本，则极为神速"[③]。

北宋统治者深知科技对于国家和民众生活的利害，像宋太祖、宋太

[①] 吕变庭：《北宋科技政策述略》，《宋史研究论丛第 14 辑》，河北大学出版社 2013 年版，第 467—488 页。

[②] 佚名撰，《宋史全文》卷 1，李之亮校点：黑龙江人民出版社 2004 年版，第 7 页。

[③] 沈括：《梦溪笔谈》卷 18《技艺》，侯真平校点，岳麓书社 1998 年版，第 147—148 页。

宗、宋仁宗、宋徽宗等,他们本身都对现实生活中的科技问题颇感兴趣,且经常与科技专家讨论国家急需解决的实际技术难题,这在一定程度上促使他们在政策上对优秀的科技人才格外开恩。如宋太宗曾明确表示:"朕欲博求俊乂于科场之中,非敢望拔十得五,止得一二,亦可为致治之具矣。"① 这段话表明科举在人才的选拔方面,相对于"公荐"更趋于公平,但是由于考试科目的局限,尤其是对于不喜记诵的科技创新人才来说,当时的科举考试本身尚不能真实地反映其水平和能力。因此,在书本之外,那些奋斗在科学实践第一线的能工巧匠,他们的劳动理应得到北宋社会的尊重和认可,尤其是他们的创造价值给国家和社会带来了巨大利益。如宋神宗通过"补官"的办法鼓励人们在军用器械方面的发明和创造,据《宋史》记载,当时"弓匠李文应、箭匠王成伎皆精巧,诏补三司守阙军将,以教工匠"②。

由于上述原因,北宋时期产生了一定数量的民间科技文献作者。值得关注的是,"隋唐时期民间科技文献作者群体占隋唐科技文献作者群体的比例为10%"③,而北宋时期比例为13.8%,提高了3.8个百分点,比例有所上升,是北宋科技发展的表现之一,这与北宋时期平民化色彩浓重有关。虽然民间有了很大发展,但由于历史发展的惯性和科技文化发展的属性,北宋仍然是官科技文化占主体的时代,民间科技文献作者所占比例的提升是一个缓慢的过程。

(二)民间科技文献作者群体地域分布

17位民间科技文献作者的地域分布比较零散,其中郑天宝、贾宪、刘蒙三位作者的所在地域无法考证,其他14人所在地域分布如图6—4。

与官方科技文献作者群体的地域分布不同,民间科技文献作者群体分布比较零散,集中性不强。通过对比上文,可发现,北宋时期河南省的官方科技文献作者数量很多,而未发现民间科技文献作者,这一定程度上体现了民间科技文献作者受政治影响比较弱。山东省、山西省、四川省作为

---

① 陈文新:《中国文学编年史·宋辽金卷上》,湖南人民出版社2006年版,第30页。
② 李焘:《续资治通鉴长编》(第18辑),中华书局1985年版,第6062页。
③ 李超:《隋唐科技文献官方、民间、宗教三大作者群体研究》,硕士学位论文,辽宁大学,2015年,第13页。

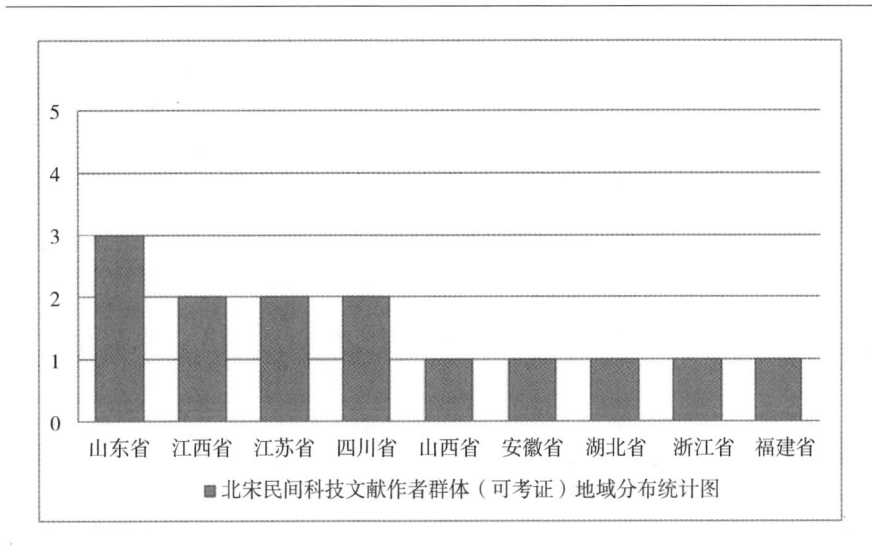

图6—4　北宋民间科技文献作者群体（可考证）地域分布统计图

传统文化地区，其间科技文献作者数量较多，说明民间科技文献作者受传统文化影响较大。江西省、江苏省、浙江省作为当时的经济较发达地区，也带动了当地科技文化的发展，产生了一定数量的民间科技文献作者，说明民间科技文献作者也受经济发展的影响。边疆偏远地区未出现民间科技文献作者，也说明了北宋时期边疆地区的科技文化不发达。

综上，民间科技文献作者的发展与当地经济、文化的发展关系密切，而与当地政治几乎没有关系。"隋唐时期，可考的民间科技文献作者主要来自5个省份"[①]，而发展到北宋则扩大到9个省份，这也是民间科技发展的一个重要表现。

（三）民间科技文献作者群体学科分布

北宋科学技术发展迅速，民间科技文献作者所涉及的领域也比较广，包括医学、农学、天文学、化学、手工业生产技术、数学、工程技术学等等。

第一，从作者研究领域是否跨学科角度看。17位民间科技文献作者中，仅有孙复1人为跨学科科技文献作者，其余16人均为单一学科科技

---

① 李超：《隋唐科技文献官方、民间、宗教三大作者群体研究》，硕士学位论文，辽宁大学，2015年，第13页。

文献作者，北宋民间科技文献作者的作品以单一性学科科技文献为主。

从这个角度，将民间与官方科技文献作者做对比，我们可以发现，官方科技文献作者中跨学科的作者占到了官方科技文献作者总数的16.9%，而民间科技文献作者中跨学科的作者占到了民间科技文献作者总数的6%，相比之下，两者的差异还是比较大的，这是由于二者社会身份的差异所造成的。官方科技文献作者相比于民间科技文献作者能够接触到更多的官方资料，同时其工作经历也一定程度上有助于其形成跨学科知识，因此民间科技文献作者中跨学科作者比例要远低于官方科技文献作者。

第二，从科技文献作品内容来看，可以按照天文学、医学、数学、农学、综合性科技等不同学科，将北宋民间科技文献作者群体进行分类，如图6—5所示。

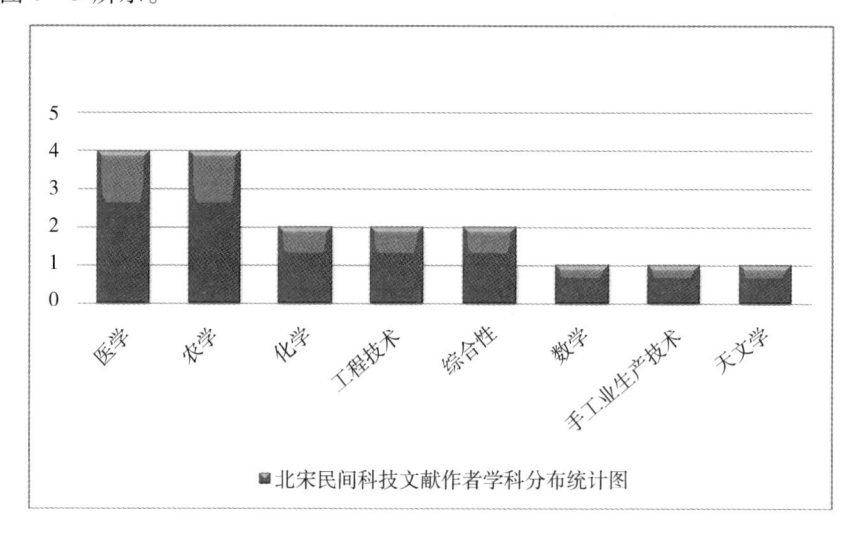

图6—5　北宋民间科技文献作者群体学科分布统计图（单位：人次）

上文分析到北宋时期，官方科技文献作者有关于医学、农学、地理学、天文学以及综合性的科技文献比较多。而民间科技文献作者主要以农学、医学为主，天文学和综合性科技文献所占比例相对较少。

民间科技文献作者中产生医学和农学文献的较多，这主要是由于医学和农学与民间密切相关，医学和农学都是与百姓生活密切相关的学科，因此所占比例较大。医学方面较具有代表性的有庞安时的《伤寒总病论》，唐慎微的《政类本草》，杨子建的《十产论》《难经续演》《护命方》《通神论》；农学方面较具有代表性的有陈翥的《桐谱》，邓御夫的《农历》，刘蒙的《菊谱》，熊蕃的《宣和北苑贡茶录》。

以天文学为例，通过对比可见，天文历法类科技文献官方作者的数量远远超过民间作者的数量。这是由于天文学在北宋带有官学性质，严禁民间私习，导致了天文历法类科技文献作者绝大部分都是来自于官方，来自民间所占数量很少。

与官方不同的是，民间科技文献作者产生综合性科技文献的数量较少，这是由于民间科学家他们所见所闻有限，所以他们的研究中并未出现一般意义上的综合性文献，而在上图所列综合性文献中，只是出现了金石学，原因是金石学研究是不受职务局限的，民间科学家可以较方便地接触到。

综上所述，北宋民间科技文献作者群体在群体组成上和官方群体存在一定的差异：知识积累决定了民间群体在数量上并不占优势，同时导致民间科技文献中综合性科技文献较少，民间科技文献作者群体的地域分布主要受传统文化影响较大。

三　北宋宗教科技文献作者群体的组成

北宋是一个宗教政策比较开明的朝代，在这一大背景下，佛教、道教在北宋得到了一定的发展空间，从而形成了一部分宗教科技文献作者。

（一）宗教科技文献作者群体的数量分析

在统计出的 123 位北宋科技文献作者中，可考证的有 8 人为宗教科技文献作者，人数较少，占北宋科技文献作者群体的 6.5%。

五代十国藩镇割据，为了国家稳定，北宋统治者采取了一系列措施来巩固统治，加强中央集权，在宗教方面也有所涉及。北宋宗教呈现多元化共同发展，包括了佛教、道教、伊斯兰教、犹太教等等。"宗教的多元性、复杂性需要完善的宗教政策。为此北宋统治者制定了严密而细致的政策，对宗教进行有效的管理和统治，虽存在不少问题，但总体上其政策是成功的。"[1] 北宋对宗教的有效管理也促使宗教人士编写、翻译了一定数量的科技文献。但北宋时期宗教科技文献作者数量同官方、民间作者数量相

---

[1] 郭学勤：《北宋宗教政策研究》，硕士学位论文，河南大学，2003年，第1页。

比还是较少。按照宗教类别将北宋宗教科技文献作者进行划分，见图6—6。

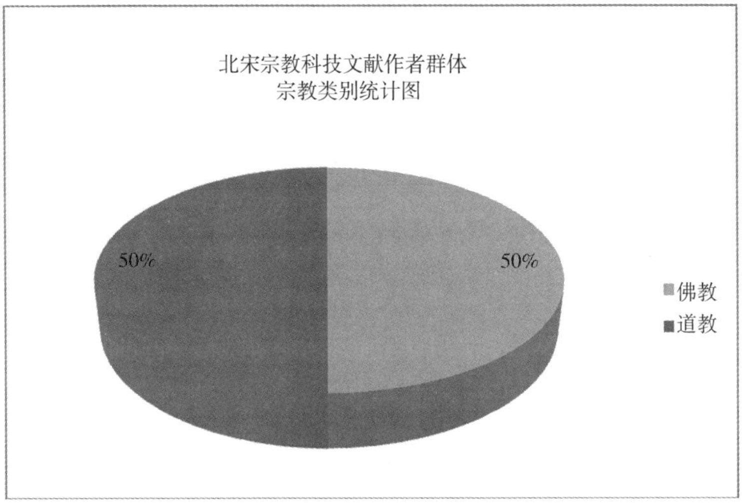

图6—6 北宋宗教科技文献作者群体宗教类别统计图

北宋宗教科技文献作者集中在佛教和道教，八人中有四人为佛教僧人，分别是赞宁、洛钦·仁钦桑布、惠崇、僧仲林；四人为道教道士，分别是马志、甄栖真、张伯端、张无梦。宗教科技文献作者集中在佛教和道教两类与北宋当时的宗教政策是密切相关的。

首先，佛教政策。北宋的佛教政策总体来说是成功的、开明的。唐末以及五代十国的两次大型灭佛运动，使得佛教发展受到重创，北宋统治者为了更好地巩固统治，一方面提倡保护佛教，扶植佛教，允许佛教适当的发展，另一方面也对佛教发展进行控制，使佛教逐渐打上官方化、制度化的标签。

其次，道教政策。道教是中国土生土长的宗教。北宋统治者希望通过道教来维护统治，因此大力发展道教，在宋真宗和宋徽宗期间发生了两次崇道高潮。北宋期间兴修道观，设立专门学校，促进了道教的发展。

第三，其他宗教政策。北宋对于其他宗教，如伊斯兰教、犹太教等，同样采取了比较开明、包容的政策，促进了宗教发展、社会稳定。

综上，由于北宋较为宽松的宗教政策，使得北宋出现了一些宗教科技文献作者，并且这些作者的宗教类别集中于佛教和道教，但是与官方和民间科技文献作者相比，北宋宗教科技文献作者数量较少。"隋唐时期，宗教科技文献作者群体占隋唐科技文献作者群体比例为9%"①,北宋与之相比略有下降,下降了2.5个百分点,这与唐末以及五代两次灭佛运动有着一定的关系。

(二) 宗教科技文献作者群体地域分布

八位宗教科技文献作者中,除马志及僧仲林的籍贯及主要活动地无从考证外,其他六人均可考证,具体见表6—2。

表6—2　　　　　　北宋宗教科技文献作者所在地统计表

作者	所在地
赞宁（佛教）	吴兴德清（今浙江省）
惠崇（佛教）	福建建阳
洛钦·仁钦桑布（佛教）	古格境内（今西藏）
甄栖真（道教）	单州单父（今山东省）
张伯端（道教）	天台东林（今浙江省）
张无梦（道教）	凤翔盩厔（今陕西省）

上表显示,北宋宗教科技文献作者所在地分布比较分散,不够集中,但是我们也能够发现北宋宗教科技文献作者所在地大多为宗教发达省份。

山东、浙江、陕西都是北宋时期道教较为发达的省份。山东省一直是中国的传统文化中心,加之北宋时期重道的政策,使得山东道教不断发展,成为中国北方道教发展的典型地区;陕西道教在唐末五代曾受到重创,但是在北宋期间又得以重新发展;浙江道教从唐代开始发展很快,盛极一时,知名宫观增多,到北宋时期,皇帝注重当地道观的修建,浙江道教在当时较为发达。上述三个省份都是北宋道教发展较为发达的地区,甄栖真、张伯端、张无梦也出自这三个省份。

浙江省、福建省是北宋时期佛教发达的省份。"宋人曾从寺院角度对

---

① 李超:《隋唐科技文献官方、民间、宗教三大作者群体研究》,硕士学位论文,辽宁大学,2015年,第13页。

东南各地佛教分布作过比较,指出湖南不如江西,江西不如两浙,两浙不如闽中。"① 可知北宋时期福建、浙江佛教十分兴盛。赞宁和惠崇出自这两个省份。

综上,北宋宗教科技文献作者基本上出自北宋时期宗教文化较发达的省份。

(三) 宗教科技文献作者群体学科分布

北宋宗教科技文献作者的作品主要集中在化学、医学和农学领域。其中,医学方面,有洛钦·仁钦桑布翻译了《八支集要》《集要广注·词义月光》等医书,马志校对了《开宝新详定本草》,宗教人士参与医学研究,与古代宗教普世救民的观念有关;农学方面,有赞宁的《笋谱》、惠崇的《竹谱》、僧仲林的《越中牡丹花品》,农学与百姓日常密不可分,自然也得到了宗教人士的关注;化学方面,有甄栖真的《还金篇》、张无梦的《还元篇》、张伯端的《悟真篇》等,三人均来自道教,其研究均由于当时道教盛行炼丹,见图6—7。

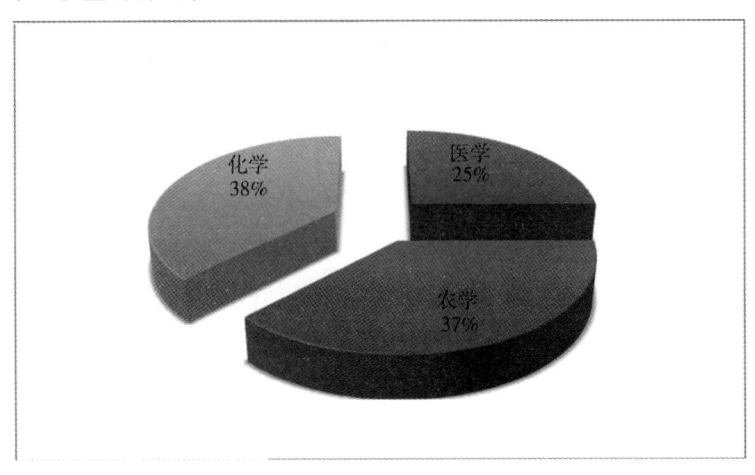

图6—7 北宋宗教科技文献作者群体学科分布统计表

宗教科技文献作者的学科分布远不如官方作者和民间作者分布广泛,主要集中于医学、农学和化学,对于天文学、地理学、建筑学、数学、金石学等学科都未涉及,也没有形成综合性科技文献,同时,北宋宗教科技

---

① 程民生:《论宋代佛教的地域差异》,《世界宗教研究》1997年第1期,第41页。

文献作者均为单一学科科技文献作者,这与宗教科技文献作者的社会身份以及接触资料的局限性有关。

综上所述,北宋宗教科技文献作者群体在三大科技文献作者群体中所占数量最少,并且其地域分布零散、学科涉及面窄,明显区别于官方、民间科技文献作者。

第三节 北宋科技文献作者群体的知识积累

要对官方、民间、宗教三大科技文献作者群体进行研究就必须对他们的知识积累进行系统分析,这样才能对北宋科技文献进行全面了解。具体而言,其知识积累又包括家庭背景、教育背景和职业经历等三个方面。

一 北宋官方科技文献作者群体的知识积累

(一)北宋官方科技文献作者的家庭背景

为了更好地了解这些科技文献作者的家庭背景与其社会身份之间的联系,现将89位官方科技文献作者中的典型代表,按照其家庭背景的不同,分为出身官宦之家、平民之家两大类,其中平民之家又分为一般平民家庭和科技世家,如下表和图。

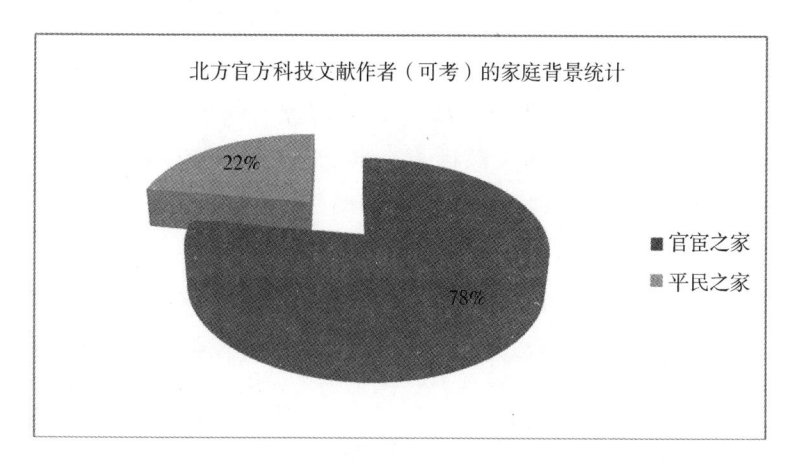

图6—8 北宋官方科技文献作者(可考)的家庭背景统计

表6—3　　北宋官方文献作者群体（典型代表）家庭背景统计表

家庭背景		代表作者
官宦之家①		赵佶、曾公亮、唐询、欧阳修、刘敞、宋敏求、王安石、苏颂、刘攽、沈括、李昉、李穆、乐史
平民之家	一般平民家庭	邢昺、燕肃、刘羲叟、陆佃、曾安止
	科技世家	刘翰、丁度、钱乙、杨介、陈昭遇

由此可见，在北宋，科技文献作者的家庭背景与其社会身份之间存在一定的联系。在官方科技文献作者群体中，出身于官宦家庭的作者要远远多于出身平民之家的作者。这是由于，在当时官宦家庭背景的人更容易获得良好的学习机会、受到较好的文化教育、拥有更为舒适的教学环境、接触更多的资料素材，具备进行科技文献创作所需的知识和资料基础。

虽然北宋时期官方科技文献作者以官宦出身为主，但官方作者群体中也有一部分布衣出身的作者不容忽视，这是由于北宋时期科举制度的改革，为这些来自平民家庭的学子提供了施展才华的机会，他们不仅在政治上卓有建树，也为后人留下了珍贵的科技文献作品，如邢昺、燕肃、刘羲叟、陆佃、曾安止等人。此外，在官方科技文献的平民作者群体中，很多医学著作的作者都出身于科技世家，这些文献的形成与他们家庭熏陶、耳濡目染的成长经历密切相关，如刘翰、丁度、钱乙、杨介、陈昭遇等人。

（二）北宋官方科技文献作者的教育背景

"北宋初期，学校教育不受重视，但是国家安定后，很快确立了'重视知识，尊重读书人'的文教国策，真宗以后，学校教育逐步得到重视。"② 由于统治者的重视，使得北宋时期的教育体制比较完善。北宋时期的教育体制如图6—9所示。

在中央层面，国子监是北宋时期的最高学府，在其下设置国子学、太学以及四门学，教学内容以经学为主，同时也有传授各种专门知识和技艺

---

① 官宦之家，以作者三代以内是否有直系亲属做官为标准，如果在三代以内，则划分到官宦之家，如果超出三代，则将其归为平民之家。同时，也包括皇家子弟。

② 罗玉霞：《北宋太学的复兴及其管理的完善》，硕士学位论文，华中师范大学，2006年，第12页。

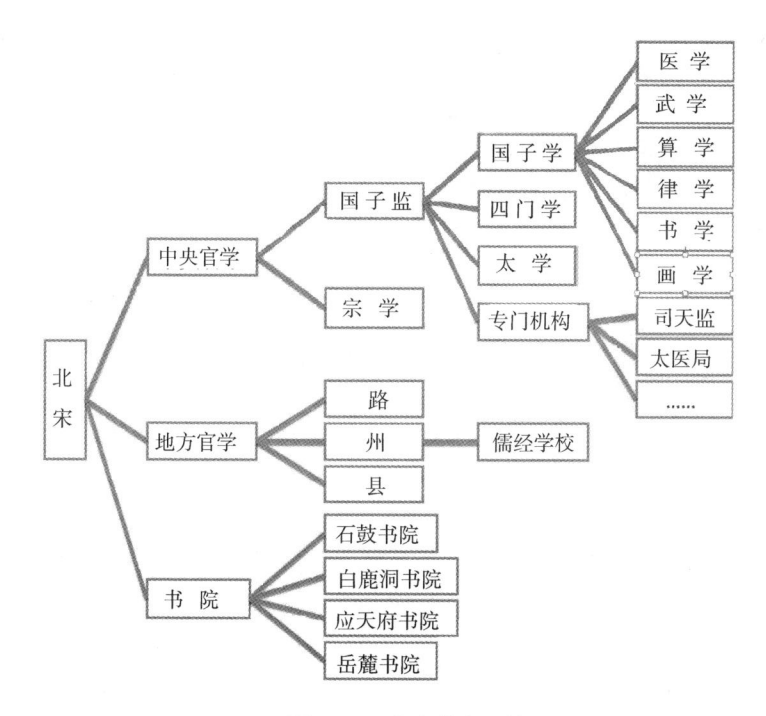

```
                              ┌─ 医 学
                              ├─ 武 学
                    ┌─ 国子学 ─┼─ 算 学
                    │         ├─ 律 学
            ┌─ 国子监 ─┬─ 四门学 ├─ 书 学
            │         │         └─ 画 学
    ┌─ 中央官学 ─┤         ├─ 太 学
    │         └─ 宗 学   └─ 专门机构 ─┬─ 司天监
北宋 ─┤                              ├─ 太医局
    │         ┌─ 路                 └─ ……
    ├─ 地方官学 ─┼─ 州 ── 儒经学校
    │         └─ 县
    │         ┌─ 石鼓书院
    └─ 书 院 ─┼─ 白鹿洞书院
              ├─ 应天府书院
              └─ 岳麓书院
```

图 6—9　北宋教育系统图

的专门学校，包括医学、算学等。通常来说，进入中央官学读书的学生来自比较富裕的地主阶级家庭，进入国子监读书的学生一般是胄子和贵游子弟，进入宗学读书的学生都是皇族子孙，身份地位、家庭背景的不同决定着他们就读于不同的学校。

在地方层面，北宋沿袭了唐代的建学方式，即按照地方的行政区域来进行建学。在地方，主要分为路、州（府、军、监）及县三级，并且在州以下还设有学校教授儒经，形成了较完善的学校管理制度，同样为北宋培养了大批人才。

北宋时期书院发展起来，形成了十几所比较有名的书院，也推动了当时社会教育的发展。北宋时期，由于受到地域的限制，学生对于官学教育缺乏自主选择性，而书院的出现，则打破了这层限制，学生可以根据个人爱好，走出本籍，选择自己喜欢的老师进行求学，这使得北宋时期的人才得以流动。

北宋官方科技文献作者群体的教育背景包括入国子监读书者、进书院学习者、接受家庭教育者、师从名家者和自学成才者，各种教育形式培养出了一大批优秀的官方科技文献作者。如宋真宗，就读于开封太学；蔡襄，自幼受到严格的家庭教育，并且在成年后到国子监进行深造；王曾，曾就读于青州府"矮松园"（即松林书院）；贾黄中，是贾玭的儿子，年幼时十分聪明、悟性高，每天早晨他的父亲都监督他读书，展书卷令其读，称"等身书"，受到了良好的家庭教育；刘羲叟，在自身的天赋与努力之下，受教于"易学大家象数之祖"李之才；燕肃，家境贫寒，几乎没有接受过正规教育，但是通过自身努力，勤奋好学，成为国家栋梁。

（三）北宋官方科技文献作者的职业经历

科技文献作者的职业经历是指科技文献作者在其职业经历中的知识积累，即科技文献作者在从事某项工作中所积累的知识、资源、素材、经历、经验等对其科技文献作品形成的帮助。大部分北宋科技文献作者的作品都是与其职业经历相关的，见表6—4。

表6—4　　官方科技文献作者（代表人物）职业经历一览表

作者	职业经历	作品
刘翰	曾奉命随军从行——加升朝散大夫、鸿胪寺丞——翰林医官使，加检校户部郎中——贬为和州团练副使——翰林医官使	《开宝本草》
王怀隐	初为道士——太平兴国奉诏还俗，为尚药奉御——翰林医官使	《太平圣惠芳》
路振	大理评事——后入判大理寺，改太常丞、知河中府、知邓州——福建巡抚——出使契丹，——改任太常博士、左司谏、擢知制诰	《乘轺录》
苏易简	历任将作监丞、升州通判、左赞善大夫、右拾遗知制诰、中书舍人、翰林学士承旨、参知政事	《文房四谱》
丁谓	任参知政事——枢密使——同中书门下平章事，前后共在相位七年	《北苑茶录》

续表

作者	职业经历	作品
乐史	武成军书记——著作佐郎——迁著作郎、直史馆——转太常博士——知舒州——水部员外郎——知黄州、商州	《太平寰宇记》《掌上华夷图》《坐知天下记》
欧阳修	官至翰林学士、枢密副使、参知政事	《洛阳牡丹记》《集古录》《大明水记》《新唐书·地理志》《新唐书·食货志》
钱乙	任翰林医学士、太医院丞	《小儿药证直诀》《伤寒论发微》
李诫	历任将作监主簿、丞、少监等，官至将作监，监掌宫室、城郭、桥梁、舟车营缮事宜	《营造法式》《琵琶录》、《马经》
徐兢	曾担任地方官员、大宗丞兼掌书学、刑部员外郎等职，宣和六年（1124）以国信使提辖官，随使高丽。	《宣和奉使高丽图经》
苏颂	先任地方官，后改任馆阁校勘、集贤校理等职九年。宋哲宗登位后，先任刑部尚书，后任吏部尚书，晚年入阁拜相。	《新仪象法要》《开宝本草》
沈括	1054年，任沭阳（今江苏沭阳）县主簿，后升为县令。1066年入京编校昭文馆的书籍。1072年兼任提举司天监。1074年兼军器监。1075年出使辽国。1076年任翰林学士，权三司使。1080年任延路经略抚使。	《梦溪笔谈》《苏沈良方》《天下州县图》《浑仪议》《浮漏仪》《景表议》《奉元历》《使契丹图钞》
王观	宋仁宗嘉祐二年（1057）考中进士。后历任大理寺丞、扬州江都知县等	《扬州芍药谱》

很多官方科技文献作品的形成与作者的官员职业经历有密切联系，这

主要体现在以下三方面。

第一,官员奉命编写科技文献,国家会提供大量的资料文献供其参考。如《太平御览》的编纂,是为北宋四大部书之一,由李昉、扈蒙等奉命编纂,该书充分利用了北宋皇家的藏书,并且以前代的类书为蓝本,最终形成。

第二,官员在做官期间,由于官员身份,能够接触、收集到很多资料,进而形成科技文献。如乐史,他毕生编纂了多部著作,这与其官员身份能够接触到很多官方资料有着重要关系。乐史为官,历三馆编修、直史馆,对他日后研究提供了巨大帮助。一方面,他能够便捷地查阅到民间科技文献作者所不能接触到的文献资料;另一方面,"文史馆的工作也使乐史能够专心编撰,发现各种书目的不足之处,从而确立自己编撰的方向"[①]。乐史的官员身份,为其《太平寰宇记》的编纂打下了坚实的基础。又例如欧阳修,其所作《集古录》也与其官员身份密切相关,他利用做官的有利条件才能够收集到如此多石刻。"《唐陶云德政碑》是他命人掘土而得,《唐吕諲表》是贬谪夷陵的途中所得,《唐张敬因碑》是在滁阳时遣人到许州临颍县求得,《后汉玄儒娄先生碑》是迁任乾德县令时按《乾德县图》搜得。"[②]

第三,官员在某地任职时,根据任职经历形成科技文献。如燕肃"利用在东南沿海为官的机会,用了10年的时间对海潮进行实地的科学观察,积累了大量的资料,并在研究古人潮汐理论的基础上,著成了《海潮论》,并绘《海潮图》,得出了一些重要的结论"[③];蔡襄曾经担任过福建转运使,负责对北苑贡茶进行监制,在任职过程中积累了大量制茶经验,形成《茶录》;路振"以知制诰的身份充任贺契丹国主生辰使出使辽朝"[④],并将出使辽朝过程中的所见所闻记录下来,形成文献上交朝廷。

[①] 乐志芳:《乐史研究》,硕士学位论文,南昌大学,2007年,第2页。
[②] 马刘凤:《欧阳修与〈集古录〉》,《江西图书馆学刊》2005年第4期,第119页。
[③] 白欣、李莉娜、贾小勇:《官员科学家燕肃》,《西南交通大学学报(社会科学版)》2003年第11期,第76页。
[④] 蒋金玲:《路振〈乘轺录〉所记"韩氏子"考辨》,《北方文物》2010年第02期,第69页。

二 北宋民间科技文献作者群体的知识积累

（一）北宋民间科技文献作者的家庭背景分析

根据家庭、教育背景将所统计的 17 位民间科技文献作者分为三类，分别是普通平民家庭、出身书香世家、出身科技世家，以研究民间科技文献作者的家庭、教育背景与其社会身份之间的联系，见下图、表。

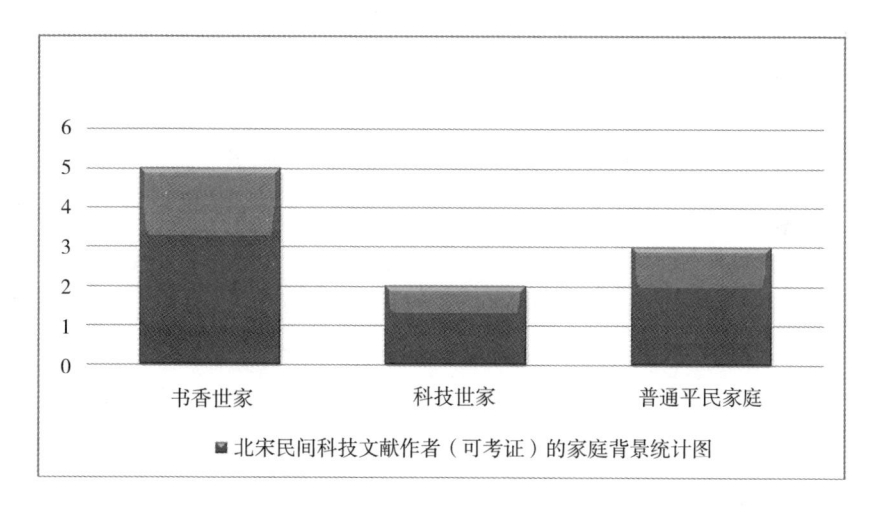

图 6—10　北宋民间科技文献作者（可考证）的家庭背景统计图

表 6—5　　北宋民间科技文献作者（可考证）的家庭背景列表

家庭背景	作者
书香世家	陈翥、张潜、单锷、王居正、熊蕃
科技世家	庞安时、唐慎微
普通平民家庭	孙复、卫朴、喻皓

上图、表统计的是能够考证到其家庭出身的民间科技文献作者，其余 7 人无法考证，不在此表中体现。由于比较多的作者在家庭出身上无法考证，所以此表数据有所偏差，但在分析作者家庭背景方面应当具有一定的样本意义。这 17 位民间科技文献作者中，很多作者的家庭背景缺少详细的记载，无法考证的人中，按照常理推测，其出身寒门的可能性大一些。

有据可考的几位民间科技文献作者中，没有人出身于官宦家庭，与上文中官方科技文献作者大多出身于官宦家庭形成了极大的反差。由此我们可以推出，家庭环境和文化背景对于人的影响比较大，一般来说，出身官宦家庭的人，其追求、价值观受家庭影响较大，一般不会转变为纯粹的民间科技作者。而出身于书香世家、科技世家或出身寒门的人，一部分受家庭环境、教育背景的影响，成为了民间科技文献作者。

（二）北宋民间科技文献作者的教育背景分析

北宋民间科技文献作者接受的教育是和其家庭息息相关的，家庭背景基本上决定了他们接受何种教育。有三种基本情况如下。

一是出身于科技世家的作者群体，他们普遍接受的是家庭式教育。如庞安时出身于世医家庭，他从小就天资聪明，并且受家庭教育影响，对医学知识有所掌握；唐慎微，同样出身于世医家庭，受家庭教育影响，在潜移默化之中掌握医学知识，为日后科技文献的形成奠定了良好基础。

二是出身于书香门第的作者群体，接受家庭教育的形式比较多样。如陈翥，他有一个良好的家庭环境，享受到比较优越的学习条件，十四岁时入县学读书；单锷，自小从师于胡瑗，得到很多教育与启发。

三是普通百姓之家的作者群体，基本上是自学成才。如孙复、卫朴等人，他们均家庭贫困，没有办法接受正规的教育，但是他们能够坚持不懈，通过自学，最终取得一定的成绩。

综上，北宋民间科技文献作者所接受的教育与其家庭条件、成长环境密切相关，与官方科技文献作者群体相比，他们所接受的官方教育较少。

（三）北宋民间科技文献作者的职业经历分析

民间科技文献作者的职业经历相对单一，基本上终身不仕，专注从事某项工作。与官方科技文献作者相同，大部分民间科技文献作者的科技文献作品都是与其职业经历相关的。

一部分作者不愿出仕。如《浸铜要略》的作者张潜，他是西汉张良的后裔，在唐宋时期整个家族向南迁移，举家同居，不愿出仕。张潜对炼铜法进行研究，将前人留下的书籍与自身经验相结合，写成了该书。

一部分作者仕而不举。如孙复自小勤奋好学，但是无缘官场，一直仕而不举，在他 32 岁的时候，放弃科举，写出了《春秋尊王发微》一书。再如陈翥，他的家庭比较富有，拥有一个比较好的学习环境，并且就读于县学，但由于种种原因，直到 40 岁的时候仍未实现科举成功的愿望，故放弃仕途，边耕作边读书，最终完成有关于桐树种植的专著《桐谱》。

还有一部分作者是世袭的平民科技工作者。比如庞安时、唐慎微均出身于世医家庭，受家庭环境影响，他们自小就接触医学知识，为日后行医以及编写医书奠定了基础。

但不论这些民间学者是否有过出仕的志向，他们的科技文献作品都是与其日常工作积累密切相关的。张潜在经营炼铜工作中，结合实践经验，形成了《浸铜要略》；庞安时、唐慎微、董汲在从医过程中，通过研究，形成了大量的医学文献。通过对比我们可以发现，与官方科技文献作者不同，民间科技文献作者大多都是终身从事某项工作，从而形成了某一单一学科科技文献，而官方科技文献作者一生大多历任多个官职，有助于其形成跨学科科技文献。比如北宋时期的著名农学科学家陈翥，在晚年，他潜心从事学术研究，一边亲自种植桐树，一边认真苦读，通过不懈的努力，最终形成了泡桐专著《桐谱》。当他"68 岁时，宋仁宗下诏书赐给他金帛冠带，以荣终身，他却淡然处之，甘愿做普通百姓，安贫乐道"[①]。该书是我国古代有关于泡桐研究的重要文献，研究价值颇高。

三 北宋宗教科技文献作者群体的知识积累

北宋时期宗教科技文献作者群体所占比例较小，其家庭背景、教育背景、职业经历都比较简单。

（一）北宋宗教科技文献作者的家庭背景分析

由于北宋时期宗教科技文献作者数量较少，并且对其家庭背景的记载极少，很难考证。这与官方科技文献作者大部分家庭背景可考形成了鲜明的对比。如赞宁，未入佛教之前姓高，其母亲姓周，他的祖先是黄河流域的渤海人，但是对于其父母的相关信息无法查证；仁钦桑布，生于阿里古格宁旺热特那地方，是朗达玛六世孙益希微之子；张无梦，出身于儒生家庭。

通过调查与统计，能够追寻到作者的所在地，但是对于其家庭信息则是少之又少，甚至是无法考证，所以无法通过宗教科技文献作者的家庭背景来分析其知识积累。这也说明在北宋时期，这类宗教人士的生平信息并没有得到重视，以致没有留存下来。

---

① 陈爱芬：《古代林业专家及其林业专著〈桐谱〉》，《中国林业》1997 年第 02 期，第 42 页。

（二）北宋宗教科技文献作者的教育背景分析

北宋的宗教科技文献作者分别来自于佛教和道教，这两种宗教在北宋时期有着不同于其他两类作者的教育方式。

佛教方面。北宋时期佛教知识学习的渠道是比较丰富的。一方面，专门学习。北宋时期僧人大多通过师徒关系学习，弟子出家后，在寺庙统一传授佛教知识的基础上，根据师父的教导学习相关佛教知识。另一方面，相互交流。北宋时期实行比较开明的宗教政策，保护佛教的发展。很多佛教僧人到印度与当地僧人进行交流，很多僧人学习到丰富的佛教知识，并且将这些佛教知识进行传播。例如赞宁于后唐天成四年（929）在杭州市祥符寺出家，更在后唐清泰初（约935）入今浙江省境内的天台山，接受天台宗所授的具足戒。再如，洛钦·仁钦桑布从十几岁起先后三次赴克什米尔、印度等地求学，从师于多位班智达，学到了大量的佛学知识，能力大为提升。

道教方面。道教在北宋时期极为兴盛，被统治者视为维护统治的工具。在大量修建道观的同时，又设立了道学，专门讲解道家知识，并定期进行考试，成绩优者被授予道观道职。道教也秉承着师徒教学的方式，培养了大量的道教人士。如甄栖真，访道崂山，以华盖真人刘若拙为师，久之出游京都开封，到建隆观为道士；张无梦，入华山师从陈抟，多得微旨，后"游天台，登赤城，庐于琼台，行赤松导引、安期还丹之法"。但是我们也应注意到，道教科技文献作者中，也不乏道教创始人，如张伯端，是道教南宗紫阳派的鼻祖。

综上可知，宗教科技文献作者群体的教育背景有别于官方、民间科技文献作者群体，大多是通过师徒关系进行学习。

（三）北宋宗教科技文献作者的职业经历

与官方、民间科技文献作者一样，宗教科技文献与作者的个人经历之间关系密切。例如：赞宁，僧人，撰写《笋谱》一书，写此书绝非偶然，而是基于其个人的特殊生活经历与广博卓越学识。"首先，他出生和长养的地方，自古至今都是著名竹乡，竹类资源非常丰富，利用极其广泛，从小耳濡目染，印象深刻；二是他自幼出家，过着戒荤茹素的僧侣生活，日常饮食自然离不开位列山家清供之首的竹笋；三是众多文献记载表明：赞宁在当时文坛中享有高名，与众多文坛领袖如徐铉、李昉、杨亿、王禹偁、欧阳修等往来密切，跻身于至道九老之列。"[1] 他博闻强记，堪称是五代宋初学识最渊博的一位僧人，一生著述甚丰，除佛学和佛教史之外，尤以博物多识著称，友人或遇奇异难解之事，往往向他咨询。

洛钦·仁钦桑布是藏传佛教人物，藏族著名的翻译家，兼通医学，回藏后，他就从事翻译工作。开始时，主要是译各种佛经，成为藏传佛教后弘期屈指可数的大译师。在从事翻译工作的过程中，翻译了印度著名的《八支集要》《集要广注·词义月光》两部医学书籍。

北宋时期，道教兴盛，在全国掀起了一阵炼丹之风，在这一背景下，很多道教人员进行炼丹活动，进而形成了一些炼丹心得，里面涉及大量化学知识，如甄栖真的《还金篇》、张伯端的《悟真篇》《玉清金笥青华秘文金宝内炼丹诀》《金丹四百字》、张无梦的《还元篇》等。

综上，北宋时期虽然宗教政策比较开明，催生了一些宗教科技文献作者，但在知识积累方面，宗教科技文献作者群体明显有别于官方、民间科技文献作者群体。

第四节　北宋科技文献作者群体的创作过程与作品流传方式

我们要研究北宋科技文献作者群体，就需要对他们的相关作品进行研究，本部分主要从写作目的、资料来源、作品形式和内容，及作品流传方式四个方面阐述。

一　北宋官方科技文献作者群体的创作过程与作品流传方式

（一）北宋官方科技文献作者的写作目的

所谓科技文献作者的写作目的，就是科技文献作者出于什么目的进行创作。研究发现，北宋官方科技文献作者的写作目主要分为四类：一是官修；二是与本职工作职能直接相关；三是与本职工作职能间接相关；四是个人爱好及研究。

---

[1] 王利华：《古代〈竹谱〉三种考证与评介》，《中国农史》2012年第31（04）期，第13页。

第一，官修，即特设的、官方临时指派的项目。如李昉、扈蒙等人奉宋太宗之命编纂总集《太平广记》；王怀隐、陈昭遇等人奉宋太宗之命编纂医书《太平圣惠方》；曾公亮和丁度二人受宋仁宗之命编纂综合性军事著作《武经总要》；刘翰等人受宋太祖之命修订医书《开宝本草》等等。北宋时期产生了大量的官修书目，并且内容以综合性著作和医书为主。

第二，与本职工作职能直接相关，即官方科技文献作者所任官职职能与科学技术直接相关，例如在司天监、将作监等部门工作。如李诫的《营造法式》，"因修建尚书省官廨，迁奉议郎；因修建龙德宫、棣华宅，升承议郎；因设计朱雀门，迁朝奉郎，赐五品服；因建成景龙门、九成殿，擢朝奉大夫；因建成开封府廨提升为朝散大夫；因建筑太庙，擢右朝议大夫，赐三品服；因修成钦慈太后佛寺，升中散大夫"①。李诫在房屋建筑以及工程管理方面取得了显著的成绩，受到了重用，也因此职级上升，担任将作监最高长官——将作监。"除了主持建造皇家建筑，李诫还奉命两次编写《营造法式》，将自己宝贵的经验和重要的建筑技艺写入了书中，留下了宝贵的建筑学理论，对后世影响颇深。"② 在《营造法式》一书中，李诫将自己的建筑经验同古代匠师的实践经验相结合，在当时已经是最先进的建筑工程书籍，代表了当时中国土木工程建筑的最高水平，对后世有着极为重要的意义。

第三，与本职工作职能间接相关，如官员在某地做官时，关心当地农业发展，从而形成科技文献。以建州制茶为例，很多官员到建州为官时，都会关注当地茶业发展，并形成科技文献。如丁谓曾担任过福建转运使，在任职期间负责监制御茶的同时，记录了制茶的方法，形成了《北苑茶录》。

第四，个人兴趣爱好及学术研究，即根据日常兴趣爱好或为学术研究，作者进行深入的研究、挖掘，进而形成科技文献作品。个人兴趣爱好及学术研究是官员进行科技文献创作的另一大目的，例如欧阳修所作的

---

① 刘星：《宋朝建筑家李诫〈营造法式〉始末及贡献》，《兰台世界》2014 年第 14 期，第 137 页。

② 王兴文：《简明中国科学技术通史》，人民出版社 2004 年版，第 165 页。

《集古录》，他对金石学十分感兴趣，利用了近二十年的时间来进行金石的收集与整理，最终形成《集古录》。"欧阳修把《集古录》作为消遣方式之一，从中得到了无穷乐趣，以至夏日可以消暑，困时能够忘倦，他多次说到'秋暑甚困，览之醒然'，'玩此可以忘暑'。"①

北宋时期，因官职需要进行科技文献创作的官员数量要比因兴趣爱好进行科技文献创作的官员数量多，这也从某种角度反映了北宋时期，国家对于科学技术的重视，使得大量科学技术文献得以问世。

(二) 北宋官方科技文献作者的资料来源

科技文献作者的资料来源，就是科技文献作者是利用什么资料来进行科技文献创作的。北宋官方科技文献作者的资料来源分为两大类：一是官方资料来源，即科技文献作者利用官方的资料进行创作；二是私人资料来源，即通过个人收集而来的资料进行创作，或者根据个人亲身经验、个人研究进行创作。

一般来说，写作目的为"官修"的科技文献，其资料来源主要为官方资料，例如丁度、曾公亮的《武经总要》，掌禹锡的《嘉祐补注神农本草》《皇祐方域图志》，苏颂的《新仪象法要》《开宝本草》《嘉祐补注神农本草》，李诫的《营造法式》等。

写作目的为"与作者本职工作职能直接或间接相关"的科技文献，其资料来源大多是以作者的亲身经历或个人研究为主，比如马依泽的《应天历》《后周广顺明元历》《太一青虎甲寅经》，路振的《乘轺录》，燕肃的《海潮论》《海潮图》，邢昺的《耒耜岁占》，刘羲叟的《刘氏辑术》《长历》，沈括的《浑仪议》《浮漏仪》《景表议》《奉元历》《使契丹图钞》，钱乙的《小儿药证直诀》《伤寒论发微》《婴孺论》《钱氏小儿方》，王观的《扬州芍药谱》等。

写作目的为"个人兴趣爱好及学术研究"的科技文献，其资料来源普遍以个人经历、研究为主。比如欧阳修的《洛阳牡丹记》《大明水记》《集古录》，刘敞的《先秦古器记》，周师的《洛阳牡丹记》《洛阳花木记》，朱肱的《酒经》，赵明诚的《金石录》等。

北宋官方科技文献作者的资料来源比较丰富，形式多样，正是由于官

---

① 马刘凤：《欧阳修与〈集古录〉》，《江西图书馆学刊》2005年第4期，第119页。

方科技文献作者群体身份的特殊性，才使得他们有机会接触到大量的资料或参与到实践中去，形成大量科技的文献。

(三) 北宋官方科技文献作者的作品形式与内容

按照作品的形式与内容，北宋官方科技文献作者的作品分为科技工具书和科技著作两大类。

科技工具书是专供查找科技知识信息的文献。例如李诫著的《营造法式》，该书的编纂是根据两浙工匠喻皓所作的《木经》而成的，由北宋中央政府所颁布，作为一部关于建筑设计与施工的工具书，是我国古代最完整的建筑技术书籍，它的颁布表明我国古代建筑的发展已经达到一个较高的阶段。

科技著作是指研究型的、具有一定意义的科技文献，又分为专门类和综合类两种。专门类科技著作就是指专门研究科学技术的著作。比如沈括的《梦溪笔谈》，该书内容涉及天文、历法、农业、水利、建筑、医药等诸多领域，被公认为百科全书式的科技著作。综合类著作是指既包括科学技术知识又包括人文社会知识的文献。如李穆等人的《太平广记》、徐铉等人的《太平御览》，这些综合类图书条目众多，既包括科学技术知识，又包括人文社会知识，涉及十分广，颇有价值。

北宋官方科技文献作者的作品既有科技工具书又有科技著作，两者分布得比较平均，内容涉及到了农业、天文、医药、地理、水文和水利、手工业、数学、建筑等诸多方面。

(四) 北宋官方科技文献作者的作品流传方式

事实上，北宋官方科技文献有一部分已经遗失了，如路振的《乘轺录》、丁谓的《北苑茶录》、宋真宗《授时要录》今已不传。但是也有一部分官方科技文献通过各种方式流传下来。概括来说，其流传方式主要有官刻、私刻、坊刻、手抄四种。

"书籍之有雕版，……实肇自隋时，行于唐世，扩于五代，精于宋人。"[①] 北宋时期印刷业主要分为三大系统，分别是官刻、私刻、坊刻，在之后的近九百年时间里，这三大系统都占据着印刷业的主要组成部分，对我国图书文献发展有着深刻的影响。详见表6—6。

---

① 留庵：《中国雕版源流考》，商务印书馆1924年版，第1页。

表6—6　　　　　　　　　　北宋三大刻书系统

	官刻		私刻	坊刻
概念	政府刻书的统称，指由中央政府机关以及各级地方行政文化机构出资或主办的印刷出版活动		又称家刻，指由私人出资校刻书籍的出版活动	古代书坊的刻书活动。古代书坊由个人经营、以生产兼以销售印本书为主的手工业作坊。
分类	中央官刻	地方官刻	——	——
管理机构	中央机构。如国子监、崇文院、秘阁、秘书监等	地方文化机构。如公使库	官宦豪门、名流大族私人建堂藏书刻书	民间书坊

1. 官刻

"宋代的官府刻书，地域面广、刻书单位多、刻书范围广。"[1] 基本可以分为中央系统和地方系统两类。

"在宋代掌管官刻事业的机构是国子监，官刻除国子监主要从事刻书外，崇文院、秘书监、司天监、德寿殿、太医院等也都纳入版印行列。"[2] "国子监在刻印经史的同时，也大规模组织了子书、字书、医术、农书、历书、算书等图书的刊印。"[3] 一般而言，官修的大型文献著作都采用官刻，如官修医书《开宝本草》，"后世以其刊为定本而成为我国第一部既知的刻版药物学专著，该书无论从文字内容还是从阴阳文的刻版技法上对后世医书都有很大的影响"[4]。王怀隐奉命编修的医书《太平圣惠方》，宋太宗亲撰序文，朝廷将该书刻印出版，颁发全国，下诏各州设医博士掌管。

---

[1] 卢贤中：《古代刻书与古籍版本》，安徽大学出版社1995年版，第25页。
[2] 丁海斌：《中国古代科技文献史》，上海交通大学出版社2014年版，第340页。
[3] 杨玲：《宋刻研究》，硕士学位论文，西北大学，2003年，第18页。
[4] 中医药发展与人类健康编委会：《中医药发展与人类健康上》，中医古籍出版社2005年版，第525页。

2. 私刻

北宋时，书籍私刻的情况也比较多。北宋私刻的书籍以经史子集为主，而有关科技的则比较少见。私刻"主要是为了传播、扬名或纪念，因此这类书往往以赠送为主，有时也通过销售而收回部分成本，单纯为营利的情况是不多的，往往都十分考究"[1]，如麻沙镇水南刘仲吉刻《新唐书》二百五十卷。

3. 坊刻

书坊刻书是书籍生产的基本力量，在北宋十分流行，影响深远。较有代表性的是沈括的《梦溪笔谈》，目前最古的版本就是现国家图书馆收藏的元代大德九年（1305）陈仁子东山书院刻本，该刻本开本比较大，但是版框却比较小，采用当时流行的蝴蝶装进行装帧，比较具有特色。

4. 手抄

北宋时期，有部分科技文献是通过手抄本的方式流传下来。如孙用和的医著，目前国内仅存有日本影抄本《传家秘宝脉证口诀并方》残本3卷。

除了单一的流传方式之外，诸多官方科技文献是刻本和手抄本都流传于世的。如李诫的《营造法式》，手抄本与刻本并行。崇宁四年，该书在开封府进行刊行，绍兴十五年又再次刊行，世称绍兴本，之后的各种抄本版本，都是以绍兴本为标准。

二　北宋民间科技文献作者群体的创作过程与作品流传方式

对于北宋民间科技文献作者的作品创作过程与流传方式研究主要也依照上述方式进行，这样能够更加全面系统地阐述和对比北宋科技文献作者的作品情况。

（一）北宋民间科技文献作者的写作目的

由于社会身份的不同，北宋民间科技文献作者的写作目的分为两类：一是与本职工作职能直接相关；二是个人兴趣爱好及学术研究，即根据日常兴趣爱好或为学术，作者进行深入研究、挖掘，进而形成科技文献作品，具体见表6—7。

---

[1] 杨玲：《宋刻研究》，硕士学位论文，西北大学2003年，第29页。

表6—7　　　　　　　北宋民间科技文献作者写作目的列表

写作目的	作者及作品
与本职工作职能直接相关	庞安时《伤寒总病论》、唐慎微《证类本草》、卫朴《奉元历》《七曜细行》《新历正经》、董汲《小儿斑疹备急方论》《脚气治法总要》《旅舍备要方》、喻皓《木经》、杨子建《十产论》《难经续演》《护命方》《通神论》
个人兴趣爱好或学术研究	孙复《春秋尊王发微》、郑天宝《玉玺记》、陈翥《桐谱》、张潜《浸铜要略》、单锷《吴中水利书》、邓御夫《农历》、刘蒙《菊谱》、贾宪《黄帝九章算法细算》《算法古集》《释锁算书》、王居正《纺车图》、窦苹《酒谱》、熊蕃《宣和北苑贡茶录》

前文所述官方科技文献作者的写作目的统计中，因官职需要进行科技文献创作的官员数量要比因兴趣爱好进行科技文献创作的官员数量多。而民间科技文献作者与官方有所不同，其工作需要进行科技文献创作的民间作者数量要比因兴趣爱好进行科技文献创作的民间作者数量少。同时官方科技文献作者的写作目的有四种，而民间科技文献作者的写作目的有两种，通过对比可发现，民间科技文献作者的写作目的比较单一。

（二）北宋民间科技文献作者的资料来源

北宋官方科技文献作者的资料来源分为两类：一是官方资料来源，即科技文献作者利用官方的资料进行创作；二是私人资料来源，即通过个人收集而来的资料进行创作，或者根据个人亲身经验、个人研究进行创作。可见，官方科技文献作者的资料来源既有官方资料，又有个人经验与研究，但以官方资料为主。在对17位民间科技文献作者的资料来源进行统计分析时，我们可以发现一个相反的现象，即这17位民间科技文献作者的资料来源都是来源于个人的亲身经验或者个人研究，而没有来源于官方资料的情况。

如唐慎微作品资料来源于个人收集，为了能够收集到更多的医方、药方，唐慎微在为病人看病的时候立下了一个规矩，只要是能够带着医方或者药方来看病，那么便可为其免费诊治，这种收集方式为唐慎微获取了大量的民间医方，构成了其科技文献的资料来源。

民间科技文献作者群体的资料来源均为私人资料来源,这是由于在北宋时期,数量浩繁的官方文献资料只能被皇室、官员接触到,而民间学者是无法接触到的。这在一定程度上限制了民间科技文献作品的发展,使得民间科技文献作者及作品均少于官方科技文献作者与作品。

(三) 北宋民间科技文献作者的作品形式与内容

按照作品的形式与内容,将民间科技文献作者的作品分为科技著作、科技工具书两类。

第一,科技著作。专门性著作方面,北宋民间科技文献作者形成的专门性科技著作数量是比较少的,不如官方科技文献作者形成的多,如陈翥的《桐谱》。综合性著作方面,北宋民间科技文献作者形成的综合类图书比较少,仅有孙复的《春秋尊王发微》一例,虽然主要探讨的是封建伦理道德问题,但是里面却包含着丰富的动植物知识以及人与自然和谐发展的科学思想。

第二,科技工具书。北宋民间科技文献作者形成的大多为科技工具书。例如唐慎微,他的《经史证类备急本草》对前代的药物学成就进行归纳总结,收药1746条,内容丰富、药物繁多,具有重大的医学价值,供后人参考。再如喻皓的《木经》,该书主要介绍房屋建筑方法,具有很大的实用价值,为后人广泛应用,是一部关于房屋建筑方法的著作。总之,北宋民间科技文献作者形成的科技文献作品形式还是比较丰富的,主要以科技工具书为主,科技著作数量要明显少于官方科技文献作者的作品。

(四) 北宋民间科技文献作者的作品流传方式

17位北宋民间科技文献作者中,有3位作者的作品流传情况无从考证,有8位作者的作品已佚或流传方式不详。其他人的科技文献作品通过各种方式流传至今,现将除无法考证外的14位作者相关情况如表6—8。

表6—8　北宋民间科技文献作者(可考证)作品流传方式列表

姓名	主要作品	作品流传途径
陈翥	《桐谱》	有《说郛》《唐宋丛书》《适园丛书》《丛书集成》等版本

续表

姓名	主要作品	作品流传途径
张潜	《浸铜要略》	原书佚
单锷	《吴中水利书》	不详
邓御夫	《农历》	密州知州王子韶为其刻印该书，但是南宋后佚
庞安时	《伤寒总病论》	现存清刻本、日本抄本、丛书本等，1949年后有排印本
唐慎微	《证类本草》	本书在宋代曾几次修订，大观二年经医官文晟等重修之后，被作为官定本而刊行
刘蒙	《菊谱》	不详
卫朴	《奉元历》《七曜细行》《新历正经》	不详
贾宪	《黄帝九章算法细算》《算法古集》	已佚
董汲	《小儿斑疹备急方论》	1949年后出版《小儿药证直诀》影印版时，将本书附录于后，现存光绪刻本
董汲	《脚气治法总要》	现存《四库全书》本和《三三医书》本，又收入1958年商务印书馆排印的《董汲医学论著三种》中
董汲	《旅舍备要方》	已佚
喻皓	《木经》	已佚
窦苹	《酒谱》	收入于陶宗仪《说郛》中
杨子建	《十产论》《难经续演》《护命方》	不详
熊蕃	《宣和北苑贡茶录》	在《书录解题》《宋史》《通考》中都有记载，四库全书著录，刊本有多种

根据上表可知，虽然北宋民间科技文献作者的作品有部分流传下来，但是大部分已经佚失或无法考证了，这也说明了一个问题，即北宋时期民间科技文献作品比官方科技文献作品的流传情况要差，这是由于在当时官

员撰著的科技文献更容易得到重视，并且拥有更好的流传平台。

三 北宋宗教科技文献作者群体的创作过程与作品流传方式

（一）北宋宗教科技文献作者的写作目的

由于北宋宗教科技文献作者较少，仅有8位，可一一详述他们的写作目的。

在8位北宋宗教科技文献作者中，有4人为佛教僧人，4人为道教道士，他们的写作目的也分为两类，一是与本职工作职能有关，二是个人的兴趣爱好或学术研究。其中，赞宁、惠崇、僧仲林都是出于个人爱好与研究的角度，分别写了《笋谱》《竹谱》《越中牡丹花品》。洛钦·仁钦桑布常年从事翻译工作，加上自身懂得一些医学知识，翻译了《八支集要》《集要广注·词义月光》。马志对于医理掌握透彻，在平日里经常帮助他人治病，开宝年间奉命与刘翰、陈照遇等人共同校对《开宝新详定本草》。甄栖真、张伯端、张无梦作为道教的主要传承人物，记录道教丹药炼制是其本职工作之一。

（二）北宋宗教科技文献作者的资料来源

8位宗教科技文献作者中，赞宁、惠崇、僧仲林、甄栖真、张伯端、张无梦这6位的科技文献资料都是来源于他们的个人研究，而洛钦·仁钦桑布翻译《八支集要》《集要广注·词义月光》的资料来源是他在国外学习时的外文文献，马志《开宝新详定本草》的资料主要是官方资料。

8位宗教科技文献作者中有7位的资料来源都是私人资料，仅有1位作者的资料来源是官方资料，一般来说寺庙中也会藏一些涉及到科技知识的经书，可供参考，这与官方科技文献作者群体的资料来源形成了巨大反差。

（三）北宋宗教科技文献作者的作品形式与内容

8位宗教科技文献作者的作品形式比较单一，均为科技工具书。如洛钦·仁钦桑布翻译的《八支集要》《集要广注·词义月光》等医书，主要是汇集了一些医方，我们把它定义为科技工具书，但此工具书本身也具有一定的研究价值。

北宋宗教科技文献作者的作品形式与内容同官方、民间科技文献作者的作品形式形成了鲜明的对比，主要是受宗教科技文献作者的工作职能以及接触资料有限影响。

(四) 北宋宗教科技文献作者的作品流传方式

8位宗教科技文献作者的作品大多已佚,现将可考证的介绍如下。赞宁的《笋谱》主要有《百川学海》《唐宋丛书》《山居杂志》《说郛》等本。马志的《开宝新详定本草》早已佚失,但是里面的内容可以从《整类本草》《本草纲目》中查到。张伯端的《悟真篇》传世注本甚多,收入《正统道藏》或《道藏辑要》的有宋翁葆光的《悟真篇注释》,薛道光(多为翁注之讹)、陆子野和元陈致虚的《悟真篇三注》,翁葆光注、元戴起宗疏的《悟真篇注疏》,翁葆光的《悟真篇直指详说三乘秘要》,夏元鼎的《悟真篇讲义》,朱元育的《悟真篇阐幽》等。

总之,与民间科技文献作者作品流传相似,北宋宗教科技文献作者的作品流传情况不佳。

第五节 总结与分析

北宋科学技术高度发展,并在当时居于世界领先地位,是我国科学技术发展史上的重要时期。"每当人们在中国的文献中查找任何一种具体科学技术史料时,往往会发现它的焦点就在宋代,不管是应用科学方面还是在纯粹科学方面都是如此。"[①] 由于政治、经济、文化、生产力以及思想上重视等因素的影响,北宋科技有了很大发展,同时形成了大量的科技文献。根据对北宋科技文献官方、民间、宗教三大作者群体的研究,我们发现北宋科技文献三大作者群体分别呈现出如下特征。

一 北宋三大科技文献作者群体的基本特点

通过群体组成、知识积累、创作过程与作品流传方式三大维度对官方、民间、宗教科技文献作者群体进行了系统的分析统计,探究出北宋三大作者群体的时代特征。

(一) 官方科技文献作者群体的基本特点

官文化作为我国古代封建社会的主流文化,创造官文化的官方科技文

[①] 李约瑟:《李约瑟文集》,辽宁科技出版社1986年版,第115页。

献作者群体自然成为北宋科技文献作者群体组成的主要部分。

第一，从群体组成看，北宋官方科技文献作者的人数所占比例具有压倒性优势，这与北宋时期加强中央集权、实行崇文抑武的国策密切相关。在这样的背景下，很多有才华的人通过步入仕途而得以发展，使得北宋的官方科技文献作者群体不断壮大。

北宋官方科技文献作者的地域分布受政治影响比较明显，政治中心、传统文化地区以及经济较发达地区产生了大量的官方科技文献作者。

北宋官方科技文献作者的学科分布很广泛，包括医学、农学、地理学、天文学、化学、手工业生产技术、数学、工程技术学等等，符合传统封建社会科学发展的潮流：科学技术研究以实用性为主，而对基础性科学研究较少。

北宋官方科技文献作者的官职分布比较广泛，上到皇帝、下到知县群体均有创作，体现了北宋整个王朝对于科学技术的重视程度。加之一些专门性机构进行科技文献的编写工作，促进了北宋官方科技文献的发展和繁荣。

第二，从知识积累看，北宋科技文献作者的家庭背景与其社会身份之间存在一定的联系，出身于帝王与官宦家庭的作者要远远多于其他出身的作者。这是由于，在当时帝王与官宦家庭背景的人更容易获得良好的学习机会、受到较好的文化教育、拥有舒适的教学环境、接触到更多的资料素材，进而进行科技文献创作，但同时那些出身于科技世家或布衣之家的官方科技文献作者也不可小觑。

北宋官方科技文献作者群体的教育背景是比较丰富的，包括入国子监读书者、进书院学习者、接受家庭教育者、师从名家者和自学成才者，他们凭借着优异的家庭出身，很多人从小就接受着官方教育，同时在家庭教育中长期接受文化的熏陶。

北宋官方科技文献作者的职业经历与其作品的形成有着密切联系，官员的职业经历为作品形成提供了大量的资料或者实际经验。

第三，从创作过程和流传方式看，北宋官方科技文献作者群体的写作目的以因官职需要为主，兼有部分因兴趣爱好进行科技文献创作的官员，这也体现了北宋时期整个国家对于科学技术的重视程度。

北宋官方科技文献作者群体的资料来源比较丰富，既可以接触到官方资料进行创作，又可以通过个人研究、收集等私人资料来源进行创作，也正是由于其身份的特殊性，才使得他们有机会接触到大量的资料或参与到实践中去，形成大量科技的文献。

北宋官方科技文献作者群体的作品形式集中于科技工具书和科技著作两大类，两者分布得比较平均，内容涉及到了农业、天文、医药、地理等诸多方面。

北宋官方科技文献作者群体的作品流传比较广泛，北宋时期刻书业的发展为其打下了坚实的基础，很多官方科技文献作品通过官刻、私刻、坊刻或手抄方式中的一种或者几种流传至今，给我们留下了宝贵财富。

（二）民间科技文献作者群体的基本特点

民间科技文献作者群体也对北宋科技文献的繁荣发展起到了一定的促进作用，其基本特点如下：

第一，从群体组成看，北宋民间科技文献作者群体在北宋科技文献作者群体中也占据着一定的比例，虽然数量不如官方科技文献作者多，但也是一个重要组成部分。这与北宋是一个平民化色彩较重的朝代有着密切联系，同时，科技与平民的日常生产、生活中密切联系，使其成为了推动科技发展的重要力量。

北宋民间科技文献作者的地域分布受政治影响比较弱，而受传统文化影响较大，与当地经济、文化的发展关系密切。

北宋民间科技文献作者的学科分布同样很广泛，包括医学、农学、天文学、化学、手工业生产技术、数学、工程技术学等等，以实用科学为主，同时综合性科技文献较少。

第二，从知识积累方面看，民间科技文献作者群体的家庭背景、教育背景、职业经历整体上并没有官方科技文献作者群体优厚，但是也客观上对民间群体的科技文献创作奠定了基础。所统计的17位民间科技文献作者中，没有人出身于官宦家庭，与上文中官方科技文献作者大多出身于官宦家庭形成了极大的反差。

北宋民间科技文献作者的教育背景，与其家庭条件、成长环境密切相关，有接受家庭教育、有自学成才，但整体上所接受的官方教育较少。

民间科技文献作者的职业经历相对单一，基本上终身不仕，专注从事某项工作，大部分民间科技文献作者的科技文献作品都是与其职业经历相关的。

第三，从创作过程与作品流传方式看。民间科技文献作者的写作目的较为单一，分为因工作需要和兴趣爱好两种，并且因兴趣爱好进行科技文献创作的民间作者要比因工作需要进行科技文献创作的民间作者数量多。

北宋民间科技文献作者的资料来源主要是个人的亲身经验或者个人研究，而没有来源于官方资料的情况，这是由于民间学者很难接触到官方文献资料。

北宋民间科技文献作者群体的作品形式包括科技工具书和科技著作两种形式，内容涉及农业、天文、医药、地理等诸多方面，但值得注意的是由于民间科技文献作者群体所接触到的资料、所受的教育环境等一系列因素，其形成的综合性科技著作数量很少。

北宋民间科技文献作者的作品有部分流传下来，但是也有一部分已经佚失或无法考证。

(三) 宗教科技文献作者群体的基本特点

北宋宗教科技文献作者群体在三大作者群体中所占比例最小，这也符合我国封建社会的整体潮流，其特点如下。

第一，从群体组成看，北宋宗教科技文献人数所占比例较少，并且集中于佛教和道教，人数分布比较平均。北宋能够产生部分宗教科技文献作者，这与北宋较为开明的宗教政策密切相关，促进了宗教科技文献作者的发展，并且这些作者的宗教类别集中为佛教和道教。

北宋宗教科技文献作者的地域分布比较分散，不够集中，但是我们发现北宋宗教科技文献作者所在地大多为宗教发达省份。

北宋宗教科技文献作者的学科分布比较集中，集中在化学、医学、农学领域，这与其社会身份地位有着一定联系。

第二，从知识积累看，北宋宗教科技文献作者群体的家庭背景、教育背景和职业经历相对简单，并且有部分相关信息无法查证。北宋宗教科技文献作者的家庭背景大多无法考证，这与当时宗教人士相关信息没有得到特别关注有关。

北宋宗教科技文献作者群体的教育也比较有特色，主要是通过师徒关系的传授来进行教育的。

北宋宗教科技文献作者群体的职业经历与其作品的形成有着密切的联

系，其作品大多与其日常工作相关。

第三，从文献创作过程和流传方式看。北宋宗教科技文献作者群体的创作目的也是与本职工作职能有关或与个人的兴趣爱好或学术研究有关，并且分布较为平均。

北宋宗教科技文献作者的资料来源绝大多数都是私人资料，这在一定程度上也造成了宗教科技文献发展的局限性。

北宋宗教科技文献作者的作品形式比较单一，均为科技工具书，并没有形成比较有名的科技著作，这与其自身所受教育、接触资料有限有关。

北宋宗教科技文献作者的作品流传情况也不是很好，这与其社会身份的局限性有一定的关系。

二 北宋三大科技文献作者群体比较分析

通过横向对官方、民间、宗教科技文献作者群体的梳理，我们分析了北宋三大作者群体各自的发展特点，接下来从纵向出发对三大作者群体进行对比分析。

（一）北宋三大科技文献作者群体组成比较

通过对官方、民间、宗教三大作者群体组成对比分析，我们可以得出以下结论：

第一，北宋科技文献作者群体与我国古代封建社会其他朝代拥有共同特征：北宋官方科技文献作者群体在北宋科技文献作者群体中占主体地位，人数远超过民间和宗教科技文献作者群体。虽然北宋是一个平民化色彩浓重，并且宗教政策比较开明的王朝，但是也是一个中央集权较强、顺应古代封建社会发展的王朝，这就使得官方科技文献作者群体人数占了绝大比例。

第二，从作者地域分布看，官方、民间、宗教科技文献作者之间有显著差异。官方科技文献作者的地域集中性较强，地域分布受政治的影响比较明显，而民间科技文献作者的地域分布集中性不强，与当地经济、文化的发展关系密切，而与当地政治几乎没有关系。宗教科技文献作者地域分布较为分散，基本上出自北宋时期宗教文化较发达的省份。

第三，学科分布方面，三大科技文献作者的作品均以单一性学科科技文献为主。官方科技文献作者所涉及的学科内容要比民间和宗教科技文献作者所涉及的学科内容、学科方向要多，三大科技文献作者群体的作品倾向性是比较一致的，这与当时的国家政策有一定联系，北宋时期国家比较重视农业、医学、天文的发展，因此这方面的科技文献也多于其他方面的科技文献。但也要注意到，受社会身份、知识积累、资料来源等方面的影响，官方科技文献作者形成的综合性科技文献要远超于民间和宗教科技文献作者。

（二）北宋三大科技文献作者群体知识积累比较

第一，在家庭背景方面，官方科技文献作者多来自帝王、官宦之家，民间科技文献作者多来自书香、科技家庭，而宗教科技文献作者家庭背景大多无法考证。由此我们可以推出，家庭环境和文化背景对于科技作者的影响比较大，一般来说，出身官宦家庭的人，其追求、价值观比较受家庭影响，一般不会转变为纯粹的民间科技作者。出身于书香世家、科技世家或出身寒门的人，一部分受家庭环境影响，成为了民间科技文献作者。

第二，在教育背景方面，官方科技文献作者大多受其家庭环境的影响，能够进入到正规学校进行学习，同时，在家中也能够受到良好的文化熏陶。民间科技文献作者则以家庭教育、自学成才为主，宗教科技文献作者则主要通过师徒教育的传授。三者的差异性很大，官方科技文献作者所接受的教育整体上来说要高于民间、宗教科技文献作者，这也在一定程度上解释了官方科技文献作者人数多、作品多、种类丰富的原因。

第三，在职业经历方面，官方科技文献作者群体更为丰富，民间、宗教科技文献作者群体则较为单一，但无论是官方、民间或是宗教科技文献作者，其科技文献作品大多是与其职业经历相关的。三大作者群体在知识背景上的诸多差异，也从侧面体现出在北宋科技文化中，官方科技文献作者居于主导地位。

（三）北宋三大科技文献作者群体创作过程和作品流传方式比较

通过对北宋三大作者群体的创作过程和作品流传方式进行比较，可以得出以下结论。

第一，在写作目的方面，因官职需要进行科技文献创作的官员数量要比因兴趣爱好进行科技文献创作的官员数量多。而民间科技文献作者与官方有所不同，其因工作需要进行科技文献创作的民间作者数量要比因兴趣爱好进行科技文献创作的民间作者数量少。宗教科技文献作者的写作目的在本职需要和兴趣爱好这两方面分布得则比较平均。

第二，在资料来源方面，官方科技文献作者的资料来源既有官方资料，又有个人经验与研究，但以官方资料为主。而民间、宗教科技文献作者的资料来源基本上都是来源于个人的亲身经验或者个人研究，鲜有来源于官方资料的情况。这是由于在北宋时期，数量浩繁的官方文献资料只能被皇室、官员接触到，而民间与宗教学者是无法接触到的。这也会在一定程度上限制民间与宗教科技文献作品的发展，使得民间与宗教科技文献作者及作品均少于官方科技文献作者与作品。

第三，在作品形式与内容方面，官方、民间科技文献作者群体的作品形式比较丰富，而宗教科技文献作者的作品形式比较单一。

第四，在作品流传方式方面，官方的科技文献作者的作品要强于民间和宗教的，并且流传方式较为多样，这与官方科技文献作者的文献作品多为官修或经过正式颁布，较易流传下来有关。

三　北宋的历史特点对科技文献作者群体的影响

"宋辽金元时期是中国古代科技发展的高峰。"[①] 在科技方面，北宋的变化则在于它是整个宋辽金元高峰的奠基阶段并且本身也取得了巨大的进步。北宋的科学技术发展在当时已经是世界先进水平，随之产生了大量的科技文献作者，北宋时期独特的历史特点对科技文献作者群体产生了重要的影响。

第一，北宋处于封建王朝的顶峰，上接隋唐、五代十国，政治发展独具特色。在这样独特的历史背景下，北宋时期的科技文献作者涉及面广，包含了官方、民间、宗教三类作者群体，这在一定程度上说明了在北宋时期国家整体都很重视科学技术，才能够使科技得以繁荣发展。

但是，我们也应该注意到，北宋官方、民间、宗教科技文献作者所占比例与隋唐相比稍有转变。官方科技文献作者群体比例有所下降，北宋是个中央集权加强的王朝，因此官方科技文献作者群体仍是其科技文献作者群体的最重要组成部分，但是所占比例稍有下降，这与民间、宗教科技文

[①] 牛汝辰：《中国测绘与人文社会测绘科技对社会文明的驱动》，中国社会出版社2008年版，第45页。

献作者群体发展有一定关系。民间科技文献作者群体比例有所上升,北宋是一个平民化色彩浓重的王朝,为平民百姓进行科技研究提供了良好的政治、经济背景,因此民间科技文献作者人数增多。宗教科技文献作者群体比例有所下降,虽然北宋在宗教政策方面比较开明,佛教、道教都有所发展,但是由于受唐末、五代十国两次灭佛运动的影响,致使宗教科技文献作者群体并无发展。

第二,北宋建国于兵变,所以采取了崇文抑武的这种治国方略,使得北宋时期的文化、科技得到了大力发展。

在文化发展方面。其一,诗词上,北宋达到词的鼎盛时期,大量作品流传后世。其二,书画上,北宋涌现了许多著名书法家和画家,如北宋四大家、宋徽宗的瘦金书等。其三,史学上,出现了《新唐书》《新五代史》《资治通鉴》等一系列史学著作。其四,哲学上,北宋出现了一批著名的理学家,如程颢、程颐等。

同时,北宋的科技发展也取得了骄人的成绩。其一,成绩斐然。例如:中国古代四大发明,火药、指南针和活字印刷术这三个都完成于北宋时期;制作的"水运仪象台"被称为中国机械技术最杰出的作品;建筑学著作《营造法式》在后世为工程建筑提供了重要参考。其二,人才济济。北宋产生了大批著名的科学家,其中最具有代表性的是沈括和苏颂二人,同时也有平民发明家毕昇创造活字印刷术,以及天文科学家卫朴、杨惟德等。科技的发展与人密切相关,正是这些杰出的人才的研究与创新,才使得北宋科技得以迅猛发展。其三,全面发展。北宋的科学技术能够取得如此多成果,与政府重视有着密切联系。"科技是一个系统,科技的发展也是系统的、广义的和多元的发展,它不仅表现在出现了新的科技成果和诞生了伟大的科学家、发明家、工程师,还表现在科技成果的推广应用、传播、承继,以及科技的建制化等等。"[①] 北宋时期科技的发展是系统的、全方面的发展。

第三,北宋时期教育的发展促使北宋科技文献作者的发展壮大。一方面,北宋科举制度的改革,促使科技文献作者不断涌现。北宋时期,科举

---

① 郭红卫:《儒家文化背景下中国古代科学的发展——以北宋为中心的考察》,硕士学位论文,武汉理工大学,2002年,第4页。

制度进行了改革，使得科举考试更加公平、公正、严格，给了更多人以施展才华的机会，使得科技文献作者不断涌现。另一方面，北宋政府十分重视科技教育，设立了一些医学、天文学、算学等专门的科技学校，培养了大批的科技人才，推动了科技的发展。

同时，北宋科技文献作者"学在官府"特点浓重。"科技资源在分配上集中在朝廷和官府，科技活动由政府机构组织进行，造成学在官府的局面，使北宋科技发展的道路不够宽广和开阔。"[①] 北宋较有代表性的科技文献作者当数苏颂和沈括两位，他们都是"学在官府"的典型代表。"苏颂在宋仁宗皇祐五年（1053）从南京留守推官的位置上调任开封，在至嘉祐六年（1061）的一共九年的时间里先后担任馆阁校勘、集贤校理等职务，负责编修集贤院的书籍。"[②] 在这段时间内，苏颂利用职务的优势阅读了大量官方藏书，对自己的知识积累起到巨大作用，为日后的科学技术研究打下了坚实的基础。沈括也是如此，他一生在朝廷任过多职，包括大理寺承馆阁校理、史馆检讨等职，在此期间阅读大量官方资料，丰富自己学识，同时他的一些出使他国的经历也为其科学技术研究提供了资料来源。

第四，政府重视图书的收集、整理以及刊行，形成了大量的科技文献，促进了科技文献作者的发展。北宋的科学技术在当时世界处于领先水平，在这段历史时期内，由于政府的重视以及北宋刻书事业的发展，科技文献作者群体在诸多领域对科学、技术创造成果进行整理，撰写了多部汇编类著作，其中以医学类科技文献为典型代表。如陈师文等人所校正的《太平惠民和剂局方》，是北宋王朝所编的中国第一部制剂规范，同时也是世界上最早的国家药局医方典籍之一。

总体来说，在中国封建社会时期，北宋的科学技术达到了高度发展的阶段。北宋之前，唐朝经济繁荣、文化昌盛，为北宋时期科学技术的高度发展打下了坚实的基础。这使得北宋人才辈出，有博闻强记、兼擅众长的大科学家沈括，有以苏颂为首创造水运仪象台的科研集体，有首创活字印

[①] 郭红卫：《儒家文化背景下中国古代科学的发展——以北宋为中心的考察》，硕士学位论文，武汉理工大学，2002年，第29页。

[②] 金秋鹏：《略论苏颂的政治生涯》，《自然科学史研究》1991年第1期，第2页。

刷术的毕昇，有数学家贾宪，有天文学家卫朴、杨惟德，有农学家陈旉，有医学家钱乙、唐慎微、王惟一、王怀隐，有金石学家欧阳修、赵明诚，有地理学家乐史、王存，有机械制造家燕肃，有建筑学家喻皓等等，他们将北宋的科学技术推进到封建时代的高峰。

北宋是中国科学技术"全面开花"的时期，政府对于各个科学领域发展的控制，比前后朝代都更加宽松，而且在北宋，大量技术被记录、归纳、总结并继续发展起来，很多专著也成为之后朝代实际操作的标准或参照。北宋是古代中国科技发展最黄金的年代，而且很让后人欣慰的是，各领域都有科技著作流传后世，所以当时的科技成就，没有被无声地埋没在时光的尘埃里，让李约瑟等汉学家以及中国的历史学者能够对这个朝代有很透彻的了解。

第七章 南宋时期

南宋（1127—1279年）是宋朝在北宋政权被灭亡之后将首都迁到江南持续了一百五十二年的国家政权，包括九位皇帝，这一时期的科技文化发展与繁荣达到了空前规模。正如著名史学家陈寅恪言："华夏民族之文化，历数千载之演进，造极于赵宋之世。"① 南宋官方科技文献作者群体成员数量较多，广泛分布于东南和西南地区，明显多于西部和北部地区，这主要与南宋社会经济重心南移和东移有关，学科分布主要集中在数学、天文、历法、地理、医药、农学等实用科技领域，对基础科学、学术性研究内容偏少，官方群体以中央和地方官员数量较多，中央官员由于其身居高位，可以接触到更多的科技活动和科技文献，出版作品内容更为综合、规模更为宏大；地方官员多为分管一方的官员，在日常工作中形成了科技文献，知识积累更为贴近百姓生活，科技文献更加实用，借助官方身份的优势，官方科技文献作品多为官刻，被收录于官修的类书之中，流传较远较广。南宋民间科技文献作者群体在南宋科技文献作者群体中所占比例较低，在地域分布上与官方科技文献作者一样多分布在江浙沿海地区，民间科技文献作者涉猎的学科种类较少，一般综合类文献出现较少，作品主要集中在农学、医学和天文地理学方面，接受的教育多靠自学或者是私学，受师从关系和家庭影响比较大，作品佚失较为严重。南宋宗教科技文献作者群体人数非常少，主要为道教学者，约为总人数的十分之一，集中在宗教较为发达的东部沿海地区，宗教科技文献作者学科种类少，主要集中在农学、化学和物理学方面，南宋时期道教盛行，道教内丹学空前兴旺，在修炼丹药等科技活动过程中形成了宗教科技文

---

① 陈寅恪：《金明馆丛稿》，上海古籍出版社1982年版，第245页。

献，内容既有理论又有实际操作，有一些科技文献成为了宗教内部的重要典籍，历代相传而得以保存。

第一节 南宋科技文献作者群体存在的社会背景

南宋由赵构在临安（今杭州）重建，南宋虽偏安于南方地区，但政治环境较为安定，兵变、内乱相对较少，是中国历史上经济发达、科技发展、对外开放等各方面都十分突出的一个王朝。南宋是中国古代社会发展的重要时期，政治上重文轻武，经济上繁荣发展，为科技发展和科技文献大量产生创造了良好的政治经济环境。

一 南宋的政治背景

在政治制度方面，南宋政权一方面采取中央集权，形成了"干强枝弱"的权力结构，创造了内部统一、社会稳定和经济发展的良好局面；另一方面，南宋先后与金朝、蒙元对立斗争，直到1279年被元军所灭，在朝廷内部一直存在着主战派与主和派两派之间的斗争。

在军事斗争方面，南宋的疆域与北宋相比面积减少了许多，在其统治时期先后与金朝、西辽、大理、西夏、吐蕃及蒙古帝国为并存政权。南宋王朝长期与金朝、蒙元等进行对立斗争，出现了宗泽、韩世忠、岳飞等优秀将领。

在用人制度方面，南宋是所谓"皇帝与士大夫共治天下"的时代，南宋取士更是不受出身门第的限制，南宋的科举登第者多数为平民，只要不是重刑罪犯都可以应试授官，"如工商杂类人内有奇才异行卓然不群者，亦许解送"。[1]

二 南宋的经济背景

南宋时期统治者出台的一些积极的经济政策和措施，加上北方人口的大量南迁带来了充足的劳动力和丰富的生产经验，促使南宋经济得到了长足发展。

---

[1] 徐松主编：《宋会要辑稿》，中华书局1957年版，第4490页。

在农业生产方面，南宋时期农业发展水平迅速提高，"农作物单位面积产量比唐代提高了两三倍"，[1] 有学者将宋代农作物单位面积产量的大幅提高称为"农业革命"。[2]

在手工业生产方面，南宋时期随着先进生产技术的传入和北方手工业者的大量南迁，使得南方成为中国丝织业最发达的地区，瓷器制造业中心也从北方移至江南地区，达到古代手工业发展的新高峰。

在商业发展方面，"南宋的商税收入在淳熙年末全国正赋收入6350万缗，占全国总收入30%以上，商品交易额在20000万缗以上"，[3] 巨大的商品交易量标志着南宋时期是中国古代商品经济发展的新时代。

三　南宋的文化背景

宋学是中国古代学术思想的新巅峰，南宋前期思想文化学派林立、欣欣向荣，形成了第二次"百家争鸣"的盛况，积极推动南宋文化的发展。著名史学家邓广铭认为，"宋代的文化，在中国封建社会历史时期之内，截至明清之际西学东渐的时期为止，已经达到了登峰造极的高度"[4]。

南宋时期的教育发展迅速，南宋官学、私学十分发达，打破了士族地主垄断教育的局面，使文化教育更加大众化，促进了南宋社会文化发展。除了官办大学与民办书院及私塾等各类学校，南宋时期还有科技类的专门学校，成为促进南宋时期科技发展和进步的重要因素。

四　南宋科学技术的总体发展水平

宋代的科学技术水平是中国古代科技历史的高峰，古代重要科技发明中的许多优秀成果都在宋代有所体现，其中以四大发明的进一步应用为代表，许多科技成果无论是在中国古代科技史上还是世界科技史上都

---

[1] 王国平：《以杭州（临安）为例还原一个真实的南宋——从"南海一号"沉船发现引发的思考》，《中共杭州市委党校学报》2008年第5期，第29页。

[2] 张邦炜：《瞻前顾后看宋代》，《河北学刊》2006年第5期，第99页。

[3] 陈杰林：《南宋商业发展：特点与成因》，《安庆师范学院学报》2003年第4期，第52页。

[4] 邓广铭：《宋代文化的高度发展与宋王朝的文化政策》，《历史研究》1990年第1期，第64页。

首屈一指。南宋时期的科学技术水平,在北宋的基础上进一步得到发展,许多方面居世界领先地位。

(一) 科学技术发展状况

英国学者李约瑟说:"每当人们在中国的文献中查找一种具体的科技史料时,往往会发现它的焦点在宋代。"① 南宋的科技成就主要体现在以下方面。

对中国古代"三大发明"的贡献。一是指南针:南宋时期的指南针发展成罗盘针,开始应用于航海;二是火药:南宋时期的火药和火药武器开始在战争中大规模使用和推广;三是印刷术:南宋时期活字印刷术得到推广使用,并出现了目前全世界第一部活字印刷本。

在农业科技方面,南宋时北方人口大量南迁与江南农民交流技术,开垦荒地,提高农产品单位面积的产量。同时,在农业技术理论方面,南宋时期编撰了大批农业和植物谱录类专著,其中许多著作属中国最早甚至在世界都是最早的,如我国现存最早的农学著作《农书》和柑橘专著《橘录》,世界历史上最早的菌类专著《菌谱》、植物学辞典《全芳备祖》和有关梅花的专著《梅谱》等。

在制造技术方面,制瓷、纺织、冶铁等实用制造技术达到了当时世界的先进水平。"'冶银吹灰法'和'铜合金铁'冶炼法的发明和焦煤炼铁(欧洲人在18世纪时才发明)的使用,都是我国冶金史上具有重大意义的里程碑。"②

在手工技术方面,南宋时期的手工业生产技术达到新高峰,蚕桑丝绸生产形成了从栽桑到成衣的完整过程,为明清的丝绸生产技术奠定了基础。

在医学方面,南宋时期的医学十分发达,产生了大量的医学著作:宋慈《洗冤集录》是世界上第一部法医学专著,"它奠定了我国古代法医学的基础,被奉为古代'官司检验'的'金科玉律',对世界法医学产生广泛影响"③;陈自明的妇产科著作《妇人大全良方》直到明清时期仍被奉

---

① 李约瑟:《李约瑟文集》,辽宁科技出版社1986年版,第115页。
② 王国平:《以杭州(临安)为例还原一个真实的南宋——从"南海一号"沉船发现引发的思考》,《中共杭州市委党校学报》2008年第5期,第32页。
③ 管成学:《南宋科技史》,人民出版社2006年版,第56页。

为妇科经典；刘昉的《幼幼新书》是我国较早在儿科方面比较系统全面的医学著作。

在数学方面，南宋杰出的两位数学家秦九韶和杨辉在数学领域的研究上取得了巨大的成就，秦九韶在《数学九章》提出的"正负开方术"比西方早500多年，杨辉编撰的十余部数学著作，收录了许多现已失传的古代数学算题及算法，并为明代珠算的发明起到了奠基作用。

（二）科学技术发展特点

南宋时期的科学技术发展受北宋影响的特点十分明显。北宋时期的科学技术在中国古代和世界科技史上都居于前列，南宋的科技发展并没有因为北宋失去了半壁江山而中断，相反，北宋时期大量知识分子和手工业者都随南宋政权一同南迁，保证和促进了南宋科学技术继续发展。

北宋时期的科技思想和成果对于南宋科技的进一步发展带来了深刻影响，这种影响体现在各个学科当中。

一是在天文学方面的影响，南宋时期朝廷设法找到苏颂的儿子苏携继续其父亲的天文研究，"在廷诸臣罕通其制度者，乃召苏颂子携，取颁遗书，考质旧法，而苏携亦不能通也"[①]；北宋沈括《梦溪笔谈》中关于月相变化和月食的演示实验启发了南宋学者赵友钦，他第一次演示了日食现象并收录于自己的《革象新书》。

二是在医药学方面的影响，苏颂编纂的《本草图经》对南宋的医药著作产生了重大影响，南宋的本草著作如缙云的《纂类本草》，陈日行的《本草经注节文》以及张松的《本草节要》等，或者录入《本草图经》的药物，或者使用《本草图经》的药图，都直接或间接地使用北宋的药物学成果。

三是在园艺方面的影响，南宋的园艺类科技著作也大多是在北宋的园艺科技著作启发下诞生的，南宋陆游的《天彭牡丹谱》效仿欧阳修的《洛阳牡丹记》的体例，记载了他在成都任官时的牡丹。南宋淳熙九年出版的熊蕃的《宣和北苑贡茶录》，继承了北宋三部关于建安茶的著作内容，总结了建安茶的沿革、贡茶的变迁等内容，此后熊蕃的学生赵汝砺所

---

① 脱脱：《宋史·卷四十八·天文表一》，中华书局1985版，第965页。

作《北苑别录》补其缺遗，是南宋茶书最优秀的著作之一。

第二节 南宋科技文献作者群体的组成

南宋时期的社会结构对科技文献作者群体的构成产生了非常重要的影响，根据其社会身份的不同，可从数量、地域、学科特点对南宋科技文献作者群体的组成进行分析。

一 南宋官方科技文献作者群体的组成

（一）南宋官方科技文献作者群体的数量分析

通过对目前可考的南宋科技文献作者群体的统计，南宋科技文献作者自然情况可查的为51人，其中官方科技文献作者人数为39人，占总人数的76%，由此可见官方科技文献作者占据明显的比例优势，是南宋科技文献作者群体的主体组成部分，其中有代表性的官方科技文献作者有楼璹、杨辉、王致远、王象之、周去非、赵汝适等。见图7—1。

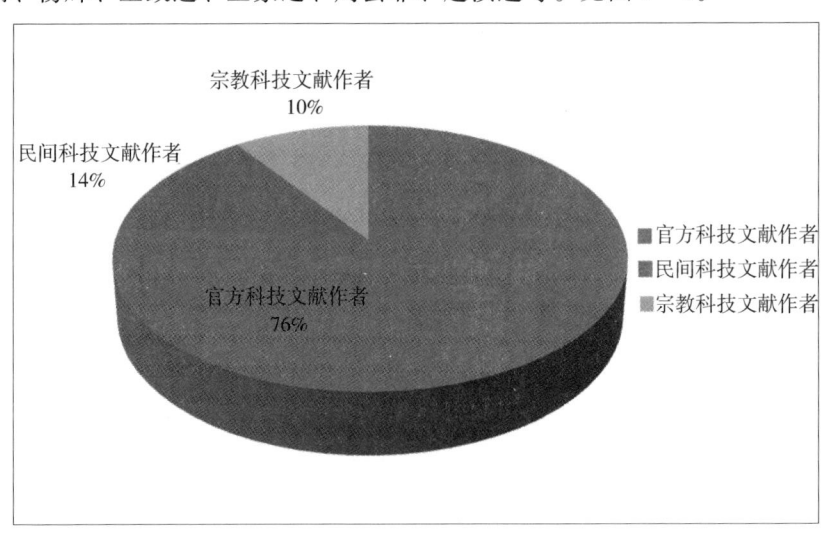

图7—1 南宋科技文献可考作者分布图

南宋官方科技文献作者占据主体地位有一定的历史延续性，据统计，"隋唐时期官方科技文献作者占科技文献作者人数的比例为80%，北宋时期官方科技文献人数占北宋科技文献作者人数72.4%"[1]。南宋的官方科技文献作者人数比例从隋唐到北宋时期相对降低的基础上有所提升，但总体比例较为稳定。官方人数占据主体地位的原因可以从历史原因和自身原因两方面进行理解。

从历史原因来看，南宋时期继承了隋唐以来的科技文化繁荣发展的基础，并进一步取得了傲人成绩。隋文帝的"开皇之治"、唐太宗的"贞观之治"和唐玄宗的"开元盛世"被认为是中国封建社会中期的兴盛时期，北宋延续了中期盛世的文化繁荣，南宋进一步在经济、科技思想以及文化方面继承了北宋的优点，并发展得更加多元。

从自身原因来看，南宋的政治经济环境有利于科技文化发展。南宋时期政权稳定，没有发生大规模的饥荒和内乱，经济繁荣，加上南宋统治者实行开明的文化政策促使了南宋时期科技文化的繁荣。

（二）南宋官方科技文献作者群体的地域分布

通过对南宋官方科技文献作者的长居地进行统计，按照其属地现在所属的省份进行划分和统计，得出下图：

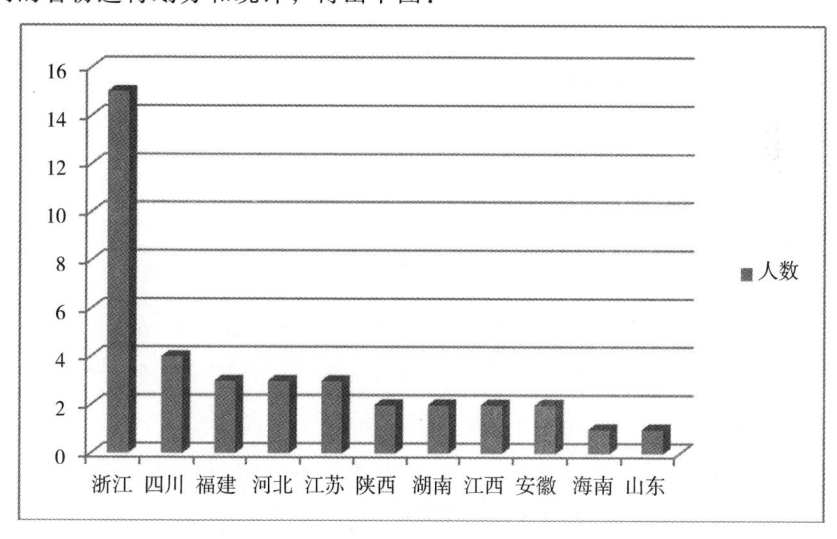

图7—2 官方科技文献可考作者地域分布统计图

---

[1] 参见李超《隋唐科技文献官方、民间、宗教三大作者群体研究》；李婷婷：《北宋科技文献官方、民间、宗教三大作者群体研究》，硕士学位论文，辽宁大学，2015年，第11页。

由此可见，南宋官方科技文献作者广泛分布于浙江、四川、福建、河北等地区，这与南宋时期的政治、经济以及文化发展都有直接关系。

1. 以浙江为代表的东部沿海地区分布较为密集

通过统计可以看出，浙江官方科技作者人数最多且比例也较大，迅速增加并在本朝占据绝对地位，这些官方科技文献作者广泛分布在东南沿海地区。

从历史发展上看，魏晋南北朝以后南方的文化开始兴起，东南地区逐渐成为文化优势地区。唐宋文化由西向东发展，文化发展随经济重心变化而变化，政治中心变化带动文化中心变化。因此南宋时期的官方科技文献作者东部地区明显多于西部地区。

从政治政策上看，这与南宋时期都城南迁，定都临安（今浙江杭州）有直接关系，浙江地区成为南宋时期的政治经济文化中心。同时，南宋时期的科举制度进一步完善，使得大量文人愿意入仕，全国各地的文化学者都汇聚于都城，陈傅良曾说："自国初以行科举诱致偏方之士，而聚之中都，向之为闽、蜀、唐、汉伪官者，往往慕化从顺，愿仕于本朝。"[①] 极大地促进了以浙江为中心的东南沿海地区的文化繁荣。

2. 以山东、河南为代表的北方黄河流域地区分布较少甚至没有

官方科技文献作者的分布在以陕西、山东、河南和河北为代表的黄河地区的数量很少，有些地区甚至基本断绝，仅有的一些分布在河北和陕西地区的官方科技作者也是原籍在这些地方，在河南河北沦陷以后，一起随南宋南移到南方地区。

南宋时期，"全国经济重心完成由黄河流域向长江流域的历史性转移，经济形态从自然经济转向商品经济，从封闭经济走向开放经济，从内陆型经济转向海陆型经济"，[②] 是古代经济具有重大意义的转折点。随着经济重心逐步偏向东南，两宋时期以长江流域、大运河流域为经济发达地区，这些地区的科技活动也相对频繁。

此外，南宋时期北方地区连年战乱，南方地区相对太平，因此士家大族开始大范围南迁，这也是南方地区科技文化活动较为发达的原因。此

---

① 陈傅良：《陈傅良先生文集》卷35，浙江大学出版社1999年版，第453页。
② 葛金芳：《南宋：走向开放型市场的重大转折》，《杭州研究》2007年第2期，第81页。

外，例如四川曾经唐朝的南都所在地，经济文化也较为发达。

3. 南宋官方科技文献作者群体的学科分布

两宋时期是我国古代科学技术发展的全盛时期，当时的宋朝在全世界处于领先地位，其数学、地理学、医学、农学等方面的发展都达到很高水平，学科众多且体系完整。南宋时期科技文献作者学科分布情况见图7—3。

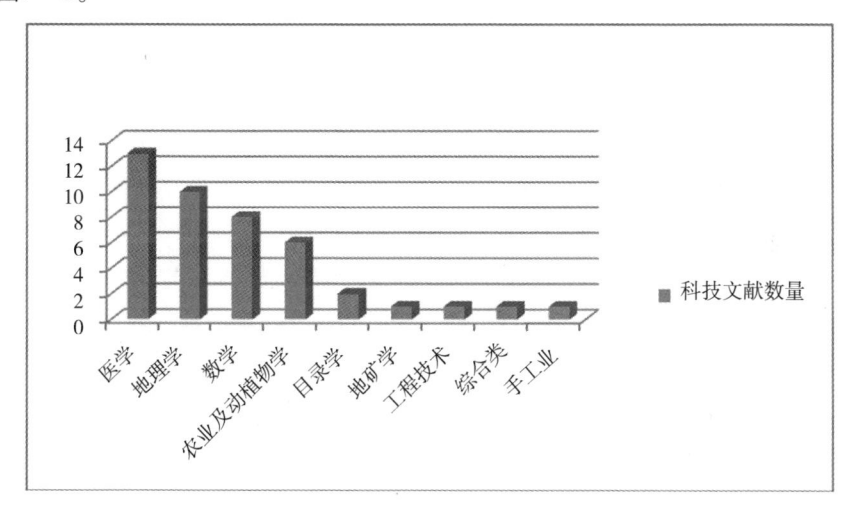

图7—3 官方科技文献可考作者学科分布图

从南宋官方科技文献作者的学科详细分布情况可以看出，其不同学科的特点十分明显。

一是南宋的医学在南宋政府的重视和推动下得到进一步发展，进入了一个全面发展的新阶段。南宋政府从中央到地方设专门机构推动医学科技发展：掌管医药卫生政令的翰林医官局；内置教授和各科医生达百名左右的太医局，负责全国的医疗事业；设置培养医学人才的"医学"；还有推广成药，救济百姓的药局。南宋时期的医药学著作在理论、临床病症各科的诊断治疗、药方等方面都有突出贡献，比较有代表性的包括：宋慈的《洗冤集录》、陈自明的《妇人大全良方》、李迅的《集验背疽方》、刘昉的《幼幼新书》以及许叔微的《伤寒百证歌》。

二是南宋的数学在中国甚至世界数学史上取得了堪称辉煌的成就，

李约瑟认为"中国的代数学在宋代达到最高峰"。① 例如杨辉署名的数学书共五种二十一卷都是中国数学史上的经典之作,他的主要贡献在于改进筹算乘除计算技术,总结各种乘除捷算法,这与南宋时期的经济发展有直接原因,"唐代中期以后,社会经济发展促进商业交易的发展,人们在生产生活中需要数学计算的机会增加,中晚唐时期出现了一些实用的算术书籍。杨辉生活在南宋商业发达的苏杭一带,进一步发展了乘除捷算法"②。

三是地理类,宋朝是中国历史上地图较为发达的朝代,宋朝十分注意收集和保管地图档案,这一时期遗留下来的地图是除秦木版图等极少的几幅古地图外,时代最早、数量较多的古代地图实物,如保存在西安碑林的《华夷图》和《禹迹图》,黄裳绘成的《苏州石刻天文图》和《苏州石刻地理图》两幅图、陈公亮的《严州图经》。此外,还有一些游记类地理科技文献为代表的地理科技文献科技含量十分突出,如范成大的《揽辔录》《骖鸾录》《吴船录》和陆游《入蜀记》。

其他学科,例如地矿学方面杜绾所著《去林石谱》;在农业及动植物学方面楼璹所著《耕织图诗》和韩彦直的《橘录》;目录学方面尤袤所编《遂初堂书目》和王应麟《玉海》等都是南宋官方科技文献的重要组成部分。

4. 南宋官方科技文献作者群体的官职结构

通过对南宋官方科技作者群体的官职变迁过程进行统计,根据其官职等级将其划分为中央官员和地方官员两个等级,③ 其中中央机构又分为皇家成员、一般性机构和专门性机构,地方机构分为一般性机构和专门性机构,整体来说分布较为广泛,具体见表7—1、图7—4。

通过对其官职分布进行统计,我们可以看出南宋官方科技文献群体官职分布广泛,突出表现了南宋时期自上而下对科技文献的重视程度。

在官员等级方面。中央官员和地方官员的分布较为平均,中央官员略

---

① 李约瑟:《中国科学技术史》第1卷第1册,科学出版社1975年版,第292页。
② 金开诚:《中国古代科技史话·古代数学与算学》,吉林文史出版社2011年版,第35页。
③ 关于中央和地方的职位划分,有一些官员既担任中央又担任地方官员,根据其文献形成和主要职务划分。

表 7—1　　　　　南宋官方科技文献可考作者群体官职分布表

中央机构			地方机构	
55%			45%	
皇家成员	一般性机构	专门性机构	一般性机构	专门性机构
5%	23%	27%	36%	9%
赵昚	黄裳、韩彦直、尤袤、范成大、朱熹	李迅、刘昉、洪咨夔、贾似道、许叔微、杨甲	秦九韶、王致远、杨辉、王象之、祝穆、马端临、董煟、罗愿	宋慈、陈自明

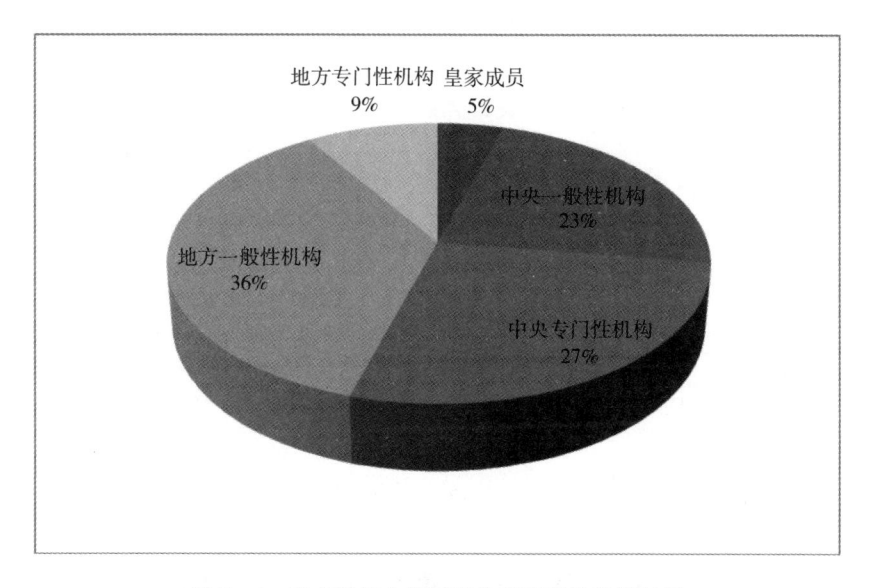

图 7—4　官方科技文献可考作者官职结构统计图

多于地方官员，从侧面反映出南宋官方科技文献的发展和繁荣。在机构设置方面，中央机构中，任职于专门性机构的科技文献作者比例较高，这与中央机构职能划分较为细化有关；而在地方机构中，任职于一般性机构的科技文献作者比例较高，一方面与地方专门机构数量较少有关，一方面也与地方官员相对贴近百姓生产生活，有助于其进行科技研究有关。

在机构设置方面，从以上图、表我们可以得出南宋官方科技文献作者群体的官职平均分布于中央机构和地方机构，在中央机构内部的分布上，赵昚是宋太祖的七世孙，任职于专门性机构的人数要多于一般性机构，中央专门性机构职务包括大理评事、龙图阁学士，一般性机构职务礼部尚书、参知政事。在地方机构的内部分布上，大多任职于一般性机构，专门性机构官员较少，除了宋慈曾四次担任省一级的司法官和陈自明曾任建康府明道书院医学教授以外，大多数在地方机构任职的官方科技文献作者都担任知县等地方行政官员。究其原因，一方面中央因为机构设置种类完善，设置了许多大型的专门性机构，方便接触到专门的科技文献资料和实践经验，有利于进行科技研究；另外一方面地方机构设置专门机构种类较少，地方行政官员直接面对百姓民生，有利于开展一些与百姓生产生活的实用性科技研究。总之，南宋从皇孙到地方知县群体均有创作，从侧面反映出南宋官方科技文献的发展和繁荣。

二　南宋民间科技文献作者群体的组成

（一）南宋民间科技文献作者群体的数量与地域分布

1. 民间科技文献作者群体数量

初步统计，南宋科技文献作者自然情况可查的为51人，其中民间科技文献作者人数为7人，占总人数的14%，虽然明显少于官方科技文献作者的比例，但仍然是重要的组成部分。据统计"北宋时期民间科技文献人数占科技文献作者人数的13.8%"，[①] 整个宋朝时期的民间科技文献作者人数比例相对稳定。民间科技文献作者的数量主要存在以下特点。

一方面，宋朝时期的国家政策为文化发展提供了雄厚的政治基础。南宋继承了北宋"兴文教、抑武事"、尊孔重儒和重视教育的基本国策，重视文化发展和重用人才的政策营造了浓厚的社会学风，促使了民间社会文化异彩纷呈。

另一方面，其形成原因多为作者自身原因：一是由于科场不得志或本身不愿意做官，如陈景沂在宋理宗时上书阐述政见没有得到回应，因此转而专心进行科技研究；傅寅一生不仕，又不屑于治生，晚年越发贫困但仍坚持科技研究；二是归隐后为进行研究而出仕，如郑樵一生不愿下山应试，是中国古代历史上第一个依靠自己的学术成就，以山林穷儒的身份成

---

① 李婷婷：《北宋科技文献官方、民间、宗教三大作者群体研究》，硕士学位论文，辽宁大学，2015年，第18页。

为名垂千古的学者，后宋高宗让其担任枢密院编修官，郑樵因见这个官职可以方便接触很多未曾接触的文献资料，而在晚年接受官职继续进行学术研究。

2. 民间科技文献作者群体地域分布

可考的南宋民间科技文献作者的长居地按照其属地现在所属的省份划分，分布于浙江、福建、安徽、江苏和江西5个省份（见表7—2），人数较少，分布也较为平均。而北宋时期的科技文献作者地域分布则更为广泛：北京、江西、江苏、四川、山西、安徽、湖北、浙江、福建等地区。其突出特点主要原因是：一方面，东南沿海地区经济兴盛为民间科技发展提供了基础。南宋时期都城南移加上对外贸易文化的便利，为南宋时期东南沿海地区民间科技创作提供了物质基础和文化氛围。南宋民间科技文献作者大多出自该地区，如浙江地区的陈言、傅寅和陈景沂，福建地区的郑樵等。

另一方面，地域分布受国土面积缩小影响严重。与北宋时期民间科技作者相比，南宋时期的民间科技作者无论在数量上，还是地域分布的广泛性上，都有所不及，这与南宋时期的国土面积严重缩小，只及北宋的3/5有直接关系，此外也与南宋时期的都城南迁导致经济文化中心南迁，北方战乱以及南方安定的社会环境有关。

表7—2　　　　　　　民间科技文献可考作者地域分布统计表

籍贯省份	作者	数量
浙江	陈言、傅寅、陈景沂	3
福建	郑樵	1
安徽	张杲	1
江苏	陈得一	1
江西	严用和	1

（二）南宋民间科技文献作者群体的学科分布

民间科技文献作者群体的学科分布和他们本身的职业关系密切，很多民间科技文献都是职业技能的体现和总结。南宋时期的民间科技文献作者群体的学科分布比较平均，分布于医学、农学和天文地理学。

与官方科技文献作者群体的学科有9大类相比，南宋时期的民间科技文献作者群体学科种类较少，主要集中于传统科学技术文献的创作上，对数学、物理、军事等基本上没有涉猎。这是由于民间科技作者与官方科技作者相比，受身份限制所见所闻十分有限，很难出现一般性综合类科技文献。而农学、医学等学科不受民间身份限制，且是与日常生活息息相关的学科，陈言的《三因极一病症方论》、张杲的《医说》、陈景沂的《全芳备祖》和郑樵的《通志》等都不是严格专业的科技著作，更倾向于是日常生活和生产经验的积累形成的科技文献。

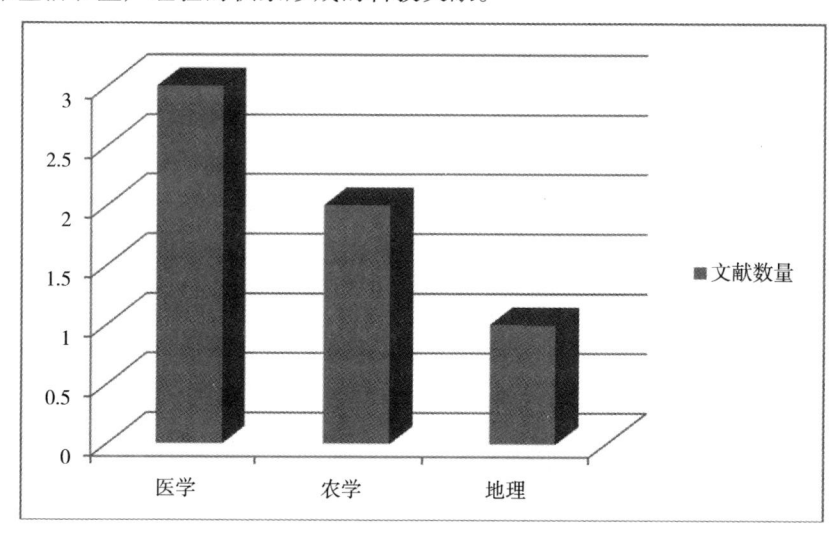

图7—5　民间科技文献可考作者群体学科分布

三　南宋宗教科技文献作者群体的组成

（一）南宋宗教科技文献作者群体的数量分析、所属宗教及形成原因

初步统计，南宋科技文献作者自然情况可查的为51人，其中宗教科技文献作者人数为5人，约占总人数的10%。其特点有二：

1. 南宋宗教科技文献作者群体数量相对稳定性。与南宋宗教科技文献作者群体的数量相比，"北宋时期宗教科技文献人数占科技文献作者人数的6.5%"[①]，整个宋朝时期的宗教科技文献作者人数比例相对稳定。究其原因，这与整个宋代都奉行尊佛崇道的宗教政策有直接

---

① 李婷婷：《北宋科技文献官方、民间、宗教三大作者群体研究》，硕士学位论文，辽宁大学，第22页。

关系，"宋代道教以龙虎山的'正一宗坛'、合皂山的'元始宗坛'、茅山的'上清宗坛'为核心"①，正一派、灵宝派、上清派都得到继续发展，三坛"符箓遍天下，受之者亦各著称谓"②。两宋金元时，道教内丹学空前兴旺，南宋的金丹派南宗就是以炼内丹为宗旨的道派代表之一。

2. 南宋宗教科技文献作者群体所属宗教以道教为主。南宋时期的宗教科技文献作者群体几乎都是道教学者（见表7—3），而北宋时期的道教科技文献作者群体比例仅为50%。其历史原因在于：一是佛教寺庙等受战争影响严重。北宋被覆灭时，许多佛教寺观和祠庙都遭到战火的严重摧残，毁坏数量惊人。据庄绰《鸡肋篇》描述，"建炎元年秋，余自攘下由许昌以趋宋城。佛寺俱空，塑像尽破胸背以取心腹中物"③，使得佛教科技文献作者大幅减少。二是南宋道教发展兴盛，以炼内丹为宗旨的道派的兴起。在修炼内丹过程中形成了大量的科技文献，客观上也是宗教科技文献作者多为道教的原因。两宋金元时，道教内丹学空前兴旺，南宋时，南宗一派经历四次传承，其中南宋宗教科技文献作者的突出代表白玉蟾为金丹派南宗的创建者。

表7—3　　　　宗教科技文献可考代表作者宗教类别统计表

作者	宗教类别
陈勇	自号"西山隐居全真子"，又称"如是庵全真子"，道教信徒。
白玉蟾	琼绾紫清真人，创建了内丹派南宗道教社团，致力于传播丹道。

（二）南宋宗教科技文献作者群体的地域分布与学科分布

1. 在南宋宗教科技文献作者群体的地域分布方面，通过对南宋宗教科技文献作者的籍贯及其主要活动地进行统计，按照其属地现在所属的省份进行划分和统计得出下表7—4：

---

① 何艳红：《南宋文化政策研究》，硕士学位论文，青岛大学，2001年，第35页。
② 岳珂：《桯史》卷8，中华书局1951年版，第94页。
③ 庄绰：《鸡肋篇》卷上，中华书局1983年版，第21页。

表 7—4　　　　宗教科技文献可考代表作者地域分布表

籍贯及主要活动地	姓名	数量
江苏	陈旉、俞琰	2
福建	白玉蟾	1
江西	赵友钦	1
不详	吴悮	1

南宋时期的宗教科技文献作者群体在地域上分布得较为分散，主要集中在东部沿海地区这些宗教较为发达的地区。这主要是因为在南宋统治者奉行尊佛崇道的宗教政策下，南宋的佛教和道教快速发展，尤其以东部沿海地区由于其经济文化繁荣、人口密集而较为发达。

2. 南宋时期的宗教科技文献学科分布方面，通过对其学科种类和文献数量进行统计（见图 7—6），科技文献的学科种类较为单一，学科数量也较少。

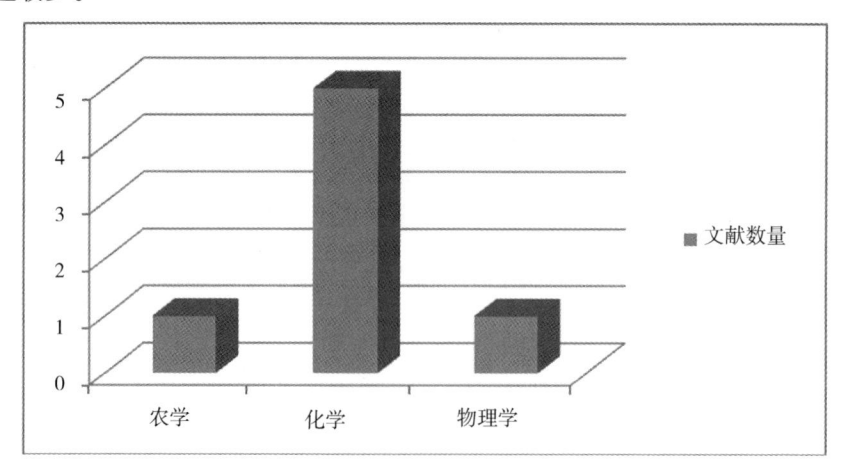

图 7—6　宗教科技文献可考作者学科分布图

从表中我们可以看到南宋时期宗教科技文献作者研究领域较窄，主要集中在农学、化学和物理学等技术类学科，与人民生产生活和宗教的方士之人进行宗教传播活动直接相关，其产生的原因在于：一是与生产生活息息相关。陈旉在真州（今江苏仪征县）西山隐居务农，总结隋、唐以来长江下游地区劳动人民实践中积累的农业生产技术经验完成《陈旉农书》，充分体现了我国古代农业生产过程中精耕细作的传统思想。二是与宗教传播活动有关。炼丹作为道教主要道术之一，炼丹技术是近代化学和物理学前驱，吴悞的《丹房须知》和白玉蟾的《金华冲碧丹经秘旨》都是以炼丹技术和设备为主要研究对象的科技文献。

第三节 南宋科技文献作者群体的知识积累

对南宋文献作者的知识积累进行系统分析有助于对作者群体的创作过程深入研究，在这一部分中，将分别对三大作者群体的家庭背景、教育背景以及职业经历进行总结与分析，从而反映各作者群体在知识积累方面的特点。

一 南宋官方科技文献作者群体的知识积累

（一）南宋官方科技文献作者的家庭背景

南宋时期的官方科技文献作者主要出身于官宦家庭和普通平民，此外还有一些作者无法考证，这些人出身寒门的可能性较大，仅供读者参考（具体分布见表7—5）。

表7—5 南宋官方科技文献可考作者群体家庭背景统计表

家庭背景	代表作者		所占比例
官宦家庭	宋慈、楼璹、韩彦直、王致远、祝穆、马端临、秦九韶、王应麟、陆游、周去非、赵汝适、刘昉、贾似道、杜绾、朱熹		38%
普通平民	书香世家	李迅、陆游	62%
	科技世家	陈自明、尤袤	
	寒门	许叔微、范成大等	

1. 家庭背景种类

一是官宦家庭背景。对于官方科技文献作者知识积累具有重要作用，其父亲等祖上任官为作者在之后的科技研究产生了相当积极的作用，例如杜绾父亲是京城官员，使他能够接触全国各地的奇珍异宝和怪石；马端临的父亲马延鸾曾任南宋国史院编修官，受父亲影响接触到很多的资料。

二是普通平民背景。普通平民背景可分为科技世家、书香门第和寒门三类。有些南宋官方科技文献作者出身于科技世家,例如陈自明出身于中医世家,从小随父学医;李迅的家族祖上一直有积方济人之风。

还有一些科技文献作者,如尤袤生于无锡一个书香门第;陆游生当北宋灭亡,受书香门第家庭中爱国思想影响,投身军旅,沿途进行科技研究等,这些都为他们以后的科技文化活动打下了良好的基础。

除了出身较好以外,也有一些官方科技文献作者虽然出身于寒门,但是通过自己的艰苦奋斗取得了科技研究成就,如许叔微自幼失怙,家庭贫困,再加多次科举不中,转而学医。

2. 平民家庭背景官方作者的特点

值得注意的是,来自于平民家庭的官方科技作者大约有 62%,其社会身份的转变与南宋时期的科举制度的发展有极大的关系。晚唐以来,由于科举制的推行,士族地主阶级把持政治的传统逐渐被打破,庶族的地主实力逐渐扩大。南宋在北宋的基础上对科举制度进行了改革,取消门第和身份的限制,除犯人、奴仆等阶层以外,社会其他各阶层都可以参加科举入仕,正如南宋学者陈傅良所说:"由是家不尚谱牒,身不重乡贯,以此得人。"[①] 为平民家庭出身的学者提供了改变社会属性的身份的机会。科举制度在南宋进一步完善和成熟,为南宋时期平民家庭出身的学者提供了进身仕途的机会。

(二) 南宋官方科技文献作者的教育背景

南宋是中国古代社会教育发生重要变革的时期。南宋的教育可以分为官学、私学和书院教育三大类,共同构成了南宋的教育体系。南宋官方科技文献作者多以官学背景为主,兼以私学和书院教育。

1. 官学教育

南宋时期的官学制度较前朝逐渐完善,"在前朝已有中央教育行政机构国子监的基础上,创置了地方教育行政机构提举学事司",[②] 南宋时期官学发展也非常完善,大多数朝廷官员都曾经进入官学学习,例如南宋时

---

① 陈傅良:《陈傅良先生文集》卷 35,浙江大学出版社 1999 年版,第 453 页。
② 何艳红:《南宋文化政策研究》,硕士学位论文,青岛大学,2001 年,第 27 页。

期著名的刑官宋慈，他在进京入太学学习期间，受到了太学博士真德秀的赏识，被其收为弟子。

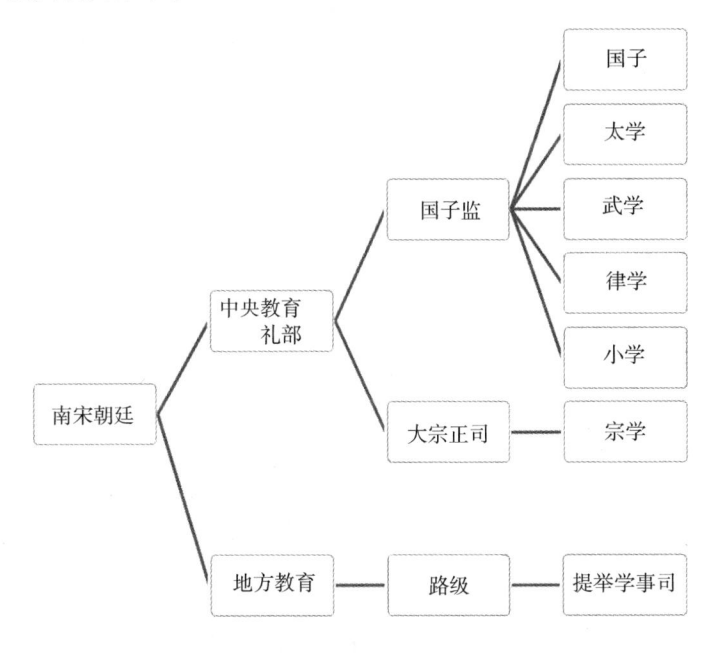

图7—7 南宋官学学制系统图

2. 私学教育

宋代私学的种类和数量得到了空前的发展，南宋时期对童蒙进行教育为主的私学得到了迅速的发展，如耐德翁《都城纪胜》中对当时私学繁荣的描述，称当时的首都临安城内外，"自有文武两学，宗学、京学、县学之外，其余乡校、家塾、舍馆、书会，每一里巷，须一二所"[1]。如朱熹10岁前所受的是启蒙教育，后来成为了李侗的学生，随后专心儒学，成为南宋时期儒学的重要人物。

3. 书 院

著名教育史专家毛礼锐认为："南宋是书院发展的极盛时期，书院数量之多、规模之大、组织之严密和制度之完善，都是空前的。"[2] 南宋时期的书院教育逐渐成为当时的主要教育机关之一，宋高宗赵构为获得士人

---

[1] 孟宪承等：《中国古代教育史资料》，人民教育出版社1961年版，第203页。
[2] 毛礼锐：《中国教育史简编》，教育科学出版社1991年版，第73页。

阶层的支持而支持书院教育，促进了民间书院的发展，为政治、文化和科技领域培养了相当多的人才。

南宋很多的科技文献作者都有书院的教育背景。例如乾道初年，祝穆与其弟一起随朱熹到建阳云谷晦庵就读。

（三）南宋官方科技文献作者的职业经历

作者职业的经历对其思想的形成、作品的内容有着很大程度的影响。根据职业经历对科技文献作者科技研究活动的知识积累的密切程度，南宋时期的官方科技文献作者的职业经历与科技文献的知识关系可以分为密切相关、一般相关两类（见图7—8）。

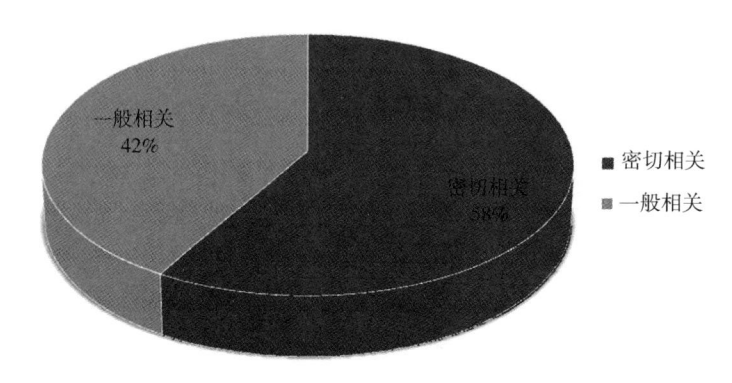

图7—8 官方科技文献作者职业经历与知识积累密切程度统计图

一是与职业经历密切相关，指在职业经历中通过职务方便接触到科技资料和科技经验，而对本人的科技文献研究工作发挥重要作用。例如尤袤在任国史馆编修、侍读时，利用职务的便利借阅朝廷三馆秘阁所藏的书籍作为其《遂初堂书目》的研究基础；王应麟任秘书郎时接触了大量的国家秘籍和地方图籍档案，积累了丰富的史地资料和经验以作《通鉴地理通》；赵汝任路市舶司期间，将任内采访所得编纂成为《诸蕃志》。刘昉在谭州任知州时，命下属王历及当地的乡贡进士王湜共同编集汇成医书《幼幼新书》。

二是与职业经历关系一般相关，指在职业经历中通过职务方便接触到科技资料和科技经验，而对本人的科技文献研究工作发挥一般作用。秦九韶历任通判、参议官、寺丞等职位，将研究成果汇成《数术大略》；楼璹主管台州崇道观，作《耕织图》。

二 南宋民间科技文献作者群体的知识积累

对于南宋民间文献作者的知识积累，同样也从家庭背景、教育背景与职业经历三方面进行分析与总结。但是民间作者在这三方面的相关记载远不如官方作者详细。

（一）南宋民间科技文献作者的家庭背景与教育背景

1. 南宋民间科技文献作者的家庭背景

南宋时期的民间南宋科技文献作者主要出身于科技世家、书香门第、普通百姓，此外在民间作者群体中，多数作者的家庭背景缺少详细的记载，我们很难去考证其家庭情况，这些人出身普通平民的可能性较大，相关推论仅供参考。

表 7—6　　代表民间科技文献作者群体家庭背景分布表

家庭背景	代表作者
书香世家	郑樵、傅寅
科技世家	张杲、陈得一
普通平民	陈景沂

首先，数量最多的应该是出身于普通平民。如陈景沂家境清贫，应是出身于寒门，还有很多流传下来无从考证作者的南宋科技文献，甚至是在历史的过程中没能流传下来的科技文献的作者应大多为寒门出身，没能在历史中留下足够多的记载。

其次，很多民间科技文献作者出身于科技世家，其知识积累和学术选择受家庭的影响很大。例如，南宋名医张杲家中三代都是医生，父亲和祖父都是医生，他的叔祖父张扩是宋朝名医庞安时的学生；陈得一的家里有许多天文、历法书籍，可补太史局藏书之缺。

此外，还有一些科技文献作者出身于书香门第，如郑樵，他的先世原是晋代中原南迁的望族，从高祖郑冲到其父亲都是读书和做过小官的，从小就受到家庭较好的影响和教育。

2. 南宋民间科技文献作者的教育背景

在民间作者群体中，他们的教育背景与其家庭背景有十分大的关系，有的民间作者通过家传自学的形式学习。许多民间作者虽然家里条件不好，但是仍然刻苦学习，如陈景沂家境虽然清贫但是仍然坚持学习，在临安、苏州、金陵等地进行游学，积累了大量的学术知识和实践经验。

也有一些家道中落的，比较突出的例子是郑樵，他出身于书香门第世家，幼时受到较好的家庭教育，其父在他 16 岁去世后，生活清贫的他通过向四方藏书人家求借书读进行学习。

还有的作者通过私学等教学形式学习。很多民间科技文献作者没有能力就读于官学，因此都在私学中学习，主要是通过拜师的方式进行学习，如严用和 12 岁拜师于名医刘开；傅寅跟从唐仲友学习，对天文、地理等类研究精深，所著《禹贡说断》在科学研究方面有独到见解，其对待学问认真严谨和善于发现问题的特质，得到唐仲友的赏识和喜爱。

（二）南宋民间科技文献作者的职业经历

民间科技文献作者多为终身从事某一职业，终身不仕，或只有短暂的为官经历，主要经历是聚徒讲学、进行著述，因此学科也相对单一，而官方作者则大多跨学科，这与其职业经历较为丰富有关。

1. 家庭世袭职业

民间科技文献作者中，其自身的职业方向与其出身环境有关，尤其以医学类的科技文献作者居多，如南宋名医张杲家中三代都是医生，因此他也走上了行医问诊和医学研究的道路。

2. 参与官方项目

南宋时期，对于民间人才的科技研究是十分重视的，如陈得一对于日食测算得到朝廷的高度重视，令其编制新历，后赐名并颁行于南宋，这是南宋第一次大胆选拔民间人才主持制历，奖励民间天文人才，并将其历法颁行实施。

三 南宋宗教科技文献作者的知识积累

（一）南宋宗教科技文献作者的家庭背景与教育背景

在宗教作者群体中，他们接受的教育是和其家庭以及宗教影响息息相关的，其教育背景除了官方和民间科技作者常见种类以外还出现了在宗教研习和传播过程中的知识积累，是宗教作者群体的重大特色。主要特点体现在：

1. 受出身和家庭影响。有的人出身贵族，受到良好的官学教育，如赵友钦出身显贵，是宋室汉王十二世孙。有的人受家庭教育环境影响，如俞琰得其家传专心研究丹道三十余年作《炉火监戒录》《席上腐谈》。

2. 受宗教影响，通过在宗教活动中的研习和传播过程中完成知识积累。如白玉蟾称为琼绾紫清真人，苦志修炼，参游各地后隐居进行科技文献著述，致力于传播道教的丹道。

(二) 南宋宗教科技文献作者的职业经历

南宋时期宗教科技文献作者有些职业选择是出于个人爱好，有的不愿出仕，避世隐居成为隐士，如陈旉不愿入仕，一生致力农桑，注意总结农业生产经验，在晚年著《陈旉农书》。

更多的宗教科技文献作者的职业选择是由于宗教传播的需要，白玉蟾创建了内丹派南宗道教，得泥丸真人授以金丹火候之法，一生致力于研究丹道进行宗教传播，后来隐居著述形成了大量珍贵的化学科技文献。

无论是个人爱好的原因，还是宗教传播的需要，这些宗教科技文献作者的科技文献中都能够找到其宗教思想的内核，这也与南宋时期道教盛行，方士之人追求长生有关，客观上促进了科技文献研究的发展。

第四节 南宋科技文献作者群体的创作过程与作品流传方式

对文献创作过程的考查，主要从作者的写作目的、资料来源、作品内容等方面着手，作品的流传方式指作品在流传过程中是以官方或者私人流传的方式流传下来，作品创作过程和流传方式的研究对进行作者群体研究有重要意义。

一 南宋官方科技文献作者群体的创作过程与作品流传方式

(一) 南宋官方科技文献作者的写作目的

南宋官方科技文献作者的写作目的主要可以分为与本职工作的职能直接、间接相关、个人爱好三种：

1. 本职工作职能直接相关

官方科技文献作者为履行本身职责而形成许多科技文献，这是与其本职工作职能直接相关的，如中央官员在向皇帝陈述治国安民之道中，形成的科技文献：黄裳为了向宋光宗陈述治国安民之道时被皇帝所接受，绘制了八幅地图；庆元四年杨忠辅奉皇命制《统天历》，虽然在嘉泰二年被罢用，但其在南宋历史上的科技地位仍不容忽视。

2. 本职工作职能间接相关

许多官方科技文献作者在完成本职日常工作过程中完成了一些科技文献的创作，其写作目的并不局限于职责需要，许多地方官员在关心民间疾苦的过程中，为了弥补某些科技研究领域的空白，而主持完成了科技文献的编纂工作。例如陈自明因认为前代妇科诸书过于简略，到各地寻找医学文献的妇科证治方法，加上自己家传的行医经验编纂《妇人大全良方》；楼璹看到农夫和蚕妇劳作的辛苦，向当地有经验技术的农夫蚕妇研讨经验技术绘制《耕织图诗》45 幅；刘昉因为看见儿童生病十分痛苦，当时又没有比较全面的儿科医书，主持编纂了儿科医书《幼幼新书》。

3. 个人爱好

一些官方科技文献作者，其写作目的与自身的工作职责完全无关，更多是个人的爱好，传播自身学术思想等。

一是为了自身立言，如周去非在《岭外代答》自序中说，他写此书是因为"代答亲故"，但现代普遍认为这是周去非自谦的说词，"立言"供时人与后世参考才是他著书的真正动机。

二是为了个人兴趣，宋理宗时右丞相贾似道，喜欢每天和众妻妾在家里斗蟋蟀，作《促织经》总结蟋蟀斗法、养法的实践经验。陈仁玉认为对于食用菌很有辨识的必要，根据家乡仙居盛产的食用菌进行调研编纂成《菌谱》。

三是为了学术追求，弥补学术研究的空白。董煟从小就想要治理农作物的水旱霜蝗之实，通过总结历朝历代在救荒赈灾方面的政策写成《救荒活民书》。王应麟在《通鉴地理通》自序中认为，历来"言地理者，难于言天，何为其难也？郡国山川之名，屡变而无穷"[①]，他积累了丰富的史地资料和经验作成此书用来总结各地山川之名。

---

① 王应麟：《通鉴地理通释》，中华书局 2013 年版，第 23 页。

（二）南宋官方科技文献作者的资料来源

从官方作者的资料来源角度分析，以档案古籍和实践经验为主，通过个人收集或者官方资料为来源。

1. 以个人收集为主的资料来源方式

官方科技文献作者由于其官方身份，相对可以有机会接触到广泛的文献来源，为个人的资料收集提供了便利。

首先，通过文献资料收集作为资料来源存在以下几种情况：

一是在任官期间广泛收集文献资料，为自己的科技研究积累素材。如秦九韶在任官期间广泛搜集历学、数学等资料，通过分析研究作《数学九章》；王象之在任职期间广泛收集地理书及各郡县的地志和图经并随时编集，约于宝庆三年成书《舆地纪胜》，其中引用大量早已散佚的方志、图经，对保存古代文献作出了巨大贡献。

二是日常生活中注意资料收集。如祝穆青年时，在吴、越、荆、楚地区到处游历，广泛收集民情风俗，为其晚年进行著作研究积累了丰富资料和感性知识。

三是充分利用家庭藏书并不断加以充实。刘昉在其父亲所传给他的《刘氏家传方》基础上，收集资料扩充编纂成大型儿科专著《幼幼新书》，其资料来源主要是在全面收集古代典籍和近世名家的医籍基础上，结合了当时的医生和民间验方中有关儿科的内容；李迅将家族传下来曾经使用和实践验证有效的百余首背疽方编辑而成《集验背疽方》。

其次，通过积累实践经验作为资料来源。除了广泛收集文献资料以外，很多官方科技文献作者还利用职务之便，积累了丰富的科技实践经验，对于科技文献的编纂工作，提供了重要的知识来源。实践经验分为以下三种。

一是职务经验。官方医学类科技文献作者由于可以接触到大量的医患，南宋翰林医官院更是对医药发展起到了推动作用。宋慈是中国古代法医学的开创者，他曾经四次担任省一级的司法官，在他常年的刑事审判实践过程中，积累与研究了大量自己和其他医生、吏役仵工等专业工作者鉴定方面的知识经验，并注重对这方面的文献收集，在这些经验资料基础上编纂成中国第一部全面而又系统的应用医学著作《洗冤集录》；王致远在南宋开禧二年和他的父亲王允初（时任荆湖北路德安府通判）共同参加坚守德安府城的战争，并根据参与的战争经验编撰《开禧德安守城录》

记录坚守德安城的过程。

二是游历经验。范成大的《揽辔录》《骖鸾录》《吴船录》是根据其游历沿途的所见所闻，由日记和游记结合起来对地方地理风貌记录的地理游记。周去非在广西时处处留心，随手记录了400余条笔记，是《岭外代答》的重要资料来源。

三是生活经验。陈仁玉出生和生活在仙居，通过多年对当地盛产的食用菌进行观察、品尝和研究，写成了世界上最早的食用菌专著《菌谱》；韩彦直的《橘录》是他在著名的柑橘产地温州任知州的时候写的；宋朝士大夫好石成风，杜绾接触了全国各地的奇异珍宝和怪石，所作《云林石谱》是中国第一部论石专著。贾似道通过对斗蟋蟀的实践经验进行总结，作专门描写蟋蟀的斗法和养法的《促织经》。

2. 以职位之便利用官方资料为主的资料来源方式

黄裳一直身居高位，先后任国子博士、中书舍人、侍讲和礼部尚书，黄裳利用职务接触到大量的旧有天文档案绘成了《天文图》。马端临的父亲马廷鸾曾任南宋国史院编修官，利用父亲的职务便利接触到很多的官方资料撰成《文献通考》。

（三）南宋官方科技文献作者的作品形式与内容

按照作品的形式与内容，将官方科技文献作者的著作分为著作类、工具书、教材与科普以及档案汇编四大类。

表7—7　　官方科技文献可考作者群体作品形式统计表

作品形式		代表作者及作品
著作	专门性著作	洪咨夔《大冶赋》《尔雅翼》
	综合性著作	祝穆《方舆胜览》；尤袤《遂初堂书目》
工具书		韩彦直《橘录》《菌谱》《救荒活民书》；范成大《揽辔录》《骖鸾录》《吴船录》《入蜀记》《诸蕃志》
档案汇编		王象之《舆地纪胜》《集验背疽方》《幼幼新书》；许叔微《伤寒发微论》《伤寒九十论》《普济本事方》《伤寒百证歌》
教材与科普		杨辉《详解九章算法》12卷，《日用算法》2卷，《杨辉算法》

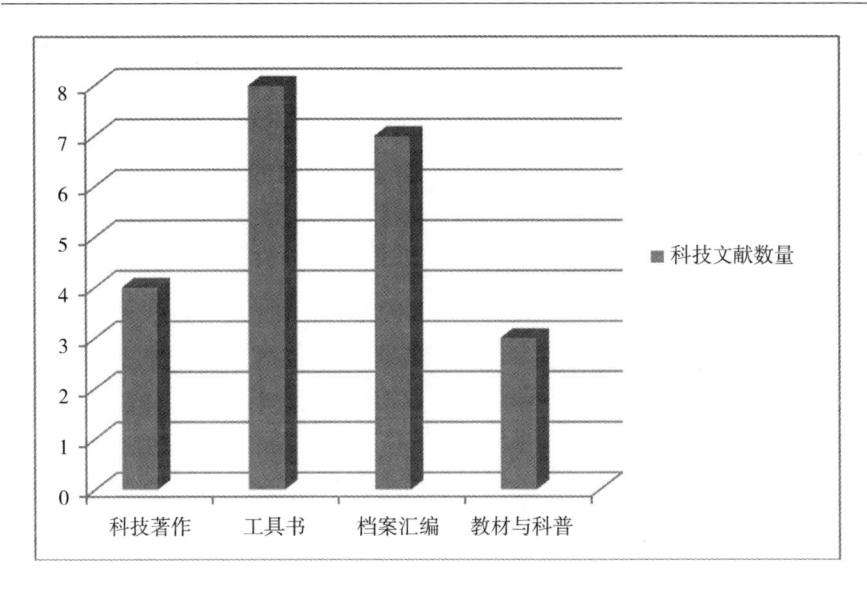

图 7—9　官方科技文献可考作者群体作品形式分布图

从图表中可以看出，南宋时期的工具书和档案汇编的数量较多，大约是科技著作和教材科普数量的二倍。这说明南宋官方科技作者群体的科技著作注重实用，联系生活生产的实际经验的形式较多。其中，工具书中重要组成部分是南宋时期的地图，根据内容可以分为全国性地图、地区性地图和专门性地图。对其数量比例进行分析统计（见图 7—10），可以看出南宋时期的地图主要以全国性地图为主，专门性地图与地区性地图的数量相当。

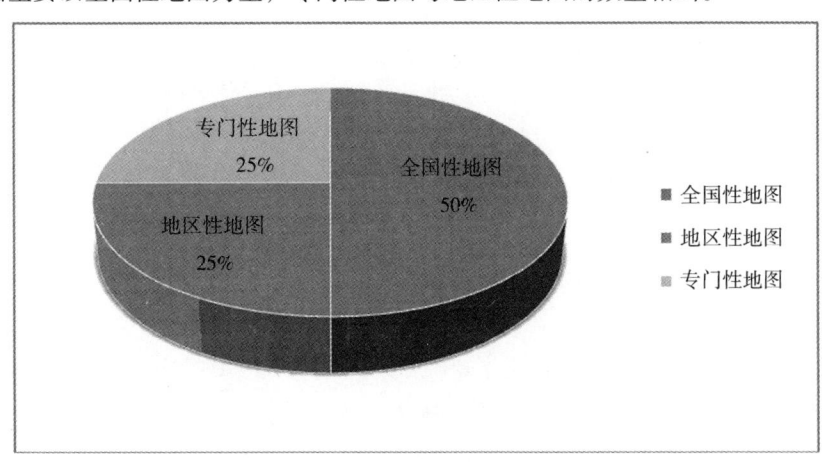

图 7—10　南宋时期可考地图数量比例分布图

其中，全国性地图比较有代表性的是宋孝宗赵昚的《殿御屏风华夷图》、选德殿屏风上的《华夷图》、王象之的《舆地图》以及陆九韶的《州郡图》等；地区性地图以李寿明在担任平江府郡守期间主持刻绘的《平江图》为突出代表（见图7—11），还有陈公亮重修的《严州图经》和胡颖修筑城池时主持刻绘的《静江府城图》；专门性地图主要是天文类和地理类等方面的地图，如黄裳所绘天文图、地理图、帝王绍运图和西瓜碑。

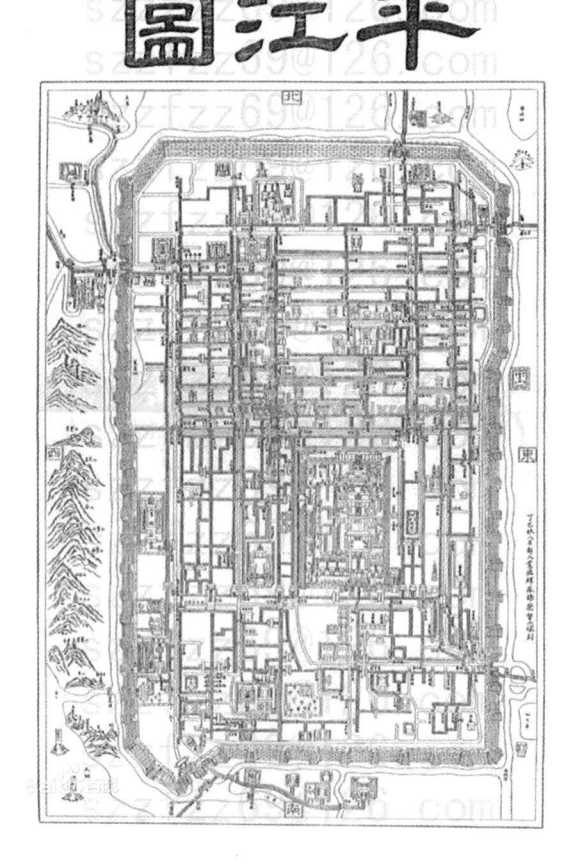

图7—11 平江图拓本图

（四）南宋官方科技文献作者的作品流传方式

南宋官方科技文献作者的作品流传方式主要分为官方流传和民间流传两种方式，官方流传主要以官刻出版和手抄流传两种形式，民间流传主要以民间出版和手抄流传两种形式。

宋代的出版业较为发达，宋代时期是我国的雕版印刷术发展的高峰，官方的出版机构有以国子监为代表的中央和地方官署以及各类学校，民间的出版机构主要是私刻和坊刻两种形式：私刻不以盈利为首要目的，主要是私宅或家塾以推广学术和传播文化为目的，由个人自出资金刻印出版书籍；坊刻即书坊、书肆以获取利润为主要目的的刻书出版。

手抄流传主要指未刊刻印行于世，仅以抄本形式流传的方式，此种方式较易遗失，如徐叔微的《仲景脉法三十六图》等都已佚不可考。

1. 官方流传

一是官刻出版。官刻即政府刻书，是指中央机关以及地方各级行政机关等单位出资或主办的出版印刷，基本可以分为中央和地方两大系统。

在中央方面，秘书省是南宋时期由专门官员管理的中央专门编修机构，国子监主要刻印儒家经典和史部书籍，国史院和太医局等专门机构也出版一些专业性书籍。在地方方面，地方各路设置的各路使司、公使库、地方州（府、军）郡、县学等都普遍刻书、印书。"主要刊地有两浙、福建、两江等经济发达、文化繁荣和造纸业发达的地区。"[①] 刻书范围囊括历史、医学、数学和文学等众多学科。

值得注意的是，南宋时期的官刻具有以下特点。

首先，官刻书籍以地方为主要力量。北宋灭亡时，国子监原来书版全部遭到了毁坏，极大地削弱了国子监等中央政府的刻书力量，因此在南宋初期，中央鼓励地方政府部门刻板后送归国子监，为节约工作量，有一些书版在原地方部门进行印卖。

其次，地方官在任内刻书数量较多。南宋时期地方官在处理公务之余，将刻书出版作为政绩的一部分，尤袤、陆游和张栻等人都在做官时刻过书。当时社会盛行刻书，南宋学者王明清说，"近年所至郡府多刊文籍"[②]，促进了南宋地方官府刻书的发展，另外，由于它们都是用公款投资，所以都属于官刻书。

南宋时期官方科技文献作者的科技文献多以官刻出版形式流传，例如，"咸淳六年，《朱子语类》一百四十卷由盱江郡斋黎靖德刻书出版；

---

① 杨青：《南宋官府对刻书业的管理》，硕士学位论文，山东大学，2007年，第3页。
② 王明清：《挥麈录前录卷》，上海书店出版社2001年版，第8页。

淳祐九年，刘克庄的《后村居士集》五十卷由莆田郡斋（兴化军）刻书出版"。① "嘉定三年陆游的《渭南文集》五十卷由溧阳学宫（建康府）刻书；嘉定五年，吕祖谦《大事记》十二卷、《通释》三卷、《解题》十二卷二十七卷由吴郡学舍刻书。"②

二是手抄。除了刻书以外，官方有些科技文献作者是通过手抄的形式进行修订著作。例如《岭外代答》只有钞本流传，但是其学术价值仍被官方肯定，被官方收入永乐大典和四库全书，后有《知不足斋丛书》钞本。

2. 民间流传

一是民间出版。民间的出版机构主要是私刻和坊刻两种形式：私刻不以盈利为首要目的，由个人自出资金刻印出版书籍，往往有"某堂""某斋"或者"某府"等字样；坊刻是以获取利润为主要目的的刻书出版。

"陆游《渭南文集》五十卷，嘉熙己亥（三年）刻祝穆《方舆胜览》前集四十二卷，后集七卷，续集二十卷，拾遗一卷由祝太傅宅刻印。"③朱熹编辑出版的书籍多为由其本人全部支付出版的资金，属于私家出版："由朱子检举唐仲友滥用公权公款出书及曾反对同官利用学粮钱为其出书二事来看，朱子出书由其本人解决资金应是毋庸置疑的。"④

二是手抄。私人传播由于资金等方面的限制，更多采取的是手抄的形式。在中国古代写本时代，无力支付资金出版印刷的许多书籍的编辑流传大多为作者自己抄写或者雇其他人抄写。

二 南宋民间科技文献作者群体的创作过程与作品流传方式

（一）南宋民间科技文献作者的写作目的与资料来源

1. 南宋民间科技文献作者的写作目的

南宋时期民间科技文献作者群体由于没有官职，所以写作目的比较简单，分为三类：一是职业需要；二是个人爱好；三是受邀参与官方项目。

第一，职业需要。严用和多年行医，为了改变古代用一个药方包治百病的现象，把前人的理论与自己的临床实践相结合著成《济生方》10卷。

---

① 叶德辉：《书林清话》卷3，中华书局1957年版，第75—77页。
② 同上书，第64—74页。
③ 裴成发：《宋代私刻评价问题浅析》，《图书馆理论与实践》1989年第2期，第40页。
④ 田建平：《宋代书籍出版史研究》，硕士学位论文，河北大学，2012年，第119页。

第二，个人爱好。由于北宋灭亡时三馆四库的图书都被北方金兵抢掠一空，醉心历史研究的郑樵为南宋编著一部汇集天下史书的《通史》。

第三，受邀参与官方项目。陈得一对于日食时刻的测算非常准确，引起了朝廷的高度重视，宋高宗下诏书命陈得一制作新历。

综上，可以看出南宋时期民间科技文献作者的写作目的与官方作者相比较为单一，多为个人活动，主要是与生产生活相关。

2. 南宋民间科技文献作者的资料来源

民间科技文献作者的资料来源主要是以个人收集为主。

一方面，民间科技文献作者注意搜集图书资料。陈景沂搜集古今图书资料又直接考察大自然，著成植物学著作《全芳备祖》；张杲的《医说》记载了宋代以前116位名医的医学传记，且搜集的资料出处都可查。陈得一在编制《统元历》时候，参验了古代有关天象记录，《统元历经》《纪元历》是其依据的最主要参考资料。

另一方面，在搜集图书资料的同时注重实践经验的积累。郑樵在求学时经常在山间田地上考察，通过与农夫交谈得到了许多实际经验知识。傅寅与同乡朱纯叔在江淮地区游历，并向当地有学问的长者请教，对天文、地理等各方面知识反复论证，汇总作《禹贡图考》。

医学方面的科技文献作者，尤其注重医学资料的搜集与行医经验积累相结合。陈言从小钻研医学专业书籍，青年时代出门行医济世积累了大量的行医经验；严用和将在历代医学经典如《和剂局方》《三因方》中部分方剂与民间有效的药方进行结合，在与自己30余年的临床实践相结合著成《济生方》，在之后又经15年的实践复著《济世续方》8卷使得其医学著作更加完美。

（二）南宋民间科技文献作者的作品形式内容与流传方式

1. 南宋民间科技文献作者的作品形式内容

表7—8　　　　民间科技文献可考作者群体作品形式分布图

著作种类	代表作品名称	数量
工具书	《全芳备祖》；楼璹的《耕织图》；陈景沂《全芳备祖》；南宋杨甲所编《六经图》；傅寅《中国水系图》	5
档案汇编	陈言《三因极一病症方论》；严用和《济生方》	2

民间科技文献作者的作品形式较为单一，只有工具书和档案汇编，这两种科技文献恰恰也是官方科技文献作者作品的主要形式，说明从官方到民间的南宋科技学者在进行科技研究过程中都比较注重实用性，以实用科学为主。民间科技文献作者更由于其自身社会属性的原因，所见所闻十分有限，很难出现一般性综合类科技文献。

2. 南宋民间科技文献作者的作品流传方式

古代民间科技文献作者的许多科技文献已经遗失，只有少部分流传下来，其流传方式包括：以刻书为主要形式的官方流传和以手抄为主要形式的私人流传。

第一，以刻书为主要形式的官方流传。

民间优秀的科技文献作品被官方重视并进行广泛传播，使其在悠久的历史上得到较好的流传，这也说明民间的科技研究活动需要得到官方的支持。陈得一测算编成新历，得到皇帝赐名《统元历》，并于1136年颁行于南宋，虽然没有推行很久就被取消，但是得益于官方重视，得以流传。

第二，以手抄为主要形式的民间流传。

民间科技文献由于其作者的民间身份，受社会和经济影响，主要通过私人方式进行传播，有很多都已经失传或者保存不完整，大多是以抄本的形式流传。

三 南宋宗教科技文献作者群体的创作过程与作品流传方式

（一）南宋宗教科技文献作者的写作目的与资料来源

在写作目的方面，方术之士们频繁炼制丹药，还把他们提炼丹药的方法和过程写成专著，流传后世。白玉蟾创建了内丹派南宗道教社团，其创作科技文献的目的是为了传播丹道。

在资料来源方面，《丹房须知》收录了孟要甫《金丹秘要参同录》《火龙经》等书的内容，青霞子、白云子等道士传授的方术。

（二）南宋宗教科技文献作者的作品形式内容与流传方式

1. 南宋宗教科技文献作者的作品形式内容

与官方、民间科技文献作者不同的是，南宋宗教科技文献作者的科技文献形式主要采取了科技著作这一形式，不同于另外两种群体主要采取工具书和档案汇编的形式。这与宗教科技文献作者自身的宗教身份以及重视宗教修行和宗教传播有直接关系。例如,《陈旉农书》分为上、中、下三卷,论述土壤耕作和作物栽培、饲养管理以及种桑养蚕的技术,是古代科技历史上有着重要地位的农业著作。《丹房须知》和《金华冲碧丹经秘旨》是关于炼丹技术的科技著作,主要论述了丹房设备,并配以详细的丹房设备图。赵友钦的《革象新书》是一部优秀的物理学著作,该书首次采用大规模的实验方法来探索自然规律,这比世界著名物理学家伽利略早了两个世纪。

2. 南宋宗教科技文献作者的作品流传方式

南宋宗教科技文献有一些已经佚失,如《金丹正理》《盟天录》《推步立成》等书,都已失散了。流传到今天的宗教科技文献作者的作品主要是通过官方刻书形式流传下来的,如陈旉的《农书》三卷在嘉定七年由真州郡斋刻书,后刊印传播,收入《永乐大典》,并于18世纪传入日本。

第五节 总结与分析

前文通过对南宋官方、民间、宗教科技文献作者群体的组成、知识积累以及作品的创作过程、流传途径等进行了一定的介绍与分析,由此我们发现三大群体间存在着一些共性与个性,并且体现了南宋时期的历史特点对科技文献作者群体的深刻影响。

一 南宋时期的三大群体基本特点

通过群体组成、知识积累、创作过程与作品流传方式三大维度上文已分别对官方、民间、宗教科技文献作者群体进行了系统的分析统计,本部分将从三大群体的角度探究出群体在以上方面体现的特点,并进一步探究其群体作者特点。

(一)官方科技文献作者群体特点

在我国的封建社会时期,官文化是全社会的主流文化,创造官文化的官方科技文献作者群体无论是从人数上还是从创作的科技文献数量上都构成了南宋科技文献作者群体的主体。

1. 从群体组成上看

一是南宋官方科技文献作者的人数数量较多,广泛分布于东南和西南地区,东部和南部地区明显多于西部和北部地区。这主要与我国古代社会经济重心南移和东移有关，北方连年战乱，南方安定的社会氛围也促进了士家大族大范围的南迁。由此可见，官方科技活动主要集中于长江流域、大运河流域等经济发达地区。

二是学科分布主要集中在与国家发展关系的学科中，即数学、天文、历法、地理、医药、农学等，科技研究以实用科技为主，对基础科学、学术性研究内容偏少。

三是南宋官方科技文献作者群体中央和地方官员数量较多，中央官员由于其身居高位，可以接触到更多的科技活动和科技文献，出版作品规模也更为综合和宏大；地方官员多为分管一方的官员，在日常工作中形成了科技文献，知识积累更为贴近百姓生活，科技文献也更加实用。

2. 从知识积累上看

南宋时期的官方科技文献作者群体中，出身于官宦家庭的作者较多，这是由于在当时官宦家庭背景的人更容易受到良好的文化熏陶、得到良好的教育、接触到诸多藏书，为他们进行科技文献的创作创造了良好的条件。同时，南宋时期的教育发展程度较高，官方科技文献作者普遍接受了比较好的教育，南宋时期的教育既有官办大学与民办书院及私塾等各类学校，又有科技类的数学、医学、天文历法等专门学校，教育水平较高也是促进南宋科技文化发展的重要原因之一。

3. 从创作过程与流传方式来看

一是在创作过程方面，南宋官方科技文献作者写作目的与本职工作职能联系密切，反过来官方科技文献作者因为其官方身份，可以接触到的资料范围非常广泛，其资料来源也非常广泛。

二是在作品的形式与流传方式方面，官方科技文献作者的著作种类较多，每种科技著作的内容十分丰富。由于其官方身份的优势，官方科技文献作者的科技文献多为官刻，有很多后来都被收录于官修的类书之中，流传较远较广。

综上所述，南宋官方科技文献作者群体位于社会的上层，从人口社会学角度来看，"阶级与阶层之间的剥夺与占有关系通过资源分配表现为资源占有的差别，不同的社会分层的人具有不同的社会地位和资源获取能力"[①]。处于官方群体的人，在当时社会具有优先获得资源的能力，他们

---

① 佟新：《人口社会学》，北京大学出版社 2006 年版，第 186 页。

较高的社会地位和特殊的社会角色使得他们在进行科学研究过程中占据了相当大的优势，为中国古代科技文化奉献了重要的力量。

(二) 民间科技文献作者群体特点

民间科技文献作者群体是南宋时期科技文献作者的重要组成部分，其作者群体具有鲜明的平民特点。

1. 从群体组成看

南宋民间科技文献作者群体在南宋科技文献作者群体中所占比例较低，在地域分布上与官方科技文献作者一样多分布在江浙沿海地区。民间科技文献作者涉猎的学科种类较少，一般综合类文献出现较少，作品主要集中在农学、医学和天文学方面，这与社会需要和他们的实际能力两个因素有关。这些传统实用技术学科不需要投入大量的物力、财力，其研究规模特别适合处于封建专制统治下的民间科技文献作者，封建社会的资源不平等，这些学科与民间生活相关决定了其在民间群体中的发展。

2. 从知识积累来看

一是民间科技文献作者群体的家庭背景不如官方科技文献群体那样显赫，大体上是出身于寒门，少数出身于科技世家和书香门第，他们处于社会的中间阶层和底层，没有上层社会的政治权力，接受的教育多靠自己学习或者是私学，十分上进，治学精神比较严谨。有些民间医学类的科技文献作者从医人员的求学过程，受师从关系和家庭影响比较大。

二是职业经历方面，南宋民间科技文献作者群体民间科技文献作者多为终身从事某一职业，终身不仕或只有短暂的为官经历，主要经历是聚徒讲学、进行著述，因此学科也相对单一，研究内容贴近百姓生活，更加实用。

3. 从创作过程和作品流传特征来看

一是南宋民间科技文献作者群体的创作目的比较单一，多为个人爱好和职业需要，主要是对自己的亲身经历和自身工作经验进行汇总，这些都与其民间的社会身份有着直接重要的联系。

二是由于工具书和档案汇编的作品形式对作者的科技文化水平要求较低，而著作类和科普教材类则多为官修，因此南宋民间科技文献作者的著作主要是工具书和档案汇编，缺少著作类、教材与科普类科技文献等综合性科技著作。

三是在流传方式方面，民间科技文献流失状况比较严重，流传下来的比较少，少数流传下来的文献多为官刻才得以保存，说明民间的科技活动需要得到官方支持。

综上所述，南宋民间科技文献作者群体处于南宋的中层阶级和没有资料占有的普通平民，人数较少，学科多为与民间生活息息相关，资料来源相对有限，写作目的简单，流传数量较少，代表着南宋时期民间科技发展水平。

（三）宗教科技文献作者群体特点

宗教科技文献作者群体在封建社会科技文献作者群体中历来占据比重较小，南宋时期宗教政策的开明和道教内丹学的兴旺客观上促进了宗教科技文献作者群体的发展。

第一，从群体组成看，南宋宗教科技文献作者群体人数非常少，主要为道教学者，约为总人数的十分之一，集中在宗教较为发达的东部沿海地区，宗教科技文献作者学科种类少，主要集中在农学、化学和物理学方面，这与道教宗教性质有直接关系，道教内丹学空前兴旺，为了发展宗教和修炼丹药过程中有意开展科技活动和形成的科技文献。

第二，从知识积累上看，宗教科技文献作者群体的家庭背景较为多样，在职业经历方面，无论是个人爱好的原因，还是宗教传播的需要，在宗教科技文献作者的科技文献中都能够找到其宗教思想的内核，这也与南宋时期道教盛行，方术之士追求长生，促进了炼丹术的发展有关。

第三，从创作过程和作品流传特征来看，南宋宗教科技文献作者群体的写作目的主要是宗教传播的需要，资料来源以广泛搜集各方方士的资料进行丹术的修炼为主，多为科技著作，内容既有理论又有实际操作，有一些科技文献成为了宗教内部的重要典籍，历代相传而得以保存。

综上所述，南宋宗教科技文献作者群体由于其宗教身份的特殊性，虽然著作流传下来的人数并不多，但是仍然十分具有代表性，无论是对于我们研究南宋时期物理化学等科技的发展状况，还是南宋时期的宗教特点都具有重要的参考价值。

二 南宋时期的三大群体比较分析

（一）三大科技文献作者群体组成比较分析

通过从官方、民间、宗教三大作者群体组成的研究，我们可以得出以下结论：

第一，南宋时期的科技作者群体组成拥有封建社会的一般特征：南宋官方科技文献作者群体在南宋科技文献作者群体中占据明显的比例优势；民间群体和宗教群体所占比例相对较低，其中宗教科技文献作者群体所占比例最小（如图7—12）。这是由于在中国古代封建社会，官方群体由于其身份地位的优越性在社会文化的各方面总体上处于主导地位的原因，相对的民间群体处于封建社会的底层，在社会文化方面处于相对弱势地位，而宗教群体则属于社会的少数群体。

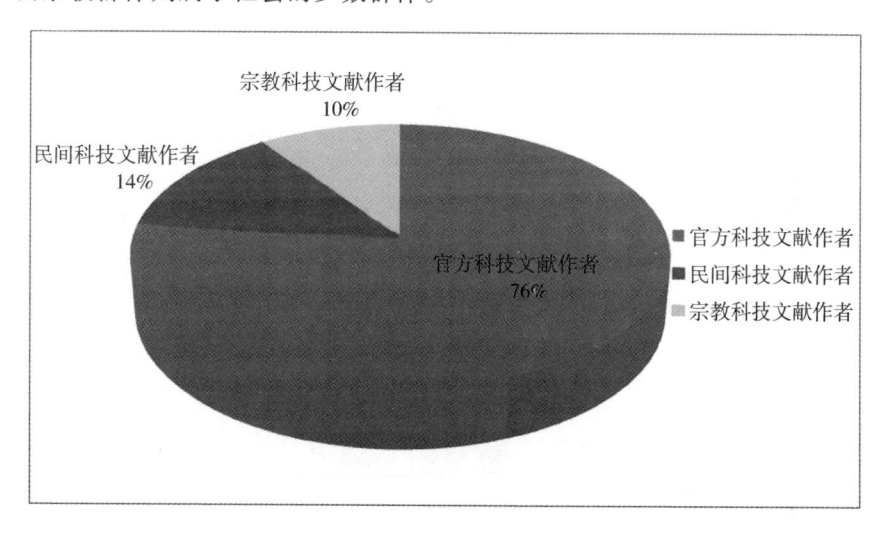

图7—12 南宋三大科技文献作者群体所占比例示意图

第二，南宋时期三大作者群体在地域分布上和当时政治经济重心的转变是密切相关的。一方面是由于南宋相对于北宋时期，政治经济重心南移，另一方面南宋时期的商品经济呈现出划时代的发展变化，在江南地区出现了临安（浙江杭州）和建康（江苏南京）这种全国性的商业大都市，形成了"中心城市—市镇集市—边境贸易—海外市场的通达商业网络"①。

（二）三大科技文献作者群体知识积累比较分析

通过从家庭背景、教育背景、职业经历三个方面进行纵向分析，有助于我们对三大科技文献作者的知识积累过程进行研究。

---

① 陈杰林：《南宋商业发展：特点与成因》，《安庆师范学院学报》2003年第3期，第51—53页。

南宋时期三大科技文献群体在知识积累差异较大,官方和民间作者群体的知识积累主要体现在出身的不同上(见图7—13),官方作者群体多出身于官宦和书香门第之家,无论是在文化教育上,还是仕途的荫庇上都有着先天的优势,而民间作者群体则多通过私学和自己艰苦学习,只有少数如世代行医的家族受家族影响较大。宗教科技文献作者相比较民间科技文献作者出身相对好一些,有一些甚至出身于官宦家庭,对于其进行科技学术研究有着重要裨益。

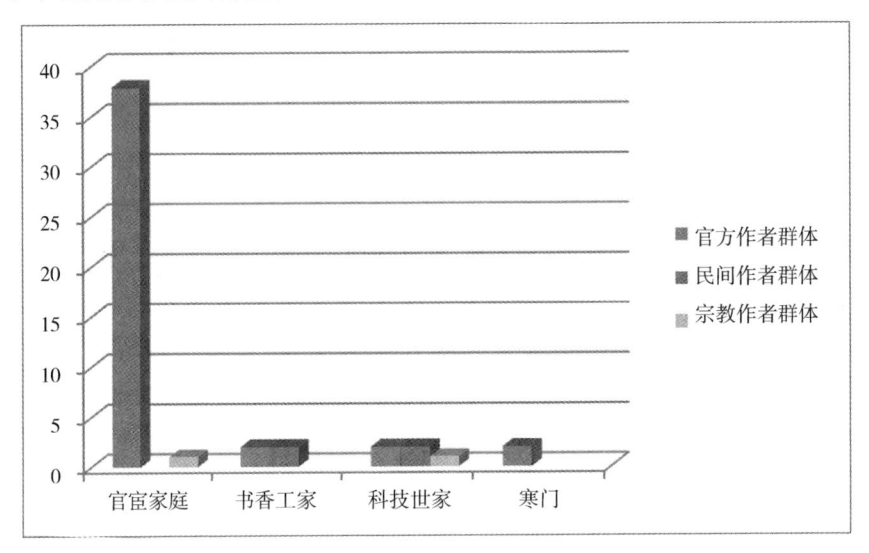

图7—13 南宋三大科技文献作者可考家庭背景分布图

宋代采取"崇尚文治"和"寒门入仕"的政治政策,打破了以往只有官僚和士族阶层垄断仕途的局面,以宽松、宽容的态度对待文人士大夫,"使两宋成为中国古代封建社会思想文化的政治环境最为宽松的时期"[①],平民出身的知识分子可以通过科举参政改变其社会身份属性。南宋时期这种相对平等自由的历史特点体现在不同群体的科技文献作者丰富的职业经历过程中。

(三)三大科技文献作者群体创作过程和作品流传方式比较分析

对三大科技文献作者群体的创作过程和作品流传方式研究分析主要集

---

① 王国平:《以杭州(临安)为例:还原一个真实的南宋——从"南海一号"沉船发现引发的思考》,《中共杭州市委党校学报》2008年第5期,第97页。

中在写作目的、资料来源、作品形式与内容以及作品流传方式。

第一，写作目的体现职业属性。南宋科技文献作者群体的写作目的受其本身职业属性十分明显，官方科技文献作者的写作目的多为与本职工作直接或间接相关，体现了其身份属性；民间科技文献作者的写作相对简单，多出自于职业需要和个人爱好；宗教科技文献作者的写作目的更为直接，主要是为了进行宗教的宣传和传播。

第二，资料来源具有丰富性。在资料来源方面，南宋科技文献作者的资料来源较为广泛，无论是官方科技文献作者以职务之便为主还是民间科技文献作者以个人收集为主，都与南宋时期丰富的公私藏书有直接关系。一方面，南宋官府十分重视对书籍资料的搜访整理工作，重建了具有国家图书馆性质的秘书省，其规模和藏书数量远超以前各个朝代。另外一方面，南宋时期重文的社会风气和雕版印刷业的发展使得私家藏书得到了巨大的发展，"藏书数千卷且事迹可考的藏书家有近三百人，以浙江为最盛，其中郑樵、陆宰、叶梦得等人藏书多达数万卷至十数万卷"[1]。这些都为科技文献作者在创作过程中提供了丰富的资料基础。

第三，科技文献作品形式多样化。从南宋科技文献作者群体作品形式的分布图（见图7—14）可以看出，南宋官方科技文献作者的作品形式种类较多，分布也较为平均，以科技著作和工具书的数量比较多，这与官方科技文献作者群体的知识积累丰富有着密切的关系。与官方科技文献作者的作品形式相比，民间和宗教作者的作品形式则相对比较单一，数量也较少，多以科技著作和工具书为主，基本上没有综合类的科技文献，这与宗教科技文献作者的社会身份的局限性和接触到的资料的有限性有着重要关系。

第四，作品流传方式多样化。南宋时期雕版印刷技术的发展使得南宋时期出现了多样化的刻书形式，南宋时期的科技文献流传方式主要分为官方流传和民间流传，其中官方群体的科技文献的流传方式较为多样化，比例相对平均，其中以官刻出版和民间出版数量较多，而民间和宗教科技文献作者群体的作品流传形式较为单一，可查到的数量也较少。

---

[1] 傅璇琮、谢灼华：《中国藏书通史》第五编，宁波出版社2001年版，第127页。

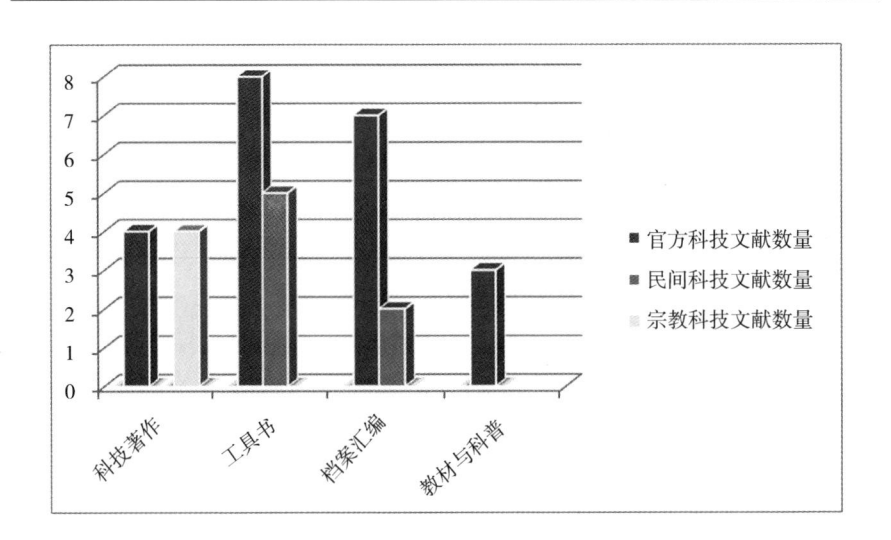

图 7—14　南宋科技文献作者群体作品形式分布图

三　南宋时期的历史特点对科技文献作者群体的影响

南宋的科技在北宋的基础上进一步得到了发展，是我国古代科技文化发展史上的重要时期。中国古代的科学技术，在汉朝时期初步形成体系，经历魏晋和隋唐时期上升发展，在宋朝迎来了发展的高峰，英国著名的中国科技史权威李约瑟博士说："每当人们在中国的文献中查找一种具体的科技史料时，往往会发现它的焦点在宋代，不管在应用科学方面或纯粹科学方面都是如此。"①

南宋科技在北宋的基础上取得了长足进步与广泛应用，南宋时期的历史特点与南宋时期科技发展的特点互相作用，对南宋科技文献作者群体产生了深远影响。具体体现在：

（一）政治上偏安一隅造成科技文献作者的研究具有内向性

刘子健先生在《中国转向内——两宋之际的文化内向》中说："北宋的特征是外向的，而南宋却在本质上趋向内敛。"② 北宋在与金朝的战争中落败，经过绍兴和议，南宋偏安一隅向金朝称臣纳贡，使得南宋在整个

---

① 李约瑟：《李约瑟文集》，辽宁科技出版社 1986 年版，第 115 页。
② 刘子健：《中国转向内在——两宋之际的文化内向》，赵冬梅译，江苏人民出版社 2002 年版，第 7 页。

历史期间其社会都遭受着民族耻辱的政治氛围，这种国土破败对南宋文化研究的影响十分明显，加上南宋统治者长期主和不主战的决策，使得南宋文化学者由北宋时期追求外向的文化发展日渐偏向于追求内心发展，这种内向的态度影响到社会文化的各个层面。

这种内向性文化特点最典型的体现就是南宋时期理学的发展，其对于社会政治以及后世影响巨大。理学代表一种内向稳定的思想文化，因而成为统治阶级的思想工具，"存天理、灭人欲"，影响着南宋时期社会生活的同时，也对南宋文化构成了重要影响，甚至存在"科学技术研究中也有唯理而不唯物的倾向"[①]。

这种文化的内向性体现在对南宋科技文献作者群体的特点上，就是不同群体的文献作者普遍注重实用研究，通过对南宋历史特点与科技发展关系的讨论，加上前文对三大科技文献作者群体的分析，我们不难看出南宋重内轻外、注重中央集权、偏安一隅的政治国策、经济文化的繁荣发展、理学的兴盛，都使得南宋人一方面生活安逸，经济富足，为进行学术研究，生产生活以及科技文献的研究提供了政治环境和物质保证；另外一方面，注重内部发展，理学思想的深刻影响使得南宋人在科技生产过程中更加注重实用学科的研究。

(二) 经济和文化的繁荣对南宋科技文献作者的影响

在经济领域，南宋统治者实行积极的经济政策，土地私有制度和租佃制度得到了完善推广，社会的经济发展迅速发展并且日益繁荣，中小地主数量比前代大量增加，平民百姓也开始有经济能力让后代接受教育，刻苦学习通过科举进入仕途，改变其社会氛围。南宋经济的发展为科技发展提供了雄厚的物质基础，为南宋科技的快速发展提供了动力。

在文化领域，一方面南宋文化繁荣昌盛为南宋科学技术的高度发展创造了有利条件；另一方面，辉煌的科技成就也为文化的进一步繁荣推广提供了技术上的可能和支持，如雕版印刷术的广泛应用促进书籍的大量印刷，促进了文化传播。

南宋时期经济和文化的繁荣极大地促进了科技发展，在这过程中涌现

---

① 虞云国：《略论宋代文化的时代特点与历史地位》，《浙江社会科学》2006年第3期，第161页。

了大量官方、民间和宗教科技文献作者,其群体特点体现在:

1. 南宋科技文献作者群体分布的广泛性。

南宋时期科技文献作者的群体广泛分布在官方、民间和宗教,并且不同作者群体都取得了较为突出的科技文献研究成就,这在一定程度上说明了在南宋时期科技的繁荣发展。

2. 南宋科技文献作者的研究范围的广泛性。

南宋科技文献的学科门类十分全面,数学、地理学、医学、农学等各方面的科技研究都涉猎,学科众多且体系完整。在研究对象上体现了鲜明的科技文献作者群体属性,例如官方科技文献作者许多任职于专门机构,研究对象多为与职业相关的天文、数学等学科,民间科技文献作者多为医学、农业等与生产生活相关的学科,宗教科技文献作者多研究炼丹相关的化学学科。

(三) 南宋时期科技文献作者思想受理学思想影响

宋代以儒家思想为基础,吸收佛教和道教思想的理学形成了新型儒学,宋理宗将理学钦定为南宋时期的正统思想和官方哲学,确立了程朱理学的独尊地位,南宋奠定了理学在封建社会正统思想中的主导地位,这一主导地位一直影响了元明清三代长达七百余年的思想和学术研究。

南宋时期的理学思想对科技发展起到了促进作用。南宋理学科技的辩证法思想以及怀疑批判精神,如二程认为"学者要先会疑"[1],都为科技发展打开了新的思路。此外,理学思想的开放性与创新性促进了科技发展的创新,宋代的学术界出现了百家争鸣的局面某种程度上得益于此。

南宋时期的科技文献作者其科学研究的思想受到理学思想影响广泛,这种影响体现在科技文献作者的研究成果当中,例如南宋时期秦九昭在进行科技研究过程中,运用了许多"道""性"等理学的思想和概念,在他的《数书九章》的序中写道:"昆企榜礴,道本虚一,圣有大衍,微寓于《易》。"[2] 此外,他还写道:"大则可以通神明,顺性命;小则可以经世物,类万物。"[3] 这些都是理学思想的体现,由此便可见一斑。

综上,南宋时期特殊的历史特点对南宋科技文献作者的影响体现在研

---

[1] 《二程集》外书卷,中华书局1981年版,第413页。
[2] 秦九诏:《数书九章》(序),商务印书馆1999年版,第256页。
[3] 同上书,第257页。

究对象、研究范围和研究内容等各个层面，这些科技文献作者及其作品既是南宋科技历史的组成部分，他们的身上也深刻地体现着时代的烙印。南宋科技文化，不仅在中国古代和世界科技史上都占有重要地位，南宋科技文献作者是南宋的科技文化繁荣的主力军和重要支柱，对南宋的科技文化奉献体现在对中国古代三大发明的贡献，在农业技术理论上的重大突破，在制造技术上的高度成就，在数学领域和医药等领域的重要贡献。

第八章 辽金时期

辽、西夏、金是三个由少数民族建立的王朝。历史学研究中常将唐朝之后，元朝之前统称为宋。这主要是因为辽、西夏、金时期战火不断，国家的势力势均力敌，且各自驻扎在我国古代的北方、西北等边陲地区，从军事方面和地理条件方面均是造成难以实现大一统的原因。在此需要说明的是，由于西夏存世科技文献较少且作者信息多不详，西夏本身的科技比较薄弱，主要以吸收宋朝或金朝的技术为主。如西夏虽在武器制作方面十分精良，但天文、医学等方面主要是学习和吸收宋朝和金朝的技术。尤其是在医学方面，西夏在建立王朝前的党项时期，医学知识十分匮乏，百姓迷信鬼神，大多向神明求医。西夏人对病理的认知大多分成：血脉不通、传染、"四大不和（地、水、火、风）"等观点。其中"四大不和"是缘自藏传佛教的说法。医学方面的文献著作有《治疗恶疮要论》等，但作者亦不详。因此，本章就辽、金科技文献官方、民间、宗教三大作者群体，从社会背景、群体组成、知识积累以及创作过程与作品流传方式角度进行研究。

第一节 综述

辽、金并存于同一时间段，相互交错，但这两个王朝均属于"半壁江山"，始终没有实现全中国的统一。因此，产生了这样一种思路：即以一个始终在这个时间段内存在的国家代替在这个时间段内存在的所有国家。而在这一个时间段的诸国中，宋辽金三国实力最强。又因在此三国中，只有宋从开始到最后都存在于这个时间段。由此，这个由汉族建立的国家——宋，则成为首选。宋虽然作为贯穿辽、金两个王朝的强大朝代，但并不能简单理解为辽、金没有突出的特点。辽、金两个朝代产生、发展的时期也是我国古代科技发展的一个过渡时期，在我国古代科技的发展过程中起到了不可忽视的推动作用。

这一时期在中国历史上具有十分重要的意义，并且又是十分具有特点的时期。在科技发展方面既继承和吸收了唐宋的成就，又对明清产生了重要的影响。由于辽、金王朝是由少数民族建立的政权，因此在与汉族的日益交往中深受中原文化的影响，朝廷更是不断推行汉法，注重农业、手工业、医药学等方面的建设和发展，同时促进了这一时期的科技发展和社会的不断进步。这一时期科技发展的显著特点是少数民族与汉族的大融合，我国各民族的科技交流频繁，表现出了多民族相互学习、相互融合的时代特色。

第二节 辽金科技文献作者群体存在的社会背景

辽、金时期各个政权并存，在此以朝代产生的先后顺序来简述辽、金两个朝代统治时期的政治与科技文化概况。辽、金的科技文献的官方、民间、宗教三类作者也各自存在自身类别的特点，这三类作者群体由于出生地、出生朝代不同，因而作者的家庭背景、成长经历、受教育程度以及写作资料来源均有差异。

一 辽金社会政治与文化

辽朝：辽朝地域辽阔，主要由契丹内地和西北各游牧民族据地、东部渤海国故地及南部燕云十六州地三部分组成。这三个地区的民族构成、社会发展阶段等存在很大差异，因此，辽朝采取不同的方式进行统治和管辖，形成了极具特色的政治制度。例如捺钵制度，即辽朝时皇帝并不固定住在京城的宫殿里，由于游牧民族的生活特征，皇帝四季各有行在之处，君臣日常也均在此活动，许多的国家重要决策也是在这里产生的。此外还有一国多制的"因俗而治"，即统治者对处于不同社会发展阶段的不同地区、不同民族采取不同方式进行统治和管理。[①] 辽朝的文化是契丹人在吸

---

① 宋德金：《一本书读懂辽金》，中华书局2011年版，第37页。

收汉族和其他民族文化的基础上渐渐演变成为一种极具民族和地域特色的文化，也是中国文化史上不容忽视的一部分。

金朝：金朝是中国历史上由女真族建立的一个王朝。女真族是我国东北地区的古老民族，生活在松花江和黑龙江流域的广大地区。在王朝成立之初皇帝并没有完全的权力。熙宗时期，开始掌握立法、司法、行政等大权。在实行汉官制度之后，建立了宰辅及中央行政机构三省六部。在金初设行台尚书省作为中央尚书省的临时派出机构，后期行省逐渐成为地方军政机构。[1] 金朝的行政体制与机构，大体上是承袭辽、宋旧制，同时又保留有女真民族的某些传统。金朝文化在发展中已达到很高水平。金朝文化既有女真族的民族特色，又受到契丹和宋朝文化的影响。金朝推行汉化政策，从"借才异代"走向"国朝文派"，逐渐形成了不同于宋朝的独特气派和风貌。

二 辽金科学技术的总体发展水平

辽朝：辽朝的科学技术尽管在很多方面仍落后于北宋，但也是中国科技史和学术史上重要的一部分。辽朝开国皇帝耶律阿保机在位期间创制文字，颁行法律。尤其在语言文字方面作出重要的贡献。契丹文字的创建对之后的西夏文、女真文的创制均有一定的影响。天赞三年（924），阿保机攻陷幽州，俘获大量汉人并使其在境内从事农业生产。就这样，汉地的农业、手工业生产技术传到了契丹，这在客观上促进了辽朝的经济发展和民族的融合。医学方面，在修复辽朝庆州白塔过程中发现一些药材，"主要放置于供具器皿中，也有在舍利塔中同经咒共置。这些药材大部具有杀虫防潮功效"[2]。另外，辽朝人服用草药及鹿茸等动物药材。应县木塔《采药图》上绘采药人手执灵芝可证明辽朝人服用灵芝。由于辽朝书禁十分严格，任何文字皆不得携带出境，所以辽朝的许多文献著作未能广泛流传。

金朝：金朝虽然以骁勇善战而闻名，但是同样也注重科技和文化的发展。金朝在数学、医学、天文、历算等方面都获得了重大的发展，对中国

---

[1] 宋德金：《一本书读懂辽金》，中华书局2011年版，第178页。
[2] 德新等：《内蒙古巴林石旗庆州白塔发现辽朝佛教文物》，《文物》1993年第12期。

科技发展有着十分重要的贡献。《重修大明历》的出现、天元术的发明以及医学学派的建立，就是明显的标志。金代有很多名医，创立了不同的学派，对后世医学的发展有很大的影响。

第三节 辽金科技文献作者群体的组成

本书所统计的辽金时期科技文献作者共计13人。其中，官方科技文献作者7人（其中有2位曾经为官后因各种原因辞官者），民间科技文献作者5人，而宗教科技文献作者仅有1人。

一 辽金官方科技文献作者群体的组成

官方科技文献作者群体当中共七位。其中辽朝的有直鲁古；金朝的有杨用道，名医张从正、窦汉卿，天文学家赵知微，数学家李冶以及翰林学士乌古孙仲端。（详见表8—1）

表8—1　　　　辽、金官方科技文献作者官职分布表

作者	直鲁古（辽）	杨用道（金）	张从正（金）	赵知微（金）	李冶（金）	窦汉卿（金）	乌古孙仲端（金）
官职	太医	儒林郎 汴京 国子监 博士	太医	司天监	钧州知事	昭文馆大学士太师	翰林学士承旨

官方科技文献作者中并非全部终身为官。例如，金代著名医家张从正，字子和，兴定年间（1217—1222）曾被召为太医，但不久就辞官了。张从正精通医书《难经》《素问》中的学问，他的医术师从刘守真，多用寒凉的药，初病时多能有起死回生的效用。古医书《汗下吐法》中，有相关不应出汗而使其出汗而死，不应下泻而下泻而死的内容，各有经络脉理，传说是黄帝、岐伯所作的书。张从正对这医书最能应用，号称"张子和汗下吐法"。张从正医著中有"六门、二法"的章节，在世间流传。张从正在民间行医多年，积累了丰富的医学经验，成为"攻下派"的创

始人。另有我国古代著名数学家李冶,曾任钧州知事,1232年钧州被蒙古军所破,于是隐居治学,而后被元世祖忽必烈聘为翰林学士,但为官仅一年,便辞官回乡。李冶的为官生涯曲折与当时所处的政治环境有一定的关系。李冶生活的年代正是金朝走向末期元朝建立的初期。金世宗与金章宗时期,金朝政治文化达到最高峰,然而在金章宗中后期逐渐走向下坡。金章宗末年,自然灾害较为严重。同时,蒙古大汗成吉思汗叛金自立,开始进攻金国的北方,并迅速占领长城以北的广大地区,于1213年又突破了长城防线,进入黄河平原。到1215年成吉思汗率领蒙古军劫掠并占领了金国的都城。在钧州城被蒙古军队攻破之后,李冶不愿投降,于是乔装成平民,北渡黄河避难。天兴二年(1234)蒙宋联军攻破蔡州城,金末帝完颜承麟战死在乱军之中,金国灭亡。避难期间李冶生活十分艰苦,但自幼对数学的热爱以及不再为官而拥有更加充足的时间治学,使之在这样艰难的环境中仍然没有放弃对数学的研究,终于在1248年完成了著名的《测圆海镜》。1251年,李冶结束了避难的生活,回元氏县封龙山定居,1257年在开平(今内蒙古正蓝旗)接受忽必烈召见,提出一些进步的政治建议,并于1265年至燕京(今北京)担任翰林学士,因感到在翰林院思想不自由,第二年辞官还乡。

除此之外,其余4位官方科技文献作者均在朝担任要职。例如,辽朝名医直鲁古。《辽史·方伎传》中记载:"初,太祖破吐谷浑,一骑士弃橐反射,不中而去。及追兵开橐视之,中得一婴儿,即直鲁古也。因所俘者问其故,乃知射橐者婴之父也。世善医,虽马上视疾,亦知标本。意不欲子为人所得,欲杀之耳。由是进于太祖,淳钦皇后收养之。长亦能医,专事针灸。太宗时,以太医给侍。"[①] 此外金朝的一位名医窦汉卿,又名窦默。生于金朝,擅长针灸,著有《标幽赋》,全书共79句赋文,共计1318字,却先后有元代王开、王国瑞,明代徐凤、高武、杨继洲、吴昆,以及清代李学川等诸多针灸名家,为此赋作注,足以见此赋的学术价值和地位。然而在金朝统治时期,窦汉卿并未担任官方职位。之所以将其纳为官方科技文献作者,是因元世祖时历任昭文馆大学士、太师等职,故又有"窦太师"之称。在《元史》中记载:"帝(忽必烈)尝谓侍臣曰:朕求

---

① 白玉林等主编《辽金史解读》,云南教育出版社2011年版,第49页。

贤三十年，惟得窦汉卿及李俊民二人。如窦汉卿之心，姚公茂之才，合而为一，斯可谓全人矣。"由此可见，窦汉卿不但对于针灸的功绩显赫，也以其高尚的品格，赢得了元世祖忽必烈的赞赏。

除了医学方面的官方科技文献作者，金朝政权统治时期，天文学家赵知微著有《重修大明历》，同样为我国古代的科技事业作出了显著的贡献。金朝对自然现象和日、月、星、辰的运行都有记载，反映了金朝统治者对天文的重视和当时天文科学的发展水平。不过当时仍然没有脱离"天人感应说"，把"天道"与人事相联系的认知水平，将天象灾异视为人事征兆。我国古代历法，自汉《太初历》至北宋《纪元历》，治历者近70次，大约每百年或数十年即更换一次。而金朝历时百余年，只换过一次历法。天会五年（1127），司天杨级绍造《大明历》（与祖冲之历同名而异法）。后来由于《大明历》推算日食而不食，预测天象不准，于是大定十七年（1177）命司天监赵知微重修《大明历》，四年后的大定二十一年修成。直到金朝灭亡，一直使用赵知微历。至元十七年（1280）郭守敬修成新历，才停止使用《重修大明历》，《重修大明历》使用时间长达百年之久。

公元1220年，金兵抵挡不住蒙古军的进攻，因此，命当朝翰林学士乌古孙仲端承旨，奉金宣宗之命出使乞和。1222年秋天，在中亚与成吉思汗相见，乞和仍未成。西行归来后，他让当时一个叫刘祁的人将其西行历程整理成《北使记》，并收入他后来著述的文集《归潜记》中。该书记载了作者出使北朝（蒙古汗国）、西域期间沿途的所见所闻，对山川地理、风俗人情、物产状况等均有记载，成为后世了解13世纪20年代蒙古和西域情况的重要参考，也是金朝十分稀少的有关地理方面的文献。

二　辽金民间科技文献作者群体的组成

民间科技文献作者据统计共5位，且均是在医学方面有卓越贡献的名医，分别是成无己、刘完素、张元素、宇陀萨玛·元丹贡布和李杲。其中宇陀萨玛·元丹贡布是西藏名医，刘完素、李杲更是金元四大家中的两位。由此可以看出，金朝名医辈出，并且形成了不同的学派。民间科技文献作者多集中于中原一带。（详见表8—2）

表8—2　　　　辽、金民间科技文献作者所处地域列表

作者	成无己	刘完素	张元素	宇陀萨玛·元丹贡布	李杲
地域	山东省聊城	河北省河间县	河北省易水县	西藏	河北省正定县

金朝在医学方面有很大的发展，其中原因是多方面的。首先，医学在唐宋时期有了较大的发展，特别是北宋朝廷广招医家，编纂医书，增广医经、本草、经方，并随着印刷术的发明和应用，使医书得以更广泛地传播。金朝在与宋朝的战争中，掠夺了大批的北宋医官、医方和成药，使金朝可以在此基础上加以发展；其次，金朝与南宋对峙，战争不断，人畜大量死亡，加之当时医疗卫生条件不好，疫病随之流行，在客观上促成了金朝医疗事业和医学发展的社会需要。[①]

三　辽金宗教科技文献作者群体的组成

宗教科技文献的作者仅金朝的道士马丹阳1人。马丹阳是道教全真道北七真之一，亦为全真道遇仙派的创立者。他精通医术，擅针灸疗法，所创"马丹阳十二神针"甚为有名。据史料记载，马丹阳为汉代伏波将军马援后裔，为避五代之乱，徙居宁海，世居城内，富甲一州。金贞元年间（1153—1156）在登进士第后，被分配在一个县里管摄六曹（即兵、刑、工、吏、户、礼）。虽然如此，马丹阳却并不喜身在仕途，以浮沉浊世为耻，雅志抱元守一，冀有所遇。至大定年间（1161—1189），遇重阳子王嘉授以道术，遂与妻孙不二同时出家，同拜王重阳为师，改名钰，号丹阳。马丹阳在临床实践中总结出来了十二个经验效穴。马丹阳针灸医技尤为精湛，享有盛誉。

第四节　辽金科技文献作者群体的知识积累

研究一个群体的首要条件是对其成因进行分析。而要了解辽金的官

---

① 张博泉：《金史简编》，辽宁人民出版社1984年版，第407页。

方、民间、宗教三大科技文献作者群体，对这三大群体的知识积累的研究是必不可少的。本节主要是从作者的家庭背景、教育背景和职业经历三方面来综合分析。

一 辽金官方科技文献作者的知识积累

官方作者普遍受教育程度较高。一方面受家庭背景影响，自幼受到家庭世袭的熏陶或接受精良教育；另一方面，由于自身的兴趣和天赋，对某一专业领域有很深的造诣（详见表8—3）。

表8—3　　　　　　辽、金官方科技文献作者知识积累表

作者	知识积累背景
直鲁古	皇室教育
杨用道、张从正	民间经验积累
赵知微	官方书籍资料
李冶、窦汉卿	家庭背景影响
乌古孙仲端	自身游历

辽金时期的官方科技文献作者有出身官宦家庭者，如李冶，其父亲李通为大兴府推官。李冶自幼对数学和文学有着浓厚的兴趣，在之后的学习生涯中坚持兴趣，钻研数学，最终著成不朽名著《测圆海镜》。也有世代精通医术者，如直鲁古。辽金元时期由于战争频发，有些官方作者虽出生于金朝，但生活于金末元初之时。元朝攻打金朝之际，大量的学者、医者、文人或被俘或避难。其中有些著名文学家、医学家、科学家等得到元朝世祖忽必烈的赏识，聘为己用，因而有部分金朝的有识之士在元朝为官。官方作者中窦汉卿就是其中之一，类似的情况也发生在辽朝名医直鲁古身上。直鲁古本为吐谷浑人，吐谷浑是鲜卑族所建立的王朝。当时辽朝大军攻破吐谷浑，直鲁古的父亲不愿儿子被辽军俘虏，于是将其放入麻袋中用箭射之，因不中而得生。直鲁古被辽军找到后，由淳钦皇后收养，长大后也擅长医术，专门从事针灸。太宗时，直鲁古以太医供职。

金朝统治者十分注重医学的发展，这一点通过金朝设置的专职药政机构就可以看得出来。在宣徽时有尚药局、太医院、御药院，尚书礼部下有

惠民司，负责汤药、医药等事宜。① 并在各地设有专门医学学校，大兴府学生 30 人，余京府 20 人，散府节镇 16 人，防御州 10 人，医学共 10 科。每三年一次试太医，虽然不属于系籍学生，但也听试补。

二 辽金民间科技文献作者的知识积累

由对辽、金时期的民间科技文献作者的数量和学科分析可以得出，这一时期尤其是金朝时民间作者当中医生所占的比例最高。7 位官方作者中有 4 位著有医学著作。5 位民间作者当中，所著述的科技文献均为医学著作。而例如杨用道、窦汉卿两位作者在朝廷又身兼要职。杨用道因平时多留心药方，在总结注释前人著作的基础上撰写了《附广肘后方》。从这一时期成名的医学家数量上来看，他们多出身于民间，有着丰富的临床经验，其著述也促进了金朝医学的发展。

在医学理论方面，流行多时的"五运六气"说，还有待于反思和探讨。"五运六气"说是一种用气候变化和人体生理、病理活动来预测病因的学说。其实这种学说不能有效地预测病因，因此需要对它进行认真的研究和批判，这也刺激着医学理论的创新。成无己有《注解伤寒论》10 卷、《伤寒明理论》3 卷等，两书是对东汉末年张仲景所撰的《伤寒杂病论》的注释和发挥，使原本深奥的《伤寒杂病论》得以广泛流传。成无己对我国医学理论的确立和传播做出了重要贡献。

三 辽金宗教科技文献作者的知识积累

宗教科技文献作者及著作在辽金时期并不多见。其主要原因有：其一，少数民族的原始信仰带有浓重的盲目色彩，早期的宗教信仰主要是一种祈祷活动。其二，佛教等外来宗教的传播成为人们的一种精神信仰寄托，虽对改变人们的生活习惯以及推动了文学艺术创作、建筑生产发展等方面，但对于科学技术并无太多帮助。

契丹族早期，与许多少数民族早期一样崇拜自然、祖先，相信万物有灵，信仰图腾等，例如拜日、祭祀黑山等活动。契丹人还信奉萨满教，萨满教信仰巫术，这也使得辽朝当时的科技发达受到一定阻碍。在辽朝，道

---

① 《金史·卷五十六百官志二》。

教的地位不及萨满教和佛教，但也是佛道共提，寺观并论。契丹人信奉的道教是从中原传入的，信仰的内容也同中原大致相同。金代宗教有萨满教、佛教、道教等。萨满教主要流行于女真人中。佛教在各族中都有流行，并对社会经济生活习俗产生很大影响。道教在金代有很大发展，创建了全真、太一、大道三大新的派别，传播相当广泛。这也为道教医学的传播奠定了一定的基础。

马丹阳是全真道遇仙派的创立者，道教全真道北七真之一。马丹阳是全真道祖师王重阳在山东收下的首位弟子。大定十年王重阳逝世后，马钰成为全真教第二任掌教。全真教倡导苦行、忍辱、柔弱、清净，主张道、儒、佛合一，且简便易行，传播广泛。自创教以来颇受金朝帝王青睐。在道教历史和信仰中，他与王重阳另外六位弟子合称为"北七真"。在王重阳的诸弟子中，马钰的悟道最深也最快。马丹阳擅长医术，尤其在针灸学方面颇有研究，受全真教影响，马丹阳在医学著述上亦体现了简明易懂的风格，著有《神光璨》《天星十二神针法》等。

第五节 辽金科技文献作者群体的创作过程与作品流传方式

本节主要是从官方、民间、宗教三大作者群体作品的创作过程与流传方式来进行研究，辽金时期的文献流传下来的并不多。这一时期战火纷飞，国家对于科技的研究侧重于兵器和医学。但兵器研究方面的文献并未能流传后世。因此，我们现在所见最多的这一时期的文献是关于医学方面的。辽、金科技文献作者的创作目的主要是由于职业需要以及个人兴趣，如医学文献的编著主要是行医者多年的临床经验。这些因素都是我们在研究时需要参考的。

一 辽金官方科技文献作者群体的创作过程与作品流传方式

金朝在数学上取得了很大的成就，其中天元术（天元术是解算高次方程的方法）的发明就是金、元两朝数学飞跃性发展的标志。李冶1248年撰写的《测圆海镜》12卷和1259年完稿的《益古演段》3卷，是迄今见到的最早的系统论述天元术的著作。在李冶撰写两书之前，我国北方流传关于推算勾股形容圆（直角三角形的内接圆）、解算方程的著作，李冶的《测圆海镜》就是在吸收当时同类著作成果基础上写成的。李冶书中，用问答方式，阐述天元术的解法。其方法是用"元"字表示未知数（类似近代数学中设 X 为未知数），"太"字表示常数，依据所给的数据列出两个数量相等的方程，两者相减，一端为零，然后进行解算①。

二 辽金民间科技文献作者群体的创作过程与作品流传方式

民间科技文献作者当中，医学家的著作流传最为广泛，这与当时医学的发展有着密切的联系。由于当时的医学研究缺乏创新和新的理论思想，加之历代积累下来的思想、内容和方法需要加以总结，因此，这一时期的医学著述有大量对前人著作的总结和注释，是对前人医学经验的总结和发展。

在金朝的众多民间医学家中，以刘完素、张元素、李杲等人的成就最为显著。刘完素、张从正、李杲和元朝的朱震亨并称为金元四大名医，形成了以刘完素为代表的河间派和以张元素为代表的易水派两个不同的医学派别。刘完素主张"火热论"，力主用清法治疗外感伤寒，为温病学说的形成奠定了基础。张元素反对当时医界过分墨守古方的风气，主张根据外界气候的影响和患者的体质灵活用药②。

成无己在医学理论方面撰写了《注释伤寒论》，对我国古代医学理论的确立和传播都起到重要的作用。杨用道撰写的《附广肘后方》8 卷，记载了治疗内、外、妇、儿、眼各疾病的方药，多为民间单方验方，有较高的实用价值。在药物学方面，金朝还刊行《经史证类大全本草》，使得此书得以广泛推广。另有张元素的《珍珠囊》，讨论了 100 种药物，并使中药归经一说成为实际运用中药的原则之一。在针灸方面，有马丹阳、窦汉卿等著名医家。马丹阳著有《天星十二神针法》，又名《天星十二穴主治疾病歌》："云：三里内庭穴，曲池合谷接，委中配承山，太冲昆仑穴，环跳与阳陵，通里并列缺，合担用法担，合截用法截，三百六十穴，不出十二穴……"今根据《天星十二穴主治疾病歌》引为论述，逐步阐释其

---

① 宋德金：《中国历史》卷 9《金史》，人民出版社 2006 年版，第 317 页。
② 漆侠主编：《辽宋西夏金代通史——教育科学文化卷》，人民出版社 2010 年版，第 514 页。

十二穴医疗疗效和意义。窦汉卿在针灸方面的成就更大，他著有《标幽赋》和《流注指要赋》。《标幽赋》是把他关于针灸的理论和实践写成歌赋，便于记诵，以利于流传。《流注指要赋》则是根据经络系统辨证论治的取穴规律，提供治疗心得，并写成歌赋，便于记诵。

三　辽金宗教科技文献作者群体的创作过程与作品流传方式

马丹阳作为道教全真道北七真之一，其医学成就突出，明朝陈继洲在其所著《针灸大成》中载有《马丹阳天星十二穴治杂病歌》；言其疗效"治病如神灵，浑如汤泼雪"，最后并说此针的传授原则："北斗降真机，金锁教开彻，至（好）人可传授，非（不合适的）人莫浪（乱）说"。这十二个穴位分别是：足三里、内庭、曲池、合谷、委中、承山、太冲、昆仑、环跳、阳陵泉、通里、列缺。书中分别对每个穴位的功能主治、下针的尺寸、搭配其他穴位的疗效进行说明。这十二穴都是人体十二经脉最重要和常用的穴位，其治疗病症十分广泛，疗效明显，对现代中医针灸疗法以及家庭穴位保健均有十分宝贵的价值和意义。

第六节　总结与分析

辽朝的科技与学术是中国科技史和学术史的重要组成部分，尽管在很多方面远远不及北宋，但也取得了一定成就。但由于辽朝对书籍的禁令十分严格，严禁书籍入宋，加之民族的纷争，政权的更易，辽朝的文献著述流传甚少。现有的文献资料中，有关辽朝科学技术的记载更是一鳞半爪，因此要统计科技文献作者就更不易。金朝在数学和医学方面的发展较之辽朝都有很大的进步。这一时期的数学继承了前代成果并有较大的发展与进步。在医药学方面，金朝将医药机构的规模扩大，医药的教育也逐步发展和完善，这些成就也影响了元朝医药学的发展，在医药分科的方面，元朝比之前更细致。由于金朝医药学的分科很细，医药学家钻研的也就越精，从而在医籍整理、医疗诊断、医治方法以及医药使用等诸多方面都有明显进步。此外，这一时期的医药学在传统发展的基础上，还广泛吸收了外来医学的长处。在我国医学史上，当时有闻名天下的"金元四大家"，医学门户、新流派的出现，同样极大地丰富了传统医学的发展。综上所述，辽金时期在科学发展方面取得了不小的成绩,特别是金朝的科学发展成果最大。

  中国的古代科技发展至辽金时期,速度明显减缓了。原因之一是宋朝开始,科举制度使文人志士多重仕途,轻技艺,造成了科技与士人及教育的脱离,许多成就仅靠技艺人口头传授;辽金时期多吸收、学习宋朝的科技。因此在科研方面多用归纳法,对许多高超的技艺只知其然,不知其所以然;同时用阴阳五行论来解释客观世界和未知事实,限制了人们对新生事物的深入研究。这些社会因素造成的科技发展速度减慢,最终导致了中国在近代科技史上的落后。

第九章 元代时期

"元朝（1271—1368）是我国历史上蒙古族统治者建立的大一统王朝。"[①] 元代科技文献作者共47人，包含了天文、地理、水利、历法、医学、农学、军事、测绘等几大领域的科学家。其中官方群体30人，民间群体13人，宗教群体4人。元代官方科技文献作者群体在地域上集中在大都腹地和浙江、江西二省，在官职上集中于蒙古、色目等少数民族要职中，在学科上集中于农业、水利、天文、地理等，在教育上呈现了私学为主、官私混杂的特征，在流传上官方编纂的科技文献较具优势。元代民间科技文献作者群体在地域上集中于中原一带，其中以浙江居多，在学科上以数学、医学和地理学为主，在教育上以师从和经验积累为主要特征，其流传较广的作品集中在地理和数学两个领域。元代宗教科技文献作者群体人数非常少，不到总人数的十分之一，在教别上集中于道教，与元代政府关系密切。总体而言，元代科技发展停留在经验性阶段，不论官方群体、民间群体还是宗教群体，他们的科学研究和科技文献作品都是侧重操作性而非理论性。

第一节 元代科技文献作者群体存在的社会背景

元代在中国历史上统治时期较短，可是却有着重要的地位。它是中国多民族统一国家空前发展、壮大的时期。它结束了宋朝以降长期四分五裂的状况，实现了包括辽东、西域、漠北、吐蕃、云南等地区的大一统。

[①] 《中国大百科全书》，中国大百科全书出版社1996年版，第5924—5929页。

一 元代社会的政治、经济与文化发展水平

元代作为历史上的一个重要朝代,在政治、经济、文化等诸多领域出现了新的飞跃,在中国历史上发挥了承上启下的作用。

(一) 元代的政治、经济

元代制度主要沿袭金制,同时又有所改革创新。中央设中书省、枢密院和御史台。中书省统领六部,掌管全国政务;枢密院掌兵;御史台掌督查;宣政院主持全国释教及吐鲁番地区军民政事。地方最高行政机构是行省。在距离省治区较远的地区,设宣慰司,就便处理当地军民事务。另外元代的一大特色是设达鲁花赤一职,主要由蒙古人或色目人担任,主要用来保障蒙古贵族的监督和裁决权力。[①]

军事上,元朝军事防卫系统分为戍卫京师的宿卫系统和镇守全国的镇戍系统两大类。探马赤军、蒙古军和汉军军户是通过奥鲁进行管理的。奥鲁的主要职责一是负责按时为当役军人制备军需,二是从军户中启发丁男服军役。

法律上,元代的法制体系,主要是因时而立,元代法律大体上遵循前代同类法条,始终没有颁布完备的法典,多是依据需要而颁布的各种单行法。

选举官员的制度上,中央高官主要由世袭的蒙古、色目贵族和极少数汉族官僚占据。保持这种垄断的重要途径是从护卫军中选拔人员担任军政要职。此外,还有别里哥选制度,即皇上亲自任命官员。延祐年间,元朝设立科举制度,但规模与前代相比相差甚远,普通老百姓想通过科举入仕很难。

就元朝社会经济来说,对外开放使元代农业、手工业、商业和交通运输业的发展迅速。元世祖即位以后,建立劝农司,用以管理农业,指导生产,编辑《农桑辑要》,推广先进生产技术,保护耕地、兴修水利等,使元代前期农业生产得以恢复和发展。元代中期以后,农业生产呈现停滞、凋敝现象。

"元代在全国范围内使用了纸币——钞,实现了货币统一,促进了商

[①]《中国大百科全书》,中国大百科全书出版社1996年版,第5924—5929页。

品流通和经济发展。其海外贸易规模也超越了前代,与中国有贸易关系的国家涉及南亚、东南亚、西亚、东非等地区 97 个之多。海外贸易的发展,带动了元代经济的兴起。"[1]

(二) 元代文化

元朝的文化在我国文化史上占有很高的地位,就文学艺术来说,戏曲艺术在元朝有很大发展。元曲包括元杂剧和散曲。杂剧是这个时代文学的突出成就。13 世纪中期到 14 世纪初,是元杂剧的鼎盛时期。著名的剧作家有关汉卿、王实甫、马致远、白朴、高文秀、康进之等,著名的作品有《窦娥冤》《汉宫秋》《拜月亭》《西厢记》等。到元代后期,南戏则得到发展,杂剧由盛转衰,南戏以高贵成的《琵琶记》成就最高。罗贯中和施耐庵分别于元末明初创作了《三国演义》和《水浒传》,标志着中国古典小说的发展成熟。元代壁画艺术水平较高,现存的永乐宫壁画是极其珍贵的文物。

在史学领域,具有突出影响力的有胡三省的《资治通鉴注》、马端临的《文献通考》。元代还修成了《辽史》《金史》和《宋史》。《元朝秘史》是蒙古族最早的历史学和文学著作。《红册》和《吐鲁番佛教源流》是元代藏族两部最重要的历史名著。

在哲学领域,元代统治者用理学维护封建统治。1235 年赵复被蒙古军俘虏至燕,理学从此在北方大为流传。到统一江南,南方又出现诸多理学家,其中以刘因、许衡、吴澄最为著名。[2]

二 元代科学技术的总体发展水平

元朝时期是中国历史上很重要又很有特点的时期。它的科技发展既继承了唐宋成就,又对明清产生了重要影响,有些方面如数学、医学、天文学等达到了中国古代科技史上的高峰期。由于元朝是由少数民族建立的政权,在与汉族交往中深受中原文化影响,朝廷不断推行汉法,注重农业、手工业、医药学等方面的建设发展,促进了这一时期科技和社会的不断进步。同时该时期水陆交通空前畅达,中外交流空前活跃,有力地促进了中外科技交流。

---

[1] 《中国大百科全书》,中国大百科全书出版社 1996 年版,第 286—293 页。
[2] 同上书,第 5924—5929 页。

总之，这一时期科技发展的显著特点是百花齐放，百家争鸣，国内各民族的科技交流和中外科技交流频繁，表现出了多民族交相辉映的时代特色。

（一）科学的发展

这一时期科学发展，主要表现为涌现出了一批著名的天文学家及其优秀的天文历法著作、各类地图的绘制，以及数学和医药学的发展。

在天文地理学方面，如扎马鲁丁最大的贡献就是编制了《万年历》和创制了数种天文仪器，将阿拉伯先进的天文历法介绍到中国内地，为中外交流作出了贡献。其次，郭守敬在实际观测与研究的基础上编订了《授时历》。《授时历》将一年分为365.2425日，这一数据与地球实际上绕太阳一周的时间仅仅差26秒，如此高精度的观测数据使其一举成为中国古代历法史上一部辉煌巨作。

元朝疆域辽阔，全国行政区域不断变更，各路府州县的名称也多有改动，各地方图志不全，因而客观上亟需一部全国性的地理著作。于是由元政府主持，扎马鲁丁、虞应龙等具体负责的《元一统志》问世。这是一部空前完备的全国性的地理志书，它对全国各路府州县的建置沿革、城郭乡镇、山川里至、土产风俗、古迹人物均有详细描述，此外该书还大量引用了历史材料并补充了一些丰富的勘察实证，因而具有较高史料价值和学术价值。

元朝是我国数学发展的高峰期，涌现出了一批杰出数学家及优秀著作。如李冶的代表作《测圆海镜》是一部系统的天元术著作，比较全面介绍了列天元的方法和步骤。朱世杰所著《算学启蒙》包括了乘除、面积、体积、盈不足、垛积、差分、开方、方程、天元术等当时数学的各个方面，形成了一个较完整的数学体系，是一部很好的入门级图书。他的另一著作《四元玉鉴》论述了垛积术与四元术。这两项成果要比欧洲早400年。这一时期还有蒙哥对古希腊伟大数学家欧几里得《几何原本》的研究等。这一时期的数学继承了前代成果并又有较大的发展与进步，金元数学的发展可谓是达到了我国古代的巅峰状态。

在医药学方面，元朝医药机构规模扩大，医药教育逐步发展和完善。在医药分科方面，元代比以前更细。唐代分4科，宋代分9科，到了元代分为13科，由于分科越细，钻研越精，从而在医籍整理、医疗诊断、医治方法以及医药使用等诸多方面都有明显进步。此外，这一时期的医药学在传统发展的基础上，还广泛吸收了阿拉伯医学的长处。在我国医学史上，当时有闻名天下的"金元四大家"，医学门户、流派的出现极大地丰富了传统医学的发展。

（二）技术的进步

随着这一时期科学的发展，其技术水平也有很多闪光点。元朝政府大力推广先进的生产技术鼓励垦荒、发展农业，尤其是元代中后期，种棉技术已经在全国范围内得到推广和普及。另外，元朝为了治理水患，发展农业，加强水路交通，对水利工程建设颇为重视，最典型的当属京杭大运河的继续开凿和对黄河的治理。

隋唐时期开凿的大运河到了元初期，北段已经淤积严重，于是元政府决定恢复和发展这条交通要道。但由于地势复杂，该项工程浩大又艰难。当时的负责人员通过认真考察和研究前代的成就，最终提出了梯级船闸的方案，解决了通航的难题。此外，黄河经常发生水患，给人民生产生活带来严重灾难，于是元政府决心进行整治。历史上有名的"贾鲁治河"就是这一时期的典型代表。贾鲁动用人力近20万，疏浚河道280多里，堵塞大小决口107处，工程之大，在我国治河史上实属罕见。他治河的主要方法就是疏、浚、塞并用，同时他还创造了石船堤障水法，最终取得了治河的成果。在重视内地水利兴修的同时，元政府还在不断开拓海上航运事业，海上航线逐渐增加，远航范围不断扩展。

总之，元代是少数民族建立的王朝，既保留了本民族所具有的传统文化特点，又大力吸收了其他民族，尤其是汉族的优秀传统文化，将中国科技史的发展推进到一个新的阶段。这一时期的多元科技文化的构成及其相互影响和发展，是很重要又很有特点的，在中国科技史上值得大书一笔。

第二节 元代科技文献作者群体的组成

本节以元代科技文献作者群体为研究对象，将这一群体大体分为三类，即官方科技文献作者群体、民间科技文献作者群体以及宗教科技文献作者群体。

据统计，元代科技文献作者共有47人，包含了天文、地理、水利、历法、医学、农学、军事、测绘等几大领域的科学家，其中官方群体30人，民间群体13人，宗教群体4人，如图9—1所示。

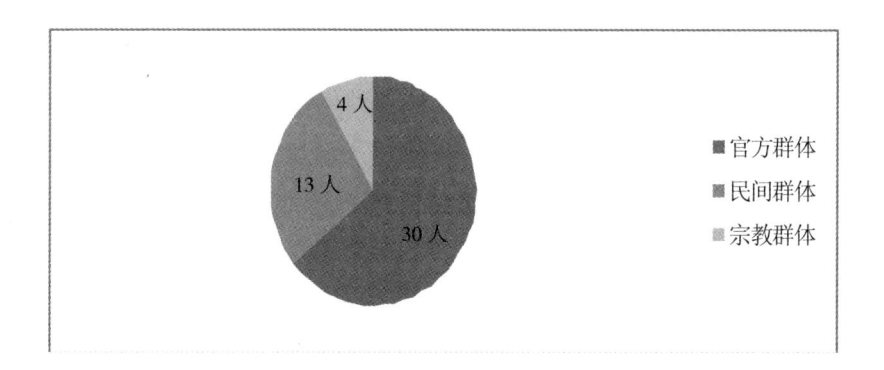

图 9—1　元代科技文献作者群体分类构成图

三大群体具体人员组成情况如表 9—1 所示。

表 9—1　可考元代科技文献作者群体分类统计表

官方群体	民间群体	宗教群体
耶律楚材、周致中、窦默、熊梦祥、许衡、忽公泰、郭守敬、刘郁、郑构、鲁明善、王恂、忽思慧、畅师文、罗天益、任仁发、俞希鲁、王与、潘昂霄、王祯、陈绎曾、欧阳玄、李好文、危亦林、赡思、于钦、陈椿、脱脱、费著、扎马鲁丁、葛逻禄乃贤	李冶（入元不仕）、王应麟（入元不仕）、朱世杰、周达观、朱震亨、陆友仁、滑寿、汪大渊、王履、杨辉、李仲南、齐德之、李杲	李志常、朱思本、赵友钦、吾丘衍
30 人	13 人	4 人

一　元代官方科技文献作者群体的组成

官方文献作者群体主要是指其所从事的文献创作活动与其社会身份——官员有密切关系的群体。本节将从官职结构、地域分布特征、学科分布三个特征进行分析。

（一）官方科技文献作者群体的官职结构

根据统计资料显示，元代科技文献作者群体中，官方群体是其主要组成部分，占总人数的 64%。元代官方群体中，有很大一部分人员是蒙古族、回族及维吾尔等族的少数民族成员，其中不乏当今中国之外其他国家的人员。由此我们可以推出，元代科技文献作者群体中，官方群体是其主要力量。同时，高度的民族融合和中外文化的交流也促进了元代科技的发展。

就官职结构来说，元朝大体上官分十二等，从正一品到从九品。在中央设中书省、枢密院和御史台，中书省下设吏、户、礼、刑、兵、工六部，除此之外还设宣政院来掌管宗教事务和西藏地区，以及时置时废的尚书省。在地方，河北、山东、山西由中书省直接管理，其他地区设置行中书省（简称行省或省），行省下有道、路、府、州、县、社，权力和资源高度集中于中央。元朝官方科技文献作者群体中，居从六品及以上的有22人，占总人数的73%，居正七品及以下的有8人，占总人数的27%。

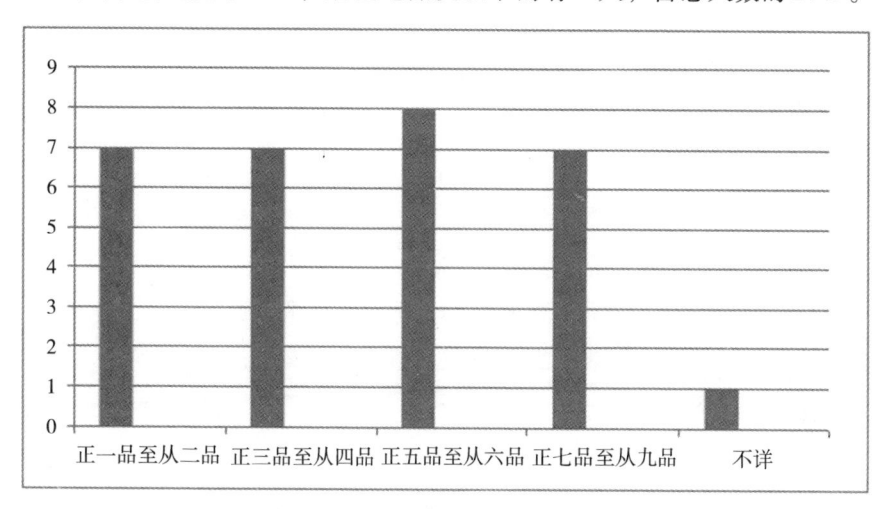

图9—2　元代官方科技文献作者群体官职品级分布图

从中央和地方角度来看，通过统计，30位官方人员中，中央官员21人，地方官员9人，比例分布见图9—3。

元代官方科技文献作者群体中，少数民族占据了相对较高的比重，这是元朝作为少数民族统治的王朝区别于其他朝代的特征。并且这些少数民族官员多身居要职，例如丞相脱脱为蒙古族，一品大臣耶律楚材为契丹族，集贤大学士扎马鲁丁为回族，翰林国史葛逻禄乃贤是色目人，翰林集贤直学士忽公泰为蒙古族，达鲁花赤鲁明善为畏兀儿人等。

忽必烈统一中原以后，为了加强中央集权的统一实行了二元制统治政策。一方面推行"汉化"，其主要内容为：建立年号国号的礼仪制度，把都

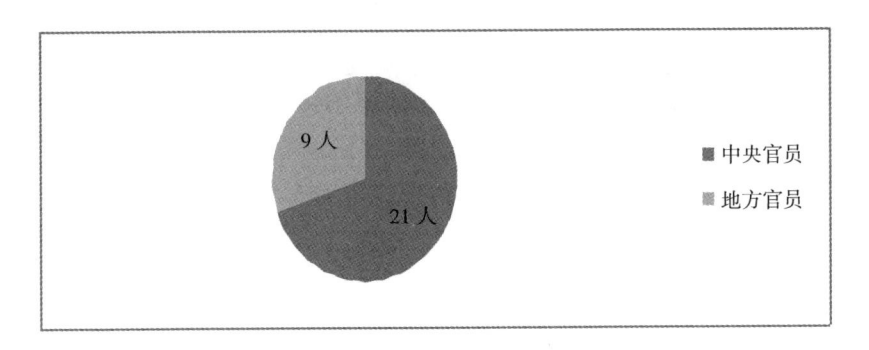

图 9—3　元代官方科技文献作者群体职务层次分布图

城移向中原，实行重农政策，制定一套从中央到地方的官职机构等。另一方面，有意保留了一些蒙古旧制，以保护本民族的贵族特权。忽必烈将全国民众划分为四个等级：第一等蒙古人，指原来蒙古族的各个部落；第二等色目人，指西域地区的各国人；第三等汉人，指北方的汉人、契丹、高丽、女真人等；第四等南人，指原来南宋统治下的各民族。四等人的划分也体现了元朝的用人政策，官职的升迁，从七品以下属吏部，正七品以上属中书省，三品以上由皇帝决定。能够进入中央体系的都是皇帝亲选的亲信，基本上由蒙古人和色目人担任，而南人进入高层的机会少之又少，这也就解释了为什么官方科技文献作者群体中出现了一批少数民族且官居要职的人员。

（二）官方科技文献作者群体的地域分布

就地域特征来说，元朝是我国历代统治疆域空前广阔的一个朝代，统一之后的元朝疆域范围：南起我国南海，北到贝加尔湖，西北至今西伯利亚、新疆东部，西南延及今日云南、西藏等地区，东北至外兴安岭、鄂霍次克海，由中书省所直接管辖的首都腹地、由宣政院所管辖的吐蕃地区，以及 10 个行中书省。[①] 根据《中国历史地图集》所记，元朝统治地区大概是今天的内地、西藏、新疆、内蒙古、蒙古、满洲、澎湖、济州岛及南海诸岛，还包括中西伯利亚，东西伯利亚大部分，东到白令海、库页岛、不丹、锡金、东南亚印度支那半岛、克什米尔东半部、朝鲜半岛北部等。

然而，就在这么辽阔的统治疆域范围之内，我们有据可查的官方科技文献作者群体却高度集中在中原范围内，尤其以中书省直辖腹地河北、山

---

① 周良霄：《元史》，上海人民出版社 2003 年版，第 437 页。

东、山西等地居多。

元朝之前，中国古代的经济文化重心经历了由黄河流域迁往长江流域的漫长过程，北宋"靖康之难"过后，掀起了大规模的人口迁徙高潮，从此经济重心南移过程完成。到了元朝，即使将首都设立在北方，南方文化的优越性也并没有削弱。宋朝南方经济科技发达表现在以下四方面：一是南方学校教育发达，二是学术重心南移，三是政治重心南人化，四是南方科学、技术、宗教的昌盛。到了元朝，除了南人政治地位有所下降以外，其他特点都得到了延续，因此，浙江、江西等南方省份科学著作较多便不足为奇。

（三）官方科技文献作者群体的学科分布

就学科分布来说，元代官方科技发展主要集中在农业、天文历法、医药、地理勘测等方面。由此可见，元代统治者较注重科技的发展，并且为科学技术的发展创造了极佳的经济条件和对外交流条件。具体学科分布情况见图9—4：

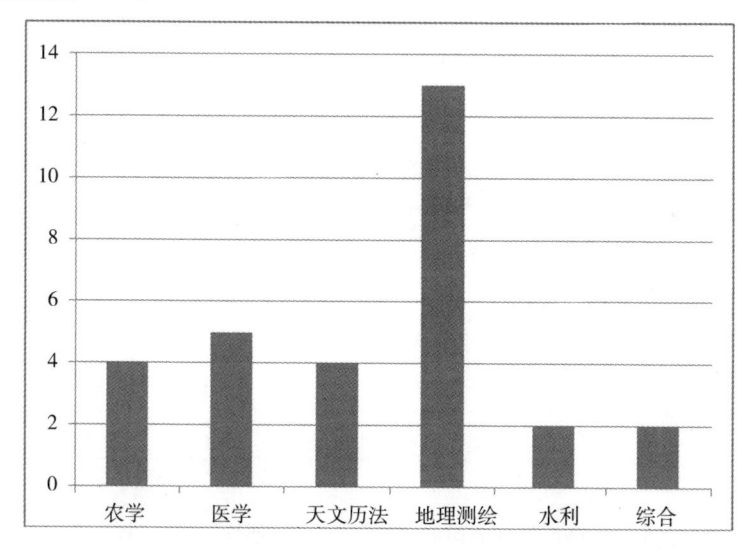

图9—4　元代官方科技文献作者群体学科分布图

在古代的中国，知识分子属于国家地位较高的"士"阶层，科学技术是关乎国计民生不可或缺的，自然就造成了国家设置一批官员从事科学工作。这样，在中国的古代科技史上就出现了一个特征，即知名的科学家中，很大一部分是做过官的，甚至是高官。元朝由于其朝代的特殊性，很多宋朝的官员入元不仕，但是总体上，也没有逃脱这个规律，表现为与国家事务相关的学科特别发达,其中,以农业、天文、地理、算数、医学等学科最为发达,对后世影响最大。表现在元朝时期,典型例子就是时任太史令的郭守敬编纂的《授时历》,集贤大学士扎马鲁丁编纂的《万年历》,县令王祯编纂的《农书》、达鲁花赤鲁明善编纂的《农桑衣食撮要》、都水庸田副使任仁发的《水利集》、太医罗天益的《内经类编》等。这些作品,都是关乎元朝的国计民生,他们从治理国家政务的实用目的出发,在科学形态上属于实用型,而非理论型。一方面,使得元代科技发展取得很多划时代的成就,具备了较高的水平;另一方面,未能形成专业化的理论,只停留在经验型的创造阶段,也给元朝科技带来了一定的局限性。

二 元代民间科技文献作者群体的组成

元代民间科技文献作者群体共 13 人,约占总人数的 27%。详情见表 9—2:

表 9—2　　　　　　可考元代民间科技文献作者群体构成表

姓名	生卒年	籍贯及主要活动地	主要作品
李杲	1180—1251	真定(今河北省正定)	《脾胃论》《伤寒会要》等
李冶	1192—1279	真定栾城(今河北省石家庄市栾城县)	《测圆海镜》
王应麟	1223—1296	浙江宁波	《通鉴地理考》《诗地理考》
朱世杰	1249—1314	燕山(今北京)	《四元玉鉴》
周达观	1266—1346	浙江温州永嘉	《真腊风土记》
朱震亨	1281—1358	婺州义乌(今浙江义乌市)	《格致余论》
陆友仁	1290—1338	吴郡(今属浙江)	《吴中旧事》
滑寿	1304—1386	襄城(今河南襄城县)	《十四经发挥》《读伤寒论抄》
汪大渊	1310—?	南昌	《岛夷志略》
王履	1332—1391	昆山(今属江苏)	《医经溯洄集》
杨辉	不详	钱塘(今杭州)	《详解九章算法》《杨辉算法》
李仲南	不详	安徽黟县	《永类钤方》
齐德之	至元年间(1264—1294)	不详	《外科精义》

（一）民间科技文献作者群体地域分布、学科分布

元朝的儒士凭借学识很难为自己谋得一官半职，他们的正常出路主要是补吏或者出任低级不入流的教官。如果不想走这条路，为了谋生，他们只好去从事一些同样被认为是卑微的职业或者皈依佛教、道教，当然有的也会去从事俗文学创作。而负担得起闲散生活开支的人，如果不是过着醉生梦死的生活，则常常钻入艺术、学术、科技领域中，这就造就了元王朝科学技术和文学创作的繁荣局面。

元朝民间科技文献作者群体的地域分布比较集中，同官方群体一样，民间科技工作者也主要居住于中原一带，其中以浙江居多。具体分布为：浙江省5人，河北省、江西省各2人，北京、河南省、上海、江苏省、安徽省各1人，1人情况不详。①

元朝民间科技文献作者群体的学科分布具有典型特征，主要集中在地理、医学和数学三大领域，其中医学领域共6人，分别是李杲、朱震亨、滑寿、王履、李仲南、齐德之；地理领域5人，分别是李冶、王应麟、周达观、陆友仁和汪大渊；数学领域2人，分别是朱世杰和杨辉。其分布如图9—5所示。

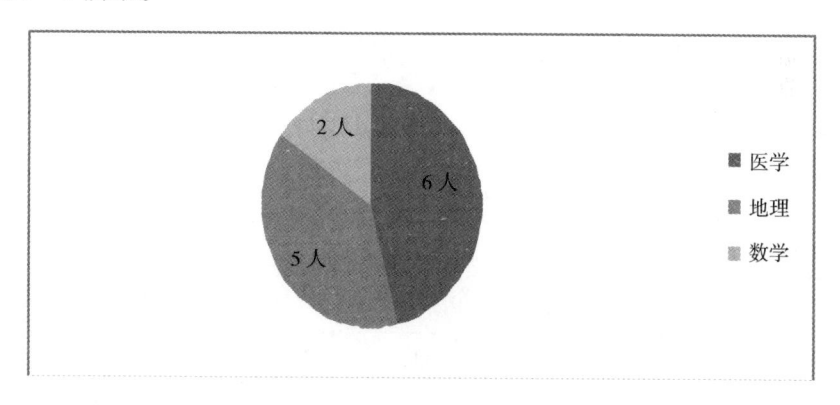

图9—5　元代民间科技文献作者群体学科分布图

（二）元代民间科技文献作者群体特征

与唐、宋相比，元朝读书人的地位有所降低。唐宋儒士的优越地位主

---

① 中国出版工作者协会：《社会科学人物辞典》，中国书籍出版社1991年版，第500—720页。

要源于以下三方面原因：一是政治上可以通过科举取士；二是社会上他们是民众敬仰的对象，即使不当官，社会也普遍尊重有学识的儒士；三是经济与法律上，钻研经典的士大夫往往拥有特权。与前朝相比，元朝知识分子在经济法律和社会上的差别不是太大，唯独政治上的仕途受阻，使他们已经不再或者很难做到"一朝成名天下知"，这就造成了精英贤士转移发挥才智的场地，使得民间科技有所发展。

由上图我们可以看出，元代民间科技文献学科分布比较集中，主要集中在数学、医学和地理学方面。就数学而言，首先是因为社会需要的增加，城市与工商业的发展使得对数学的需要增加。其次是一部分地主阶级入元不仕，大部分时间在田园中度过，"经学"与他们的实际生活相差太远，百工技艺又不屑为之，作为六艺之一的数学就对他们产生了较大的吸引力。数学、医学等学科不像其他学科那样需要投入大量的人力物力，才能有所成就，其研究规模特别适合处于封建专制统治下的、属于小农经济状态的生产资料所有者——中小地主。这就是这些学科在民间科技文献作者群体发展较好的原因。

三 元代宗教科技文献作者群体的组成

由于元代宗教科技文献作者群体人数较少，共4人，详情见表9—3，其中有一人可考资料极少，本书将其余三人情况逐一介绍，以供大家研究参考。

表9—3　　　　　可考元代宗教科技文献作者群体构成表

姓名	生卒年	籍贯及主要活动地	主要作品
李志常	1193—1256	观城（今山东观城）	《长春真人游记》
吾丘衍	1272—1311	浙江衢州	《学古编》
朱思本	1273—？	中国江西临川（今抚州）	《舆地图》
赵友钦	元末明初	鄱阳（今江西）	《推步立成》、《金丹正理》、《三教一源》

(一) 宗教科技文献作者群体的组成

由于元代宗教作者群体只有4人，在此对他们的基本组成情况逐一介绍。

朱思本的《舆地图》是元朝的一部重要的地理学著作。朱思本是今江西临川人，幼年入龙虎山为道士。1299年，时掌全国道教事务的官员吴全节——之前也是龙虎山道士——请他入京助理教事。此后，朱思本屡屡奉命代祀五岳四渎等名山大川，因而得以周游天下。他经过二十多年的实地考察，参校前任著述，吸收前代地图绘制方法，最终绘成了长宽各七米的《舆地图》。①

赵友钦，鄱阳人，为宋室汉王第十二世孙，南宋末，避祸隐遁为道家，奔走他乡，常常居住在德兴、东海，后来定居在浙江。在山上筑观象台，观测天象。为学"覃思推究，发前人所未发"，长于律学算数，尤其擅长天宫星家之术。曾以一套特制漏壶，长期观测恒星，利用两个恒星上中天的时刻差来推算赤经差，为天文学史上的首创。他的关于"小孔成像"的实验，不但利用壁间小孔观察日、月成像的情况，而且又自造实验室，以千余只蜡烛为光源，观察烛光通过小孔成像的情况，从而得出光源大小、强弱、远近，小孔大小、形状，以及像屏远近的关系。著有《推步立成》《金丹正理》《三教一源》，可惜均已佚失。现存《革象新书》五卷，记述其天文、历法、数学及物理研究所得。②

李志常，金元之际道士，山东观城人，早年从丘处机学道。1220年，随丘处机西行，谒成吉思汗于西域。1230年，为都道录兼领长春宫事。1233年奉诏教蒙古贵族子弟。1235年，在和林修筑道院。1238年，嗣掌全真道。③

(二) 宗教科技文献作者群体特征

由上述所见，元代宗教科技文献作者群体特征有如下两点：

第一，与朝廷有一定的关系。朱思本祖辈于宋朝年间做官，入元不仕；李志常与其师傅丘处机奉朝廷之命西行；赵友钦是宋室汉王十二世子孙；吾丘衍也是家境殷实。

---

① 邱树森：《中国历代人名辞典》，江西教育出版社1989年版，第730—731页。
② 同上。
③ 同上书，第660—662页。

第二，元代宗教科技文献作者群体主要集中在道教，是因为元代对宗教采取了开放的政策，加以优待和提倡。长春真人丘处机是元代道教人物中最为著名的，他是全真道创始人王喆七弟子之一。成吉思汗曾邀请他远赴中亚考察。他死后，全真掌门人为尹志平（1169—1251）、李志常（1193—1256），他们在促成本宗的兴盛方面显示了卓越的才干，举行过几次较大的活动，例如为丘处机举行显耀的葬礼；扩建重阳万寿宫；大兴土木，筑道院于和林；刊行道藏；广度门徒，与朝廷关系融洽等。由于可参考样本较少，我们不能一锤定音得出元代道教重视科技发展的结论，只能说道教为元代科技的发展输入了人才力量，产生了一批高质量的科技文献，促进了元代的科技发展。

第三节 元代科技文献作者群体的知识积累

科技文献作者群体的知识积累情况包含了其受教育水平、受教场所、教师水平，其家庭背景情况等，家庭和学校是个体社会化发展最重要的场所，对个体今后的发展水平起绝对作用。对科技文献作者群体知识积累的研究，有助于我们从科技工作者这个切入口了解当时阶层划分对科技乃至社会发展的重要影响。

一 元代官方科技文献作者群体的知识积累

元代官方群体的教育体制已经发展得相当完善，形成了一套从中央到地方层级分明的学制体系，官方科技文献作者群体大多就学于官方书院和私家书院。具体情况如表9—4所示。

表9—4　　元代官方科技文献作者群体知识积累构成表

姓名	社会身份	教育背景	家庭背景	主要作品
耶律楚材	契丹族，蒙古国大臣	私学	官宦世家，契丹贵族家庭	《西游录注》
窦默	元初历任翰林院侍讲学士、昭文馆大学士、正议大夫等职	私学，师从于李浩	普通家庭，医学世家	《针经指南》

续表

姓名	社会身份	教育背景	家庭背景	主要作品
许衡	第一个官职是"京兆提学",上任不久即力辞还乡。其后任"太子太保"、任集贤大学士兼国子祭酒	官学,师从于理学家赵复	普通家庭	《授时历》《鲁斋词》
郭守敬	元代天文学家,数学家,水利学家,曾任太史令	私学。祖父精通五经,精于算学,幼承家学,师从于刘秉忠	普通家庭,科技世家	与王恂等人编《授时历》
郑构	官南安县教谕	不详	普通家庭	《衍极》
王恂	任太史令	私学。师从于刘秉忠	普通家庭,书香门第,父亲入元不士	《授时历》
畅师文	官至翰林学士	私学。父讷,有诗名,注《地理指掌图》,仕为汴幕官,赠太中大夫、上轻车都尉	官宦世家	《农桑辑要》
任仁发	元代水利家、画家,任都水庸田副使	不详	不详	《水利集》
王与	温州路乐清县尹、处州路总管知事,转湖州录事	不详	普通家庭	《无冤录》
王祯	安徽旌德及信州永丰县令民	不详	普通家庭	《农书》
欧阳玄	元代史学家、文学家,任翰林院直学士	私学	官宦世家	《至正河防记》

续表

姓名	社会身份	教育背景	家庭背景	主要作品
危亦林	官本州医学教授	私学	普通家庭，医学世家	《世医得效方》
于钦	元朝地理学家，官至中书左司员外郎	于钦少年时曾游学于吴地	普通家庭	《齐乘》
扎马鲁丁	回族。元代著名天文历法学家，官至集贤大学士	官学。回回国子学	官宦世家	《万年历》《至元大一统志》
脱脱	蒙古族。元代丞相，著名政治家、军事家	家族地位显赫，从学于名儒吴直方	官宦世家	主编《辽史》《宋史》《金史》
葛逻禄乃贤	色目人。翰林、国史院编修官	地方官学	官宦世家	《河朔访古记》
周致中	知院	不详	不详	《异域志》
熊梦祥	白鹿书院山长，授大都路儒学提举、崇文监丞	不详	不详	《析津志辑佚》
忽公泰	蒙古族。官至翰林集贤直学士，中顺大夫	地方官学，蒙古提举教学	不详	《金兰循经取穴图解》
刘郁	中书省左右司都事	不详	不详	《西使记》
鲁明善	元代杰出的畏兀儿农学家，曾任安丰肃政廉访使	私学	官宦世家	《农桑衣食撮要》
忽思慧	蒙古族（一说维吾尔族）人，饮膳太医	地方官学	普通家庭，医学世家	《饮膳正要》
罗天益	曾任元太医	私学，师从李杲	官宦世家	《内经类编》《经验方》

续表

姓名	社会身份	教育背景	家庭背景	主要作品
俞希鲁	曾任书院院长，儒学教授，县丞、县尹，至正十六年以松江府路同知告退	不详	官宦世家	《至顺镇江志》
潘昂霄	官至翰林侍读学士、通奉大夫	不详	普通家庭	《河源志》
陈绎曾	官至国子助叙	不详	普通家庭	《翰林要诀》
李好文	官至光禄大夫、河南行省平章政事，以翰林学士承旨一品禄终其身	私学，受教于其父	官宦世家	《长安志图》
赡思	大食人。山西行台监察御史，秘书少监	私学，师从名儒王思廉	官宦世家	《镇阳风土记》《重订河防通译》
陈椿	曾任下沙场（今南汇下沙镇）盐司	官学，大司农司	不详	《熬波图咏》
费著	尝举进士，授国子监助教，官至重庆府总管	不详	不详	《岁华纪丽谱》

（一）元代官方科技文献作者群体的教育背景

元代的教育体制大多继承于前代，同时又有所创新，创造了一套适合多民族发展的教育制度。元代的教育体制分为官学和民间办学两大类别，其中民间办学形式多样，包括庙学、宗教教育、书院和私学。

元代的官方办学分为两大系统，分别是中央官学和地方官学，元代官学学制体系见图9—6。

元代官学的学生来源，主要是蒙古、色目贵族、官宦子弟。在国子学里，蒙古、色目族官僚子弟地位最高，汉族官僚子弟的地位要低很多，而庶民子弟只能以陪读生身份进入国子学。由此可以看出，元朝的官学生源的不平等政策，各族平民百姓，尤其是汉人，除能在社学亦耕亦读外，很难有机会到其他官学就读。

元代官方科技文献作者群体中，受教于民间教育的作者所占比例非常

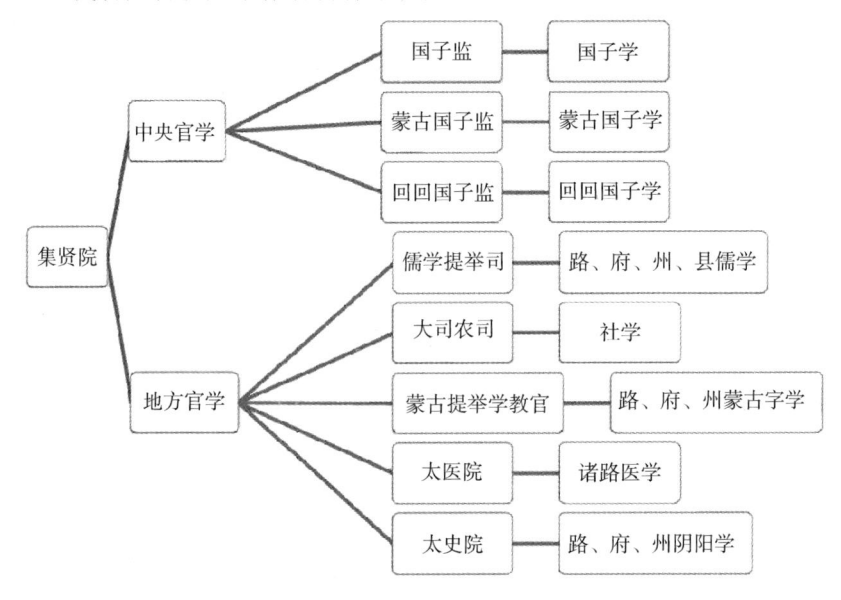

```
集贤院 ─┬─ 中央官学 ─┬─ 国子监 ── 国子学
        │            ├─ 蒙古国子监 ── 蒙古国子学
        │            └─ 回回国子监 ── 回回国子学
        └─ 地方官学 ─┬─ 儒学提举司 ── 路、府、州、县儒学
                     ├─ 大司农司 ── 社学
                     ├─ 蒙古提举学教官 ── 路、府、州蒙古字学
                     ├─ 太医院 ── 诸路医学
                     └─ 太史院 ── 路、府、州阴阳学
```

图9—6　元代官方学制图[①]

高，教育经历多为师从关系。元代的私学十分兴盛，继承了前代的基础，又具有自己的特征。作为地处北方的蒙古族、女真族、契丹族等少数民族，其权贵、官吏和富者皆重视私学，这在宋代以前是比较罕见的。究其原因，主要有以下两点：第一由于少数民族政权内部斗争非常激烈，各少数民族以及家族迫切需要培养本民族的优秀人才，不得不借助私学这一形式加速本民族的文明建设；第二，当时蒙古族屡次东征，战事频发，官学的发展不能满足人们对中原文明的渴望，更不能满足人们对人才的需求，这就促进了少数民族中的权贵、官僚、富有者和儒士们兴办私塾，由此，元朝的私学兴盛起来。

元朝通过私学的教育形式，培养出一大批有用人才，下面列举几位

[①] 欧阳周：《中国元代教育史》，人民出版社1996年版，第34页。

《元史》记载中比较典型的例子。元初杰出的政治家、科学家耶律楚材就得益于家学。据《元史》记载，耶律楚材的父亲耶律履，为契丹族贵族，是辽太祖耶律阿保机的八世孙，在家学渊源的影响下，从小聪慧异常，长大后才华横溢，考取进士，任尚右丞。

元代杰出的科学家郭守敬也是受益于私学，据《元史·郭守敬传》记载，"生有异操，不为嬉戏事。大父荣，通五经，精于算数、水利，时刘秉忠、张文谦、张易、王恂，同学于州西紫金山，荣使守敬从刘秉忠学"[①]。可见，郭守敬的成才，与家学和名师传授是分不开的。

王恂，父亲王良"潜心伊洛之学，及天文律例，无不精究"，"恂性颖悟，生三岁，家人示以书帙，辄识风、丁二字。母刘氏，授以《千字文》，再过目，即成诵。六岁就学，十三学九数，辄造其极。岁己酉，太保刘秉忠北上，途径中山，见而奇之，及南还，从秉忠学于磁之紫金山"[②]。由此可得，王恂得星历之传于家学。

欧阳玄，"母李氏，亲授《孝经》《论语》《小学》诸书，八岁能成诵，始从乡先生张贯之学，日记数千言，即知属文……部使者行县，玄以诸生见，命赋梅花诗，立成十首，晚归，增至百首，见者骇异之。年十四，益从宋敬老习为词章，下笔辄成章，每试庠序，辄占高等……后官至侍讲学士，兼国子祭酒，为修辽、金、宋三史主修官"[③]。

赡思，大食国人，"生九岁，日记古经传至千言。比弱冠，以所业就正于翰林学士承旨王思廉之门，由是博极群籍，汪洋茂衍，见诸践履，皆笃实之学，故其年虽少，已为乡邦所推重"[④]。

李杲，"幼岁好医药，时易人张元素以医名燕赵间，杲捐千金从之学。不数年尽传其业"[⑤]。

元代官方科技文献作者群体的教育背景多为师承关系，而且多就学于官方或者私立书院，这印证了元代书院兴盛这一现象。元代的统治者实行了相对开放的教育政策，在兴办官学的基础上，鼓励地方兴办书院。书院

---

① 宋濂：《元史》卷164《郭守敬传》，中华书局1976年版，第3845页。
② 宋濂：《元史》卷164《王恂传》，中华书局1976年版，第3843页。
③ 宋濂：《元史》卷182《欧阳玄传》，中华书局1976年版，第4196页。
④ 宋濂：《元史》卷190《国学二》，中华书局1976年版，第4352页。
⑤ 宋濂：《元史》卷203《列传第九十方技》，中华书局1976年版，第4540页。

这一办学形式有别于传统的官学,具有其自身的特点与办学精神:第一,与传统官办学院以科举考试为目的不同,书院的教学目的主要是完善个人品德和增加学识。第二,不同于其他形式私学以及官学被动的师授生学关系,书院以学生的自主思考学习为主,辅以会讲、讨论和学生间切磋的教学形式,这就促进了学生个人综合能力的提高,为科技型人才的涌现奠定基础。第三,有别于其他办学形式,书院有其自身的"血缘渊源"或学术师承,这在元代表现较为突出。"野蛮的征服者,总是被那些他们所征服的民族的较高文明所征服,这是一条永恒的历史规律。"[①] 书院是元代"汉化"政策的产物,元代的书院办学形式,促进了元代科技人才的涌现,同时也促进了元代教育的繁荣。

(二)元代官方科技文献作者群体的家庭背景

根据统计资料整理可得,元代官方科技文献作者家庭分为官宦世家和普通家庭,普通家庭又分为科技世家和一般平民家庭,官宦世家 11 人,平民家庭 12 人,其中一般布衣之家 5 人,科技世家 7 人,资料不详者 7 人。具体分类见表 9—5。

表 9—5　元代官方科技文献作者群体(典型代表)家庭背景统计表

家庭背景		代表作者
官宦世家		耶律楚材、畅师文、欧阳玄、脱脱、葛逻禄乃贤、鲁明善、罗天益、李好文、俞希鲁、赡思、扎马鲁丁
平民家庭	布衣之家	许衡、郑构、于钦、潘昂霄、陈绎曾
	科技世家	窦默、郭守敬、王恂、王与、王祯、危亦林、忽思慧
不详		任仁发、周致中、熊梦祥、忽公泰、刘郁、陈椿、费著

由上表可以看出,元代官方科技文献作者中,出生于官宦世家和科技世家的人比例较高,较好的出身决定了他们的受教育水平和生活水平,对其以后的科学研究具有直接影响。从元代社会阶级关系角度,可以将元代社会生产关系与阶级划分分为五类,即地主阶级、商人与高利贷者、农民、手工匠、驱奴。从附表来看,元代官方科技文献作者大部分都属于地

---

① 中共中央编译局:《马克思恩格斯选集》第 2 卷,人民出版社 1972 年版,第 70 页。

主阶级。他们占有社会的绝大部分资料，享有优越的生活环境和教育资源，他们的阶级地位为科技研究提供了丰厚的物质基础。

元代四等人制度对科技文献作者家庭构成有一定影响：

一是蒙古贵族官宦家庭。蒙古贵族是元代社会最高等级阶层，享受特殊的待遇。蒙古贵族从习惯于游牧的奴隶制经营，发展成为封建制的地主，经历了半个世纪的演变过程，他们在不断的对外战争过程中，掠夺人口与财物，形成膨胀势力，权力甚至直接触及元代政权。因为元代统治者的四等人制，色目、契丹贵族地主大体可以归类于这一阶层。元代官方科技文献作者群体中，这一阶层的代表人物就是耶律楚材，他是契丹皇族的后裔，辽朝东丹王耶律突欲的八世孙。秉承家族传统，自幼学习汉籍，精通汉文，年纪轻轻就已"博极群书，旁通天文、地理、律历、术数及释老，医卜之说，下笔为文，若宿构著"①。另外，官方科技工作者群体中的脱脱、赡思、扎马鲁丁、葛逻禄乃贤等也属于这一群体。

二是北方汉人阶层家庭。表现在统计资料中就是科技世家群体，他们大多数是汉人身份，在社会中地位又高于南人，有一部分是前朝遗民，具有较高的社会成就。他们在四等人划分中，虽然属于第三等，但他们在政府与军队中仍然占据高位，拥有政治上的优势。在官方科技群体中，以王恂为代表。王恂的父亲叫王良，是金代末年中山府中的幕僚，因故辞职回乡，潜心研究数学和伊洛之学（即程朱理学），尤其对数学的研究颇有造诣。他的母亲也有文化，是位旧时才女。这样的书香门第，良好的家教环境，为他后来打下了坚实的基础。其他代表人物包括王祯、郭守敬、窦默等。

三是南人阶层家庭。与北方地广人稀相反，江南地区地窄人稠，南宋时期土地兼并严重，宋元革代之际，伴随战争与政治权力的迁移，一些人趁机豪夺强占。为了维护江南地区的稳定，元朝照例收揽与委任南方豪强充任郡县长官，以作为自己的政治支柱。从民族等级划分来看，他们虽然属于第四等，但一官之微，对于克制与统制普通百姓，又意味着特权与优势。代表人物是许衡，许衡自幼勤读好学，因家贫无钱购书，常涉百里借书抄书。

---

① 《元史》卷146《耶律楚材传》。

四是寺观阶层。在元代，僧侣、道徒皆享有政治与经济上的特殊待遇。因此，他们多借势横行，兼并土地，奴役平民，每个寺院或道观都通过各种手段，广占田土，成为大大小小的地主。① 道教子弟李志常就是其中典型案例。

由统计资料可以看出，元代官方科技文献作者群体中官宦世家11人，科技世家7人，占了总数的60%以上，他们多为少数民族官僚宗族或者士大夫家庭出身，从宏观上说，他们都属于地主阶级，这一社会群体结构，决定了这一阶层在教育与取士上的优势。九品中正之法自魏晋实行，选举多用世族，上品无寒士，下品无高门。按照社会学观点来说，家庭乃是社会群体结构中的一种形式，是个人社会化的基本场所，② 元代的官僚宗族家庭无疑为个人的成长提供了良好的环境。举例来说，元朝丞相脱脱，出生在地位显赫的贵族家庭里，伯父为元朝大臣伯颜，伯颜罢相后即任中书右丞相。社会学家库利将家庭看作是人性形成的摇篮，是个人走向社会的桥梁，因此，元朝官方科技文献群体的优越出身推动了他们日后的成长与成才。

（二）元代官方科技文献作者群体的职业经历

科技文献作者的职业经历是指科技文献作者在其职业经历中的知识积累，即科技文献作者在从事某项工作中所积累的知识、资源、素材、经历、经验等对其科技文献作品形成的帮助。大部分元代科技文献作者的作品都是与其职业经历相关的，如下表9—6所示。

表9—6　　元代官方科技文献作者（典型代表）职业经历一览表

作者	职业经历	作品
窦默	翰林院侍讲学士——昭文馆大学士——正议大夫	《针经指南》
许衡	京兆提学，授国子祭酒——定朝仪、官制——拜中书左丞——改授集贤大学士兼国子祭酒——又领太史院事	《授时历》《鲁斋词》

---

① 周良霄：《元史》，上海人民出版社2003年版，第532页。
② 王思斌：《社会学教程》，北京大学出版社2005年版，第102—103页。

第九章　元代时期

续表

作者	职业经历	作品
郭守敬	担任都水监	《授时历》
王恂	任中书令——后领国子祭酒——太史令	《授时历》
畅师文	枢密院都事——四川北道宣慰司经历——四川道提刑按察司事——拜监察御史——迁陕西汉中道巡行劝农副使——陕西汉中道提刑按察司事——转翰林侍读学士、朝请大夫、知制诰同修国史	《农桑辑要》
王与	县吏、中书省官员——杭州路盐官州提控案牍——温州路乐清县尹、处州路总管知事，转湖州录事	《无冤录》
于钦	推西廉访使者书吏——山东廉访司照磨——中书省兵部侍郎，奉命山东，为益都田赋总管	《齐乘》
脱脱	同知宣政院事——迁中政使、同知枢密院事、御史大夫、中书右丞相	主编《辽史》《宋史》《金史》
扎马鲁丁	任职司天台	《万年历》《至元大一统志》
鲁明善	安丰肃政廉访使，兼劝农事——调任大都	《农桑衣食撮要》
忽思慧	加金紫光禄大夫、徽政院使——饮膳太医——职掌侍奉皇太后诸事	《饮膳正要》
俞希鲁	松江路同知——授庆元路（今宁波市）教授——后任几处地方官，每处均兴修水利——最后迁儒林郎、松江府同知	《至顺镇江志》
李好文	历仕元英宗、泰定帝、明宗、文宗、宁宗、顺帝六朝，官至光禄大夫、河南行省平章政事，以翰林学士承旨一品禄终其身	《长安志图》

由上表可见，元代官方科技文献作者群体的写作过程与其职业经历密不可分，主要有以下两类：第一，常设机构，由于官员身份，能够接触、收集到很多资料，进而形成科技文献。如脱脱、李好文，为元代中央常设机构中书省右丞相、翰林学士等职。第二，临时性机构，即国家为了某一项事务而设立的机构，如扎马鲁丁任职的司天台，就是为了观测天文，以制造天文仪器及编纂历法和地志。再如郭守敬担任都水监，掌河渠、津梁、堤堰等事务，在这期间编纂《授时历》。

二 元代民间科技文献作者群体的知识积累

元代民间科技文献作者共13人，可考数据不多，可考的所有数据中，均是师从关系，本节将从这一群体的教育、家庭基本情况中分析其特征。

（一）元代民间科技文献作者群体教育和家庭背景

根据统计资料显示，元代民间科技文献作者群体的教育背景与家庭背景大多数史料上都没有相应记载，所统计13个人的资料里，只有6人的教育经历可查，他们分别是李杲，师从于名医张元素；王应麟，师从于王野、徐凤；朱震亨，师从于刘完素的再传弟子罗知悌；滑寿，先从京口名医王居中学医，后来又随东平高洞阳学习针法；王履，师从于朱丹溪；李冶，师从于赵秉文、杨云翼。

元代民间科技文献作者的家庭背景虽可查数据不多，但是能够总结出一个共同特点，就是他们不论出身高低贵贱，家中长辈多是有才德之人，这些民间科技工作者大多受家庭影响而成绩突出。例如数学家李冶，出生在金朝末年，社会动乱，但是父亲却是刚直不阿的人，他受父亲的正直品质和好学精神影响，从而走上求学道路。再如医学家朱震亨，自幼聪明，家里的年长者都对他很器重，重视他的教育与发展，为他日后的成就奠定了基础。

（二）元代民间科技文献作者群体知识积累情况的特征

由于社会身份的特殊性，民间科技文献作者群体的资料并不如官方群体那样容易查出，从现有资料来看，这一群体的成就与其家庭与教育背景是密不可分的。民间科技文献作者群体的家庭背景不如官方科技文献群体那样显赫，大体上是出身于儒士之家，或者破落的地主贵族阶层，其中有一部分群体，经历了朝代更迭过程中家族的衰败，沦落为平民。他们处于社会的中间阶层，没有了上层社会的政治权利，却比普通平民富有资源。这一群体的这一经历，解释了平民群体为什么能够创造出如此优秀科技人才的原因，他们在幼年时期接受的是优秀的教育，对他们个人能力和个人品德的影响是一生的，因此，即使家道衰败，也并不能阻碍他们才智的继续发挥。

民间科技文献作者群体的教育背景有详细记载的作者集中在医学类专业，这与专业特征也是密不可分的，医学与其他专业最大的区别是人文性，在全面准确掌握必备的医学知识的同时，操作技能还要精准熟练。这就要求从医人员要经历一个长期的求学过程，因此师从关系相比于其他学科就显得尤为重要。

三　元代宗教科技文献作者群体的知识积累

在元代，统治者对各类宗教采取的是包容政策，只要不危及统治者的统治，都予以保护和利用。可以说元代的宗教在历史上是比较兴盛的，其中又以藏传佛教和道教势力最强，在政治上和科技上都有一定影响。

由统计资料可知，元代四位宗教群体的科技文献作者主要是道教传承人。成吉思汗入主中原以后意识到宗教是可以利用的统治工具，便颁布一些命令大兴宗教，并极力抬高道教地位，其表现为：第一，邀请道教首领丘处机赴中亚传道，尊称其为"神仙"。第二，道教是最早获得蒙古统治者免税特权的宗教。第三，赋予道教领袖管领其他宗教的权力。1224年，成吉思汗颁布圣旨："我前时有圣旨来，教尔天下应有的出家人，都管着好，好的歹的，丘神仙你便理会，只你识者，奉到此。"① 总之，蒙古出于灭金和巩固其在华北统治的政治需要，才侧重于重视道教并抬高其地位，这是太祖、太宗时期道教地位高于其他教派的主要原因。

元代统治者的宗教政策是曲折变化的，这种发展变化取决于统治者的统治政策，太宗太祖时期，为了维护统治，利用道教稳定中原，给予道教特权。到了元代中期，为了统一中国，征服吐蕃地区，又通过抬高佛教地位来维护其统治，与此同时打压道教。正是这种政策，导致元代

---

① 傅勤家：《中国道教史》，上海文化出版社1989年版，第203—209页。

宗教教育的断层，元代整个朝代不到一百年间，各教派此起彼伏，各自兴起不过几十年，真正培养出来的人才屈指可数。

第四节 元代科技文献作者群体的创作过程与作品流传方式

我们要研究元代科技文献作者群体，必须对他们的相关作品进行研究，主要从写作品流传方式四个方面阐述。

一 元代官方科技文献作者群体的创作过程与作品流传方式

元代官方科技文献的创作过程主要跟官方活动相关，其资料来源大多是与其官方身份直接相关，其流传方式则具有多样性，官府收藏、私家收藏、书院收藏均有，以官府、私家收藏为主体。

（一）元代官方科技文献作者群体创作过程

就写作目的来说，元代官方科技文献作者写作目的主要分为以下几类：

第一，个人爱好，总结记录个人经历经验的。初步分析，总结记录个人经验经历的共10人，主要以地理学方面著作为典型，如耶律楚材的《西游录注》，记录了作者作为书记官和星相占卜家随成吉思汗出征西域的见闻；潘昂霄任翰林学士时根据阔阔出的叙述所作的《河源志》，是考察河源的专著，这本书对河源地区的地理景色和水文特点进行介绍，是其亲自考察所获得的第一手资料，反映出元代水利的突出成果，是历史上研究黄河的著作，具有很高的地位和价值；葛逻禄乃贤的《河朔访古记》，这部书的写作目的是记录作者在黄河流域和北方各地考察古代城郭、宫苑、寺观、陵墓，搜求古代名碑时的经历，结合文献考订后写成的。

第二，与官方活动直接相关的，如修史活动、天文观测活动等。官方活动过程中形成的文献共8部，主要以天文学为主，官方修史活动中也有涉及科技活动的，例如元朝丞相脱脱主持修订的《元史·河渠志》记载了通惠河、金水河、坝河、隆福宫前河、双塔河、海子岸、白河、济州河、卢沟河、滦河、浑河、御河、河间河、龙山河道、滏河、会通河、冶河、滹沱河、黄河、广济渠、三白渠、洪口渠、扬州运河、练湖、蜀堰、盐官州海塘、吴淞江、淀山湖、泾渠、金口河等河流发生决堤或是堵塞等现象，并针对造成这些灾害的原因提出了不同的治理措施。这不仅为后世水利工程建设提供经验，而且还为我们研究某些河流的历史提供了最原始的资料；再如，郭守敬、许衡、王恂、杨恭懿等撰写的《授时历》，皇帝忽必烈决定修改历法，命王恂与江南日官置局改历，以张易董其事，遂诏命许衡赴京领改历事，至元十五年诏郭守敬，十六年诏杨恭懿改历，许衡为主编。

第三，与官方活动间接相关的，在总结前人经验的基础上，提出创新观点，以推广先进技术方法，促进生产的。以总结前人经验，推广先进技术为写作目的的共11部，集中在农业、医学等专业。例如畅师文的《农桑辑要》，忽必烈定都北京后，深感发展农业是当务之急，因此设大司农专掌农桑水利，分类编成《农桑辑要》一书颁行全国，它是我国现存最早的官修农书；元代另一部重要指导农业生产的著作是鲁明善的《农桑衣食撮要》，1314年鲁明善到安徽地方作监察官，任职期间，为了帮助农民安排好农业生产活动，他组织编写了一本便于农民阅读、实用性强的农书，由此《农桑衣食撮要》问世。

(二) 元代官方科技文献作者群体作品流传方式

关于作品的流传方式，一方面许多作者有多部著作问世，因此全面收集每一部文献的流传方式的过程困难太大，在此仅能选择其典型作品作为目标进行分析。另一方面，有些作品问世没多久就佚失，所以流传方式无从考察，因此，这部分作品以不详代替。

元代科技文献的收藏主要有官府收藏、私家收藏、书院收藏以及寺庙收藏等，其中以官方和私家收藏文献最为典型。

官方收藏机构包括秘书监、经籍所、弘文院、兴文署、艺林库、太医院以及太史院等，元代的阴阳文书、地理舆图以及数学、医药学等其他科技文献几乎都被收藏在秘书监中。如扎马鲁丁主编的《至元大一统志》就收藏在秘书监，秘书监借编纂《至元大一统志》的机会，也极力丰富库藏，把各部门、各行省保存的舆图档案都提调到秘书监，并配备了两名专业画匠，负责'彩画地图'。编《至元大一统志》历时九年，于大德七年（1303）最终完成，经誊写总计达六百册，一千三百卷,进呈御览过,奉圣旨:'于秘府如法收藏',最终成了秘书监的珍藏之一。①

私家收藏主要集中在元代贵族群体,如耶律倍、耶律隆先、耶律琮、耶律良、萧孝穆和肖氏等人。元灭金之后,社会稳定,元代私宅刻书开始发展起来,私宅、坊肆刻书等不仅繁荣了元代社会的刻书出版事业,而且对某些重要科技文献的保存也起到了重要的作用。例如至元五年,胡氏古林书堂刻印的《新刊黄帝内经灵枢》十二卷;至正二十六年,高氏曰新堂刻印的《太平惠民和剂双方》十卷,《增广和剂局方图经》,《本草药性总论》一卷等。其实这些私人刻书坊,在刻书的同时也收藏了其印制的相关科技文献,这不得不说也是科技文献的收藏处之一。

就流传方式而言,大部分有具体资料可考的为官方编纂的文献,如《农桑辑要》。《农桑辑要》流传很广,共有 20 多种版本。目前海内外仅存的元刻本是上海图书馆搜集到的元刻大字本。后来有《田无经济》《渐西村舍》《格致丛书》等刊本,流通最多的是乾隆年间《武英殿丛书》聚珍版(即活字版)本,以及根据这个版本复刻或排印的各种版本。1983年农业出版社出版石声汉的《农桑辑要》校注本,1988 年该社又出版了缪启愉的《元刻农桑辑要校释》。②

二 元代民间科技文献作者群体的创作过程与作品流传方式

与官方群体不同,元代民间科技文献作者群体的创作目的比较单一,主要是个人经历、经验、观点的记录。元代民间科技文献作者作品的流传相较于官方科技文献的流传,传播范围窄,刊刻版本相对较少,比较单一化。

(一) 元代民间科技文献作者创作过程

就医学领域来说,李杲的《脾胃论》《伤寒会要》等,滑寿的《十四经发挥》《读伤寒论抄》,王履的《医经溯洄集》,李仲南的《永类钤方》,齐德之的《外科精义》等都是这些人在总结前人医书、经验的基础

---

① 韩李敏:《论元秘书监对档案的收藏与管理》,《档案学研究》1996 年第 4 期,第 26 页。

② 国学网数据库 [DB/OL], http://www.gxbd.com/2015-1-6.

之上，将自己的行医经历记录下来，以供后人参考之用。

就数学领域来说，如李冶撰写的《测圆海镜》，李冶反对象数神秘主义，认为数学来自客观自然界，因此创作此书，总结出一套简明实用的天元术程序。讨论已知勾股形而求其内切圆、旁切圆等，系统地概括了天元术，从而使文词代数逐渐演变成了符号代数。再如朱世杰的《四元玉鉴》，阐述了自己多年研究成果，即介绍了他在多元高次方程组的解法——四元术，以及高阶等差级数的计算——垛积数、招差术等方面的研究成果。另一位重要的数学家杨辉的《详解九章算法》《杨辉算法》，也是作者为了阐述自己研究成果，以供后人参考而作。

就地理勘测领域来说，如周达观的《真腊风土记》，是为了介绍古国真腊的历史、当地居民的生活、经济、文化习俗、语言等；陆友仁的《吴中旧事》，其写作目的为记乡之轶闻旧记，以补地志之阙；汪大渊的《岛夷志略》，是我国民间航海家汪大渊对自己在海外诸国游历的见闻记事的记录，当时中国与东南亚以及北非地区的海上交往都在这部书中有所记录，是一部价值极高的中西交通史资料书。

（二）元代民间科技文献作者群体作品流传方式

就流传学科而言，民间科技文献作品流传较广地集中在地理和数学两个领域。以朱世杰的《四元玉鉴》，周达观的《真腊风土记》和滑寿的《十四经发挥》为代表。

元末以后，中国传统数学开始衰退，《四元玉鉴》中的许多成果到明朝已无人能懂，几乎失传。清嘉庆年间，阮元在浙江访得该书呈入四库，并嘱李锐校算。其后，沈钦裴、罗士琳、戴煦等先后作了《四元玉鉴细草》。1847年丁取忠校订了《四元玉鉴》，将其收入《白芙堂算学丛书》。该书依丁取忠校本点校，并依罗士琳《四元玉鉴细草》本对一些算式进行校正。《算学启蒙》出版不久即流传至朝鲜和日本。

《真腊风土记》自明代开始就有各种版本：百川学海本，古今说海本，历代小史本，古今图书集成本，香艳丛书本，四库全书本。19世纪初期，法国开始入侵中南半岛，此书开始为西方汉学家注意，先后有法文、日文、英文、柬埔寨文和德文译本。

"《十四经发挥》这本书问世不久，原本就丢失了，薛铠、薛已将其内容收录到《薛氏医案》才得以保存下来。现存版本除了《薛氏医案》

本以外，日宝永六年（1709）芳野屋权兵卫刊本、日宝历十二年（1726）大阪阿内屋喜兵卫刻本，还有日享保十六年（1731）刻本、1986年上海科学技术出版社校注本等单行本，但上述单行本内容都源于《薛氏医案》。"①

三　元代宗教科技文献作者群体的创作过程与作品流传方式

由于元代宗教科技文献作者群体人数较少，其作品的创作目的我们可以逐一分析。李志常撰写《长春真人游记》主要是为了记录他与师傅丘处机西行的经历。对我国山东至中亚沿途的自然景观、山川草木、风土人情等方方面面都有描述。

吾丘衍的《学古编》主要是为了记录篆刻方面知识，以推广流传而用。《学古编》原本为上、下两卷，今合为一卷，成书于大德庚子年（1300）。

朱思本绘制《舆地图》，元成宗大德三年（1299），他前往大都协助一道宗师张留孙主管中国南方道教事务。元武宗至大四年（1311），朱奉命代表元朝皇帝祭祀中国各地名山大川，在这期间，他寻访中国各地，实地考察，验证《要迹图》《樵川混一六合郡邑图》等古地图，参考《大元一统志》《水经注》《元和郡县志》《通典》《元丰九域志》等书籍，用独创的"计里画方"的方法绘出了《舆地图》。

赵友钦的《推步立成》《金丹正理》《三教一源》等，其创作目的在于记录个人在天文、历法、数学以及物理学等方面的研究。由于他的许多著述已佚，我们只能从仅存的《革象新书》中了解他在物理学中的成就。

综上所述，宗教科技文献作者群体的写作目的大多同民间群体一样，记述个人研究成就，用以传承推广。

第五节　总结与分析

经过对元代官方、民间、宗教科技文献作者群体的群体构成、知识积累情况、创作过程以及作品流传等方面的研究，可以从中了解到各个群体

---

① 刘洪涛：《中国古代科技史》，南开大学出版社1991年版，第13—20页。

以及整个元代社会的特征，本节将从三大群体各自特征分析、三大群体比较分析、元代时代特征对科技发展的影响等方面，分析元代阶级群体划分对元代科技发展以及元代社会的影响。

一　元代科技文献三大群体特征分析

由上文论述可以看出，三大群体有其各自的特征。本节基于上文数据，对官方、民间、宗教三大群体特征进行分析。

（一）官方科技文献群体特征分析

元代官方科技文献作者群体首先是指在元代创作了科技文献的人群，其官方身份是指作者创作作品时所依据的资料来源为官方资料。从地域特征来看，元代官方科技文献作者群体集中在大都腹地和浙江、江西二省，这主要与我国古代社会经济重心南移有关，到了元朝即便将都城设在北方，南方活跃的社会氛围也促进了科技的发展。从官职特征来看，元代官方科技文献作者群体多身居要职，并且高官多掌控在蒙古、色目等少数民族手中。这与元代的选官制度有一定关系，元统治者为了加强自己的统治，将元代人口分为四等人，选取蒙古、色目等为自己的亲信，将资源集中在这一类人手中，担任统治国家的职务。从学科分布特征来看，主要集中在与国家发展关系的学科中，即农业、水利、天文、地理等。

从教育特征来看，元代官方科技文献作者群体的教育情况呈现了私学为主、官私混杂的特征，这与宋元时期私家书院的兴起有一定关系，尤其到了元代，统治阶层对教育比较重视，大量兴办私学，培养出一批优秀的科技人才。从家庭特征来看，元代官方科技文献作者群体多为少数民族官僚宗族或者士大夫家庭出身，从宏观上说，他们都属于地主阶级，这一社会群体结构，决定了这一阶层在教育与取士上的优势，因此也决定了这一群体优秀人才的出现。

从创作过程特征来看，元代官方科技文献作者写作目的主要分为以下几类：第一，总结记录个人经历经验的。第二，官方活动要求的，如修史活动、天文观测活动等。第三，在总结前人经验的基础上，提出创新观点，以推广先进技术方法，促进生产的。这些特征均说明一个问题，即元代科技发展停留在经验性阶段，不论官方群体、民间群体还是宗教群体，他们的科学研究都是侧重操作性而非理论性。正如清代学者王锡阐曾说：

"古人立一法必有一理，详于法而不著其理，理具法中"。意思就是只讲怎样做，不讲为什么这样做，这样做的道理隐含于方法之中，可以在做的过程中慢慢去体会。他的实际效果往往是使一项高超技术、一道数学题、一项观测方法等子孙相传、世代效仿，却不知其中道理。于是给中国的古代科学技术蒙上了一层神秘的色彩。

综上所述，元代官方科技文献作者群体位于社会的上层，从人口社会学角度来看，阶级与阶层之间的剥夺与占有关系通过资源分配表现为资源占有的差别，不同的社会分层的人具有不同的社会地位和资源获取能力。[1] 出于官方群体的人口，在当时社会具有优先获得资源的能力，而平民和驱奴这些出于较低阶层的人口被剥夺了某些资源，这也就造就了科技人才涌现在官方群体之中。

(二) 民间科技文献群体特征分析

元代民间科技文献作者群体是指作者在创作科技文献过程中，所依据的资料为民间资料的人群。这一群体在元代科技文献作者群体中所占比例也较高，从学科分布特征来看，这一群体的作品主要集中在数学、医学和地理学方面。这与社会需要和他们的实际能力两点因素有关。数学、医学、古代地理等学科不像天文水利等学科那样需要投入大量的物力、财力，才能有所成就，其研究规模特别适合处于封建专制统治下的、属于小农经济状态的生产资料所有者——中小地主，封建社会的资源不平等，决定了民间群体中这些学科的发展。

从知识积累特征来看，民间科技文献作者群体的家庭背景不如官方科技文献群体那样显赫，大体上是出身于儒士之家，或者破落的地主贵族阶层。他们处于社会的中间阶层，没有上层社会的政治权利，却比普通平民富有资源，他们在幼年时期接受的是优秀的教育，对他们个人能力和个人品德的影响是一生的。民间科技文献作者群体的教育背景有详细记载的作者集中在医学类专业，这与专业特征也是密不可分的，医学与其他专业最大的区别是人文性，在全面准确掌握必备的医学知识的同时，操作技能还要精准熟练。这就要求从医人员要经历一个长期的求学过程，因此师从关系相比于其他学科就显得尤为重要了。

---

[1] 佟新：《人口社会学》，北京大学出版社 2006 年版，第 186 页。

从创作过程和作品流传特征来看，与官方群体不同，元代民间科技文献作者群体的创作目的比较单一，主要是个人经历、经验、观点的记录。就流传方式而言，民间科技文献作品主要集中在地理和数学两个领域。

综上所述，元代民间科技文献作者群体处于元代的中层阶级，他们可以说不是一般意义上的普通平民，群体构成集中在由宋入元的破落贵族、儒士，没有官职的地主阶级等，当然，也存在没有资料占有的普通平民，但是他们的人数是非常少的。人口社会学强调收入资料分配不均不仅呈现在财富上，还表现在消费水平、享用服务、教育资源和智力开发上的差异，阶级与阶层结构的历史延续性使原有较高地位的人能够获得更多的知识和资源，而本就处于社会较低地位的人口由于信息缺乏而步入相对贫困的境地，进一步扩大资源财富的不平等，加剧社会的竞争。

（三）宗教科技文献群体特征分析

元代宗教科技文献作者群体人数非常少，不到总人数的十分之一。元代统治者对待宗教的态度是处于不断地变化中的，这种发展变化取决于统治者的统治政策。宗教科技文献作者群体主要集中在道教，就道教来说，太宗太祖时期，为了维护统治，利用道教稳定中原，给予道教特权。到了元代中期，为了统一中国，征服吐蕃地区，又通过抬高佛教地位来维护其统治，与此同时打压道教。正是这种政策，导致元代宗教教育的断层，元代整个朝代不到一百年间，各教派此起彼伏，各自兴起不过几十年，真正通过宗教资源培养出来的人才屈指可数。

二 元代官方群体、民间群体、宗教群体三者比较分析

元代科技文献作者群体中，官方群体、民间群体和宗教群体就横向比较来看，存在一定特征。

（一）元代科技文献作者群体特征比较分析

就作者群体地理分布特征来看，三个群体差异较小，官方群体的地域分布主要集中在中原及东南沿海地区，民间群体也主要居住于中原一带，其中以浙江居多。宗教群体四人分布地域与官方、民间群体无异，从中可知，在地域构成上看，元代社会的官方、民间、宗教三大作者群体基本一

致,不存在阶级差异现象。这种地域构成与当时社会经济发展密切相关。

就学科分布来看,官方群体主要学科分布在农学、医学、天文历法、地理测绘领域,其中地理测绘最多;民间群体学科分布主要集中在地理、数学领域;宗教作者群体主要集中于天文地理领域。综上可知,地理测绘是三大群体普遍关注的,表明当时的社会指向也与可操作性有关。值得一提的是,数学研究集中于民间群体,这可能是因为数学研究可操作性强,并不需要太多资金投入,最适合平民百姓研究,因此,民间群体数学领域研究成果较多。

(二) 元代科技文献作者家庭背景、教育背景比较分析

就教育与家庭背景来说,官方科技文献作者群体多出身于贵族、官宦之家或名门贵族,很大一部分人就学于书院;民间科技文献作者群体的教育背景与家庭背景大多数史料上都没有相应记载,从可靠的为数不多的人物中可以发现,他们的教育背景多是师从关系;宗教科技文献作者四人有三人可考,都是师从关系。

由此可见,官方科技文献作者的家庭背景与教育背景远远优于民间作者群体和宗教作者群体。从资料来源也可看出,很大一部分民间作者根本查不到教育背景,原因有二:一是人物立传不足以详细到教育背景,二是受教途径杂乱,教育水平落后所致。这也是民间群体、宗教群体科研成果远远低于官方群体的原因。

(三) 元代科技文献作者群体创作过程与作品流传方式比较

就写作目的而言,官方科技文献作者群体的写作初衷大体分为三类,一是与本职工作职能直接相关,即官方活动中的记录;二是个人爱好、个人经验的记录;三是总结与发展前人经验的。民间科技文献作者群体的写作目的比较单一,主要是以记录个人经验为主。宗教科技文献作者群体大体和民间群体类似,也是个人经验的记录。由此可见,官方群体因为其特权,占据着丰富的史料,而对于其研究具有有利之势,因此出现了一批总结前人经验的著作。并且,官方活动对于促进科技发展也有一定帮助,从而推进了一批以本职活动为出发点而进行研究的群体。

综上所述,三个群体各有特征,就总体而言,官方群体在知识积累上占据优势,他们的家庭背景、教育背景普遍优于民间、宗教科技文献作者群体,因此成果较为突出。从写作过程与作品流传来说,官方群体由于其

职能需要和自身职务便利等条件，涌现出的科技工作者也要多于民间和宗教群体，因此，官方阶层所著著作多于民间群体。

三 元代历史特征对三大群体的影响

元代社会是我国少数民族统治的封建王朝，带有浓郁的蒙古族特征，是我国历史上具有重要意义的一个时期，其时代特征也对那一时期的科技发展产生了重要影响。

（一）元代的地域特征促进了科技文化的交流与发展

第一，元代是我国历史上疆域空前广阔的一个朝代，交通十分发达，中外的经济文化频繁，这是元代社会独一无二的特色，是以前任一朝代无可比拟的。"事实证明，不管任何国家的任何朝代，要想发展进步，没有一个与外部世界交流的环境是不行的，封闭没有出路。"[1] 从元代三大科技文献作者群体的地域分布特征来看，主要集中于大都腹地、浙江一带，这一方面与社会经济发展有关，另一方面是受前朝遗传，即与南宋经济集中在江南地区的因素有关。值得注意的是，元代科技文献作者群体除了在上述两个区域出现外，还在今天的伊朗、西亚一带有分布，这是其他朝代所没有的特征，主要归功于元代疆域广阔，在与西亚、东欧国家的交流融合中，出现了一批少数民族的科技文献作者。

第二，"元代由于国内各民族大交流、大融合，……云南等边远地区再也没有脱离中央王朝的统治，加之元朝统治者本书就是少数民族，对少数民族的作用非常重视，大量少数民族科技人才及其成果涌入，对中国民族科技的发展起了推动与丰富的作用，时至今日，仍有一定现实意义"。[2]

（二）元代的四等人制度对三大科技文献群体的影响

元代由于是蒙古族统治的时期，因此社会上少数民族与汉人是区别对待的。在官员任用、科举取士、民事法律等方面待遇有所区别。在官吏任用方面，元朝最重要的中央机构主要由蒙古人担任，也有少量色目人，汉人、南人充当宿卫屡遭禁止，中书省、枢密院、御史台这三大机构的重要

---

[1] 云峰：《中国元代科技史》，人民出版社1994年版，第220页。

[2] 同上书，第220—221页。

官职，一般非蒙古人不授，次要官员则以色目人居多。这样一种等级划分严格社会，对人的发展影响极为重大。人类学认为，人类行为的形成与社会化过程有着密切的关系，人在日常生活和社会实践活动中，必然与周围环境发生交互作用，也就必然会产生不同的行为表现。人是环境的产物，当外界事务的变化作用于人的肌体感官，并经过神经系统和大脑的信息加工时，就会引起人对周围事物的感觉和知觉，在这个基础上，人的心理、意识、行为、习惯和生活方式也会随之变化，这是唯物主义的基本观点。① 在元代社会，不同等级的家庭，由于其先天的条件限制，对于社会越级流动的限制非常大，因此汉人或者南人要想掌握核心社会资源几率非常小，这也解释了为什么元代社会官方群体人数占有绝对优势，为什么官方群体中少数民族人口比例较高的原因。

另一方面，由于遗传因素的作用，人类能够以不同的方式适应环境。这也就解释了为什么教育世家多出人才，我们也不难发现，元代科技文献作者群体中有相当一部分人的祖辈、父辈也在社会各领域有突出贡献。例如王恂等人。② 由此可得知，不同阶层的人，由遗传因素和阶层固化因素的原因，培养出不同的科技人才，表现出不同的阶级特征。

（三）元代社会群体心理对科技文献作者的影响

人类行为受到社会环境影响，其心理学意义是指人类行为受到心理过程与人格心理两方面因素影响，如气质、能力和性格的差异。③ 这一规律表现在元代科技文献作者群体中的典型案例就是民间作者群体中的李冶、王应麟等，南宋灭亡后，入元不仕。

入元不仕这一群体心理主要受两方面因素影响：第一，对前朝的怀念。以王应麟为例，在南宋历官太常寺主簿、通判台州，召为秘节监、权中书舍人，知徽州、礼部尚书兼给事中等职。入元后，"深自晦匿，不与世接"，他是一位深深怀恋故国的"南宋官员"，入元后，其文章大多只写甲子不写年号，以"浚仪遗民"署名就是例证。其心理上欲寻觅一处与其生身之地庆元府（今宁波）鄞县有某种联系之处栖身，以寄托其思

---

① 徐愫：《人类行为与社会环境》，社会科学文献出版社2003年版，第1—2页。
② 宋濂等：《元史》卷149《王恂传》，中华书局1976年版，第3534页。
③ 徐愫：《人类行为与社会环境》，社会科学文献出版社2003年版，第12—13页。

恋故国的情愫。第二，元代是我国历史上第一个少数民族统治的王朝，蒙古族秉性生猛野蛮，与汉人差别极大，对少数民族的偏见与仇视使得一部分南宋科学家到了元朝后辞官不职，这在当时社会形成了一种文人的清高心理，对元代科技文献作者群体的结构有一定影响。

第十章 明代时期

明朝（1368—1644）是元朝灭亡后，汉族人重新建立起来的封建王朝。官文化作为封建社会的主流文化，创造官文化的官方科技文献作者群体自然成为明代科技文献作者群体组成的主要部分，明代官方科技文献作者群体的地域性在早期是十分明显的。1421年，明成祖将政治中心由南京转移到北京，加上科举南方分卷制度的实行，局面有所转变；明中叶之后，形成了北方以中原地区为代表的科技文化中心和南方以江浙地区为代表的科技文化格局，科技文献作者群体的地域差距在逐渐减小，明代官方科技文献作者群体的学科仍局限于传统的农业、水利、医药、手工业等科技领域，对数学、物理等基础学科研究较少，以医药类官方科技文献刊刻数量最多，流传也最为普遍。明代民间科技文献作者群体的研究集中于传统实用技术，而较少涉及综合性研究，他们的写作目的主要是总结经验和解决实际问题。与官方群体相比民间作者可参阅的资料比较缺乏，因此其大部分资料来源于自身的经历和实践经验，实操性更强，其流传以农学类书籍为最。明代宗教科技文献作者群体所占比重较小，但其突出特点是西方传教士的出现和西方科技图书的翻译出版，西方科技文献作品流传更多更广，本国宗教群体科技文献流传较少。

第一节 明代科技文献作者群体存在的社会背景

1368年，朱元璋正式建立了中国历史上最后一个汉族的封建王朝——明王朝。中国封建社会发展到明代，已开始步入晚期，在明代276年的历史进程中，随着社会生产力的发展、封建社会内商品经济的空前繁荣和资本主义的萌芽，加上这一时期君主集权政治体制的高度发展和成熟，都为明代科学技术的发展创造了条件和环境，科技文献呈现出了不同于其他朝代的鲜明时代特征——承古萌新。明代，成为中国科学技术发展的重要时期。

一　明代社会政治和文化

经济基础决定上层建筑，明代科学技术的繁荣，与这一时期社会政治经济文化的发展是密不可分的。

明代是中国历史上一个承前启后的朝代，政治体制、政策环境的发展和成熟，经济的多元化和新旧文化的相互碰撞，都为科学技术的发展提供了良好的社会环境和富足的物质基础。

（一）明代科学技术发展的社会政治环境

明朝是元朝灭亡后，汉族人重新建立起来的封建王朝。朱元璋1368年在建康（今南京）称帝，改元洪武，建立了明朝。至此，明朝276年的历史正式拉开了帷幕。

明代的历史可以分为三个时期：前期——初创阶段，从洪武元年朱元璋建立明王朝开始到正统七年（明英宗1442年）王振专制；中期——巩固与发展阶段，这一时期是从正统七年到万历十年（明神宗1553年）；后期——衰落阶段，该时期从万历十年到崇祯十七年（明思宗1644年）明朝灭亡结束。

明代既是中国封建社会发展成熟的时代，同时也是中国封建专制极端强化，封建制度渐去衰落的时代。在明统治的276年间，统治者为了强化封建专制，进行了大的变革，同时颁布了一系列相关的政策。

明朝初期，政局动荡，朱元璋为了巩固政权，按照"权不专于一司"[①]的原则，首先沿袭了元代的政治制度，在中央实行中书省制度，地方则是行中书省制度。但是，朱元璋很快意识到这样不利于皇权的巩固，于是进行了以加强君主专制的中央集权制度为核心的改革，包括废除行中书省，设三司等；随即朱元璋对中央也进行了大刀阔斧的改革，废除了中书省和在中国存在1700多年的丞相制度，分设吏、户、礼、兵、刑、工

[①] 《明太祖实录》卷129，台北中研院历史语言研究所校勘影印本，1962年版，第2049页。

六部,分管国家事务,对皇帝直接负责,此时的皇权高度集中;与此同时,科举规模的扩大,明确规定明代科举制度"以程朱理学的四书、五经为内容,以八股文为形式",这些改革提高了官吏选拔的规范性,为官方文化的发展奠定了基础。

朱元璋在位31年,有力的政治变革对维护国家的稳定、缓解社会矛盾和促进经济文化的发展起到了重要的作用,出现了"洪武之治"的盛世;在明成祖即位后,明代一直处于上升的阶段,明成祖时期变革了明太祖的很多政策,如设置殿阁大学士的阁臣制度来应对日益繁重的事务但是随着阁臣参政权力的增长,内阁掌握了票拟权,对国家事务基本上是"鲜所参决"[1];改变了明太祖时期闭关自守的政策等,使得这一时期成为科学技术文献多产的阶段。虽然这段时期被称为"永乐盛世",但是对政治反对派的残酷镇压、扩大宦官参政的范围、削藩这些措施都为"土木之变"的发生埋下了诱因。明仁宗、明宣宗采取的"宽松治国、息兵养民"的政策,为明代文化的发展提供了有利的环境,但也成为明代由盛转衰的一个转折点。到嘉靖时,阁臣"朝位班次,俱列六部之上"[2],因此明神宗任命张居正进行政治、经济上的整顿,经济有了起色,政治相对稳定,明朝进入了自英宗以来的繁荣阶段。但实际上自神宗之后,明代已逐渐走向衰弱,即使出现明孝宗"弘治中兴"、"隆庆新政"等盛世,但都是短暂的,并没有改变明代的现状。

明代政治上的相对稳定为明代科学技术的发展创造了良好的政治基础,同时伴随着政治体制改革的步伐,明代科学技术的发展也呈现出了鲜明的时代特征,具有明显的分层性。

(二) 明代文化政策的变革对科学技术发展的影响

经济基础决定上层建筑的定律,使得明代文化政策的变革对明代科学技术的发展产生了决定性的影响。

在明代全面加强君主专制中央集权统治的大背景下,明代文化也实行专制主义政策。明代的科学技术呈现出截然不同的两个阶段:前期在文化大一统政策的影响下,官僚文化的主导地位是毋庸置疑的;后期随着多层

---

[1] 张廷玉编:《明史》卷72《志第四十八·职官一》,中华书局1974年版,第1729页。
[2] 同上书,第1730页。

文化间的互动，民间文化开始逐渐占据主导地位，成为了文化主流。

明初，文化专制成了专制政治的重要手段之一。明太祖大兴文教，以孔孟之道、程朱理学的"明教化以行先圣之道"① 来控制文化。《明史》中曾对明代科举制度有相关叙述："科目者，沿唐、宋之旧，而稍变其试士之法，专取四子书及《易》《书》《诗》《春秋》《礼记》五经命题试士"②。明代历代出现的文字狱案、科场案、方孝孺著作禁毁案等都是明代君主文化专制的典型。"存天理，灭人欲"、严格的等级制度，文化、哲学思想上的保守束缚了文人士大夫和市民的思想，使得社会文化的发展一度受到了抑制。从1368年到1506年，在专制文化政策的背景下，明代的文化趋向于保守和僵化，但是文化的专制也有利于官文化成为文化的主流；明代中期之后，王阳明、李梦阳的文化变革打开了专制文化的缺口③。到了万历年间，对外开放政策的实行，西方传教士的到来，西学东渐，东西文化的相互碰撞，使得民间文化开始兴盛，占据主导地位。

（三）明代商品经济的繁荣为科学技术的发展提供了基础

明初施行的依然是封建社会重本抑末的经济政策。明太祖开国之初提出："理财之术在于'使农不废耕，女不废织，厚本抑末。'"④ 统治者制定的鼓励垦荒、兴修水利、严格的户籍制度、对工商业者征收重税等措施都对工商业的发展产生了严重的制约作用，但是却为工农业生产的发展创造了条件，反过来又促进了工商业的发展。万历之后，商品经济呈现出了空前活跃的态势，资本主义的生产关系开始出现，重商主义思想出现，封建经济结构开始出现裂缝。

这些变化的出现，对明代的文化结构的重构影响是巨大的：各种文化思潮的相互碰撞、思想文化的开放、民间文化的繁盛，尤其是西方传教士的进入，使得明代中后期的科学技术文献的形式和种类，都出现了质的飞跃。明后期呈现出的是一片文化繁荣和活跃的景象。

---

① 宋濂：《洪武圣政记·定民志六》，中华书局1991年版，第10页。
② 郭培贵：《明史选举志考论》，中华书局2006年版，第163页。
③ 陈宝良：《悄悄散去的幕纱——明代文化历程新说》，陕西人民教育出版社1988年版，第6页。
④ 《明太祖实录》卷177，台北中央研究历史语言研究所校勘影印本，1962年版，第2560页。

二 明代科学技术的总体发展水平

处于封建社会晚期的明代,科学文化的发展伴随着政治、经济、社会等方面的变革,呈现出了阶段性的繁荣。

明代的科学技术发展可以分为三个时期:明初——15世纪以前,政治稳定,是生产力的恢复时期,同时也是科学技术的恢复时期;明中期——经济高度发展,商品经济的繁荣,资本主义萌芽的出现,使得这一期间出现了科学技术发展的高峰;明末——随着西方自然科学知识的渗透以及西方传教士和中国科学家合作的开展,为科学技术的发展又增添了活力。

明代文化因为商品经济的渗透和影响而独具特色,呈现出了明显的分层:明代文化按照层次可以分为官方文化、民间文化和宗教文化三大部分,按照科技文献作者的社会角色将作者群体划分为官方、民间、宗教三类才能全面对明代科学技术的发展进行阐述。官方群体社会身份主要是官员,其科技文献作品的创作与其官方身份密切相关;民间群体指的是社会身份为民间人士,科技文献作品的创作植根于民间,主要是自身原因进行创作的群体;宗教群体指的是社会身份为宗教人士,并且科技文献作品的创作和宗教活动密切相关的群体。这三类科技文献作者群体在明代科学技术发展上互为消长,使得明代科学技术的发展呈现出一片繁荣。

本章研究对象是明代科技文献官方、民间、宗教作者三大群体,统计数据要囊括明代各类科技文献的相关情况,用现代分类法探究古代科技文献。明代的科技文献种类十分全面,包括综合、农学、天文学、医学、地理学、水文和水利、手工业、数学、物理等诸多学科。数据覆盖面较广,其统计结果能在一定程度上说明明代各个学科发展的基本态势(详见图10—1)。

明代是中国科学技术发展的重要时期,无论是科学还是技术的发展都具有时代的特点。这一时期不仅涌现出一大批集大成的科学家,如李时珍《本草纲目》、宋应星《天工开物》、徐光启《农政全书》和吴敬《九章算术比类大全》,而且在单科科学技术方面成就颇丰,如兰茂的《滇南本草》、汪机的《伤寒选录》、陆深的《蜀都杂抄》、薛己的《薛氏医案》、马一龙的《农说》、程大位的《算法统宗》、黄成的《髹饰录》、徐霞客

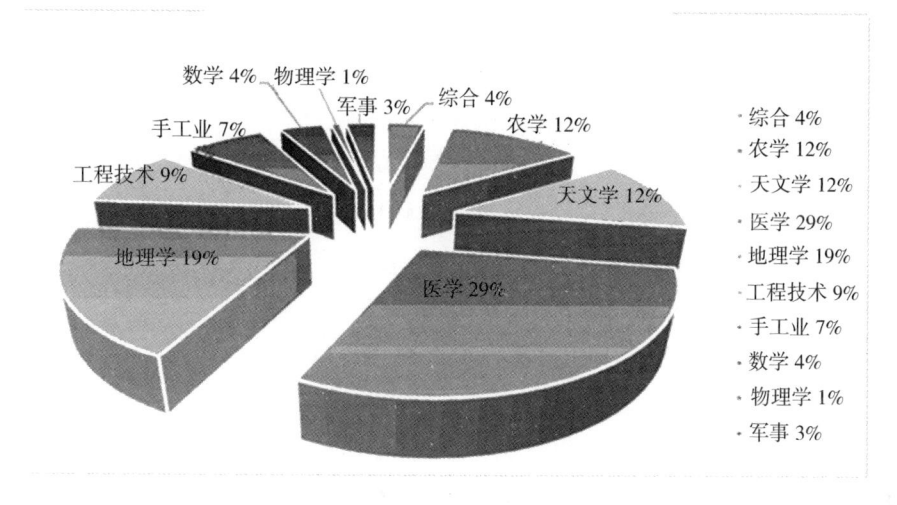

图 10—1 明代科技文献种类统计图

的《徐霞客游记》、郑若曾的《江南经略》和归有光的《三吴水利录》等。

如果将明代的科学和技术进行比较的话，明代技术的发展要胜于科学。明代由于文化大一统和重"八股"等原因，明代科学的发展受到了钳制。尤其是天文学和数学，天文学文献主要是官修，民间学习和利用的机会很少，所以极少出现民间天文学家，到明朝中期之后，才有所涉猎。数学方面，除珠算外其他逐渐衰落，直到明末，随着西方传教士到来，西方初等数学才开始传入中国。西方传教士和中国数学家合译西方著作，呈现出中西融合的局面。

之所以得出明代技术发展比科学发展发达的结论，其原因是：一是明代初期，就采取了一系列"休养生息"的政策[①]，如减轻农民负担，恢复农业生产等，物质生活的富足使得人们对消费品需求也随之增加；二是商品经济的繁荣，资本主义萌芽的出现，农业和手工业的提高，价值观念的转变使得技术创造发展迅速；加上西方传教士的到来，更是给明代技术的发展提供了窗口，明代技术在这样的环境下得以快速发展。明代的技术成就前期主要集中于农业技术的发展上，如桑蚕技术，马一龙的《农说》等；中后期，明代的技术发展到了顶峰，如陶瓷、纺织、印刷、水文等技

---

① 史仲文、胡晓林：《中国全史·明代科技史》，人民出版社 1994 年版，第 1396 页。

术，代表性的著作有潘季驯的《两河经略》、王微的《新制诸器图说》、焦玉的《火龙神器阵法》、黄成的《髹饰录》、周嘉胄的《装裱志》和午荣的《鲁班经》等。

总体上来说，明代的科技文献发展具有典型的时代特征。明代科技文化发展经历了一个转变的过程：前期，科技创作以官方科技文献作者群体为主，但是产量相对较少；到了明代中后期，随着环境的变化，民间科技文献作者群体开始走上历史舞台，明代科技文献的创作呈现出百花齐放的景象。

第二节 明代科技文献作者群体的组成

处于封建社会晚期的明代，社会结构是复杂的，界限是较为分明的，这些都对科技文献作者群体的构成产生了影响。对于占据明代主流科技文化中的官科技群体，主要从以下几个方面进行研究。

一 明代官方科技文献作者群体的组成

前文中提到"官方科技文献作者群体"主要指的是作者身份为官员以及所从事的科技活动与其社会身份与官员有密切关系的群体。明代科学技术的发展主要集中于明代中后期。这些我们能够从官方科技文献作者群体数量、地域分布、学科分布、官职结构的变化分析得出。

（一）官方科技文献作者群体数量

通过对目前可考的明代科技文献作者群体的统计分析可以得出，明代官方科技文献作者群体在明代科技文献作者群体中占据明显的比例优势。这和当时的政治、文化政策是分不开的。官方科技文献作者主要是以在朝为官的群体为主，这其中包括元末明初的士大夫阶层和明初的官员，也包括一些为朝廷服务的相关人员。明代前期的官方科技文献作者有姚广孝、解缙、陈诚、陈循、夏元吉、费信、陆深、马一龙、郑若曾、戚继光、徐光启、孙承宗、李之藻和巩珍等著名的科学文献作者。

（二）官方科技文献作者群体地域分布

科技文化的发展与地域环境是密切相关的，明代官方科技文献作者群体的地域特征也是十分突出的，体现为南北方地区和城市乡村地区之间发展的不平衡性。

首先,南北方地区分布的不平衡。自唐朝以来,封建社会的经济文化重心一直在江南地区,包括江浙和江西地区,这一现象也一直延续到了明代。[①] 明代南北地区的科技文化差异十分巨大,科技文献作者群体的地域性也很明显。出现这种现象的原因涉及到多个方面:首先,北方长期处于战乱状态,政局不稳定,使得明太祖建都应天(今南京),奠定了明代初期的政治经济文化中心在南方的特点;其次,南方地区也是明代科举活动比较频繁的区域,大部分分布在安徽、江西、浙江等东南沿海地区。南方地区无论是参加人数还是知识水平都较北方及偏远地区发达,中举人数较多,钱谦益在《列朝诗集小传》中有记载"国初馆阁莫盛于江西,故有翰林多吉水,朝士半江西"[②]之句,可见官方科技文献作者群体的构成中南方地区占据的比例较高;最后,南方地区是对外贸易交流的窗口,经济发展水平相较于内地而言,发展更为迅速,一度成为了经济中心,这为科学技术的发展奠定了物质基础。以上因素都使得明代南方地区成为官方科技文献群体集中的地区(详见图10—2)。

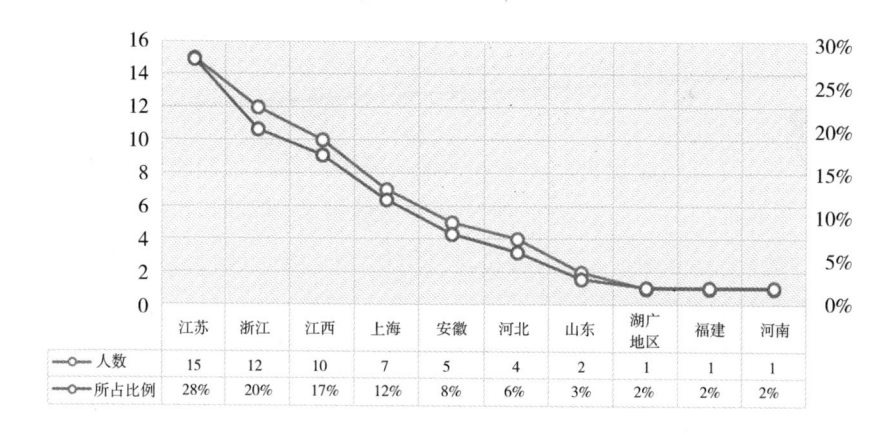

	江苏	浙江	江西	上海	安徽	河北	山东	湖广地区	福建	河南
人数	15	12	10	7	5	4	2	1	1	1
所占比例	28%	20%	17%	12%	8%	6%	3%	2%	2%	2%

图10—2 明代官方科技文献作者群体地域分布图

其次,城乡之间的官方科技文献作者群体之间也是存在差异性的。官宦士大夫、地主阶级和商人在城市中立足,城市经济文化的发展和先进的

[①] 商传:《明代文化史》,东方出版中心2007年版,第31页。
[②] 钱谦益:《列朝诗集·乙集》卷2《周讲学叙》,上海古籍出版社1982年版,第172页。

思想的出现，都使城市中产生了适合科学技术发展的温床。

(三) 官方科技文献作者群体学科分布

处于中国封建社会晚期的明代，科技文献的学科分布在明前期和中后期表现出了不同的侧重点，这在一定程度上反映了明代科技文献作者群体的分布情况（详见图10—3）。

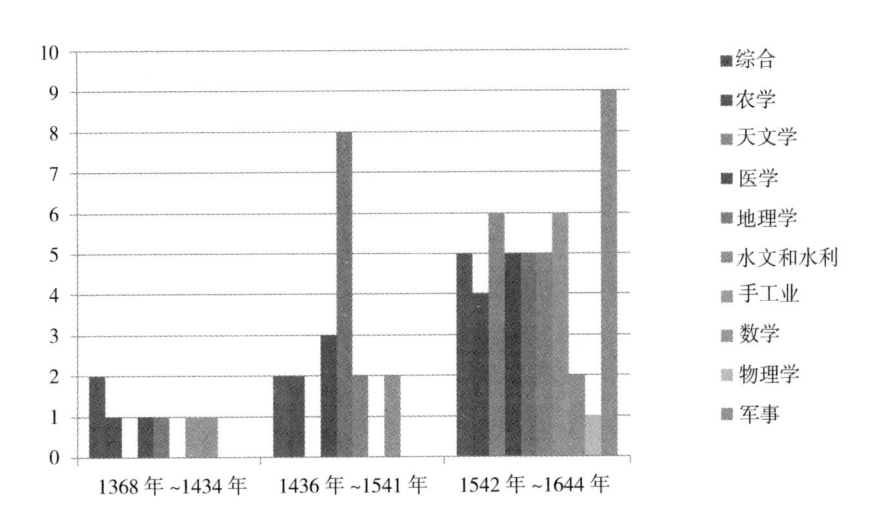

图 10—3　明代官方科技文献作者群体学科分布图

从图表中我们可以看出，明代前期的官方科技文献总体上呈现递增趋势，在宣德年（1435）之前，明代的科技文献数量总体上较少；明中叶之后，商品经济的繁荣、资本主义萌芽的出现、外来文化的冲击使得各类科技文献都呈现快速增长的势头。

从科技文献的学科分布可以看出明代官方科技文献作者群体的学科分布：明代前期由于文化大一统等封建专制集权统治因素的影响，科技文化仅仅局限于传统的科学技术，如农业、水利、天文、医药、手工业，很少有专门研究数学、物理等现代学科的作者群体。这一时期的文献有姚广孝、解缙等人的《永乐大典》，陈循、高谷、夏元吉等人的《寰宇通志》，费信的《星槎胜览》；明代中后期之后，科技文献作者群体研究的学科几乎涉及到了每个领域，如方以智的《物理小识》、张国维的《吴中水利全书》、宋应星的《天工开物》、熊明遇的《格致草》、谢肇淛的《五杂组》、李之藻的《圜容较义》《浑盖通宪图说》和孙承宗的《车营扣答合编》等。

（四）官方科技文献作者群体官职结构

明代的官职结构是按照品级设置的，官方科技文献作者群体的官职分布比较广泛（详见表10—1、图10—4）。

表10—1　　明代官方科技文献作者群体官职分布表

一般性机构						专门性机构	
						临时性专门机构	常设性专门机构
68%						28%	4%
六部	监察机构	五寺、六科	内阁	外三监	诸司	地方官员	航海团队	奉命编纂史书人员	太医院
夏元吉、杨循吉、徐光启、茅元仪、张国维等	王圻	归有光、李之藻等	解缙、陈循、彭时、孙承宗	马一龙	吴敬、王肯堂	熊明遇、巩荫楼等	马欢、巩珍、费信等	姚广孝、解缙、陈循、高谷、夏元吉等	陈嘉谟、薛己

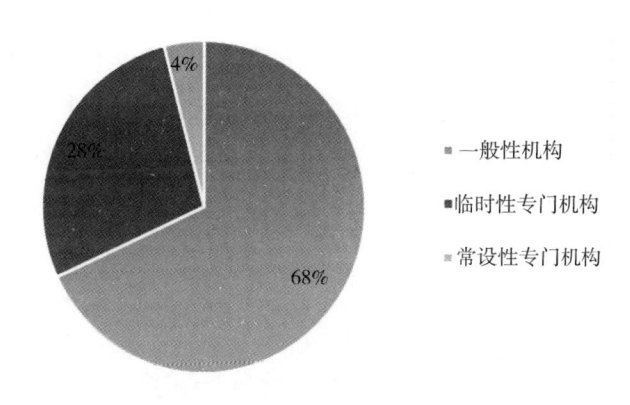

图10—4　明代官方科技文献作者群体官职分布图

从图、表我们可以得出结论：明代官方科技文献作者群体官职集中在一般性机构中，并且官职分布广泛，从皇子到地方知县群体均有文献创作；专门性机构中的临时机构人员的创作往往是政治和社会的需要并且集中于某一段特定时期进行的创作；而常设机构则主要集中于太医院、工部，医学类科技文献居多。这些都从侧面反映出明代官方科技文献的发展和繁荣。

综上所述，官方科技文献作者群体在数量上占绝对优势，官职分布覆盖广，而且地域分布与学科分布的发展和当时的政治、经济发展的方向是息息相关的。

二 明代民间科技文献作者群体的组成

明初，政治上中央集权专制主义的加强、社会经济生产的恢复、对外的闭关锁国、文化上的大一统专制、思想上的禁锢和限制都是民间群体得不到发展的现实因素。民间科技文献作者群体的发展状况依旧可以从数量、地域分布、学科分布的统计中分析得出。

（一）民间科技文献作者群体数量

民间科技文献作者群体在整体科技文献作者群体所占人数比例的变化是和明代采取的政策息息相关的。民间群体的创作活动主要扎根于民间，所以社会因素对民间群体的创作影响比较大。

首先，民间文化的发展必须建立在社会经济发展的基础之上。明初正处于社会生产力恢复时期，国富民穷的局面只能成就官方科技文献，民间科技文献的发展没有这样的基础，就造成早期民间科技文献的没落，科技文献作者寥寥无几；到了明中后期，正统年之后，由于明初采取休养生息的积极经济政策，手工业、农业发展到了较高的水平，客观上促进了商品经济的发展，商业化的影响已经开始渗透到农村地区，这些都为民间群体创作提供了物质基础。

其次，文化思想，社会风气的变化，民间文化教育的发展客观上都为明中后期民间科技文献群体的增加奠定了基础。民间群体文化水平普遍较低，受到儒家传统理论的束缚，文化教育的衰弱使得民间科技群体的创作缺少知识积累。这一现象到了明中后期开始出现转变：反映市民思想思潮的出现和社会文化教育的普及，使得民间出现了"后生小子，无不读书"①，而且未考取功名的读书人越来越多，文化教育普及程度提高，客观上都为民间科技文献的创作提供了条件。因此明中后期民间科技文献作者群体的数量呈现出了递增趋势，能够和官方群体各占据半壁江山。

民间科技文献作者群体包括市民阶层和乡村阶层，市民阶层包括"新兴手工业者、商人、城市贫民、城市富人、商贩五种"②，代表性人物包括兽医喻本元、喻本亨，医学家王履、缪希雍、郭子章，商人王文素、程大位、江瓘，地理学家徐弘祖，学者黄省曾、手工业者午荣等；乡村阶层主要包括农民、地主阶层等生活场所以乡村为中心的人，包括平民黄成等。

（二）民间科技文献作者群体地域分布

在明代辽阔的统治疆域范围内，民间科技文献作者群体也是主要集中于东南沿海地区，北方和西南地区人数寥寥无几，这和当时的经济重心是相关的。商品经济率先在东南沿海地区的兴盛，加上对外贸易文化之间的传播，都为东南沿海地区民间科技创作提供了物质基础和文化氛围。早期的民间科技文献作者大多出自该地区，如萧山地区楼英、江苏高邮人王磐、安徽歙县江瓘、安徽休宁县商人程大位等。

（三）民间科技文献作者群体学科分布

民间科技文献作者群体的学科分布和他们本身的职业关系密切，很多民间科技文献都是职业技能的体现和总结，所以职业种类影响着民间科技文献群体学科分布的广泛性（详见图10—5）。

从上图我们可以看出明代民间科技文献作者群体主要集中于传统科学技术文献的创作上，对于现代科学技术如天文、数学、物理、军事等基本上没有涉猎。这主要是由民间科技文献作者群体所见所闻的局限性决定的，使得民间科技文献的创作不可能出现大型的综合类文献。

综上所述，明代民间科技文献作者群体在群体组成上和官方群体存在明显的差异：知识积累决定了民间群体在数量上并不占优势，同时，由于诸多民间科技文献是其职业技能的体现和总结，所以民间科技文献作者群体的地域分布基本上集中于商品经济发达的东南沿海地区。

---

① 张岱编：《琅嬛文集·夜航船序》，岳麓书社1985年版，第2页。
② 童书业：《中国手工业商业发展史》，齐鲁书社1981年版，第278页。

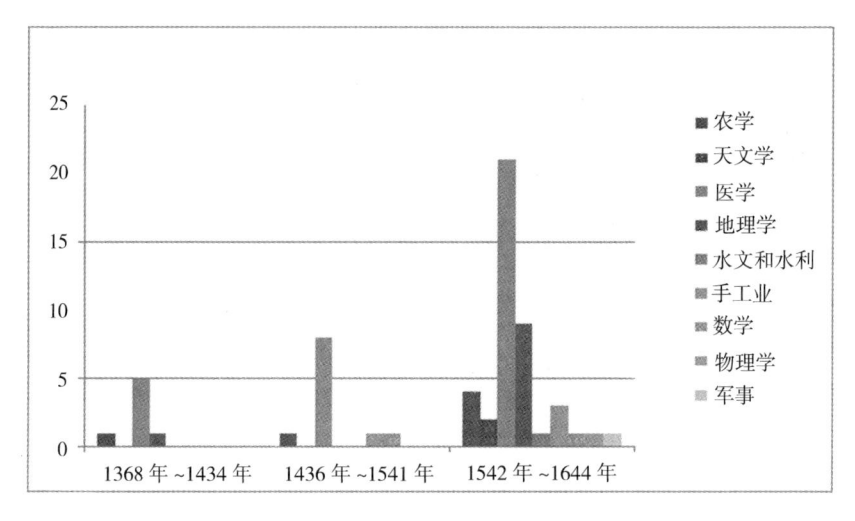

图 10—5 民间科技文献作者群体学科分布图

三 明代宗教科技文献作者群体的组成

(一) 宗教科技文献作者群体数量

宗教作为统治者维护统治、控制人民思想的工具,客观上决定了宗教科技文献的创作目的主要是辅助统治者的统治,而不是进行科学技术的研究。所以宗教科技文献作者群体在明代科技文献作者群体中所占比例是很小的,而且这些宗教作者群体主要也是集中于明代中后期。

(二) 宗教科技文献作者群体地域分布

明代宗教科技文献作者包括国内和国外两类宗教人士。其中,国内宗教科技文献作者共 2 人 (异远真人和释圆静),但他们的籍贯等地域分布已不可考。对于国外宗教科技文献作者群体的地域分布主要是国与国之间的区别。明朝中后期,随着资本主义萌芽的发展,自由贸易的繁荣,第一位打开明代封闭大门的西方传教士——方济各·沙勿略的进入[1],才使得宗教科技文献作者群体有了中西方之间的地域性差别。这些西方国家主要集中于西班牙、葡萄牙、意大利、瑞士等地区。

(三) 宗教科技文献作者群体学科分布

受西方传教士的影响,宗教科技文献作者群体学科分布较广,绝大多

---

[1] 商传:《明代文化史》,东方出版中心 2007 年版,第 333 页。

数是对数学、天文、气象等现代科技的研究，主要研究方式就是和中国官方科技作者合译西方科技著作，传播西方的科学技术。具体研究领域见图10—6。

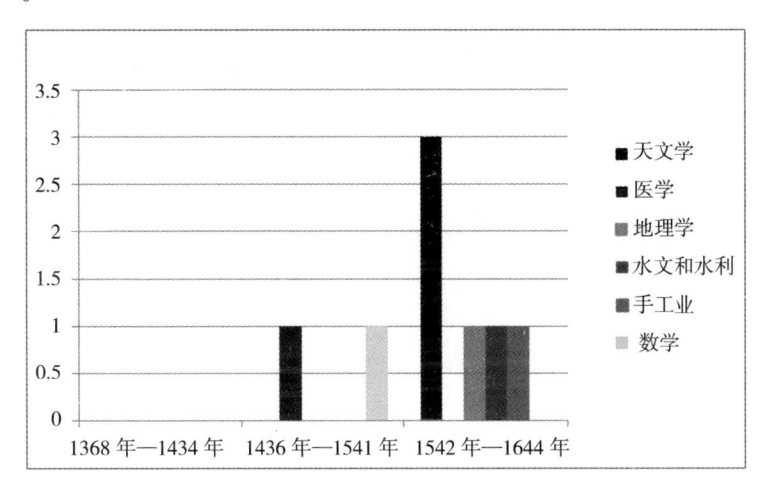

图10—6　宗教科技文献作者群体学科分布图

从图中我们可以看到宗教科技文献作者的研究领域主要集中于明代中后期，这和明代当时对外政策的转变是息息相关的。研究领域较窄，但是主要集中在天文、数学等现代技术类学科，这些对明代科学技术的发展作出的贡献是毋庸置疑的。

（四）宗教科技文献作者群体宗教类别

明代宗教科技文献群体的宗教类别取决于宗教的存在和发展，而这又是与明代统治者的信仰和支持密切相关的。[①]

明代的主要宗教包括佛教、道教、民间宗教、天主教这几大宗教。而宗教科技文献作者群体主要是以佛教和基督教（西方传教士）为主，道教等其他宗教基本没有科技文献的创作。在可考资料中，佛教人士只查到两人，分别是异远真人和释圆瀞；西方传教士则比较多，包括意大利传教士汤若望、熊三拔、高一志、利玛窦，西班牙传教士庞迪我等。

如果按照宗教上层人士和普通人士进行区分的话，宗教科技文献作者群体大多数属于宗教上层人士。如僧官和西方传教士，在明代的宗教地位

---

① 史仲文：《中国全史·明代宗教史》，中国古籍出版社2011年版，第80页。

都是颇高的；如释圆瀞曾经担任僧录司右善世，利玛窦等西方传教士虽然没有担任官职，但在中国普遍受到礼遇。这样的身份为其进行科技文献的创作提供了便利的条件。

综上所述，宗教科技文献作者群体在三大科技文献作者群体中所占数量是最少的，而且主要集中于明代中后期；明代宗教科技文献作者群体的地域分布、学科分布具有明显区别于其他朝代的典型性。

第三节 明代科技文献作者群体的知识积累

要对官方、民间、宗教三大科技文献作者群体进行研究就必须对他们的知识积累进行系统的分析，这样才能对明代科技文献进行全面的了解。本节主要从家庭背景、教育背景和职业经历三个方面进行研究。

一 明代官方科技文献作者群体的知识积累

（一）明代官方科技文献作者群体家庭背景分析

通过统计得出，明代官方科技文献作者群体的家庭背景可以分为以下几种：一是出生于官宦家庭的作者群体；二是出生于科技世家的作者群体；三是出生于书香门第的作者群体；四是出生于寒门家庭的作者群体；五是无法考证的作者群体（见图10—7）。

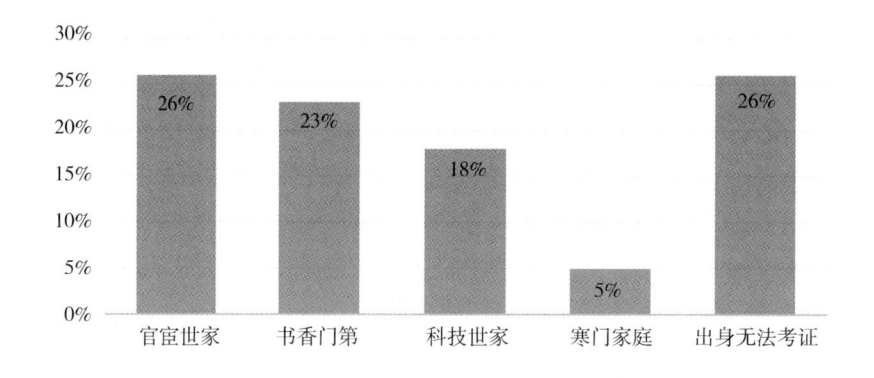

图10—7 明代官方科技文献作者群体家庭背景分布图

通过上图的简单罗列，我们可以看出明代官方科技文献作者群体的家庭背景比较复杂。如李之藻出生于明穆宗五年，曾祖父李荣曾是一个"听选官"，但不清楚最终被授予什么官职；祖父李子堂曾是知事；李之藻的父亲是李师锡，做过武官，虽然官职不高但也是世代为官。戚继光出生于武将世家，六世祖戚祥战死后，父亲戚斌世袭登州卫指挥金事，戚继光于嘉靖七年出生在这样一个将门世家。① 出生于江西育水书香门第之家的解缙，祖父解子元为元朝时中进士，之后任判官，后因为朝廷权贵陷害被贬；父亲解开，明初授官职不当，从事著述、办学等用来培养人才；其母高妙堂，贤良淑德并且通晓书史、知晓音律。解缙成长在这样一个家庭，获得了良好的家庭教育。归有光的《项脊轩志》记述的是日常生活和家庭琐事，从中我们可以看出归有光出生于一个累世不第的寒儒家庭，嘉靖四十四年，当他60岁时才成为了进士。徐光启的家，从曾祖父开始，动荡比较大；父亲弃商归农，为人"博识强记，于阴阳、医术、星相、占候、二氏之书，多所通综，每为人陈说讲解，亦娓娓终日"（徐光启《先考事略》）。而徐光启的母亲"性勤事，早暮纺绩，寒暑不辍"（徐光启《先妣事略》）。这样的家庭和父母，对徐光启后来成为人科学技术上的集大成者都有良好的影响。

（二）明代官方科技文献作者群体教育背景分析

明代的教育分为中央官学和地方官学两大类，构成了明代完整的教育体系。官方教育形式包括"国子监、宗学、内书堂、官方社学"②，还有培养专门人才的机构武学、医学、三氏学等；民间教育形式包括儒学系统和专门学校两大类，下设诸多教育机构（详见图10—8）。

明代中央官学有着严格的管理制度，而且一旦入学就属于绅士阶层，享受免役权等。明代规定，"监生的入学资格分四类，即举监、贡监、荫监和例监，此外还有外国留学生，即所谓夷生"。③ 四种监生的比例在洪武初年以官僚子弟（官生）所占比例较大，此后百姓子弟数量日益增加，占了绝大多数。

因此明代官学生源不平等，平民百姓很难入官学读书，入国子监读书

---

① 赵晖：《耶儒柱石：李之藻·杨廷筠传》，浙江人民出版社2007年版，第3—7页。
② 李才栋：《中国教育管理制度》，江西教育出版社1996年版，第371—375页。
③ 史仲文、胡晓琳：《中国全史》，中国书籍出版社2001年版，第856页。

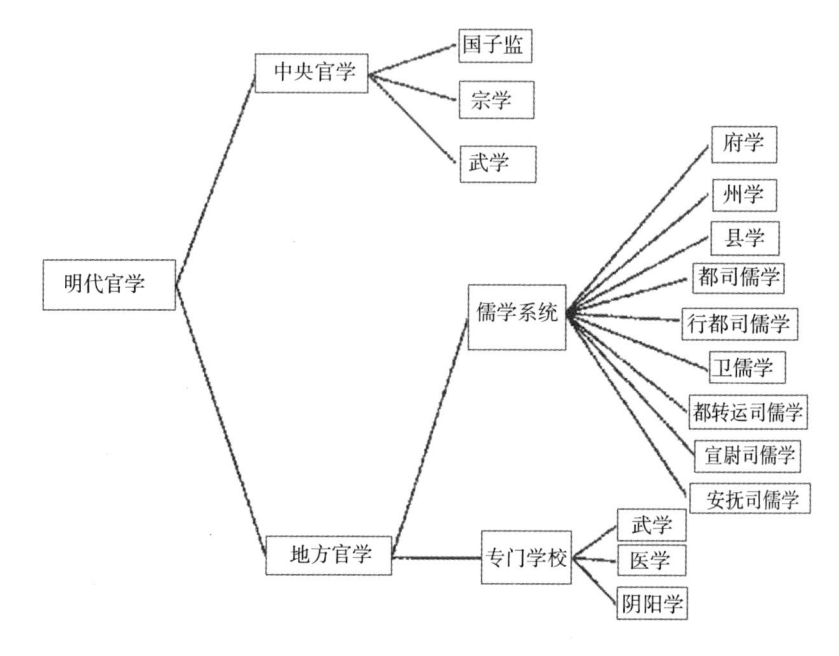

图 10—8　明代学制系统图

的作者就更少；入私塾读书者都属于民间教育，求取功名机会较少，只有学业突出者去考秀才；接受家庭教育基本上是属于世家，一般会成为专门性人才。

官方科技文献作者群体的教育背景包括入国子监读书者、进私塾学习者、接受家庭教育者和师从名家者，以受教于地方教育为主，这种形式培养出了一大批优秀的官方科技文献作者。如陈循少时以聪慧闻名乡里，接受的是私塾教育；马一龙6岁时入乡塾学习知识，弘治十三年入南京国子监；归有光从师于同邑魏校；徐光启小时候进学堂学习，长大之后一边在家乡教书，一遍钻研科学技术；孙承宗在万历二十一年入国子监读书；李之藻则从师于吴道南；戚继光出身于将门世家，父亲戚景通精通武艺，为人正直，为子孙树立了很好的榜样。因受家庭的影响，戚继光从小就喜欢军事游戏。戚景通对儿子期望很高，亲自教他读书写字，练习武艺。戚继光不论是道德品质还是武艺都获得了很好的教育。

（三）明代官方科技文献作者群体职业经历分析

明代官方科技文献作者群体构成比较复杂，从职务层次的划分上来讲，皇子、中央官、地方官都是科技文献作者群体的组成部分（见表

10—2）。

表 10—2　　　　官方科技文献作者群体职业经历一览表

作者	职业经历	主要作品
姚广孝	出家为僧——僧录司左善世，加太子少师，"黑衣宰相"	《永乐大典》
解缙	进士——庶吉士——翰林学士——内阁首辅	《永乐大典》
陈诚	举人——贡生——进士——翰林院检讨——吏部验封司员外郎——广东布政司右参政	《西域行程记》
陈循	举人——进士——翰林院修撰——侍讲——翰林学士——户部右侍郎兼翰林院学士——户部尚书——少保太子太傅兼文渊阁大学士进华盖殿大学士	《寰宇通志》
彭时	状元——授翰林院修撰——累官至少保	《永乐大典》《大明一统志》
杨循吉	进士——授礼部主事	《苏州府志纂修识略》
王纶	进士——礼部郎中——右副都御史巡抚湖广	《本草集要》
陆深	进士——国子监司业——延平府同知——山西提学副使——詹事	《蜀都杂抄》
马一龙	进士——南京国子监司业	《农说》
归有光	进士——湖州长兴县（今浙江长兴县）知县——顺德（河北邢台）通判——南京太仆寺丞	《三吴水利录》
万恭	进士——光禄寺少卿、大理寺少卿——兵部左侍郎兼都察院右金都御史——罢官	《治水筌蹄》
戚继光	登州卫指挥佥事——都指挥佥事——参将	《练兵实纪》《纪效新书》
徐光启	进士——翰林院庶吉士——翰林院检讨——被弹劾，罢官——礼部左侍郎——礼部尚书——礼部尚书兼文渊阁大学士（宰相级）、内阁次辅（在任职期间，进行科学技术研究）	《崇祯历书》《农政全书》《几何原本》

续表

作者	职业经历	主要作品
李之藻	进士——福建学政开州知州——南京太仆寺少卿光禄寺少卿兼工部都水清吏司事——罢官	《圜容较义》《同文算指》《浑盖通宪图说》
谢肇淛	进士——湖州推官——南京刑部主事——兵部郎中——北京工部屯田司员外郎——广西右布政使	《五杂俎》
巩珍	士兵——幕僚——总制之幕	《西洋番国志》

官方科技文献作者群体基本上都担任过朝廷的重要官职，受到统治者的信任和提拔嘉奖，文献的形成和职业经历有着一定的关系，主要体现在以下几个方面：

第一，官员奉旨编写官修科技文献。如《永乐大典》的编写，明成祖即位后，为整理知识，令解缙等人修书。编撰宗旨："凡书契以来经史子集百家之书，至于天文、地志、阴阳、医卜、僧道、技艺之言，备辑为一书，毋厌浩繁！"[①] 整个过程召集 147 人，首次成书于永乐二年（1404）；明成祖过目后不满意，于永乐三年（1405）命太子少傅姚广孝、解缙、礼部尚书等人重修，动用 2169 人编写。参考南京文渊阁的全部藏书，永乐五年（1407）上呈，《永乐大典》对收录书籍未做任何修改，采用兼收并取方式，保持书籍原始内容。明成祖亲自作序，并命名为《永乐大典》。

第二，官员任职期间进行的创作。这些科技文献与作者的职业经历密切相关，如《蜀都杂抄》记录了作者亲历的四川名胜、风俗习惯、人物事迹，共 41 条见闻随笔，是陆深任职期间随笔杂文的合集。

刘天和曾总理河道，《问水集》记述了黄河演变概况和原因以及对运河的影响，还收集和总结了有关黄河的施工和管理经验，其中"植柳六

---

① 《明太宗实录》卷 21，台北：中研院历史语言研究所校勘影印本，1962 年版，第 142 页。

法"是黄河护岸的有效措施。《问水集》是一部论述黄河、运河河道形势及治理的重要著作。

《治水筌蹄》大约刊刻于万恭总河任内，内容来源于作者治黄通运过程中的工作随记，此书是16世纪治黄通运的代表作之一，分为上下两卷，记录治水札记148则。阐述了黄河、运河河道演变和治理，收集和总结了规划、施工及管理等方面的创造和经验，对后来黄河、运河的治理有很大的影响。

巩珍的《西洋番国志》纪录郑和船队所经过的20个国家。他将在各地的所见所闻记录下来，撰成此书。

马欢将郑和下西洋时亲身经历的二十国的航路、海潮、地理、国王、政治、风土、人文、语言、文字、气候、物产、工艺、交易、货币和野生动植物等状况记录下来，编成《瀛涯胜览》。

第三，官员利用查阅藏书之便进行的科技文献的创作。如《广舆图》成书于1541年，是在明代罗洪先以元代朱思本《舆地图》为基础，收集了元代李泽民的《声教广被图》，明代《大明一统图志》，许沦的《九边小图》及杨虞坡、徐斌的《水图》等14种资料作参考，汇集增补并改编而成的地图集。

潘季驯的《两河经略》，所载皆其万历六年第三次治河时相度南北两河的奏疏和官方藏书。

陈子龙的《皇明经世文编》五百零四卷，后又有补遗四卷。编者从松江以及全国各地搜集文集千种以上，然后从420余人的文集和奏议当中"取其关于军国济于实用者，上自洪武，下迄皇帝改元，为经世一编"。该书以人物为纲，以年代先后为次。

二 明代民间科技文献作者群体的知识积累

（一）明代民间科技文献作者群体家庭背景分析

明代民间科技文献作者群体的家庭背景和官方作者群体相比较，比较复杂：上至官宦之家，下至普通老百姓都囊括在内，但是家庭出身普遍不如官方作者群体。其主要包括五类：一是普通百姓之家；二是出身商人家庭；三是官宦之家；四是医学世家；五是书香门第；六是无法考证群体（见表10—3、图10—9）。

表 10—3　　　　　民间科技文献作者群体家庭背景分布表

家庭背景	作者
普通百姓之家	虞抟、王磐、俞弁、江瓘、缪希雍、黄成、吴有性、午荣
商人家庭	程大位、王文素
官宦之家	兰茂、韩懋、罗洪先、黄省曾、徐火勃、张景岳、张燮
医学世家	汪机、李时珍、陈实功、王銮、王履、喻本元、喻本亨、徐彦纯、万全
书香门第	郭子章、吴崑、孙元化、周嘉胄、徐弘祖、程从周

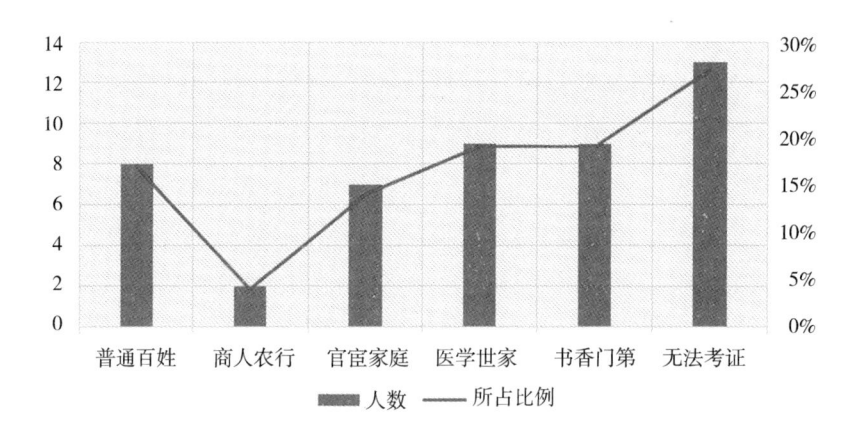

图 10—9　明代民间科技文献作者群体家庭背景分布图

明代民间科技文献作者家庭出身的复杂性可以从以下作者的具体介绍得出：黄省曾家族原来是武官世家，其祖父以进士起家，但是仕途并不是很顺利，因此寄希望于黄省曾。但是由于家道中落等因素，黄省曾并未走上仕途。

徐火勃一生没有科举考试，也没有功名，只是一个读书人。他出生在江西南安府，父亲当时是府训导，但是不久就辞官回家，却仍然过着富足的生活。徐火勃参加过童子试，但是并没有继续考取，一生做了一个读书人。[①]

[①] 陈庆元：《徐火勃生平分期研究》，《闽江学院学报》2010年第6期，第28页。

徐弘祖出生在南直隶江阴县，在明代属于经济发达地区，他出身官宦世家，书香门第。但是到了父亲徐有勉这一代，家道中落了，父亲的淡泊名利对徐弘祖以后的游历生活产生了影响。

李时珍出身医学世家，家里世世代代为医，但是当时的民间医师地位很低。

程大位出生于商人家庭，从小受到家庭的影响，一生未入仕途，而是做了一名商人。

从图、表和详细介绍我们可以看出，民间科技文献作者群体虽然没有官方科技文献作者群体的家庭背景优越，但是良好的家庭氛围和教育，也成为他们进行科技文献创作的优势。

（二）明代民间科技文献作者群体教育背景分析

明代民间科技文献作者接受的教育是和其家庭息息相关的，家庭背景基本上决定了他们接受何种教育。接下来将一一阐述：

一是医学世家出身的作者群体接受的普遍是家庭式的医学教育或者是师从某一位医学大家。如汪机的医学知识是跟随父亲学的；万全则通过自学成为儿科医学专家；杨继洲也是医学世家，跟随父亲和阅读家中医书成为针灸专家；陈司成家八代行医，精外科。司成受家庭熏陶，自幼爱好医道；陈实功幼年多病，少年时期即开始习医，师从著名文学家、医学家李沧溟等都是这类代表。

二是出生于商人家庭的作者群体接受的教育基本上是从经商活动中习得的。如程大位和王文素，都是年少时跟随父亲经商学习。

三是出生于官宦家庭和书香门第的作者，接受的家庭教育形式比较多样。如徐火勃是跟随兄长学习；张燮多是受家庭熏陶；吴崑则是到浙江宛陵（今安徽当涂）、姑溪（今安徽和县）等今安徽大部分地区求师行医，结交名医，拜师70多人学医；孙元化则是到上海县徐光启学馆学习，潜心研究西学；徐弘祖受耕读世家的文化熏陶；黄省曾在家人的期望下，六岁进入私塾学习，他后来回忆说"六龄读书近灯火，垂髫开口谈今古，一亩莺花不敢窥，四时笔砚常辛苦"[①]，可见，黄省曾小时候在私塾学习是非常刻苦的。

---

① 黄省曾：《五岳山人集》九卷，齐鲁书社1997年版，第759页。

四是普通百姓之家的作者群体基本上是自学成才,如缪希雍由于家庭贫苦,自学医术;黄成由于出身农民家庭,并未受过专业教育,只能自学成才。

(三) 明代民间科技文献作者群体职业经历分析

明代民间科技文献作者群体的职业经历分为两种:

一是科场不得志,弃儒之后钻研科技文献创作。这类作者包括:

黄省曾早期一心考取功名,但是随着家道中落,并未走上仕途。之后为了养家糊口,开始尝试做书商,一方面赚钱,一方面提高自己的名声。在这之后当过幕僚,虽然是一介布衣,但是十分关心国家大事。与田汝成、前七子复古派相交甚好,也曾经由于不得志还尝试在仙佛中寻求安慰,开始游学。虽然晚年中举,但是黄省曾早有归禅之意,沉溺于佛教,直到去世。[①]

李时珍出身医学世家,应父亲的要求,考取功名。但是并未中举,因此放弃做官,专心学医,在征得父亲同意后,24 岁开始跟父亲正式学医。李时珍在行医的过程中认识到"行万里路"的重要性,于是开始了医学游历,搜集民间奇珍药草、偏方和药物标本并亲自试验,终于完成了《本草纲目》的编写。

程大位生活的安徽地区是当时明代商贸往来的聚居地,加之受到家族的影响,从小对数学很感兴趣,年少时就随父亲外出经商。他所写的《算法统综》就是有感于商贸往来中计数法的不便才编写的。

罗洪先先前担任翰林院修撰,但之后却被罢官,终日著书讲学;张景岳壮年从军,当过幕僚,但是常年的戎马生涯消磨了他追求功名之心,于是卸甲归田,钻心研究医道;万全因科举失意,遂专心于医学;杨继洲年幼时热衷科举考试,之后弃儒学医。

二是从未做官,专门从事某一类职业。如程司成直接跟随父亲学医,并未参加科举考试;王磐一生不应试,从未做官;陈实功一生钻研医学,也从未考取功名。

以上这两类作者更加侧重于专门科学技术文献的创作工作,都是民间科技文献的集大成者。

---

① 黄省曾:《五岳山人集》卷 38,齐鲁书社 1997 年版,第 529—852 页。

三 明代宗教科技文献作者群体的知识积累

明代宗教科技文献作者群体因其所占比例较小，所以无论是家庭背景、教育背景、职业经历都比较简单。

（一）明代宗教科技文献作者群体家庭背景分析

明代宗教科技文献作者分为国内宗教人士和国外宗教人士，对于国内宗教科技文献作者异远真人和释圆瀞生卒年与籍贯等无从可考，所以在此不做详述，主要对国外宗教人士的家庭背景进行分析。

国外宗教作者群体大都出身于贵族和有名望的家族："利玛窦出生在马切拉塔一个药店老板家庭，父亲认识很多教会朋友，对他教会学习很有帮助"[①]；"汤若望1592年出生在德意志一个信奉天主教的贵族之家"[②]；高一志出生于意大利特洛伐雷洛城贵族家庭；熊三拔同样出生在贵族之家。良好的家庭背景为他们的成长教育奠定了殷实的基础，也为他们到中国传教提供了便利的条件。

（二）明代宗教科技文献作者群体教育背景分析

国内宗教科技文献作者释圆瀞早年曾在杭州天竺寺从天台宗雨翁受学。

国外宗教科技文献作者群体从小受到了良好的教育：如利玛窦从幼年开始就听到关于古文物的传闻，之后进入教会学校读书，一心想进教会的利玛窦，在安德烈备修院学习了圣依纳爵的"心灵课程"。以后几年里，都在罗马公学学习。期间加入了教会在全世界复兴的事业，这其中就包括中国。

"汤若望少年时在科隆城当地一所贵族子弟聚集的教育学院读书，之后由于成绩优异进入了日耳曼学院读书。就在这期间，他加入了教会，为以后来华传教奠定了基础。经过两所学院的学习和传教士在中国的际遇，汤若望决定来中国"[③]。高一志由于出生贵族，所以自幼接受了良好的教育，少时，即受到了良好的教育，入耶稣会之后，接受了系统的信仰与人文教育。

---

① 汪前进：《西学东传第一师——利玛窦》，科学出版社2000年版，第1页。
② 李兰琴：《汤若望传》，东方出版社1995年版，第2页。
③ 同上书，第9—13页。

熊三拔先入耶稣教会，之后进入了罗马学院学习，但是不久就辍学离开了罗马，擅长绘画、建筑等。

这些传教士的教育经历都为他们进入中国传教并同中国科技文献作者进行合作奠定了基础，也繁荣了明中期的科学技术。

(三) 明代宗教科技文献作者群体职业经历分析

国内宗教科技作者释圆瀞曾经在宣宗宣德年间（1426—1435）任僧录司右善世。

国外传教士的职业经历主要指在中国担任的职务，这些传教士在中国并没有实质性的官职。具体见表10—4。

表10—4　　明代宗教科技文献作者群体职业经历一览表

作者	职业经历	作品
利玛窦	传教士——传教驻地人员	《乾坤体义》《坤舆万国全图》
汤若望	西洋教士——造火炮负责人	《火攻挈要》《坤舆格致》《远镜说》
熊三拔	传教士	《表度说》《泰西水法》
高一志	老师——传教士	《空际格致》
庞迪我	传教士	《日晷图法》
艾儒略	耶稣教会讲师——传教士	《职方外纪》
释圆瀞	僧录司右善世	《教乘法数》
异远真人	僧人	《跌损妙方》

第四节　明代科技文献作者群体的创作过程与作品流传方式

我们要研究明代科技文献作者群体，必须对他们的相关作品进行研究，主要从写作目的、资料来源、作品形式和内容及作品流传方式四个方面阐述。

一　明代官方科技文献作者群体的创作过程与作品流传方式

对于明代官方科技文献作者作品创作过程和作品流传方式的研究主要是依据学科分布划分进行研究，这样更能全面系统地阐述明代科技文献作者作品的情况。

(一) 明代官方科技文献作者的写作目的

明代科技文献作者的写作目的主要有以下几类：

第一，官修。王圻、王思义所编撰的百科式图录《三才图会》，茅元仪的《武备志》，徐光启的《崇祯历书》，陈循、高谷、夏元吉的《寰宇通志》，彭时、李贤的《大明一统志》，孙承宗的《车营扣答合编》，万恭的《两河经略》等。

第二，与本职工作职能直接相关。如潘季驯的《河防一览》、万恭的《治水筌蹄》、归有光的《三吴水利录》、戚继光的《练兵纪实》《纪效新书》、王肯堂的《六科准绳》等。

第三，是与本职工作职能间接相关。如郑若曾的《江南经略》、陈组绶的《皇明职方地图》、薛己的《薛氏医案》等。

第四，个人爱好。如方以智的《物理小识》、吴敬的《九章算法比类大全》、王士性的《广志绎》等。

(二) 明代官方科技文献作者的资料来源

明代科技文献作者进行创作的资料来源比较广泛，包括：

第一，参阅官方藏书、官方编纂书目等书籍进行创作。王圻、王思义所编撰的百科式图录《三才图会》，茅元仪的《武备志》，徐光启的《崇祯历书》，陈循、高谷、夏元吉的《寰宇通志》，彭时、李贤的《大明一统志》，孙承宗的《车营扣答合编》，万恭的《两河经略》等。这类资料来源对于官修文献而言尤为明显。如姚广孝、解缙等编纂的《永乐大典》，此书汇集了我国宋元以前重要图书典籍七八千种，包括经、史、子、集、佛经、道藏、医书、方志、平话、戏曲、小说、工技、农艺等各方面的珍贵资料。

第二，作者亲身经历，如游学经历、行医临床经验等的总结。有马一龙的《农说》、王象晋的《群芳谱》、韩懋的《韩氏医通》、薛己的《薛氏医案》、王肯堂的《六科准绳》、费信的《星槎胜览》和陆深的《蜀都杂抄》等。

第三，依据民间技艺和书籍总结而成。汪机的《伤寒选录》、郑若曾的《筹海图编》和方以智的《物理小识》等。

以上三种分类只是便于我们理解官方科技文献作者创作的资料来源，一般每部文献的创作三者都有借鉴，只是参考比例的不同而已。

（三）明代官方科技文献作者的作品形式

明代科技文献作者作品形式包括科技著作、工具书（资料汇编）、标准、科普、科技教材和综合类图书（见图10—10）；作品内容则是涉及到农业、天文和气象、医药、地理、水文和水利、手工业、数学、物理、军事、交通等诸多方面。

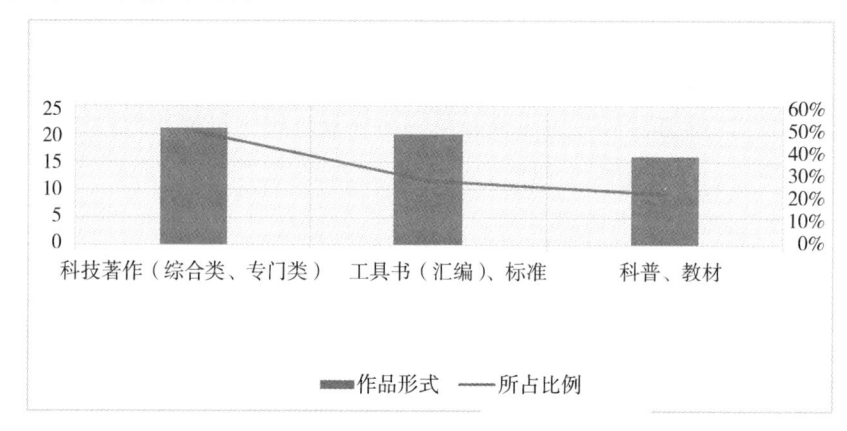

图10—10　明代官方科技文献作者群体作品形式分布图

从图中我们看出，明代官方科技文献作者的作品形式分布比较平均，比例相差较小，以科技著作为盛。这主要和官方科技文献作者群体的知识积累有密切的关系。

（四）明代官方科技文献作者的作品流传方式

明代科技文献作者作品流传方式实际上反映的是明代刻书业的发展，表明明代已经进入了"图书编纂的兴盛时期"[1]。明代的书籍主要分为官、私两种，刻书分为官刻和私刻，私刻又分为家刻和坊刻。多样化的刻书形式使得明代科技文献作者作品流传方式也是多种多样的，包括"官方刊刻本、私家刊刻本、官方抄本和民间抄本四类"[2]。同时作品流传方式还受到不同学科的影响，如医学书籍由于不涉及政治因素，所以流传比较广泛。这都是我们研究时需要参考的因素。

第一，官方刊刻本。

官刻图书主要包括内府刻书、监本和藩刻本三种。如彭时的《大明

---

[1] 曹之：《中国古籍编纂史》，武汉大学出版社2006年版，第272页。
[2] 商传：《明代文化史》，东方出版中心2007年版，第432页。

一统志》除了由明英宗写书序的原版外，还有弘治十八年（1505）慎独斋刊本、万历十六年杨刊归仁斋刊本、天启五年（1625）刊大字本、万寿堂刊本以及1965年台湾的影印本等。此外还有《四库全书》本。

刘天和的《问水集》在明代已有两种刻本：嘉靖十五年（1536）刻本和《金声玉振集》本。清代依据浙江郑大节家藏本收入《四库全书总目提要》中。

郑若曾的《江南经略》初刻于明隆庆二年（1568），明万历四十二年（1614）据隆庆本重刻，清康熙年间郑若曾子孙郑起泓、郑定远又行刻印，乾隆时收入《四库全书》。这四种版本现均存世。

罗洪先罗氏《广舆图》稿本完成于明嘉靖二十年（1541），初刻于嘉靖三十四年（1555），之后又有6个不同刻本。

宋应星的《天工开物》流行的有三种版本：涂本，是《天工开物》的明刊初刻本，最为珍贵，此后所有版本都源出于此；杨本，是刻书商杨素卿于明末刻成而于清初修补的坊刻本，以涂本为底本而翻刻的第二版。菅本，是《天工开物》最早在国外刊行的版本。

第二，私家刊刻本。

明代私家刻书十分兴盛，嘉靖年之后尤多，并且大多集中在富饶的江浙一带。这些刻书家都是藏书家，如无锡安国、苏州顾元庆、宁波范钦等，在保存和传播古代典籍上做出了巨大的贡献。明代书坊刻书在这一时期发展较盛，大众化的医书、科技书籍等，都由书坊出版。

冯应京的《月令广义》，万历年间曾有张氏聚文堂、麟瑞堂、秣陵陈继斋、梅墅石渠阁、聚文堂版本。

徐光启的《农政全书》，道光十七年（1837）贵州粮署据平落堂本刊印，同治十三年（1874）山东书局又据贵州粮署本刊印，1930年《万有文库》据山东书局本印《农政全书》。

王徵的《新制诸器图说》，"该书在明代共有3个版本，武位中初刊本、汪应魁书坊刻本和吴氏西爽堂刻本，后世各本均是由这三个刻本繁衍出来的"。[①]

[①] 张柏春、田淼、刘蔷：《〈远西奇器图说录最〉与〈新制诸器图说〉版本之流变》，《中国科技史杂志》2006年第2期。

抄本主要包括手写的稿本和依据稿本或刻本抄录的抄写本两类。除了私人抄书之外，明朝也组织过一些抄书活动，如"《永乐大典》编写完成后，因为字数较多，只抄了一份清稿。到嘉靖、隆庆年，明政府又组织相关人员抄写了一份"[①]。陈诚、李暹的《西域行程记》只有清抄本存世。

第四，民间抄本。

焦玉的《火龙神器阵法》，当时火器火药是先进的军事技术，属于军事机密，所以未能公开刊印，靠民间抄本流传下来，现在所能看到的只有抄本。现存最早的抄本是明末清初学者顾祖禹曾经收藏过的明抄本，另有清抄本多种。

除了单一的流传方式之外，诸多官方科技文献是刻本和手抄本都流传于世的。如朱橚的《救荒本草》，这部书有嘉靖四年（1525）山西都御史毕昭和按察使蔡天祐刊本，这是《救荒本草》第二次刊印，也是现今所见最早的刻本。稍后有嘉靖三十四年（1555）陆柬刊本。这个刊本的序中误以为书是周宪玉编撰。以后还有嘉靖四十一年（1562）胡乘刊本、万历十四年（1586）刊本、万历二十一年（1593）胡文焕刊本，徐光启《农政全书》把《救荒本草》全文收入。后又传到日本，有亨保元年（1716）皇都柳枝轩刊本。《救荒本草》很早就流传到国外，在日本先后刊刻，还有手抄本多种问世。陆深《蜀都杂抄》有两个版本：明万历沈氏刊本和民国十一年上海文明书局石印本。

还有一种是在明代从未流传的文献。如陈循、高谷、夏元吉的《寰宇通志》，《寰宇通志》最初深藏大内，直到嘉靖万历年间才流入民间。进入清朝，此书才逐渐得到流传，不过传本太过罕见，应用的范围十分狭窄。许论的《九边图论》原本也是留在皇宫内参阅，清代才出现刊刻本。

二 明代民间科技文献作者群体的创作过程与作品流传方式

对于明代民间科技文献作者作品创作过程和作品流传方式的研究主要也是依据学科分布划分进行研究，这样更能全面系统阐述明代科技文献作者作品的情况。

---

① 南炳文、何孝荣：《明代文化研究》，人民出版社2006年版，第395—399页。

(一) 明代民间科技文献作者的写作目的

明代民间科技文献作者群体由于没有官职，所以写作目的比较简单，分为两类：一是与本职工作相关的；二是个人爱好（见表10—5）。

表10—5　　　　　明代民间科技文献作者群体写作目一览表

写作目的	作品
与本职工作相关	虞抟《医学正传》，汪机《伤寒选录》，俞弁《续医说》，程大位《算法统宗》，黄成《髹饰录》，午荣《工师雕斵正式鲁班木经匠家镜》
个人爱好	罗洪先《广舆图》，徐弘祖《徐霞客游记》，朱载堉《算学新说》，王文素《算学宝鉴》，孙元化《西法神机》，李时珍《本草纲目》

(二) 明代民间科技文献作者的资料来源

在明代，数量浩繁的官方文献只能被皇室、官员查阅，而民间学者无法查阅。这在一定程度上也限制民间科技文献的发展，使得民间科技文献作者及作品均少于官方科技文献作者与作品。

明代的政治环境、教育制度决定了明代民间科技文献作者的资料来源相较于官方群体的缺乏性。资料来源局限于自身的工作经验和民间藏书。

(三) 明代民间科技文献作者的作品形式

与明代官方科技文献作者群体作品形式的多样化相比，民间群体的作品形式相对单薄，主要集中于技术类文献的创作，综合类文献基本上没有（见图10—11）。主要原因在于：第一，民间群体知识积累的局限性，无法驾驭大型综合类文献的创作；第二，民间群体受政治影响比较弱，受到民间传统文化的影响，出现较多实用类文献。如程大位的《算法统宗》、黄成的《髹饰录》、午荣的《工师雕斵正式鲁班木经匠家镜》等，都是民间智慧的结晶。

(四) 明代民间科技文献作者的作品流传方式

明代民间科技文献作者作品的流传相较于官方科技文献的流传，传播范围窄，刊刻版本相对较少，比较单一化。

第一，官方刊刻本。

张景岳《景岳全书》原稿于康熙三十九年庚辰由其外孙林日蔚带到

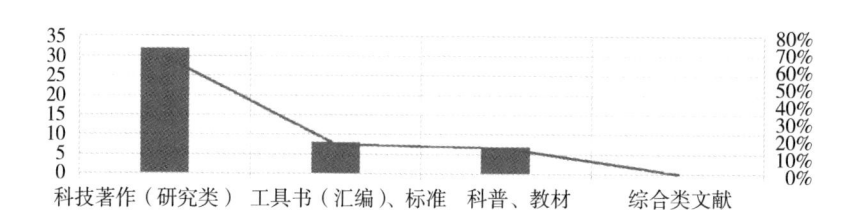

图 10—11 民间科技文献作者群体作品形式分布图

广东，经广东布政使鲁超主持刊行于世，这是《景岳全书》的始刊本，或称"鲁本"。十年后，即康熙四十九年庚寅，两广转运使贾棠青南因其流传不广重新刊行，这就是贾棠本，简称"贾本"。三年后，康熙五十二年癸巳，查礼南再次在广东锓版摹发，简称"查本"。

方以智《物理小识》在现存的《物理小识》刻本中，最早的是清康熙三年（1664）宛平于藻庐陵刻本，其次有光绪十年（1884）宁静堂刻本等。翻刻刊印的版本较少。

郭子章《郡县释名》的版本，目前只有万历四十二年（1614）刻本，总计有 20.09 万字。

第二，私家刊刻本。

李时珍《本草纲目》1596 年私人刊刻出版，之后广泛传播，在国内外有三十多种刻本，这些版本可以依据图版的不同划分为三个不同的版本系统：江西本系统、杭州本系统和合肥本系统。之后被翻译成多种文字传到世界各地。

喻本元、喻本亨《元亨疗马集》最早的版本是明代万历三十六年（1608）金陵唐少桥汝显堂刊本，不附《驼经》。

午荣《鲁班经》的主要流布范围，大致在安徽、江苏、浙江、福建、广东一带。现存的《鲁班营造正式》和各种《鲁班经》的版本，多为这一地区刊印。

第三，官方抄本。

兰茂的《滇南本草》的最早版本为明嘉靖丙辰年（1556）滇南范洪

增述，经清康熙丁丑年（1697）滇南高宏业抄录，乾隆三十八年（1773）朱景阳重抄本，称为"范本"。被称为"务本"的为清光绪丁亥年（1887）由云南务本堂刊刻的五卷本。

第四，民间抄本。

王文素《算学宝鉴》此书未刊印，只有手抄本。1935年北京图书馆在旧书肆发现珍藏于今，为海内孤本。

同官方科技文献相同的是，民间科技文献也有只著未流传的。如汪机《伤寒选录》一书，仅见著录，未见流传。该书原本现藏于日本国立公文书院内阁文库，系明万历三年（1575）敬贤堂刻本。《普济方》几百年来除少数藏书家藏有一些残卷，如永乐刻本存19卷，明抄本存35卷等外，惟《四库全书》收有全文。

对于影响较大的民间科技文献，同样会有多种版本流传，如程大位《算法统宗》从初版至民国时期，出现了很多不同的翻刻本、改编本，民间还有各种抄本流传。

徐弘祖《徐霞客游记》版本有：1. 季梦良整理本版。2. 徐建极抄本版。3. 李介立（寄）本版。4. 杨名时抄本版。5. 乾隆刊本版。6. 叶廷甲本版。7. 丁文江本版。8. 褚、吴整理本版。9. 朱惠荣本版。

三　明代宗教科技文献作者的创作过程与作品流传方式

对于明代宗教科技文献作者作品创作过程和作品流传方式的研究同样是依据学科分布划分进行研究，这样更能全面系统阐述明代科技文献作者及其作品的情况。

（一）明代宗教科技文献作者的写作目的

明代宗教科技文献作者群体的写作目的与官方、民间群体大有不同，除了明代可考的两位宗教人士，西方传教士有一个最大的写作目的，就是介绍西方的科学著作，传播西方的科学技术。如高一志《空际格致》、汤若望《远镜说》《坤舆格致》《火攻挈要》等。

（二）明代宗教科技文献作者的资料来源

明代宗教科技文献作者群体的资料来源主要以国内、国外的宗教人士进行区分。国内的释圆瀞的数学著作《教乘法数》，其写作来源主要是天台宗义等佛教理论；这一时期国外宗教作者群体作品是对西方科技著作的翻译整理，所以资料均来源于西方科技著作。

（三）明代宗教科技文献作者的作品形式

无论是国内还是国外的宗教科技文献作者群体，作品形式均是专门性的科技著作，属于科普类，旨在传播科学技术（见图10—12）。

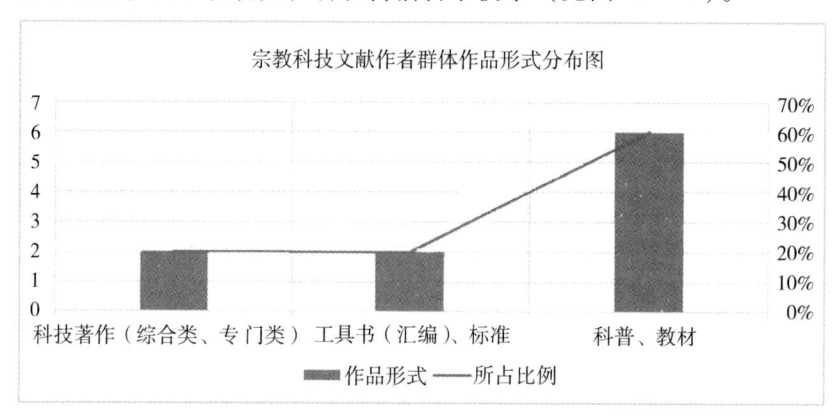

图10—12　明代宗教科技文献作者群体作品形式分布图

（四）明代宗教科技文献作者的作品流传方式

明代宗教科技文献作品除了明代宗教人士之外（异远真人的《跌损妙方》目前仅有清刊刻本），大多是西方传教士和明代官员合译的西方科技著作，因此流传出版以官方刊行本为主。如利玛窦的《乾坤体义》有《四库全书》版；《坤舆万国全图》有李之藻1602年刻本，共有七件，都保存在国外。熊三拔的《表度说》版本较多，有1368—1644年，天学初函丛书版，刻本；1573—1620年，天学初函理编，刻本；1983年，台湾商务印书馆影印文渊阁四库全书版，影印本。汤若望、李祖白《远镜说》版本有：1736—1795年，艺海珠尘丛书版；1796—1820年，南江吴省兰听彝堂，艺海珠尘丛书版；1850年，南江吴省兰听彝堂，金山钱氏漱石轩，艺海珠尘丛书版。

除了官方刊行本之外，也有如庞迪我（孙元化）的《日晷图法》收录于丛书《经武秘要》之中，共1册不分卷，目前仅存抄本。熊三拔的《坤舆格致》该书未及刊行，在明末清初纷繁的战火中遗失了，属于特殊流传情况。

由于明末的天文和数学文献创作基本上停滞不前，所以对于宗教科技文献的译著是从西方数学图书开始的，如徐光启和利玛窦合译的《几何原本》、李之藻和利玛窦合译的《同文算指》、艾儒略和瞿式谷合译的《几何要法》都是代表。随后出现了翻译西方数学著作的思潮；西方天文图书的翻译出版也是如此：《乾坤体义》是最早翻译出版的中国天文学书籍，而这个学科的集大成之作是《崇祯历书》。

除了这两个方面之外，地理、医药学、农学、手工业、军事等方面都有涉及，但是规模上、数量上都无法与天文、数学领域相比：如医药学上邓玉函的《泰西人身说概》、农学上的《泰西水法》、地理学上的《坤舆万国全图》等都是代表作。

第五节 总结与分析

明代已经走向了封建社会的晚期，处于封建专制主义的成熟和西方资本主义萌芽出现的交叉时期。这一时期的科学技术不同于其他朝代，具有独特的特征：明代是科学技术发展的关键时期，传统科学虽然走向衰落，但是传统技术却走向高峰，农学、医药学等领域也得到了很大的发展。与此同时，西方科学技术的传入，也使中国人开始打开国门，接受西方先进的科学技术。[①]

本部分将分明代三大作者群体的基本特点的总结、比较及明代历史特殊性对科技文献作者群体的影响三部分展开分析。

一 明代三大科技文献作者群体的基本特点

通过群体组成、知识积累、创作过程与作品流传方式三大维度对官方、民间、宗教科技文献作者群体进行了系统的分析统计，探究出明代三大作者群体的时代特征。

（一）官方科技文献作者群体的基本特点

官文化作为封建社会的主流文化，创造官文化的官方科技文献作者群体自然成为明代科技文献作者群体组成的主要部分。

第一，从群体组成看，明代官方科技文献作者群体的地域性在早期是十分明显的。到了1421年，明成祖将政治中心转移到北京，加上科举南

---

① 史仲文、胡晓林：《中国全史·明代科技史》，人民出版社1994年版，第1348页。

北方分卷制度的实行，局面有所转变；明中叶之后，形成了北方以中原地区为代表的科技文化中心和南方以江浙地区为代表的科技文化格局，科技文献作者群体的地域差距在逐渐减小。

明代官方科技文献作者群体的学科分布依然具有传统封建社会学科发展的特征：科技研究以实用科技为主，对基础科学、学术性研究内容偏少。

作为明代官员，官方科技文献作者群体有优于民间、宗教科技文献作者群体的优势：查阅史料的便捷性、研究环境的优越性、帝王的支持等。

第二，从知识积累上看，明代官方科技文献作者群体无论是家庭背景、教育背景还是职业经历都远胜于民间群体、宗教群体。

官方科技文献作者群体的家庭背景虽然差异比较大，但是家庭教育对他们以后的仕途和为人都产生了不同的影响。在明代，科技文献作者的家庭、教育背景与其社会身份之间存在一定的联系。在官方科技文献作者群体中，出身于官宦家庭的作者人数要多于其他出身的作者。这是由于在当时官宦家庭背景的人更容易获得公平的学习机会、受到良好的文化熏陶、得到良好的教育、接触到诸多藏书，这为他们进行科技文献的创作创造了良好的条件。

明代官方科技文献作者群体的职业经历比较复杂，而且仕途上起伏较大，被罢官和被弹劾是官员经常会面对的，官方群体创作动机和职业经历是分不开的。

第三，从创作过程和流传方式看，我们可以得出以下结论：

首先，明代官方科技文献虽然在诸多领域都取得了很大成就，但是唯独在传统技术类方面文献数量相对较少。

其次，无论是明代官方科技文献还是民间科技文献，刊刻数量最多的领域是医学，传播也是最为广泛的。明代十分重视对医书的刊刻和推广，市场流通普遍。地理学书籍的出版在规模上占据优势，出版形式为全国大规模编修出版的一统志。专门技术类文献和农学、医药等传统类文献相比，流传较少，而且没有受到足够的重视，如"《天工开物》在崇祯年间刊刻，但是并未受到朝廷的重视，官藏目录都没有收录此书，直到20世纪，才有翻刻本开始流传"①。

再次，官方科技文献在作品形式上和民间科技文献涉及的领域相差无

---

① 曹之著：《中国古籍版学》，武汉大学出版社2007年版，第240页。

几，只是官方多了官修史书和天文类等领域的文献的流传。官修史书如《明史》和《永乐大典》都对明代的科学技术进行了汇编，明代只是编修了《永乐大典》，但是却未刊行。

最后，对于官方科技文献作者作品流传方式方面，表现为以官刻本、官抄本为主，辅以私刻、私抄，一部文献有多种刊本和流传方式的特征。有一类特殊情况就是在编修完成后，只是官方收藏，并没有在民间流传，如官修地理总志《寰宇通志》就是编修完未刊出。

(二) 民间科技文献作者群体的基本特点

民间科技文献作者群体在明代科技文献的繁荣发展中也占据着优势，有其独特的发展。

第一，从群体组成看，民间科技文献作者群体的变化主要和当时经济发展和职业经历的关系比较密切。群体数量、地域分布随着明代经济中心的转移而发展变化；加上民间群体创作的环境使其作品更多以传统实用技术为主，而较少涉及综合性研究文献。

第二，从知识积累方面看，民间科技文献作者群体的家庭背景、教育背景、职业经历均没有官方科技文献作者群体优厚，但是也客观上对民间群体的创作奠定了基础。

第三，从创作过程与作品流传方式看，我们可以归纳出以下几个方面：

首先，民间科技文献作者作品的写作目的和官方作者虽然都是出于职业需要，但是所包含的内涵并不同：民间大多数是满足传统科学技术工作的需要，如黄成的《髹饰录》就是对自己漆工技能的总结；程大位的《算法统宗》是解决经商过程中珠算不便利而创作的；午荣的《鲁班经》也是本身木工技术的总结。加上民间作者个人爱好的因素所占成分较高，如李时珍编写《本草纲目》、徐弘祖编写《徐霞客游记》等。

其次，民间科技文献作者作品创作条件相比较官方作者而言，所参阅的资料比较缺乏，所以大部分作者的创作来源主要是对自己的亲身经历和自身工作经验进行汇总。

最后，作品形式和作品内容的特征表现为：作品形式以科技图书为主，兼有工具书、科普等，而作品内容除了由于自身条件局限较少有创作的天文学科外，都有所涉猎，如农学图书的出版达到了前所未有的高度，出版数量也超过以往水平，而且在编纂方式和内容体例上，大量的民间私人编纂的著作在市场上大量流通，地方性农书较多流传。[①]

（三）宗教科技文献作者群体的基本特点

宗教科技文献作者群体在封建社会科技文献作者群体中历来占据比重较小，明代也不例外，但也具有明代宗教文献群体发展的独特性：

第一，从群体组成看，明代宗教科技文献作者群体主要针对的是传教士，本国宗教群体科技文献流传甚少。

第二，从知识积累上看，宗教科技文献作者群体的家庭背景、教育背景和职业经历相对简单，普遍受到良好的教育。

第三，从文献创作过程和流传方式来看，明代宗教科技文献作品总体上的特征是以西方科技图书的翻译出版为主。翻译流传的主体就是以利玛窦为代表的西方传教士和以徐光启、李之藻为代表的官方科技知识分子。

明末清初，资本主义萌芽的出现。西方先进的科学技术的传入，让中国官方知识分子认识到中国科技的落后，于是一场为了富强国家、福泽百姓目的的科技文献出版活动开始了。

明代宗教科技文献作者作品的创作和流传主要集中于明末万历、崇祯年间，创作基础在于传教士带来的西方科技书籍，而且还在广东建造了第一家西文图书馆，这些都为西方中国科技文献中文版本的出现创造了条件。如利玛窦在华期间，撰写和合译的西方科技著作就有19类，都被《明史·艺文志》和《四库全书》收录[②]。

二 明代三大科技文献作者群体比较分析

通过纵向对官方、民间、宗教科技文献作者群体的梳理，我们总结出明代三大作者群体各自的发展态势；接下来从横向出发对三大作者群体进行比较分析。

（一）三大科技文献作者群体组成比较

通过从官方、民间、宗教三大作者群体组成的研究，我们可以得出以

[①] 肖东发：《中国编辑出版史》，辽海出版社2002年版，第327页。

[②] 潘玉田：《明末清初西方科技文献在中国的交流》，《图书馆理论与实践》1997年第1期，第18页。

下结论：

第一，明代科技作者群体和封建社会其他朝代拥有共同特征。明代官方科技文献作者群体在明代科技文献作者群体中占据明显的比例优势；民间群体和宗教群体由于没有发展的土壤在明初显得没落；宗教科技文献作者群体在明代科技文献作者群体中所占比例是很小的，而且这些宗教作者群体主要也是集中于明代中后期（图10—13）。

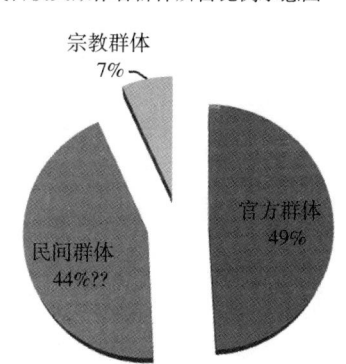

明代科技文献作者群体所占比例示意图

宗教群体 7%
民间群体 44%??
官方群体 49%

图 10—13　明代三大科技文献作者群体所占比例示意图

第二，明代三大作者群体之间是一种此消彼长的关系。明代官文化、民间文化和宗教文化在明代文化中的相互关系表现为：明初到明中前期（即宣德年之前），明代皇权统治下的官文化发展鼎盛，占据主流地位，呈现一枝独秀的局面。而科技文献较少，主要体现在传统技术方面的文献。与此同时，这时期的民间文化基本上处于在官文化的夹缝中生存的状态，即使明太祖洪武五年在一个官方制定的民间文化活动——"古先圣王皆致重而不轻"[①] 的乡饮酒礼的出现也没有改变民间文化的地位。这一时期的民间文化十分萧条，科技文献作品寥寥无几；转变开始于正统年之后，随着官文化由盛转衰，民间文化的地位开始发生转变，出现了前所未有的活跃，民间文化开始渗透到主流文化之中，民间科技文献开始出现了转机，但是数量上仍然以官方科技文献为主；到晚明时期，虽然民间文化

---

① 叶盛：《水东日记》，中华书局1980年版，第8页。

达到鼎盛，但对于特殊的科学技术方面，官方科技文献作者仍然占据着主宰地位。这种多层文化的更迭和层间文化的互动成为从传统封建社会向近代社会转型的一种特殊文化。①

第三，三大作者群体的地域分布和当时政治经济重心的转变是密切相关的。南方地区较之于北方地区，一直是明代经济文化的中心，科技创作的物质基础较好，文化氛围浓厚，这些都使得明代南方地区成为三大科技文献群体集中的地区。

（二）三大科技文献作者群体知识积累比较

通过从家庭背景、教育背景、职业经历三个方面的分析，对明代三大作者群体的知识积累有了宏观上的认识。

明代官方和民间作者群体的知识积累差异较大。首先，从家庭背景来看，官方作者群体的家庭出身较好，大多出身于官宦和书香门第之家，家庭对他们以后的仕途和为人都产生了良好的影响；民间群体出身较复杂，在家庭背景上普遍没有官方科技文献作者有创作的优势；而宗教群体大多家庭背景良好，大都出身于贵族，为他们的成长教育奠定了殷实的基础。其次，在教育背景上，官方作者群体以官学为主，民间作者很难进入官学，接受的教育是和其家庭出身息息相关的，家庭背景基本上决定了他们接受何种教育；而宗教群体接受的是西方宗教式的教育。最后，在职业经历方面，明代官方科技文献作者群体的职业经历比较单一；民间作者群体职业经历更加侧重于专门科学技术文献的创作；宗教作者在明代担任的角色只是中西文化传播的桥梁，没有实质性的官职。三大作者群体的知识积累的特点也从侧面反映了明代科技文化发展的特点。

（三）三大科技文献作者群体创作过程和作品流传方式比较

从明代三大作者群体的创作过程和作品流传方式的分段特征来看，主要特点为：

第一，写作目的的区分性。

明代三大作者群体的创作动机各有侧重点：官方群体大多出于职业需要和奉旨编写的目的进行作品创作，官方性动机较强；民间群体的职业需要内涵却有所不同，大多数是满足传统科学技术工作的需要（见图10—14）。

---

① 白寿彝：《中国通史》，上海人民出版社1989年版，第958页。

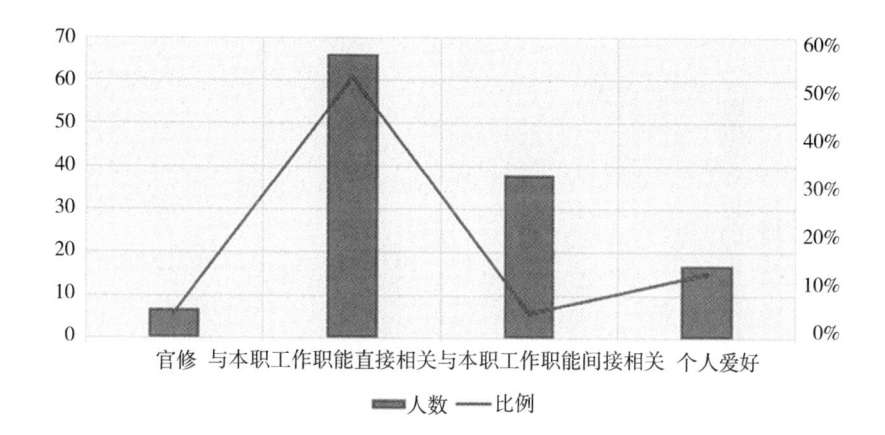

图 10—14　明代科技文献作者群体写作目的分布图

综合来看，三大作者群体除了各自写作目的的侧重点之外，总体上文献创作都是与本职工作职能直接相关的；官修和个人爱好所占比重较小。

第二，资料来源的丰富性。

明代科技文献作者进行创作的资料来源则比较广泛。尤其到了明代中后期，中西文化的碰撞带来的是文献数量的增长和质量的提升。

第三，作品传播共同性和特殊性的统一。

多样化的刻书形式使得明代科技文献作者作品流传方式也是多种多样的，包括官方刊行本、私家刊刻本、官方手抄本和民间手抄本四类。但是具体到三大作者群体，又各有侧重点：官方群体以官刻本、官抄本为主，辅以私刻、私抄，而且一部文献往往有多种刊本和流传方式；大量的民间私人编纂的著作在市场上大量流通。地方性农书较多流传；宗教科技文献作者作品的创作和流传主要集中于明末万历、崇祯年间。

第四，作品形式的多样化。

从图中（图10—15）我们看出，明代官方科技文献作者的作品形式分布比较平均，比例相差较小，以科技著作为盛。这主要和官方科技文献作者群体的知识积累有密切的关系。

与明代官方科技文献作者群体的作品形式的多样化相比，民间群体的作品形式较单薄，主要集中于技术类文献的创作，综合类文献基本上没有（见图5—3）。主要原因在于：第一，民间群体知识积累的局限性，无法

■官方群体 ■民间群体 ■宗教群体

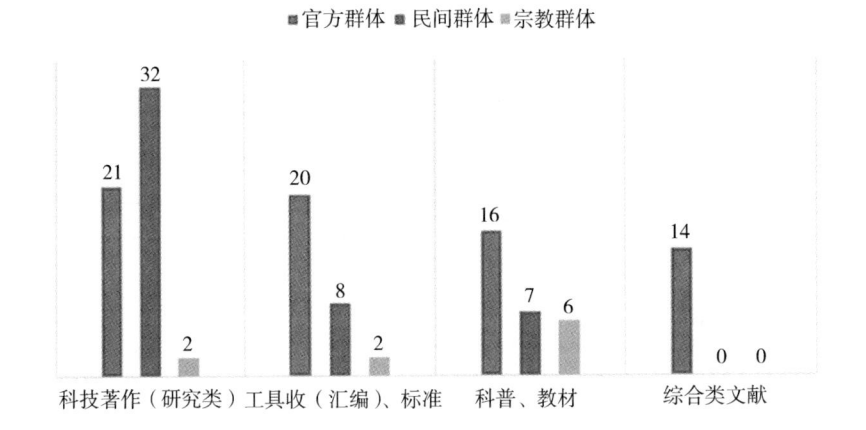

类别	官方群体	民间群体	宗教群体
科技著作（研究类）	21	32	2
工具收（汇编）、标准	20	8	2
科普、教材	16	7	6
综合类文献	14	0	0

图10—15　明代科技文献作者群体作品形式分布图

驾驭大型综合类文献的创作；第二，民间群体受政治影响比较弱，受民间传统文化影响比较强，出现较多实用类文献。

无论是国内还是国外的宗教科技文献作者群体，作品形式均是专门性的科技著作，属于科普类，旨在传播科学技术。

三　明代历史特殊性对科技文献作者群体的影响

明代历史的特殊性决定了明代科技与明代科技文献作者群体的发展具有鲜明的时代性，呈现出明显不同于其他朝代的特点。

（一）由盛转衰的传统科技与科技文献作者群体

"在中国科学技术的历史画卷中，明代科学技术是极其灿烂的篇章。"[1]诸多科学技术在宋元发展的基础上取得了辉煌的成就，科技发展也表现出鲜明的阶段性特征。

第一，明代前期科学技术发展的继承性。

明代科学技术的发展是历朝科技发展的延续，几乎都是对前朝科技的继承，传统科学技术在明代发展到高峰。如纺织业方面，明代的纺织工具的专业化程度和纺织技术都更加先进；明代的陶瓷业发展和建筑业发展都达到了无法逾越的高峰；农业方面的盐碱地改造、"一岁数收"技术和耕

---

[1] 马卫东：《战国科技在中国科学文明史上的地位》，《沈阳大学学报》2012年第1期。

作栽培技术的发展，桑蚕技术的发展都成为明代农业科技发展的提升；医学方面，类型多样的药物学著作、方剂学大部分著作都产生于明代，丰富的医学实践和临证各科都有各自的发展特点和突出成就；数学方面，表现在珠算盘的广泛利用以及西方数学开始传入中国等；天文学方面，天文图的绘制、航海天文的过洋牵星术等成果等。[①] 但是明朝初期科技文献成书的却不多，更多的是通过史书或者地方志对于科技活动描述所记载的内容体现当时的科技。

第二，明中叶时期成为明代科技发展的分水岭。

明中叶前，中国的科技有诸多世界之最。世界领先的地位从秦汉时期就开始超越世界上其他国家和地区，到明中业之前，发展水平持续领先。在近代以前的世界科技成果中，中国占据了主导地位，一枝独秀，这主要得益于中国古代科学技术发展的累积和当时欧洲尚未兴起的科技。

这一时期，中国古代科技文化的发展到了明代已经成熟，明代科技文献作者群体在许多领域，都将历代创造的成果进行了整理，撰写了多部总结性的著作。如席泽宗在《论康熙科学政策的失误》中列出了1578—1644年间产生的9部世界水平的科技著作："分别是《本草纲目》《河防一览》《算法统宗》《天工开物》《徐霞客游记》《农政全书》《瘟疫论》《闽中海错疏》《律学新说》"[②]。这些都是明对古代科技成就的集大成著作。总结性的科技文献基本上是官方科技文献作者群体智慧的结晶，代表性的著作就是解缙奉命主编的《永乐大典》，它保存了14世纪以前中国历史地理、文学、科学技术、哲学宗教等文献，共计22937卷，收藏的古籍就有七八千种，数量超过《四库全书》等大型丛书。还有陈循等负责的《寰宇通志》，也是明代总结性的巨著，它是明代官修地理总志，该书详细对各府、直隶州分类进行记载，为后世研究提供了基础。

第三，明代中叶之后科技发展开始走向衰落。

这种领先地位到了明中叶之后，逐渐瓦解，即使出现了总结性的巨著，也是"昙花一现"。短暂的繁荣，并未改变中国科技发展开始走向衰落的事实，这和统治者的统治政策、儒学思想的影响是密切相关的（详

---

① 汪前进：《中国明代科技史》，人民出版社1994年版，第47—60、128—150页。
② 席泽宗：《论康熙科学政策的失误》，《自然科学史研究》2000年第1期。

见表10—6）。同时，西学东渐风潮，西方先进的科技和思想开始传入中国，中西方的碰撞和中西方文化交流模式的转变从客观上也可以说明明中叶之后是中国科学技术开始衰落的起点。

表10—6　　　　　中国科技成果与世界其他国家对比

年代	科技发明（件）	中国		世界其他国家	
		件数	所占份额（%）	件数	所占份额（%）
1001—1500	67	38	57	29	43
1501—1840	472	19	4	453	96

从中我们可以看出，16世纪之后，中国的科学技术就逐渐落后于世界水平，欧洲开始进入了蒸汽时代，而中国依然是闭关锁国的农业传统封建社会，发展的始终是传统的科学技术。

明代科技发展的阶段性特征和明代科技文献作者群体传统思想的转变是密不可分的。

金秋鹏在《中国科学技术史（人物卷）》中提到，"中国古代的知识分子，包括科学家、技术家在内，大都以经学作为进身的阶梯，身兼多种职能，注意力主要集中在现实的人世，关心的是治国平天下的政业，而很少是以自然界作为研究对象，以科学技术作为终身事业的"[①]。科技文献作者群体本质上是中国封建社会的儒学家，儒学的"重农抑商"、"实用主义思想"、"探索精神"等观念指导着科技文献作者群体的精神思想，中国科技的发展有中国思想文化的烙印。对于明代而言，亦是如此。

明初，统治者思想上立国，以程朱理学作为统治思想，思想趋于保守统一，带来就是思想的僵化，势必影响到科学文化的发展，这也是明初科技保守，传统科技发展继承性较强的原因。明代的科学技术活动深受封建专制统治的制约，科技文献作者从来都是为帝王服务的，用以帮助治理政务，处理包括政治经济、文化、科技、军事等诸多方面的国家事务，做学问从来都是以解决现实的社会人生问题为出发点。因此，在明代与国家相

[①] 卢嘉锡、金秋鹏：《中国科学技术史（人物卷）》前言，科学出版社1998年版。

关的科技文献，大都有专门的机构和专职官吏进行组织，而且在三大科技文献作者群体中，官方科技文献作者群体占据主导地位是毋庸置疑的，与国家事务关系密切的如天文学、农学、数学、医学等学科发展迅速也就不足为奇了。如姚广孝、解缙等人的《永乐大典》，陈循、高谷、夏元吉的《寰宇通志》，费信的《星槎胜览》等，这是封建社会科学技术发展明显区别于西方科技发展的一个方面。

随着政治、经济的发展变化，官文化的保守思想开始和社会发展发生冲突，弘治、正德年间江南人士的个性解放是思想解放的预兆。更多的知识分子开始寻找新的思想支撑，王守仁的"心学"开始得到发扬，他的"轻视经世致用之学，认为科技不过是一些奇巧淫技"的思想长时间灌输，对科学技术发展产生了不小的影响。

万历年之后，随着资本主义的发展，一些有识之士认识到心学的弊端，开始抨击心学，倡导"经世致用"的学风，开始出现了实学思潮。它批判宋明儒学的"性与天道"和个人修养而不关注社会实际的学风，倡导"经世致用"，强调"国家治乱之原，生民根本大计（顾炎武）"，徐光启的《农政全书》、方以智的《物理小智》、宋应星的《天工开物》、徐霞客的《徐霞客游记》等都是实学思潮影响下的科技著作。徐光启夸赞："传教士为学：实心、实行、实学"[①]，这些从他的科技文献中得到了很好的体现：如他和利玛窦合译的《几何原本》，他希望通过此书的翻译，介绍西方几何数学完整的逻辑体系，来弥补中国传统数学的不足；宋应星提出"天工开物"的技术哲学思想，将技术作为第一原则；李之藻也是实学思潮影响下的集大成者，他翻译的由传教士傅泛际带来的《名理探》，强调逻辑"为百学之宗门"，[②] 借此希望弥补中国人缺乏系统逻辑思维训练的不足。这些都为科技发展的繁荣奠定了思想基础。但是，仅仅依靠一小部分有识之士的力量，并不能从根本上改变明末科学技术开始走向衰落的趋势。

（二）西学的渗入与科技文献作者群体

在儒学占主流思想的封建文化氛围中，中国的科学技术依然取得了极

---

① 徐光启：《泰西水法》序，上海古籍出版社 1984 年版，第 66 页。
② 张应杭、蔡海榕：《中国传统文化概论》，上海人民出版社 2013 年版，第 468 页。

大的成就，曾一度引领世界科技发展。万历年之后，随着"西学东渐"和西方传教士陆续来华，加上经世致用思潮的影响，明末中国儒学思想开始和西方思想对接，西方科技文献在中国得到广泛传播，中西方文化开始了真正意义上的相互碰撞，给明代科技发展注入了新的活力。科技文献作者群体中的官方作者群体（以徐光启、李之藻为代表的晚明儒家官方科技文献作者群体）开始与西方先进的科学技术接触，表现出了儒学提倡的开放性和包容性。

据《中国翻译简史》统计"明末清初来华传教士著名者70余人，翻译刊印了三百多种，其中涉及天文、历法等自然科学的书籍有120种"。[①] 当时，曾一度出现学习"西学"的热潮，先进的知识分子开始重新审视中国传统的文化思想。《明史》中记载："明神宗时，西洋人利玛窦等入中国，精于天文、历算之学，发微阐奥，运算制器，前所未尝有也"[②]。传教士带来的思潮对推动明末科学技术的发展做出了积极的贡献，推动了中西方科学技术的交流。利玛窦的传教影响了以徐光启、李之藻为代表的"西学派"；同时也使更多的传教士来华，和明代官方科技文献作者群体共同翻译西方的科学著作，为明末科学技术的发展作出重要的贡献。数学领域，有利玛窦和徐光启合译的《几何原本》前六卷、李之藻和与利玛窦合译的《同文算指》；地理学领域，有艾儒略的《职方外纪》、利玛窦的《万国舆图》；水利领域，有徐光启和熊三拔合译的《泰西水法》；医药学领域，有邓玉函的《泰西人身说概》等著作。这些著作对我国的传统科学技术产生了巨大的冲击。

伴随着西学东渐的出现，中国的哲学思想、科技等也被介绍到西方，称为"东学西传"。如德·拉达在《出使福建记》中对印刷术的描述，认识到了中国印刷术的先进；明末卜弥格将王叔的《脉诀》介绍到西方，让西方了解了中国的中医。

明代和同一时期欧洲近代科学技术和科技文献作者（如哥白尼、开普勒、伽利略、笛卡尔、哈维等人）的成就、理念相比差距还是很大的，主要表现为：一是西方科技文献作者群体的写作目的和明代作者群体的创

---

① 马祖毅：《中国翻译简史》，中国对外翻译出版公司2004年版，第267页。
② 张廷玉：《明史》卷25《志第一·天文一》，中华书局1974年版，第339页。

作是存在本质区别的。官方科技文献作者群体进行科技文献创作更多的是出于治理国家事务的目的，并非单纯的为探索自然界，这点可以从顾炎武在《日知录〈博学于文〉》一文中"君子博学于文，自身而至于家国天下，制之为度数，发之为音容，莫非文也"① 这一表述中得到很好的体现。本质上，他们还是轻视科技，将科技称之为末技，中国科学技术满足于实际的应用，没有形成理论上探讨和深思的风气。而西方科技文献作者群体则是将自然界作为研究对象，以科学技术作为其终身事业的，他们充满对自然界的好奇和探索未知世界的科学精神。如哥白尼在大学时期就表现出对数学和天文学的极大兴趣，养成了使用天文仪器观测天象的习惯。

二是西方同一时期，科学研究涉及面开始拓宽。科学研究不仅仅局限于实用科技总结范畴，对包括天文学、数学、医等诸多领域进行深度探究。如1609年，开普勒在《新天文学》中，发表了关于行星运动的第一定律和第二定律；伽利略用望远镜观测天体，发现木星的卫星和月面的凹凸等；1628年，哈维在《关于动物心脏及血液运动的解剖学研究》中，确立了血液循环理论；1637年，笛卡尔《折射光学》《几何学》《气象学》等，将函数概念引入数学领域，将"几何图形（直线和曲线）看作是依一定函数关系运动的点的轨迹"②。

综上所述，与西方近代科技发展繁荣相比，明代后期，中国古代科技已经进入了缓慢发展的时期，明代科技发展的领先和衰落就成为中国古代科技发展的缩影，也成为中国古代科技发展的转折点。

---

① 《日知录集释》，花山文艺出版社1990年版，第311页。
② 王鸿生：《世界科学技术史》，中国人民大学出版社1996年版，第130页。

第十一章　清代前中期

（以天文算法类文献作者群体为例）

　　清朝是中国历史上第二个由少数民族建立的统一政权，也是中国最后一个封建帝制国家，对中国历史产生了深远影响。清代是中国传统文化的衰落期，也是其总结、烂熟期和转型期，产生了包括传统科技和西方近代科技内容的数量庞大的科技文献。清代前中期天文算法领域发展较快，文献作者人数剧增，使天文算法发展水平不断提升，并逐渐向近代科学转变，特别是民间群体破天荒地在数量和质量两个方面都超越了官方群体，这带来了科技研究社会群体结构的巨大变化，并成为新的科技繁荣的重要内因。

第一节　清代前中期天文算法类文献作者群体存在的社会背景

　　清朝是中国历史上第二个由少数民族建立的统一政权，也是中国历史上最后一个封建王朝。从1644年迁都北京到1840年鸦片战争前夕，经过两个世纪的建设与发展，中国封建经济在清代前期达到前所未有的高峰，政治与文化的发展为天文算法的发展创造了有利条件。

一　清代前中期的社会政治与文化

　　清朝统治者吸取前朝的统治经验，根据国土幅员辽阔、人口众多的现实，加强君主专制统治。在政治领域，逐步统一全国，实现社会安定，为科研工作者提供了安稳的工作环境。经济领域，清初康、雍、乾三代统治者采取了一系列的休养生息政策和促进经济发展的措施。例如，朝廷贷银，各府州县自筹资金招徕垦荒；推行"摊丁入亩"，废除人头税，减免田赋等措施改革赋役制度；治理水患，兴修水利工程，注重农业生产发展；开放海禁，发展对外贸易等，使农业、手工业及商业都得到了恢复与发展，国家出现了繁荣的局面，封建经济发展达到顶峰，同时，进一步刺激了资本主义萌芽。在文化领域，推崇儒教、提倡理学，确定共同的行为规范，满汉文化由冲突逐步走向统一；实行八股取士、大兴文字狱，控制广大士人的思想和言行；加强官学，强化学校与科举的关系，广选人才，对汉族士人进行笼络。乾嘉时期，知识界学术研究趋向对经典著作进行考据，考据之风盛行，形成了考经证史为基本内容的乾嘉学派。萧一山言："考据学之饶有科学精神，即由天算为归纳最好之模范也。"① 考据之风推动了天文算法的发展。外交政策，清初积极引入西方掌握科学技术的传教士，翻译有关天文、数学、物理、化学等方面的科学技术书籍，西学东渐日盛。但雍正皇帝登基后，大力驱逐传教士，实行闭关锁国政策，西方先进科学和技术的输入渐渐趋缓。

二 清代前中期统治者发展天文算法的政策

清朝初期，统治者以当时强大的军事力量夺取了明朝的政权。然而，它终究是以文化相对低落的少数民族入主中华；而且经过战争，在明末的某些手工业领域已经萌发的资本主义嫩芽被扫荡殆尽。因而，清朝的起步又似乎从低点开始。清初较有政治远见的统治者康熙皇帝，或许意识到这一点。于是，康熙政府积极发展生产，予民生息，学习汉族文化，汲取西方科学，重视天文历算。《清史稿》载，"康熙六年，诏募天下知算之士"。② 在康熙帝的着力经营之下，经济得到逐步恢复和繁荣；在天文学方面，下令制造新天文仪器、编纂天文仪象书籍。他本人亦是孜孜以求地研究天文历算，影响所及形成一种风气，使天文算法之学风靡一时，推动了当时士林学者致力于此项学术探讨，上至皇亲国戚，下至布衣百姓，致力于天文算法的学者甚多，使我国古典天文工作又露出一点曙光。梁启超在《清代学术概论》中说："我国科学最昌明者，惟天文算法。至清而尤

---

① 萧一山：《清代通史》，中华书局1986年版，第697页。
② 赵尔巽：《清史稿·卷五百六·畴人一》，中华书局1977年版，第13936页。

盛，凡治经学者多兼通之。"① 《清代朴学大师列传》叙目曰："历算之学，我国表章在昔。至明季西学东渐，从者风靡，几成'喧宾夺主'之势；赖有达识，起为沟而通之，于是其道益光。勿庵融会中西，倾动人主，累世济美，名满天下也固已；而晓庵苦心诣微，笃守旧闻，尤不可及。厥后慎修、东原，或羽翼新法，或阐扬古术，并无愧典型云。"②

三 清代前中期天文算法的发展水平与世界水平的对比

清代承袭前代，学者们总结前人的研究成果并吸收融合西方文化，致力于天文算法领域研究的人数剧增，使天文算法发展水平不断提升，并逐渐向近代科学转变。

（一）清代天文算法的发展水平

这一时期是天文算法发展的集大成时期，主要表现在以下几点：

其一，涌现出大批历算学家且成就突出。阮元《畴人传》（成书于1799年）及罗士琳的《畴人传续编》（成书于1840年）共收录畴人99位，对比元代的19人、明代的39人，数量可谓大增。并且在众多历算家中，尤以王锡阐、梅文鼎、薛凤祚等人成就突出，王锡阐与薛凤祚素有"南王北薛"之称。梅文鼎被梁启超评价为清代经学者中研究天文算法的"开山之祖"③。

其二，编成大量著作且内容丰富。《清史稿·艺文志》共收录清前中期天文算法类文献204种，数量繁多，其中又以康熙和乾隆两朝期间完成的数量最大。并且对天文算法内容的研究比较深入，包括天文、历法、几何、代数、天文仪器制作等等。阮元对王锡阐和梅文鼎的著作评价很高，称"王氏精而核，梅氏博而大，各造其极，难可轩轾也"④。可见当时一些天文历算作品内容的水平之高。

其三，在乾嘉考史证经中前进。乾嘉学派的考据涉及天文历算等科技的内容，梁启超言朴学曰："其学问之中坚，则经学也。经学之附庸则小学，以次及于史学、天算学、地理学、音韵学、律吕学、金石学、校勘

---

① 梁启超：《清代学术概论》，中国人民大学出版社2004年版，第151页。
② 支伟成：《清代朴学大师列传》，岳麓书社1998年版，第307页。
③ 梁启超：《清代学术概论》，中国人民大学出版社2004年版，第151页。
④ 阮元等：《畴人传汇编》，广陵书社2009年版，第446页。

学、目录学等等，一皆以此种研究精神治之。"① 在乾嘉学派的众多学者中，"五十余人的行状，其中近一半学者，在治经时都涉足舆地、天文、历法、算学、音律等自然科学的研究传习活动，且有专著问世。可以说，科技教育贯穿于乾嘉学派发生与发展之中"。② 在天文算法领域涌现出的卓有成就的乾嘉学者如戴震、钱大昕等。

其四，传统历算与西学融会贯通。在西学的传入过程中，"最先发生显著之影响者为天文学，其次为数学"。③ 在天文学方面，传入的主要有西方的地圆说、宇宙论及相关的天文学理论知识；数学方面，传入的主要有无穷级数、球隧三角等，这在中国是闻所未闻的。这些西学的传入，为我国传统的天文学和数学注入了新鲜血液，西学与中学不断融合。

最后，在取得成就的同时，也存在着制约天文算法发展的因子。例如，在雍正皇帝登基后，大力驱逐传教士，实行闭关锁国政策，西方先进科学和技术的输入渐渐趋缓。

（二）欧洲天文算法的发展水平

尽管清代天文算法取得了不朽的成就，但对比当时的世界天文算法发展水平，清代仍然相对落后。以1640年英国资产阶级革命为开端，欧洲的商品经济快速发展，致使远洋航行发达，新的生产力以极其强大的力量激荡着自然科学各领域，迫切需要天文仪器、精密的星表以测定海航的海上经纬度，这就为天文学的发展提出了明确的要求。同时，这一时期，欧洲的理论研究成果丰硕。首先，17世纪上半叶，法国笛卡尔建立解析几何，把量变的概念引进数学；其次，英国的耐普尔建立了对数；此后，牛顿和德国的莱布尼茨几乎同时发明了微积分；1666年，牛顿从德国人开普勒的行星运动第三定律中受到启发，推出万有引力定律，并于1687年发表了著名的《自然哲学之数学原理》，首次阐明了牛顿力学三定律，奠定了经典力学大厦的基础。天文望远镜诞生，法国巴黎和英国格林尼治天文台建立了，它们迅速地进入光学观测的高一级实践阶段，理论分析工作也相应发展。西方天文学以崭新的面貌，出现在世界天文学前沿。

---

① 梁启超：《清代学术概论》，中国人民大学出版社2004年版，第174页。
② 丁海斌、陈凡：《论清代科举与"官科技"》，《自然辩证法通讯》2007年第5期，第65页。
③ 萧一山：《清代通史》，中华书局1986年版，第697页。

第二节　清代前中期天文算法类文献作者群体的组成

清代前中期天文算法类文献作者群体主要由官方群体、民间群体和宗教群体组成。据《清史稿·艺文志》收录的天文算法类文献统计，总计作者75人，其中官方群体33人，约占总体44%；民间群体37人，约占总体49%；宗教群体5人，约占总体7%（如图11—1所示）。

本节首先对官方群体的任职机构、地域分布情况进行分析；其次，对民间作者群体的身份进行划分，并分析民间群体的地域分布状况；最后，对宗教群体的两大组成即道教、西方天主教进行介绍。

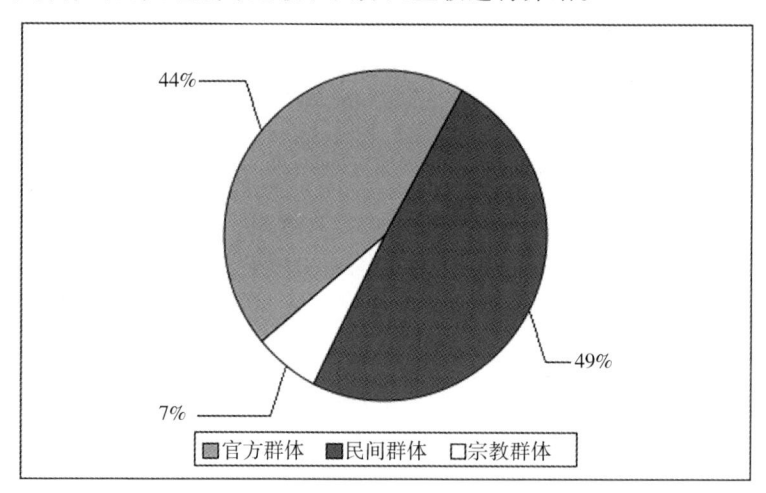

图11—1　清代前中期天文算法文献三大作者群体人数所占比例

一　清代前中期官方作者群体的组成

从中国古代文明确立之时起，官方群体都是古代天文算法类文献作者群体的重要组成部分。中国古代"科学技术活动有一个较为特殊（相对同时代的世界各国而言）的特点与现象，即我国古代科学技术的学习、传播、科技活动的组织与实施多以官方为主，古代科学家多数同时又是政府官员"[①]。天文学亦是如此，它曾长期被官方所垄断，"历代帝王都把天

[①] 丁海斌、陈凡：《李约瑟现象的"官科技"解读》，《社会科学战线》2005年第4期，第140页。

文历法机构所做的天象观测报告、预报和编制的历法,作为指挥国家行政管理、军事活动、农业生产以及国民生活秩序的参考和依据"①,关乎民生和社稷,其重要性不言而喻,故而将天文机构设置在宫廷。内森·席闻也曾说:"天文学主要设置在皇帝的宫廷,由于历法(就是说,对世俗的事情做准确的预言)是王位标志的一部分。"② 所以,在统治者眼中,颁行历法是行使权力的象征,绝不允许平民染指。因此,古代天文机构的负责人及其属吏的身份与现代社会中天文学家的身份截然不同,他们是政府官员。

清代前中期的情况发生了一些变化,天文算法类"官科技"群体的人数已不占多数(44%),但无疑"官科技"群体仍然占有重要地位。以下主要从任职机构、地域分布等角度具体分析天文算法类"官科技"群体的构成情况。

(一) 官方群体的任职机构

"官科技"群体一般任职于一定的官方机构。具体而言,清代前中期从事天文算法类文献创作的政府官员主要任职在以下机构中。

1. 专业性的皇家天文机构——钦天监

清代承袭明制,在中央设置钦天监,是清朝政府掌管天文、历象、数学等知识的常设专职天文机构,设有专职的人员。顺治元年(1644),钦天监"置监正、监副、五官正、保章正、挈壶正、灵台郎、监候、司晨、司书、博士、主簿等官,并汉人为之,行文具题隶礼部"③,官员各司其职,监正"掌治术数,典历象日月星辰,宿离不贷。岁终奏新历,送礼部颁行。监副佐之"。④ 乾隆十年(1745)起,又在钦天监监正之前,设置兼管监正事务的职位,分别由满贵族宗室、汉人担任。汉人何国宗便曾担任过兼管监正事务,直至二十二年(1757)卸任。钦天监的设置,保证了有充足的人力和物力从事天文研究。据统计,在官方群体的33人中,

---

① 姚传森:《清代钦天监的天文工作》,《广西民族学院学报(自然科学版)》2004 年第 1 期,第 43 页。

② Nathan Sivin: Science and Medicine in Imperial China—The State of the Field, The Journal of Asian Studies (305B04), 1988。

③ 赵尔巽等:《清史稿》卷 115《职官二》,中华书局 1977 年版,第 3324 页。

④ 同上。

有 3 人曾在钦天监任职，约占官方群体总数的 10%，分别为何国宗、明安图、陈杰，并多次在清政府组织的大型天文历法编修活动中发挥了重要作用。

明安图（1692—1765），字静庵，蒙古正白旗（今内蒙古锡林郭勒盟正镶白旗）人。最初担任钦天监时宪科五官正的重要职务，在职 35 年。于乾隆二十五年（1760）升任钦天监监正，领导钦天监的工作，共计在钦天监任职五十多年，曾参与过官修《历象考成后编》《仪象考成》等，为国家的科学事业贡献了毕生精力。

同时值得注意的是，在康、雍、乾三朝，钦天监不仅汇集了国内满、蒙、汉各族的天文历算学者，还有一部分外国传教士在此任职，并在清代敕修历法活动中多有参与，发挥重要作用。

2. 翰林院、内阁、六部等其他中央政府机构

在官方群体中，致力于天文算法研究的官员并不只局限于专门的天文机构，在中央的其他机构中也有许多，如翰林院、内阁、六部等。在本书的统计范畴中，官方群体中有 16 人属于这部分，占 48%，且大多曾在翰林院任职，如表 11—1 所示。翰林院设有掌院学士，由满、汉各一人担任；其下有侍读学士、侍讲学士、侍读、修撰、检讨、编修、典簿、待诏、庶吉士等，主要职务是修史编书、掌文词翰墨、充当皇子师傅、科举考官等。翰林院是具有浓厚的文化学术色彩的官署，能人汇集，主要代表人物有陈厚耀、梅瑴成等。

陈厚耀（1648—1722），字泗源，号曙峰，江苏泰州人，康熙四十五年（1706）进士，官苏州府学教授[①]、内阁中书、翰林院编修、国子监司业等。早年入值内廷，得到阅读宫内珍本秘籍的机会，并且接触到西方比较先进的天文仪器，更是在康熙皇帝的提点下，知识水平有了突破性的提高。五十年（1711）奏请康熙帝"请定步算诸书以惠天下"，得到采纳。次年得康熙帝御赐《算法原本》《算法纂要》《同文算指》《几何原本》等书，与梅瑴成等奉敕编修《律历渊源》一书，于六十年（1721）年

---

① 教授：学官名，明清皆设有教授。《明史·职官志四》："儒学，府教授一人，训导四人，州，学正一人，训导三人；县，教谕一人，训导二人，教授、学正、教谕，掌教诲所属生员，训导佐之。"

完成。

梅瑴成（1681—1764），字玉汝，号循斋，安徽宣城人。自小受家学的熏陶，精通天文、算学知识。康熙五十四年（1715）赐进士，选翰林院庶吉士，后授编修。雍正七年（1727）入江南道御史，九年迁光禄寺少卿、通政司参议，累官左都御史。曾肄业蒙养斋，数学知识日益精进，主编御制《数理精蕴》《历象考成》等书，独立完成《增删算法统宗》十一卷等。梅瑴成在数学和历算方面的成就对当时及后世都产生了巨大的影响。

表 11—1　　　　　　　　　其他中央政府机构的官员

姓名	生卒年	任职机构	主要作品
李光地	1641—1718	翰林院—文渊阁—吏部	《历象本要》
陈厚耀	1648—1722	内阁—翰林院—国子监	《律历渊源》
年希尧	1671—1738	工部右侍郎—内府总管—广东巡抚	《视学》《测算刀圭》《面体比例便览》
梅瑴成	1681—1764	翰林院—光禄寺—通政司	《律历渊源》《增删算法统宗》
胡亶	顺治康熙年间	翰林院	《中星谱》
戴震	1723—1777	《四库全书》纂修官—翰林院	《续天文略》《原象》《句股割圜记》《五经算术考证》
钱大昕	1728—1804	内阁—翰林院—詹事府	《算术问答》《三统术衍》等
孔继涵	1739—1783	户部	《同度记》
陈昌齐	1743—1820	翰林院	《测天约术》
李潢	1749—1812	翰林院—内阁—工部—兵部	《海岛算经细草图说》《缉古算经考注》《九章算术细草图说》
黄钺	1750—1841	户部—内阁—礼部—军机处	《授时术解》
孔广森	1752—1786	翰林院	《少广正负术》
吴鼐	1755—1821	翰林院	《三政考》

续表

姓名	生卒年	任职机构	主要作品
姚文田	1758—1827	内阁—翰林院—礼部	《颛顼新术》《夏殷历章蔀合表》《周初年月日岁星表》
汪莱	1768—1813	八旗官学教习—县儒学训导	《衡斋算学》
李林松	1770—1827	户部	《星土释》

3. 地方政府机构的官员

在清代，从事天文算法研究的地方政府机构的官员也有许多，据统计共14人，占官方群体总数的42%。他们主要为任职地区的行政长官——知府或知县。他们在任职期间，不仅勤于公事，治理百姓，在闲暇时还致力于天文算法的研究，此外，还有作为一县官方教育机关的教谕，他们多为进士，由朝廷直接任命，负责教育所属生员。主要代表人物有张敦仁、刘衡等。具体见表11—2。

张敦仁（1754—1834），字古余，山西阳城人，乾隆四十三年（1778）进士。先后任江西高安知县、江苏松江知府、江西吉安知府等，道光二年（1822），擢云南盐法道。"生平实事求是，居官勤于公事，暇即力求古籍，研究群书，虽老病家居亦不废学，尤嗜历算。"[①] 他与当时的数学家有广泛的交往，与李锐交谊尤深。著有数学著作《缉古算经细草》三卷（1803）、《开方补记》六卷，《求一算术》一卷，附《通论》一卷。

刘衡（1776—1841），字蕴声，一字廵堂，号帘舫，江西南丰人。嘉庆年间副榜贡生，教习官学，任期届满以后，担任知县，"初任广东四会、博罗、新兴等县事，丁艰。服阕，铨选四川垫江县，调梁山，再调巴县，擢绵州，进知保宁府，迁成都府，授河南开归陈许道"[②] 以循吏知名。他勤学强记，通览经史百氏，六书、星经、地理、医方、药性皆晓，尤嗜九章、勾股、八线、测星、中西算法，著有《六九轩算书》6种9

---

① 阮元等：《畴人传汇编》，广陵书社2009年版，第632页。
② 支伟成：《清代朴学大师列传》，岳麓书社1998年版，第326—327页。

卷，即《尺算日晷新义》《筹表开诸乘方捷法》和附《缉古算经补注》各二卷、《勾股尺测量新法》《借根方法浅说》和《四率浅说》各一卷，内容深入浅出，方便初学者入门。

表11—2　　　　　　　　　　地方政府机构的官员

姓名	生卒年	官职	主要作品
方中通	1633—1698	州同知	《数度衍》
陈訏	1650—1722	县学教谕	《句股引蒙》《句股述》
齐彦槐	1774—1841	金匮县知县—苏州府同知	《北极经纬度分表》
安清翘	1759—1830	陕西三水（今旬邑县）知县	《数学五书》
张敦仁	1754—1834	吉安府知府—云南盐法道	《开方补记》
刘衡	1776—1841	河南循吏—巴县知事	《尺算日晷新义》
张作楠	1772—1850	阳湖县知县—太仓州知州—徐州府知府	《新测恆星图表》《中星图表》《更漏中星表》等
许伯政	1700—1784	四川彭县知县—山东道监察御史	《全史日至源流》
吴烺	1719—1771	武宁府同知	《周髀算经图注》
冯经	乾隆年间	曲江县学教谕	《周髀算经述》《算略》
徐有壬	1800—1860	四川按察使—云南布政使—湖南布政使—江苏巡抚	《四元算式》《测圆密率》《堆垛测圜》等
纪大奎	1746—1825	山东商河县知县—四川什邡县知县	《笔法便览》
庄亨阳	1686—1746	山东莱州潍县知县—汉阳府同知—徐州府知府等	《庄氏算学》
何梦瑶	1693—1783	广西岑溪知县—奉天辽阳知州	《算迪》

（二）官方群体的地域分布

因人员流动性大，所处地域不具稳定性，因此本书对作者群体的地域分布主要是以作者本人的出生地为统计对象。同时，由于清代地方行政区划与现今有所不同，本书统一以现行行政区划为主要参考依据，以便清晰、直观地认识和了解清代天文算法学者的地域分布状况。清代前中期所统计的33位官方文献作者，分别分布在全国14个省份，具体分布情况如

图 11—2 所示。

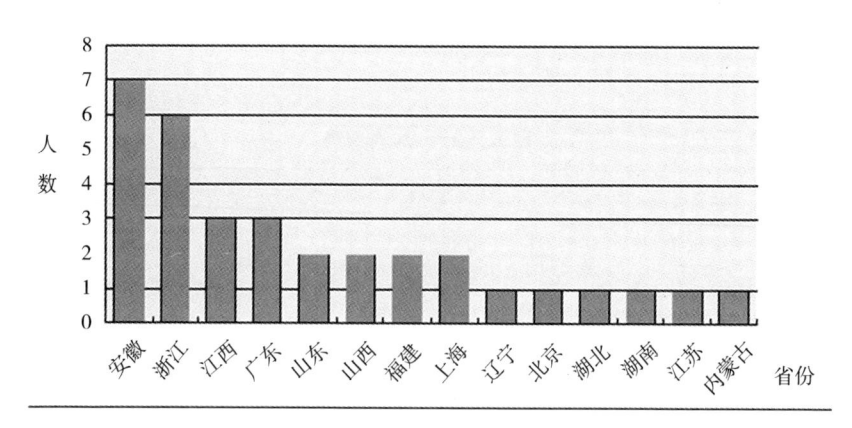

图 11—2　清代前中期天文算法类官方作者群体地域分布

从官方群体的地域分布状况可以观察到，清代前中期官方群体在地域分布上呈现以下特点：

首先，浙江、安徽、江西、福建、上海等江南地区人数众多。江南地区广义上包括了浙江、上海、江西、湖南全境，以及江苏、安徽、湖北三省长江以南地区，在这片区域共计有 21 人，占官方群体总人数一半以上。江南地区的经济发展水平较高，教育与文化发达，造纸业、印刷业、刻书业也比较发达，为官方群体的养成提供了物质基础。在这样条件下培养出的优秀天文算法学者一部分被网罗到官方群体中，故而江南地区分布集中。其中，安徽和浙江两省的分布最集中，分别为 7 人和 6 人，这与乾嘉学派等的影响密切相关。

第三，出身于北京的官方群体成员并不多。但官方群体中长期生活工作在北京的天文算法学者众多。这与北京为清朝的政治中心密切相关。官方的天文教育机构、管理机构都在北京，具有地缘优势，刺激和吸引学者来京。此外，清代时期，北京地区的官府刻书和民间刻书都非常发达，只清前期的北京书坊就有百家之数。因此，北京地区是学者最为集中的地区。

最后，辽宁和内蒙古地区也有少数官方作者分布。这与这两个地区在清朝的特殊地位有关。出身满八旗、蒙古八旗家庭的子弟都有机会入官学学习，也就有了进入官僚系统的机会。

二 清代前中期民间作者群体的组成

中国古代,"天文学向来主要是少数皇家天文官员的事业,民间虽也有所记载,但重心却始终在官方天文机构中。民间的杰出之士,往往被网罗到官方天文机构中去,从而变为官方学者"。[①] 这一情况在明中叶天文开禁以后有了改善,在清代前中期发生了极大的变化,民间群体人数空前提高,据《清史稿》收录的天文算法类文献统计,民间天文学者达37人之多,约占清代前中期天文学者总数的49%,比官方群体多5%,在天文学家群体总数中所占的比例空前提高。

（一）民间作者的社会身份特点

民间作者群体在清代前中期,一改前朝之风,人数大增,且在天文学领域成就突出的主要为民间作者,如薛凤祚、梅文鼎、王锡阐等,他们的成就大大超越了官方群体,"天文学研究的重心第一次转移到民间"[②]。依据天文算法学者的生平经历,可将民间群体的组成主要划分为四类：明末隐士、请辞官员、布衣学者、书院讲席。同时需要注意的是,由于人的社会经历是复杂的,一些学者是身份特征不明显或具有多重身份,则参考其文献创作的时间,以作品写作时作者的身份为主要划分依据。清代前中期民间作者群体组成的具体情况,如表11—3所示。

表11—3　　　　清代前中期民间作者群体的身份统计表

身　份	作者	总计（人）
明末隐士	揭暄、王锡阐、游艺、薛凤祚	4
请辞官员	骆腾凤、黄汝成、罗士琳、王元启、项名达、陈世仁、邵昂轩、徐文靖	8
布衣学者	梅文鼎、黄百家、焦循、顾观光、江声、余熙、刘文澜、余煌、刘茂吉、梅冲、董佑诚、揭庭锵、屠文漪、杜知耕、李子金、张豸冠、谢家禾、江临泰、焦循、杨作枚	20

---

① 江晓原：《欧洲天文学在清代社会中的影响》,《上海交通大学学报（哲学社会科学版）》2006年第6期,第39页。

② 江晓原：《十七、十八世纪中国天文学的三个新特点》,《自然辩证法通讯》1988年第3期,第53页。

续表

身　份	作者	总计（人）
书院讲席	黄宗羲、江永、许桂林、屈曾发、朱骏声	5

1. 明末隐士。明亡后，明末遗民感到抗清复国无望，又不想降清，所以隐居山林，潜心学术，著述以终。王锡阐便是典型，他从忠君爱国的思想出发，拒不仕清，遂弃制举业，"专力于古学，经史子集——有根底。排异端，斥良知，直以廉洛洙泗①为己任，所交游尽学高蹈之上士，尤嗜天文历数言"。② 当时清廷以耶稣会士主持钦天监，推崇西法，在明遗民看来无异于"用夷变夏"，实难容忍，遂发愤研究天文历法，"兼采中西，去其疵颣，参以己见，成历法六篇"③。于康熙二年（1663）完成《晓庵新法》六卷，是中国历史上最后一部古典形式的历法。顾炎武对王锡阐评价甚高："学究天人，确乎不拔，吾不如王寅旭。"④ 焦循《题晓庵遗书》将王锡阐比之"唐之一行，汉之刘洪"⑤。

揭暄（1614—1697），亦是如此。明朝覆灭后，他毅然归隐山林，从此不问世事，即便清廷对其屡次征召，他也不为所动。著有《璇玑遗述》七卷，以西法介绍日、月、五星运行之理，杂以中国理气之说。

2. 请辞官员。他们是民间群体中的特殊组成部分，他们虽然曾担任政府官员，但因仕途不顺或丁忧返乡，任职时间较短，多则三年，少则数月。其官员身份对其天文算法研究并未产生重大作用，其天文算法研究及其文献作品是在其平民时期完成的。如骆腾凤，道光六年（1826）授舒城（今安徽舒城）县学训导，但任职未满一年便请辞告归，教读乡里。还有一些官员虽授官职，却并未上任，也属于民间群体。如黄汝成，道光时"入赀为校官，铨授泗州、直隶州学训导，安徽泗州训导，以忧未之

---

① "廉洛洙泗"指陕西、河南、山东的四条河流：廉水、洛水、洙水、泗水。这些地区是儒家文化发达地区，后世常以此代表儒家文化。
② 纪磊、沈眉寿：《震泽镇志》卷5，江苏古籍出版社1992年版，第188页。
③ 支伟成：《清代朴学大师列传》，岳麓书社1998年版，第309页。
④ 顾炎武：《顾亭林诗文集》，中华书局1983年版，第134页。
⑤ 吴江市档案局编：《震泽镇志续稿》，广陵书社2009年版，第310页。

官也"[1]。他爱好天文、舆地、律历、训诂等，著有《勾股六术》《三角和较术》《开诸乘方捷术》等。此外，还有罗士琳、王元启、项名达、陈世仁等人皆为短期任职，请辞归乡，潜心天文算法研究。

3. 布衣学者。布衣学者指一生未出仕为官的读书人。既包括因为科举考试屡试不第而放弃科考，居家潜心天文历算的学者，也包括单纯的爱好天文历算，无心仕途的学者。总之，这些读书人皆一生未出仕为官，他们在民间群体中占绝大多数，成就卓越者不胜枚举。梅文鼎是我国明末清初的一位杰出的大数学家，他爱好天文，不热衷功名，一生精研天算，著作等身，所著历算之书凡八十余种，其中天文学著作62种，算学26种。江永在历算书《翼梅》的自序中说："即而闻宣城有梅勿庵先生，历算第一名家。"

4. 书院讲席。在民间群体中，有一些学者在民办书院授课，传授天文算法知识。黄宗羲是清初浙东史学一代宗师，曾多次担任书院讲席。康熙七年（1668），他在宁波创建并主讲证人书院，教学内容除重视经史、文学之外，还重视天文、算学九章、地理、数学等自然科技知识的传授。他一生著作丰富，所著天文类有：《大统法辩》《时宪历法解新推交食法》《圜解》《割圆八线解》《授时法假如》《西洋法假如》等。

江永（1681—1762），皖派经学创始人，他一生不仕不商，从事教书讲学六十年，对天文、舆地、钟律、算学的掌握达到炉火纯青的地步。虽然从事书院讲席的人在民间群体中并不多，但对传播天文算法知识的传播做出了突出贡献。

此外，仍需强调的是，由于人的社会经历是复杂的，所以人们往往有多重社会身份。上文是以他们的主要社会身份为视点。同时，我们还应关注他们往往有多样化的社会身份，如：黄宗羲兼具书院讲席、明末隐士等多重社会身份。

（二）民间群体的地域分布

民间群体的地域分布上，江苏12人、安徽9人、浙江8人、江西3人、河南2人，山东、广东、福建各1人。具体如图11—3所示。

民间群体的地域分布涉及8个省份，虽不及官方群体的地域分布广，

---

[1] 阮元等：《畴人传汇编》，广陵书社2009年版，第686页。

但集中程度相似，都主要集中于江苏、安徽、浙江等江南地区。究其原因，首先，与官方群体一样，得益于江南地区高水平的经济、文化发展程度，为天文算法研究提供的一定经济、文化条件；其次，造纸业、印刷业、刻书业和书籍流通业发达，为知识的获取和学术的交流提供了便利；最后，在江南一带，私家藏书楼众多，为民间群体的创作提供了丰富的资料。据悉，在清代五百多个私家藏书楼中，一半以上位于江、浙两省，他们一方面继承前代藏书，另一方面收集流散图书，建立起有特色的藏书体系。乾嘉时期，随着社会经济的发展，政治局势的稳定，私人藏书得以迅速发展，藏书书目更是繁多，用于学术研究是清代私人藏书家比较普遍的现象。

据不完全统计，在这 8 个省份中，北方只有河南、山东两省有民间群体成员，数量甚少，与一些历史遗留因素有关。北方在中国历史相当长的时间内都作为中国的政治中心存在，政治文化浓厚，故而北方人的官本位思想较南方人更重，多被网罗到官方群体中。受此影响，北方省份的民间作者较少。

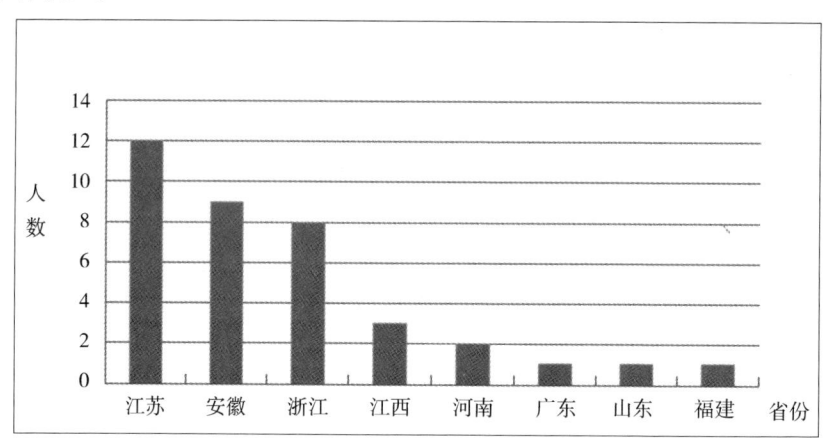

图 11—3　清代前中期天文算法表民间作者群体地域分布

三　清代前中期宗教作者群体的组成

在清代，前中期宗教群体主要由道教和西方天主教两种宗教派别人士组成。这种宗教身份的天文算法类文献作者并不多，在三大群体中所占比例最小，在本书的检索范畴内，仅占约 7%。

《清史稿·艺文志》收录的宗教作者共 5 人，其中本土宗教只有道教李明彻 1 人，西方传教士 4 人，在这 4 人中，3 人先后在钦天监任职，非官方性质的只有穆尼阁 1 人而已。

（一）道教学者

明清时期道教的衰落，使它的各项功能发生了显著的变化，"在社会伦理不断加强、生命伦理思想趋于停滞的同时，明清道教的神学伦理形态依然得到了延续，但其功能却已更多地远离了神圣，而偏重于服务世俗人们的种种需要"。[①] 此时，道教与科学形成了一种新型的关系，与科学相互补充，部分道教人士涉足天文算法领域，较有作为的是道士李明彻。

李明彻（1751—1842），字大纲，又字飞云，号青来，广东人，晚年居越秀山龙王庙为司祝。少时聪颖，但并不热衷功名，一心想出家为道士，便终日学习道法，并研究天文，执笔写成了"中国天文历史上极其珍贵的著作"[②]——《圜天图说》。阮元叙曰："六朝以来，方外之士，能诗文者甚多。为推步之术者，余撰《畴人传》，释氏三人，瞿昙罗、瞿昙悉、达一行；道士二人：张宾、傅仁均。隋唐以后无闻焉。广州有羽士青来者，通时宪。法仿泰西阳玛诺《天问略》之例，著为一书……欲为天学者，得是书读之，天体、地球、恒星、七政，可以了然于心目间……青来继张、傅之后，能为人所不为之学，较之吴筠，杜光庭辈，专以诗文为事者，岂可同年而语哉。"[③] 他认为李明彻是继张宾、傅仁均之后唯一一位懂天文的出家人。

虽然清代前中期以宗教身份研究天文算法的宗教人士不在多数，但也并非只李明彻一人，纪昀《阅微草堂笔记》就曾提到一位精通天文学的道士，道士说：

公谓日自海出乎？此由不知天形，故不知地形；不知地形，故不知水形也。盖天椭圆如鸡卵，地浑圆如弹丸，水则附地而流，如核桃

[①] 姜生、郭武：《明清道教伦理及其历史流变》，四川人民出版社 1998 年版，第 473 页。

[②] 广州市地方志编纂委员会：《广州市志教育科学志》卷 14，广州出版社 1999 年版，第 746 页。

[③] 广州市海珠区志编辑室编：《海上明珠集——广州市海珠区述略—番禺河南小志》，黄任恒编，罗国雄、郭彦汪点注，广州市海珠区人民政府 1990 年，第 157 页。

之皴皱。椭圆者东西远而上下近，凡有九重，最上曰宗动，元气之表，无象可窥；次为恒星，高不可测；次七重，则日月五星各占一重，随大气旋转，去地且二百余万里，无论海也。浑圆者地无正顶，身所立处皆为顶；地无正平，目所见处皆为平。至广漠之野，四望天地相接处，其圆中规，中高而四隤之证也，是为平地。圆规以外，目所不见者，则地平下矣。湖海之中，四望天水相合处，亦圆中规，是又水随地形，中高四隤之证也。然江河之水狭且浅，夹以两岸，行于地中，故日出地上，始受日光。惟海至广至深，附于地面，无所障蔽，故中高四隤之处，如水晶球之半。日未至地平，倒影上射，则初见如一线；日将近地平，则斜影横穿，未明先睹。今所见者，是日之影，非日之形。是天上之日影隔水而映，非海中之日影浴水而出也。至日出地平，则影斜落海底，转不能见矣。儒家盖尝此景，故以为天包水，水浮地，日出入于水中，而不知日自附天，水自附地。佛家未见此景，故以须弥山四面为四州，日环绕此山，南昼则北夜，东暮则西朝，是日常旋转，平行竟不入地。证以今日所见，其谬更无庸辩矣。①

由此可见，除李明彻外，还有其他道士从事天文算法的研究，且其"天椭圆"的观点比当时李明彻的天文学水平还要先进。

（二）西方传教士

明清时期，来华的传教士多为当时欧洲反对宗教改革的保守派人士，他们的目的是为传播天主教，在面对着中国的强大国力和较高水平的经济文化时，他们迫不得已采取适应性策略，以西方的科学技艺为敲门砖，走进中国的国门。这些来华的传教士大多通晓天文等自然科学，他们的学问和技术始终受清初统治者的重视。这一时期，先后有数十位传教士在钦天监任职，直至乾隆四十年（1775）在华耶稣会传教团解散为止。此后监正和监副由派遣会士担任，直至1842年为止。

在清代钦天监的天文研究和奉敕编修历法的活动中，均有西方传教士的参与，他们中曾做出突出贡献的主要有戴进贤、徐懋德、刘松龄等。

---

① 纪昀：《阅微草堂笔记》，天津古籍出版社1994年版，第357页。

戴进贤（1680—1746），字嘉宾，德国籍耶稣会士，1716年被作为在天文学、数学方面有突出才能的人才派来中国。来华后即得清廷信任，继纪理安为"治理历法"，这是在钦天监任职的西方传教士的称号。雍正三年（1725）授监正职，在钦天监供职29年，任监正25年。他平时专心于钦天监的工作和数学研究，其天文学上的成就被赞为"南怀仁亦不如"[①]。戴进贤的天文算法活动主要有主编《历象考成》《历象考成后编》《仪象考成》等。此外，他还为观象台设计了精密赤道浑仪（即后来由乾隆帝命名的玑衡抚辰仪），并多次进行天文观测，他的天文工作获得的清廷的肯定，为中国天文事业作出了卓越贡献。

徐懋德（1689—1743），字卓贤，葡萄牙天主教耶稣会传教士。雍正二年（1724）入京，五年（1727）任钦天监副，曾参与《历象考成后编》编纂。

刘松龄（1703—1774），字乔年，南斯拉夫人，耶稣会士，乾隆三年（1738）来华。因数学才能受到乾隆帝赏识，召入钦天监任监正助手，十一年（1746），戴进贤去世后擢升为钦天监正，至三十九年（1774）病故，在钦天监35年，任监正29年，是传教士中任职时间最长者。

在来华的传教士中，也有一些侧重于在民间传教活动，较有作为的是耶稣会士穆尼阁。穆尼阁，字如德，他生于波兰贵族家庭，1635年入耶稣会，在意大利罗马学院学习两年，于1646年抵华。他与当时出仕清廷、官居显要的其他传教士不同，更侧重于在民间传教，他主要在福建、江苏、广东等东南沿海省份传教，并向一些学者传授西方的历算学知识。顺治十年（1653）在南京传教期间，曾向薛凤祚、方中通等人讲授西方的天文、数学知识，并与薛凤祚共同翻译《天步真原》，成为薛凤祚《历学会通·正集》12卷的主要依据。

除以上三人外，在清钦天监任职的西洋传教士先后共有数十人，有衔职人员有汤若望、南怀仁、闵明我、庞嘉宾等（如表11—4）。

传教士在清代钦天监的天文研究和技术更新等方面的活动中，发挥了重要作用。李约瑟评价耶稣会士："即使说他们把欧洲的科学和数学带到中国只是为了达到传教的目的，但由于当时东西两大文明仍互相隔绝，这

[①] 方豪：《中国天主教史人物传》下册，中华书局1988年版，第75页。

种交流作为两大文明之间文化联系的最高范例，仍然是永垂不朽的……他们成功地完成了他们的印度先驱者在唐代所未能完成的任务，具体地说，就是同包括中国成就在内的世界范围的自然科学打通了联系。"[1] 耶稣会士在传教过程中，将西方的天文学、数学知识以及科学仪器带到中国，促进了中西文化交流，对中国古代的天文学乃至古代自然科学的发展起到了重要的作用。

表 11—4　　　　　　　在钦天监任职的西方传教士[2]

姓名	国籍	来华时间	任职期间	职务
汤若望	德国	1622	1645—1664	钦天监监正
南怀仁	比利时	1659	1677—1688	治理历法
闵明我	意大利	1671	1694—1711	治理历法
纪理安	德国	1694	1711—1720	治理历法
戴进贤	德国	1716	1720—1746	治理历法、监正
刘松龄	南斯拉夫	1738	1743—1774	监副、监正
傅作霖	葡萄牙	1738	1753—1787	右监副、左监副、监正
高慎思	葡萄牙	1751	1771—1787	右监副、监正
安国宁	葡萄牙	1759	1774—1795	右监副、左监副、监正
索德超	葡萄牙	1759	1781—1805	右监副、左监副、监正
汤士选	葡萄牙	未详	1787—1808	右监副、左监副、监正
福文高	葡萄牙	1791	1801—1823	右监副、左监副、监正
李拱辰	葡萄牙	1791	1805—1825	右监副、左监副、监正
徐懋德	葡萄牙	1716	1728—1743	监副
鲍友管	德国	1738	1746—1773	右监副、左监副
罗广祥	法国	1784	1795—1801	右监副
高守谦	葡萄牙	1803	1803—1826	右监副、左监副
毕学源	葡萄牙	1800	1823—1826	监副

---

[1] 李约瑟：《中国科学技术史》第四卷，科学出版社 1975 年版，第 693—694 页。
[2] 陈晓中、张淑莉：《中国古代天文机构与天文教育》，中国科学技术出版社 2013 年版，第 194 页。

续表

姓　　名	国　　籍	来华时间	任职期间	职　　务
毕文灿	缺	未详	1718—1723	监副

第三节　清代前中期天文算法类文献作者群体的知识积累

中国历代有很多的历算家、仪象研制者和占候、观测者,"他们或来自官学世袭之家,或出于民间草泽,或为国家专门学府学生,通过不同途径成为天文算法领域的明珠。人才的产生,离不开教育,教育以学校为主要培育基地,其他的不同讲学模式则为辅助,展示多种的育才大道"①。

天文算法学者的知识积累有多种途径,而由于家庭出身、学校教育、个人际遇等不同,他们的知识积累途径也有所不同。官方、民间、宗教三大群体的天文算法学者,从总体上说,其知识积累虽有一定的共通之处,但也有较为明显的各自特点。

一　清代前中期官方作者群体的知识积累

官方群体的知识积累途经主要为官办性质的教育机构。清朝统治者重视对天文算法的教育,表现在以下几个方面:首先,承袭明制,设置具有管理兼教育职能的天文机构钦天监;其次,在中央官学设置国子监,使之在不断探索教育的过程中,改革教育内容,致力明经治事之术;不仅如此,还专门建立了具有专业性质的天文算法教育机构,即算学馆,选八旗子弟学习算法,可见统治者对天文算法教育的重视。除官方途径外,官方群体的知识积累还有家学传承等途径,但从总体上并不占主体地位。官方群体的知识积累仍是以钦天监、国子监、算学馆教育为主要方式,同时也是官方群体区别于民间群体和宗教群体的知识积累的重要方式。

（一）教育兼管理性的天文历法机构——钦天监

清初统治者深知天文关系重大,大力提倡科技教育,沿袭明制,建立钦天监。钦天监既是清政府专门管理和研究天文历法的中央机构,掌天

---

① 陈晓中、张淑莉:《中国古代天文机构与天文教育》,中国科学技术出版社2013年版,第249页。

文、历数、占候、推步之事，同时也是教育机构，兼有国家天文教育机构的职能，是培养天文历法人才的学校。

顺治元年（1644）始建钦天监，分四科施教：时宪、天文、漏刻、回回，后来取消回回科。时宪科，"掌推天行之度，验岁差以均节气，制时宪书，以国书、蒙文译布者，满、蒙古五官正司之。推算日月交食、七政相距、冲退留伏、交宫同度，汉五官正司之。颁之四方"①。天文科，"掌观天象，书云物禨祥；率天文生登观象台，凡晴雨、风雷、云霓、晕珥、流星、异星、汇录册簿"②。漏刻科，"掌调壶漏，测中星，审纬度；祭祀、朝会、营建，取吉日，辨禁忌"③。康熙五年（1665），钦天监题准增设汉天文生94人。九年（1669）谕："天文关系重大，必选择得人，令其专心习学，方能通晓精微，可选取官学生，与汉天文生一同学习，有精通者，候钦天监员缺，考试补用。寻（礼部）议于官学生内，每旗选取十名，交钦天监分科学习，有相通者，候满汉博士缺补用。从之。"④明安图便是从八旗子弟中选出的官学生，四十九年（1710）入钦天监学习天文和数学，因才华出众，很受康熙皇帝的重视和赏识。

在钦天监里，有著名的中国天文历算家，也有掌握近代科学知识的西方传教士任职，是天文历法人才汇集的地方；这里面收藏着丰富的关于天文历法以及数学等图书和资料，还设有当时最高国家水平的各种天文仪器，为官方天文工作者研习天文历法提供了丰富的人力资源、图书资料和观测仪器。在这样优越的条件下，为国家培养塑造了一批优秀的天文工作者。

（二）国家最高学府——国子监

清代重视教育，顺治元年（1644）在京师中央官学设国子监，是国家最高学府。内建有四厅六堂，四厅指绳愆厅、博士厅、典薄厅、典籍厅，是国子监职官办公的地方；六堂包括率性堂、诚心堂、崇志堂、修道堂、正义堂、广业堂，是学生上课的地方。国子监设有负责教学的博士、助教、学正、学录等职，学制为三年，学习课程主要为四书、五经、性理、通鉴

---

① 赵尔巽等：《清史稿》卷115《职官二》，中华书局1977年版，第3324页。
② 同上。
③ 同上。
④ 《清实录康熙朝实录》卷34，中华书局1987年版，第4538页。

等。乾隆二年（1737），刑部尚书兼管国子监大臣孙嘉淦以《太学条规疏》奏请皇帝，针对科举考试内容僵化，提出改革教学内容和考试方法：

> 令诸生"四书"、八股之外，各明一经，各治一事。相其才之所近而分肄焉。其明经者，必令博观先儒之疏解，熟诵皇上所颁"折中""传说""汇纂"诸书，务期深明圣人之意，有裨于生民人伦日用之常。其治事者，如历代典章、史鉴、事迹，以及律令、钱谷、算法、兵制、河防之类，务期讲究明切，实可见诸施行。岁时考课，以此分其勤惰。期满保举，即以此定其优拙。如此，则教者有所施其功，学者无所藏其伪。多士即为有用之学，国家自收得人之效矣。①

孙嘉淦的明经、治事教学法获得批准，从此国子监师生致力于明经和治事之术，水利、天官、河渠、算法等知识成为教育与考试的重要内容，国子监成为为国家培养科技人才的基地之一，进入了短暂辉煌时期。

（三）专业性的天文算法教育机构——算学馆

针对天文算法教育，有更为专业的中央官学机构——算学馆。自宋代以后，官办的专门科技学校算学中断，直至清代国子监算学馆设立，逐步形成了清代算学教育与钦天监天文学教育相衔接的两级科技人才培养体制，在某种程度上标志着一度衰落的科技教育中兴。

康熙九年（1670）圣祖下诏，选取满洲官学生6人、汉军官学生4人，令钦天监分科教习天文，开始了清朝的科技教育事业。"康熙五十二年（1713），在畅春园蒙养斋设算学馆，简大臣官员精于数学者司其事，特命皇子、亲王董之，选八旗世家子弟学习算法。"②雍正十二年（1734），果亲王奏准在官学（即八旗官学）增设算学教习16员，每旗择学生资质明敏者，共30余人。定于每日未、申两时教以算法。此法扩大了算学教育的规模，增加了教习和学生数量。

乾隆三年（1738）奏准停止八旗官学教习算学之制，在钦天监附近处专立算学一所。算学馆的学制为五年，《清文献通考》载："其所学算

---

① 张清林、张贵荣点校：《孙嘉淦文集》上，山西古籍出版社1999年版，第9页。
② 文庆等纂修：《钦定国子监志·卷十六·算学》，北京古籍出版社2000年版，第282页。

法中，线、面、体三部限一年通晓，七政（天文学）共限二年，每季小试，岁终大试，由算学和钦天监会同考试，毕业甄录后，分别以钦天监博士、天文生补用。"可见其教学大致分为两个阶段，前三年学习算学，后两年学习天文知识"七政"①。生肄业期间遇朝廷开考恩监时，可参加恩监考试；遇乡试时，也可与一般监生一起参加科举考试。但考取为文举人的算学生，仍要在钦天监供职，以博士补用。乾隆四年（1739），将算学馆划归国子监，称国子监算学馆，系统不同但关系密切。乾隆十年（1745），钦天监将它的学生分为两部分：留30人分拨钦天监各部门；另一部分有24名，交与算学馆"附学肄业"。他们的教学、应试、考取天文生等，均与算学生相同。学生增多后，为解决教习不够的问题，决定选学业有成的算学生协同教习分教。从此，算学馆除了正式的教习编制3名以外，还有"协同分教"的编制3人。这也可算作算学馆教学的一个创造。道光元年（1820）又重申"满洲算学生中式文举人，照乾隆十年奏定之案，举人算学生以博士补用，嗣后有博士缺出，由钦天监酌量于应升人员拣选升用。"② 总之，尽量将算学生用于钦天监。

（四）其他积累方式

除以上三种重要知识积累方式以外，官方群体的知识积累还有其他方式，如天文世家家学传承和接受书院教育等。

首先，天文世家传承。北京何氏是天文世家，自康熙六年起，到道光十八年的百余年时间里，何氏七代先后共有二十多人在钦天监供职，何君锡在康熙初年任钦天监任五官正，擅长历算。他的儿子何国柱、国宗、国栋在天文历算领域成绩亦是斐然，家学传承的知识积累方式起到了重要作用。何氏家族是具有官方背景的家族承袭的典型代表。这种现象在其他科学技术领域中亦有所体现，如建筑设计领域的样式雷家族等。

其次，书院教育。戴震作为乾嘉学派中皖派的代表，精于小学和天算，对中国古代的科技教育事业做出了突出贡献。他曾讲学于山西寿阳书

---

① 七政：一说指北斗七星，见于《史记·天官书》；一指春、夏、秋、冬、天文、地理、人道，见于《尚书大传·唐传·尧典》；一指日、月、五星（金、木、水、火、土），见于《史记·五帝本纪》。

② 《中华大典》工作委员会，《中华大典》编纂委员会编纂，郑国光主编：《中华大典·地学典·气象分典二》，重庆出版社2014年版，第1799页。

院，乾隆三十七年（1772），主讲金华书院，注重实学，把天文、算学、地理、工艺等作为治经、教学的要目，列为必学课程，及门弟子不仅有官方学者，还培育了众多民间学者。官方学者如孔广森，"尝从戴东原先生游，因得尽传其学。经史训故，沈览妙解，兼及六书九数，靡不贯通"①，在天算割圆术方面卓有成就。民间学者如焦循，一生服膺戴震，虽中举却绝意仕途，潜心研究经史及天算之术，著有《释轮》《释椭》等。

二 清代前中期民间作者群体的知识积累

民间天文算法类文献作者群体的知识积累表现为多种渠道。在中国古代天文历算的研究和教育中，家学传承、私学是一种重要知识的传授形式，"私学或家学传授天文历算等科技知识，始于先秦，后世绵延继续，培养人才辈出；于官学之外，开辟了不拘一格的另一途径"②。在民间群体长成过程中，多数依靠该形式。此外，书院教育、学者自学也是民间群体获取知识的重要途径。

（一）家学传承

在民间群体的家学传承知识积累方式中，清代安徽梅氏家族可谓个中翘楚。该家族五代相传，研究天文历算的年代久远，影响颇为深远，"这一盛况足以与瑞士的贝努里（Bernoulli，1654—1705）和英籍德裔的赫歇尔（Herschel，1738—1822）天文数学家族相媲美"。③ 阮元评论梅文鼎"自征君以来，通数学者后先辈出，而师师相传，要皆本于梅氏"。④ 梅氏家族在传承中，共有100多种天文历算著作流传，这种盛况在中外科技史上也是极为罕见，在我国天文算学发展史上添了浓墨重彩的一笔。

梅氏是江南望族，梅文鼎的父亲梅士昌精通象数、阴阳、律历、坤舆、九宫等，在明朝灭亡后，专心学问，梅文鼎兄弟三人在父亲的家学教育下，学习天文历算，各有所成。

---

① 支伟成：《清代朴学大师列传》，岳麓书社1998年版，第84页。
② 陈小中、张淑莉：《中国古代天文机构与天文教育》，中国科学技术出版社2013年版，第304页。
③ 张惠民：《清代梅氏家族的天文历算研究及其贡献》，《陕西师范大学学报（自然科学版）》1997年第3期，第118页。
④ 阮元等：《畴人传汇编》，广陵书社2009年版，第437页。

梅文鼎（1633—1721），字勿庵，号定九，一生坚持天文历算研究，以数学、历算会友，使"畴人子弟及西域官生，皆折节造访"。康熙四十四年（1705），康熙皇帝南巡至德州，亲自召见梅文鼎讨论历算之事，给予极高的评价，"历象算法，朕最留心，此学今鲜知者，如文鼎，真仅见也"，[①] 并钦赐"绩学参微"四大字。梅文鼎一生精研天算，著作等身，所著历算之书凡八十余种，如数学著作主要有《几何通解》《平三角举要》等，天文著作主要有《历学骈枝》《堑堵测量》等。

梅文鼐（1637—1671），字和仲，梅文鼎仲弟。精通历算，"与兄取《元史》、历经，以三差法，布为五星盈缩立成，然后算之"，[②] 共同完成《步五星式》六卷。可惜英年早逝。

梅文鼏（1642—1716），字尔素，梅文鼎季弟。一生著作颇丰，《清史稿·艺文志》收录其《中西经星异同考》一卷、《南极诸星考》一卷。阮元《畴人传》中还收录其《授时步交食式》一卷、《几何类求新法》、《算书中比例规解》等书。

梅以燕（1655—1705），字正谋，梅文鼎独子，康熙三十二年（1693）举人。梅以燕虽然没有著作流传，但受家学教育，精于算学毋庸置疑，梅文鼎曾在《九数存古》中说："吾儿以燕于此学颇有悟入，能助余之思辨，惜乎见其进，未见其止。"[③] 可见其算学水平之高。

此外，梅氏家族内还有梅瑴成长子梅鈖、四子梅钫、孙梅冲，秉承家学，精通历算。尤其梅钫，"心思静崇，手眼俱巧。瑴成纂《丛书辑要》六十余卷，图皆所绘，删订《统宗》图十之七八皆出其手"[④]。梅氏家族恪守祖训，父业子承，代代相传，在长达一百多年的时间里，祖孙五代致力于天文历算研究，人才济济。由此可见，在民间群体中，家学传授是一种重要的获取知识的渠道。

（二）私人讲学授徒

私人讲学授徒，也是传播天文历算知识的一种途径。儒学大师们精通经典，亦通晓历术，在私人讲学授徒之时，兼及天文算法。

---

① 赵尔巽等：《清史稿》卷586《畴人一》，中华书局1977年版，第13953页。
② 阮元等：《畴人传汇编》，广陵书社2009年版，第443页。
③ 李巍：《清代畴人之探索》，上海交通大学2009年，第21页。
④ 阮元等：《畴人传汇编》，广陵书社2009年版，第443页。

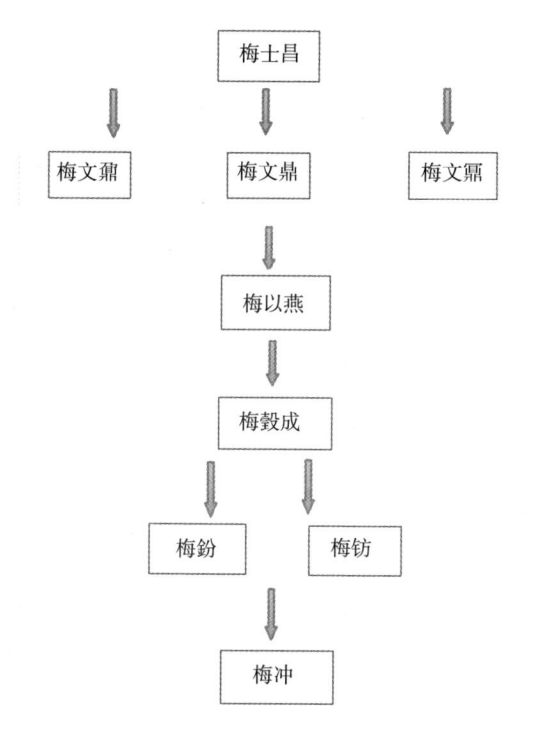

```
         梅士昌
    ↓     ↓     ↓
  梅文鼐  梅文鼎  梅文鼏
          ↓
         梅以燕
          ↓
         梅瑴成
         ↓    ↓
        梅鈖  梅钫
          ↓
         梅冲
```

图 11—4　梅氏家学传承

为了传播天文算法知识，一些学者致力于讲学授徒。梅文鼎是私学的代表，他乃一介布衣，饱学经纶，存学者风度，在执教授徒方面也享有盛誉，学生众多，江夏刘湘煃便是其中之一。刘湘煃听闻"梅文鼎以历算名当世，鬻产走千余里，受业其门，湛思积悟，多所创获"[1]，著有《论历学古疏今密》《论日月食算稿》等，但在其死后却无一存者。康熙四十二年（1703），梅文鼎受聘于李光地馆席，门生众多，景州魏廷珍、交河王兰生、河间王之锐、晋江陈万策等皆受业于梅文鼎门下。此外，梅文鼎还曾门下授徒，指导张雍敬、毛乾乾、李塨等人的天文历算学业，《畴人传》记载："张雍敬，……裹粮走千里，往见梅文鼎，假馆授餐。逾年相辩论者数百条，去异就同，归于不疑之地。"[2] 梅文鼎一生，门徒众多，钱大昕赞誉他为"清代天算第一人"并非偶然，其在私学授徒的业绩，

---

[1] 阮元等：《畴人传汇编》，广陵书社 2009 年版，第 456 页。
[2] 阮元等：《畴人传汇编》，广陵书社 2009 年版，第 454 页。

亦值得赞颂。

(三) 书院教育

书院是我国古代一种独特的教育组织，与我国传统文化的关系极为深厚。"书院一般是以私人创办或主持为主的，也有家族、民间出资筹办的，多数得到朝廷和地方官府的鼓励和资助或赐名、赐匾额、赐书；或赐银、拨田产，成为私办官助、民办官助的办学兴教的形式。大多数书院是由名师大儒聚徒讲学发展而成的。主办者或主持人以书院为基地，研究或传布自己学术研究的心得和成果。书院也以著名学者的学术成果为主要教育内容。书院生徒多是慕名师来学，并将从师学习与个人学术志趣紧密结合，边读书、边学习、边研究。这就形成学术研究与读书讲学融为一体、相互结合、相互促进的独特教学方式和教育组织形式。"① 它发端于唐，经过宋、元、明、清，在新的历史条件下不仅继承了私人讲学形式自由、答疑解难、自学与讲授并举的优良传统，发展成具有组织化、制度化、多功能的教育组织，是"既不同于官学，又有别于私学，是介乎两者之间的一种教育机构"。② 它的基本任务是培养人才和开展学术研究。

乾嘉时期，注重经史考据的汉学思潮大兴，虽然禁锢了世人思想，但在整理和研究文献资料过程中，衍生出了"明体达用"的实学之风，科技教育思潮随之兴起。于是，各书院讲席授徒，学派争鸣，通经致用，倡导科技之风迭起，名家辈出，黄宗羲主讲证人书院、戴震主讲金华书局便是其中的典型，培养了众多天文算法学者。

黄宗羲以博学闻名，"自天官、地志、九流百家之教，无不精研"③。他主张经史结合、学习科技知识，积极倡导研习绝学④，在书院讲席、家学相传，两得皆佳，桃李满天下，在我国科技教育史上占据重要地位。康熙七年 (1668)，他在宁波创建并主讲证人书院，教学内容除重视经史、文学之外，还重视天文、地理、数学等自然科技知识的传授。在证人书院讲学前后的八年时间里，培养学生可考者达 60 余人，高才者 18 位。八十

---

① 王炳照：《中国古代书院》，中国国际广播出版社 2009 年版，第 2—3 页。
② 陈小中、张淑莉：《中国古代天文机构与天文教育》，中国科学技术出版社 2013 年版，第 315 页。
③ 赵尔巽等：《清史稿》卷 480《儒林一》，中华书局 1977 年版，第 13105 页。
④ 绝学：如历算、乐律、测望、占候、火器、水利等。

高龄时，仍讲学于余姚的姚江书院。陈讦便是黄宗羲的得意门生之一，著有《勾股述》二卷，在自序略言："余获侍梨州黄先生门下，受筹算开方，因著《开方发明》，后因暇请卒业勾股。"可见陈讦传承宗羲学。

（四）自学成才

有些天文学者因社会环境的动荡或家庭条件的艰难而没有条件接受正规或系统教育，自学便成为其获取天文算法知识的唯一途径。王锡阐的天文和数学知识全出自学，他给顾炎武的信中自称"锡阐少乏师傅，长无见闻"，可以证明这一点。他在明亡以遗民隐居以后，选择天文历法之学发愤研究，致力于造一部"归大统至型模"的历法[①]，数十年勤奋不辍，以至成为明末清初天文学家中卓有成就的人物。

三　清代前中期宗教作者群体的知识积累

道士李明彻深谙天文算法，却没有接受过系统教育，他的知识积累方式属于自学。他少年爱好天文，游学四方，中年时得到机会随贡船来到京师，拜访了一些钦天监官员，在专业人士的帮助和指点下，学问有了很大的进步。之后先后在广东、澳门等地与来华的欧洲人交流研究天文、地理知识，并根据自己长期的观测、收集和研究所积累的资料完成了著述。

西方传教士的知识积累来源于当时的西方教育，主要是教会学校的教育。这部分内容不作为本书的研究对象。

第四节　清代前中期天文算法类文献作者群体的创作过程与作品流传方式

对文献创作过程的考查，主要从作者的写作目的、资料来源、作品内容、流传方式等方面着手。清代前中期，在统治者的推动下，众多天文学者出于不同的目的致力于天文历算研究，形成了大量的天文算法文献，并且受西学东渐和考据之风的影响，作品内容丰富。在强大的经济实力支持下，印刷业、刻书业发达，使天文著作通过不同形式流传下来，为后世留下了宝贵的知识财富。

---

① 王锡阐：《晓庵新法》，商务印书馆1936年版，第3页。

一　清代前中期官方群体的创作过程与作品流传方式

官方群体的创作相对于民间或宗教群体的创作而言，在某种程度上占据着绝对优势。在传统的"官科技"体制影响下，官方群体的创作既有权威的官方藏书作为资料来源，又有政府资金支持使其在流传过程中得以完整的流传下来。

（一）写作目的

在官方群体的写作目的可以大致分为三种：一是奉敕编修；二是职务性创作；三是个人兴趣爱好。

1. 奉敕编修

在官方群体的作品中，奉敕编修是其区别于其他群体创作的显著特征。在康雍乾时期，统治者分别组织了几次大规模的编修活动，由皇帝下诏召集官员，组成临时性的班子从事编修历法活动。如《历象考成》《历象考成续编》《仪象考成》《数理精蕴》等，均为统治者敕编，组织钦天监等官员纂修。以《历象考成》为例，由于清初使用的《西洋新法历书》叙述不够清晰系统，缺少中国学者的理解，以及存在"图与表不合，而解多隐晦难晓"等缺陷，须予以修订，所以清政府决定重修《西洋新法历书》。康熙五十三年（1714）下谕："今修书宜依古历规模，用今之数目算之"，因此要求礼部考取效力算法人员，加强实测，这一年测定黄赤大距的新测值为 $23°29'$。为了测定北极高度、黄赤距度，康熙皇帝派遣官员赴福建、广东、云南、四川、陕西、河南、江南、浙江八省进行实测，历时九年，于康熙六十一年（1722）完成《历象考成》上、下编。

2. 职务性创作

职务性创作指一些官员出于本职工作的需要而进行的创作。尤其当时在钦天监、算学馆、八旗官学等专业性机构任职的官员，研习天文历算在其本职工作范围内。汪莱以优贡入京，考取八旗官教习，后来经举荐，进入史馆修志，出于职务的需要，完成《天文志》《时宪志》，这是他完成的最重要的天文工作之一。

3. 兴趣爱好

出于个人兴趣爱好，总结个人学术成果的作品也有很多。如年希尧

(1671—1738），他喜爱绘画，擅长山水、花卉，精通数学。在工部和内务府任职期间结识了意大利画家郎世宁，学习了透视知识，从中受到深刻启发，遂将所学的透视之法学以致用，创造性地与算学结合，于雍正七年（1729）著《视学》二卷，论述透视原理及画法几何，是中国最早的一部系统阐明透视原理的著作，也是18世纪画法几何的代表性著作。正因为他对历算和绘画存在浓厚的兴趣，才大胆创新、不断探究，为后世留下宝贵的文化财富。

（二）资料来源

中国古人著述注重引经据典，而且天文算法知识深奥，入门便需要阅读参透大量的前人成果。受明代官方垄断天文算法知识的影响，清代天文算法研究虽然复苏并不断发展，但并非所有人都有机会阅读到这类文献，毕竟知识的传播途径还是有限的。官方由于其特殊的地位收藏了大量的经典书籍，官方藏书为天文算法的发展起到了重要作用。清代官方藏书系统大致可分为如下四种类型："一是宫廷藏书楼，即建立于皇宫、行宫等地方的藏书楼，如内廷之文渊阁、圆明园之文源阁、盛京之文溯阁承德之文津阁，以及乾清宫之天禄琳琅等；二是官办藏书楼，即南方之文宗阁、文汇阁及文澜阁；三是中央机构藏书处。如翰林院、国子监的藏书处；四是地方政府机构藏书处，如遍布各府、州、县学宫，因教学需要也收藏典籍，供学子阅读。"[1] 清代由于政府藏书有着比较充足的经费支撑，藏书的数量比较丰富，藏书的质量较高，在这些官方藏书中，官员具有优先阅读权，这些官方藏书为官员撰写天文算法著作提供了丰富的资料来源。其中又以中央机构藏书处和地方机构藏书处为主要资料来源之处。

中央机构藏书处：包括国子监和翰林院，藏书丰富，为官员研究天文算法提供了重要资料。乾隆年间，翰林院庶吉士孔广森著成《少广正负术内外篇》六卷，便是得益于此。《畴人传》中记载，孔广森"及官翰林，與窥中秘，得见王孝通《缉古算法》，秦九韶《数学九章》，李冶《益古演段》《测圜》《海境》诸书，由是精研九数，学益大进"。[2] 纪大奎，历任任山东商河县知县，四川什邡县知县等，乾隆四十三年（1778）

---

[1] 傅璇琮、谢灼华：《中国藏书通史》，宁波出版社2001年版，第746页。
[2] 阮元等：《畴人传汇编》，广陵书社2009年版，第570页。

以拔贡生充《四库全书》馆誊录，因而得到肆意观阅秘籍的机会，写成《笔法便览》五卷。中央机构藏书处的藏书成为官方作品写作的主要资料来源。

地方政府机构的藏书：主要以学宫为主，如府学、州学、县学和官办书院等，清代从顺治帝始，便重视对书院的恢复建设，"延至1773年，雍正帝对建有书院的各省首府提供一千两白银的资料，并且学院的生员一律免除食宿、学费。于是，书院正式纳入了官学系统"①。清代书院藏书的来源有多种方式：首先，由皇帝赏赐或皇帝特准用官银购书，此种来源在康熙和乾隆时期尤为明显，康熙二十四年（1685）康熙帝赐书岳麓书院和白鹿书院，1751年乾隆皇帝南巡，赐书于钟山、紫阳、敷文书院；其次，从各省官书局获得出版物。各省将官书局的书捐于书院，以备诸生研习之用。此外，还有一些官员和民间藏书家的捐赠。清代书院在管理上，藏书不得携出院外，使用者以本院师生为限，有专人司典藏之责并兼及登录、借阅之事。

（三）作品内容

官方群体写作内容的主体是对天学机构的主要工作进行记录，主要包括观测天象，研究日、月及五大行星的运动规律，天文仪器的研制和管理以及修订历法，编算历书历谱。此外，天文历法的推算离不开数学，因此官方群体的写作内容还包括数学知识。

1. 天象观测及天文仪器

观测日、月及五大行星的运动规律等天象是天文著作的主要内容，而且要实现精确定量各种天文数据，必学借助于天文学仪器，二者相辅相成，因而一些天文文献的内容还包括对天文仪器的介绍。在清政府组织编修的《仪象考成》和《仪象考成后编》等书中便记载了这方面内容。如在乾隆十八年（1753）编成《仪象考成》，包括《玑衡抚辰仪说》上下卷、《恒星总纪》一卷、《恒星黄道经纬度表》十二卷、《恒星赤道经纬度表》十二卷、《月五星相距恒星黄赤经纬度表》一卷、《天汉经纬度表》四卷。在《玑衡抚辰仪说》中用大量的篇幅记载了玑衡抚辰仪的制造经

---

① 谭卓垣等撰，徐雁、谭华军译补：《清代藏书楼发展史·续补藏书纪事诗传》，辽宁人民出版社1988年版，第67页。

过及用法，并指出玑衡抚辰仪是用以"测太阳时刻、日出入时刻及昼夜长短、太阳赤道经纬度、午正太阳高弧、月星赤道经纬度，测恒星求时刻、测月五星求时刻、测月星当中及偏度、测月星出入地平时刻，以及南北真线、北极高度、黄赤距度、黄白距度的测量方法"。①《仪象考成》在恒星观测取得很大成就，凡星座星数的变化均有记载，星表的精度也得到很大提高。《清朝通志》评述其："御制仪象考成，其理则揆天察记，其法则明时正度，即数可以穷理，即旦可以定法，合中西为一揆。"又说："（此书）兼考天官家诸星记之，缺者补之，紊者正之，勒为仪象考成。于是步天定时之道益为精密，敬谨登载，以补前书之漏略。"②

2. 修订历法

在中国古代历朝统治者眼中，颁行历法是行使权力的象征，因此每逢王朝更迭，必须颁行新历。清政府于顺治元年（1644）命钦天监监正汤若望编制新历，汤若望将《崇祯历书》进行修改，作成《西洋新法历书》103卷，称《时宪历》，清廷将其颁布。《西洋新法历书》首次以定气注历，所用原理和数据全部依照第谷的地心行星体系和他所测定的天文数据。乾隆七年（1742）重修《时宪历》，称为《癸卯元历》，放弃了小轮体系，改用地心系的椭圆运动定律和面积定律，考虑了视差、蒙气差的影响。《癸卯元历》行用至清亡。

3. 数学知识

中国传统历法有一个重要特色，即是要实现精准的描述天体运动和推算历法，必须依靠数学知识。因此，清朝统治者极为重视数学知识的发展和提升，且编写了中国历史上首次由政府主持编纂的数学书籍——《御定数理精蕴》。该书共53卷，上编五卷为立纲明体，主要包括几何原本、原法原本、数理本源、河图、洛书、周髀算经等内容；下编四十卷为分条致用，主要包括首部、线部、面部、里部、末部以及八线表、对数阐微表、对数表、八线对数表等数表八卷。《御定数理精蕴》是一部数学百科

---

① 杜升云主编：《中国古代天文学的转轨与近代天文学》，中国科学技术出版社2013年版，第189页。

② 乾隆《清朝通志》，浙江古籍出版社2000年版，第675页。

全书，吸收并总结了当时中西数学各方面的全部突出成就，成为了当时官方教学的主要教材，《四库全书总目提要》评价其"皆通贯中西之异同，而辨订古今之长短……实为从古未有之书，虽专门名家未能窥高深于万一也"。①

清代前中期天文历法研究内容的形式表现为原理与数据独立表述，基本理论从具体事例的推算中抽象出来，开始接近西方科学的传统。

（四）流传方式

官方修纂的天文算法类文献流传方式主要以官修丛书的收录和官方刻印机构的刊刻出版两种方式为主。其中，清政府组织官员奉敕编修的天文算法著作，多以武英殿本、《四库全书》本流传；官员独立完成的著作流传方式则较为多样，有的收录到《四库全书》《四库全书荟要》等书中，由中央或地方官刻机构出版，也有一部分由其家族后人通过其他刊刻机构印刷出版。

1. 奉敕编修著作的流传方式

清政府组织官员编修的天文算法著作，多为官刻机构刊印，以武英殿本、《四库全书》本流传。官刻，是指国家机构出资或者主持的图书刻印活动，有官府雄厚财力的支持，武英殿刻书是清代中央官刻书的主要代表。清代政府改变了明代由司礼监经管刻书的制度，在宫中武英殿设置修书处，主要职责为修书、刻书，并且选派翰林院词臣负责管理，任用博学的词科学士参与编校刻印书籍。从此，政府刻书主要由武英殿承担，称武英殿刻书，或武英殿本。武英殿刻书的内容范围广泛、种类繁多，在武英殿刻本中，皇帝敕令编修的、冠以钦定、奉敕之名的这类书籍占有相当的数量，如康熙五十二年（1718）成书的《历象考成》，康熙六十一年（1722）成书、雍正元年（1723）刊行的我国第一部数学百科全书——《数理精蕴》，1752年成书、1755年刊行问世的《仪象考成》，均有武英殿本和《四库全书》本行世。

2. 官员个人著作的流传方式

官员独立完成的天文算法著作流传方式则较为多样。在清代前中期，

---

① 《中华大典》工作委员会、《中华大典》编纂委员会编纂：《中华大典·理化典·中西会通分典·1》，山东教育出版社2018年版，第264页。

因为编修《四库全书》向全国征集图书的缘故，大部分官员的天文算法著作被收录到《四库全书》中，如陈讦《句股引蒙》、陈世仁《少广补遗》、庄亨阳《庄氏算学》等，均有《四库全书》本传世。到清代后期，武英殿允许各省翻刻，地方官刻活动大大活跃起来，相继成立金陵官书局、浙江官书局、广雅书局、山西官书局、山东官书局、直隶官书局等，官刻书增多。同时，官方作者群体的作品还有一部分作品是通过私刻系统流传下来。乾嘉时期，鲍廷博《知不足斋丛书》较为著名，张敦仁的《缉古算经细草》就有《知不足斋丛书》本流传。此外，也有一些作品在流传过程中，版本多样，不仅有官刻的版本，还有坊刻的版本，如梅瑴成《增删算法统宗》的版本就很多，有官刻的光绪三年江南制造局刊本、光绪二十四年江苏书局刊本，坊刻的同治三年文成堂刊本、光绪九年扫叶山房刊本等。

二　清代前中期民间群体的创作过程与作品流传方式

民间作者群体的写作目的不同于官方群体，它具有更多的非功利性，体现人文色彩；资料多来源于私家藏书，同时在与学者间的交流过程中不断丰富所学，结合自身的观测、推算等，完善并丰富作品内容，通过多种方式流传后世。

（一）写作目的

民间群体写作目的主要有以下几种：一是为"经世致用"，二是个人兴趣所致，三是科学启蒙，四是溯源正误。与官方群体写作目的相比，更具人文色彩。

1. 经世致用

明末清初社会动荡不安，西学传播深入，对文人思想产生了的巨大震动，理学和心学的既分化又融合，使文人的思想意识极为丰富和复杂，急于寻找一条经世致用的学术道路。被誉为"一代畴人之功首"的薛凤祚，深感王阳明的心学无益于经世致用，转而学习有关实用的科学与技术，研习天文历算。五十多岁时仍坚持学习历算，在南京向穆尼阁学习西方天文学和数学等科学知识，与穆尼阁合译西方历算书籍，将众多历算及其他自然科学知识汇编为《历学会通》一书，于康熙三年（1664）刊行。其学术道路的选择、学术成就的取得，沐浴着这一时期经世致用的时代之风。

2. 兴趣所致

清代前中期适当放宽了对民间学者研究天文历算的限制，一些学者不再禁锢和约束自己的对天文的兴趣，从事天文算法研究，并以著作的形式记录个人的学术成果。梅文鼎，少时"侍父士昌及塾师罗王宾仰观星气，辄了然于次舍运转大意"，[①] 二十七岁时，跟随竹冠道士倪观湖学习台官交食法，颇受首肯，受到鼓舞，自此更坚定了他学历之志，并且终其一生从事历算研究。他对天文历算兴趣浓厚，研习时，经常达到废寝忘食的地步，对《天步真源》《崇祯历书》《泰西历算》等书都进行过深入钻研，治学态度也很严谨。《清史稿·畴人》记载，梅文鼎好学，不耻下问，"值书之难读者，必欲求得其说，往往废寝忘食。残编散帖，手自抄集，一字异同，不敢忽过"。[②]

3. 科学启蒙

鉴于天文算法晦涩难懂，一些历算学者想通过一种深入浅出、浅显易懂的方式将天算知识表述出来，便于启蒙者学习，于是有了一些学者以此为目的，研究天算。余熙做《八线测表图说》一卷，将"勾股、和较、割圆、八线、六宗、三要诸法括为图说，以便初学之研究"。[③] 梅冲著《句股浅术》一卷，对梅文鼎的《勾股举隅》详加阐明，目的同样是为便于初学者学习。项名达因勾股较其他知识繁杂，对初学者而言，阅读困难，因此著《句股六术》一卷，便于初学者学习。

4. 溯源正误

由于清朝统治者在思想和文化领域实行高压政策，一些学者基于社会政治状况的客观压力或自身主观的原因，转而专注于考据文字、音韵、训诂等，更是在乾隆嘉庆时期形成了乾嘉学派，治学范围以经学为中心，衍及文字、音韵、天算、地理、乐律、典章制度等。受乾嘉学派学风的影响，一些历算学者醉心于古典天算等名著的挖掘整理工作，溯源正误。

骆腾凤（1771—1842），字鸣冈，号春池，江苏山阳（今淮安）人。嘉庆六年（1801）举人，道光七年（1827）授舒城县训导，不及一年，

[①] 阮元等：《畴人传汇编》，广陵书社2009年版，第414页。
[②] 赵尔巽等：《清史稿》卷560《畴人一》，中华书局1977年版，第13945页。
[③] 阮元等：《畴人传汇编》，广陵书社2009年版，第466页。

便告养归里。骆氏为人聪敏，好读书，尤精于天文历算，曾师从李潢学习算学。著《开方释例》四卷，讨论开方式之诸方廉和较、大小加减之理，阐明正负开方术。他在《艺游录》的序言中表明了写作意图："至于衰分、方程、勾股等法，以及《九章》所未载，与夫古今算术之未能该洽者，辄为溯其源、正其误，不敢掠前哲之美以为名，亦不为黯蹉之词以欺世也。"①

（二）资料来源

民间作者群体创作的资料来源主要有两种途径，一是私家藏书，二是学者间的交流并与自身实践相结合。

首先，私家藏书是民间群体在创作过程中主要的参考来源。随着社会经济的发展，政治局势的稳定，私人藏书得以迅速发展，使清代成为封建时代私家藏书最鼎盛的时期。特别是江南一带，私家藏书楼众多，藏书书目更是繁多，用于学术研究是清代私人藏书家比较普遍的现象。清代私人藏书借鉴了官府庋藏《四库全书》的经验，建立规章制度，世代严守，由封闭管理逐步走向开放，使私人藏书不仅益于家族，而且逐步惠及士林，面向社会开放，"对于藏书的应用也是多方面的，除藏主本人用以学习、研究、著述参考外，用以教育子女，外借供士子研读，也是使用的另一方面。学者藏书家是藏书家群的主体，历史上众多的学者正是利用自己丰富的藏书才结出了一颗颗丰硕的学术成果"。② 相对于官府藏书而言，私家藏书更具有开放性和公益性。

以黄宗羲为例，他是清初大藏书家，续抄堂藏书种类丰富，卷数繁多，其子黄百家在《续钞堂藏书目序》记载："续钞堂藏书，经若干卷、史若干卷、子若干卷、集若干卷、选文若干卷、选诗若干卷、志考类若干卷、经济类若干卷、性理、语录、天文、地理、兵刑、礼乐、农圃、医卜、律吕、教育、小说、杂技、野史、释道、俳优等若干卷，总合若干万卷。或曰富矣哉。"③ 这些藏书是成为黄宗羲致力学术研究、传承家学、书院讲学的重要资料来源。此外，黄钺、张敦仁也是在天文算法领域卓有

---

① 赵尔巽等：《清史稿》卷570《畴人二》，中华书局1977年版，第13987页。
② 范凤书：《中国私家藏书史》，武汉大学出版社2013年版，第7页。
③ 范凤书：《中国私家藏书史》，武汉大学出版社2013年版，第323页。

成就的藏书家。

其次，学者交流与自身实践相结合为民间群体创作的另一条重要途径。一般藏书家对自己的藏书保管严密，轻易不借外人，或只对亲朋好友开放，大都能做到这些，这样的保护措施虽然使得藏书得以保护和保存，但也局限了它所承载的知识的流通范围。故而，学者间的互相交流也便成为了获取知识的一种有效途径，再结合自己不断刻苦钻研，实现自己在天文算法领域的新突破。

以薛凤祚（1600—1680）为例。他先与魏文魁学习中国传统历算，后又向穆尼阁讨教西方天文算学知识，加深与中外名家的交流，可以说，集众家之所长。不仅如此，他还注重实践研究，不断刻苦钻研，终于成为学贯中西、"以历算名于海内"的著名历算学家。

（三）作品内容

观清代私家天文著述，大致分前后两个时期。前期以王锡阐、薛凤祚、梅文鼎为代表，此时的天文著述或以中法为主，或以西法为要，或中西结合。既有王、薛、梅及江永等用力至深者，也有如游艺、揭暄等天文普及类的天文著述者。清代后期的天文著述自戴震以降，主流风格变为对中国古代传统天文学的考证，如罗士琳、顾观光等皆专心于此。

1. 数学知识

中国传统数学的精华和西学的新鲜内容相融合，取得了长足的进步。以梅文鼎为例，他在数学领域对当时已传入中国的算数、几何、代数、三角、比例规、纳皮尔算筹等西方数学知识做了系统的整理和全面的传输，并取得了一些独创性的研究成果。首先，在《平三角举要》《弧三角举要》等数学著作中，不仅介绍了西方的三角学，还系统阐述了三角函数的定义、各种公式、定理及应用，是中国人自撰的最早的一套三角学教科书。其次，将理论与实际演算相结合，订正了《测量全义》中关于正二十面体体积与边长的错误关系，并且从民间制做灯笼中得到启发，论述了两种半正多面体的结构、比例以及它们与正多面体的关系，得出了四面体、正八面体、正十二面体的许多几何性质。同时，他对中国传统数学的研究也取得了很大的进步。他在未接触过《九章算术》方程章的条件下，通过明代数学家程大位、吴敬等的著作对高阶差级数的计算方法进行了研究，著《少广拾遗》，阐发"杨辉三角形"。此外，梅文鼎在看待古今数学的问题上，采取统一的观点将数学学科分为几何和代数两大类，有助于对数学各个分支的研究。梅文鼎的数学工作在有清一代吸收和消化西方数学知识过程中，起到了会通中外、继往开来的重要作用。

2. 天文和历法知识

民间天文学家作为共同推动我国古代天文学进展的一种力量，在天文和历法方面取得了不朽的成就。

邵昂霄，浙江余姚人，活跃于雍正、乾隆时期，他爱好天文，引用自汉晋以来的天文学诸说以及西方天文理论，著成《万青楼图编》十六卷，全书分14目，即天体、仪象、宫度、二曜、五纬、云气、烽气、经星、历案、历理、历数、测量、测时、定时等，专论天文、算数，时附自己的独立见解。

薛凤祚的《历学会通》中有一部分写天文历法知识。《历学会通》一书共有五十六卷，分正集、致用、考验三个部分。正集12卷，内容包括正弦法原、太阳太阴部、五星经纬部、交食法、原文食表、中历、日月、五星交食表、经星部、日食诸法异同等。考验共28卷，收有五种历法，即当时比较重要的大统历（即授时历）、回回历法、魏文魁东局的历法、时宪历和穆尼阁的《天步真原》等五种历法的主要内容。薛凤祚对待西学的态度比较客观，并没有一味地盲从，取其精华，去其糟粕，尤其是对西方天主教兴致缺缺。他理想中的会通中西是在对西方科技知识加以采纳的同时，与中国传统文化中的科技知识结合起来，"熔各方之材质，入吾学之型范"。

3. 天文仪器

民间群体的作品内容还涉及天文仪器的制作，虽然不及官方的天文仪器精准，但也体现了民间作者的智慧。江临泰不仅在科学上有所著述，而且长于制造各种仪器"幼通音韵之学，精天文算术，手制仪器，论简平仪中星盘比例，规浑天球，多所阐发"。[1] 先后制有简平仪、中星盘、比例规、浑天球等，都很精巧。刘茂吉，少时便能用竹竿测量日影，用以推知春分、秋分和夏至、冬至。"他所制造的浑天球、量天尺、自鸣钟都很精密、准确，质量超过当时外国的产品。"[2]

---

[1] 徐世昌等：《清儒学案》第5册，中华书局2008年版，第5066页。
[2] 安徽省教育厅：《安徽历史上的科学技术人物》，安徽人民出版社1958年版，第30页。

(四) 流传方式

民间群体的天文算法作品主要通过民间刻书的方式流传,大体包括私刻和坊刻两种。私刻指私家出资或主持刻印的书本,不以营利为目的,主要是为了收藏知识、传播文化、繁荣学术。主要代表有鲍廷博的"知不足斋本"、黄丕烈的"士礼居本"、蒋光煦的"别下斋本"、余姚卢的"抱经堂本"、汪士钟的"艺芸书舍本"、刘喜海的"嘉荫堂本"等。另一种流传方式是坊刻,具有商业性质,以市场需求为导向,"主要以适应中下层民众的生活日用和文化消费为主要目的"。[①] 在我国古代时期,民间历来对日用医书、历书、农书等有着广泛的需求,而官方的刻书机构又多不屑于刊刻此类书籍,因此,这些用书理所当然由民间坊刻机构大量刊印,主要刻书机构有金陵郑氏奎璧斋、陶氏五柳居、韦氏鉴古堂、京都文萃堂、苏州文学山房、聚文堂等。繁盛的民间刻书业为我国的科技、文化事业做出了突出的贡献。

此外,还有一种特殊现象,即以官方收录的方式流传,如收入《四库全书》《四库全书荟要》《四库全书总目》等。乾隆三十七年(1772),乾隆皇帝下诏编纂《四库全书》,在社会上广泛征集图书,不仅有武英殿等内廷各处的政府藏书,还有各省督抚从民间征集来的图书以及各省藏书家进呈的私人藏书等。其中揭暄的《璇玑遗述》被收入到《钦定四库全书总目》,游艺的《天经或问》前集、黄百家的《句股矩测解原》、屠文漪的《九章录要》、杜知耕的《几何论约》和《数学钥》均被收录到《四库全书》,以《四库全书》本流传于世;《四库全书》的编纂,使民间群体的作品得以以一种官方收录的方式流传下来。

三 清代前中期宗教群体的创作过程与作品流传方式

道教教义具有开放性及包容性,李明彻在创作过程中将这一特性表现的淋漓尽致。在作品内容上,继承中国传统文化,吸收消化西方文化;资料来源渠道更是多样,官方藏书、自主观测以及与钦天监官员、民间学者、传教士相互交流,都为他的天文算法研究提供了重要帮助。西方传教

---

① 潘文年:《清代中前期的民间刻书及其文化贡献》,《安徽大学学报(哲学社会科学版)》2008年第2期,第144页。

士的创作活动与其来华传教的目的息息相关,并依附清朝政府机构,其作品多收录在官方藏书中。

(一) 道教学者的创作过程及流传途径

道教作为中国的本土宗教,能一直传承下来,与其教义的包容性息息相关,尹志华评价道教说:在中国传统文化中,道家和道教最具有学术上的开放性和包容精神。① 无独有偶,胡孚琛先生也认为:"道的学说使道家文化具有最高的超越性和最大的包容性,它不仅可以包容中国诸子百家的思想,而且可以融汇东西方文化中各种最优秀的思想。"② 道士李明彻则是践行这一观点的典型,他在"西学中源"的鼓噪声中,保持了比较冷静清晰的头脑,选择性地吸纳西方天文知识,与中国传统的天文学相融合,编著天文著作《圜天图说》。

具体说来,《圜天图说》共分上、中、下三卷,分别介绍天体运动理论、星象学和地学。该书的完成,主要有三大资料来源:第一,来自于传教士的学术交流及传教士的天文著作。李明彻曾在钦天监和澳门等地向传教士请教天文知识,并得以借鉴参考《乾坤体义》《天问略》《表度图》《灵台仪象志》等天文著作;第二,来自中国传统天文学知识,不仅包括民间群体中梅文鼎、王锡阐等学者的天文知识,还包括自官方的《崇祯历书》《仪象考成》等官方文献;第三,来自李明彻的亲身观测经验,他在纯阳观建有朝斗台,用于观测天文、星象等,这是广东最古老、保存最完整的天文台。

阮元打破今人不入史的传统,将李明彻的《圜天图说》破格入《广东通志·艺文略》,《清史稿》的"艺文"中也有记载,不仅如此,全文还被收入到《藏外道书》以及《四库未收书辑刊》中。《圜天图说》于嘉庆二十四年(1819)刊刻。此外,李明彻还著有道教著作《道德经注》二卷、《黄庭经注》一卷、《证道书》一卷、《修真诗歌》三卷等。

(二) 西方传教士的创作过程及流传途径

西方传教士来华的主要目的是传教,他们在清廷传授天文算法知识,

---

① 尹志华:《道教精神刍议》,金勋主编《道与东方文化东亚道文化国际学术研讨会论文集》,宗教文化出版社2012年版,第332页。

② 胡孚琛:《道家与道教文化的现代意义》,《东方论坛》1990年第1期,第2页。

是希望以这种手段获得统治者的接纳,进而达到传教的目的。他们在钦天监任职,参与政府活动,作品创作属于职务性的创作。如刘松龄,他精通历算,在钦天监进行了卓有成效的工作,主持制造天球仪、玑衡抚辰仪等天文测量仪器,修订《灵台仪象志》《仪象考成》等重要天文学典籍。尽管他们的理论知识来源于当时欧洲的研究成果,但创作活动仍是同清廷的政府活动分不开的,科研成果则体现在官方著作中,通过官方刊刻机构刊印流传。

第五节 清代前中期天文算法类文献作者群体间的共性及个性

前文对官方、民间、宗教群体的组成、知识积累以及作品创作的创作过程、流传途径等进行了一定的介绍与分析,会发现三大群体间存在着共性与个性,而个性更多是体现在官方群体与民间群体二者间,宗教群体是三大群体中的一个特殊的存在,其行为主体为西方传教士,具有一定的特殊性。

一 清代前中期三大作者群体的共性

共同的国度、共同的历史文化传承、共同的时代空间,必然使三大群体具有一定的共性。总体而言,三大作者群体的创作,不仅继承了中国传统文化,具有历史传承的特点,还在西学东渐的浪潮下,吸收西方文化,具有时代特点。梁启超言:"兹学中国发源甚古,而光大之实在清代,学者精研虚受,各有创获,其于西来法,食而能化,足觇民族气量焉。"[1]

(一) 历史传承的文化特色

首先,清代是一个总结时期,继承了前代的天文算法知识,保存和发扬了古代的科技成果。中国传统文化博大精深,是中华民族在数千年的历史长河中创造和积淀下来的,它所蕴含的内容具有强烈的历史性、民族性和继承性。天文算法作为民族文化中的一颗璀璨明珠,源远流长。正如恩格斯所说的,"必须研究自然科学各个部门的顺序的发展,

---

[1] 梁启超:《清代学术概论》,中国人民大学出版社2004年版,第54页。

首先是天文学"。① 可见在各门科学中，天文学发展最早，一直绵延到清代，仍保持着历史传承的文化特色。

其次，天文学在中国社会中的性质和地位仍未发生根本改变。天文学的哲学基础是天人合一和天人感应，与皇权存在着特殊关系，决定了它在政治运作中扮演着重要角色，皇家对其把持严苛。尽管在清朝时期放松了对民间私学天文算法的约束，使"天学不再是皇家的禁脔"②，这可视为晚明潮流的继续。但对钦天监而言，天学的神圣性与功能仍与前代无异，天学在中国社会中的性质和地位仍未发生根本改变。

（二）中西结合的时代特点

明朝末年，"从传统落后的封建主义经济中萌发的资本主义生产方式要求天文学有所发展，但传统的中国天文学不能适应新形势对它的要求，因而吸收世界天文学先进的发展成就，就成为历史的必然"③。因此，到了清代，学者们很重视对西学的吸纳。尽管在天文算法领域充斥着"西学中源"的争论，但西方的天文算法知识仍在传教士的来华活动中不断被引进，三大群体的作品内容都或多或少存在着中西知识逐渐融合的趋势，体现了中西交融的特点，这也是较其他朝代相比，清代天文算法类文献内容的一大特色。

（三）集中分布的地域特征

三大群体在地域分布上多集中于江南地区。自南宋以后，中国古代经济重心南移，虽然在清朝初期，经济遭到战争的破坏，但在统治者有意识的恢复下，江南地区仍保持着国家经济重心的地位，经济发展水平较高，为官方群体的研究提供了物质保障。在高水平的经济发展条件带动下，这一地区的造纸业、印刷业发达，刻书业更是形成了徽派、浙派等著名的流派，使得出版界出现了"百花齐放，百家争鸣"的喜人局面，为天文知识的传播和流通等提供了助力。此外，自南宋以后，江南地区还是国家的文化中心，这里藏书楼众多、文化底蕴深厚、文化气息浓郁，为天文算法学者的研究提供了丰富的知识来源和良好的创作环境。文人汇集，书院众

---

① 《马克思恩格斯全集》第20卷，人民出版社1971年版，第523页。
② 江晓原：《十七、十八世纪中国天文学的三个新特点》，《自然辩证法通讯》1988年第3期。
③ 曹增友：《传教士与中国科学》，宗教文化出版社1999年版，第31页。

多，也为天文算法的教育工作提供了人力资源和教育条件。

二 清代前中期三大作者群体的个性

不同的社会身份，使学者的社会经历有很大的差异。因此，三大群体分别具有自己独特的个性，彼此之间存在着较大的差异性，尤其体现在官方群体与民间群体间。本部分将分别从官方群体和民间群体的人数总量、作品的写作目的、资料来源、作品内容以及流传途径等方面对官方、民间两大群体进行对比分析。此外，宗教群体是三大群体中的特殊存在，因此将单独论述。

（一）官方群体与民间群体的对比

第一，从人数总量上看，民间群数量人数首次超过官方群体。

在本书的统计范畴内，清代前中期天文算法文献作者75人，其中官方身份的天文学者计33人，民间身份37人，宗教身份5人。由于清代统治者实行开放性的文化政策，一改明代禁止民间私习历法的条例，民间群体的数量大增，加上西学东渐等的影响，民间群体从数量和质量两个方面都超过了官方群体，民间群体在天文学家总数中所占比例较以往空前提高，"天文学研究的重心第一次转移到民间"[1]。

图中显示，元代民间群体2人，官方群体8人，明代民间群体14人，官方群体23人，元明两朝的共同特征均是官方群体人数多于民间群体。但在清代前中期，民间群体人数实现突破性增长，并且增长幅度较大，人数超越了官方群体。

第二，从写作目的看，官方群体的职务目的性较强，民间群体则较为自由。

官方群体的重要著作，多为政府机构出资组织官员编修文献，听从统治者的安排，为统治阶级服务，带有明确的目的性。奉敕编修是其区别于其他群体创作的最显著特征；第二个显著特征便是职务性创作。相较于官方群体的写作目的，民间群体具则有非功利的特性，带有一定的人文色彩。一些学者受西学的刺激，深感理学和心学的空泛，急于寻找一条经世

---

[1] 江晓原：《十七、十八世纪中国天文学的三个新特点》，《自然辩证法通讯》1988年第3期。

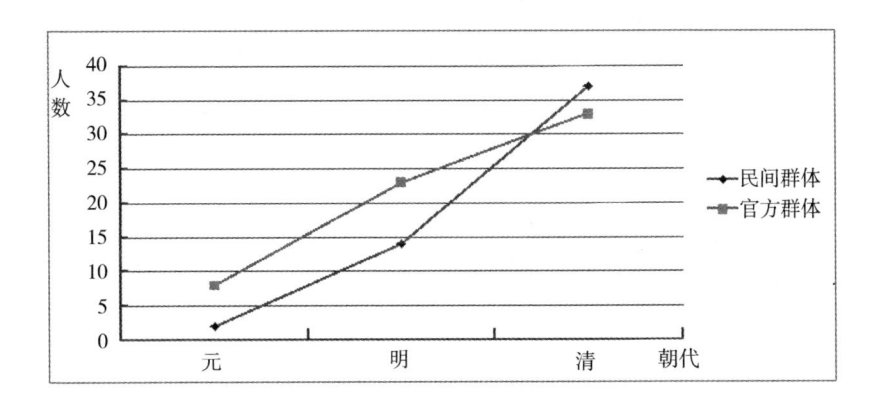

图 11—5 民间群体与官方群体人数变化

（注：元、明数据统计来源于江晓原《十七、十八世纪中国天文学的三个新特点》）

致用的学术道路，转而注重天文算法的研究；一些学者因为天文算法晦涩难懂，想通过一种浅显易懂的方式将天算知识表述出来，便于启蒙者学习；还有一些学者受乾嘉学派考据之风的影响，醉心于天文算法等古籍的整理和挖掘工作，以达到溯源正误的目的。因此，官方和民间群体的在写作目的上有着明显的区别。

第三，从资料来源看，官方群体以官方藏书为主，民间群体则比较多样。

官方群体创作的资料多来源于官方藏书，尤其是中央机构藏书处中国子监和翰林院的藏书，为官方群体创造提供了丰富的资料。据统计在官方群体中有近一半的官员是在翰林院任职期间接触到这类藏书，相较于民间群体而言，具有一定优势。民间群体的作品资料多来源于民间藏书，清代民间藏书管理逐步由封闭走向开放，私人藏书不仅使本人受益，子孙受益，也逐步面向社会开放，惠及士林。同时，有一些民间学者由于经济条件有限，并不能充分的接触并利用藏书，通过一条实践的道路进行探索，在与学者的交流中不断结合自身观测、推算等，实现了在天文算法领域深造的愿望。民间群体虽然受政府政策的束缚，但也有政策覆盖不及的地方，所以敢于对以往固有的知识提出质疑，具有一定创新性。

第四，从创作的指导思想上看，官方群体受"西学中源"影响较深。

清代前中期是中西思想冲突与融会贯通的重要时期，而这种中西思想冲突的主战场则转移到以天文历算为核心的科学领域，官方群体的创作内容在思想倾向上，更倾向于"西学中源"。康熙帝出于现实政治的需要，一方面需要西学的实际效用，一方面又需要塑造"华夏正统"的形象以使自己的统治扎根于中国，但在作为皇权象征的历法问题上"用夷变夏"，这实在是他们扮演中国传统文化继承者过程中的一大障碍，"西学中源"之出无疑是适时良方。康熙帝的提倡以及当时历算大家的响应，使"西学中源"说在形态上更加完备，影响也愈加广泛。1721年完成的御制《数理精蕴》中于"《周髀》经解"一节明确主张西方历算源出中国。这是一部当时中国传统数学和引进的西方数学知识的百科全书，基本反映了当时国内研究水平，特别是这部书以康熙帝的名义主持编修和出版，流传甚广，成为国内相当长一段时间内的数学研习参考书。至此，"西学中源"说占据了官方指导思想的地位，更受朝野上下广泛回应。1739年的《明史·历志》、1789年的《四库全书总目》均沿袭此说，乾嘉大家戴震、钱大昕、阮元等人无不宗述，虽偶有明智持异议之士亦绝无回天之力，此说主导中国思想界竟至晚清，遗留于文化意识中的残骸则绵延更久。

第五，从作品流传途径看，民间群体的作品存在以官方流传方式流传的现象。

官方群体的作品受政策扶持和资金支持，多通过官刻机构出版，如武英殿等。到清代后期，武英殿允许各省翻刻，地方官刻活动大大活跃起来，地方官书局大量涌起，推动了官方群体作品的流通速度。民间群体的作品多通过坊刻、私刻机构等出版。但在乾隆年间存在一种特殊现象，官修《四库全书》，面向社会征集图书，一部分民间群体的作品被收录到《四库全书》，以一种官方流传方式的流传下来。同样，我们也会注意到，一些作品由于作者物质条件有限，无力支持书籍的刊刻，保存较好的情况下会以手抄的方式流传，相反则在流传过程中佚失，而官方作品一般不存在资金缺乏的问题，流传下来的较多，保存比较完整。

第六，官方群体的整体地位要高于民间群体。

尽管清代前中期民间群体在人数上多于官方群体、成就上大于官方群体，但由于天文算法在中国古代窥探天命的特殊作用，涉及皇朝的统治地位，统治者还是对官方群体的教育比较重视的，分别建立国子监、算学馆、钦天监等机构，教育并培养天文算法工作者。可见，官方群体的整体地位要高于民间群体。

(二) 宗教群体的特殊性

宗教群体是三大群体中的一个特殊存在，具有特殊性。在宗教群体中，起着重要作用并占据主要地位的为西方传教士，他们代表欧洲反宗教改革的保守势力，来华的目的是为了传播天主教，南怀仁曾说，"我们的天文学是在全中国繁育宗教的重要根基"；还说，"以天文学为借口，而实际上是更清楚地证明我们的宗教的真实"。[①] 耶稣会士在日常活动中采用文化和宗教活动的形式，完全出乎耶稣会东来的本意，在中国和欧洲长期处于隔绝的状态下，在中国强大的国力和高水平的经济文化影响下，传教士逼不得已采取一些妥协性的、适应性的策略，以西方的科学技术投石问路，成为了中西文化交流的中间人。

耶稣会在中国的活动有其历史特殊性，耶稣会士本身虽然不具有阶级性，但却多在钦天监等天文机构担任监正、左监副、右监副等要职，他们为清廷观测天象、推算节气历法、制造天文仪器、编纂天文图书，某种程度上具有一定官方性质，可以说是具有官方和宗教的双重性质。他们虽然是以传教为目的，作为欧洲封建势力代表的组织——耶稣会来华的扩张目的没有成功；而作为交流中西文化的使者，他们工作却留下了相当大的影响，为西方天文学的东传及中国天文学发展做出了巨大贡献。

有清一代，佛、道等宗教的发展陷入低迷状态。清代历朝君主为了要贯彻崇儒重道的立国方针，积极提倡孔孟正学，以树立正统，对佛、道二氏颇多批评，尽管这一时期道教功能在向科学转变，但发展仍缓慢。

总而言之，有清一代，在西学东渐的背景下，在众多科学家的努力下，无论是官方群体、民间群体还是宗教群体的创作，都融合了西方的天文算法知识，使西方的科学技术在中国生根成长，给中国的学术带来了近代化的气息，促进了近代科学技术的新观念深入人心，并使中国科技逐步向近代科学转变。

---

① Noel Golvers, The Astronomia Europaea of Ferdinad Verbiest, S. J. (Dillingen, 1687); Text, Translation, Note and Commentaries, Sankt Augustin & Leuven, Steyler Verlag. Netteal. 1993.

第五节　总结与分析

本章试图以一个较为具体的问题（清代前中期天文算法类文献群体）来反映一个较为重大的问题——科学技术活动的社会形态。科学技术活动是一种人类社会活动，各种社会因素——社会所灌输给他的思想意识、教育背景、所处的团体环境、历史时代环境、家庭环境等等，对科学家的研究工作都有着直接的影响。科学家首先是一个社会人，他们在社会中扮演者一定的社会角色，这个角色对他和他所在的群体有着巨大的影响。而社会可以划分为一些角色群，这些角色群构成了整个社会结构。社会结构的不同会对社会发展产生不同的影响。一般而言，多元体系更有利于社会发展。清代前中期，中国社会结构开始发生较剧烈的变化，官方独大的局面受到了巨大的挑战。特别是在天文算法领域中，民间群体破天荒地在数量和质量两个方面都超越了官方群体，这带来了科技研究社会群体结构的巨大变化，它成为新的科技繁荣的重要内因。

在清代前中期，天文算法的研究取得了巨大成就。梁启超评价说："我国科学最昌明者，惟天文算法。至清而尤盛，凡治经学者多兼通之。"[①] 这一时期涌现大批历算家且造诣极高，如梅文鼎、王锡阐、薛凤祚等，编成大量著作，使传统天文历算与西学融会贯通，内容丰富，尤其是清代前中期天文算法学者对待科学技术的学习态度，对我们现代科技的发展有着重要的启迪作用。

---

① 梁启超：《清代学术概论》，中国人民大学出版社2004年版，第151页。

第十二章　晚清时期

　　晚清是指1840年鸦片战争到1911年清廷灭亡这一段历史时期。处于变革中的官方科技文献作者群体、日益崛起的民间科技文献作者群体和助推科技发展的宗教科技文献作者群体在这一时期均呈现出鲜明的特征，辉映着晚清科学技术的发展历程。晚清官方科技文献作者群体比重依然是最大的，约占45%，但已明显不具有绝对的优势地位，他们密集分布于江浙地区，地理、农学水利、医学是官方科技文献的主体部分，在官职结构上，晚清官方作者群体已不再局限于传统国家体制内，外延延伸到了幕府、洋务派创办的机构以及为外来传教士设置的外务事务机构，但科举教育和官学是官方群体知识积累的主要途径，在作品形式上中西合译的西方科技著作数量渐多且流传范围进一步扩大。晚清民间科技文献作者群体约占40%，已经接近官方科技文献作者群体的比重，与官方群体一样，他们也集中分布于江苏和浙江等经济文化发达地区，民间群体的科技研究以医学、地理和农学三大学科为主力，民间接受教育的方式多为教会学校或官办学堂，其创作过程主要是受个人兴趣爱好的影响，在作品形式上科技报纸、杂志的创办是晚清科技文献的首创，映衬出晚清民间科技活动和科技创作的活跃状态。晚清宗教科技文献作者群体共42人，为我国各历史时期之最，除我国本土宗教人员之外，外来传教士占主要部分，其中本土宗教作者集中活动于蒙古和藏区，以佛教为主，外来传教士集中活动于上海、广州、宁波等沿海通商口岸，以基督新教为主，教会内部教育是其早期知识积累的主要途径，外来传教士创作科技文献的目的不只局限于介绍西方科学技术，还企图借此召集教徒、扩大宗教影响甚至夹杂着一些政治经济扩展等目的，但在客观上也促进了晚清科学技术的进步。

第一节　晚清科技文献作者群体存在的社会背景

鸦片战争是我国古代封建社会的转折点。西方列强用武力迫使清政府对外打开了闭关的国门，西方近代的科学和技术才得以比较迅速地传入到中国，其规模之大，数量之多，影响之广，都是前所未有的。

一　晚清社会政治与文化

1840年的鸦片战争到1911年清廷灭亡，中国处于一个抗争和屈服并存，压迫与进步共在的历史阶段。中国科学技术的发展，也有着与历史上各个阶段全然不同的显著特点。

首先，鸦片战争前后的中国社会和闭关自守政策的破产。清政府已经发展到封建社会的末期，长期实行闭关锁国政策，使西方科学技术的传入与交流几乎完全停顿，前后达一百多年。而正是在这一百多年之间，西方社会却有了迅速的进步，科学技术有了很大发展。英国在17世纪便完成了资产阶级革命，19世纪中叶更开始了产业革命。在欧洲各国的工业生产中，开始大量使用机器，因而使生产得到迅速的发展。相对于欧洲各国蓬勃发展的资本主义社会，封闭的中国已经开始走上急速的下坡道。当罪恶的鸦片贸易受到清朝政府以林则徐为首的禁烟派的阻止之后，英国的"洋兵"真的"长驱而来"了。他们用洋枪大炮轰开了闭关自守的中国大门。[1]

从鸦片战争之后到1911年辛亥革命期间，西方列强对中国发动比较大规模的侵略战争还有：英法联军之役（1856—1860），中法战争（1883—1885），中日战争（1894—1895），八国联军之役（1900）等等。如果再加上帝国主义之间在我国领土上进行的日俄战争（1904—1905），大的战争就有六次。在这期间，中国人民为了反对帝国主义和封建主义，进行了不屈不挠的英勇斗争，爆发太平天国运动（1851—1864）、义和团运动（1900）、辛亥革命（1911），终于推翻了清政府的统治。

鸦片战争前后，一些开明的地主官僚阶级已经看到清政府的内忧外

---

[1] 刘吉发主编：《科技生产力研究》，西安地图出版社2003年版，第472页。

患。龚自珍（1792—1841）、林则徐（1785—1850）、魏源（1794—1857）等人就是其中的代表人物，他们是我国近代较早的一批提出改良朝政和向西方学习的人物，出版的著作有《己亥杂诗》《四洲志》《海国图志》和徐继畬的《瀛环志略》。

但是由于时代的局限，魏源等人并没有提出从根本上改革封建社会制度的要求。同时，由于他们的社会地位所限，虽然他们的这些言论在思想界引起了不小的震动，而实际上许多建议却并没有得到实现。

和魏源等人几乎同时，太平天国农民起义领袖之一的洪仁玕（1822—1864）在1859年向天王洪秀全陈奏的《资政新篇》，其中也有类似的思想。书中那些建议确实带有为资本主义发展开辟道路的性质，其立足点比魏源等人要高得多。但因起义不久便失败，这些建议也没能实现。退一步讲，太平天国运动即使成功，从起义的性质来看，它也不是为科技发展创造根本条件的资产阶级革命。

其次，洋务运动和新政的尝试。洋务运动是晚清科技史上最重要的里程碑，本身正是继承林则徐、魏源"师夷长技"思想传统的结果。不仅开放近代军事工业，更是为搞现代化，开始培养所需人才。清政府的新政，是促进晚清科技进步的又一重要因素。这两次都是开明知识分子为救亡图存所做的尝试，不仅要求改革各种社会制度、教育制度，更触及到了对政治制度的改革。虽然最后都以失败告终，但在晚清社会近代化历程中都立下了功劳。

晚清西学的涌入和传播动摇了传统儒学的统治地位。鸦片战争以后，在西学东渐大潮涌动的冲击下，中国社会已经出现一批初步具有近代知识结构的知识分子，如容闳、李善兰、王韬、郑观应、马建忠、严复、康有为等人，或者出国留学，或者通过接触西方文化，获得了一定的西方近代知识，成为这一新型社会群体中的代表人物。但是，在中日甲午战争以前，这类士人人数较少，活动分散，尚未形成一支有组织的社会力量。而甲午战争后，在民族危机刺激和维新运动的影响下，这一群体的许多成员集结在"救亡图存"的旗帜下，通过学堂、学会、报刊等形式，动员起来，登上了政治斗争的舞台，同时也使近代文化事业得到长足的发展。在新型知识分子的积极参与下，使甲午战争后出现了办学热、办报热、出版繁荣、小说兴盛的局面，涌现出大量体现新时代精神的作品与成果，开拓出许多新的文化领域。

1840年鸦片战争到1911年辛亥革命的几十年间,在社会文化发展和政治进步上,官方和民间都做出了贡献、进行了尝试。这是一个新旧交替的时期,这是一个改革风起云涌的时期。内忧外患的政治背景和其孕育的文化环境为晚清科技的发展提供了特殊的土壤。

二 晚清科学技术的总体发展水平

在中国闭关锁国的历史时期内,西方各国相继完成工业革命,科技突飞猛进,进入帝国主义时期。而中国的科学事业却一直处于停滞不前的状态。鸦片战争之后,近代数学、物理学、化学、地学、生物学、医药学等科学,也都不同程度地传入中国,李善兰、华蘅芳、徐寿等人在引进和传播近代科学理论方面作出了卓越的贡献。来华的外国人在通商五口岸建立了一些学堂、报馆、印书馆及医院。这些机构在宣传西方宗教的同时,也介绍了一些科学知识,成为中国人了解世界新知的重要窗口。在民族危机的刺激下,从士大夫阶层中分化出少数睁眼看世界的开明知识分子,如林则徐、魏源、李善兰、王韬、冯桂芬等。

值得一提的是在我国几千年的封建君主专制统治的历史长河中,儒家经学是学术的主体或者说代名词,数学、天文、医学等学科一直是儒家经学的附属品,从未形成独立学科而被社会重视。而在晚清社会,梁启超在著作中第一次使用了"科学"一词,这无疑标志着科技地位的上升和社会近代化的深入。

在我国封建专制社会中,"官科技"的地位是坚固而绝对的,表现在官方对科技机构、科技人员和科技工匠、科技教育及科技思想的垄断。而这种垄断是适应我国封建农本位国家的存在和发展的,在我国几千年的传承中创造了灿烂的科技神话。然而,随着18世纪西方国家科学的创新和进步与技术革命的进行,西方国家相继进入了资本主义工业时代。而中国仍在封建专制的农业国家圈子中固步自封。对于我国古代的封建专制农业国家来说,官方科技垄断地位是适应社会发展需求的。但是事物一旦发展到巅峰必定预示着未来的停滞和落后。国家科技机构及体系的完善和稳固也意味着呆板和守旧。社会生产力的提高也使我国在晚清出现了资本主义萌芽,但很快死于封建专制的扼杀中。缺乏探索和创新的科技体系日益明显地阻碍了我国科学技术的发展，使得中国与世界的距离越来越大。鸦片战争的爆发敲响了我国科技停滞和守旧的警钟。自此，我国沦为半殖民地半封建国家。而官方科技的垄断地位也发生了动摇，西方科技的涌入，民间科技团体的兴起都对其统治地位产生了巨大的削弱和冲击。但是官方科技作者群体仍然有着很强大的力量，并且开始寻求新的途径和方式进行科学技术活动。

第二节 晚清科技文献作者群体的组成

在我国漫长的封建社会统治中，官方科技占据着绝对主导地位。这是由封建君主专制统治所决定的。官方拥有着绝大多数的科技资源，包括教育机构、体系，师资力量，科研资金和设备以及皇家对科技的巨大需求。1840年鸦片战争之后，中国沦为半殖民地半封建社会，皇家统治遭受了前所未有的威胁。西学的传入打开了国人的眼界，科学技术研究逐渐成为独立于正统儒学统治外的学科，民间力量涌入科技领域，外国传教士也借机来华用科学知识作为掩护进行传教布道。在晚清科技文献作者的群体构成中，官方群体与民间群体在数量上已经不相上下，失去了绝对优势地位，而宗教群体也异军突起，占得一定份额。

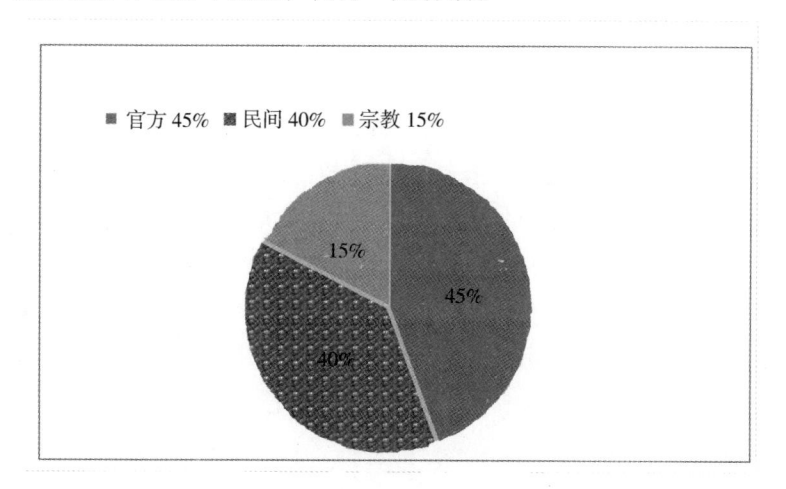

图12—1 三大科技文献作者群体结构图

一 晚清官方科技文献作者群体的组成

晚清是一个特殊的历史时期，鸦片战争使得清代结束了几千年的封建专制的君主统治，沦为半殖民地半封建国家。国内来说，官方一面抵制外来侵略，另一方面又师夷长技，民间知识分子一面积极提倡改革政治制度，另一面也亲自投入引进外来先进科技知识的事业中。国际来看，伴随着一系列条约的签订，清政府被迫开放了一系列通商口岸，于是西方国家传教士涌入我国，在传教布道的同时也传播了很多科学技术常识，开设医院、创办现代报刊等。因此，晚清社会的科技文献三大作者群体人数比例已经打破官方主体的传统，三者数量比例趋于三足鼎立。

第一，官方科技文献作者人数比例。

从数量上看，统计的284个科技文献作者中，官方的作者129个，约占45%，虽然仍是比重最大的群体，但已经不占绝对优势地位了，这说明我国古代的"官科技"时代已经发生了变化，这也是晚清社会不同于我国古代社会的一个显著表现，这一数量上的下降有着深层的政治的、经济的、文化的社会因素。

在我国古代，科学技术活动有一个较为特殊（相对同时代的世界各国而言）的特点与现象，即我国古代科学技术的学习、传播、科技活动的组织与实施多以官方为主，古代科学家多数同时又是政府官员（中国古代历代著名科学家大多为政府官员或曾为政府官员，并借此有利的地位开展其科技活动，如李冰、蔡伦、张衡、郦道元、祖冲之、沈括、郭守敬、徐光启等），他们进行科技活动的目的，常常是为统治活动服务或受邀于皇帝，"集中统一"的特征明显。我们称这种特点与现象为"官科技"①。在我国几千年的封建专制的历史长河中，"官科技"的地位是稳固而绝对的，表现在官方对科技机构、科技人员和科技工匠、科技教育及科技思想的垄断。而这种垄断是适应我国封建农本位国家的存在和发展的，在我国几千年的传承中创造了灿烂的科技神话。然而，随着18世纪西方国家科学的创新和进步及技术革命的进行，西方国家相继进入了资本主义工业时代。而中国仍在封建专制的农业国家圈子中固步自封。对于我国古

---

① 丁海斌、陈凡：《李约瑟现象的官科技解读》，《社会科学战线》2005年第4期，第140页。

代的封建专制农业国家来说，官方科技垄断地位是适应社会发展需求的。但是事物一旦发展到巅峰必定预示着未来的停滞和落后。国家科技机构及体系的完善和稳固也意味着呆板和守旧。社会生产力的提高使我国在晚清出现了资本主义萌芽，但很快死于封建专制的扼杀中。缺乏探索和创新的科技体系日益明显地阻碍了我国科学技术的发展，使得中国与世界的距离越来越大。鸦片战争的爆发敲响了我国科技停滞和守旧的警钟。自此，我国沦为半殖民地半封建国家。而官方科技的垄断地位也发生了动摇，西方科技的涌入，民间科技团体的兴起都对其产生了巨大的削弱和冲击。但是官方科技作者群体仍然有着很强大的力量，并且开始寻求新的途径和方式进行科学技术活动。

第二，地域分布。

表 12—1　　　　　　　官方科技文献作者地域分布

省份（市）	官方科技文献作者群体人数	省份（市）	官方科技文献作者群体人数
湖南	4	江苏	23
浙江	17	山东	2
福建	13	外国	11
广东	4	湖北	3
天府	3	贵州	2
安徽	6	山西	2
四川	2	广西	2
上海	3	云南	2
直隶	4	满族	1
河南	1	台湾	1

从表中可以清楚看到，晚清官方科技文献作者群体分布地域特征明显，集中化程度高。首先，分布最密集的地区是江苏和浙江两省，这是历史发展契机所导致的现象。苏浙学术发达，从魏晋至南宋以后一直是中国的文化中心。这与我国古代经济重心的南移是息息相关的。黄河流域是中华文明的主要发源地，曾在很长历史时期内都是我国经济、文化、政治中

心。但伴随着北方频繁的战乱和政权的变更,南方越来越成为更吸引人口的乐土。两宋时期我国经济重心的南移已经基本完成,这意味着南方聚集了先进的生产技术,同时人才教育也日益兴起。从南宋开始,江南地区就渐渐成为学术风气浓郁、文教事业昌盛、重视功名仕进的学术重地。根据清代状元分布地区统计,清代112科状元中,人数最多为江苏省49人,占清代状元的43.75%。其次为浙江省20人,占17.86%,两个省份共占全国的61.61%。[①] 根据清代进士省份统计表,清代江苏和浙江两省进士人数分别以2920人和2808人稳居全国进士人数的第一、第二位。[②] 所以说江浙地区是科举与"官科技"人才的地理中心。

其次,属于第二梯队的为安徽和福建两省。安徽省也是清代文化发达省份。这首先得益于安徽经济的繁荣,经济的发展促进文化自然科学的进步,加之徽商群体比较重实用科学如数学,也在很大程度上促成了安徽省科学文化的繁荣。

再次,位于第三梯队的属湖北、湖南、广东以及上海。两湖地区向来不乏倡明理学的鸿儒,然而,在晚清也涌现了一些讲求汉学的学者。如湖南的邹汉勋兄弟、王先谦,湖北的杨守敬等就是其中的佼佼者。杨守敬于光绪年间,出任清政府驻日公使随员,搜集流传于日本的中国古籍及文物,撰写有《日本访书志》,著有《古地理志辑本》《历代舆地沿革险要图》《水经注疏》等史地类著作多种。广东省依托了东南沿海的地理优势,成为西学东渐的受益者,较早地被西方科技文化融入,因此科技事业较发达。上海的异军突起得益于中国的近代化推动,加之洋务派在上海建立的近代企业对科技工作者的需求,使得上海聚集了大量的科学技术探寻者和传播者。

此外,晚清官方科技作者群体中出现了一大批新的面孔——外国传教士。这是鸦片战争后我国科技作者群体中发挥着重要作用的新成员,他们漂洋过海到中国传教布道,很多受聘于江南制造局翻译馆,从事近代科学书籍的翻译和科技知识的传播。

---

① 杨鹏程:《近代中国史论》,中国文史出版社2007年版,第191—192页。
② 丁海斌、陈凡:《论清代科举与"官科技"》,《自然辩证法通讯》2007年第5期,第67页。

第三，学科分布。

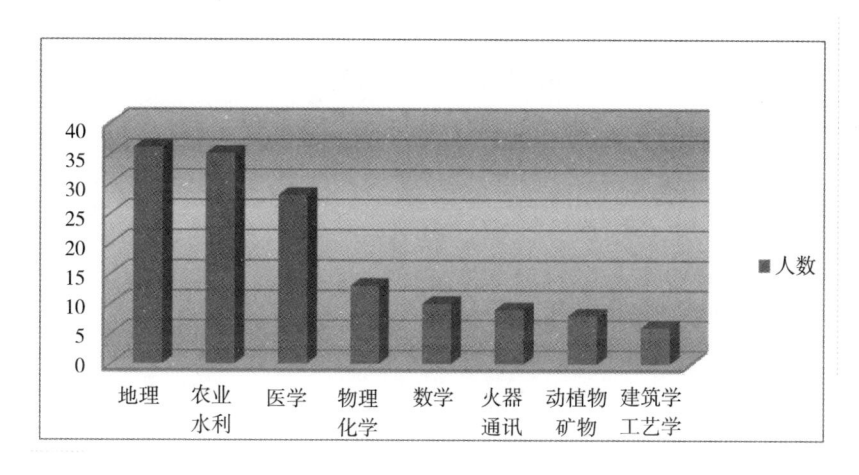

图 12—2　官方科技文献学科分布图

从图 12—2 中可以看出，地理、农学水利、医学是科技文献的主体部分，这和我国漫长的封建农耕文明是相适应的，官僚机构管理国家、组织农业生产、服务统治阶级等的职位需求是产生这类科技文献的内在动力。但是这些传统学科毕竟是在晚清这样一个被迫打开国门的封建社会末期，于是有了新的元素和突破。比如地理学，已经冲出了历代以来描述和测绘舆地的范畴，出现了考察国外风土人情和地理状况的著作。晚清时期清政府在一次次对外战败的情况下签署一系列不平等条约，又迫于列强压力进行外交。总理各国事务衙门就是在这种背景下产生的。1861 年由咸丰帝批准成立，是为专门办理外交事务、派出驻外国使节而特设的中央机构。这些驻外使节是我国较早一批接触国外的人群，他们根据在国外的所见所闻和实地考察，完成一批地理著作，为国人打开闭塞的视线。同时晚清一批先进的地主阶级如林则徐也开始主动了解和传播国外信息，而地理则是较早的切入点。再者，医学不仅继承了我国悠久的中医传统，同时伴随着西学东渐的进行，也开始了西医的研究，这是我国历史上医学的重大节点。我们也看到官方科技文献的种类也出现了物理、化学等近代自然科学以及火药弹炮等实用科学。

我国古代官科技的形成是我国经济、政治、文化共同作用的结果。一是服务于组织和指导农业活动，我国古代社会是一个农本位社会，管理国家的首要任务就是组织并指导农业生产活动。二是管辖各地，军事需要。三是服务皇权，如医学、天文、皇宫建筑、陶瓷等。农业生产活动已经不再是统治阶级唯一关注的重点了，学习西方先进科技知识、发展科技、壮大军事力量、开化国民都被迫被官方提上了日程。中国的仁人志士开始寻求求强求富的道路来抵制外国的侵略。因此官方自身的、聘用的科技人员开始冲破了农业、地理、医学等传统的学科而开辟了如物理、化学、动植物学、军事制造等新的科技领域。

第四，官职结构。

晚清官方科技文献作者群体的官职结构呈现了复杂化的态势，已经打破了传统国家体制内官职的设定，开始向外延伸，涉及了洋务派创办的企业和为外来传教士设置的官职。这些变化都是由晚清社会的独特性质所决定的。

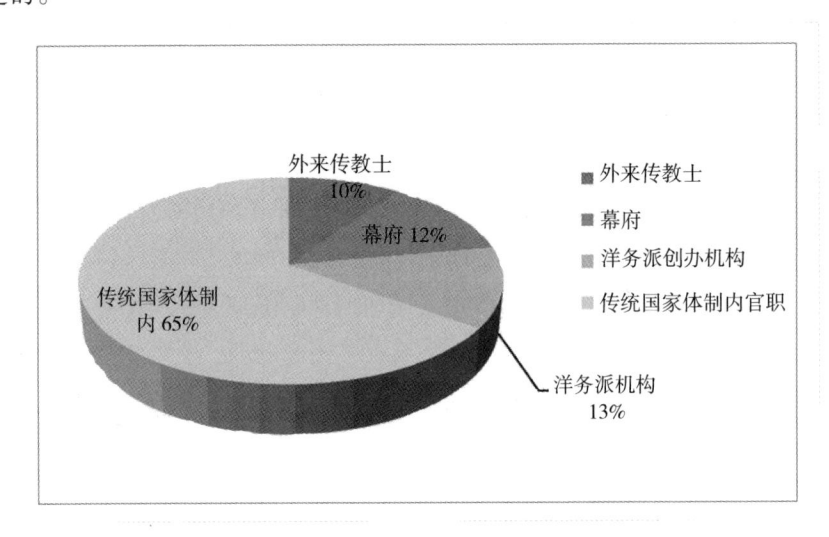

图12—3　官方科技文献作者群体官职结构图

由12—3图可看出，晚清官方科技文献作者群体已经不仅仅局限于传统国家体制内，外延延伸到了幕府、洋务派创办的机构以及为外来传教士设置的外务事务机构。

首先，传统国家体制内任职的仍占据着绝对的优势。在我国悠久的封建社会中，学术实则仅指儒家经学，虽涉及数学、天文、算学等科学门类，但在学术中仅处于边缘化的末等位置，仅仅在晚清这个封建社会走向穷途末路的历史时期科学才被人们开始重视起来，逐渐形成独立的力量。因此封建社会进入仕途的人都是经过科举教育的选拔而脱颖而出的，他们学习和熏陶的是传统儒学经典和经学思想，当然这其中也包含科技内容，比如医学、天文、地理舆图等。作为传统文化的主要传承主体，自然从另一角度来说也是我国古代科技的主要传承者。这一解说同样适用于官方科技文献作者群体中幕府团体的存在。入各大政治人物幕僚的都为饱读经书之人，他们或科举考试失利或仕途不顺而进入官僚幕府，他们所掌握的经典之学也必然包含科学的成分。总之，在我国古代，官科技之所以一直占据主体地位都源自于学术几乎等同于儒家经学，科技附庸在其之上而存在。

其次，外来传教士在官方科技文献作者群体中占据了较重要的地位。清政府在与外国列强的对峙中处于臣服姿态，不甘心又无力反抗，因此建立了一些专门机构处理外务，如总理各国事务衙门。为了表达诚意清政府同时聘请外国人担当这些机构的负责人，而外国传教士是打入中国国内最早的一批人，打着传教布道的旗号更容易渗入中国内部，因此外国传教士在官方群体中占到了不可忽视的份额。而且西方列强多聘请在中国具有一定口碑和影响力的传教士担任驻中国的使节。清政府为更好处理与各国外交事务，也愿意聘请有一定声望的传教士担任政治职务。因而，传教士的任职其实包括两部分性质，一种是受聘于洋务派创办的机构如江南制造总局翻译馆，如林乐知就应邀参加江南制造总局的工作；另一种是直接受聘于清政府，在国家机构内担任职务的，如欧礼斐（英国）在同文馆任教习，还曾在北京总税务司任职。也不乏在两种系统中都任职的，如卫理（美国）曾在江南制造总局翻译馆任译员，1901年后，在美国驻华使馆任参赞等职。

最后，晚清是我国封建社会的尾巴，沿袭了中国封建社会"官科技"的传统，从科举教育选拔出来进入仕途的人员仍稳占官方科技文献作者群体的主力。而鸦片战争后，清政府面临内忧外患的局面，尤其是太平天国运动的爆发使得清政府重用了一批汉族地主官僚，以李鸿章为代表的汉族地主官僚阶层为镇压太平天国和利国强民，开展了轰轰烈烈的洋务运动。在此期间，兴办了一批矿山工厂，如福州船政局、江南制造局等；开办了近代意义的学校，如北洋水师学堂、上海操炮学堂等，传授军事理论和制造先进军事武器；建立了翻译出版外国科技文献的机构，如在江南制造局内设翻译馆，聘用了一批先进的知识分子进行西学的翻译和出版，这都形成了官科技文献的中坚力量。

19世纪中叶以来，清朝衰落的传统历史变局与西方列强入侵的新的历史变局同时来临，为了应付内忧外患的局面，传统的社会政治体制正经历着一番隐性或显性的变化，作为这一体制中中坚阶层的士绅，规模和力量大大增加。清政府为镇压太平天国起义，重用地方士绅，士绅阶层因而得到空前的壮大，进入官僚机构。在晚清的近代化进程中，官僚士绅发挥了重要作用，如林则徐、魏源等。

二 晚清民间科技文献作者群体的组成

晚晴时期，在统计的284位科技文献作者中，民间113人，占总人数的40%，已经逼近官方科技文献作者群体的比重。由于在统计过程中只有姓名可考的35个科技文献作者中民间身份不在少数，因此在实际数量比重中民间科技文献作者群体比重很可能已经超越官方群体，这是我国古代科技活动长期以官方主导历史的第一次逆转，从一定程度证明了民间科技活动的异军突起。这种现象是晚清社会特殊政治、经济、文化背景的衍生。

第一，民间科技文献作者群体人数比例。

首先，民间科技文献作者群体在人数上较其他朝代有着绝对的增长，但在比例上并未占绝对优势，甚至有所下降。这与晚清的社会状况是相匹配的。根据可考的民间科技文献统计，晚清民间可查考的科技文献作者113人，另只有名字记载的民间作者35人中若干。清代是我国封建社会发展的顶峰，继承了古代的科技的精髓和成就，尤其像医学这样有着悠久传承的学科拥有着庞大的民间从事者。同时晚清也是我国封建社会的没落至消亡期，鸦片战争的爆发，通商口岸的被迫开放，外交事务的被迫开展都在一定程度上助推了西方文明的传入。这就导致民间在传统科技参与者基础上又崛起了近代知识分子群体。他们不同于传统儒学者热衷或寄希望于仕途，他们有着更全面的文化修养和视野，为晚清的科技文化和我国近代化发展做出了卓越的贡献。虽然民间群体在数量上是绝对增加，但由于晚清官方科技群体的外延扩展很多，因此纳入官方群体的范畴较宽泛，比如在洋务派兴办的企业、学堂中任职的都归属于官方群体,因此官方群体还是比重最大的。

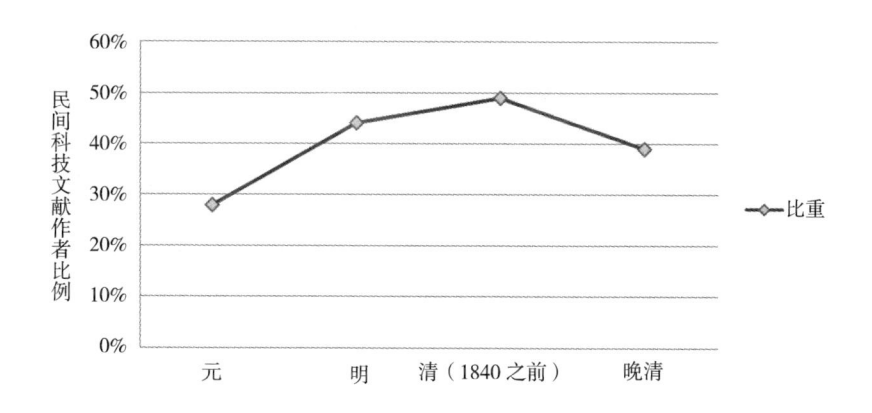

图12—4　民间科技文献作者群体占总数的比例变化图

其次,由鸦片战争直接导致的民间科技文献作者群体的增加数量可观。在某种程度上,鸦片战争是一个转折点、一个契机。它的爆发一方面让中国爱国的有识之士意识到国家的落后及改革与进步的必要性和急迫性;另一方面鸦片战争的爆发使得清政府打开了闭关的国门,致使西学流入中国社会,西方文明的进步性及科学的完整和先进性给晚清民间带来了强烈的冲击和启迪。

再次,弃儒从事科技研究的占一定比例,这与清政府的腐败无能是分不开的,不少有识之士认识到通过仕途进入统治阶层并无法达到像科技一样富国强兵的效果。

第二,民间科技文献作者群体地域分布。

晚清民间科技文献作者群体地域分布呈现极度的不平衡性。江苏和浙江两省依旧占据着绝对优势,其次为陕西和上海。而上海的科技力量崛起也是晚清的一大亮点。

首先,民间科技文献作者群体地域分布集中,主要在江苏、浙江两省,与官方科技文献作者群体地域分布相一致。这取决于江浙两省的社会发展状况。由于江浙地区自然环境较好,社会稳定,因此经济重心逐渐由北向南移动,两宋时期完成转移。江浙地区经济发展迅速,科技需求旺盛,学术风气浓郁。政治、经济、文化多方因素的作用下营造出江浙一带民间科技繁荣发展的景象。

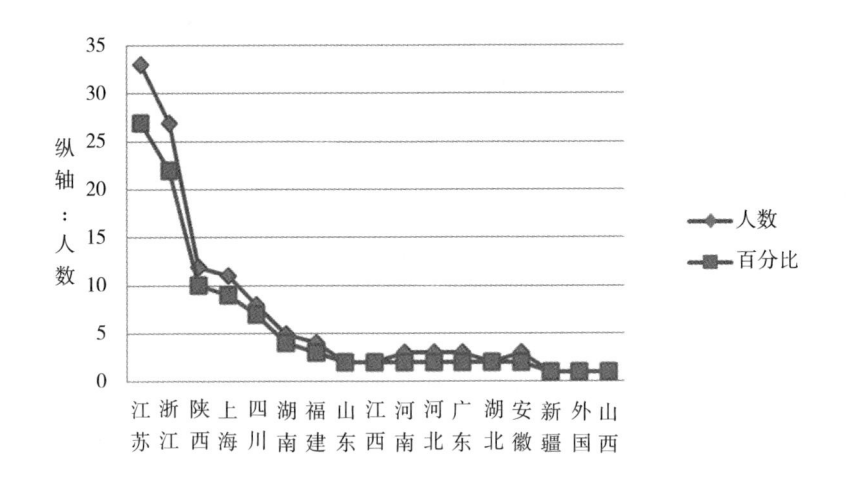

图 12—5 民间科技文献作者群体地域分布

其次，上海的兴起非常明显，上海当时只是江苏的一个县，但民间科技作者群体却占据了很大的分量，这得益于晚清的近代化的推动。上海占据着十分优势的地理位置，经商、传教都有得天独厚的优势。为了更好地在中国进行传教活动、传播道义思想，墨海书馆聘用了一批中国学者。

第三，晚清民间科技文献作者群体学科研究分布。

虽然晚清民间科技文献作者群体在数量上占据着相当的优势，学科分布也较之前更加丰富多样，出现了新型的学科，但在学科分布上呈现严重的不均衡性。

首先，形成以医学、地理和农学三大学科为主力，其他多学科共同发展的局面。这是因为晚清继承了我国古代封建农业国家创造的科技成果并加以发展和提升。中国古代医学发源远流长，有着自己深厚的积淀。晚清医学在继承古代发展成果的基础上又加入了西医元素，有了新的创新和高度。比如很多农业和医学的成果都得到突破。已经冲破封建农本位国家的局限，涌现了大量近代自然科学知识类文献和新的科技文献形式如科技小说。这些变化是鸦片战争之后，外国列强用坚船利炮打开了中国封闭的大门，西方的侵入也自然附带了新的科技知识。中国民间的有识之士开始努力学习西学，传译给国人，并希望通过这些科技知识的吸收，能强国

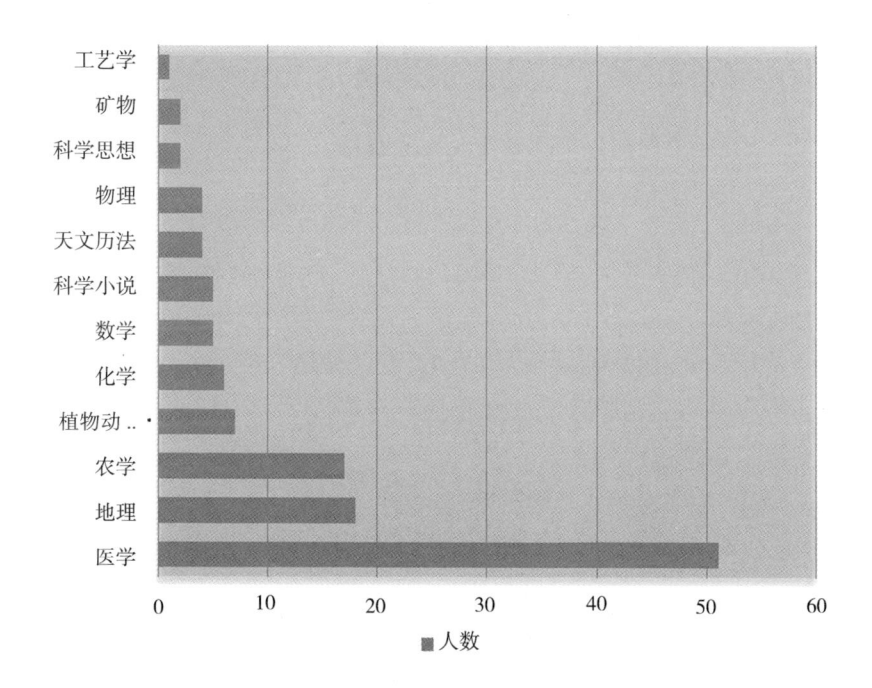

图12—6 民间科技文献作者学科研究分布图

强民。

其次，一些外国传教士在华创办的报刊、出版机构等宣传的西学对中国的知识界影响深入人心，这些新知识打开了中国知识分子的世界观念，这不仅仅是地理和科学知识的增加和眼界的开阔，而在于使得他们认识并承认在中国文明之外还有其他文明形式的存在，或多或少地有了一种朦胧的文化多元主义观念。尤其是近代报刊和科学小说新形式科技文献的出现，更是表示着晚清科技环境日益活跃，国民日益开化。

三 晚清宗教科技文献作者群体的组成

晚清时期我国的宗教不仅仅是进行教义的研究和传播，更为中国的科技知识传播起到了举足轻重的作用。

第一，宗教科技文献作者群体数量分析。

晚清宗教科技文献作者群体数量达到我国古代各时期之最，除了我国本土宗教人员（8人）之外，外来传教士占主要部分，为34人。

这一时期的传教士，尽管来华初衷可能是传播基督教义，但是随着国际局势的变化，他们的角色也发生了重大转变，由单纯的传教士成为教育者、医生、汉学家、外交官等。并介入了晚清中国政治、经济、思想等社会变革，从而对中国的近代化产生了重大影响。

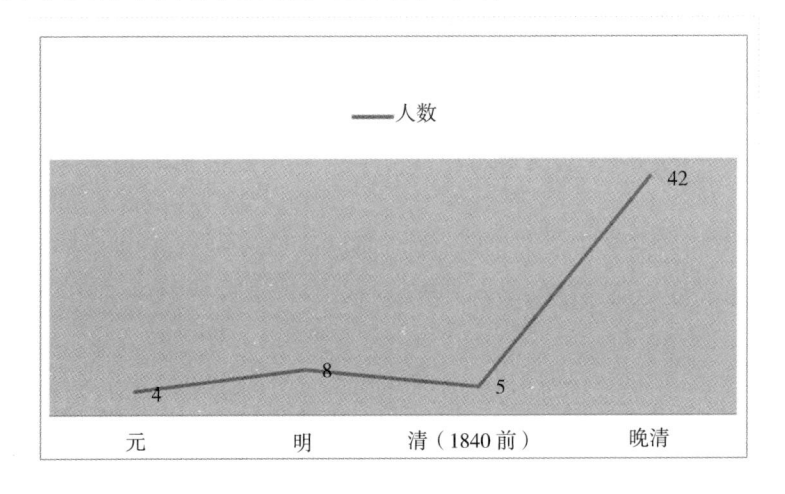

图12—7　宗教科技文献作者群体数量变化图

（注：清代前、中期数据仅取于天文算数领域）

而晚清，随着中国进行被迫开放通商口岸和进行外交事务，外国传教士开始以合法身份进入中国社会。他们中很大一部分人往往以传播物理、天文、化学等自然科学和救死扶伤的西医为突破口进行传教布道。其中不乏真正友好地向中国输送先进科学技术的友人，也不乏被清政府聘为官员处理外交事务的。总之，晚清的社会背景给传教士提供了自由活动的沃土。

第二，宗教作者群体主要活动地区分布。

晚清宗教群体中，8人为我国本土宗教，主要集中于蒙古和藏区。其余34名来华传教士，据可查资料统计分析，主要集中于以下几个城市，如图12—8。

这些来华传教士活跃的地区与晚清政府与外国列强签订不平等条约被迫开放的通商口岸是一致的。鸦片战争后，清政府被迫签订了《中英南京条约》《五口通商章程》《五口通商附粘善后条款》等丧权辱国的不平等条约，开放上海、广州、福州、厦门、宁波等五处为通商口岸，允许英

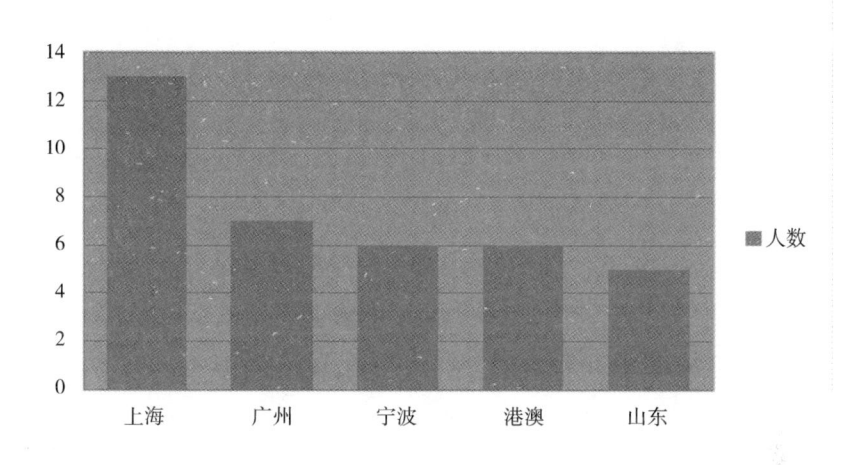

图 12—8　宗教科技文献作者活动地域分布图

国人在通商口岸居住、贸易和传教。在早期通商的五个口岸中，宁波是美国传教士的教育和出版活动较集中的地区。如当时教会活动中影响最大的花华圣经书房就设在宁波。19 世纪中叶，由于占尽地域、商业、经济、人文等优势，上海在中国的地位节节攀升。

1860 年，清政府在第二次鸦片战争中战败，再次开放天津、烟台等 11 个通商口岸，基督教顺势深入到中国内地。借助清朝开明地主官僚的洋务运动，西学传播达到了空前活跃的局面。

第三，学科分布。

晚清社会，中国本土宗教（在这主要是指佛教）对于科技文献的贡献主要集中在我国古代的传统学科——医学和历算。这主要取决于佛教与西学东渐关系甚微，它有着自己发展传承的相对封闭的规律和传统，因此佛教徒即使在晚清相对开放的历史时期也并没有受太多外来影响。

而鸦片战争之后，清廷开放一系列通商口岸为西方传教士的来华传教打开了通道。他们前期是主要通过传播自然科学和打着医学救死扶伤的口号来打开中国人的心理防线的，因此我们不难看到传教士在科技方面的著作主要集中在编译地理、医学、天文、数学、物理以及少许的实用类工艺以及宏观的科学的书籍和报刊。其中影响比较大的有傅兰雅于 1875 年在上海创办的《格致汇编》（见下图）。

图 12—9　格致汇编

表 12—2　　　　宗教科技文献作者群体学科分布表①

学科	人数	比例（%）	学科	人数	比例（%）
工艺、科学	2	4.7	数学	7	16.7
地理学	10	23.8	天文	9	21.4
医学	10	23.8	物理	7	16.7

　　这些科技文献中以介绍医学和自然科学为主，这和传教士的宗教信仰和传道策略是一致的。晚清许多来华传教士为医学传教士，遵从救死扶伤的道义。另外传教士用自然科学知识作为挡箭牌打入晚清中上层阶级，也是迂回传道的一种手段。当然这其中不乏真正热爱中国、热心帮助中国科技事业的传教士。

　　第四，宗教类别。

　　晚清宗教科技文献作者群体中，仅 19% 为我国国内宗教人士，其中 1 人为伊斯兰教，7 人为佛教。而其余全部为西方来华传教士即我们所说的

---

① 此表是将每个学科文献作者进行重复计算所得。

基督新教，占总数81%。清朝咸丰八年（1858）的《天津条约》和咸丰十年（1860）的《北京条约》签订之后，基督教得以在中国境内正式恢复传教。包括分别代表各新教宗派的伦敦会、荷兰传教会、美部会、美浸会、美国圣公会、英行教会、美国长老会等[①]。

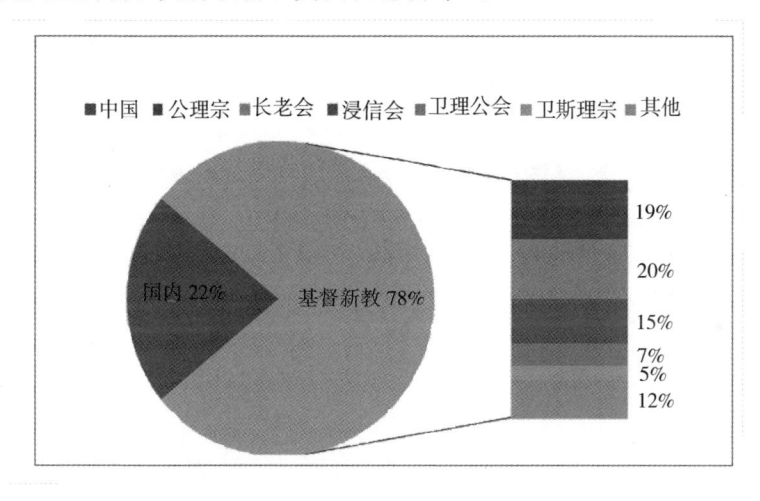

图12—10　晚清宗教科技文献作者群体教派分布图

第三节　晚清科技文献作者群体的知识积累

晚清科技文献作者数量庞大，这从宏观上来说是一个时代所造就的现象。然而任何一门学科人才的出现都与其家庭、教育背景及人生经历息息相关。家庭及教育奠定文化基础和人格秉性，职业经历决定从事事业的方向和高度。这部分将从这三方面对三大科技文献作者群体进行详细解析。

一　晚清官方科技文献作者群体的知识积累

晚清官方科技文献作者群体的知识积累较之前朝代来看更加复杂化，这是晚清特殊历史背景的产物。鸦片战争的爆发致使西方文明开始冲击和涌入中国社会，因此清政府的整个官僚机构都出现了相应的变化和适应，

---

①　廖永红：《信仰的力量》，中国社会出版社2016年版，第198页。

而官方科技文献作者群体的形成和培养上也出现了一些新的状况。

第一，教育背景。

首先，科举教育培养出来的"士"仍是官方科技文献作者群体中的主体。所以这些通过科举选拔出来的官科技群体自幼参加传统儒学四书五经的学习。他们中出现了这样一些人，本身并不是科技文献的直接产生者，但是却通过主持或开办译书局等举措而使中国诞生了数量和质量可观的科技文献。他们通过招纳有科学素养的人士为幕僚、聘用有能力之人担任译书、著书工作，对中国科技进步作出了不可磨灭的贡献。面对内忧外患，官僚士绅阶层倡导了19世纪60至90年代的著名的洋务运动。在这场运动中，积极学习西方先进科学知识、引进先进科学技术、培养近代科技人才、翻译出版科技书籍，大大促进了中国社会的近代化。其中的代表人物为李鸿章。

其次，晚清官方科技作者的培养方式除了传统的科举教育还出现了新式的教育机构如教会学校和近代学堂。在这里先不论教会学校开设的动机及终极目的，仅从客观上看，教会学校确实在培养近代人才尤其是科技人才以及促进我国教育近代化方面作出了贡献。

另一方面，在内忧外患的晚清社会，一些开明的地主官僚阶级为了救亡图存，兴起了"师夷长技以制夷"的洋务运动。1909年，全国共有官立高等学校123所，学生22262人[①]。同时这些新式学堂还派出留学生到美国、欧洲进行交流学习。清末极具影响的资产阶级启蒙思想家，翻译家和教育家，中国近代史上向西方国家寻找真理的"先进的中国人"之一的严复就是洋务派派出的赴欧留学生。这些留学生不仅仅学习西方的科学技术，同时也受到西方文明全方位的熏陶，回国后无论是进行国外科技文献的翻译还是自己著书立说都对晚清科技的传播和进步作出了巨大贡献。

第二，职业经历。

晚清的官方科技文献作者群体的职业经历普遍较为丰富，这也源于古代官员从事科技事务除直接官职所需外都具有实用性的出发点。在职业经历方面，我们将职业分为传统常设机构和随新添政务而单设机构两部分。

---

① 陈景磐：《中国近代教育史》，中国教育出版社1979年版，第182页。

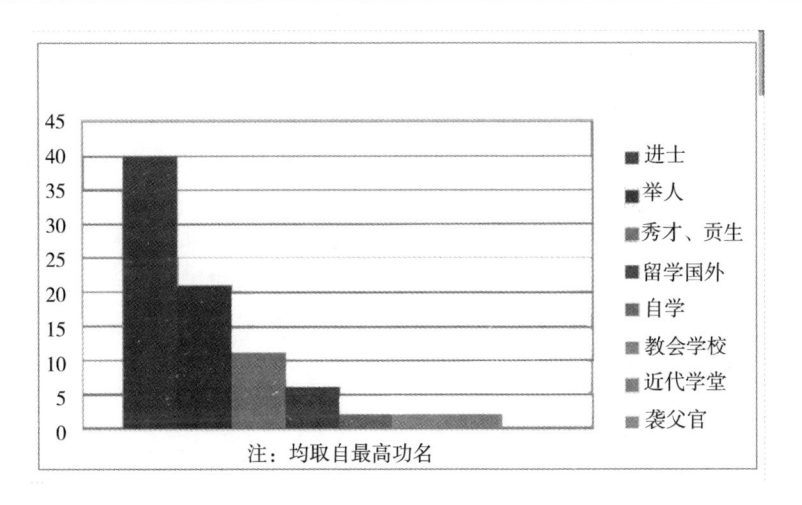

图 12—11 官方科技文献作者教育背景图

（注：在晚清官方科技文献作者群体中有 10% 的比例来自于国外来华传教士，该部分作者情况将在其后宗教群体中作详细阐述，在此部分暂时不列为统计范围。）

在传统常设机构里又分为京官和外官两大类，而在为处理具体事务而设的机构里主要是洋务派创办的机构和外交机构。

表 12—3　　　　　　　　官方科技文献作者群体职业经历表

京官	翰林编修	9	洋务派	江南制造总局	14
	内阁中书	9		京师大学堂	6
	钦天监　样式房	2		福州船政局	3
外官	总督	8	外交机构	总理各国事务衙门	9
	巡抚	11		驻各国使者	9
	知府	6			
	布政使　按察使	5			
	知县	10			
	书院	7			

（注：此表是通过各科技文献作者官职重复统计所得）

二　晚清民间科技文献作者群体的知识积累

无论是官方还是民间，科技文献作者群体的家庭及教育背景都对其科技知识的掌握程度和未来职业的选择有着一定的影响，且从整体来看，民间科技作者群体几乎全体都从小就受到启蒙教育，但这种影响并不是唯一具有决定性的因素。因为纵观整个晚清时期，社会变动巨大，它已不仅仅是一个封闭的完整的严密的封建君主专制统治的国家。鸦片战争的爆发打开了中国国门，导致清政府的统治结构有所调整，洋务运动的开展、戊戌变法的发生以及新政的颁布再加之西方文明的涌入对民众的冲击和引导产生了前所未有的影响，催生了一大批近代知识分子，他们开始破除了考科举走仕途的迷信。

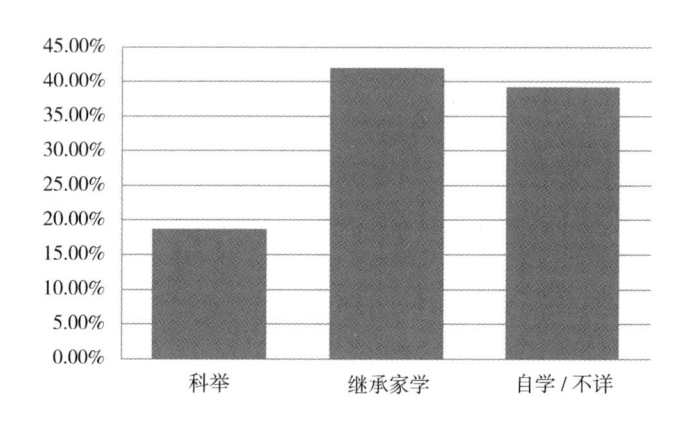

图 12—12　民间科技文献作者家庭及教育背景图

从图 12—12 中，我们可以得出结论：在晚清的民间科技作者群体中，参加过科举教育以及数次科考失利的占比不到 20%。他们从小学习儒学，具备一定的知识积累。弃儒罢考之后，或专心自己的特长如行医、钻研医学，或接受先进思潮引导步入近代知识分子行业，传播科学知识。

继承家学的占据很大比重，主要集中在医学领域。从这个领域来说，家庭教育有着决定性的作用。这主要和医学的学科性质是紧密相连的。医学在我国封建社会有着悠久的历史和传承，因此积累了丰富的研究成果。而对医学的掌握需要经过大量的研读医书和临床实践，因此对于医家来说，这是一门必须传承下去的技艺，也就有了我们的统计：著有医学类科技文献的作者多数都出身于行医世家。

民间家庭教育背景来自于自学和无可考证的也有很大比例。首先，民间科技群体除去少数出身官宦世家的，其余多数出身于平民家庭，从小接受儒家经典学习，但随着年龄增长就被自己的兴趣或专长逐渐引导上某个科技学科的钻研中了。他们的研究成果或来源于亲身实践，如农业生产；或来源于饱览群书，如数学等学科；或接受了外来先进文明而进行研读创作，如自然科学。这部分人当中，不少是受了西方先进思潮的开化，成为我国古代社会早期的近代知识分子，面对国家内忧外患的局势他们试图救亡图存而决心从事科技事业传播科技知识。其次，民间的科技著作本就不像官方那般有较正规和系统的发行与记载，具有很大的灵活性和不可确定性，因此科技文献作者无家庭教育背景可查的不在少数。

三　晚清宗教科技文献作者群体的知识积累

来华传教士是外国教会甚至是外国列强派出的第一拨来华的群体，他们大多都受到过良好的教育。晚清宗教科技文献作者群体中我国国内的宗教人士占少数，所以以下分析主要以传教士的数据来作说明。

第一，教育背景。

在西方各国，牧师等神职是受人尊敬的职业，是民众在精神和道德生活方面的导师。在美国，一般必须大学毕业以后才能继续攻读神学，神学院毕业后才能被授予神职。因此来华的"大部分美国传教士毕业于自己教派的大学或神学院"。根据美国传教士卫三畏1955年7月的统计，在此前来华的110名外国传教士中，绝大多数受到高等教育，其中获得博士学位的23人，约占总数20%多[①]。他们都普遍接受了较为完整和高等的教育，对自然科学、医学等学科具有一定的研究和掌握。根据本书的统计，晚清来华传教士中留有科技文献著作可查的人员教育背景情况如图12—13所示。

第二，职业经历。

鸦片战争以后，我国宗教科技文献作者群体绝大多数是西方传教士。随着我国通商口岸的开放，外国传教士来华传教的人数迅速增多，其活动

---

① 王立新：《美国传教士与晚清中国现代化》，天津人民出版社1997年版，第22—23页。

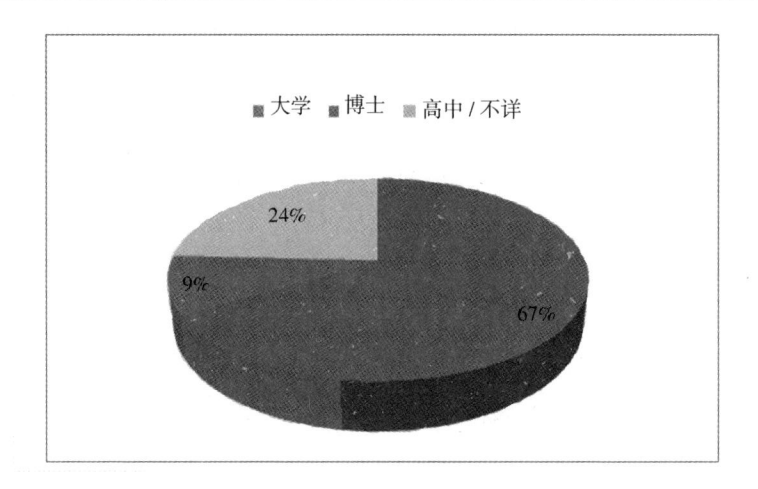

图 12—13　宗教科技文献作者中传教士教育背景图

也得以公开化、合法化开展。晚清，来华的外国传教士地位较明末清初有了很大提高。他们中很多传教士积极传教的同时还开办医院、发行报刊、翻译外国书籍，宣传了西方先进的科学知识、救死扶伤。他们积极奔走于中国上层阶级，与很多官僚和士绅成为至交，而且很多都受聘于官方单位，如图 12—14 所示。

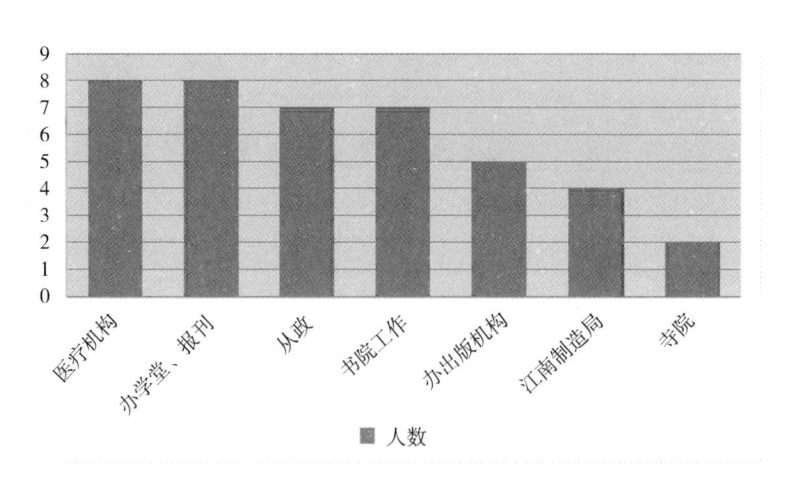

图 12—14　宗教科技文献作者群体职业经历结构图

首先，有医疗机构经历的比例很高。他们开办医院、医疗所、医馆进行医疗活动。晚清传教士中很大比重是来自医疗传教士，这是传教士打开中国民众心理防线的较薄弱的环节。以行医的目的进行传教可以说是他们的一个迂回战术，但是也必须承认他们确实为晚清社会的医疗事业、救死扶伤做出了的贡献。

其次，办学堂、办报刊也是西方传教士来华进行传教的重要途径之一。学堂教育和报刊都是传播的有效有段，具有辐射面积广、流传周期短和传播速度快、传播方式灵活的特点，因此成为西方传教士进行传教布道的首选。而科技知识也由于作为掩护和挡箭牌而得到良好的传播。

再次，晚清时期的来华传教士，很多进入到清政府政治体制中。鸦片战争之后，清政府被迫打开国门与西方列强进行往来。一方面各国在中国设立使馆，聘用的使馆大臣偏爱于有影响的来华传教士，不光因为他们对中国和汉语有所了解，更因为他们在中国民间社会和官绅阶层都有一定的口碑和人脉。

最后，也有很大一部分来华传教士曾任职于江南制造总局翻译馆以及开办出版机构。晚清开明的地主官僚阶级洋务派以包容和学习的态度聘请这些传教士在制造总局工作，或做教习或翻译外籍，这其中包括了很多自然科学的书籍。这些传教士与当时一些先进的现代知识分子一道创办出版机构，不但进行道义书籍的刊印，也印刷和出版了大量的科学书籍，为晚清社会的科技事业起了推动作用。

第四节　晚清科技文献作者群体的创作过程与作品流传方式

这部分从三大科技文献作者群体的写作目的、作品资料来源和作品内容形式来加以说明，以体现三大科技文献作者群体不同于其他两者的独特之处。

一　晚清官方科技文献作者群体的创作过程与作品流传方式

官方科技文献作者的创作过程与其作品流传方式都是其官职身份的衍生物，了解这几方面有助于我们更好把握官方群体的社会角色以及晚清社会的政治状况。

第一，写作目的。

从统计数据来看，晚清官方科技文献作者的写作目的虽然有交叉重复，但也都比较明确。第一，学术兴趣几乎是贯穿和附属于其他每个项目之中的，这点不难理解。任何一项学科的钻研和创作必会多多少少根植于内心的热爱。对于我国封建社会来说，向来尊崇儒学，对于近代自然科学的研究较落后。而长期闭塞的社会导致我国科学技术与世界脱轨。而恰恰由于这些科技文献作者的兴趣，才能支撑他们透过艰涩而艰苦的钻研条件，产出这些科技文献著作传于世人。第二，职务所需这项初衷是不需要过多赘述的。封建社会的官方体系中的科技文献多数就是为维持封建社会的国家机器的统治和运行。如地理学的著述是封建统治阶级为加强疆域统治的产物，农学、水利方面的著作是指导和加强中国这样一个历史悠久的封建农业国家的农业生产。如林则徐是出于行政工作的目的而进行治河工作的，他主要是行政主体而非科技主体。第三，写作目的与所从事学科的性质相一致。这点在医学学科上全面体现。医学本来就是通过研究人体机能、各种病症的源头等原理的东西来医治人们的病痛。所以从事医学方面研究和创作的人都是出于救死扶伤这样的目的。第四，在晚清的官方科技文献作者目的中有很大一部分是出于爱国情怀、富国强民的初衷，这是与鸦片战争后我国内忧外患的历史背景相匹配的。如姚莹创作的《康輶纪行》，对英法历史、英俄、英印关系，印度、尼泊尔、锡金入藏交通要道，以及喇嘛教、天主教、回教源流等问题都有所阐述，尤其注重考察西藏地区情况，揭露英国侵藏野心，建议清政府加强沿海与边疆防务，以反抗外国侵略。这都是出于晚清特殊的社会形势所赋予他们的特殊使命。

第二，资料来源。

科技文献作者的资料来源是与其社会地位、兴趣爱好、人生经历相联系的。从统计中可以发现，资料来源大致有以下几种：宫廷藏书、官府藏书、书院藏书、私人藏书、实践经验以及实地考察。其中书院藏书在晚清社会科技文献创作中提供了大量有价值的参考，这与晚清时期书院改制、向近代学堂转变的角色是一致的。晚清书院借西学东渐的春风，不断完善自己以适应中国近代化对教育的需求，因此在藏有大量传统文化经典的同时也不断丰富和收录近代科技与教育等教科书和工具书，"其藏书所涉及

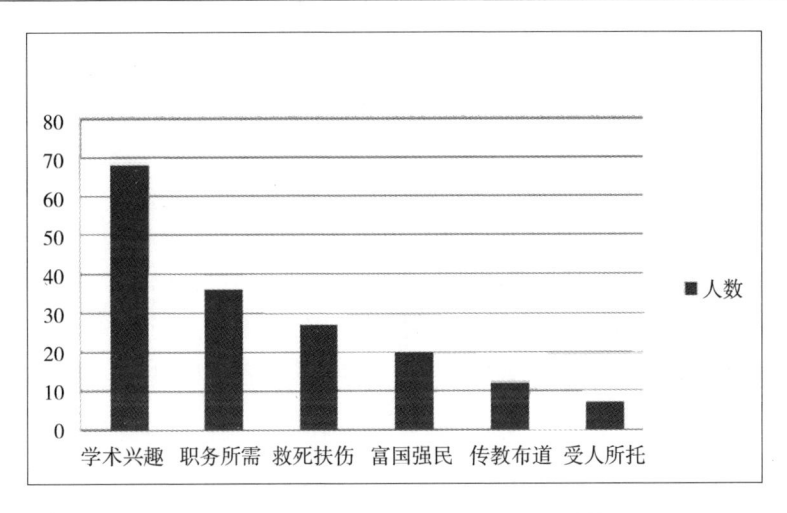

图 12—15　官方科技文献作者写作目的结构图

注：
1　根据官方科技文献作者写作目的的重复统计所得。
2　医疗传教士也有救死扶伤的目的，但鉴于其身份的使命，故在此将其纳入传教布道的范畴。

的领域逐渐扩展到数学、地理、军政、化学、物理、天文、外语等"①。据统计，湖北广雅书院（张之洞创办）收藏了大量西学图书，共计200余本。湖南岳麓书院（1903年改为湖南高等学堂）也收有可观的西学文献。上海龙门书院（由道台丁日昌于1865年在上海倡办）收藏了不少西方近代自然科学类的教科书。这些藏书成为晚清时期官方群体尤其在学院任职的群体进行科技文献创作的珍贵营养和资源。另外，晚清官方科技文献作者的资料来源较之前朝代的不同之处是较多来自于国外的文献和国外的实地考察。皆是因为晚清社会被迫打开了国门而开始与西方国家产生了更为频繁的交往事务，随之清政府的国家机构也相应作出了调整，比如设专门负责外交事务的总理各国事务衙门、开设新式学堂、创办近代企业、派遣学生出国留学、派使者出访外国等等。这些政策和措施都导致了西方先进科学技术真正大范围地涌入我国，给了晚清的科技事业参与者珍贵的参考和指导。

---

①　周郁、蔡建国：《晚清书院藏书图书馆化述论》，《高校图书馆工作》2008年第2期，第58页。

第三，作品形式内容。

晚清科技文献形式内容更加多样化，除传统形式内容外，更增加了新的近代化元素，更加灵活和进步。

首先，从作品是否作者的原创的角度来看，出现了22%的翻译著作（见图12—16），这个比例在中国历史上是空前的。晚清时期，开放的国门迎进了西方文明，在此期间，在西方传教士和国内有识之士的共同努力下，生产出一大批西方科技文献的译著，内容涉及自然科学和实用工艺的方方面面。而在翻译和出版西方科技文献著作的各个机构中，江南制造总局翻译馆以数量之众、质量之高、规模之大位列榜首。在这不得不提江南制造总局翻译馆。

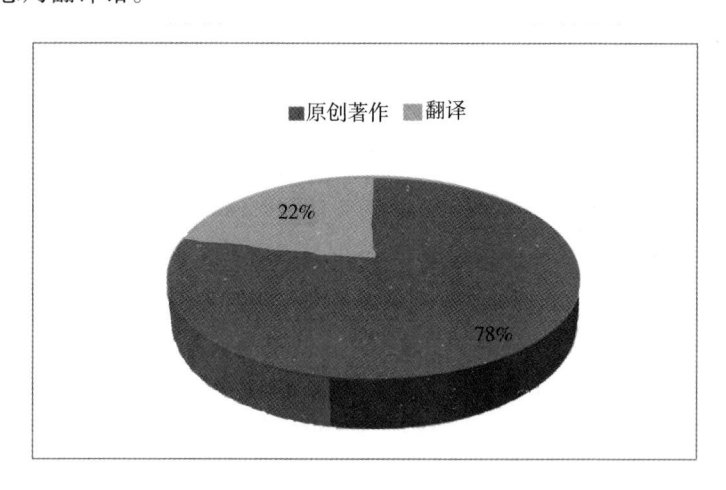

图12—16 官方科技文献作者群体作品原创性结构图

它是1868年创办，为清朝官办的翻译出版机构，简称翻译馆，附设于江南机器制造总局。翻译馆先后聘请中外学者59人参加译书，其中外国学者9人，中国学者50人。在翻译历史上还有一个著名人物起到了历史转折点的作用——严复，从他开始中国学者在译书过程中开始掌握主动权和自主选择权。翻译馆从1871年开始正式出版书籍，截止到1907年闭馆的四十余年间，共翻译西方科技文献217种，共计750本。其中比较著名的出版物有华蘅芳与玛高温合译的《地学浅释》（38卷），华蘅芳与傅兰雅合译的《代数术》（25卷），伟烈亚力、李善兰、徐建寅合译的《谈天》，等等。翻译馆所译西方科技著作不仅直接对以江南制造总局为代表

图 12—17　江南制造总局翻译馆

的洋务企业产生巨大的指导作用，更对整个晚清社会的近代化产生着巨大的推动作用。

其次，按作品内容形式可分为科技著作（综合类、专门类），工具书（汇编、图册），教科书，报刊，如图 12—18 所示。

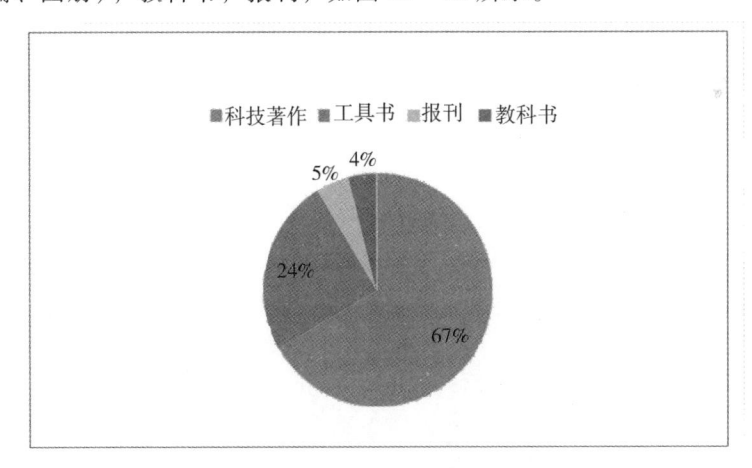

图 12—18　晚清官方科技文献作者作品形式图

（注：一些有官方身份的传教士创办的报刊也纳入了此图的统计中，在第四节有详细说明。）

科技教科书的出现是晚清社会的一大创新，它的出现是科技在社会中受到重视和尊重的表现。晚清西方传教士来华建立的教会学校和近代学堂均采用西方先进体制，教授全面的知识内容和实行科学的学制，为晚清学院的改制和进步提供了成功和成型的借鉴。而另一方面清政府也认识到在新形势下培养科技人才的重要性，因此也积极促成学院的改制，因此晚清书院逐渐摆脱科举的附庸身份，成为培养近代科技人才的重要场所。据邓洪波教授不完全统计，清末书院改制中"全国至少有1600余所书院改为各级各类学堂"[①]。面对如雨后春笋般崛起的近代书院，传授科技知识的教科书必然也随之大范围兴起。

第四，传播途径。

首先，地方官刻成绩显著。

出版科技文献成绩最显著、质量最高的当推江南制造局，译书是徐寿和华蘅芳等早期热爱科学的人士所提议的，翻译馆所译之书皆为国人自己选题，打破了之前中外合译外国人占主导地位的局面。其中傅兰雅、林乐知、金楷理都是参与翻译馆译书的重要国际友人。

表12—4　　江南制造总局翻译馆译著西方科技文献情况一览表

科目	种类	卷数	图数	本数	科目	种类	卷数	图数	本数
医学	13	91	958	63	农学	11	58	115	10
天文	5	28	159	23	史志	17	166	—	186
算学	20	128	590	59	矿学	10	80	1383	36
物理	10	38	1311	25	化学	11	85	717	73
工艺	36	96	2856	76	船政	9	11	177	21
格致	3	9	160	7	地学	4	52	1013	13

其次，官办近代教育兴起。

洋务派和维新派筹办的洋务学堂和维新学堂，如洋务派1862年的京师同文馆，后内设天文算学馆，开始具有科技教育的近代化特征。之后维新派建立的万木草堂、南洋公学、时务学堂等比之前的学堂更加进步，培养了一大批实用性的科技人才。其次，官办书院的兴起。在教会新式学校的启发下，加之国家面临的内忧外患的尴尬局面，清政府开始

---

① 张羽琼：《贵州书院史》，孔学堂书局2017年版，第279页。

积极着手学院的改制，规定新的学制，教授新的科技门类，废除旧的教育理念，注重实用性，促成了书院的转型。清政府的支持使得官办书院风靡全国，为书院工作人员和书院学生提供了宝贵的学习科技知识的财富。

二 晚清民间科技文献作者群体的创作过程与作品流传方式

第一，写作目的与资料来源。

晚清民间科技文献作者群体进行科技著作的创作目的比较清楚、明了。民间科技文献中占最大比重的是医学文献，因此写作目的中救死扶伤也就占据最多部分。但是晚清时期民间科技群体进行科技文献创作的目的有一个与时代背景相依相生的即爱国情怀、富国强兵。这是一个时代赋予的角色也是时代强加的责任。晚清社会经过洋务运动、戊戌变法以及新政，民间涌现出很大一批近代知识分子，他们不仅熟读儒学经典，而且开始掌握西方相对较为先进的科学技术知识。他们不再热衷于科考仕途，而是面对国家内忧外患的境地开始寻求通过传播科技知识来壮大国家，缩小与西方国家差距。而这些先进的具备基本西方文化素养的民间近代知识分子是西学东渐中传播和利用科技知识的重要组成部分。他们的资料来源基本都集中在民间流传书籍、私人藏书，以及亲身实践经验所得素材。他们的资料来源或许不具备官方的优势，但却更加灵活生动，以多种方式和途径给广大民间科技文献作者群体打开了一条通往探寻近代科技世界的通道。

第二，作品形式内容与传播途径。

首先，民间科技文献的形式内容多为科技专著，比如农学类和医学类文献数量较多；工具类科技文献较少。晚清时期虽然民间科技文献作者群体在数量上比较庞大，但其科技文献创作上相较与官方和宗教来说比较零散和薄弱。传统科技学科的成分较大，但是受西学的影响科技文献也有新形式的出现，如报刊和教科书。

其次，出版和传播出现了科普报刊形式。科技报纸、杂志的创办是我国晚清社会的首创，这是我国古代开始近代化历史进程在文化领域的表现。如杜亚泉创办的《亚泉杂志》是国人自己创办的最早的综合性自然科学期刊，在近代传播学上占有重要地位。

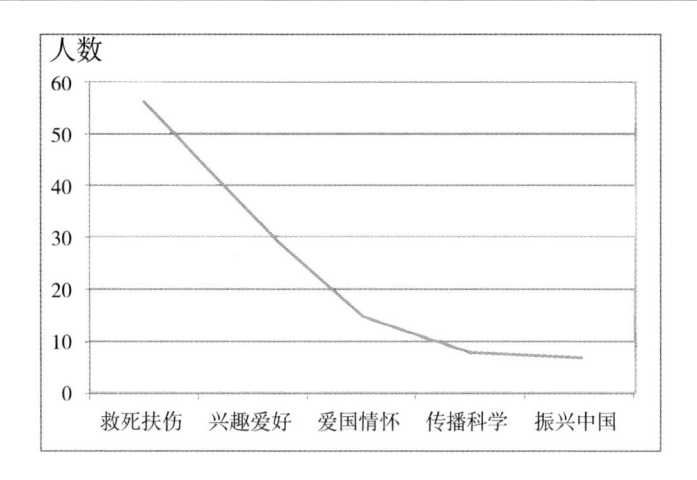

图 12—19　民间科技文献作者群体创作目的结构图

表 12—5　　　　　　　　晚清民间创办主要报刊一览表

报刊	创办时间	创办地点	创办者	备注
《算学报》	1897 年	上海	黄庆澄	月刊
《农学报》	1897 年	上海	罗振玉	半月刊，后改为旬刊
《格致新报》	1898 年	上海	朱开甲、王显理	旬刊
《亚泉杂志》	1900 年	上海	杜亚泉	半月刊，后改为月刊
《科学世界》	1903 年	上海	虞辉祖	月刊
《绍兴医学报》	1908 年	吉林	裴吉生	月刊
《地学杂志》	1910 年	北京	张相文	月刊
《中西医学报》	1910 年	上海	丁保福	月刊
《医学报》	1904 年	上海	周雪樵	半月刊

三　晚清宗教科技文献作者群体的创作过程与作品流传方式

第一，宗教科技文献作者群体创作目的。

晚清的宗教科技文献作者群体中包含极少数的国内宗教人士以及大多数的西方来华传教士，国内的进行科技文献创作的目的是源于心中的信仰去救死扶伤普度众生。而来华传教士虽也是传教布道，却始终有着扩大本国在华利益的终极目的。"科学没有宗教会导致人的自私和道德败坏；而

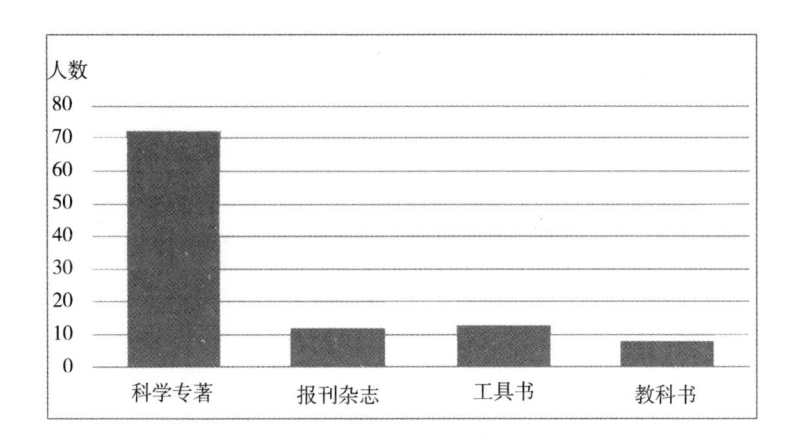

图 12—20　民间科技文献作者群体作品形式图

宗教没有科学也常常会导致人的心胸狭窄和迷信。真正的科学和真正的宗教是互不排斥的,他们像一对孪生子——从天堂来的两个天使,充满光明、生命和欢乐来祝福人类。"[1]

第二,传播途径多样化。

在晚清社会,科普类报刊的出现是一个亮点。报纸杂志这一事物的出现本就是一种进步,加之内容的科学性更值得被历史所铭记。科普类报刊的创办者主要分为传教士及教会和民间团体两大类。自1840年鸦片战争之后,清政府开始了逐渐沦为西方列强傀儡的屈辱历史。伴随一系列不平等条约的签订,西方传教活动在中国取得合法保护,因此传教活动迅速活跃和膨胀。传教士及教会创办的报刊起初是宣扬宗教教义的工具,但为了最大限度吸引受众群体,他们开始越来越多加入西学的内容,因此成为晚清社会宣传西方科技的一支不可忽视的力量。而民间群体正是在受到通过各种途径传来的西学的影响逐渐认识到国危家难,开始学习和具有基本的科学知识,为寻求富国强民而进行了一系列探索,创办科技报刊即为其中之一(详见表12—6)。晚清时期,来华传教士同样采取多样化的手段进行传教和达到政治目的。除编译书籍,传播西方科学知识外,还从事新闻出版事业、办报办刊,传播西方的人文思想,鼓吹改革。

---

[1]　方富荫译:《广学会年报(第十次)》,《出版史料》1991年第2期,第77—91页。

表12—6　　19世纪40年代至19世纪末主要教会报刊一览表

报刊	创办时间	创办地点	创办者	备注
《遐迩贯珍》	1853年	香港	麦都思、理雅各、奚礼尔	月刊
《中外新报》	1854年	宁波	玛高温	半月刊
《六合丛谈》	1857年	上海	伟烈亚力	月刊
《中外新闻七日录》	1865年	广州	湛约翰	周刊
《广州新报》	1865年	广州	嘉约翰	周刊
《中国教会新报》	1868年	上海	林乐知	周刊，后更名《万国公报》
《中西闻见录》	1872年	北京	丁韪良、艾约瑟、包尔滕	月刊
《小孩月报》	1875年	上海	范约翰	月刊
《格致汇编》	1876年	上海	傅兰雅	月刊
《益闻录》	1879年	上海	李杕	半月刊
《画图新报》	1880年	上海	范约翰	月刊
《训蒙画报》	1886年	上海	韦廉臣	不定期
《圣心报》	1887年	上海	李问渔	月刊
《万国公报》	1889年	上海	林乐知	月刊
《成童画报》	1889年	上海	墨累	月刊

第三，创办出版机构。

《望厦条约》签订后，英、美传教士相继涌入中国进行传教，他们用文字作为打开召唤信徒的第一通道，因此在中国出现了外国人的出版物。第一个在我国建立的印刷机构就是墨海书馆了。它是英国伦敦播道会成立的印刷机构，负责印刷宗教宣传书册，虽然世俗书册的出版不多，却打开了教会在中国印刷出版的窗口。期间出版过《博物新编》《内科新说》《西医略论》《全体新论》等科技文献。而我国的李善兰、王韬都曾是墨海的合作人。此外教会的出版机构还有益智书会、美华书馆等。

第四，兴办学校。

教会书院的教学内容分为三部分：宗教、汉学和西学。西学主要是包括西文、社会科学、自然科学等。上海的中西书院学制为6—8年，分一、二分院和大书院。学生入学先在分院学习两年，然后升入大书院学习四年，有成就者可自愿再学两年。该书院逐年开设的课程有：认字写字、浅解辞句；练习文法、习学西语、练习翻译；数学启蒙、各国地理；代数学、格致学基础；天文学及几何学；化学、重学（力学）、高等数学、性理；航海测量、万国公法等。

从19世纪60年代开始，一些传教士相继开设了数量可观的学校。他们也编译了一些科学书籍，作为教学用的教科书。由于可以充作教科书，所以发行量很大，影响颇广。例如《笔算数学》（美国人狄考文和中国邹立文所编）在1892—1902年之间就重印了32次。此外还有《代数备旨》（1891），《形学备旨》即几何学（1885）、《八线备旨》即平面三角（1894）、《代形合参》即解析几何学（1893）等书也都非常流行。

表12—7　　　　　　晚清传教士编译科学书籍情况一览表

门类	已刊成	已译出
算学测量	22	2
汽车	7	3
化学	5	1
地理	8	—
地质	5	—
天文航海	9	3
博物	6	4
医	2	1
工艺	13	9
造船		3

有人进行过统计,[①] 自咸丰三年（1853）到宣统三年（1911）近60年间，共有468部西方科学著作被翻译成中文出版。这些出版物可分为六大类，如表12—8所示。

表12—8　　　　　1853至1911年西书翻译情况统计表

类别	数量（部）	类别	数量（部）
总论及杂著	44	天文气象	12
数学	164	理化	98
博物	92	地理	58

第五节　总结与分析

一　晚清三大科技文献作者群体的基本特点

晚清是我国社会封建社会的末期同时也是步入近代化的初期，这一时期国家政治结构、社会生活碰撞较为激烈。为了履行特殊历史时期的社会使命，官方人士付出了很多力量和努力。

第一，官方科技文献作者群体的基本特点——变革。

首先，从群体组成来看，比重依然是最大的，其中包含了一定数量的幕僚群体和外来传教士，这是晚清这一特定历史时期所独有的现象。晚清时期地方督抚势力逐渐膨胀，幕僚集团也得以发展，尤以洋务派幕僚力量最为殷实。鸦片战争使得清政府的软弱无能暴露无遗。因此在日后的外交中清政府将更多的职权授予崛起的汉族地主阶级为主的地方督抚。在处理日常事务中这些督抚聘用有才识的幕僚为自己所用。

其次，从知识积累上来看，官方科技文献作者群体主体仍是科举教育培养出的"士"。在我国古代社会中，教育与科举似乎一直是孪生姐妹。教育一直是为培养科举人才。

最后，从创作过程和流传方式来看，具有一定的复杂性。晚清时期科技文献的创作不仅仅是进行学术研究，而更在时代背景下加入了国恨家仇

[①] 汪建平、闻人军：《中国科学技术史纲修订版》，武汉大学出版社2012年版，第509页。

的忧思和富国强民的憧憬。

第二，民间科技文献作者群体的基本特点——崛起。

首先，从民间科技文献作者的群体组成来看，接受了新型教育和弃科举仕途而投身科学研究的占很大比重。在这民间接受新式教育的多为教会学校或官办学堂。而面对国家内忧外患的境遇，科举仕途已经挣扎在生死边缘。

其次，从创作过程和流传形式来看，兴趣爱好是决定其从事某门学科创作的首要因素。其次受鸦片战争影响，社会文明开化程度加深，由于接受了西方文明的沐浴，开始有不少人为富国强民而进行科学研究和传播。

第三，宗教科技文献作者群体的基本特点——助推。

从宗教科技文献作者群体的组成来看，其数量达到各历史时期之最，其中还有不少进入清政府国家机构中工作，同时构成官科技群体中的一部分。从知识积累来看，宗教科技文献作者普遍受到良好的高等教育。从创作过程和流传形式来看，绝大多数通过各种手段和方式达到传教布道的初衷。而流传方式包括官刻、教会创办出版机构的出版发行以及教会学校的应用。

二 晚清三大科技文献作者群体比较分析

从统计数据和分析来看，科技文献三大作者群体各自具有不同特点和力量，都为晚清科技事业的发展作出了一定贡献。

第一，三大群体并非此消彼长而是共同繁荣。

民间科技文献作者群体明显壮大但依旧没有压过官方的优势地位。但已经打破官方对科技的绝对垄断局面。科技文献作者群体的数量对比来看，中国古代的官科技局面发生转变，变为官方、民间、宗教三者相辅相成，共同促进了晚清科技的发展进步。鸦片战争失败后，许多有识之士以及满清政府意识到西方船坚炮利的重要性，开始有意识地接受和学习西方科学技术，关于这些问题以往研究较多，这也确实是当时传播西方科学的主要原因之一。但是我们也应该看到，根据文化传播学的规律，只有势能高的文化要素才能传播到低的空间，且具有较大的动能和效应。因为文化传播不是靠武力能解决的，文化场是无形而客观的，是长时间发挥作用的。征服者可以占领土地、财富等有形的东西，但如果文化场没有优势也不可能让异邦接受自己的文化，历史上"征服者被征服"例子并不少见。西方传教士也意识到基督教与儒家文化相比并无绝对优势可言，那么要想在中国传播基督教义就必须依赖高端文化元素，即中国人认可的西方科学技术作为重要内容。另外也有一些外国使者如傅兰雅等是真正意识到中国落后，真心帮助中国传播西方科学。这样就形成了晚清时期洋务派、西方传教士及各色人等共同投身中国科学传播的情景。一句话概括就是官方在变革，民间在崛起，宗教在涌入。

第二，三大群体都有深刻的时代烙印。

晚清社会官方和民间都出现了新的科技文献形式和内容。而在传播上三大群体都尝试了更为灵活又生命力的方式，如开展新式教育和创办近代报刊和出版印刷机构。官方科技文献作者群体已经积极游走在探索新式企业、工厂的富国强兵之道，并为了这个目标的更早实现开始着手培养新式科技人才。洋务派的京师大学堂和江南制造总局翻译馆是官方科技事业上的航标。西方传教士来华为了深入进行传教和征服，从教育入手、从传播西学入手，起到很好作用，同时也为清政府学院的近代化改制提供了借鉴意义。在科技文献内容上不仅出现了大量自然科学知识，更有科学小说等新颖的形式相继登上了文化舞台，形成了较为活跃的科技文化交流局面。这是晚清特殊的社会性质和近代化的历史趋势所造就的。

三　晚清历史特点对科技文献作者群体的影响

从上文科技文献作者群体的状况分析可得出晚清时期科技和社会最显著的三点进步。这三点社会进步之处与三大群体互相影响互相促进，形成了一个良性循环体系。

第一，科学摆脱了儒家经学的束缚。

在我国两千多年的封建君主专制国家里，儒学经学一直霸占着整个学术的范畴。而涉及科学的知识仅仅是其边缘化的存在，尚未形成独立的学科而被统治者和社会所重视。鸦片战争之后，西方坚船利炮打开了中国闭关的国门，西学大量涌入。全中国都第一次这么清晰、震撼地感触到科学的力量。于是开明的地主官僚阶级开始"睁眼看世界"，开始"师夷长技以制夷"的洋务运动，开企业工厂、办新式学堂、创翻译西书机构等。

西方传教士来华传教，也开办了西式学校、也办起了科普报纸杂志、也成立教会出版机构，这些措施正面促进了官方和民间科技文献作者的创作，从资料从知识从意识都提供了支撑。

第二，教育摆脱了科举的束缚。

在我国封建社会中，教育一直是科举的附庸，是为培养科举人才而进行的。古代社会自明清以来，国家的教育体系就形成了官方占主导地位的性质。清代的教育机构设各种官学。中央有国子监、八旗官学等，各省有府、州、县学，考试层层递进、选拔步步高升。这是古代民间子弟步入上层统治阶级的唯一途径，四书五经等儒家经典的考察禁锢了他们的思维和创造力。而晚清西学的传播和引进给了中国当头一棒，意识到实用科学的必要性。于是，在官员和近代知识分子中有了越来越强烈的废科举的呼声，终于，在1905年清政府宣布正式废除科举取士制度。从此之后，知识的吸纳和学习彻底摆脱了科举的桎梏，更为灵活和具有时代进步性，为一个时代的科技发展提供了沃土。

第三，民众摆脱了封建统治阶级的束缚。

当愚昧无知主宰头脑的时候，人们往往是被控制和愚弄的。而文化的灌输、眼界的打开才能使人开始作为一个有独立思考的个体。晚清社会的西学东渐，近代科技知识的传入使人们渐渐摆脱了蒙昧，初步具备了近代知识分子的性质。进而他们从一个被迫接受西学的群体逐步转变为主动学习和借鉴西学的全体，并从科技被动的受众转化为积极的传播者。科技的进步永远植根于社会的需要和内在的探索动力。科技活动是一个需要创新的社会活动，只有当民众的大脑彻底解放于统治者的落后腐朽的控制，才会有广阔的思考和探索的空间和欲望。

晚清的科技传播实际上是由三方力量所共同推动的，即外国教会组织、官方组织和民间组织。由于外国教会组织控制着众多的教会学堂，并不在晚清政府的控制之下。明显的，晚清时期一直存在着教会和官方两套系统，同时还存在着大量的民间科技传播机构。

清代科技文献给后人一个很重要的启示，即科技无国界，科技发展依赖于开放的环境。清朝国门开启和关闭的过程，雄辩地说明：国门小开，科技小有进步；国门关闭，科技发展缓慢以至停滞；国门被迫打开，则社会稳定虽受严重破坏，但科技必然是获得极大的发展机遇。同时提醒我们一个国家的科技进步得益于对官方力量的支持、对民间力量的鼓励、对宗教力量的引导，这才是一个健康而具有源源不断生命力的科技工作者生态体系。

中国古代科技文献作者统计表

姓名	生卒年（朝代）	籍贯	社会身份 家庭、教育背景 资料来源	主要作品及内容	作品流传途径	写作目的
巫史	商（先秦）	商王室	官员 官学、科技活动 科技档案、官方资料	甲骨科技档案 包括农、牧业、天文历法、气象、医药、手工业技术、数学等多方面内容	考古出土	本职工作需要
管仲	公元前719—公元前645（先秦）	齐国	上卿 没落贵族、不详 档案、官方资料	《管子·度地》《管子·水地》《管子·地员》涉及农业知识	后人辑集而成，《管子》一书在西汉之前就广为流传，及至六朝时期，该书隐而不现，残缺较乱，未有整理者，唐初已无完整本。杨忱本、尹知章整理注释，方显现于世。《管子补注》潜道墨宝堂刊本、刘绩《管子补注》本系统和赵用贤《管韩合刻》本系统	著书立说
孔丘	公元前551—公元前479（先秦）	鲁国	曾为鲁国官员 没落贵族、不详 档案、官方资料	《春秋》鲁国的编年史，其中包含天文观测记录	《春秋》最初原文有16000多字。因文字过于简质，所以诠释之作相继出现《春秋公羊传》《春秋谷梁传》《春秋左氏传》其中《春秋三传》，列入儒家经典。现原文一般合编人《左传》作为"经"，新增内容作为"传"	著书立说
墨翟	公元前468—公元前376（先秦）	宋国	曾任宋大夫 贵族后裔，曾师子儒者 档案、典籍	《墨经》包含了力学、光学、几何学、工程技术知识和现代物理学、数学等方面的知识	后人辑集而成，战国时期，墨家为显学也得以广泛流传，及至秦汉时期，随着墨家学派的衰落，该书的流传也受到限制。现存的主要版本有先秦竹简本（已残）、唐魏征节录本、明嘉藏本、明嘉靖本、清经训堂本	著书立说

续表

姓名	生卒年（朝代）	籍贯	社会身份 家庭、教育背景 资料来源	主要作品及内容	作品流传途径	写作目的
扁鹊	公元前407—公元前310（先秦）	渤海郡	医生 师从名医长桑君 从医经验、医学典籍	《难经》全书所述以基础理论为主，还分析了一些病证，继承并丰富了《黄帝内经》的理论	现存较早的版本有明经厂刻医要集览本、日本武村市兵卫刻末《黄帝八十一难》集注本等	著书立说，传播思想
许行	公元前372—公元前289（先秦）	楚国 后至滕国	平民 不详 档案、典籍	《神农》	《汉书·艺文志》著录《神农》20篇，已亡佚	著书立说，传播思想
宋钘	公元前370—公元前291（先秦）	宋国人 后至齐国	稷下先生 游学稷下学宫 诸子典籍、档案	《心术》涉及医学知识	收录于《管子》	著书立说
尹文	公元前360—公元前280（先秦）	齐国	稷下先生 游学稷下学宫 诸子典籍、档案	《内业》涉及医学知识	收录于《管子》	著书立说
荀况	公元前313—公元前238（先秦）	赵国人 后至齐国	稷下先生 贵族后裔，游学稷下学宫 档案、诸子典籍	《荀子》记录了荀子在哲学、逻辑学、伦理、政治、经济、军事、教育、科学、文学、艺术等各方面的研究成果	西汉刘向校定三十二篇本系统，北宋熙宁国子监刊本系统，十二卷本系统，明许宗鲁《六子书》本系统、明世德堂刊《六子书》本系统，清谢墉刻本系统等	著书立说

续表

姓名	生卒年（朝代）	籍贯	社会身份 家庭、教育背景 资料来源	主要作品及内容	作品流传途径	写作目的
吕不韦	公元前292—前235（先秦）	卫国人 后至秦国	丞相 不详 档案、诸子典籍	《吕氏春秋·上农》《吕氏春秋·任地》《吕氏春秋·辩土》《吕氏春秋·审时》涉及农业知识	经手抄、刊刻、影印等流传至今，主要注本有毕沅本、卢植本、高诱本	著书立说
集体创作	春秋战国（先秦）	齐国	官员，稷下先生 不详 科技档案、科技活动经验	《考工记》记述官营手工业各工种规范和制造工艺	今本《考工记》，是《周礼》的一部分。西汉初因《周礼·冬官》散失，遂以《考工记》作补，从而保存在《周礼》中传世	本职工作需要
集体创作	春秋战国（先秦）	不详	医家和学者	《内经》从阴阳、脏腑、经络、治则、针灸、按摩、诊疾病、摄生等方面，对人体的生理活动、病理变化以及诊断治疗方法作了较为全面而系统的记述	《黄帝内经》分为《素问》和《灵枢》两部分流传至今。其在隋朝时期的合本由杨上善整理为《黄帝内经太素》。唐代王冰次注的二十四卷本《素问》是现存最早，又经北宋末年医书局校正医书史崧改编的二十四卷本《灵枢》版本。南宋史崧校改编的二十四卷本《灵枢》是现存最早和唯一行世的《灵枢》版本	总结工作经验
石申	战国（先秦）	魏国	天文官 官学 天文档案	《天文》天文的观测记录	原著已散佚，后人将其与《天文》合为一部，即《甘石星经》	本职工作需要
甘德	战国（先秦）	楚国	天文官 官学 天文档案	《天文星占》天文的观测记录	原著已散佚，后人将其与《天文》合为一部，即《甘石星经》	本职工作需要
不详	战国（先秦）	中山	官员	铜版兆域图，茔域平面图。我国目前已发现最早的建筑平面规划图	河北平山县中山国古墓出土	本职工作需要

续表

姓名	生卒年（朝代）	籍贯	社会身份 家庭、教育背景 资料来源	主要作品及内容	作品流传途径	写作目的
不详	战国（先秦）	秦国	官员	秦国木板地图	甘肃天水放马滩战国秦墓出土	本职工作需要
集体创作	先秦	不详	档案等文献材料	《山海经》内容主要是民间传说中的地理知识，包括山川、道里、民族、物产、药物、祭祀、巫医等	《汉书·艺文志》著录十三篇，并将其列为"形法"类之首。但传世本不到三万二千字，包括《山经》和《海经》两大部分。内容仅列为"数术略"中"形法"类之首，内容早佚	不详
集体创作	先秦	不详	档案等文献材料及生产实践经验	《夏小正》由经和传两部分组成，全文共四百多字。它的内容是按一年十二个月的内容是按一年十二个月分别记载每月的物候、气象、星象和有关重大政事，是生产方面的大事	原为《大戴礼记》中的第 47 篇。唐末时散佚（而大戴礼记也有一半同时散佚）。卿著《夏小正传》把当时所藏之两个版本《夏小正》文稿汇集而成	不详
黄石公	公元前 292—公元前 195（秦汉）	下邳（今江苏睢宁古邳镇）	宗教著作者 无法考证 据传黄石公是秦始皇父亲的重臣，姓魏名徹，轮到魏始皇庄襄王死后，他独断专行，推行朝当政，魏徹便挂冠归隐，离开朝廷	军事科技著作《素书》是我国古代流传下来的一部特点鲜明、疑问颇多的兵学著作 军事科技著作《三略》亦称《黄石公三略》，是中国古代的一部著名兵书，被列为《武经七书》之一	至宋代以后，《黄石公素书》在多种古籍中均有著录。《黄石公素书》的版本，以明、清两代刊印的为多 南宋孝宗、光宗年间刻《武经七书》本；明末影刻《武经七书》本；1935 年中华学艺社影印宋刻《武经七书》本；丁氏八千卷楼藏刘寅《武经七书直解》影印本	个人爱好

续表

姓名	生卒年（朝代）	籍贯	社会身份 家庭、教育背景 资料来源	主要作品及内容	作品流传逸名	写作目的
张苍	公元前256—公元前152（西汉）	阳武县富宁乡集村大夫寨（今河南省原阳县）	官员—丞相 张苍是阳武人，他非常喜欢图书、乐律及历法。在秦朝时，他曾担任过御史，掌管宫中的各种文书档案。参阅宫内官方藏书	数学科技著作 校正《九章算术》 全书分为九章，解决实际问题是全书的主旨。各章根据需要按类纂集，题数多少不等，少则18题，多的达46题，全书共246题	成书时间不明，大约为西汉末到东汉初之间。做过校注的有：西汉张苍增订、删朴；三国时曹魏刘徽注；唐李淳风注等。20世纪80年代以来，李继闵、郭书春等都有校注本出版今人白尚恕	与本职工作间接相关
刘安	公元前179—公元前122（西汉）	安徽省淮南	皇室成员—淮南王 官宦世家 "淮南王安，好书鼓琴，善为文辞，好读书属文，刘安才思敏捷，乐于名誉。"众人集思广益	综合科技著作 《淮南子》（又名《淮南鸿烈》、《刘安子》），西汉皇族淮南王刘安及其门客集体编写的一部汉族哲学著作，道家、历史、哲学等社会科学，也有天文地理、生理等自然科学，还有美学、音律等等，带有"百科全书"的性质	《淮南子》原书内篇二十一卷，中篇八卷，外篇三十三卷，大多对内篇进行删减后再出版，现今存世的只有内篇，通行本为二十一卷；明正统《道藏》本将《原道》《俶真》《天文》《地形》《时则》《泛论》分为上下卷而成二十八卷本	与本职工作间接相关

续表

姓名	生卒年（朝代）	籍贯	社会身份 家庭、教育背景 资料来源	主要作品及内容	作品流传途径	写作目的
落下闳	公元前156—公元前87（西汉）	巴郡阆中（今四川阆中）	普通百姓 平民家庭 文翁兴学（公元前141年）之前15年，落下闳便出生于巴郡阆中（今四川阆中），他正值"十五而志于学"的年龄，就遇上了"巴"汉亦文学"。故可以推断落下闳的青少年时代，是在一个西汉大兴教育的时代，他必然直接或间接受到"文翁兴学"的影响。参阅官方藏书	天文学工具书《太初历》是中国古代第一部比较完整的汉族历法，也是当时世界上最先进的历法。其法规定一回归年为一年，一朔望月为 $\frac{43}{81}$ 日。以夏历的正月为岁首。《太初历》第一次把二十四节气编入历法，以还首次记录了五星运行的周期，月份为闰月。它运行了188年	原著已失传。西汉末年，刘歆基本采用了太初历的数据，将太初历改为三统历，并改入《汉书·律历志》中，一直流传至今	奉命编制历法

续表

姓名	生卒年（朝代）	籍贯	社会身份 家庭、教育背景 资料来源	主要作品及内容	作品流传途径	写作目的
司马迁	公元前145—公元前90（西汉）	夏阳（今陕西韩城南）	官员—太史令 官宦世家 年幼的司马迁在父亲司马谈的指导下习字读书，十岁时已能阅读诵习古文《尚书》《左传》《国语》《系本》等书。精通年长之后，司马迁离开了龙门故乡，来到京城父亲的身边。此时司马谈已学有小成，司马谈便指示司马迁遍访河山去搜集遗闻古事，同岁开始游历天下。二十岁时遇访河山去搜集遗闻古事，同岁开始游历天下。	综合性科技著作（含天文、水利工程知识）《史记》是由西汉时期的司马迁编写的中国历史上第一部纪传体通史，记载了从黄帝到汉武帝太初年间三千多年的历史。《史记·河渠书》主要记载人们治河治水活动。全篇分为三部分。《史记·天官书》系统、全面的天文学专著。内容大体可分作七章：一为经星，分二十八宿等恒星；二为纬三垣；三为云气；四为五星，记木、火、土、金、水五行星；五为日与岁星；六为候岁；七是总论。前二章是记述的重点，第三章对日、月的记述最为简略，日只讲了晕，虹与日食，偏重于占卜。	《史记》版本大致分出4系。第一系，为宋刻十本。第二系，约有4种，分别为南宋绍兴年间杭州十四行刊本；南宋孝宗年间建阳刊本；南宋绍兴年间淮阳刊本；南宋中秦刊十二行本中秦刊十二行本中秦秦刊九行本。第三系，为集解索隐二家注本，现存司马南宋淳熙二年张杆刻本，一种则是南宋淳熙八年耿秉重刻张杆本。第四系，为集解索隐正义三家注本，现存最早是南宋乾道七年蔡梦弼刻二家注本，此后又分为2支	奉命编写史书

续表

姓名	生卒年（朝代）	籍贯	社会身份 家庭、教育背景 资料来源	主要作品及内容	作品流传途径	写作目的
刘歆	公元前50—公元23（西汉）	沛（今江苏沛县）	官员—黄门郎 官宦世家 刘歆少年时通习今文《诗》《书》和《谷梁春秋》，后又治古文《易》经学，善属文，为汉成帝召见，待诏宦者署，为黄门郎。汉成帝河平三年（公元前26年），受诏与其父刘向领校"中秘书"（内秘府藏图书），协助校理图书。参阅官方藏书	天文学工具书《三统历》 刘歆在《太初历》基础上，引入董仲舒天道循环的"三统说"思想，整理形成三统历。《三统历》不仅系统阐述了邓平的八十一分法，而且朴充了很多原来天文简略的天文知识和上古以来天文文献的考证，为《汉书·律历志》历法部分的蓝本	不详	与本职工作直接相关
桓宽	生卒年不详（西汉）	汝南郡（今河南上蔡南）	官员—侍郎 无法考证 宣帝时举为郎，后至庐江太守丞。其知识广博，善为文。会议记录	工具书（档案汇编）《盐铁论》根据昭帝始元六年召开的盐铁会议文件写成的政论性散文集，是我国历史上第一部有关盐铁问题的结构严整、体制统一的专著	明以前《盐铁论》一书最早见于班固的《汉书·艺文志》。明清时代的《盐铁论》但现在未本基本上是看不到的，明代有涂帧覆末刻本、张之象注本等	与本职工作直接相关
氾胜之	生卒年不详（西汉末期）	氾水（今山东省菏泽市曹县北）	官员—议郎 平民家庭 氾胜之出生在一个农民家庭，自幼对农作物生长和栽培技术，自然兴趣很高，注意搜集、总结了乡农民的生产经验，积累了丰富的农业知识	农学科技著作《氾胜之书》记载总结了关中地区提高单位面积产量的"区种法"等经验和发明创造，总结了农业生产各个基本环节的理论和农业技术问题，及十多种农作物的栽培法，奠定了我国古代农书传统的作物栽培各论的基础	原本已散失，北魏贾思勰《齐民要术》多所徵引，现流传作为辑佚本，今人石声汉撰有《氾胜之书今释》、万国鼎撰有《氾胜之书辑释》	与本职工作直接相关

中国古代科技文献作者统计表

465

续表

姓名	生卒年（朝代）	籍贯	社会身份 家庭、教育背景 资料来源	主要作品及内容	作品流传途径	写作目的
王充	27—97（东汉）	会稽上虞人（今属浙江）	官员—太守、都尉 官宦世家 王充幼时"为儿童游戏，不好狎侮，父诵奇之。七岁教书，八岁出于书馆……"。年轻时游学洛阳太学，师事班彪。在中原获得的教育对他的一生有重大影响。远接先秦名法家之遗绪，近承司马迁、扬雄、桓谭等人的叛逆精神，将中原学术引入浙东。参阅洛阳私家藏书	综合性科技著作（含物理知识）《论衡》 以著书立说的形式与"天人感应"的神学目的论和谶纬迷信进行了针锋相对的斗争，建立了一个反正统的唯物主义的思想体系。在这一斗争过程中，王充所应用的科学武器涉及天文气象、地理、生物、医学、冶金等领域，全书尽管有些简洁分析王充科技用数学计算定量反映出王充科技观谬误，全书依然广博杂、东汉前期科技水平和发展趋势	全书共三十卷，原有八十五卷，其中《招致》篇已佚，现存八十四篇	个人爱好
王景	30—85（东汉）	乐浪郡邯（今朝鲜平壤西北）	官员—司空属官、庐江太守等 科技家庭 受家庭影响，王景少年时期就开始学习《周易》，并博览群书，特别喜欢天文数术之学。他多才多艺，为著名的水利工程专家。经验总结	农学科技著作《蚕织法》 不详	此书未见历代书目著录，但《续修庐洲府志·名宦志》等有所记录	个人爱好、职务相关（任太守、教民蚕织）

续表

姓名	生卒年（朝代）	籍贯	社会身份家庭、教育背景资料来源	主要作品及内容	作品流传途径	写作目的
班固	32—92（东汉）	扶风安陵（今陕西咸阳东北）	官员—校书郎官宦出身儒学世家，其父班彪，伯父班嗣，皆为当时著名学者。在父祖的熏陶下，班固九岁即能属文，通诗赋，十六岁入太学，博览群书，于儒家经典及历史无不精通。参阅官私藏书	综合性科技著作《汉书》又称《前汉书》，是中国第一部纪传体断代史，"二十四史"之一。其中最著名的科技文献是《汉书·地理志》，由三部分组成，但第一部分和第三部分后世转录前人的作品；第二部分才是班固自创作，以记述疆域政区的建置为主，为地理学著述开创了一种新的体制，即疆域地理志	《汉书》的版本很多，唐朝以前的版本多已佚失。清朝乾隆年间，武英殿刊印了"殿本"，又称"武英殿本"；民国时期，商务印书馆刊印的"百衲本"，系影印北宋时期的"景佑本"而成，其中很少错误，是《汉书》的善本（共十二册）；1962年，中华书局出版的标点铅印本，是经过了专家学者的精校，又为之标点，便，是如今的通行本	奉命编写史书
张衡	78—139（东汉）	南阳西鄂（今河南南阳市石桥镇）	官员—太史令官宦世家张衡自小便有文学天赋，聪敏而好学不倦，曾游学三辅，"贯五经，通六艺"。数据统计和经验总结	天文学科技著作《灵宪》在书中张衡集当时宇宙观之大成，系统的总结了前人关于宇宙生成与演化的思想，由道家"有生于无"的观点出发，利用元气学说，阐述了天地万物的生成、变化和发展过程。他还解释了五星视运动或快或慢的现象	梁代刘昭在注《续汉书·天文志》时把它录了进去，得以流传，今仅存辑本	与本职工作直接相关

续表

姓名	生卒年（朝代）	籍贯	社会身份 家庭、教育背景 资料来源	主要作品及内容	作品流传途径	写作目的
崔寔	103—170（东汉）	涿郡安平（今河北安平）	官员—尚书 官宦世家 祖父崔骃，为东汉著名文学家，与班固、傅毅同时齐名。父亲崔瑗，书法家，对天文历法和京房易传等术数也有所研究，与扶风马融、南阳张衡"特相友好"。崔寔青年时代性格内向，爱读书。 工作记录	农学科技著作 《四民月令》 开农家月令之先，是我国古代农书系统中别有影响的一部。反映的是东汉时期的地主庄园经济	《四民月令》原书全貌现不得而知。原书可能在汉末元战乱时已散佚。现存部分，《齐民要术》征引颇多，但有割裂分散之嫌。解放后，经石声汉先生整理的《四民月令校注》是一个较好的本子	与本职工作直接相关
刘洪	129—210（东汉）	泰山郡蒙阴县（今山东省临沂市蒙阴县）	官员—郎中 官宦世家 他自幼聪慧好学，博览六艺群书，学识渊博，尤精于天文、历法；在年轻时即踏入仕途应太史令征召赴京城洛阳，后迁授郎中，后迁常山国长史。 经验总结	天文学工具书 《乾象历》 是三国魏晋时代的重要历法之一，而且有很多的创新，从该历可以看出我国古代历法不断发展前进的过程，是我国古历中的优良历法之一	《乾象历》成书之后至"建安元年（公元196年）"郑康成爱其法……注释焉"这是第一次对本历做的工作，之后版本多为校正版本	与本职工作直接相关

续表

姓名	生卒年（朝代）	籍贯	社会身份 家庭、教育背景 资料来源	主要作品及内容	作品流传途径	写作目的
张仲景	150—219（东汉）	河南省南阳	普通百姓 官宦世家 张仲景出生在没落的官僚家庭，其父亲张宗汉是个读书人，在朝廷做官。由于家庭的特殊条件，使他从小有机会接触到许多典籍。他也笃实好学，博览群书，并且酷爱医学。10岁左右时，就拜同郡医生张伯祖为师，学习医术。 个人行医经验总结	医学科技著作 《伤寒杂病论》 从伤寒和杂病的各类病症中，总结出多种治疗大法。后人把其中的主体整理成《伤寒论》，专门论述伤寒一类急性病；又把杂病部分析出，改名为《金匮要略》，以论述内科、外科、妇科等病为主要内容	晋传本《金匮玉函经》是由西晋太医令王叔和撰次的《伤寒杂病论》中伤寒部分的内容。隋唐传本有《诸病源候论》《备急千金要方》《千金翼方》《外台秘要方》等。宋传本《太平圣惠方》。其他版本有松本《伤寒论》《金匮要略方论》，敦煌本《伤寒病论》白云阁本《伤寒杂病论》，日本国康平本《伤寒论》残卷	与本职工作直接相关
王逸	生卒年不详（东汉）	南郡宜城（今湖北襄阳宜城）	官员一太守 无法考证 王逸字叔师，南郡宜城人也。元初中，举上计吏，为校书郎。顺帝时，为侍中。其所著《楚辞章句》行于世。所作《赋》《诔》《书》《论》及杂文凡二十一篇，又作《汉诗》百二十三篇。 经验总结	地理学工具书 《广陵郡图经》 古代扬州最早的郡志	王逸此书已佚，清代以前无著录，清人侯康《补后汉书艺文志》，顾怀三《补后汉书艺文志》，曾朴《补后汉书艺文志并考》，章宗源《隋书经籍志考证》无任何考证	与本职工作间接相关

中国古代科技文献作者统计表

续表

姓名	生卒年（朝代）	籍贯	社会身份、家庭、教育背景、资料来源	主要作品及内容	作品流传途径	写作目的
贾思勰	北魏	山东益都（寿光市）	出生在书香门第世家，祖上很重视农业生产技术知识的学习和研究，当过高阳太守，注意总结农业生产经验，经营农牧业活动	《齐民要术》总结了以熟土和防旱保墒为目的的耕作技术体系，简述了轮作、种植绿肥、选育良种、中耕管理等项技术措施，又对林、牧、副、渔业作了很好的概括	北宋时期由崇文院正式刊印，在南宋时第一次重刻，其后刻本大都以"崇文院刻本"为底本	与职业直接相关
宗懔	499—563（南朝梁）	湖北荆州	与湘东王萧绎交好，开始了其仕途生涯，搜集资料，总结而成	《荆楚岁时记》专门记载古代岁时节令	一书很早就流传到国外，尤其是深受中国文化影响的东亚诸国	与职业间接相关
王叔和	201—280（西晋）	山东省徽山县	门阀士族后代，医学专业书籍，及长学医，精于内科，行医济世，临床实践	《脉经》公元三世纪前中国脉学知识的总结	广西漕司本衍化出的龙兴系统系列刊本；何大任刊本衍化出的何氏系统系列刊本	与职业直接相关
葛洪	284—364（东晋）	江苏句容	出身低级士族，受家学影响大，行医、游历的过程中收集和筛选出来的，他特地挑选了一些比较容易买到的药物，即使必须花钱买也很便宜，改变了以前的救急药方不易懂、药物难找、价钱昂贵的弊病	《肘后备急方》其治疗方法：临床常见急病及抱朴子外篇：论述金丹和仙药的制作方法及应用	元至正间翻刻本及明、清年间版本共十种	与职业直接相关

469

续表

姓名	生卒年（朝代）	籍贯	社会身份、家庭、教育背景、资料来源	主要作品及内容	作品流传途径	写作目的
刘涓子	370—450（南朝末）	江苏镇江京口区	随军医生总结行医经验基础上写成的	《刘涓子鬼遗方》外症痈疽及金疮方面的专著	①南齐·龚庆宣整理宋刻五卷本；②《刘涓子治痈神仙遗论》一卷本；③新疆吐鲁番出土《刘涓子方》残叶二纸	与职业直接相关
陶弘景	456—536（南朝梁）	江苏南京人	诸王侍读—左卫殿中将军—奉朝请博学多识，读书遍万卷，于六经诸子史传无所不通。17岁时便与江学文、褚炫、刘俟等为宋朝四友	《名医别录》两汉魏晋以来名医常用药物《神农本草经》；药物新用途本草经集注：对《神农本草经》的注解及365中《名医副品》所载药物的集成	已佚，现仅存敦煌石室所藏的残本，原书的主要内容，可见《证类本草》和《本草纲目》	学术追求
皇甫谧	215—282（曹魏—西晋）	甘肃灵台县	太医家父早亡，行医经验总结	《针灸甲乙经》对前世医学著作中针灸穴位的科学归类整理及系统介绍	最早刊本属北宋初期版本，现存版本均系由宋本衍化而来	与职业直接相关
杜预	222—285（西晋）	陕西西安	曹魏官僚政府中的高级官僚家庭，历官尚书郎、河南尹、度支尚书、镇南大将军、当阳县侯，官至司隶校尉。任职统帅与关键幕僚，接触重要情报	《春秋盟会图》反映春秋时代各诸侯国都邑、盟会的一部历史地图	已佚	国家战争管理需要

中国古代科技文献作者统计表　　471

续表

姓名	生卒年（朝代）	籍贯	社会身份家庭、教育背景资料来源	主要作品及内容	作品流传途径	写作目的
谢庄	421—466（南朝宋）	河南太康县	祖父是谢思，武昌太守，父亲是谢密，是南朝宋文帝时的大臣，他的父亲也是个品行高尚的人，虽然富足，但是生活清廉简约，谢庄本人也7岁时就表现出了极高的天赋。20岁入仕，官至中书令，加金紫光禄大夫为官接触的资料	《木方丈图》南朝宋地形模型	已佚	个人爱好
裴秀	224—271（曹魏—西晋）	山西闻喜县	出身著名的大族"河东裴氏"，表秀自幼便好学，有风度和良好的品德，八岁时就会写文章	《禹贡地域图》历史地图	已佚	国家战争管理需要
常璩	291—361（西晋—成汉—东晋）	四川成都市崇州市三江镇	江原常氏为蜀中大族，族人大多研究学艺，喜爱撰写文章。做过散骑常侍，官不得志，专注修史志	《华阳国志》记述古代中国西南地区地方历史、地理、人物等的地方志	宋代之前，多被引用；辑入《太平御览》《太平广记》等，并出现刻本	与职业间接相关
陆澄	425—494（南朝齐）	江苏苏州	起家太学博士。守丧始初，为尚书殿中郎，后转给事中，秘书监，资料来源与实际不详	《地理书》北魏首都洛阳佛寺兴衰	明代如隐堂本和吴琯《古今逸史》本两大系统	与职业间接相关

续表

姓名	生卒年（朝代）	籍贯	社会身份 家庭、教育背景 资料来源	主要作品及内容	作品流传途径	写作目的
张华	232—300（西晋）	河北固安	年轻时便多才多艺，受到时人赞赏。在曹魏历任太常博士、河南尹丞、佐著作郎、中书郎、西晋建立，拜黄门侍郎，后拜中书令，加散骑常侍，坚决支持司马炎伐吴，战时任度支尚书。个人游历所作	《博物志》山川地理、飞禽走兽、人物传记、神仙方术等。《博物志》记述了八月牛郎见天河浮槎至天河见牛郎的故事，是有关牛郎织女神话故事最古的文字起源	士礼居刻本系统；明弘治贺志同刻本	个人爱好
郦道元	470—527（北魏）	河北涿州	幼时曾随父亲到山东访求水道，承袭了爵位，成为了尚书主客郎游览祖国的河流、山川，尤其喜欢祖国各地的河流、水文地理、自然风貌。他充分利用在各地做官的机会进行实地考察，足迹遍及今河北、河南、江苏、山东、内蒙、安徽、山西等广大地区，调查当地的地理、历史和风土人情等，掌握了大量的第一手资料。每到一个地方，他都要游览各地名胜古迹，山川河流，悉心勘察水流地势，并访问当地长者，了解古今水道的变迁情况及河流的渊源所在、流经地区等。同时，他还利用业余时间阅读了大量古代地理学著作	《水经注》中国境内一千多条河流及与这些河流相关的郡县、城市、物产、风俗、传说、历史等	钞本：明代朱郁仪《水经注笺》，清代赵一清影宋钞本，清代版本众多；刻本：南宋刊本，柳大中黄省曾刊本，吴琯刻本，朱谋㙔校勘刊本，明本较多注本：明代朱郁仪《水经注笺》，清代赵一清《水经注释》，全祖望《七校水经注》，王先谦《合校水经注》，近人杨守敬、熊会贞《水经注疏》和王国维《水经注校》今人有陈桥驿《水经注校释》和《水经注校证》等	与职务间接相关

中国古代科技文献作者统计表

续表

姓名	生卒年（朝代）	籍贯	社会身份 家庭、教育背景 资料来源	主要作品及内容	作品流传途径	写作目的
朱应	224—252（孙吴）	不详	航海家 受皇帝之命，航海出使其他国度，游历归来写成著作	《扶南异物志》 扶南、林邑、西南大沙洲（今南洋群岛）及天竺、大秦等国的物产与地理知识	已佚，《隋书·经籍志》《新唐书·经籍志》《唐书·艺文志》均著录	与职务直接相关
沈莹	？—280（三国）	不详	曾担任左将军、丹阳太守 担任官期间搜集的材料编著而成	《临海水土异物志》 一为南部沿海地区物产风俗，二为夷州（及台湾）陆的麦州安家民等古代民族的史志	已佚，有辑本四种：明陶宗仪所辑，收在《说郛》中；清王仁俊所辑，收在《玉函山房辑佚书补编》中；民国杨恩所辑，收在《台州丛书后集》中；刘纬毅书亦收	与职务间接相关
陆机	261—303（西晋）	江苏苏州	江东大族吴郡四姓之一的陆氏的一支 受家族教育影响	《毛诗草木鸟兽虫鱼疏》 对《诗经》中所提到的动植物进行考释	有《唐宋丛书》《说郛》《四库全书》《增订汉魏丛书》《丛书集成》《颐志斋丛书》《晨风阁丛书》《聚学轩丛书》等本	不详
郭璞	276—324（两晋）	山西省闻喜	建平太守郭瑗之子，喜好经书学术，但不善于语言表达，精通阴阳术数及历法算学 花18年的时间研究和注解《尔雅》，以当时通行的方言名称，解释了古老的动、植物名称，并为它注音、作图	《尔雅注》 对《尔雅》记录的动植物名的注解	不详，版本较多，有元雪窗书院刊本明聚马谅刊本，故宫博物院影印末监本等十余种，以阮元的《十三经注释》本和《四部丛刊》本为常见	个人爱好

续表

姓名	生卒年（朝代）	籍贯	社会身份家庭、教育背景资料来源	主要作品及内容	作品流传途径	写作目的
嵇含	262—306（魏晋）	安徽省濉溪县临涣集	太守、将军和刺史二十七岁时投身军旅，在军旅中，听到别人讲述岭南的一些草木，就把它们随时记录下来，然后选择整理，编辑而成	《南方草木状》记载中国广东番禺、南海、合浦、林邑等地的植物	《百川学海》本、《说郛》本，《增订汉魏丛书》本，今以《百川学海》本为底本，以其他诸本做校勘，进行标点	与职业间接相关
戴凯之	520—579（南朝宋、齐）	湖北鄂州	"南康相"他沿途考察，并在广西、越南等地生活了很长时间，在南等地的实践经验上完成	《竹谱》中国三百余种竹类的形态、品性、画法等	不详	个人爱好
何承天	370—447（南朝宋）	山东临沂郯城	五岁丧父，赖母徐氏抚孤成人；历官衡阳内史、御史中丞等。世称何衡阳。元嘉时为著作佐郎自幼聪明好学，诸子百家，莫不博览，受儒学影响大，幼年从学当时的学者徐广	《元嘉历》总结前人，观测、计算	不详	与职业直接相关

中国古代科技文献作者统计表 475

续表

姓名	生卒年（朝代）	籍贯	社会身份 家庭、教育背景 资料来源	主要作品及内容	作品流传途径	写作目的
祖冲之	429—500（南朝宋—萧齐）	江苏南京	父亲也在朝中做官。祖冲之从小接受家庭环境的熏陶，学习家传的科学知识。青年时期进入华林学省，从事学术活动；后到镇江省（今镇江市）南徐州、公府参军、娄县（今昆山市东北）令，谒者仆射，长水校尉等官职。受家族教育影响自身的学术研究成果	《大明历》祖冲之提出了在391年插入144个闰月的新闰周。根据新的闰周和朔望月长度，可以求出《大明历》的回归年长度是365.2428148日，与现代测得回归年长度仅差万分之六日左右，这也就是说一年只差50多秒，这是非常精确的资料《缀术》	不详	学术追求
陈卓	330—420（孙吴）	江苏南京	吴国太史令 利用官职所能搜集的资料	《三家星经》恒星图表	已佚，散见于后世天文著作中	学术追求
甄鸾	535—566（北周）	河北无极县	司隶校尉，汉中太守 对前人学术成果的总结	《五曹算经》以地方官员为受众的应用数学书	在宋代有北宋秘书省刻本和南宋鲍瀚之刻本。清初时只传有南宋孤本	学术追求
沈约	441—513（南朝宋、齐、梁）	浙江湖州德清	门阀士族出身，家族社会地位显赫。祖父沈林子，宋征虏将军。父亲沈璞，宋淮南太守在宋仕至参军，尚书度支郎。利用官方修史搜集的材料	《宋书·州郡志》记载了各州到建康、各州属郡到州治与建康的水陆里程	不详	与职业间接相关

续表

姓名	生卒年（朝代）	籍贯	社会身份 家庭、教育背景 资料来源	主要作品及内容	作品流传途径	写作目的
萧子显	487—537（南朝梁）	江苏常州	历任太子中舍人、国子祭酒、侍中、吏部尚书等职。皇族后裔，官学教育。利用官方修史收集的材料	《南齐书·州郡志》分上下两卷，记载了萧齐的二十三州及所领郡县	不详	与职业直接相关
魏收	505—572（东魏、北魏、北齐）	河北晋县	祖父魏悦是魏无知的六世孙，他性情深沉厚重，胸怀宽阔，宣城公李伯深知他深为器重，把女儿嫁给了他。魏收担任济阴太守，政绩斐然。他的父亲魏子建历任左光禄大夫，加封为散骑常侍、骠骑大将军。利用官方修史收集的材料	《魏书·地形志》记述北魏地方行政区划的建置沿革	魏书在宋初业已残缺，北宋初刻的确切年月无考，据宛公武郡斋读书志，至迟不晚于政和中。这个初刻本当时就流传不广，南宋绍兴十四年（1144）曾在四川翻刻，这两种本子都没有传下来。传下来的魏书和其他六史也是南宋翻刻，但传世的这个本子都有元、明二朝补版，即所谓"三朝本"。1935年商务印书馆影印的所谓"宋蜀大字本"，其实也就是这种三朝本，也都是三朝本。北京图书馆藏魏书善本三部，该馆本书目七三五四号一种和商务印书馆影印所据底本相近	与职业直接相关
江淹	444—505南朝宋、齐、梁	河南省商丘	祖父江耽。父江康之。南沙令，雅有才思。江淹少时孤贫好学，六岁能诗，十三岁丧父，家境贫寒，曾采薪养母。利用官方修史收集的材料	《齐史·州郡志》	已佚	与职业直接相关

续表

姓名	生卒年（朝代）	籍贯	社会身份 家庭、教育背景 资料来源	主要作品及内容	作品流传途径	写作目的
刘徽	225—295（民间）魏晋	山东邹平县	对前人著作的总结、分析	《九章算术注》注释九章算术，还通过对九章算术的学习解决实际数学问题的新方法，开辟了数学发展的新途径，这儿种重要的数学方法为：关于圆周率和圆面积、圆锥体积和球体积，方程新术，十进位数等	宋代失传	个人爱好
法显	334—422 东晋（宗教）	山西长治市襄垣县	三岁入寺，教育不详	《法显传》记述的地域甚广阔，对经中亚、印度、南洋约30国的地理、交通、宗教、文化、物产、风俗乃至社会、经济等都有所述及	宋代藏本、北宋东本、南宋圆本，元明诸本的流传系统。金本、丽本、丽本诸孪生本系统	与职业直接相关
诸葛颖	536—612（隋朝）	隋朝丹阳建康人（今江苏南京人）	隋朝文学家	《种植法》七十七卷	《旧唐书卷四十七志第二十七经籍下》	个人爱好
甄权	541—643（隋朝）	许州扶沟（今河南扶沟）人	隋开皇初曾为秘书省正字，授其朝朝散大夫	《明堂人形图》完成于武德四年（621）以前，而甫修明堂则完成于贞观二年（628）或四年（630）。对于针灸方面的造诣颇深，兼通药治	曾见于《新唐书·艺文志》，已佚	职业需要

续表

姓名	生卒年（朝代）	籍贯	社会身份家庭、教育背景资料来源	主要作品及内容	作品流传途径	写作目的
刘焯	544—610（隋朝）	信都昌亭（今河北省冀县一带）人	隋朝天文学家。曾任太学博士等职	《皇极历》创作于604年，书中所记未自作者大量的测量与计算。是关于天文历法的著作，是我国古代现存最早的给出完整的太阳运动不均匀改正数值表的历法	李淳风撰写的《隋书·律历志》详细著录了《皇极历》，使其术得以传世	职业需要
裴矩	547—627（隋朝）	河东闻喜（今山西省闻喜县东北）人	裴矩是隋朝重要的顾问大臣之一，他是出色的外交家、战略家，同时也是个地理、民族问题专家	《西域图记》由裴矩在隋朝编写，是一部以记录西域各国地理资料为主的地方志。是我国古代有关中西交通重要文献。原书共有三卷，合四十四国	今已散佚，只有《隋书·裴矩传》收录了它的序言。《隋书》尚未佚失的内容、北宋《册府元龟》《西域图记》·土风三》部份的内容相信是《西域图记》吐火罗国的佚文。虽然无法知道《西域图记》成书的时间，但是北宋年间的《太平御览》都引用《西域图记》，本书内容末代末年能见到	职业需要
巢元方	550—630（隋朝）	不详	任太医博士，太医令	《诸病源候论》内容丰富，包括内、外、妇、儿、五官、口齿、骨伤等多科病证，对一些传染病、寄生虫病、外科手术等方面，有不少精辟记述，对后世医学影响较大。书中关于肠吻合术、人工流产、拔牙等手术的记载，都是世界外科史的首创，充分反映了当时的外科手术已经达到一定的水平	南宋版本系统，此版本盖南宋人从天圣校刊本而重刻者《经籍访古志》，倡据宋《三因极一病证方论》载，《巢氏病源》余候，与现行刊本之候数有出入。元刊本《重刊巢氏诸病源候总论》（今北京图书馆及北京大学各存1部），是"据宋本重刊，而兼校改文字"，唯标目增重刊巢氏病总论"。清代的刊本有：《经籍访古志》。溯阁本（文津阁本、文丙午（1786）抄本溯阁本；分为67门，1739候），清乾隆五十一年	职业需要

续表

姓名	生卒年（朝代）	籍贯	社会身份家庭、教育背景资料来源	主要作品及内容	作品流传途径	写作目的
崔赜	550—618（隋朝）	博陵（今定州）人	隋文帝开皇初年，秦孝王推荐他参加"射策"考试，得中第一。任协律郎			
虞绰	562—615（隋朝）	会稽余姚人（今浙江）	官员。大业初，为秘书学士	《区宇图志》1200卷，除"明九域山川之要，究五方风俗之宜"，（《玉海》卷十五）是最主要的特点，是列有多幅地图	清王谟《汉唐地理书钞》只辑录《区宇图志》6条内容，近现代地理学专著和教材，很少关注这几部图书	奉命编写
虞世基	?—618（隋朝）	会稽余姚人	官员。隋代书法家、文学家			
令狐德棻	583—666（隋朝）	宜州华原（今陕西铜川耀州区）人	唐初政治家，史学家。在贞观年间德棻历任礼部侍郎，兼修国史，太子右庶子，雅州刺史，秘书少监			

续表

姓名	生卒年（朝代）	籍贯	社会身份 家庭、教育背景 资料来源	主要作品及内容	作品流传途径	写作目的
隋炀帝杨广	569—618（隋朝）	长安	隋朝第二位皇帝	《四海类聚方》 简称《类聚方》；成书于隋大业年间（605—618），全书共2600卷	《四海类聚方》首见于《隋书·经籍志》，在《旧唐书·经籍志》和《新修本草》续有著录。唐代《新房书·艺文志》《证类本草》中曾有引述，至唐开元九年（721）时，此书尚存完帙。天宝十一年（752）王焘在弘文馆末广泛应用见阅此书，但因隋唐时期印刷术尚未普及，保管和兵燹战乱等影响，加之卷帙庞大，以及保管、传播和兵燹战乱等影响，该书唐代以后亡佚	巩固统治
李靖	571—649（隋唐）	雍州三原（今陕西三原县东北）人	隋末唐初将领，是唐朝文武兼备的著名军事家	《李卫公兵法》 保存了李靖军事思想的一些主要内容，为研究李靖的军事思想提供了很大方便。共分三卷。上卷——将务兵谋，论述将领的职责和用兵方略。中卷——部伍营阵，论述具体战法。下卷——攻守战具，介绍攻城守城的方法	清代，汪宗沂根据杜佑《通典》注，及《太平御览》《武经总要》等书所引《李卫公兵法》逸文，辑成《李卫公兵法辑本》共三卷，即上卷《将务兵谋》、中卷《部伍营阵》、下卷《攻守战具》	宣传军事思想

续表

姓名	生卒年（朝代）	籍贯	社会身份家庭、教育背景资料来源	主要作品及内容	作品流传途径	写作目的
孔颖达	574—648（隋唐）	冀州衡水（今河北衡水市）	唐朝经学家。北周武帝建德六年生于一个世代书香的仕宦之家。曾祖孔灵龟，官拜北魏国子博士；祖父名硕，为北魏南台治书侍御史。八岁就学，从刘焯同学，入唐，任国子监祭酒			
魏征	580—643（隋唐）	钜鹿郡（一说在今河北省巨鹿县，一说在今河北省馆陶县）人	唐朝政治家、思想家、文学家和史学家，被后人称为"一代名相"	《隋书》共八十五卷，其中帝纪五卷，列传五十卷，志三十卷。本书由多人共同编撰，分为两阶段完成，从草创到全部修完共历时三十五年。如《地理志》记载了南北朝以来的建置沿革；确记了隋大业年间中国的郡、县、户、口、垦田数字，记述了各朝所置郡县治革和当时的置山川状况。《律历志》总结了南北朝以后一百多年来天文学方面的成就；关于祖冲之的《天文志》细记录，也保存在《隋书》中	《隋书》最早刻于北宋天圣二年（1024），已失传。另有南宋嘉定间刻本残卷六十五卷及南宋末另一刻本。另有残存五卷传世。元朝大德年间饶州路刻本即据此是比较好的版本，涵芬楼百衲本，即据此刻本和武英殿印的版本是清乾隆年间武英殿刊本是较为流行的版本。1973年中华书局影印的校点本即依据以上数种版本校勘整理而成，是目前最好的通行本	奉命编写
颜师古	581—645（隋唐）	祖籍琅邪临沂（今山东临沂）	颜师古是名儒颜之推之孙，颜思鲁之子。少传家业，遵循祖训，博览群书，学问通博，擅长于文字训诂、声韵、校勘之学			

续表

姓名	生卒年（朝代）	籍贯	社会身份家庭、教育背景资料来源	主要作品及内容	作品流传途径	写作目的
孙思邈	581—682（隋唐）	唐朝京兆华原（现陕西铜川市耀州区）人	在很多道教宫观里都有"药王殿"。他医德高尚，重视养生，济世活人，是一位真正的道士。曾游学四川，并在该地炼丹，后隐于终南山	《千金翼方》《千金要方》是古代汉族医学经典著作之一，被誉为中国最早的临床百科全书，共30卷，是综合性临床医著。该书集唐代以前诊治经验之大成，对后世医家影响极大	唐本已亡佚。宋刻本可分为两种。一是未经林亿校勘的版本，当接近唐本或是唐本的翻刻本。二为林亿校勘所藏尧圃末刻本。二为林亿校勘的日本嘉永二年（1849）江户医学北末本。据书末"考异"所言，是治平三年刻本。现存版本除上述人民卫生出版社影印本外，尚有明嘉靖二十二年（1543）小丘山房乔世定刻本、明·万历十六年（1588）刊本、明·万历三十一年（1603）吴氏重刻本明·刘氏慎独斋刻本（为元本之重刻本）、《四库全书》本、清·康熙二十八年（1689）刻本、清·同治七年（1868）王焘祯重刻本、清·光绪四年（1878）徐敏甫刻本、1915年上海中原书局印行本、1934年于项堂书局石印本、以及商务印书馆据正统道藏本的影印本等	个人爱好

续表

姓名	生卒年（朝代）	籍贯	社会身份家庭、教育背景资料来源	主要作品及内容	作品流传途径	写作目的
李勣	594—669（隋唐）	曹州离狐（今山东菏泽东明县东南）人	唐初名将，敕封为英国公，为凌烟阁二十四功臣之一			
长孙无忌	597—659（隋唐）	洛阳（今河南洛阳）人	顾命大臣，太尉，兼扬州都督			
于志宁	588—665（隋唐）	京兆高陵（今属陕西）人	唐初大臣，617年，任秘书郎。619年，任太子左庶子，封黎阳县公。659年，任太子太师，同中书门下三品	《新修本草》是医学著作之一，世称《唐本草》。本书有本草20卷，目录1卷，又有药图25卷，图经7卷，计53卷。载药844种，其中还记载了用白锡、银箔、水银调配成的补牙用的填充剂，这也是世界医学史上最早的补牙的文献记载	本书原著已不全，到宋代的《开宝本草》问世后才代替了它在医药界的位置。在国外也有一定的影响。如公元713年日本就有此书的传抄本。日本《律令·医疾令》记载："凡医生皆读苏敬新修本草。"《新修本草》三百二十日，《大素》限四百六十日，这也说明本书对日本医药事业影响之深远了。现有复辑本问世，名之曰《唐·新修本草》	奉命编写
许敬宗	592—672（隋唐）	杭州新城人	隋时官直谒者奏通事舍人事。到了唐代，为著作郎，兼修国史。不久贬职至洪州司马，后多次调职至给事中。复修后迁太子右庶子，高宗即位，提拔他为礼部尚书			
孔志约	不详	孔颖达次子，孔子三十三代孙	唐代医学家兼官吏，礼部郎中兼太子洗马，弘文馆大学士之职			
苏敬	不详	活动期公元7世纪	官员。中国唐代药学家，后避讳改名苏恭			

续表

姓名	生卒年（朝代）	籍贯	社会身份家庭、教育背景资料来源	主要作品及内容	作品流传途径	写作目的
道宣	596—667（隋唐）	吴兴（今浙江北部）人	唐代律僧，中国戒律思想史上的重要思想家，又称南山律师，南山大师，世称律祖	《释迦方志》 本书是一部记述释迦牟尼诞生地和教说流布佛教史迹的著作。内容包括：西域、中印交通的路线和经行国的情况，西行求法的路线和经行国的情况，西行求法的人物，佛教入华的传说和经像灵异，历代帝王的奉佛事迹和寺院、僧尼等基本数据，及其他	通行本有《大正藏》（第五十一册）本，中华书局1983年1月版范祥雍点校本等	职业需要
玄奘	600—664（隋唐）	洛州缑氏（今河南洛阳偃师）人	唐代著名高僧，法相宗创始人，佛经翻译家，是著名的佛学家，旅行家，翻译家	《大唐西域记》 12卷，贞观二十年（646）成书，书中综叙了贞观元年（一说贞观三年）至贞观十九年玄奘西行之见闻。记述了玄奘亲历110个及得之传闻的28个城邦、地区、国家之概况，有疆域、气候、山川、风土、人情、语言、宗教、佛寺以及大量的历史传说、神话故事等	该书现存版本甚多，主要有：敦煌写本残卷；北宋福州本残卷；金赵城藏本残卷（以上三种见向达辑《大唐西域记古本三》，1981年中华书局出版）；南宋资福寺本；1977年上海人民出版社出版的季羡林等校注的章巽点校本；1985年中华书局出版的季羡林等校注《大唐西域记校注》；1911年日本京都帝国大学文科大学出版的校本。该书还有英、德、法等文字译本	职业需要

中国古代科技文献作者统计表　485

续表

姓名	生卒年（朝代）	籍贯	社会身份家庭、教育背景资料来源	主要作品及内容	作品流传途径	写作目的
李淳风	602—670（隋唐）	岐州雍人（今陕西省宝鸡市凤翔县）	唐代杰出的天文学家、数学家、道家学者	《周髀算经》和《算十经》《乙巳占》（唐显庆元年（公元656年稍后））该书是一部综合性的占星学著作，《乙巳占》卷首为李淳风自撰序，序言解释了他撰述此书的意图及编撰思想。在内容上，《乙巳占》如李淳风所说，系从撷唐以前诸家占星学说，加上他自己的发明创造、分类汇编而成 《推背图》是中国比较有影响力的预言书之一，相传由初唐李淳风和袁天罡共同编写，共六十象，预言了唐朝以来发生的主要历史事件。《推背图》有文字、图画、卦象、解说，称得上是中国古代标准的预言书	宋代以后，《乙巳占》流布甚稀。清乾隆年间编修《四库全书》，竟未觅到，故《四库全书》中无此书。阮元的《畴人传》对《乙巳占》亦未提及。朱彝尊见到的，也只是残本七卷，只有钱曾《读书敏求记》提到此书 现在所流传的《推背图》的各个版本，其实来自两大系统：一个是明版本（由李世瑜从德国刊物上发现，简称李版，共有67像，后有3像无非象；一个是清末版本，也就是现在最出名的所谓清宫秘藏托名金圣叹评的《推背图》（简称金版）	职业需要
张胄玄	生卒年不详（隋唐）	隋渤海条（今河北景县）人	文帝年间像为云骑尉，供职于天太史监，参与制定历法之张胄玄是大天文学家祖冲之的学生	《大业历》在五星运动的研究及一些数值计算上别树一帜，在天文学和数学上都有重要意义	《隋书·律历志》有著录	职业需要

续表

姓名	生卒年（朝代）	籍贯	社会身份 家庭、教育背景 资料来源	主要作品及内容	作品流传途径	写作目的
慧立	615—？（隋唐）	天水（甘肃省秦州西南）人	贞观三年（629）十五岁，出家于豳州昭仁寺。博考儒释，敕任大慈恩寺翻经大德，次补西明寺都维那，后授太原寺主	《大慈恩寺三藏法师传》全书共十卷。此书前五卷记玄奘西行情况和西行十九年的经历，后五卷记回长安后到逝世在佛学上所作的贡献。因此全书虽是传记，前五卷也可作为地理行记来读，和《大唐西域记》可相互印证补	1983年中华书局点校本，以支那内学院本为底本，校以日本影印《高丽藏》本和南宋《碛砂藏》本，但日本影印本之长处仍未能吸取，标点亦有失当处，转不如影印本及内学院本之具学术价值	职业需要
李泰	620—652（唐朝）	陇西狄道（今甘肃省临洮县）人	亲王、地理学家	《括地志》是中国唐朝时的一部大型地理著作，全书正文550卷，序略5卷。它吸收了《汉书·地理志》和顾野王《舆地志》两书编纂上的特点，创立了一种新的地理书体裁，为后来的《元和郡县志》《太平寰宇记》开了先河。全书按贞观十道排比358州，再以州为单位，分述辖境各县的沿革、得名、山川、城池、古迹、神话传说、重大历史事件等	清嘉庆二年（1797）孙星衍将清朝来人著作中征引的《括地志》遗文辑为八卷，刻在《岱南阁丛书》中，这是《括地志》最初的辑本。后来，朴学荣在《槐庐丛书》刻本中，又附辑了陈其荣朴辑的遗文五条，曹元忠在《南菁札记》附辑的贺次君辑校《史记正义》《史记会注考证》《初学记》《大藏音义》《太平寰宇记》《通典》《长安志》等古书中朴辑出十余条，编成《括地志辑校》一书，这是迄今为止最为完整的辑本	巩固统治

续表

姓名	生卒年（朝代）	籍贯	社会身份家庭、教育背景资料来源	主要作品及内容	作品流传途径	写作目的
孟诜	621—713（唐朝）	汝州梁县新丰乡子平里（今河南省汝州市陵头镇孟庄村）人	孟诜进士及第，睿宗在藩时，召为侍读。长安（公元701年—公元704年）中为同州刺史，故世称孟同州。曾于垂拱（公元685年—公元688年）初年在朝廷中任凤阁舍人	《食疗本草》书中除收有许多草有疗效的药物和单方外，还记载了某些药物药性。所载食疗方下均注明药性、禁忌。其次分记功效、产地等，其间或夹有形态、产妇、小儿等食宜忌等的食疗方及下现存最早的食疗专著的医疗应用、妇饮食宜忌等的记述。该书也是我国现存最早的食疗专著，也是世界上现存有引用，是一部研究食疗和营养学的重要文献	原书早佚，仅有残卷及佚文散见于《医心方》、《证类本草》等书中，各本所存佚文出入很大。1907年敦煌出土该书残卷，存药26味。全书共3卷。清光绪三十三年（1907）英国人斯坦因在敦煌莫高窟中发现该书古抄本残卷，现存英国伦敦博物馆。书共26种药物的条文，校定了该书，以《食疗本草考察》为名。全书分两编，1980年日本中尾万三考察1930年日本中尾万三考察，是近代最早的一种辑本。1980年秋，人民卫生出版社约谢海洲、翁维健、马继兴、郑金生等专家学者，根据中国学者罗振玉主编的《敦煌石室碎金》资料，重新进行校辑，1984年书成，7月第一次印刷终使世界上现存最早的食疗专著，在本草史上占有较高地位的食疗专著《食疗本草残卷》及所收载的其它重新新的面貌，重新与世人见面	职业需要
武则天	624—705（唐朝）	并州文水（今山西省文水县东）人	中国历史上唯一的正统的女皇帝，为唐朝功臣武士彟次女，母亲杨氏。信仰佛教	《兆人本业》是已知最早的一部官修农书。据《困学纪闻》卷五记载，《兆人本业》所记为"农俗和四时种和时之法"，共80事	原书久已失传	巩固统治

续表

姓名	生卒年（朝代）	籍贯	社会身份家庭、教育背景资料来源	主要作品及内容	作品流传途径	写作目的
孙过庭	646—691（唐朝）	吴郡富阳（今浙江富阳）人，一作陈留（今河南开封）人	中国唐代书法家、书法理论家，曾任右卫胄曹参军、率府录事参军	《书谱》是唐人孙过庭的一篇序言之作，文章三千七百余言，比较全面、系统地论述了书法的诸多理论问题，是帖学理论的奠基之作，是书法理论史上的划时代之作，同时也是古代文艺理论的名作之一	今传《书谱》墨迹本，诸家刻本以及各释文，俱自卷首"书谱卷上"起，至"垂拱三年写记"为止，凡3700余字，并未见有所谓下卷之文。《书谱》在唐代的流传情况，已不可考。《书谱》大清楼刻本，今仅见一种，存十四片，共一百二十八行（其中一片七行，一片八行）	个人爱好
杨炯	650—692（唐朝）	弘农华阴（今属陕西）人	显庆六年（661），年仅11岁的杨炯被举为神童，上元三年（676）应制举及第，授校书郎，迁詹事、司直。垂拱元年（685），又任崇文馆学士。后又任崇文馆学士。天授元年（690），降官为梓州司法参军。天授元年（690），任教于洛阳宫中习艺馆	《浑天赋》首段仿效双大赋述客主以首引的方法，对有关浑天结构的阙论对话。次段以全乎对浑天思想的铺陈手法具体描述浑天思想，理论的方位、属性，理论地理分野，兼喻人事祸福之机	《浑天赋》在传世文献中见于《盈川集》卷一、《金唐文》卷一九〇、《文苑英华》卷一八	职业需要
徐坚	659—725（唐朝）	浙江长兴人	唐玄宗朝重臣。少举进士，累授太学，初官为参军，多次升迁	《初学记》三十卷。分二十三部。取材子群经诸子，历代诗赋及唐初诸家作品。分天、岁时、地、州郡、帝王、中宫、储宫、帝戚、职官、政理、文、武、道释、人、礼、乐、人、居处、器物、宝器、果木、鸟兽等二十三部共三十卷	1962年中华书局本。1980年中华书局重印本	职业需要

续表

姓名	生卒年（朝代）	籍贯	社会身份 家庭、教育背景 资料来源	主要作品及内容	作品流传途径	写作目的
赵蕤	659—742（唐朝）	梓州盐亭人（今四川省盐亭县两河镇赵家坝人）	民间。唐代杰出的道家与纵横家，所以采取了"夫妇隐操，不应辟召"的处世态度	《长短经》（亦称《反经》）是一本谋略奇书，它以唐以前的华夏历史为为论证素材，集诸子百家学说于一体、融合儒、道、兵、法、阴阳、农等诸家思想，所讲内容涉及政治、外交、军事等各种领域，并且还能自成一家	现存《长短经》最早的版本是南宋绍兴年间刊本，清乾隆间修《四库全书》，《长短经》的重要版本就是这一版本。清代以来，《长短经》的重要版本还有《读画斋丛书》本等	个人爱好
张嘉贞	665—729（唐朝）	蒲州猗氏（今山西临猗）人	唐朝宰相	《石桥铭序》"腰纤铁，蹙两涯，嵌四穴，以杀怒水之荡突，虽怀山而固护焉"，描述了这种设计不仅可以节省石料，减轻荷载，更为重要的是要结构，减少水流阻力。对于研究安济桥当时的建造设计与重要的史料价值	《石桥铭序》的原石今已不存	个人爱好
王焘	670—755（唐朝）	唐代陕西省郿县人，祖籍山西并州祁县	官员。唐代著名医家，其祖父王珪是唐初著名的宰相之一，为官清廉善谏，与魏征齐名，曾是李渊的大儿子李建成的老师	《外台秘要》中国唐代由文献辑录而成的综合性医书。又名《外台秘要方》。汇集了初唐及唐以前的医学著作40卷。对医学文献进行大量的整理工作，使前人的理论研究与治疗方药全面系统地结合起来	公元1069年，本书曾经北宋校正医书局校刻。1640年又经程衍道校勘，1949年后有影印本	职业需要

续表

姓名	生卒年（朝代）	籍贯	社会身份 家庭、教育背景 资料来源	主要作品及内容	作品流传途径	写作目的
张九龄	678—740（唐朝）	韶州曲江（今广东韶关市）人	唐玄宗开元年间书同尚书丞相，是一位有胆识、有远见的著名政治家、文学家、名相。诗人。信仰道教			
李林甫	683—753（唐朝）	祖籍陇西	唐朝宗室，宰相，长平肃王李叔良曾孙，画家李思训之侄。出身于唐朝宗室郇王房	《唐六典》全称《大唐六典》，是唐朝一部最早的一部行政性质的法典。成书于开元二十七年（739），所载官制源自唐初至开元止。其中也记载了众多纺织印染和金属工艺制品，反映出当时制作工艺的发达和技术水平	《唐六典》最早的刻本是北宋元丰三年（1080）本，已佚。今存最古刊本为南宋绍兴四年（1134）温州刊刻残本，仅存卷一至卷三第一页，卷三、卷七至卷十五、卷二十八至卷三十，共计十五卷（内有缺页），分藏于北京图书馆、南京博物院、北京大学图书馆，现有中华书局影印本。明代有正德十年（1515）和嘉靖二十三年（1544）两种刻本。清代刻本有嘉庆五年（1800）扫叶山房本和光绪二十一年（1895）广雅书局本。《唐六典》在国外流传甚早，约在9世纪末成书于日本的《日本见在书目》即著录本有《大唐六典》一书。日本现存古刻本有享保九年（1724）近卫家熙刻本和天保七年（1836）官刻本，以近卫本为底本，吸收了玉井是博《南宋大唐六典》的校勘成果，成为日刊《唐六典》的最佳版本	奉命编写
张说	667—730（唐朝）	祖先原是范阳（今河北涿州）人，世代居于河东（今山西永济），后迁至河南洛阳	唐朝政治家、军事家、文学家			
萧嵩	?—749（唐朝）	兰陵人，今表属临沂市	唐朝宰相，梁武帝之后，梁明帝玄孙			

续表

姓名	生卒年（朝代）	籍贯	社会身份 家庭、教育背景 资料来源	主要作品及内容	作品流传途径	写作目的
韦述	?—757（唐朝）	不详	司农卿弘机曾孙。考功郎韦之同他："姓好著书。"答："本求异书。"宋之问大悦："迁（司马）。（班）固！"累官集贤院直学士，擢工部尚书侍郎，封方城县侯	撰有《开元谱》《房职仪》《高宗实录》《御史台记》等		
僧一行 683—727（唐朝）		邢州巨鹿（今河北邢台巨鹿县），一说魏州昌乐（今河南省南乐县）人	佛教密宗的领袖	《大衍历》《大日经疏》通行本为20卷。异本多种，卷数各不相同。《大日经疏》详释善无畏所传曼荼罗，即世称胎藏曼荼罗。20卷中，第1卷至第3卷上半，释本经《住心品》，谓之口疏，是统论全经大意，为初学者所讲说的教相。第3卷下半以下，释本经《具缘品》至《嘱累品》，释之奥疏，谓之事相，专释灌顶者不予传授	崔牧在《大日经序》中说，一行在助善无畏译毕《大日经》后，"重请三藏和尚敷畅厥义，随录撰为记释十四卷"。一行释终时命弟子智俨、温古等改治疏文，更名为《大日经义释》。后因传抄有异、经名、卷数遂有两种版本：一是弘法携回的《大日经疏》20卷本，系东密专弘；二是慈觉携回的《大日经义释》14卷本，为台密所依	
颜真卿 705—785（唐朝）		生于京兆万年（今陕西西安），祖籍琅琊临沂（今山东临沂费县），东德贬陵平原（今属山东德陵县）任太守，人称"颜平原"	唐代中期杰出书法家。开元二十二年（734），中进士，登甲科，曾4次被任命御史。因受到当时的权臣杨国忠排斥，被贬黜到平原郡	唐代宗大历六年（771），撰写了一篇论文《抚州南城麻姑山仙坛记》，根据螺蚌亮化石，沧海桑田变化的遗迹，提出了海陆变迁的地质思想	《颜鲁公文集》卷13	任职时的爱好

续表

姓名	生卒年（朝代）	籍贯	社会身份 家庭、教育背景 资料来源	主要作品及内容	作品流传途径	写作目的
王冰	710—804（唐朝）	祖籍中国江苏	曾任唐代太仆令。王冰年轻时写好养生之术，留心医学，是唐代著名医学家	《补注黄帝内经素问》24卷，81篇，为整理保存古医籍作出了突出的贡献。后人的《素问》研究多是在王冰研究的基础上进行	王冰整理注释《黄帝内经素问》，在祖国医学史上功不可没。他所整理的《素问》传本成为后世医家研究该书的蓝本。王冰对祖国医学理论的某些认识和创见，至今仍有非常重要的研究和参考价值	职业需要
贾耽	730—805（唐朝）	沧州南皮（今河北南皮）人	唐朝著名地理学家，一生为官四十七年，其中居相位十三年，事务繁忙，政绩茂异	此图是按照晋代表秀六体方法编绘，比例是一寸折百里，用不同的颜色注记地名。《古郡国题以墨，今州县题以朱》。图的中国部分本于《禹贡》，外国部分本与邻近地区的中外大地图	原图已佚，仅存仿制的《华夷图》及《禹迹图》	职业需要
陆羽	733—804（唐朝）	复州竟陵（今湖北省天门市）人	唐代著名的茶学专家，中国茶饮艺术跨进文化殿堂的开拓者和奠基人	《茶经》第一次比较全面地总结了唐以前中国人在茶叶方面所取得的丰富经验，较系统地传播了茶叶的科学知识，把儒家思想、佛家理论、道家学说三合一地贯穿于这部有关茶学的百科全书之中。《茶经》是最早向人们介绍茶学及茶具功能的著作，让人们多方面地了解茶	《茶经》自唐流传以来版本颇多，各种版本，大致有四法不一。来以后有《茶经》百川学海》，一是有注本，最早为末左主本即《说郛》本；三是无注本，即《百川学海》本，即加入《茶具图赞》；四是删节本，是有注本是《茶经》的主流	个人爱好

中国古代科技文献作者统计表

续表

姓名	生卒年（朝代）	籍贯	社会身份家庭、教育背景资料来源	主要作品及内容	作品流传途径	写作目的
杜佑	735—812（唐朝）	京兆万年（今陕西西安附近）人	唐中叶宰相，政治家，史学家。父杜希望，生于世宦之家。父杜希望，官至鄯州都督、陇右节度留后。佑以门资入仕，历任江淮青苗使、容管经略使、水陆转运使、度支郎中兼和籴使等，又以户部侍郎判度支	《通典》是中国历史上第一部体例完备的政书，"十通"之一。记述唐天宝以前历代经济、政治、礼法、兵刑等典章制度及地志、民族的专书。共二百卷，内分九门，子目一千五百余条，约一百九十万字	中华书局；第 1 版（1988 年 12 月 1 日）	奉命编写
李适	742—805（唐朝）	长安	唐朝皇帝自撰	唐德宗自撰《贞元集要广利方》，又称《广利方》，原书五卷，书中有方五百八十六首，颁行州府，散题于大衢道上	《旧唐书·德宗本纪》曰："贞元十二年春正月乙丑，上制《贞元广利药方》，五百八十六首，颁降天下。"是书为唐德宗年间颁行，但未见传世。宋人高保衡等《新校备急千金要方序》称作《正元广利》，正元同贞元。后世之《医心方》《证类本草》等均有引文，其中《医心方》引到《广利方》二十余处	个人爱好
李吉甫	758—814（唐朝）	赵郡（今河北赞皇县）人	唐代地理学家，政治家，思想家，唐宪宗时宰相	《元和郡县图志》是唐代地理巨著，也是中国现存最早的一部地理总志。书成于元和八年（813）全书"起自京兆府，尽陇右道，凡四十七镇，成四十卷	《元和志》原有四十卷，流传至今已有缺佚，只存目前国内存几种版本：明抄本；清初抄本；清赵氏小山堂抄本，丁丙跋；清吴氏拜经楼抄本；清抄本等	巩固封建统治

续表

姓名	生卒年（朝代）	籍贯	家庭、教育背景资料来源社会身份、思想	主要作品及内容	作品流传途径	写作目的
韩愈	768—824（唐朝）	河阳（今河南省孟州市）人	唐代文学家、哲学家、思想家，晚年任吏部侍郎	《原道》文中提出"民者，出粟米麻丝，作器皿，通货财，以事其上者也"，也就是说，韩愈认识到正是人民通过接受一定的科技教育，具有一定的科技知识与职业技能，通过生产劳动，生产出可供统治者与人民消费的粮食与衣物、财物与器皿，从而保证整个社会机构的正常运行	《古文释义新编》卷七，《黎氏古文评注补正全集》卷六，《二程语录》卷一，《昌黎文钞》卷九，《唐宋八大家文钞·昌黎文钞》	个人爱好
刘禹锡	772—842（唐朝）	洛阳（今河南洛阳）人	官员。唐代文学家、诗人。刘禹锡是中山靖王后裔。父刘绪因避安史之乱，举族东迁，寓居嘉兴（今属浙江）。刘禹锡出生在洛阳，19岁左右游学长安。贞元九年与柳宗元同榜登进士第，贞元十一年登吏部取士科。贞元十六年入杜佑幕府，授太子校书，开始踏上仕途。贞元十六年人杜徐州县主簿。十八年调任渭南县主簿。二十一年（八月改元永贞）一月，德宗死，顺宗即位，任用王叔文等人推行一系列改革弊政的措施	《传信方》重视民间简单易行的疗法，在书中收载了几十个药方，其中关于芒硝（硫酸钠晶体）再结晶的精制工艺和用羊肝丸治青盲、内障等都是现存最早的记载，所载大都符合验、便、廉的原则，药方剂、涉及内外妇儿等多方面。《机汲记》记载了高筒转车的结构和用途	原书已亡佚，现在所看，为明清医书中所辑录而成	个人爱好

续表

姓名	生卒年（朝代）	籍贯	社会身份家庭、教育背景资料来源	主要作品及内容	作品流传途径	写作目的
柳宗元	773—819（唐朝）	河东（现在山西省河东城、运城一带）人	唐代文学家、哲学家、散文家和思想家世称"柳河东""河东先生"，城一带）人，祖上世代为官（七世祖柳庆为北魏侍中，封济阴伯。柳宗元的堂高祖柳奭曾为宰相，曾祖父柳从裕，祖父柳察躬都做过县令）	《始得西山宴游记》《钴鉧潭记》《钴鉧潭西小丘记》《至小丘西小石潭记》《袁家渴记》《石渠记》《石涧记》《小石城山记》直接刻画山水景色，则或峭拔峻洁，或清莹奇丽，以精巧的语言再现自然美	收入《河东先生集》《柳宗元集》	个人爱好
李德裕	787—850（唐朝）	唐代赵郡赞皇（今河北省赞皇县）人	与其父李吉甫均为晚唐名相。唐文宗时，受李宗闵、牛僧儒等牛党势力倾轧，由翰林学士出为浙西观察使。太和七年，入相，复遭奸臣郑注、李训等人排斥，左迁。唐武宗即位后，李德裕再度人相，执政期间外平回鹘，内定昭义，裁汰冗官，协助武宗灭佛，功绩显赫	《平泉山居草木记》中明确记载，平泉山庄种有百合。其文曰："庚申岁，复得宜春之笔树，楠稚子，金荆、红笔，盛蒙、勾栗木，其药又得山姜、碧百合。"这里申岁是唐开成五年（840）	有《说郛》本、《五朝小说》本、《唐代丛书》本等	个人爱好

续表

姓名	生卒年（朝代）	籍贯	社会身份家庭、教育背景资料来源	主要作品及内容	作品流传途径	写作目的
蔺道人	790—850（唐朝）	长安（今陕西西安）人	道者出家云游，于会昌间（841—846）结庵于宜春钟村。因尝治愈一彭子坠地折颈伤肱，其医术遂广为人知，求医者甚众	《仙授理伤续断方》骨伤科专著。又名《理伤续断方》。一卷。刊于846年前后。首论整骨手法的14个步骤和方剂，次论伤损的治法及方剂。书中记述了关节脱臼、跌打损伤、止血以及手术复位、牵引、扩创、填塞、缝合手术操作等内容。本书成书较早，在骨伤科著作中有较大影响	现存明刻本，1949年后有排印本	个人爱好
昝殷	797—859（唐朝）	蜀地成都（今四川成都）人	官员。官至随军节度、医学博士	《食医心鉴》，《经效产宝》3卷，分52篇，371方。上卷论述养胎、保胎、食忌、恶阻、胎动不安、漏胞下血、腹胀以及难产诸疾，特别对横产、倒产作重点介绍。中下卷论述产科各种疾病的治疗与方剂共25篇。围绕妊娠、分娩、产后等病症详论证治。每类证型先列医论、倒产作方药；治疗上重视调理气血、补益脾肾，对血晕的急救措施符合实际，且简便易行	公元897年，周颋补益并序，为我国现存最早之妇产科专书，另有《医方类聚》辑本。又撰《食医心鉴》三卷（《宋史·艺文志》作二卷）	职业需要

续表

姓名	生卒年（朝代）	籍贯	社会身份 家庭、教育背景 资料来源	主要作品及内容	作品流传途径	写作目的
段成式	803—863（唐朝）	临淄（今山东淄博东北）人	唐代著名志怪小说家，段文昌曾任宰相，封邹平郡公，工诗，有文名	《酉阳杂俎》是唐代笔记小说集，20卷，续集10卷。这本书记的性质，据作者自序，说属于志怪小说，远远超出了志怪小说之书也"。不过就内容而言，这部著作，内容繁杂，有自然现象、文籍典故、社会民情、地产资源、草木虫鱼、中外文化、医药、佛家故事、方技物产交流等等，可以说五花八门，包罗万象，具有很高的史料价值	《旧唐书・段成式传》说他"所著《酉阳杂俎》传于时"。南唐刘崇远所撰《金华子》亦记有段成式"著书甚众，《酉阳杂俎》最传于世"。可见《酉阳杂俎》在段成式在世的九世纪中期已开始流传，并得到当时许多人的赏识。宋太宗太平兴国二年（977年），李昉《太平广记》的编纂，分类编入各卷中	个人爱好
卢肇	818—882（唐朝）	江西宜春文标乡（现属新余市分宜县）人	唐会昌三年（843）状元，先后在歙州、宣州、池州、吉州做过刺史	《海潮赋》序谓"日激水而潮生，月离日而潮大"。月正临子，午；指月亮正处在"上中天"和"下中天"的位置上		个人爱好
陆龟蒙	？—881（唐朝）	长洲（今江苏吴县）人	是唐朝的农学家，文学家，甫里先生。陆龟蒙出身官僚世家，其父陆宾虞曾任御史之职，曾任湖州、苏州刺史幕僚	《耒耜经》全文仅620余字，篇幅虽小，但内容丰富，结构严谨。文中详细记述了唐末长江下游江南地区（习称江东地区）使用的曲辕犁的名称、形制，结构和尺寸及制作材料，碌碡三种整地农具	《耒耜经》被收录于陆龟蒙的文集而流传。今传世的陆龟蒙文集只有《笠泽丛书》、《唐甫里先生集》（又称《耒耜经》）《甫里先生文集》（《耒耜经》）版本校勘纪要《甫里先生集》两种文集为要查清《耒耜经》的版本，只得以这两种文集为线索去探寻	使更多的人了解和掌握农具

续表

姓名	生卒年（朝代）	籍贯	社会身份家庭、教育背景资料来源	主要作品及内容	作品流传途径	写作目的
韩鄂	？—739（唐朝）	不详	不详	《四时纂要》（成书于唐末五代，最迟也不会超过宋初）《四时纂要》是我国古代著名农书，它将纂集于唐以前汉著述的各种农业技术和应做的农事分月排比，在全书698条事项中，天文术数类就有348条	《四时纂要》是我国古代著名农书，唐韩鄂撰月令体。原书在我国早已散佚。1960年，在日本发现了明万历十八年（1590）朝鲜重刻的《四时纂要》。1981年农业出版社出版了由著名农史专家缪启愉整理的《四时纂要校释》	个人爱好
李石	？—845（唐朝）	陇西人	818年进士及第，官至尚书右仆射，宰相等职	《司牧安骥集》这是我国现存最古老的一部中兽医学专著，是隋唐时代大小寺庙一些僧博士写书的教材，由李石主编的。其内容虽然以兽医方剂为主，但第一卷辑录的丰富的相马经验，也部分反映了中国这一时期兽医外形学的进步	原书早佚，最早的新刊校正本刊于刘齐阜邑五年（1134），时未题作者和写作年代。《宋史·艺文志》医书类始有《司牧安骥集》三卷，又有撰人题李石、曾数与刘齐所刊四卷相同。元代曾有八卷本，曾翻刊多次，为明代以前学习兽医者的重要教材。并曾流传国外。日本在1000年即梓行了《伯乐针经》和《司牧安骥集》；1604年又梓行《痕安骥集》	职业需要
李肇	约公元813年前后在世，卒于开成元年前（唐朝）	不详	累官尚书左司郎中，迁左补阙，入翰林为学士	《唐国史补》亦称《国史补》，是一部记载唐代自长庆之间一百年事，涉及当时的社会风气、朝野轶事及手工业、农业的技术各个方面等的重要小说，对于全面了解唐代社会具有极其重要且十分特殊的功用和价值	《新唐书》《崇文总目》《通志》等书记为三卷，《郡斋读书志》《文献通考》等书记为二卷。传世单刻本有明汲古阁刊影宋本、丛书本有《津逮秘书》《学津讨原》《得月移丛书》等，一卷节本有《唐代丛书》《笔记小说大观》《唐代丛书》等。1957年，上海古典文学出版社，据《说郛》本标点排印，收入中国文学参考小丛书。1979年，上海古籍出版社用古典文学出版社本重印	巩固统治

续表

姓名	生卒年（朝代）	籍贯	社会身份 家庭、教育背景 资料来源	主要作品及内容	作品流传途径	写作目的
杜环	不详（唐朝）	襄阳郡（今湖北襄阳）人	旅行家	《经行记》是唐代杜环所写所历经历记录。杜环于公元762年由海路返回中国，将他的游历见闻著作成书	王国维曾根据明代嘉靖本《古行记校录》，将其中引用的经行记原文辑录成书《经行记》。《古行记校录》记载13国：拔汗那国、康国、狮子国、拂菻国、摩邻国、大食国、大秦国、波斯国、石国、碎叶国、末禄国、苫国	个人爱好
莫休符	不详（唐朝）	广东封开	唐朝官员，学者	《桂林风土记》将所见所闻录入书中，是一部有关桂林历史地理和风俗人情最早的风物志。书中有李渤、元晦、裴行立、韦瓘等人开发桂林山水、修建风景名胜的记载，以及张固、卢顺之、张丛、路单、李渤等吟咏桂林山水的诗作，多为轶篇，弥足珍贵	原书3卷，宋时已佚两卷，今存1卷，42个条目	个人爱好
南卓	不详（唐朝）	不详	洛阳令，黔南经略使	《羯鼓录》一书分前后两录，前录成于大中二年(848)，后录成于大中四年(850)，全文共叙述关于唐代揭鼓乐事十四件，并记载了太簇均乐曲名和佛曲共132首《羯鼓录》一书属笔记体，书中记述了揭鼓形状、来源和开元、天宝年间有关羯鼓逸事，卷末附有羯鼓诸宫曲，诸佛曲名和食曲等又文曲或梵文音译乐曲名。都为研究唐代音乐艺术、宫廷生活和社会风气的重要参考资料	关于《羯鼓录》的流传通行本主要据杨本、其后清代钱熙祚本引文综合校订本、特别利用《太平御览》《唐语林》等书加以校勘校语，刻入《守山阁丛书》，此版本堪称最善之校订本	职业需要

续表

姓名	生卒年（朝代）	籍贯	社会身份 家庭、教育背景 资料来源	主要作品及内容	作品流传途径	写作目的
李筌	不详（唐朝）	唐陇西（今甘肃境内）人	道教思想理论家，政治军事理论家，隐士，曾经隐居于嵩山的少室山多年	《太白阴经》是唐中叶李筌所著的一部兵书，全称是《神机制敌太白阴经》。《太白阴经》是兵书身份的李筌于唐玄宗天宝十年（751）撰成的一部兵书，内容庞杂，甚至矛盾抵牾。在重大理论方面，李筌论述了道德仁义、奇谋诡道同战争的关系，天道、地势人同战争的关系，以及人同战争的关系，都具有相当的价值	今日容易见到的是两个清朝版本：先是《四库全书》，台湾商务印书馆1983年影印出版，编入第726册；后是《守山阁丛书》本	军事指导
王旻	不详（唐朝）	《历代真仙体道通鉴》本传载："王旻居洛阳萝卜事，居山青青里居青，居山青，多殖花木，有方法"	道士	《山居要术》农书，一作《山居录》或《山居杂录》等，《山居要术》全集本，果木、花草树竹木六类，种药、种艺、种葵、种首楷、种紫苏、种黄精，种桃李杏等89条条文	约于先天元年至天宝十四年（712—755）间成书。今有《居家必用事类全集本》（戊集。以下简称全集本），已残缺。另外，《苏轼诗集》注存其两条佚文。段成式《酉阳杂俎》卷之九《支植上》载："王曼言，萝卜根苹，并生熟俱寒，此言未详。著录《山居要术》，疑即《山居要术》的佚文字。《山居种莳要术》一卷，疑可能是《山居要术》的节本。《山居录》也可能是《山居要术》的又一种节本	个人爱好

中国古代科技文献作者统计表　　501

续表

姓名	生卒年（朝代）	籍贯	社会身份 家庭、教育背景 资料来源	主要作品及内容	作品流传途径	写作目的
袁天罡	不详（唐朝）	益州成都（今四川成都）人	唐初天文学家、星象学家、预测家。袁天罡是隋末李淳风的师傅。他们都是隋末博学的高道。隋时为盐官令，入唐为火山令	《六壬课》《五行相书》《推背图》《袁天罡称骨歌》其中《推背图》是中华首部预言奇书，共有60幅图像，每一幅图像下面附有谶语和"颂曰"律诗一首，预言了从唐开始一直到未来世界大同发生在中国历史上的主要事件	由于历代均严禁此类谶书，该书在流传的过程中又不断被人篡改，将已知的历史改成图谶，加以比附，故其本来面目已渺不可考。"推背图"传本不一，如清朝光绪十三年（1887）出现的抄本，有67图像（六十甲子与六十四卦明显对应），故应为假的。目前，较为常见的是有金圣叹作序并加以评注字样的六十图版本，是明末清初才起来，金圣叹评并加以评注字样的是有金圣叹作序初自负其才，肆言无忌金圣叹无金圣叹的批注点评本（字若采）	职业需要
窦叔蒙	不详（唐朝）	窦叔蒙自幼生活在浙江省东部地区	唐代潮汐学家。为宝应至大历年间（762—779）处士	《海涛志》（或称《海峤志》）约成文于大历年间（766—779），《海涛志》是中国现存最早的潮汐学专篇，历分（成因）、涛历、涛汐时、涛朝、朔望体象和春秋仲涛涨解6章	《全唐文》中只收录了第一章，缺其余五章；宋代欧阳修的《稽古录》也只记载了六章篇名的《海涛辑说》中辑录了该志的全文，才为我们留下了这份宝贵资料。目前保存在清代俞思谦《海潮辑说》中	个人爱好

续表

姓名	生卒年代（朝代）	籍贯	社会身份家庭、教育背景资料来源	主要作品及内容	作品流传途径	写作目的
樊绰	不详（唐朝）	不详	曾为安南（今越南河内）经略使	《蛮书》记载云南自然地理、城镇、交通、里程、物产、经济、历史、政治、军事以及云南各民族的生活习俗的阐述，是唐代有关云南民族历史最重要的著作，具有极重要的史料价值	《新唐书·艺文志》以《蛮书》之名著录，《宋史·艺文志》《郡斋读书志》《云南西域行记》都称此书为《云南志略》。此后不见传本。惟《永乐大典》收入之本，题作《云南史记》，为明初以来仅有之本，刊于《武英殿聚珍版丛书》中，复流传于世。《琳琅秘室丛书》亦收入；桐叶馆、知不足斋有单刻本，《云南备征志》有待校注。清乾隆间四库馆臣从《永乐大典》辑出，版本甚多。此后福建、广东有翻刻本。《浙西村舍汇刊》《云南丛书》均收入。近人向达作了较为系统的整理，在文字校勘和史实注释方面作了较多校注，尤便研究者。樊绰《云南志概说》，对此书名称、资料来源、版本考校精详	职业需要
梅彪	不详（唐朝）	西蜀江源（今四川松潘）人	唐代炼丹家	《石药尔雅》成于唐宪宗元和元年，即公元806年，收录药名168种，释药名化学药品，铅黄花、锡黄精、铅精、水黄花、水银、霜、丹砂、雄黄、雌黄、赤雌、石硫黄等，序末题署"时唐元和丙戌梅序"，是中国第一部专论丹药的著作	最早见录于《崇文总目辑释》道书类七，《抱经楼藏书志》卷36 医家载《石药尔雅》二卷	个人爱好

续表

姓名	生卒年（朝代）	籍贯	社会身份 家庭、教育背景 资料来源	主要作品及内容	作品流传逸名	写作目的
徐云虔	不详（唐朝）	不详	邕州道节度使辛谠从事，出使南诏	《南诏录》主要记载了南诏的地理情况。是徐云虔第一次出使后所作	《新唐书·艺文志·史部·地理类》著录，《通志·艺文略》同，《宋史·艺文志》失载	职业需要
黄子发	不详（唐朝）	不详	唐朝科学家	《相雨书》是我国最早的一部天气谚语集，收罗了169条气象谚语，至今全国各地流传的气象谚语	《说郛》里面有此书，题唐黄子发撰。后来双有《渐西村舍》本，《从书集成》本则是根据《渐西》本排印的	个人爱好
瞿昙悉达	生于唐高宗时代（公元七世纪下半叶），卒于唐玄宗同年同（公元八世纪上半叶）（唐朝）	世居长安	唐代天文学家	《开元占经》全书共一二〇卷，其中前二卷是集录中国古代天文学家关于宇宙理论的论述；保存了中国最古老的关于恒星位置观测的记录	《开元占经》自撰成以后，传世极少。直到明神万历四十四年（1616），安徽歙县有叫程明善的学者，因给古佛像布施装金，而在佛腹中发现了一部抄本。当今传世较广的是道光年间的佰德堂刻版本。近年来，台北出版了文渊阁藏本《四库全书》影印本，中国书店也于一九八九年出版影印本	
王希明	不详（唐朝）	不详	唐代开元年间曾任右拾遗内供奉于具的官职	《步天歌》可以说是我国第一部优秀的科学诗作品，是以文艺形式介绍整个天空知识的开创性著作，首创把整个天空分成三垣二十八宿，共三十一个天区，每天区包含多少不等的星官和星数	南宋史学家郑樵曾借助《步天歌》观测星斗，自而诵之。郑樵所著的《通志·天文略》主要内容就是以《步天歌》而成。清代的天文学家、数学家梅文鼎极其重视《步天歌》，云："一日得《步天歌》，可见他对这部著作极高度赞扬，言下见象，句中有图，或半或约，无余无失"	

续表

姓名	生卒年（朝代）	籍贯	社会身份家庭、教育背景资料来源	主要作品及内容	作品流传途径	写作目的
马重绩	不详（五代）	住在太原	司天监 天文观测、天文档案	《调元历》	收入《旧五代史》流传至今	《长广宣明历》所记录的星体运行已经不再准确，而《景福崇玄历》每年差一天。因此到后晋高祖时(936)司天监马重绩上表使用新历
王朴	906—959（五代后周）	山东东平	端明殿学士 天文观测、天文档案	《钦天》	收入《旧五代史》流传至今	官修历法

中国古代科技文献作者统计表 505

续表

姓名	生卒年（朝代）	籍贯	社会身份家庭、教育背景资料来源	主要作品及内容	作品流传途径	写作目的
刘昫	887—946（五代）	五代时涿州归义（今属河北）人	宰相地理档案	《旧唐书》	1060年《新唐书》发行后不再流传，至1538年重新刊行	志书，记载唐代天文、历法、地理等各种情况
陈士良	不详（五代）	不详	陪戎副尉、剑州医学助教、药局奉御官方档案	《食性本草》	《漆经》已佚，现主要条目存于《本草纲目》	摘录前代诸家关于饮食方面的药物以及五脏调理法
和凝	898—955（五代）	鄆州须昌（今山东东平）人	中书侍郎文学家、法医学家官方档案	《疑狱集》《演纶》《游艺》《孝悌》《香奁》《籯金》现存有《宫词》	南宋《洗冤集录》收录，后见于《四库全书》	法医著作，记述各类运用法医学的案例

续表

姓名	生卒年（朝代）	籍贯	社会身份 家庭、教育背景 资料来源	主要作品及内容	作品流传途径	写作目的
宋齐邱	885—958（五代）	万载怀旧乡（今高城乡编村人）	左司员外郎兵部侍郎 官方档案	《化书》10卷 《理训》10卷 《玉管照神局》 全书专论相法，颇为系统，所相有形有神，既相五官，又看身形，论气色。书中还详细记载了十二幅掌纹图，保存了丰富的相法资料，为我国相法发展提供参考	《宋史·艺文志》、焦竑《经籍志》皆称《玉管照神局》二卷。陈振孙《书录解题》则称《玉管照神》且仅有一卷。《永乐大典》载	保存了丰富的相法资料，可为研究我国相法的发展提供参考
韩保升	不详（五代）	不详	翰林学士 官方档案	《蜀本草》 该书为五代后蜀政府所修订的国家药典性本草。《蜀本草》涉及范围广，对《本经》的七情畏恶药内容进行统计归纳，并对《唐本草》错误内容进行修订	原书佚，内容见《本草纲目》引文	将《新修本草》增补注释，尤其是对药物图形的解说，更详于以前的本草
李珣	855—930（五代）	梓州（四川省三台）	晚唐词人 个人经验	《海药本草》 全书收录药物124种，其中96种标注外国产地。书中记述了药物的形态、真伪、优劣、性味、主治、附方、服法、制药法、禁忌、畏恶等	原书至南宋佚，现见于《证类本草》引文和《本草纲目》等著作中	记载海外传入药物

续表

姓名	生卒年（朝代）	籍贯	社会身份 家庭、教育背景 资料来源	主要作品及内容	作品流传途径	写作目的
朱遵度	不详（五代）	金陵（今江苏南京）	五代南唐藏书家 个人经验	《鸿渐学记》1000卷 《群书丽藻》1000卷 《漆经》	《漆经》已佚，内容也无可考，北宋《江表志》有记录	记载漆工技艺、行业规范
谭峭	860或873—968或976（五代）	泉州府清源县（今属莆田市华亭）	道士 个人经验	《化书》	宋元流传状况不明，明代见于《道藏》	各种物理现象的观察记录与研究笔记
杜光庭	850—933（五代）	处州缙云（今属浙江）	道士 个人经验	《录异记》 《道德真经广圣义》 《道门科范大全集》 《广成集》 《洞天福地岳渎名山记》 《青城山记》 《武夷山记》 《西湖古迹事实》	原书宋代佚，宋《太平广记》辑录八卷	物理和心理现象记录
独孤滔	不详（五代）	不详	道士 个人经验	《丹方鉴源》 全书二十五篇，卷上、卷中共十三篇，载述金石类药品；卷下十二篇，主述本草药品，皆为炼外丹之用	保存于《正统道藏》中	医用矿物的性质、用途、用法

续表

姓名	生卒年（朝代）	籍贯	社会身份家庭、教育背景资料来源	主要作品及内容	作品流传途径	写作目的
轩辕述	不详（五代）	不详	道士 个人经验	《宝藏畅论》是一本化学冶金工业方面的著作，论述各种化学原料的性质及识别方法冶炼方式等	原书至明代佚，现存部分只有《本草纲目》引用的条目	各种矿物的性质、冶炼方法
陶谷	903—970（北宋）	邠州新平（今陕西彬县）人	官员。宋初，转礼部尚书，依前翰林承旨。北宋乾德二年，判吏部铨兼知贡举。再为南郊礼仪使。累加刑部、户部二尚书。开宝三年，赠尚书右仆射。 官方资料	《清异录》是一部笔记，此书多记唐、五代时人称呼当时人、事、物的新奇名称，每一名称之来历，而于其下记此名称之来历。这些名称其下记此名称奇特，许多还各有谐大多新颖奇特，许多还各有谐的意味	该书末卷已经不存，而传世各种版本甚多。现在通行各本是在元代孙道明的《说郛》抄本和明代陶宗仪抄本基础上形成的文字差别颇大	不详
				《荈茗录》分别讲了中国东南西北中各地区的代表性茶叶，包括茶品，如茶青、茶匠等等	主要刊本有：茶书全集本。夷门广牍本茶笺记后亦附有该书，但未题名	不详
扈蒙	915—986（北宋）	幽州安次（河北省安次县）人	官员。入宋，由中书舍人迁翰林学士。太祖乾德六年复知制诰，充史馆修撰。 官方资料	《太平广记》专门收录了先秦两汉至北宋初年间的野史、笔记、传奇等作品，是我国第一部规模巨大、内容丰赡的古代文言小说总集	明代以前很少刻本流传，原书已有缺佚舛误。明嘉靖四十五年谈恺据传钞本加以校补，刻板重印，成为现存最早的版本。以后的几种刻本多从谈刻本出。另有沈与文野竹斋钞本和陈鳣校宋本。通行的版本是经过汪绍楹校点的排印本。1959年由人民文学出版社出版，1961年中华书局重印新一版	官修
				详定《古今本草》	不详	官修

续表

姓名	生卒年（朝代）	籍贯	社会身份家庭、教育背景资料来源	主要作品及内容	作品流传途径	写作目的
徐铉	916—991（北宋）	广陵（今江苏扬州）人	官员。历仕五代吴校书郎、翰林学士，南唐知制诰、吏部尚书，后随李煜归宋、官散骑常侍，世称徐骑省。淳化初因事贬静难军行军司马。官方资料	《太平御览》全书以天、地、人、事、物为序，分成五十五部，可谓包罗古今万象	《御览》的版本有十二种之多。旧时藏书家所称的北宋刊本、南宋闽刊本，现存《御览》（蜀刊本），以此本为证即南宋闽刊本，此本国内也不见。南宋尚存叔献刊本，一藏于官内省图书寮，一藏于京都东福寺。到明代有两个版本：明倪炳校刻本和明活字本和清鲍崇城刻本，清汪昌序话字本和清鲍崇城鲍氏本。光绪年间有：广东重刊鲍氏本和石印鲍氏本。另外有日本仿宋聚珍本	官修
刘翰	919—990（北宋）	沧州临津（今河北沧县）人	官员。宋历任朝散大夫、鸿胪寺丞、翰林医官使等。世医医家出身	《开宝本草》取《新修本草》为蓝本进行修订，并采摭陈藏器《本草拾遗》等书相互参证，订正错讹，补充遗漏，是宋代第一部官修的药典性本草著作	见上	官修
赞宁	919—1001（北宋）	吴兴德清（今属浙江）人	僧人	《笋谱》全书一卷，记录笋的栽培方法、名称、形态特征、生长特性、产地、出笋时间、加工保藏方法等	本书早已散佚，但其内容还可从《本草纲目》中见到。主要有《百川学海》《唐宋丛书》《说郛》等本	个人爱好
马依泽	921—1005（北宋）	西域鲁穆国人，定居陕西径阳	官员。宋太祖建隆二年应诏入华，后封爵世袭司天监	《应天历》分六卷，此法在中国历法中首先引进星期制度	宋太祖御制序，颁行	官修
				《后周广顺明元历》《太一青虎甲黄经》	不详	本职工作

续表

姓名	生卒年（朝代）	籍贯	社会身份 家庭、教育背景 资料来源	主要作品及内容	作品流传途径	写作目的
孙复	922—1057（北宋）	原籍晋州平阳（今山西临汾）人	平民	《春秋尊王发微》里面却包含着丰沛的动植物知识以及人与自然和谐发展的科学思想	传本有《通志堂经解》本及《四库全书》本等	个人研究
李昉	925—996（北宋）	深州饶阳（今河北饶阳县）人	官员。宋初为中书舍人。宋太宗时任参知政事、平章事。雍熙元年，加中书侍郎。 官方资料	《太平御览》《太平广记》	见上	官修
王怀隐	925—997（北宋）	宋州睢阳（河南商丘）人	初为道士，精通医药。太平兴国初奉诏还俗，为尚药奉御，后迁翰林医官使。 官方资料	《太平圣惠方》是宋代的医方巨著，多取《诸病源候论》内容，内容丰富，载述了中国10世纪前的医药学成就	原本早佚，明清两期末子重刊，现仅存少数残本成抄本，主要有福建路转运司刊本及抄本永正十一年（1514）抄本，1958年人民卫生出版社出版校勘本	官修
李穆	928—984（北宋）	开封阳武（今河南原阳县）人	官员；周显德初以进士，为汝二州从事，太平兴国郡中拜左谏议大夫，参知政事。 官方资料	《太平御览》《太平广记》	见上	官修

续表

姓名	生卒年（朝代）	籍贯	社会身份 家庭、教育背景 资料来源	主要作品及内容	作品流传途径	写作目的
乐史	930—1007（北宋）	宜黄霍源村（今属江西）人	官员。宋朝建立后，为平原主簿。太平兴国五年，上书言事，武成军节度记职。初任著作佐郎，陵州知州，转太常博士，知舒州，直史馆，再迁水部员外郎，淳化四年知黄州，商官方资料	《太平寰宇记》该书对全国各州县的山川形胜、历史沿革、风俗、物产、人物和艺文等，都有较详细的记载。尤其是对当时的土产和唐宋两代户口、人口发展作了详细的记述，为后世研究地区经济的发展和人口分布提供了宝贵的资料	成书之后，长期未见载有坊刻情况。现存有南末刻残本33卷，《郡斋读书志》私家较早收录者，见晁公武《郡斋读书志》及陈振孙《直斋书录解题》。历南宋至明代，杨士琦《文渊阁书目》卷一八著录有残缺情况。其后，钮石溪《世学楼珍藏书目》及赵用贤《脉望馆书目》都收有此书，但均未云有残缺情况。赵琦美《会稽钮氏世学楼珍藏书目》、陈第《世善堂书目》、董其昌《玄赏斋书目》等诸家书目都收有此书，且均言明有损佚情况。到了清初，明代间存的本子大多化为灰烬，劫遗者也均已残损严重	官修
邢昺	932—1010（北宋）	曹州济阴（今山东曹县西北）人	官员。一生曾先后担任过许多官职，但其主要活动是在宋王朝的宫廷里和国子监从事教学工作。太平兴国二年被选拔为农家子弟，太平兴国二年及第	《耒耜岁占》	不详	与工作相关
钱俨	937—1003（北宋）	临安（今浙江杭州）人	官员。钱俨为镇东军安抚使。国破归宋知金州，历官金、镇、随等州观察使，文穆王钱镠之孙、文穆王第十四子。其父母兄钱俶为吴越王	《吴越备史》记录了猛火油不能被水熄灭的特性	今本为镠十七世孙德洪嘉靖间刊本	不详

续表

姓名	生卒年（朝代）	籍贯	社会身份家庭、教育背景资料来源	主要作品及内容	作品流传途径	写作目的
贾黄中	945—996（北宋）	沧州南皮（今属河北）人	官员。仕南唐，内史。入宋，以校书郎直史馆，试学士院，授大理评事，历官太府寺丞，著作佐郎，秘阁校理	《神医普救方》是北宋继《太平圣惠方》后的又一方剂大荟萃	失传	官修
吴淑	947—1002（北宋）	润州丹阳（今江苏）人，幼随父迁蕲州（今湖北）	官员。入宋，大理评事，历官太府寺丞，著作佐郎，秘阁校理。	《太平御览》《太平广记》	见上	官修
郏天宝	953—1013（北宋）	不详	不详	《玉玺记》	失传	个人爱好
路振	957—1014（北宋）	祁阳（今湖南省祁阳县）人	官员。父亲去世，母亲怕他荒废学业，天天严加教诲。路振隆冬盛暑，松窗雪案，从来都没有废过。正是五代十国长期的时代，使很多人都因此没有读多少书。个人经历	《乘轺录》写出使辽国经过	失传	与工作相关
苏易简	958—997（北宋）	梓州铜山（今属四川）人	官员。历任将作监丞，升州通判，左赞善大夫，右拾遗，知制诰，中书舍人，翰林学士承旨，参知政事	《文房四谱》此书分别探讨和记载了笔、砚、纸、墨产生的根源、制造的工艺、流传的故事以及诗词赋文	该书原有宋刊本，失传。今存有四库全书本、学海类编本、儱儿丛书本、十万卷楼丛书本和丛书集成初编	不详

续表

姓名	生卒年（朝代）	籍贯	社会身份 家庭、教育背景 资料来源	主要作品及内容	作品流传途径	写作目的
洛钦仁钦桑布	958—1055（北宋）	出生在古格境内的旺热那浩村	僧人。其一生三次往返印度，西藏三次	翻译《八支要义广注》《八支集要光》《词义月光》	不详	与工作相关
李宗谔	964—1012（北宋）	深州饶阳（今河北饶阳）人	官员。历任校书郎、秘书郎，拜右谏议大夫等。李昉之子	《祥符州县图经》记大中祥符年间行政区划，京府二、次府三百五十二、军四十五、监十四、县一千二百五十三	失传，但是王应麟《玉海》有著录，并收有原李宗谔奉命撰《序》全文，《宋史·艺文志》《舆地纪胜》《永乐大典》有征引	官修
惠崇	965—1017（北宋）	福建建阳人	僧人	《竹谱》	失传	个人研究
丁谓	966—1037（北宋）	长洲县（今江苏苏州）人	官员。宋真宗大中祥符五年至九年任参知政事，天禧三年至乾兴元年再任参知政事、枢密使、同中书门下平章事	《北苑茶录》凡三卷，记述贡茶采制之法。不仅记叙了茶焙的数目、所在地，以及采摘、焙制、上贡的经过等，还绘制了制茶的器具图	失传	与工作相关
宋真宗	968—1022（北宋）	开封	宋朝第三位皇帝，宋太宗第三子。开封太学官方资料	《授时要录》	失传	官修

续表

姓名	生卒年（朝代）	籍贯	社会身份家庭、教育背景资料来源	主要作品及内容	作品流传途径	写作目的
钱惟演	977—1034（北宋）	钱塘（今浙江杭州）人	官员。历右神武将军、太仆少卿，命直秘阁，官尚书，拜枢密使，累迁工部终崇信军节度使。家藏书极富，可与秘阁（国家图书馆）相比，尤其收藏有很多古代书画，后人亦将其归入藏书家之列	《花品》	不详	个人爱好
王曾	978—1038（北宋）	青州益都（今山东青州）人	官员。宋朝状元，官至丞相。幼年父母早丧，靠叔父抚养成人。少年时代的王曾，学习勤苦，文章写得很出色、远近闻名，曾就读于青州府"矮松园"（今青州一中院内）宋真宗咸平年间考中状元。官方资料	《九域图》三卷，此书按神宗熙宁年间路行政区划分篇，参用唐《十道图》体例，依次载府州治革、道里、户口、土贡、辖县乡、镇、山川等	不详	官修
陈翥	982—1061（北宋）	安徽铜陵县贵上耆土桥（今钟鸣镇）人	民间学者。5岁读书，14岁入县学，曾有惠梁昔读身跻身科举的愿望。后因父亲早逝，兄弟不和兼自身患病十余年之故，至40岁时，方"志意相勉，乐道安贫"，一面闭门苦读，一面参与群作，坚持不辍	《桐谱》凡十篇，系世界上最早记述桐树的科学技术著作，其中6篇植桐技术，为全书的精粹	《宋史·艺文志（农书类）》《安徽通志》《铜陵县志》《本草纲目》《通雅》等均有著录；明代李时珍《池州府志》方以智《通雅》、王象晋《群芳谱》等中国古代科技著作引用过，清代吴潜《植物名实图考长编》收录全文，此书有《说郛》《丛书集成》《唐宋丛书》《适园丛书》等版本	个人爱好

续表

姓名	生卒年（朝代）	籍贯	社会身份家庭、教育背景资料来源	主要作品及内容	作品流传逸名	写作目的
王惟一	987—1067（北宋）	不详	官员。历任宋仁宗、宋英宗两朝医官，仁宗时为翰林医官、朝散大夫、殿中省尚药奉御诸都尉	《铜人腧穴针灸图经》书中把三百五十四个穴位，按十二经脉联系起来，注有铜人注解。为铜人富，经穴较多图样完整，内容丰富，经穴较多而系统。按照穴位可查到所需用的穴位，按照穴位可查到治之症候，是我国古代针灸典籍中一部很有价值的针灸学专著	原书在1027年由来医院木板刊行，并刻于四壁石碑上，同时朴人《穴腧都数》一卷。原刊本及石刻碑早佚，现存系明人重刊的三卷本和经金人闲邪瞑叟于大定二十六年(1186)改编的五卷本。后者曾朴人了一篇"针灸避忌太一之图"，并改名《新刊朴注铜人腧穴针灸图经》。现存明刻本，清刻本。1949年后有影印本	官修
丁度	990—1053（北宋）	开封人	官员。宋真宗时，授大理寺评事，累官至端明殿学士。宋仁宗同开任枢密副使，庆历七年官拜参知政，历任官修资料	《武经总要》内容主要包括选将练兵、部队编制、军事地形、古今阵法、战略战术、边疆政策等。开创了军事理论中对地理志研究的先河	有绍定本重刻本，李赞刻本、《四库全书》本、《兵书集成》刻本，明金陵书林唐富春福春刻本	官修
晏殊	991—1055（北宋）	抚州府临川县（今属江西进贤县文港镇沙河人）	官员。历任太常寺奉礼郎、光禄寺丞、尚书户部员外郎、翰林学士、左庶子、礼部侍郎、同平章事加尚书左丞、同平章事兼枢密使、礼部刑部尚书、观文殿大学士知永兴军、兵部尚书等。官方资料	《十八路州军图》记录了宋十八路州军三百六十余所	载入《玉海》	官修

续表

姓名	生卒年（朝代）	籍贯	社会身份家庭、教育背景资料来源	主要作品及内容	作品流传途径	写作目的
燕肃	991—1040（北宋）	青州（今山东益都）人	官员。历任左谏议大夫、龙图阁直学士、礼部侍郎等职。他利用在沿海州县做官的机会，在各地进行观察、试验，并对各地海潮进行了分析、比较，他先后用了10年的时间，足迹遍及东南沿海。他曾到过广东、浙江等地进行实地观测	《海潮论》《海潮图》绘制海潮图阐述潮汐原理	被姚宽载入《西溪丛语》	个人研究
掌禹锡	992—1068（北宋）	许州郾城（今河南郾城县）人	官员。历任道州司理参军，尚书屯田员外郎、井州通判、集贤院校理，崇文院检讨、光禄卿、直秘阁学士	《嘉祐补注神农本草》以《开宝本草》为基础，参考诸家学说，由掌禹锡、林亿、苏颂等加以补充修订，共收集药物1082种	其中部分内容，赖《证类本草》引录得以保存	官修
宋祁	998—1062（北宋）	祖籍开封雍丘，出生于安州安陆	官员。历任龙图阁学士、史馆修撰、知制诰	《益部方物略记》是一本记录剑南地区草木、药材、鸟兽等物种的书	沈士龙、胡震亨同辑《秘册汇函》第七函第四十一册，毛晋辑《津逮秘书》第八集第七十三册。《说郛》	个人研究
曾公亮	999—1078（北宋）	泉州晋江（今福建泉州市）人	官员。历官知县、知州、知府、制制诰、翰林学士、端明殿学士、参知政事、枢密使。明金、总裁、知同中书门下平章事等。使他同时得到了大量的官方资料	《武经总要》是曾前人有关研制火药、火器经验、总结，整理写出的，全书共四十卷，分前后两集	在1126年金朝占领开封时，失去了《武经总要》的原本。1231年，南宋借由一些副本重制了新版本的《武经总要》。明弘治、正德年间据南宋绍定本重刻本；明弘治十七年李赞刻本；林唐福春刻本；《四库全书》本；《兵书集成》影印明唐富春刻本	官修

续表

姓名	生卒年（朝代）	籍贯	社会身份家庭、教育背景资料来源	主要作品及内容	作品流传途径	写作目的
叶清臣	1000—1049	长洲人（今苏州市）	官员。历任光禄寺丞、集贤校理，迁太常丞，进直史馆	《述煮茶小品》谈煮饮茶之趣、茶叶之质、宗品之别	清代陶珽重编《说郛》，当作专书收入	个人爱好
唐询	1005—1064（北宋）	钱塘（今杭州）人	官员。历任翰史、直史馆、知湖州、江西转运使、福建路转运使、礼部侍郎等	《砚录》	失传	个人爱好
欧阳修	1007—1072（北宋）	吉州永丰（今江西省吉安市永丰县）人，出生于绵州（今四川绵阳市）	官员。官至翰林学士、枢密副使、参知政事。家中独子，与母亲相依为命，受家庭教育	《新五代史》记载自后梁开平元年至后周显德七年共计54年的历史	问世后，即有徐无党注，金章宗泰和七年，明令立该书于学官，从此大行于世	私修
				《新唐书》修订《旧唐书》，宋代前、末代的正史	流传的主要版本有：南宋刻本4种。元刻本，明国子监据根元版修补印行。明刻本3种。清刻本多种	官修
				《洛阳牡丹记》记录了欧阳修在洛阳所见到的牡丹品种，以及当地种花、赏花、贡花的习俗，列举牡丹名品24种，并对其来历、新旧品种变迁做了阐述	本书流传极广，有《百川学海》《说郛》《香艳丛书》和《丛书集成》《山居杂志》《墨海金壶》等十余种版本	个人爱好
				《大明水记》论茶水的专文	不详	个人爱好
				《集古录》收录周秦至五代金石文字跋尾400多篇	通行本以《行素草堂金石丛书》本较为易得	个人爱好

续表

姓名	生卒年（朝代）	籍贯	社会身份家庭、教育背景资料来源	主要作品及内容	作品流传途径	写作目的
沈立	1007—1078（北宋）	历阳（今安徽和县）人	官员。举进士，签书益州判官，提举商胡埽	《河防通议》是论述河工技术最早的著作，治河的官员都以此书为根据	原书失传。现存本系元代色目人赡思于至治元年根据当时流传的所谓"汴本"，校通行的《四库全书》本等。此书流传版本有1936年商务印书馆《丛书集成》本、中国水利工程学会《中国水利珍本丛书》本	官修
范镇	1007—1088（北宋）	成都华阳县（今双流县）	官员。翰林学士。官方资料	《新唐书》	见上	官修
蔡襄	1012—1067（北宋）	原籍福建仙游枫亭乡东垞村（今福建仙游县）人，后迁居莆田蔡垞村	官员。先后在北宋朝中央政府担任过馆阁校勘、知谏院、直史馆、知制造、龙图阁直学士、枢密院直学士、端明殿学士等职，出任福建路转运使，知泉州、福州、开封和杭州府事	《荔枝谱》书中论述了福建荔枝的栽培、加工和品种，全书内容较为详实《茶录》计上下两篇，是继陆羽《茶经》之后最有影响的论茶专著	原收在作者的《端明集》（又称《蔡忠惠公集》《百川学海》《山居杂录》《古今说部丛书》《丛书集成》等本，也有单行本《郡斋读书志》和《通考》都作《茶录》二卷。著有：未治平元年石刻拓本；《末史》艺文志作《茶录》一卷。四库全书本；明华氏刊本；说郛本；百川学海本；格致丛书本；茶书全集本；百名家书本；文房奇书本；清古今图书集成本；民国丛书集成本	与工作相关与工作相关
刘羲叟	1018—1060（北宋）	泽州晋城（今属山西）人	官员。历任试大理评事，权赵州审事判官，秘书省著作佐郎，崇文院检讨等官职	《刘氏辑术》记载自汉高祖元年（前26）至后周世崇显德六年（1959），共计1165年的历法。三统、三纪甲子元、玄始、元嘉、大明、正光、兴和、大同、大象、天明、丙寅元、开皇、大业、皇极、麟德、大衍、五纪、宣明、崇元等二十余部历法	被司马光《资治通鉴目录》所引	个人研究

续表

姓名	生卒年（朝代）	籍贯	社会身份家庭、教育背景资料来源	主要作品及内容	作品流传途径	写作目的
刘敞	1019—1068（北宋）	临江新喻（今江西新余）人	官员。庆历六年与弟刘攽同科进士，以大理评事通判蔡州，后官至集贤院学士	《先秦古器记》记录先秦十一件秦代以前的石器皿	失传	个人研究
宋敏求	1019—1079（北宋）	赵州平棘（今河北赵县）人	官员。赐进士及第。官至史馆修撰，累迁龙图阁直学士	《长安志》考订详备，详于记载长安城郭、宫殿、坊市等，是我国古代有关长安地的地志书重要著作，并上至周下至唐代旧属，并附属县的情况	该书的宋朝刻本久已失传，传世的明朝成化、嘉靖两本均与元朝李好文的《长安志图》合刻，脱误极多	官修
司马光	1019—1086（北宋）	陕州夏县（今山西夏县）涑水乡人	官员。历仕仁宗、英宗、神宗、哲宗四朝，卒赠太师，温国公。司马光的博学来自多方面，一方面他好学强识，另一方面他的父亲也着意培养	《潜虚》以象数的形式表达了儒家思想	此书在司马光死后，有阙本与全本两种版本流传，后逐渐合为今本。书后附有张敦实著《潜虚发微论》一卷，为主要注本	个人研究
张载	1020—1078（北宋）	祖籍大梁，后迁至凤翔郿县横渠镇	官员。历任祁州（今河北）司法参军、云岩县令（今陕西宜川境内）著作佐郎、签书渭州（今甘肃平凉）军事判官等职	《正蒙·参两篇》、《正蒙·太和篇》记载了张载的"宇宙论"、"气本论"等哲学思想	现存最早版本见于宋本《诸儒鸣道集》中。《张子正蒙注》最为著名，古籍出版社1956年出版附有蒙	个人研究
王安石	1021—1086（北宋）	临川县（今江西省抚州市临川）人	官员。北宋宰相，初封舒国公，后又改封荆国公，宋徽宗时追封为舒王。生活在地方官家庭	《邻川先生文集》王安石创作的一部诗文别集	各种版本的王安石《全集》均收载此书，中以1962年上海中华书局版《王文公文集》、1974年上海人民出版社版《王文公文集》最佳、标点最佳	个人研究

续表

姓名	生卒年（朝代）	籍贯	社会身份、家庭、教育背景、资料来源	主要作品及内容	作品流传途径	写作目的
苏颂	1021—1101（北宋）	福建泉州南安。出生于同安芦山堂（同安城关）	官员。先任地方官，后改任馆阁校勘、集贤校理等职，九年，来哲宗登位后，先任刑部尚书，后任吏部尚书，晚年人阁拜相。官方资料	《新仪象法要》绘制了有关天文仪器和机械传动的全图、分图、零件图50多幅，绘制机械零件150多种，这是我国也是世界上保存至今的最早最完整的机械图纸。《开宝本草》改变以往从书本到书本的脱离实物的弊病，为纠正药物的混乱与错讹作出了重大贡献。与掌禹锡、林亿等一起编写了《嘉祐补注神农本草》	今通行各本都源出南宋乾道王辰施元之刻本，共三卷。施元之曾据当时所见的各本进行过校补。通行本中所谓"一本"、"别本"就是施元之朴人的。书中所谓"一本"以《守山阁丛书》刊本为善《图经本草》原著已经佚失，现在只有辑本，图则多保存在现存的《重修政和经史证类本草》里。已散佚，但主要内容还可从《证类本草》《本草纲目》中见到	官修 官修 官修
刘攽	1023—1089（北宋）	临江新喻（今江西新余）人	官员。庆历进士，历任曹州、亳州、蔡州知州，官至中书舍人。出自诗书世家	《彭城集》卷一四《送郑秘丞知邳州蒲江县》	《遂初堂书目》著录。《彭城集》六十卷《四库全书》著录。其书久佚清《四库》辑出，得赋十五篇，诗一千二百二十八首，各体文五百六十九篇，分为四十卷	个人爱好
王存	1023—1101（北宋）	丹阳（今属江苏）人	官员。历保阁校勘、集贤院史馆检讨、知太常礼院、知制诰，兼判太常寺，迁龙图阁直学士、知开封府、改兵部尚书、转户部尚书，拜中大夫、尚书右丞，迁左丞，召为吏部尚书，复出知大名府，改杭州，蔡州、移扬州，所领乡数镇堡，历时五年始归	《元丰九域志》全书分为十卷，始于四京，次列二十三路，终于省废州军、化外州，羁縻州，监及其距京里程，四至八到、主客户数、土贡、领县数和名称；每县下又详列距府州方位里程，所领乡数镇堡，兼名目以及名山大川、府州县名皆标出其等第	官修

520　中国古代科技文献作者群体研究

续表

姓名	生卒年（朝代）	籍贯	社会身份 家庭、教育背景 资料来源	主要作品及内容	作品流传途径	写作目的
张潜	1025—1105（北宋）	江西德兴银城吴园村人	民间 西汉张良后裔，唐末时家族逐渐南移，至德兴新营定居后，三世同居，隐而不仕。根据前人留下的湿法炼铜的实践经验	《浸铜要略》 总结了工匠们胆水浸铜的经验	原书已佚，著录于《宋史·艺文志》	个人研究
韩祗和	1030—1100（北宋）	不详	不详	《伤寒微旨论》 全书自伤寒源至劳复证共十五篇，论述辨脉、汗、下、温中等治疗大法，用药和某些病证的证治，并附方论、治案	原书失传，后世刊印本系从《永乐大典》中辑录编成。现存清末刻本及石印本，《四库全书》本等	个人研究
周师厚	1031—1087（北宋）	时鄞（今浙江省鄞县）人	官员。北宋皇祐五年进士，为西安令，历提举湖北常平，通判河南府及保州，仕至荆湖南路转运判官。个人经验	《洛阳牡丹记》 书中记载了当时洛阳的名贵牡丹品种55种，其中仅有9种在欧阳修版本中有记录 《洛阳花木记》 书中牡丹品种增加到了109个，芍药品种有41个	本书流传极广，有《百川学海》《山居杂志》《墨海金壶》《香艳丛书》和《丛书集成》余种版本 本书现存有《说郛》本、《古今图书集成》本和清抄本	个人爱好 个人爱好

续表

姓名	生卒年（朝代）	籍贯	社会身份家庭、教育背景资料来源	主要作品及内容	作品流传途径	写作目的
沈括	1031—1095（北宋）	浙江杭州钱塘县（今浙江杭州）人	官员。仁宗嘉祐进士，后任翰林学士。出身于浙江钱塘官僚家庭，他自幼勤奋好读，在母亲的指导下，十四岁就读完了家中的藏书。后来他跟随父亲来到过福建泉州、江苏润州（今镇江）、四川简州（今简阳）和京城开封等地，有机会接触社会，对当时人民的生活和生产情况有所了解，增长了不少见闻，也显示出了超人的才智，十八岁至南京，官府药产生兴趣。对医药产生兴趣。	《梦溪笔谈》一共分30卷，其中《笔谈》26卷，《补笔谈》3卷，《续笔谈》1卷。全书共有十七目，凡609条。内容涉及天文、数学、物理、化学、生物等各个门类学科，其价值非凡。《苏沈良方》该书近似医学随笔的体裁，广泛论述医学各方面问题	《梦溪笔谈》最初刻的三十卷本，内容比今本要多，但早已散佚，仅二十六卷本经来元明清刊刻，流传下来。宋代有扬州刻本，乾道二年又曾重刻行世，惜来刻今本不存，所以目前最古的版本就是现国家图书馆收藏的元代大德九年陈仁子东山书院刻本。1956年，上海出版公司出版了胡道静的《梦溪笔谈校证》，考据精详。1957年，中华书局又出版了胡道静的《新校正梦溪笔谈》，很便于阅读 现流行本为10卷，辑自《永乐大典》之八卷	个人研究 不详
				《天下州县图》全套地图共有二十幅，包括全国总图和各地区分图	失传	官修
				《使契丹图钞》以木屑和蜡绘制的立体地图，描绘沈括出使契丹时时沿图的山川地势	不详	与工作相关
单锷	1031—1110（北宋）	常州宜兴（今宜兴）人	民间少从学于胡瑗，颇受推重个人调查研究	《吴中水利书》论述他对太湖洪涝的治理主张	有《墨海金壶》本、《守山阁丛书》本、《常熟先哲遗书》本	个人研究

续表

姓名	生卒年（朝代）	籍贯	社会身份 家庭、教育背景 资料来源	主要作品及内容	作品流传途径	写作目的
邓御夫	1032—1107（北宋）	济州巨野人	民间 个人研究	《农历》该书详细记载了我国宋代以前北方农牧业、纺织经验以及种植工艺和茅生备荒之事	密州知州王子韶为其刻印了该书，并为上其书朝廷，但南宋后佚	个人研究
吕惠卿	1032—1111（北宋）	泉州晋江人	官员。曾任太子中允、崇政殿说书、知谏院、翰林学士和宰相府办事的都检正，后升任为参知政事等职	《建安茶记》	失传	与工作相关
钱乙	1032—1113（北宋）	祖籍浙江钱塘，后北迁，东平郓州（今山东郓城县）	官员。被授予翰林医学士，曾任太医院丞资行医多年经验	《小儿药证直诀》对小儿生理、病理、辩证施治和制方用药等颇有创见，是中国现存第一本以原本形式保存下来的儿科学专书	有仿宋刊本及清武英殿聚珍本二种。前者是辑佚本，后者是辑佚本，内容略有出入	与工作相关
				《伤寒论发微》五卷《婴孺论》百篇《钱氏小儿方》八卷	失传	与工作相关
赵彦若	1033—1095（北宋）	青州临淄（今山东淄博东北）人	官员。宋皇室宗亲，赵师民子官方资料	《天下州军府监县镇地图》北宋朝廷依据州郡奏进的地方地理档案，组织编撰的王朝地理权威著述	不详	官修

续表

姓名	生卒年（朝代）	籍贯	社会身份家庭、教育背景资料来源	主要作品及内容	作品流传途径	写作目的
王安礼	1034—1095（北宋）	抚州临川（今江西省抚州市）人	官员。官至尚书左丞。官方资料	《灵台秘苑》书中有360颗恒星的入宿度和去极度值，这就是著名的"皇星表"，是古代第二份星表，也是现存星数最多的一份星表	不详	官修
李诫	1035—1100（北宋）	郑州管城县（今河南新郑）人	官员。自元丰七年起从事官廷营造工作，历任将作监主簿、丞，监丞、少监等，官至将作监，掌管宫室、城郭、桥梁、舟车营缮事宜。官方资料	《营造法式》是北宋官方颁布的一部建筑设计、施工的规范范书，这是我国古代最完整的建筑技术书籍	崇宁四年刊行于开封府。后世称为崇宁刊本。后世各种版本均。全部来源于：《永乐大典》抄本，陶宗仪《说郛》抄本，钱谦益绛云楼抄本。绍兴本明代抄本有多种抄本：《禅篇》抄本，天一阁抄本，唐顺之《稗编》钱谦益绛云楼抄本。清代：《四库全书》本一基本来源自明代抄本天一阁抄本，其中缺三十一卷，从《永乐大典》朴齐，收人。《四库全书》本一分抄文渊阁、文津阁、文溯阁。明代钱谦益绛云楼抄本，经传抄为密韵楼蒋氏抄本。述古堂钱曾。获得明代钱谦益绛云楼抄本，改称述古堂抄本。此后辗转传抄为张金吾影抄本、张蓉镜影抄本。丁丙八千楼抄本也在其中，今归上海图书馆收藏，归安陆心源十万卷楼抄本，咸丰年南海伍崇曜粤雅堂抄本1907年，江南图书馆收购八千楼收藏，丁丙八千楼抄本也在其中	官修
				《琵琶录》《马经》	失传	个人研究

中国古代科技文献作者统计表

续表

姓名	生卒年（朝代）	籍贯	社会身份 家庭、教育背景 资料来源	主要作品及内容	作品流传途径	写作目的
王观	1035—1100（北宋）	如皋（现属江苏）人	官员。宋仁宗嘉祐二年考中进士。后历任大理寺丞、江都知县等。个人研究	《扬州芍药谱》主要描写了扬州芍药的种类、栽培与欣赏	宋百川学海本，元说郛本，明山居杂志本，清古今图书集成本、明雪堂韵史本、明说郛本、清文渊阁四库全书本，清墨海金壶本，清艺苑捃华本，清珠丛别录本，清师石山房丛书本、清香艳丛书本，民国文库本、民国扬州丛刻本、民国丛书集成初编本	与工作相关
苏轼	1037—1101（北宋）	眉州眉山（今属四川省眉山市）人	官员	《苏沈良方》近似医学随笔的体裁，广泛论述医学各方面问题 《东坡志林》卷六 苏轼的一本小品散文集，收集了自元丰至元符年间20年中的杂说史论、内容广泛，主题广	现流行本为10卷 较通行之一卷本有宋左圭《百川学海》本（《百川》）本，明成化《东坡七集》本；五卷本有明万历赵开美刊本、清嘉庆张海鹏重刊赵本、次年复辑人《学津讨原》本，涵芬楼据赵本校印本；十二卷本则有明万历商濬《稗海》本	不详 个人爱好
朱长文	1039—1098（北宋）	苏州吴人（今属江苏）	官员。嘉祐四年为太学博士，元祐中召为太学正字、除秘书省正字、枢密院编修官。官方资料	《吴郡图经续记》北宋方志，记述范围以苏州附郭吴县、长洲西县境为主，涉及昆山、常熟县，分封域、城邑、物产、学校、风俗、杂录等二十八门	本书有《学津讨原》本，清同治江苏书局刊本，江苏古籍出版社1999年本	个人研究

续表

姓名	生卒年（朝代）	籍贯	社会身份家庭、教育背景资料来源	主要作品及内容	作品流传途径	写作目的
吕大临	1040—1092（北宋）	居京兆蓝田（今陕西蓝田）	官员。曾任太常博士、秘书省正字，为时短暂。出身于一个世代书香的官宦之家。初从学于张载，张载死后从学于程颐、程颢，成为关中关学学派中程朱理学之后继者，与谢良佐、游酢、杨时号称"程门四大弟子"	《考古图》收录了当时秘阁、太常、官廷内藏和民间青铜器二百三十四件、石器一件、玉器十三件，大多是价值极高、造型精美的精品。每器先摹画器物图象，定以器名，然后又写短文叙述出时间、地点、大小尺寸、容积重量、流传经过及收藏情况	较重要的传世版本有北京图书馆藏黑字本，被称为元本，但图识欠精；明代程士庄泊如斋刻本，行款变易，舛讹甚多；万历二十九年（1601年）吴万化宝石堂翻刻泊如斋本，据欧阳修《集古录》和薛尚功《历代钟鼎彝器款识法帖》修订，虽一改旧貌，但属最流行的版本	个人爱好
孔武仲	1042—1097（北宋）	今江西省峡江县罗田乡西田村人	官员。历任江州、信州军事推官、湘潭县知县，元祐六年以宝文阁待制出任宣州洪州知州	《芍药谱》谱叙扬州芍药名品33个《芍药图序》	不详	个人爱好
庞安时	1042—1099（北宋）	蕲水（今湖北浠水县）人	民间庞安时出身于世医家庭，自幼聪明好学，读书过目不忘。参考诸家学说，结合亲身经验	《伤寒总病论》其处方用药在《伤寒论》的基础上参考诸家学说并结合个人实践，有所补充，是一部研究《伤寒论》较早而有相当影响的著作	现存清刻本、日本抄本、丛书本等，1949年后有排印本	与工作相关
陆佃	1042—1102（北宋）	越州山阴人	官员。历任蔡州推官、国子监直讲、中书舍人、给事中、礼部侍郎、尚书右丞、左丞家贫苦学，映月读书	《埤雅》书中始之以释鱼，继之以释兽、鸟、释虫、释马、释木、释草，最后是释天	南宋晁公武《郡斋读书志》、陈振孙《直斋书录解题》、王应麟《玉海》著录	个人研究

中国古代科技文献作者统计表

续表

姓名	生卒年（朝代）	籍贯	社会身份 家庭、教育背景 资料来源	主要作品及内容	作品流传途径	写作目的
李格非	1045—1105（北宋）	山东济南历下人	官员。初任冀州（今河北冀县）司户参军、试学官，后为郓州（今山东东平）教授。个人经历	《洛阳名园记》对所记诸园的总体布局以及山池、花木、建筑所构成的园林景观描写具体而翔实，可视为北宋中原私家园林的代表	不详	个人爱好
曾安止	1048—1098（北宋）	江西省泰和县澄江镇文溪村人	官员。北宋熙宁进士，主簿丰城县（今丰城市），后改为彭泽县令。早年家境贫劳，人丁不旺，有时靠典当度日，但其父曾杜门教子，安辞不仕，安强四兄弟都得到良好的教育。个人研究	《禾谱》全书包括稻名篇、稻品篇、稻土篇、稻储篇、粪壤篇、祈报篇等内容，详细记载了北宋时期吉泰盆地区50多个水稻品种的名称、特征、来源以及播种、捕秧、收割的时间和栽培技术、管理方法	约在政和四年印成，宋元时期尚有流传。宋末时原曾氏重修族谱》中非当见《禾谱》，是清光绪《匡原曾氏重修族谱》中保留的佚文，族谱修课者删去了《禾谱》中保留的品种所产地所及水稻品种的生物学记载，保留了曾安止《禾谱》自序，作者目序，正文中保留了曾安止对水稻名实的论辩材料及46个水稻品种名称	个人研究
刘弇	1048—1102（北宋）	安福（今属江西）人	官员。知嘉州峨眉县，改太学博士。元符中，进南郊大礼赋，除秘书省正字。徽宗时，改著作佐郎，实录检讨官	《龙云集》	有弘治年间刊本，《四库全书》本，《豫章丛书》本，《龙去集》三十二卷，附录一卷	不详
秦观	1049—1100（北宋）	高邮（今江苏省高邮市）人	官员。官至太学博士、国史馆编修。	《蚕书》讲的是中国宋代有关养蚕制丝技术的专著	本书流传的版本较多，有《说郛》《夷门广牍》《百陵学山》《知不足斋丛书》《龙威秘书》《艺苑捃华》《农学丛书》《丛书集成》本等	个人爱好

续表

姓名	生卒年（朝代）	籍贯	社会身份 家庭、教育背景 资料来源	主要作品及内容	作品流传途径	写作目的
李公麟	1049—1106（北宋）	舒州（今安徽桐城）人	官员。神宗熙宁三年进士，历泗州录事参军，以陆佃荐，为中书门下后省删定官，御史检法。其父李建一，曾任大理寺丞，喜藏法书名画，故李公麟自幼即深受艺术熏陶	《考古图》（又称《古器图》）	北京图书馆藏黑字体，被称为元本，但图识文字精多；明代程士庄汝海斋刻本，行款变易，殊讹甚多；万历二十九年（1601年）吴万化宝石堂翻刻泊如斋本，据欧阳修《集古录》和薛尚功《历代钟鼎彝器款识法帖》修订，属最流行的版本	不详
朱肱	1050—1125（北宋）	吴兴（今浙江湖州）人	官员。元祐三年进士，历雄州（今属河北）防御推官，知邓州（今河南邓县）录事，奉议郎。个人研究，经验总结	《酒经》 上卷为总论，论酒的发展历史；中卷论制曲；下卷记造酒，是中国古代较早全面、完整地论述有关酒的著述	不详	个人研究
				《南阳活人书》（又称《类证活人书》）	现存初刻本等多种清刻本。1949年后有排印本	个人研究
唐慎微	1056—1136（北宋）	蜀州晋原（今四川崇庆县）人	民间。出身于世医家庭，对经方深有研究，知名一时。个人研究	《证类本草》 是任掌禹锡《嘉祐本草》和苏颂《本草图经》基础上，收集民间验方，各家医药名著以及经史传记，佛书道藏中的有关本草学记载，整理编著而成	明万历五年（1577）宣部王大献尚义堂刊本，明万历二十八年（1600）籍山书院重刊王大献本，明万历三十八年（1610）山西官刻本	与工作相关

续表

姓名	生卒年（朝代）	籍贯	社会身份家庭、教育背景资料来源	主要作品及内容	作品流传途径	写作目的
王黼	1079—1126（北宋）	开封祥符（今属河南开封）人	官员。北宋末年大臣，宋徽宗朝宰相	《宣和博古图录》该书著录了北宋末代皇室在宣和殿收藏的自商代至唐代的青铜器839件	国家图书馆藏元刻明修本	官修
赵明诚	1081—1129（北宋）	密州诸城（今山东诸城龙都街道）人	宋徽宗崇宁年间宰相赵挺之第三子。曾在太学读书。宣和年间赵明诚曾四游仰天山，三访灵岩寺，一登泰山顶，或题名，或拓片，获得了大量的亲访碑文资料，经过李清照《金石录》的写作 出任莱州、淄州知州。宋高宗建炎元年起知江宁府，高宗建炎三年移知湖州，病逝于建康。	《金石录》前10卷为目录，按时代顺序编排；后20卷就所见钟鼎彝器铭文款识和碑碣墓志石刻文字，加以辨证考据，对两《唐书》多作订正，是研究古代金石刻必资之书	南宋孝宗淳熙年间，《金石录》《后序》已有刻本行世，到明代已很少见。清人所知宋刊本只有残存的十卷本。乾隆年间卢氏雅雨堂丛书本，都以明抄本为底本。1950年在南京发现三十卷明刊本，行款版式与残存的十卷本全同，被认为即宋龙舒郡斋初刊本，为目前最好的本子。今藏北京博物馆	个人爱好

续表

姓名	生卒年（朝代）	籍贯	社会身份 家庭、教育背景 资料来源	主要作品及内容	作品流传途径	写作目的
赵佶	1082—1135（北宋）	汴京（今河南开封市）	宋神宗第十一子，宋哲宗之弟，宋朝第八位皇帝	《圣济总录》是宋徽宗仿宋太宗诏编《太平圣惠方》之意的产物，较《太平圣惠方》分1000余门清晰明了，许多疾病的归类也比较合理 《圣济经》全书共十篇四十二章，为中医医论著作	此书镂板后未及刊印即被金兵掳运北方，南宋反未见次书。较早的刊本有金大定年间和元大德四年版本。宋版《政和圣济总录》早已无存。此大德重校本为现存世最早版本，惜现存各本皆残。日本文化十三年东都医学活字印本。即依此本排印 不详	官修 官修
徐兢	1091—1153（北宋）	和州历阳（今安徽和县）人，徙居吴县（今江苏苏州）	官员。曾担任地方官员，大宗丞兼掌书学，刑部员外郎等职。个人经历	《大观茶论》内容十分丰富，涉及面也颇为广泛，对北宋时期蒸青团茶的产地、采制、烹试、品质、斗茶风俗等均有详细记述 《宣和奉使高丽图经》	今只存《说郛》版 未本宗乾道三年，徐葳首次刊印此书，虽无法觅得原图，但仍沿用"图经"为书名。这个本子在台湾国立故宫博物院中亦有收藏。宋朝以后，还有明末时海盐人郑休仲据钞本著录的，及清修四库全书时据钞本重刊的本子，但都有极多伪夺脱漏在博物家藏钞本及郑休仲本校勘出版，均非善本。清乾隆五十八年，歙县鲍廷博据钞本及郑休仲本校勘出版，列入《知不足斋丛书》，但仍有讹误，未算完善	个人兴趣 与工作相关

中国古代科技文献作者统计表

续表

姓名	生卒年（朝代）	籍贯	社会身份家庭、教育背景资料来源	主要作品及内容	作品流传途径	写作目的
胡寅	1098—1156（北宋）	建州崇安（今福建武夷山市）人	官员。历官司门员外郎、起居郎、永州知府、中书舍人、礼部侍郎兼侍讲、徽猷阁直学士。胡安国弟胡淳子，奉母命抚为己子，居长	《斐然集》	不详	个人爱好
杨惟德	不详（北宋）	不详	官员。个人研究	《景祐乾象新书》	北宋元丰元年司天监秦孝先、苏宗亮、徐钦邻等抄本	与工作相关
				《杨惟德星表》	被录载于南宋李季编纂的《乾象通鉴》中	与工作相关
税安礼	不详（北宋）	蜀（今四川）人	不详个人研究	《历代地理指掌图》始帝喾，迄北宋，绘图四十四幅，"图其因革，著其同异"，为最早的中国历史地图	现在只有南宋刻本传世下来，现存日本东洋文库，国内仅见明刻本。此南宋刻本于1919年曾自日本邮至北京装修，当时京师图书馆长张宗祥用明刻本与宋刻本校核，并用朱笔在明刻本上做了改动和说明，从中可以看到宋刻本的面貌。现存国家图书馆的这部明刻本，在最后一页有一段张宗祥的朱笔手记，记录了校对的时间和经过。明代刻本目前也不多见。现今国家图书馆存两部，美国国会图书馆存一部，中国科学院图书馆存一部。此外，北京大学图书馆存有一部清代人抄本	官修

续表

姓名	生卒年（朝代）	籍贯	社会身份家庭、教育背景资料来源	主要作品及内容	作品流传途径	写作目的
欧阳忞	不详（北宋）	吉州庐陵（江西吉安）人	不详。地理学家。欧阳修族孙	《舆地广记》共三十八卷，是一部比较有特色的地理总志	该书撰成之后，即以刻本、抄本广泛流传。起初刻本可能较少，流传也不广。在清代，流传最广泛的是未刻重修本，并形成了大量抄本	官修
刘蒙	不详（北宋）	渤海人	民间个人研究	《菊谱》介绍不同菊花品种	不详	个人爱好
卫朴	不详（北宋）	江苏省淮安	民间人天文学家。平民出身，由于家境贫寒，白天只得从事劳动以维持家庭生计，晚上读书。个人研究	《奉元历》《七曜细行》《新历正经》	不详	官修
贾宪	不详（北宋）	不详	民间。数学家。个人研究	《黄帝九章算法细算》九卷	其主要内容被杨辉（约13世纪中）著作所抄录，因能传世	
				《算法古集》二卷	失传	个人爱好
				《释锁算书》	片断被抄入《永乐大典》卷一万六千三百四十四，幸得以保存下来。现存英国剑桥大学图书馆	

中国古代科技文献作者统计表　533

续表

姓名	生卒年（朝代）	籍贯	社会身份、家庭、教育背景资料来源	主要作品及内容	作品流传途径	写作目的
孙用和	不详（北宋）	原籍宋代卫州，后客居河阳（今河南孟县）	官员。宣德郎尚药奉御、太医令充医师等职。个人研究	《传家秘宝方》	不详	与工作相关
马志	不详（北宋）	不详	道教。官方资料	《开宝重定本草》	佚文见于《证类本草》等书中	官修
孙奇	不详（北宋）	河阳（今河南孟阳）人	官员。孙奇官尚书部员外郎，其父为尚药奉御孙用和。官方资料	校正《伤寒论》《金匮玉函经》《千金要方》《金匮要略》《外台秘要》《千金翼方》等	不详	官修
孙兆	不详（北宋）	河阳（今河南孟阳）人	孙兆官将仕郎守殿中丞，尚药奉御等，其父为尚药奉御孙用和。官方资料	校正《伤寒论》《金匮玉函经》《千金要方》《金匮要略》《外台秘要》《千金翼方》等	不详	官修
许希	不详（北宋）	河南开封人	官员。曾补翰林医学，后任翰林医官等。官方资料	《神应针经要诀》	失传	与工作相关
林亿	不详（北宋）	不详	官员。尝任朝散大夫、光禄卿直秘阁。官方资料	与掌禹锡、苏颂校正《嘉祐补注神农本草》	原书已佚，其中部分内容，赖《证类本草》引录得以保存	官修

续表

姓名	生卒年（朝代）	籍贯	社会身份、家庭、教育背景、资料来源	主要作品及内容	作品流传途径	写作目的
陈承	不详（北宋）	祖籍阆中（今四川阆中）	官员。官至将仕郎措置药局检阅方书。陈承幼年丧父，与母移居辽淮同，掌行医持家。官方资料	《重广补注神农本草并图经》《印剂局方》	失传	官修
杨介	1060—1130（北宋）	泗州（江苏盱眙）人	官员。曾为太医生出身于世医家庭。官方资料	《存真环中图》	失传	个人研究
董汲	不详（北宋）	东平（今山东东平县）人	民间。幼年学儒个人研究	《小儿斑疹备急方论》一卷对小儿斑疹的证候作了简要论述。初步认识到痘疹的发病规律	1949年后出版《小儿药证直诀》影印本时，将本书附录于后。现存光绪刻本	与工作相关
				《脚气治法总要》二卷书中对于脚气病的病因及治法作了重点记述，收载有效的内服及外用方46首，并附若干医案	今存者为编《四库全书》时自《永乐大典》本和《三三医书》中辑出的辑佚本，又收入1958年商务印书馆排印的《三三医书》中汲医学论著三种	
				《旅舍备要方》一卷包括内、外、妇、儿、五官各科，论述详备，灵活机变，擅变仲景之法，活用古方，化裁新方，其方多简切神验，堪为旅舍备急之用	原书共载医方100余首，于明代失传，今本系编《四库全书》时自《永乐大典》辑出者，仅存40余方	

续表

姓名	生卒年（朝代）	籍贯	社会身份 家庭、教育背景 资料来源	主要作品及内容	作品流传途径	写作目的
陈师文	不详（北宋）	临安（今浙江杭州）人	官员。曾任朝奉郎、尚书库部郎中，提辖措置药局等职	《太平惠民和剂局方》医官陈承、裴宗元、陈师文曾加校正。成五卷21门，收279方	现存多种明、清刻本，1925年上海校经山房石印本。1949年后有排印本	官修
喻皓	不详（北宋）	浙江杭州一带人	民间。建筑工匠 个人经验	《木经》 是一部关于房屋建筑方法的著作，也是我国历史上第一部木结构建筑手册	失传	个人研究
王衮	不详（北宋）	太原（今属山西）人	官员。尝历任中书堂后官、大理寺少卿等职。 官方资料	《博济方》 作者原收辑医方7000首，此书系从中选录500余方编撰而成	明代以后原书失传，辑出，今本系编《四库全书》时自《永乐大典》辑出，后改编为五卷，《四库全书》本。现存清刻本、《四库全书》本。1949年后有排印本	个人研究
史堪	不详（北宋）	眉州（今四川眉山）	官员。尝官至郡守 个人经验	《史载之方》 方剂著作	现存清刻本及《十万卷楼丛书》本等，1949年后有《宋人医方三种》本	个人研究
王居正	不详（北宋）	河东（今山西永济）人	民间。画家	《纺车图》	在宋朝时为贾似道收藏。元代延祐四年，赵孟頫在燕京以五十金购得。明初为袁廷玉（柳庄）获取，明中期杨维新从袁氏家购得。万历年间它又辗转到周敏之中手。清初为仁和龚翔麟（蘅圃）收藏，乾隆朝归江西陈玉方（希祖），嘉庆朝素村用旧拓唐楷碑向陈玉方换取此画，光绪朝归陆心源所得，清末归武进盛宣怀，近代归张大千所有	兴趣爱好

续表

姓名	生卒年（朝代）	籍贯	社会身份家庭、教育背景资料来源	主要作品及内容	作品流传途径	写作目的
朱彧	不详（北宋）	湖州乌程（浙江湖州）人	不详。地理学家。以父之见闻，著《萍州可谈》	《萍州可谈》书中多数为记其父未服见闻，书中对宋代的典章制度、各地的风俗民情记载较为详细，留下了不少珍贵的史料	原书早佚，最早的刻本是左圭《百川学海》的《可谈》，收55条。清朝开四库馆时，从《永乐大典》、左圭《百川学海》、陈继儒《宝颜堂秘笈》等书节录	个人研究
周琮	不详（北宋）	不详	官员。个人研究	《明天历》《周琮星表》	国家颁行	官修
韩公廉	不详（北宋）	不详	官员。吏部守当官。个人研究	《九章勾股测验天书》	不详	与工作相关
楚衍	不详（北宋）	开封府开封县（今河南省开封市）人	官员。授灵台郎，与掌历官末行古等九人制崇天历。进司天监丞，入隶翰林天文。个人研究	《司辰星漏历》	国家颁行	与工作相关
姚舜辅	不详（北宋）	不详	官员。司天监历官，天文学家、历法研究	《占天历》《纪元历》	国家颁行	与工作相关

中国古代科技文献作者统计表

续表

姓名	生卒年（朝代）	籍贯	社会身份 家庭、教育背景 资料来源	主要作品及内容	作品流传途径	写作目的
刘益	不详（北宋）	中山（今定州）人	不详 个人研究	《论古根源》提出二次方程式的求根法	已失传，但在南宋末数学家杨辉的著作中还保留《议古根源》演段末的片段，直到明代程大位的《算法统宗》还提到《议古根源》这部算书；但从此以后失传	个人研究
赵珣	不详（北宋）	不详	不详 官方资料	重定《华夷图》	伪齐草昌七年刻，现存西安碑林	官修
窦苹	不详（北宋）	汶上人	不详 个人研究	《酒谱》杂取有关酒的故事、掌故、传闻计十四题，内容丰实，多采"旧闻"，可以说是对北宋以前中国酒文化的汇集，有较高的史料价值	此书成书于来仁宗天圣二年（公元1024年），后收入于陶宗仪《说郛》中	个人研究
寇宗奭	不详（北宋）	不详	官员。政和间任通直郎，药物学家 个人研究	《本草衍义》本书把本草纲目所载药物的功用、效验，作了补充，品种作了鉴别	现存末、元、清多种刻本，1949年后有排印本	与工作相关
杨子建	不详（北宋）	青神县（今四川眉山市青神县）人	民间。著名妇产科专家 个人研究	《十产论》是中国古代妇产科医学上的重要文献，也是我国现存最早专论难产的著作 《难经续演》《护命方》《通神论》	不详	与工作相关

续表

姓名	生卒年（朝代）	籍贯	社会身份家庭、教育背景资料来源	主要作品及内容	作品流传途径	写作目的
刘异	不详（北宋）	其先泉人，徙居闽	官员。授将仕郎、大理评事，历屯田员外郎	《北苑拾遗》	不详	个人爱好
宋子安	不详（北宋）	不详	不详	《东溪试茶录》专论建瓯东溪一带为什么能出产名冠天下的北苑御茶	四库全书著录。刊本有：来百川学海本；明翻末百川本；华氏集本；格致丛书本；说郛本；百名家书本；茶书全集本；清古今图书集成本；民国丛书集成本	与工作相关
熊蕃	不详（北宋）	福建建宁崇安（今武夷山市）人	民间出身于书香之家，博学多才，善写文章，工诗赋，分章析句，极有条理	《宣和北苑贡茶录》1卷所述皆建安茶园采焙人贡法式	在《书录解题》未见著录《遂初堂书目》《宋史》《通考》中都有记载。《宣和贡茶经》四库全书著录，刊本有：宋淳熙九年熊克刊本；明说郛本；茶书全集本；五朝小说本；清古今图书集成本；读画斋丛书本	个人研究
黄儒	不详（北宋）	建安（今福建建瓯县）人	官员。熙宁六年进士	《品茶要录》前后皆有总论一篇，此书主要讨论采制搀杂等弊病，辨别很详细，属茶叶品质鉴别的专门论著	四库全书著录。刊本有：明程百二刊本；茶书全集本；夷门广牍本；五朝小说本；说郛本；清古今图书集成本	个人研究
周绛	不详（北宋）	不详	官员	《朴茶经》《茶苑总录》	失传	与工作相关

中国古代科技文献作者统计表　　539

续表

姓名	生卒年（朝代）	籍贯	社会身份家庭、教育背景资料来源	主要作品及内容	作品流传途径	写作目的
蒋周	不详（北宋）	不详	不详	《益古集》	失传	个人研究
徐师闵	不详（北宋）	不详	不详	《莆田荔枝谱》	失传	个人研究
吴辅	不详（北宋）	南剑州剑浦县普安里（今南平市大凤乡）人	官员。曾先后任韶州仁化县主簿、闽县县尉、道州推官、著作郎、临川县知县、南城县县令、太常博士等。私塾教育	《竹谱》介绍园艺植物	失传	个人爱好
僧仲休	不详（北宋）	不详	僧人	《越中牡丹花品》记述杭州一带牡丹	失传	个人爱好
吴简	不详（北宋）	不详	官员。庆历间任宜州推官	《欧西范五脏图》	失传	与工作相关
陈昭遇	不详（北宋）	明海县人（今广东南海县）	官员。他起初任温水主簿，后升光禄寺丞，皇帝赐以金带、紫袍。出身医学世家	《太平圣惠方》	于淳化三年5月，朝廷将该书刻印出版，颁发全国，下诏各州设医博士掌管。1949年后有排印本	官修

续表

姓名	生卒年（朝代）	籍贯	社会身份家庭、教育背景资料来源	主要作品及内容	作品流传途径	写作目的
虞庶	不详（北宋）	不详	不详	《虞庶注难经》	原书已佚，其内容大多保留于《难经集注》中	不详
甄栖真	不详（北宋）	单州单父（今山东单县）人	道教	《还金篇》二卷	不详	个人研究
刘温舒	不详（北宋）	不详	官员。北宋哲宗文官朝散郎，任大医学司业	《素问入式运气论奥》共三卷，以图文并茂的形式分三十个专题，对运气学说中的基本概念和基本原理进行了阐明和发挥，是中医史上的一部较重要的运气学说专著	曾有日人冈本为竹的注释本，将原书逐段逐句地作了说明，分为七卷，名《运气论身舆谚解》。1958年江苏人民出版社出版承为奋的中译本	与工作相关
张无梦	951—1053（北宋）	凤翔鳌厔（今陕西周至）	道教。出身于儒生家庭	《还元篇》诗百首阐述其修炼思想方法	不详	个人研究
张伯端	983—1082（北宋）	天台东林人	道教。南宗紫阳派的鼻祖	《悟真篇》	《悟真篇》传世注本甚多，收入《正统道藏》的有宋翁葆光、陈致虚的《悟真篇注释》、《道藏辑要》薛道光注、陆子野和元翁葆光的《悟真篇三注》，宋翁葆光注、元戴起宗疏的《悟真篇注疏》，夏元鼎的《悟真篇讲义》，清朱元育的《悟真篇阐幽》、刘一明的悟真直指等	个人研究

540　　中国古代科技文献作者群体研究

中国古代科技文献作者统计表   541

续表

姓名	生卒年（朝代）	籍贯	社会身份家庭、教育背景资料来源	主要作品及内容	作品流传途径	写作目的
陈旉	1076—?（北宋末年—南宋）	真州（今江苏仪征县）西山隐居务农	道教信徒，农民。终生致力农桑，注意总结农业生产经验	《陈旉农书》上卷论述农田经营管理和水稻栽培，是全书重点所在。中卷叙说养牛和牛医。下卷简述栽桑和养蚕	于南宋绍兴十九年（1149）74 岁时写成，《衣书》三卷在嘉定七年由真州郡斋刻书，后刊印传播	个人爱好
楼璹	1090—1162（北宋末年—南宋）	鄞县（今浙江宁波）人	以父任得官任於潜（今浙江省临安市）县令，官至朝仪大夫权兼淮南转运司事。绍兴三年（1133）任临于潜（今浙江省临安市）县令，深感农夫、蚕妇之辛苦，绘制《耕织图诗》45 幅	绘制《耕织图》，耕织图诗》45 幅此后的《耕织图》多以楼璹的为基础或改编	不详	在任地方官员时深感农夫、蚕妇之辛苦
陈言	1121—1190（北宋末年—南宋）	青田鹤溪（今景宁鹤溪镇）人	医生陈言是永嘉医派的创始人。他从小勤备学习，尤喜医学专业书籍，及长学医，精于内科，后长期居住温州，行医济世，临床实践	《三因极一病症方论》为中华医学典名著。全书 18 卷，分 180 个门类，录方剂 1050 余道，近 24 万字，内容包括内、外、五官、妇、儿等科病症	1957 年人民卫生出版社将此书选为古代中医名著出版	职业需要

续表

姓名	生卒年（朝代）	籍贯	社会身份家庭、教育背景资料来源	主要作品及内容	作品流传途径	写作目的
陈景沂	不详（南宋）	《四库全书总目》作天台（今浙江天台县），民国《台州府志》作仚岙（今温州市仚岙村）	民间学者。家境清贫，应是出身寒门。搜集古今图书资料，"晨窗夜灯"，不倦披阅，又直接考察大自然	《全芳备祖》是宋代花谱类著集大成性质的著作，后人称此书为我国第一部植物学辞典	约在宋宝祐四年（1256）付梓	不详
韩彦直	约1131—？（南宋）	绥德（今陕西绥德）人	宋代著名抗金将领韩世忠的儿子。中进士，随后在京城和地方上担任过各种官职，乾道二年出任户部郎官，总领淮东军马钱粮，政绩斐然；乾道七年，担任鄂州驻扎御前诸军都统制。淳熙年间初期，受命就任温金使去世后，皇帝赠其爵位为荣春郡公。就读于官学，中进士。资料来源于其生活经历，这是他在知温州任上著名的柑橘产地温州任时所写作	在知温州任上编撰《永嘉橘录》，为世界上第一部柑橘学专著。《橘录》是一本具有较高园艺学价值的著作，全书有3卷，记载了27个柑橘类果树的种和品种。上卷记载"柑"8种，中卷有"橘"14种，下卷专讲橘树栽培技术，其中谈到柑橘最喜温湿肥沃的土地、浇灌、采摘、收藏、制治、人药等问题。在形态描述方面，依据果实的差异对果实区分柑橘的不同种类的，人工嫁接是造成这类果树种类繁多的原因	本书流传较广，现存版本有《百川学海》《说郛》《山居杂志》《农荟》《农学丛书》等八九种	个人爱好

续表

姓名	生卒年（朝代）	籍贯	社会身份 家庭、教育背景 资料来源	主要作品及内容	作品流传途径	写作目的
陈自明	约1190—1270（南宋）	江西人	世医出身，曾任建康府明道书院医学教授，花20年时间收集资料和实践经验相结合	《妇人大全良方》是最著名的妇产科专著，有方有论的综合性妇科大全，直到明清时期仍被妇科医生奉为经典。原书24卷，8门，260余论，1118方，是一部有方有论的综合性妇科大全。书中首列"三门"专门论述妇科，其中"调经"门中首列"三门"专门论述月经病，并指出"凡医妇人，先须调经"，"经脉不调，众疾生焉"	2006年7月，人民卫生出版社出版	弥补前代不足
李迅	约生于第十二世纪（南宋）	泉州（今福建）人	官方。官至大理评事，以医著名。李氏家族有积方百余首，李迅独择曾用而经验者，录为《集验背疽方》刊行	《集验背疽方》简要论述了痈疽的发病之原，内外证鉴别、用药原则、预后、戒忌	该书原本久佚，现主要版本有《四库全书》本	职业需要
宋慈	1186—1249（南宋）	福建建阳童游里人	官方。他出身官宦世家，南宋进士，曾四次担任省一级的司法官。在长期的刑事审判实践中，法医鉴定方面知识经验的积累与研究，经常向医生与有经验的史役作工请教，一旦发现有关录案的文献即抄录在案	是中国古代法医学的开创者，《洗冤集录》是中国第一部全面而又系统的应用医学、生物生理等方面的理论技术	宋理宗专门下旨颁行全国，13世纪的中国法医学洗冤集录在世界上广泛流传，成为刑事司法检验指南	职业需要

续表

姓名	生卒年（朝代）	籍贯	社会身份家庭、教育背景资料来源	主要作品及内容	作品流传途径	写作目的
秦九韶	1208—1261（南宋）	普州安岳（今四川省安岳县）人	官方在湖北、安徽、江苏、浙江等地做官，晚年受贾似道打击，贬于梅州，最终死于任所。父亲是管各项工程、屯田、水利、交通的工部郎中，又任国史院编修官，掌管各类经籍图书，少年的秦九韶得以接触算学并学习各类知识	著成《数书大略》，其中的大衍求一术（一次同余方程组问题的解法）、三斜求积术和秦九韶算法（高次方程正根求值的数值解法）是有世界意义的重要贡献，表达的一种求解一元高次多项式方程的数值解法和解高次方程的术，即开方正负开方术，五百余年领先英国霍纳（1819）	明初抄本被收入《永乐大典》	个人爱好
杨辉（南宋）	不详	钱塘（今浙江杭州）人	杨辉担任过南宋地方行政官员，为政清廉，足迹遍及苏、杭一带。广泛引证古代数学典籍。杨辉教育研究与数学教育工作之重点在于改进筹算乘除计算技术，总结各种乘除捷算法，这由当时的社会状况决定	杨辉著名的数学书共五种二十一卷，在《算法通变本末》中，杨辉为初学者制订的"习算纲目"是中国数学教育史上重要文献。《杨辉算法》包括《乘除通变本末》3卷，《田亩比类乘除捷法》2卷，《续古摘奇算法》2卷	宋刊《杨辉算法》已佚。明代洪武古杭勤德堂刻本，并被收入《永乐大典》。朝鲜、日本等国均有该本出版，流传世界	个人爱好
陈公亮《淳熙严州图经》（南宋）	1184年成书	浙江永康	任权知严州。不详	重修的《严州图经》仅存3卷。卷首有建德府城图、府境总图及建德、淳安、桐庐、遂安、寿昌、分水诸县境图	此书今已为残本，仅存前三卷，幸而地图都在卷首，得以流传下来	与职业间接相关

续表

姓名	生卒年（朝代）	籍贯	社会身份家庭、教育背景资料来源	主要作品及内容	作品流传途径	写作目的
李寿明	不详（南宋）	不详	平江府郡守。不详，资料来源于实际	《平江图》是反映今苏州市概貌的地图，自然地理和人文地理要素位置准确，内容详细，真实地反映了南宋时期平江府城的概貌，对宋代城市地图的绘制达到较高水平	碑刻等	与职业间接相关
胡颖	不详（南宋）	潭州湘潭（今湖南湘潭县）人	南宋官吏职务之便，修筑城池时主持刻绘	宋代胡颖修筑城池时主持刻绘的《静江府城图》于咸淳八年（1272）刻成。最大的城市平面地图，带有军事性质的大型城市地图。富有军事特色，时代较早，保存又较为完整的大型城市地图，世界少见。对研究宋代城市建设、地方历史以及中国地图学史具有重要价值	刻印	与职务直接相关
宋孝宗赵眘	1127—1194（南宋）	今河北涿州	皇帝宋太祖七世孙，是南宋最有作为的皇帝	殿陛御屏风华夷图大屏上，"分画道路，御座后面金漆郡守分为两行，以黄鉴标识职位姓名"	皇室保存流传	与职务间接相关

续表

姓名	生卒年（朝代）	籍贯	社会身份 家庭、教育背景 资料来源	主要作品及内容	作品流传途径	写作目的
王致远	1193—1257（南宋）	浙江永嘉县人	因父荫补通仕郎，任嘉兴府户曹，以后连续任监襄阳户部大军仓、西州军事推官、慈溪知县、黎州通判、户部架阁文字、大理寺簿丞、湖北、浙西提刑等职。官至实践经验，颇为详备。清人孙其让其"所记岂一人一时之事，而称其《开禧年间德安通判王允初坚守德安府城事》，为读《宋史》者拾遗补阙"。南宋开禧二年随父王允初（时任湖北路参政）亲身参加坚守德安府城之役，在苏州任提刑	摹图、书文和刻碑工作，该书记述作《开禧德安守城录》军事著	碑刻等	与职务直接相关
黄裳	1146—1194（南宋）	四川隆庆府普城县（今广元市剑阁县）	曾辅佐过孝宗、光宗、宁宗三朝皇帝，先后任国子博士、中书舍人、侍讲、礼部尚书等职。黄裳乾道五年中进士，在任中，他继续研究天文史，还钻研利用其职位的便利，利用有关天文档案绘成，进行知识积累	绘制八幅图：太极图、三才本性图、皇帝王伯学术图、九流学术图、天文图、地理图、帝王绍运图、百官图。奉命制《统天历》，庆元四年（1198）颁行，改年颁行《历经》等天文历算著作十四种二十八卷。虽然与天象不合而被罢（1202），以历元嘉泰二年，但是仍然在南末科技上留下了相当宝贵的天文历史文献	黄裳所绘八图，有五图已经失传，现存只有石刻天文图、地理图和帝王绍运图	为了使他的政见易被皇帝接受，并加强收复失地的决心

续表

姓名	生卒年（朝代）	籍贯	社会身份家庭、教育背景资料来源	主要作品及内容	作品流传途径	写作目的
陈仁子	约1279前后在世（南宋元朝交接时期）	湖南茶陵人	咸淳十年漕试第一，入元后发誓不再出仕。不详	筑别墅于茶陵东山，专事讲学，著述和刻书，作品《韵史》等	手校本流传等	不详
尤袤	1127—1194（南宋）	无锡人	生于无锡一个书香门第中。举进士，初为泰兴令。孝宗朝，为大宗正丞，累正至太常少卿，权充礼部侍郎兼修国史，又曾权中书舍人兼直学士。光宗朝为焕章阁侍制，给事中，后授礼部尚书兼侍读。尤袤自小受家学熏陶，5岁能为诗句，10岁有神童之称，家富藏书，能借阅朝廷三馆秘阁藏书，有机会包含部分科技图书籍，家更多地抄录到一些一般人所难以见到的书	编《遂初堂书目》1卷，对研究宋代图书的流传及印刷情有一定价值，是中国现存最早著录版本的书目。后人曾为之续辑，凡44类，计经部9类，史部18类，子部14类，集部3类。所收卷数，一般仅录著者姓名而不详卷数，亦不详作者姓。对所收版本书之各种版本则多予以说明，例如正史类有川本《史记》，严州本《史记》；地理类有秘阁本《山海经》，池州本《山海经》等	所收版本主要有旧监本、秘阁本、杭本、严州本、吉州本、越本、京本、池州本及川本等10数种，对研究宋代图书的流传及印刷情况有一定价值	个人爱好
冯楫	不详（南宋）	四川蓬溪县人	不详。由太学登进士第	《大藏经》《小藏经》各四十八藏，共二十八万余卷，极大地丰富了寺院藏书	自捐俸资印造，寺院藏书	不详

续表

姓名	生卒年（朝代）	籍贯	社会身份 家庭、教育背景 资料来源	主要作品及内容	作品流传迄今	写作目的
王象之	1163—1230（南宋）	南宋婺州金华（今属浙江磐安）人	登进士第，历长宁军文学、江西分宁、江苏江宁江宁知县。中意于高洁隐居著述。仕官之余，起收集地理图书及诸郡县地志、图经，随时编集，于嘉定十四年（1221）开始综合编纂	著成宋代地理学名著《舆地纪胜》。《舆地纪胜》主要是节录当时数以百计的各地的方志、图经中的山川、景物、碑刻、诗咏，一概收而成，对各种方志、图经中的沿革，一略于沿革，以符合"纪胜"的要求	该书保存了不少史料，对研究宋代史，尤其宋代地理，颇有裨益。该书有清道光岑氏刊本传世	不详
祝穆	？—1255（南宋）	祖籍婺源（今属江西）	曾祖祝确为朱熹的外祖父，父亲是朱熹表弟，母祝氏居崇安，迪功郎，读书于朱熹家塾。20岁，朱熹命黄干为他举行冠礼之。乾道初，祝穆与其弟一起随朱熹到建阳云谷晦庵就读。他嗜书，蔡元定教海。青年时，任来于吴、越、荆、楚之间，所到必登高探幽胜，遍访民情风俗，临水搜胜，晚年著述积累丰富资料和感性知识	综合性地理志《方舆胜览》70卷，全书共七十卷。主要记载了南宋临安府所辖地区的郡名、风俗、人物、题咏等内容	嘉熙己亥（三年）刻祝穆《方舆胜览》前集四十三卷，后集七卷，续集二十卷，拾遗一卷由祝太傅宅刻印。刊印后祝穆等崇印书籍七年五月，朝廷发布诏令，禁止书坊擅自刻印宋等坊间书籍。因《方舆胜览》为书坊曾申报过朝廷，因此就被列入了禁书目录	不详

548　中国古代科技文献作者群体研究

续表

姓名	生卒年（朝代）	籍贯	社会身份 家庭、教育背景 资料来源	主要作品及内容	作品流传途径	写作目的
郑樵	1104—1162（南末）	兴化军莆田（福建莆田）人	学者。郑樵出身书香门第，从小就受到家庭较好的影响和教育，他的先世原是晋代中原南迁的望族，高祖郑冲，曾祖郑子堂，祖父郑宰（熙宁三年的进士），父郑国器（政和年间的太学生）。他出身书香门第，从小就受到家庭较好的影响和教育，一生不应科举，刻苦力学30年，郑樵立志读遍古今书，他和从兄郑厚到处借书求读，毕生从事学术研究。不仅学习书本上的知识，经常深入山间田野，拜农夫为师，得到了许多实际学问	《通志》，其中的《地理略》和《都邑略》《昆虫草木略》是中国古代一部重要的、专门论述植物和动物的文献	《通志》版本较多。有元至治二年（1322）刊本，明刊本，清武英殿刊本，咸丰间崇仁谢氏仿武英殿版本，《四库全书》抄本及商务印刷馆影印十通本、浙江书局本	郑樵决心以布衣学者的身份为南宋朝廷著一部集天下书为一书的大《通史》

续表

姓名	生卒年（朝代）	籍贯	社会身份家庭、教育背景资料来源	主要作品及内容	作品流传途径	写作目的
马端临	1254—1323（南宋末年—元朝初期）	饶州乐平（今江西乐平人）	历史学家，其父马廷鸾为南宋右丞相，曾任南宋国史院编修官与实录院检讨官，以恃贾似道归里。从名师习了朱程理学，并目接触到很多的资条件，马端临受父亲的影响，约从二十岁时开始，用二十多年的时间，撰成《通考》，该书在《文献通考》的基础上广泛地搜集史料文献	《文献通考》的《舆地考》是专叙历代疆域发展的地理类文献	不详	个人爱好
赵亮夫	不详（南宋）	不详	不详	《历代地理指掌图》中国现存最早的一部历史地图集。北宋税安礼撰，赵亮夫末增补	刊印，具体不详	不详
范成大	1126—1193（南宋）	平江吴县（今江苏苏州）人	家境贫寒，进士，初授户曹，又任监和剂局，处州知府，以起居，假资政殿大学士出使金朝，后历任静江，咸都、建康等地行政长官。淳熙时，官至参知政事，因与宰意见相左，两个月即去职，亲身经历、亲身所见	使金日记《揽辔录》《骖鸾录》是他出任静江（今桂林市）知府时所记的沿途地理风貌的地理游记，《吴船录》是范成大结束任四川制置使返回故乡平江石湖的旅途中，乘船所见所闻而写成由日记和游记结合起来的书	不详	与职业间接相关

中国古代科技文献作者统计表　551

续表

姓名	生卒年（朝代）	籍贯	社会身份家庭、教育背景资料来源	主要作品及内容	作品流传途径	写作目的
周去非	1135—1189（南宋）	永嘉（今浙江温州）人	宋徽宗宣和初年大儒周行己的族孙，家境优裕。父是北宋教育家、元祐进士、太学博士的大哥周鼎臣，字镇伯，曾官漳浦县主簿。他和几个兄弟都是由大哥周鼎臣培养成才。隆兴元年周鼎臣进士，历官钦江教授。周去非曾官镇江府、官漳浦县都是由大哥周鼎臣培养成才。在广西云"随事笔记，得四百余条"	《岭外代答》作为地理著作已比较成熟，为研究当地史地的重要文献	原本已佚，今本从《永乐大典》中辑出。《岭外代答》只有钞本流传，收入永乐大典和四库全书。后有《知不足斋丛书》钞本。1993年杨武泉第一次将此书校订为《岭外代答校注》，由中华书局出版，作为谢方主编的《中外交通史籍丛刊》第16种	周去非在《岭外代答》自序中说，但后世研究认为写与后人参考，从而达到他"立言"的目的

续表

姓名	生卒年（朝代）	籍贯	社会身份家庭、教育背景资料来源	主要作品及内容	作品流传途径	写作目的
赵汝适	1170—1231（南宋）	祖籍河南开封，生于天台县（今属浙江省台州市）寓居江宁四明（浙江宁波）	宋太宗八世孙。字伯可，他出身封建官僚家庭，父亲赵善待官至朝请大夫，岳州知州。该书有关海外诸国风土人情多采自周去非《岭外代答》的记载，有关各国物产资源则多采访于外国商人	《诸蕃志》这是一部专门记述当时中国与海外各国贸易、交通等方面的著述	原书久已佚亡，今本自《永乐大典》卷四二六二"蕃"字韵下辑出。旧刻本有《函海》本和《学津讨原》本。近人冯承钧著《诸蕃志校注》，对该书考订甚详。20世纪初，《诸蕃志》即被译成外文	不详
杨甲	约1110—1184（南宋）	宋代遂宁人	杨甲以经学知名，被举为"贤良"。他竭一生之力，钻研经学，将《易》《诗》《书》《春秋》《周礼》《仪礼》中有关天地理、在地图学中扬名于世界，为中华民族创造一大奇迹	《六经图》是目前世界上最早刊印印的地图	于绍兴二十五年（1155）刊印，"这是现存最早的印刷地图，也是世界上最早的印刷地图。"具体图书已不可考，经毛邦翰补后，共六经三百零九图。现存有明刻本六种	个人爱好
傅寅	1148—1215（南宋）	义乌双林乡（今义乌市佛堂镇稽亭塘村一带）人，晚移居东阳县	终年不仕，又不屑冶生傅寅从唐仲友学，对天文、地理、井田、学校、郊庙、律历、军制等类研究精深，所著《禹贡说断》《群书百考》，有独到见解	《禹贡说断》中的水系图是早期的木板印刷地图	《群书百考》，不传。今存《禹贡说断》	不详

续表

姓名	生卒年（朝代）	籍贯	社会身份家庭、教育背景资料来源	主要作品及内容	作品流传途径	写作目的
朱熹	1130—1200（南宋）	祖籍南宋江南东路徽州府婺源县（今江西省婺源），出生于南剑州尤溪（今属福建省尤溪县）	任江西南康、浙东巡抚，福建漳州知府、浙东书院建设。官拜焕章阁侍制兼侍讲，为宋宁宗皇帝讲学。父朱松，授建州政和县尉，历官著作郎、尚书度支员外郎兼史馆校勘、司勋、吏部郎等。朱熹10岁前受启蒙教育，11岁"受学于家庭"，父亲朱松学。朱松从罗从彦、杨时受学（为杨时创立的学者程颐。自幼受学于遗父朱熹陶。父亲逝世后遵父遗命，从学刘子翚、胡原仲、刘致中，出人佛老，所学相当博杂，后成为程颐、程颐之后儒传弟子李侗学生，专心儒学，成为程颐、程颐之后儒学的重要人物	《华夷图》《参同契考异》对一些自然现象进行过实际的考察和研究，如从对高山螺蚌壳等的考察去研究地球的变化等	做官时刻书	个人爱好

姓名	生卒年（朝代）	籍贯	社会身份家庭、教育背景资料来源	主要作品及内容	作品流传途径	写作目的
刘昉	？—1150（南宋）	海阳县（今广东省潮州市）人	宣和六年（1124）进士，历任礼部员外郎、太常寺少卿。所引前代资料颇为丰富，各方收集资料，命其部下办公事王湜、乡贡进士王湜整理编写是书	命干办公事王历及乡贡进士王湜共同编集，名《幼幼新书》现存儿科医药专著中规模最大的一部	人民卫生出版社已出版点校本。明代陈履端将《幼幼新书》删削重编成节本，中医古籍出版社也有影印本	因见小儿疾苦甚深，而世又无儿科全书以救济之
董煟	？—1217（南宋）	今海口镇海口村人	县令煟任温州府瑞安县知县时逢灾荒，实施赈济、赈粜、赈贷等办法，使流民得到安置，灾民得以救济	《救荒活民书》专篇《救荒活民书》3卷共5万余字，全面系统地提出救荒"五字"、"十六项"的政见。后辞官回乡，创办南隐书院	宋宁宗诏令刊印，发行到各郡县。清乾隆年间（1736—1795），纂修四库全书诏命重新刊行	任温州府瑞安县知县时逢灾荒，自幼便立志减轻贫苦农民水旱霜蝗之苦

续表

姓名	生卒年（朝代）	籍贯	社会身份家庭、教育背景资料来源	主要作品及内容	作品流传途径	写作目的
洪咨夔	1176—1236（南宋）	於潜（今属浙江临安县）人	嘉泰二年（1202）进士，官至刑部尚书，翰林学士，累知端明殿学士，加端明殿学士	《大冶赋》是目前所知年代最早记载硫化矿石火法冶炼成冰铜的文献，全文2671字，以"赋"的文体记载了当时饶州等地的金、银、铜的采、冶技术和铸钱工艺。其中"黄铜"法记述了有关硫化矿石的开采、焙烧、冶炼、提银等全部工艺过程，记载了宋代水法冶铜技术的兴起、发展、传播的过程，其中技术上对"浸铜""胆铜"分别作为单独炼铜文法记载，使宋代其他有关水法炼铜文献中的混淆得以澄清。其中有关当时各炼铜场独设置及管理机构的记录，是研究冶金手工业发展史的很有价值的史料	著作有《平斋文集》32卷、《平斋词》1卷等。清毛晋将其刊入《宋六十名家词》。《平斋文集》32卷，有《四部丛刊》影宋本；《平斋词》有洪氏《晦木斋汇刊》本，收诗参《汲古阁宋人词》	个人爱好
罗愿	1136—1184（南宋）	徽州歙县呈坎人	宋乾道二年（1166）进士，历任鄱阳知县、鄂州通判。此书作成于南宋孝宗淳熙元年（1174）度宗咸淳六年（1270）王应麟守徽州时	解释《尔雅》草木鸟兽虫鱼各种物名	今传本有元仁宗延祐七年（1320）洪焱祖音释，清代张海鹏所刻《学津讨原》第4集	

续表

姓名	生卒年（朝代）	籍贯	社会身份家庭、教育背景资料来源	主要作品及内容	作品流传途径	写作目的
陈仁玉	1212—？（南宋）	城南黄村（今浙江仙居县城关镇小南门附近）	历任浙东安抚使、兵部侍郎等职。仙居县盛产合蕈、稠蕈、栗蕈、玉蕈、松蕈、竹蕈、麦蕈、玉蕈、碧青蕈、紫蕈、四季蕈11种食用菌，陈仁玉通过观察、研究写《菌谱》	作为世界上第一部菌类植物专著，《菌谱》被载入中国史册，论述了浙江台州（今临海县）所产11种菇的产区、形状、品级、生长及采摘时间。书后附有毒菌的解毒方法	有《百川学海》《说郛》《山居杂志》《墨海金壶》《珠丛别录》《仙居丛书》等版本	当时朝廷上下对台的菌嗜，陈仁玉认为很有辨识的必要
秦伯玉	不详（南宋）	不详	南宋施州郡守不详	秦伯玉于咸淳六年（1270）所立《西瓜碑》是目前全国发现年代最早保存完整的记载西瓜种植的农事记载碑刻	碑刻	不详

续表

姓名	生卒年（朝代）	籍贯	社会身份家庭、教育背景资料来源	主要作品及内容	作品流传途径	写作目的
贾似道	1213—1275（南宋）	浙江天台也桥松溪人	贾涉之子，时姐为宋理宗贵妃。以父荫为嘉兴司仓、籍田令。淳祐初以宝章阁学士为沿江制置副使，任江州知州，兼江西制置使，再调加宝章阁直学士京湖制置大使。加同知枢密院事，临海郡开国公。宋理宗以"师臣"相称，百官称其"周公"。权倾朝野，大小朝政决于葛客，日与群妾斗蟋蟀，作《促织经》	贾似道的《促织经》，是世界上第一部研究蟋蟀的专著。系统描写了蟋蟀的种类、形态、斗法、养法，大多为实践经验的总结。也不乏虚妄之语	不详	个人爱好
杨忠辅	不详（南宋）	不详	约在1185—1206年任职于太史局	在《统天历》中使用了有史以来最精确的回归年长度——365.2425日，这个数值正是400年后（1582）欧洲格里历——也就是今天全世界通用的公历中所采用的回归年数值	官方流传	职业需要

续表

姓名	生卒年（朝代）	籍贯	社会身份 家庭、教育背景 资料来源	主要作品及内容	作品流传途径	写作目的
杜绾	生卒不详	山阴（今浙江绍兴）人	封建官僚世家祖父杜衍，庆历四年（1044）为相，封祁国公。父亲也在京城当官。姑父是著名文学家苏舜钦。杜绾的家庭环境，使他有条件接触全国各地的奇异珍宝和怪石	大约成书于1118—1133年，《云林石谱》是我国古代最完整、最丰富的一部石谱，字，约14000余字，描述的石头有116种，详略不等地叙述其产地、采取方法、形状、颜色、质地优劣、纹理、敲击时发出的声音、坚硬程度、吸湿性、光泽、晶形、透明度、用途等	不详	个人爱好
徐叔微	1079—1154（南宋）	宋真州（今江苏仪征县）白沙人	为翰林学士，成年后发愤钻研医学。因父母双亡，屡试不举，遂弃儒习医，退隐乡里，行医济人	著《普济本事方》，书中又名《类证普济本事方》，共收录方剂三百余首，按病种分为二十五门。该书是许氏数十年医疗经验的结晶，有较高的实用价值。著《伤寒百证歌》《伤寒发微论》《伤寒九十论》《类证普济本事方》《仲景脉法三十六图》等	著书存世较少。此外，尚有《活法》《辨证翼伤寒论》等书，因久已失传，无从稽考	职业需要
窦材	约1076—1146（南宋）	真定（今河北省正定县）人	曾任绍兴开州巡检等职。他曾学医于"关中老医"，他受道家思想影响，积数十年经验	著成《扁鹊心书》3卷，以重视经络和针灸疗法为特点，保留有94种方剂，其中睡圣散为我国较早的麻醉方剂	《扁鹊心书》1146年成书，清乾隆乙酉（1765）王琦重刊	职业需要

续表

姓名	生卒年（朝代）	籍贯	社会身份家庭、教育背景资料来源	主要作品及内容	作品流传途径	写作目的
吴自牧	生活于南宋末元初	临安府钱塘（今浙江杭州）人	仕履未详	《梦粱录》南宋都城临安城市风貌的著作。该书仿效《东京梦华录》体例，记载南宋临安的郊庙、宫殿、山川、人物、市肆、物产、户口、风俗、百工、杂戏和寺观、学校等，为了解南宋城市经济活动、手工业、商业发展情况，市民的经济文化生活，特别是都城的面貌，提供了较丰富的史料	1956年，上海古典文学出版社根据《知不足斋丛书》本校点排印，收入《东京梦华录（外四种）》。1984年，浙江人民出版社依同一版本校点，出版单行本	不详
王应麟	1223—1296（南宋末元初）	祖籍河南开封，后迁居庆元府鄞县（今浙江鄞县）	理宗淳祐元年进士，宝祐四年复中博学宏词科。历官太常寺主簿、通判台州、召为秘书监、权中书舍人、知徽州，礼部尚书兼给事中等职。应麟天性聪敏，九岁便通六经，十九岁举进士，因受到程朱学派的王埜和真德秀等人影响，任官同时勤于读经史	《玉海》百科全书式的著作，全书分天文、地理等21门，《通鉴地理通释》是历史地理学的著作	其著作学甚多且学术价值甚高，到清朝时才开始较为人所重视	个人爱好

续表

姓名	生卒年（朝代）	籍贯	社会身份 家庭、教育背景 资料来源	主要作品及内容	作品流传途径	写作目的
陆游	1125—1210（南宋）	越州山阴（今绍兴市越城区）人	高祖是宋仁宗时太傅陆轸，祖父陆佃，父亲陆宰。孝宗时赐进士出身。中年入蜀，投身军旅生活，官至宝章阁待制。生当北宋灭亡之际，少年时即深受家庭爱国思想的熏陶。以日记载体记叙沿途见闻（今6省30多个县市）	《入蜀记》是南宋陆游入蜀途中的日记，共六卷，是中国第一部长篇游记。《入蜀记》将日常旅行生活、自然人文景观、世情风俗、军事政治、诗文掌故、文史考辨、旅游审美、沿革兴废综错成篇，评古论今，夹叙夹议，卓见迭出，概遂深	嘉定三年陆游的《渭南文集》五十卷由溧阳学官（建康府）刻书	职业需要
吴悮	成书于1163年（南宋）	高盖山人	道士 实践经验	《丹房须知》为南宋道士吴悮编纂于1163年。所述内容为真汞提炼、火候等技术，还有择地、造井、服食、造坛、造鼎、合药、造炉、禁忌等唐代沿袭炼丹术的各个方面。主要是丹房沿袭炼丹术的个经验，并绘有"往住丹房设备的经说"、"龙虎月台"、"未济炉"之图"、"既济磨药床"用、"镇定"、"压石"，都多有新意，绘图精美。最大贡献是所绘丹房和炼丹设备	民间流传	目的是用人工方法制作可以使人长生不死，又能点化金丹、铜、铁等金属以普通金属转变为黄金和白银

续表

姓名	生卒年（朝代）	籍贯	社会身份 家庭、教育背景 资料来源	主要作品及内容	作品流传途径	写作目的
白玉蟾	1194—?（南宋末）	祖籍福建闽清，生于琼州（今海南琼山）人	曾举童子科。后出家为道士，号海琼子，又号海南翁、琼山道人、武夷散人、神霄散吏。自幼聪慧，"任侠杀人，亡命至武夷"。12岁举童子科，谙九经，能诗赋，且长于书画，被誉为"神童"。出家后，参访各地，于惠州得遇泥丸真人，后居广东海丰县莲花山得道，称为琼绾紫清真人。后出家为道士，师事陈楠九年，陈楠逝后，游历天下，后隐居著述，致力于传播南宗道教，创建内丹派南宗教社团	白玉蟾著有《玉隆集》《上清集》《武夷集》，内丹理论著《金华冲碧丹经秘旨》	白玉蟾为南宗第五代传人，即"南五祖"之五。致力于他之后，始正式创建了内丹派南宗道教社团	传播丹道
俞琰	不详（南宋）	吴郡（今江苏苏州）人	不详。他自幼承其家学，刻苦研《易》三十余年，丹道三十余年	《炉火监戒录》《席上腐谈》	不详	不详
赵友钦	不详（宋末元初）	江西鄱阳	道家学者，他是宋汉王十二世子孙。民间资料、宗教资料	《革象新书》《金月正理》《推步立成》等。《革象新书》是一部探究天地四时变化的著作，书中记录了他的实验活动及其成果。他从客观实际去探索自然规律的科学实践方法，采用大规模的实验验证方法，这在世界物理科学史上是首创的，比世界著名物理学家意大利伽利略早两个世纪	许多著述已佚，今人只能从其仅存的《革象新书》中了解他的科学成就	个人爱好

续表

姓名	生卒年（朝代）	籍贯	社会身份 家庭、教育背景 资料来源	主要作品及内容	作品流传途径	写作目的
严用和	约1200—1268（南宋）	庐陵（今江西吉安）人	医家。12岁受学于名医刘开门下，17岁开始行医50余年，经过30余年长期观察体验，"裒所学已试之效"。著成《济生方》。书中博采历代经典和各家之说，引录《三因方》《和剂局方》中部分方剂。收载朴充丁崔丞相灸劳法和稻太夫治疗痔疮疗毒的经验等，搜集民间有效单验方。后又经15年的再实践，复著《济世续方》8卷	著成《济生方》。原书共十卷，有论治70篇，方400首；咸淳三年（1267）又写成《续方》，收前书未备之医论24篇，方90首。广采古人可用之方，兼与临床实际，得与临床实际，以杂病各门为纲，下列总论，每方详述主证、病机，再附主方，组方、炮制、服法等，分条析。书中收方广泛，汉、唐、末以来诸家名方及民间验方均有采录	不详	严用和行医50余年，认为有古今不同，风土有燥湿差异，人的体质也强弱不济，若一概执古方以疗今病，往往效果不理想

中国古代科技文献作者统计表　563

续表

姓名	生卒年（朝代）	籍贯	社会身份家庭、教育背景资料来源	主要作品及内容	作品流传途径	写作目的
张杲	1130—1210（南宋）	新安（今安徽歙县一带）人	家中三世业医。张杲父张彦仁、祖父张扩为北宋名医庞安时的高足。潜心医学发扩为末名医庞安时的祖父张扩为北宋名医庞安时的高足。潜心医学50余年，记载丁末以前名医116人的医学传记，论述针灸、内容广、涉及面广、内容丰富，所搜集资料出处多可依据	于宋淳熙十六年（1189）著成《医说》10卷，全书49门，记载了宋以前名医116人的医学传记等内容	是我国现存最早的医史传记，社会影响颇大，曾东传朝鲜、日本等国	职业需要
李季	不详（南宋）	不详	不详。官方天文资料，全书100卷，自天地列宿变异、杂引古今最备	《乾象通鉴》	流行版本有明钞本，广雅书局精钞本（中国国家图书馆藏）	自序奉圣旨编
李杲	1180—1251（元代）	真定（今河北省正定）	平民。私学，从学于张元素。民间资料	《脾胃论》《伤寒会要》等	不详	总结个人行医经验
耶律楚材	1190—1244（元代）	燕京（今北京）	契丹族。蒙古族大臣。契丹贵族家庭。官方资料。作者随军游历见闻	《西游录注》	原书已佚，只存元人盛如梓的节略本。清代李文田广征群书为之作注，原文顶格，注文低一格，较为详明。未附俞浩《西域考古录》所引《西游录》三则。今据《灵鹣阁丛书》本整理	与官方活动相关

续表

姓名	生卒年（朝代）	籍贯	社会身份家庭、教育背景资料来源	主要作品及内容	作品流传途径	写作目的
李冶	1192—1279（元代）	真定栾城（今河北省石家庄市栾城县）	数学家、文学家、诗人。金正大末进士，钧州知事，元不仕。民间资料	《测圆海镜》系统概括总结天元术，从而使文辞代数开始演变为符号代数	不详	李冶反对象数神秘主义，认为数学来自客观自然界，因此创作此书，阐述其观点
李志常	1193—1256（元代）	观城（今山东观城）	道士。从丘处机学道。宗教资料	《长春真人游记》	不详	记录与其师傅丘处机西行的言行、见闻等
窦默	1195—1280（元代）	广平肥乡（今河北省肥乡县，位邯郸市东）	元初历任翰林院侍讲学士、正议大夫等职。私学，师从于李浩。官方资料	《针经指南》等	不详	个人经验的总结

续表

姓名	生卒年（朝代）	籍贯	社会身份 家庭、教育背景 资料来源	主要作品及内容	作品流传途径	写作目的
许衡	1209—1281（元代）	怀州河内（今河南焦作）	第一个官职是"京兆提学"，上任不久即力辞还乡。其后任"太子太保"，任集贤大学士兼国子祭酒。师从于理学家赵复。官方资料	《授时历》《鲁斋词》	不详	官方天文历法活动的结晶
郭守敬	1231—1316（元代）	河北邢台	元代天文学家，数学家，水利学家，曾任太史令。普通家庭，科技世家。祖父精通五经，精于算学，幼承家学，师从于刘秉忠。官方资料	与王恂等人编《授时历》	不详	官方天文历法活动的总结记录
郑构	1234—1327（元代）	福建莆田	官南安县教谕。普通家庭。民间资料	《衍极》	不详	不详

续表

姓名	生卒年（朝代）	籍贯	社会身份家庭、教育背景资料来源	主要作品及内容	作品流传途径	写作目的
王恂	1235—1281（元代）	中山唐县（今河北唐县）	任太史令。师从于刘秉忠。普通家庭，书香门第，父亲入元不仕。官方资料	《授时历》	不详	总结并运用前人经验，解决天文计算中的问题
畅师文	1247—1317（元代）	南阳（今河南南阳）	官至翰林学士。宦官世家。官方资料	《农桑辑要》	《农桑辑要》本书流传很广，共有20多种版本。目前海内外仅存的元刻本是上海图书馆搜集到的元刻大字本。后世有《田无经济》《格致丛书》《浙西村舍》等刊本，最通行的是从《永乐大典》中辑要的清乾隆年间《武英殿聚珍版丛书》聚珍版（即活字版）本，以及据这个聚珍本复刻或排印的各种版本。1983年农业出版社出版石声汉的《农桑辑要》校注本，1988年该社又出版了缪启愉的《元刻农桑辑要校释》	推广先进的生产技术

续表

姓名	生卒年（朝代）	籍贯	社会身份家庭、教育背景资料来源	主要作品及内容	作品流传途径	写作目的
朱世杰	1249—1314（元代）	燕山（今北京）	元代数学家、教育家。民间资料	《四元玉鉴》《算学启蒙总括》	元末以后，中国传统数学开始衰退，《四元玉鉴》中的许多成果到明朝已无人能懂，几乎失传。清嘉庆年间，阮元在浙江访得该书人呈四库，罗士琳、沈钦裴、李锐等分别校算。其后，《四元玉鉴》。1847年丁取忠堂算学丛书》作了《四元玉鉴细草》。本书依丁取忠校本点校，并依罗士琳《四元玉鉴细草》本对一些算式进行校正。《算学启蒙》出版不久即流传至朝鲜和日本	数学教育研究著作。总结记录前人经验，阐述作者观点
任仁发	1254—1327（元代）	松江（今属上海市）	元代水利家、画家，任都水庸田副使。官方资料。任仁发第一次主持吴淞江疏浚工作及其前后一段时间的太湖水利及其治理情况的辑录尤其详细	《水利集》	不详	官方水利工程的总结记录
王与	1261—1346（元代）	永嘉（今属浙江）	温州路乐清县尹，处州路总管知事，转湖州录事。普通家庭。官方资料	《无冤录》	清末沈家本校对此刊并收入《沈碧楼丛书》，现存较好版本	记录为官时期刑事诉讼案牍

续表

姓名	生卒年（朝代）	籍贯	社会身份家庭、教育资料来源	主要作品及内容	作品流传途径	写作目的
周达观	1266—1346（元代）	浙江温州永嘉	不详。民间资料。作者奉命随使团前任真腊，其能随行之原因不详，此作品为作者游记见闻	《真腊风土记》	《真腊风土记》出版后受到重视，自明代开始就有各种版本，古今图书集成本、香艳丛书本、四库全书史本、古今说海本、历代小史本、古今图书集成本、香艳丛书本、四库全书本。19世纪初期，法国开始人侵中南半岛，真腊国风土人情开始为西方汉学家们注意，先后译有法文、英文、柬埔寨文，和德文翻译本	此书为作者游历经验，真实记录真腊国风土人情
王祯	1271—1368（元代）	山东东平	安徽旌德及信州永丰县令。民间资料。普通家庭	《农书》《农书》除广泛收集著作外，的农学著作外，还记载了他所创造、阐述他本集的民间经验与发明与思想	《王祯农书》有两种版本，一种是37集本，包括"农器图谱"6集、"百谷谱"11集、"农桑通诀"20集。一种是22卷本，包括"农桑通诀"6卷、"百谷谱"4卷、"农器图谱"12卷	介绍新技术、新方法，用以推广，提高农业生产

续表

姓名	生卒年（朝代）	籍贯	社会身份 家庭、教育背景 资料来源	主要作品及内容	作品流传途径	写作目的
吾丘衍	1272—1311（元代）	浙江衢州	道士，元著名篆刻家、藏书家。民间资料	《学古编》	传世有《秘笈》本、《唐宋丛书》本、《学海》本、《书苑》本、《学津讨原》本、《广百川学海》本、《说郛》本和《夷门广牍》本等，流传较广的是《篆学丛书》本和西泠印社《历代印学论文选》本	对印学实践总结流传
朱思本	1273—?（元代）	中国江西临川（今抚州）	元朝道士，诗人，地理学家。官方资料、民间资料	《舆地图》 《舆地图》是朱思本二十年亲身游历与、查看当地政府部门所藏地理资料和地方档案、方志资料等所著	不详	地理考察活动的记录
欧阳玄	1274—1358（元代）	庐陵（今江西吉安）	元代史学家、文学家，任翰林院直学士。私学。官宦世家。官方资料	《至正河防记》	《至正河防记》流传广泛，也造成某些讹误。《元史·河渠志》及《新元史·河渠志》均转录全文。单行本较为通行的有1936年中国水利工程学会《中国水利珍本丛书》本和同年商务印书馆《丛书集成》本	记录个人经历
瞻思	1278—1351（元代）	大食国人，今伊朗一带，其祖父迁丰州（今内蒙古呼和浩特）	大食人。山西行台监察御史，秘书少监，私学。师从名儒王思廉。官宦世家。官方资料	《镇阳风土记》《重订河防通译》等	不详	记录作者的河防技术

569

续表

姓名	生卒年（朝代）	籍贯	社会身份家庭、教育背景资料来源	主要作品及内容	作品流传途径	写作目的
危亦林	1277—1347（元代）	南丰（今江西省南丰县）	官本州医学教授。私学。医学世家。官方资料	《世医得效方》	不详	记录总结前人经验，介绍新医术
朱震亨	1281—1358（元代）	婺州义乌（今浙江义乌市）	平民。是金元四大医家之一。师从于刘完素的再传弟子罗知悌。民间资料	《格致余论》	不详	总结记录前人经验，阐述作者经验观点
于钦	1284—1333（元代）	益都（今山东益都）	元朝地理学家，官至中书左司员外郎。普通家庭。官方资料	《齐乘》	明嘉靖年间刻本	记录地方风土人情

续表

姓名	生卒年（朝代）	籍贯	社会身份、家庭、教育背景资料来源	主要作品及内容	作品流传途径	写作目的
陆友仁	1290—1338（元代）	吴郡（今属浙江）	平民。民间资料	《吴中旧事》	此书版本颇讹脱，今以《永乐大典》所载互校补正，备元人说部之一种。虽然篇帙无多，要与委巷地志之类，朴记之瞰	记乡之铁闻旧志
陈椿	1293—1335（元代）	天台（今属浙江省）	曾任下沙场（今南汇下沙镇）盐司。官方资料	《熬波图咏》	不详	记述海水取盐的设备和工艺流程
滑寿	1304—1386（元代）	襄城（今河南襄城县）	平民。私学。先从京口名医王居中学医，后来又随东平高洞阳学习针法。民间资料	《十四经发挥》《读伤寒论抄》	《十四经发挥》同世不久，原本即失，其内容由薛铠、薛己收入《薛氏医案》才得以保存下来。现存《十四经发挥》版本除《薛氏医案》本外，还有单行本	记录个人行医经验
汪大渊	1310—?（元代）	南昌	元朝时期的民间航海家。民间资料，作者随商船出驶经历	《岛夷志略》	本书有《四库全书》《古学汇刊》《知服斋丛书》整理	记录作者出使经历

续表

姓名	生卒年（朝代）	籍贯	社会身份 家庭、教育背景 资料来源	主要作品及内容	作品流传途径	写作目的
脱脱	1314—1355（元代）	蒙古	蒙古族。元代丞相，著名政治家，军事家。官宦世家，家族地位显赫，从学于名儒吴直方。官方资料	主编《辽史》《宋史》《金史》	不详	官方修史活动
王履	1332—?（元代）	昆山（今属江苏）	平民。学医于朱丹溪，是其门人。尽得朱氏之学。民间资料	《医经溯洄集》以《内经》《难经》《伤寒论》等经典医籍的医理为旨归，并对王叔和等20余位著名医学家的学术观点加以评述和阐发	首刊于明洪武元年，现存版本多见于丛书中，如《四库全书》	记录个人行医经验
刘郁	十三世纪下半叶（元代）	山西祥源	中书省左右司都事，笔录常德之口述民间资料	《西使记》	不详	记录总结前人经验，弥补当时无西域记录药物之不足

续表

姓名	生卒年（朝代）	籍贯	社会身份 家庭、教育背景 资料来源	主要作品及内容	作品流传途径	写作目的
罗天益	约1220—1290（元代）	真定（今河北正定）	曾任元太医。私学。师从李杲。官方资料	《内经类编》《经验方》等	不详	记录总结前人经验
潘昂霄	至元年间1264—1294（元代）	济南历城	官至翰林侍读学士，通奉大夫。普通家庭。官方资料	《河源志》	《元史·地理志·河源附录》转录《河源志》全文，其现存版本较多，中华书局的点校本是最为常见的通行本	考察河源情况的记录
鲁明善	延祐年间1285—1320（元代）	高昌（今新疆吐鲁番东约二十余里的哈拉和卓堡）	元代杰出的畏兀儿农学家，任安丰肃政廉访使。作者在攻读各类书籍的基础上，了解农业生产规律，收集民间耕种经验和知识。官宦世家	《农桑衣食撮要》	有弘治二年（1489）毛泰刻本，《四库全书》本，《农学丛书》本	推广先进的生产技术

续表

姓名	生卒年（朝代）	籍贯	社会身份家庭、教育背景资料来源	主要作品及内容	作品流传途径	写作目的
忽思慧	延祐至天历年间（1314—1329）（元代）	回回人（泛指来自西亚、中东地区的早期移民）	蒙古族（一说维吾尔族）人。饮膳太医。普通家庭，医学世家。官方资料	《饮膳正要》	不详	总结作者作为太医的经验
俞希鲁	至顺年间（1330—1332）（元代）	温州平阳（今浙江平阳）	曾任书院院长，儒学教授，县丞、县尹，至正十六年以松江府路同知告退。官方资料，清嘉庆初，阮元得到一部抄本，进呈内府，同时录存副本，加以校勘整理，由镇江包良丞出样印。官宦世家	《至顺镇江志》	元本久佚，现存本为后人从《永乐大典》中辑出。现存清道光二十二年丹徒包氏刊本，同治二年刊本，民国12年丹徒陈庆年墨印本	修地方史活动
齐德之	至元年间（1264—1294）（元代）	不详	博采《内经》以降医学文献中有关诊治痈疽、疮肿之论述，结合个人经验编撰而成，曾任医学博士、御药院太医	《外科精义》	不详	个人行医经验的记录

续表

姓名	生卒年（朝代）	籍贯	社会身份 家庭、教育背景 资料来源	主要作品及内容	作品流传途径	写作目的
李好文	至治年间1321—1323（元代）	大名府东明县（今河北邯郸）	官至光禄大夫，河南行省平章政事，以翰林学士承旨一品禄终其身。受教于其父。官宦世家，私学。官方资料	《长安志图》	不详	记录前人经验与自身研究的成果
陈绎曾	至正年间1341—1368（元代）	浙江丽水	官至翰林编修。普通家庭。有的采用前人的成说，有的是自己的体会和发现	《翰林要诀》	不详	记录前人经验与自身研究的成果
费著	不详（元代）	华阳（今广西扶绥西南）	尝举进士，授国子监助教，官至重庆府总管。南宋末蜀中兵燹，井闾凋敝，旧观不存。作者遂追述旧事，集为此书	《岁华纪丽谱》	本书有《续百川学海》《宝颜堂秘笈》《说郛》《四库全书》等本	记录个人经历

续表

姓名	生卒年（朝代）	籍贯	社会身份 家庭、教育背景 资料来源	主要作品及内容	作品流传途径	写作目的
扎马鲁丁	不详（元代）	西域波斯马拉加	回族。元代著名天文历法学家，官至集贤大学士。官官世家。官方资料。	《万年历》《至元大一统志》	不详	官方天文历法活动的记录与总结
葛逻禄乃贤	不详（元代）	色目人。其先世居金山之西（今阿尔泰山西部，喀什湖一带）	色目人。翰林、国史院编修官。官宦世家。官方资料、民间资料	《河朔访古记》	明收入《永乐大典》，后即不传。清代修《四库全书》时从大典中辑出130余条，编成三卷，《四库全书》《守山阁丛书·史部》也收了132条。除《河朔访古记》外，为金山钱熙祚所作的碑刻校本	记录和考订古代遗迹、碑刻
周致中	不详（元代）	江陵（今属湖北）	知院。官方资料。官任知院，曾出使外邦六次，熟知各国人物风俗，故撰成此书	《异域志》	有《夷门广牍》《丛书集成初编》《说库》等本。今据《说库》本整理	编史活动，作者经历的记录

续表

姓名	生卒年（朝代）	籍贯	社会身份家庭、教育背景资料来源	主要作品及内容	作品流传途径	写作目的
熊梦祥	不详（元代）	江西丰城	白鹿书院山长，授大都路儒学提举，崇文监丞。作者出任崇文监官方资料，不但有接触大量内府藏书和文献资料的机会，而且可周览大都（今北京）及所属地区的山川名胜，对当地作实地的考察，为撰写本书创造了条件	《析津志辑佚》	惜原书早已亡佚，今从《永乐大典》等古籍中辑佚而成，名《析津志辑佚》可窥其梗概	总结前人经验，记录个人考察结果
李仲南	不详（元代）	安徽黟县	不详	《永类钤方》	北京大学出版社1983年根据元代至顺年间刻本影印本	个人行医经验的记录

577

续表

姓名	生卒年（朝代）	籍贯	社会身份 家庭、教育背景 资料来源	主要作品及内容	作品流传途径	写作目的
忽公泰	不详（元代）	蒙古族人	蒙古族。官至翰林集贤直学士，中顺大夫。官方资料	《金兰循经取穴图解》	不详	总结自身经验，弥补医学上五脏腑前后二图之不足
楼英	1332—1401（明）	浙江萧山楼塔	明医学家 生于医学世家，继承祖业，行医乡间。《素》书中汇集了作者研习《素》《难》与历代名医方论心得及其临证经验	《医学纲目》 综合性医书。全书共40卷，分11部，以阴阳脏腑分病为纲，详述阴阳、脏腑、察病、诊法、用药、针灸、调摄、缘层等	在其五十八岁时，《医学纲目》才初具规模，到其六十四岁时才修订完此书。世人争相传抄，具体流传版本不详	职业需要

中国古代科技文献作者统计表

续表

姓名	生卒年（朝代）	籍贯	社会身份 家庭、教育背景 资料来源	主要作品及内容	作品流传途径	写作目的
姚广孝	1335—1418（元末明初）	苏州长洲县	明初的政治人物，诗人。出自显赫的吴兴赫的吴兴姚氏，14岁出家，学习阴阳术数、制度出家，学习阴阳术数。书中记载均来自官方藏书等	《永乐大典》此书汇集了我国宋元以前重要图书典籍七八千种，包括经、史、子、集、平话、戏曲、小说、方志、佛经、道藏、工技、农艺等方面的珍贵资料，另有一些附图。科技档案信息量亦相当大	正本散佚，现存不到800卷，现在所见基本是影印本版本	满足朱棣的政治愿景，统一全国政治思想
解缙	1369—1415（明）	江西吉水	明内阁首辅 出生在吉水鉴湖的书香门第之家，从小受到良好的教育			
朱橚	1361—1425（明）	安徽凤阳	明太祖朱元璋第五子 参阅本草学的发展和对野生植物的认识	《救荒本草》我国明代早期（公元十五世纪初叶）的一部植物图谱，它描述植物形态，展示了我国当时经济植物分类的概况。它是我国历史上最早的一部以救荒为宗旨的农学、植物学专著，书中对植物资源的利用、加工炮制等方面也作了全面的总结。是一部专讲地方性植物并结合食用方面以救荒为主的植物志	1. 嘉靖四年（1525）山西都御史毕昭和按察使蔡天祐刊本（最早刻本）2. 嘉靖三十四年（1555）陆栗刊本。3. 嘉靖四十一年（1562）胡乘刊本。万历十四年（1586）刊本。万历二十一年（1593）胡文焕刊本，徐光启《农政全书》全部收入，同时在日本先后刊刻，《救荒本草》还有手抄本多种问世	为了防备灾荒，救助灾民
陈诚、李暹（生卒不详）	1365—1457（明）	江西吉水	明代官员 陈氏世代业儒 书中记载均来自游历	《西域行程记》此书是一部明初西域地区的山川、物产、风俗地理著作	长期只有抄本流传 1. 清朝，抄本。2. 1937年，商务印书馆，影印本版。3. 1996年，齐鲁书社，四库全书存目丛书版。4. 2000年，中华书局版	个人爱好

续表

姓名	生卒年（朝代）	籍贯	社会身份 家庭、教育背景 资料来源	主要作品及内容	作品流传途径	写作目的
陶华	1369—1463（明）	明余杭	明代医家 幼年业儒，旁通百氏。长大之后，遇良医授予秘藏医籍，遂探研医术。 六卷内容来源均不同	《伤寒六书》 此书是陶华纂写的六种伤寒著作，每种列为一卷	由于年代久远，原本已不存在，早期刻本也很难找到	职业需要
陈循	1385—1464（明）	江西泰和	明代内阁首辅 少年时，以聪慧闻名乡里，入私塾读书，永乐十三年进士第一 内容是转引自明初的地方志	《寰宇通志》 明代官修地理总志，共一百一十九卷	整个明朝《寰宇通志》一直深藏大内，万历年间才流入民间。进入清朝，此书才逐渐得到流传，不过传本太过罕见，应用的范围十分狭窄。目前国内收藏有《寰宇通志》原本的一共有两家：天津图书馆和天一阁	奉命编纂
高谷	1391—1460（明）	江苏兴化	明朝官员 世代以儒学为业			
夏元吉	1366—1430（明）	祖籍江西德兴	元末明初政治人物 夏原吉早年丧父，他致力于学问，进入太学，获乡荐母亲，被选入宫中书写制诰			
朱权	1378—1448（明）	安徽凤阳	朱元璋十七子 自幼聪明好学	《乾坤生意》 此书是综合性医书，共2卷	现仅存明刻本	

续表

姓名	生卒年（朝代）	籍贯	社会身份家庭、教育背景资料来源	主要作品及内容	作品流传途径	写作目的
费信	1384—1398（明）	吴郡昆山	是郑和下西洋船队中的文职人员。费信家境贫寒，自学成才，知识渊博，通阿拉伯文。书中记载均来自游历所得	《星槎胜览》该书对西洋诸国的自然经济和国情民俗作了真实而生动的描述，内容极其丰富而全面	版本：一种为两卷本，即前后集本，也是原本。另一种为四卷本，即修订本。《星槎胜览》流传至今两卷本有天一阁本及《国朝典故本》，罗以智校本、冯承钧校注。四卷本刻本最多，流传最广	职业需要
吴敬	1385—1455（明）	浙江钱塘	数学教育家（官员）受到宋元时期算书的影响	《九章算法比类大全》是明代现存以"九章"命名的最早、最完整的一部算书。全书共分11卷	1. 1450年，弘治元年吴讷重修本 2. 2002年，上海古籍出版社续修四库全书版	职业需要
兰茂	1397—1470（明）	云南省嵩明县杨林	明代音韵学家、药物学家，诗人，教育家和理经史，旁及诸子百家，少通经史，旁及诸子百家。书中内容都是作者积累的治疗经验	《滇南本草》该书是一部记述西南高原地区药物，包括民族药物在内的珍贵著作	最早版本：明嘉靖丙辰年（1556）重抄本，称为"范本"。故称为"务本"的清光绪丁亥年（1887）由云南务本堂刊刻的五卷本	职业需要

续表

姓名	生卒年（朝代）	籍贯	社会身份家庭、教育背景资料来源	主要作品及内容	作品流传途径	写作目的
彭时	1416—1475（明）	庐陵	内阁首辅出身于贫无立锥之家明英宗正统十三年（1448）戊辰科状元书中记载均来自游历和官方藏书源自洪武三年（1370）由魏俊民、黄篪、刘俨、丁凤等按《大元大一统志》体例	《永乐大典》此书是对描述明朝全国地理情况、民俗民风和山川的地理著作《大明一统志》该书是明代官修地理总志。共90卷	流传甚少，主要版本有1.明景泰年间，刻本版。2.1947年，国立中央图书馆，玄览堂丛书续集，影印本版。3.1987年，江苏广陵古籍刻印社，玄览堂丛书续集，影印本版《大明一统志》除了由明英宗写书序的原版外，还有弘治十八年（1505）慎独斋刊本、万历十六年杨刊归仁斋刊本、天启五年（1625）刊大字本、万寿堂刊本以及1965年台湾的影印本等。也有《四库全书》本	奉旨编写 奉旨编著
韩𢡆	1441—1522（明）	四川泸州	明代医学家出身儒门，后弃儒学医。内容来源作者的临床经验	《韩氏医通》综合性医书，二卷	现多以邹松如1885年藏本为底本，以醴本、本及大成本为主校本	个人爱好和职业需要
虞抟(tuan)	1438—1517（明）	今义乌市廿三里镇华溪村	明中期医学家年幼即母多病，立志学医。年轻时摘取《内经》《脉经》之要旨，加上历代名家的药方和自家的家传写成	《医学正传》此书共8卷，是一部综合性医书	有多种刻本，如明刻本、日刻本	职业需要

续表

姓名	生卒年（朝代）	籍贯	社会身份 家庭、教育背景 资料来源	主要作品及内容	作品流传途径	写作目的
杨循吉	1456—1544（明）	南直隶苏州府吴县	官员、文学家 出身商人家庭，家中无读书之人。来自于实地考察	《苏州府志纂修识略》 该书分政事、赈济、诸邑蠲免、收抵海贼、钞关、课程、水政、谳狱、人物、文词诸项，以府月编叙，汇冠诸卷首	今有明嘉靖间刻本，藏山东省图书馆，《四库全书存目丛书》为影印本，另有《全集》本	修志
王纶	1453—1510（明）	浙江慈溪	明代医学家 出身于明代官宦内容来源于《证类本草》等明以前医药典籍中所载药物及药学理论加以整理	《本草集要》 本书共三部八卷，是一部药物性与临证相结合的综合性本草著作	现在主要存四种明刻本	职业需要
汪机	1463—1539（明）	安徽省祁门县城内朴墅	其家世代行医随父医习内容来源于历代诸家注解《伤寒论》的主要内容进行整理。广泛辑集明以前的医籍和其他有关著作分类整理而成	《伤寒选录》 全书分为八卷，该书按论、证、方药的顺序，对仲景伤寒条文进行了匠心独具的整理 《普济方》 《普济方》是中国历史上最大的方剂书籍，它载方竟达61739首	仅见著录，未见流传，该书原本现藏于日本国立公文书院内阁文库，系明万历三年（1575）敬贤堂刻本 原书今仅存残本，清初编《四库全书》时将本书改编四百二十六卷	职业需要 重视医学的发展

续表

姓名	生卒年（朝代）	籍贯	社会身份 家庭、教育背景 资料来源	主要作品及内容	作品流传途径	写作目的
王磐	1470—1530（明）	江苏高邮	明代散曲作家、画家 一生没有作过官 书中所记均采自民间和调研	《野菜谱》 此书是采集和食用为一体的植物著作	版本有抄本、日刻本和清刻本	帮助明代灾民识别草木，救荒
陆深	1477—1544（明）	南直隶松江府	明代文学家、书法家 陆深任职期间的随笔杂文的合集	《蜀都杂抄》 该书记录了作者来历的四川的山川名胜、风俗习惯、人物事迹，共41条见闻随笔	收入《四库全书》史部地理类存目，有两个版本：明万历沈氏刊本和民国十一年上海文明书局石印本	个人爱好
刘天和	1479—1545（明）	湖广麻城	明代医家 正德三年（1508）进士 书中记载均来自调研、自身经验和官方藏书	《问水集》 此书是16世纪40年代论述黄河运河河道形势及治理的重要文献之一	明刻本：嘉靖十五年（1536）刻本和《金声玉振集》本 清：据存素堂抄本及影抄明刻本校印	总结治河经验
顾应祥	1483—1565（明）	湖州长兴	王阳明弟子 思想家、数学家 明代官员 自幼喜欢数学 内容来源于作者的研究	《勾股算术》 该书共有上下两卷，是有关勾股形的第一部数学专著，总共分为38类	不详	整理勾股问题

续表

姓名	生卒年（朝代）	籍贯	社会身份 家庭、教育背景 资料来源	主要作品及内容	作品流传途径	写作目的
陈嘉谟	1486—1570（明）	安徽祁门	明朝儒医 自幼体弱，放弃举子业改学医。内容根据王纶的《本草集要》的前后序结合自己的心得与经验编写而成	《本草蒙筌》 本书共记载药742种，系统记述各类药材情况	本书最早刊本，为明嘉靖乙丑年（1565）金陵周曰校刊本。各卷首页题款有明嘉靖乙丑年、上海图书馆、北京图书馆藏明崇祯元年戊辰（1628）金陵万卷楼刊本。安徽省图书馆藏有明万历刊本及崇祯印有明教邑刊本，范行准藏有三种形式的万历原刊本两种	陈嘉谟读用来教授弟子的本草讲稿
薛己	1487—1559（明）	苏州吴郡	明代医学家 自幼继承家训，精研医术。作者临床经验丰富的著作和校注和增补他的著作	《薛氏医案》 该书是《外科心法》等书的汇编，共78卷	据《中国中医古籍总目》统计，目前《薛氏医案》在国内有15中版本，如命万历年间刻本、清初陈长卿刻本、清嘉靖十四年书业堂刻本等，流传较广	职业需要
许论	1487—1559（明）	河南灵宝	明朝官员 青少年时随父巡历边境各地，主要是父兄的经历和见闻编写而成	《九边图论》 该书由文字性论述《九边》和地图《九边图说》组成，合称为《九边图论》	原本留在宫内参阅，九边镇描绘绘本目前藏于辽宁省博物馆	职业需要
俞弁	1488—1547（明）	苏州长洲	明藏书家 出身儒学世家，父亲是有名望参考《医说》的体例编写	《续医说》 此书是分为原医、医书、古今名医等27类，朴无引录历代文献中的医学典籍	现仅存抄本	职业需要

续表

姓名	生卒年（朝代）	籍贯	社会身份家庭、教育背景资料来源	主要作品及内容	作品流传途径	写作目的
沈启	1490—1563（明）	南直隶苏州府吴江	明代官员	《吴江水考》全书分五卷，其文体有奏疏、公移、上书等种。是一部记载太湖水利的重要文献	不详	
黄省曾	1490—1540（明）	南京吴县	明代学者 出生于商人家庭，家境富裕，嘉靖举人，终身未入仕途。来源于作者的经验和当地的实践考察	《稻品》该书记载了明代太湖地区的水稻品种，又名《理生玉镜稻品》	收录于《百陵学山》《夷门广牍》《居家必备》《丛书集成初编》等丛书中，广为流传	责任感和当时文人写作习惯
万全	1495—1580（明）	江西南昌县	明代中医学家 发挥其个人对儿科疾病见解之意。参考作者临床经验	《育婴家秘》儿科著作，四卷。又名《万氏家秘》《育婴微赋》	现有《万密斋医书十种》本	职业需要
				《幼科发挥》书中首先论述小儿初生时的疾病，次按肝、心、脾、肺、肾等五脏顺序叙述	原书无标点，经历代刊刻，颇多讹误，此次印行以万全五世孙万达刻本为底本，详加校注。增订本《幼科发挥》附录论文及歌赋后世7篇	
				《伤寒摘锦》《伤寒摘锦》，全称《万氏家传伤寒摘锦》，二卷	收入《万密斋医学全书》中。现存明、清刻本	

中国古代科技文献作者统计表

续表

姓名	生卒年（朝代）	籍贯	社会身份家庭、教育背景资料来源	主要作品及内容	作品流传途径	写作目的
马一龙	1499—1570（明）	溧阳	明朝官员 6岁人乡塾学习，16岁始冠，人南京国子监。内容来源于自己的农事经验	《农说》全书一卷，约6000余字，由正文和小注两部分构成	《玉华子游艺集》中的《农说》是我们目前所能见到的最早版本。（居家必备）本2.（明）陈继儒编辑（宝颜堂秘笈）（普函第二十册）本。3.（明）徐光启《农政全书》收载本等	宣传农事道理
江瓘	1503—1565（明）	安徽歙县篁南	明代医学家 科场不得志，从商。书上采苍鹊、仓公、华佗诸家，下吃元，明清名医验案	《名医类案》全书共12卷，按病症分为205门，以内科病案为主，兼及外、妇、儿、五官、口腔等病症。是我国第一部总结历代医案的医学名著	未刊行 其子应宿走遍大半个中国，博采名医验方，历时19年，五易其稿，使《名医类案》12卷刊行于世	因作者得呕吸症，学医自治，遂成书
郑若曾	1503—1570（明）	江苏昆山	明清之际著名的布衣军事家、战略家 青年时期师从昆山大儒魏校，常与归有光相互切磋后被推荐人国子监就读，成为贡生。 记载均来自调研、民间和游历	《筹海图编》该书共13卷，记明代抵御倭寇事的一部治海军事图籍 《万里海防图论》此书是中国历史上第一部全面论述中国海防的图籍 《江南经略》该书作为一部抗倭而作的江防的兵书，是专论倭患而作的江防专著，和《筹海图编》是姊妹篇	在明代有四刻本。天启版本最为流行，嘉靖原版在我国尚未发现 1932年，国学图书馆，郑开阳杂著，影印本版 《江南经略》初刻于明隆庆二年（1568），明万历四十二年（1614）据隆庆本重刻，清康熙年间郑若曾子孙郑起泓、郑定远又行刻印，乾隆时收入《四库全书》。这四种版本现均未存世	军事需要 军事需要 正当世之职掌，备后世之考知

续表

姓名	生卒年（朝代）	籍贯	社会身份 家庭、教育背景 资料来源	主要作品及内容	作品流传途径	写作目的
归有光	1506—1571（明）	江苏昆山	明代官员、散文家、古文家，出生在一个累世不第的寒儒家庭。搜集相关的水利文献和对太湖地区进行实地考察	《三吴水利录》 《三吴水利录》四卷，是一部专论太湖流域水利问题的专著，是古代太湖水利研究的重要资料	《四库全书·史部》著录的《三吴水利录》，后有《三吴水利录续编》，收录今年水灾年增》，司水利集并论今年水灾事宜《寄王太守书》《水利论》二篇可互为表里，其中内容与归氏《水经世文编》收录了部分篇目，文字与《三吴水利录》亦略有出入	解决太湖地区水利问题
罗洪先	1504—1564（明）	江西吉安府吉水县橙溪	明代学者、杰出的地理制图学家，官宦家庭出身在明代罗洪先以元代朱思本的《舆地图》为基础，收集了14种资料作参考，汇集增补并改编成地图集的形式	《广舆图》 该图计有地图 45 幅，附图 68 幅，共计地图 113 幅。先后翻刻 6 次	罗氏《广舆图》稿本完成于明嘉靖二十四年（1555），以后又初刻于嘉靖二十年（1541），有 6 个不同刻本	弥补朱思本的《舆地图》的不足
万恭	1515—1591（明）	江西南昌县武阳镇游溪村	名臣、治河专家，嘉靖二十三进士及第，自幼聪颖，踏上了仕途。内容来源于作者治黄通运过程中的工作随记	《治水筌蹄》 此书是 16 世纪治黄通运的代表作之一，分为上下两卷，记录水札记 148 则	此书的刊刻仅是在万历五年后重刊一次，清代流传不广，只能查看征引文	职业需要

续表

姓名	生卒年（朝代）	籍贯	社会身份 家庭、教育背景 资料来源	主要作品及内容	作品流传途径	写作目的
李时珍	1518—1593（明）	湖北蕲州	中国古代伟大的医学家、药物学家 李时珍继承家学，参考历代有关医药及其学术书籍八百余种，结合自身经验和调查研究，历时二十七年编成《本草纲目》	《本草纲目》 该书有一百多万字，记载了一千八百多种药物，每一种都有图，是中药书籍中一部伟大的著作	1596年私人刊刻出版，之后广泛传播，在国内外有三十多种刻本，这些版本可以依据图版的不同划分为三个不同的版本系统：江西本系统、杭州本系统和合肥本系统。之后翻译成多种文字传入世界各地	弥补当时医药学的不足
潘季驯	1521—1595（明）	明朝浙江湖州府乌程县	明朝治理黄河的水利专家 书中记载均来自自身经验、调研、官方藏书。	《两河经略》 此书是当时有关黄河的南北两河奏疏中所载曾其万历六年第三次治河时相度南北两河的奏疏	1. 2005年，商务印书馆、文津阁四库全书版、影印本。2. 2008年，台湾商务印书馆股份有限公司版，影印本	总结治河之道
				《河防一览》 此书是一部关于黄河图的叙述和黄河治理的水文水利著作	版本较多：1. 明刻本。2. 1590年，明刻本。3. 清朝康熙年间，绘本。4. 1983年，台湾商务印书馆，景印文渊阁四库全书，景印本等	系统总结四次治河经验
杨继洲	约1522—1620（明）	明代浙江三衢	明代著名针灸医家 弃儒学医 出身世医家庭 摘取戏曲中医著作之精要	《针灸大成》 该书是我国针灸学的又一次重要总结，也是明以来流传最广的针灸学著作	自明万历年间刊行以来，平均不到十年就出现一种版本。至今已有五十种左右的版本，并有日、法、德等多种译本	职业需要

续表

姓名	生卒年（朝代）	籍贯	社会身份 家庭、教育背景 资料来源	主要作品及内容	作品流传途径	写作目的
戚继光	1528—1588（明）	山东登州	明朝杰出的军事家，书法家，诗词人，民族英雄，家境贫寒，但是他喜欢读书，通晓诗经、史籍。戚继光在东南沿海平倭战争期间练兵和治军经验的总结。	《练兵实纪》该书正集9卷，附杂集6卷。它和《纪效新书》被称为戚氏兵书姐妹篇。九卷九篇共二百六十四条。《纪效新书》（十八卷本）论述了练兵的必要性和重要性，提出了一套较为完整的练兵理论和计划	目前所见的最早的两种刻本，都刊行于万历邢间：一是万历二十五年邢刻的十五卷本，现藏南京图书馆；一是具体刊行时间不明的万历年间九卷刻本，现藏北京图书馆和日本尊经阁文库。《纪效新书》由戚继光先后三次编撰、修订、刊行，其善本已无存于世，而经后人重刊的传本版多。明朝以来《纪效新书》的刊行种类有"十八卷本"及"十四卷本"两种	为蓟北练兵而作 练兵需要
王士性	1547—1598（明）	临海城关	人文地理学家，少年好学，喜游历对自己一生所见所闻的系统、全面的综述	《广志绎》该书分六卷，是一部很有价值的人文地理学著作，王士性被誉为中国人文地理学的开山鼻祖	嘉靖二十二年收入《台州丛书》传于世，1981年由中华书局正式出版	个人爱好

续表

姓名	生卒年（朝代）	籍贯	社会身份 家庭、教育背景 资料来源	主要作品及内容	作品流传途径	写作目的
王圻、王思义（王圻之子）	1530—1615（明）	上海	明文献学家、藏书家 幼年就读于诸暨，书中记载均来自官方藏书、调研和大量相关文献	《三才图会》该书共分14门，106卷，为形象地了解和研究明代的宫室、器用、服制和仪仗制度等提供了大量资料	版本有：1. 国家图书馆藏有两版明朝刻本。2. 1987年，江苏广陵古籍刻印社版。3. 1988年，上海古籍出版社，齐鲁出版社。4. 1995年，上海古籍书目丛书版。5. 2002年，上海古籍出版社，影印版。6. 2005年，商务出版社，续修四库全书，影印版。7. 2010年，文渊阁四库全书，影印版，首都师范大学出版社，1609中国古地图集版	意在以图来的形式囊括武宇宙万物，人的社会生活的一切事物、活动、表现、成果
程大位	1533—1606（明）	安徽休宁县率口	明代商人、珠算发明家 在长江中、下游一带经商少年时，读书极为广博，对书法和数学颇感兴趣。内容是查阅图书籍和访问同名师总结得出	《算法统宗》《算法统宗》是一部以珠算为主要计算工具的应用数学著作	《算法统宗》从初版至民国时期，出现了很多不同的翻刻本、改编本，民间还有各种抄本流传	经商时认为算方法不便，决心编纂一部简明实用的数学书

续表

姓名	生卒年（朝代）	籍贯	社会身份 家庭、教育背景 资料来源	主要作品及内容	作品流传途径	写作目的
朱载堉	1536—1611（明）	朱元璋九世孙	明代律学家、历学家、音乐家，早年从外舅祖学习天文、算术等学问。《乐律全书》由十五种著作汇刊而成	《算学新说》此书介绍开平方、开立方方法，用八十一档大算盘，以求十二律。主要是为律吕服务的算书 《乐律全书》该书是一部乐舞律历类书，一共四十卷	不详 明万历三十四年（1606）原刻本，《万有文库》本据此影印，比较常见	个人爱好
陈幼学	1541—1624（明）	江苏无锡	明代官员 写作来源不详	《南湖考》此书是一部记载了浙江南湖有关情况的著作	1. 1879年，清刻本。2. 清朝，书福楼版。刻本	
郭子章	1543—1618（明）	江西泰和县	明代医生 出生于江西泰和县一个书香门第	《郡县释名》该书是一部关于万历时期两京十三布政使司及其所辖各府、州、县名称来历的著作	版本：目前只有万历四十二年（1614）刻本，总计有20.09万字。大陆地区仅北京图书馆、上海图书馆、华东师大图书馆三处收藏	弥补当朝没有此类著述的不足

续表

姓名	生卒年（朝代）	籍贯	社会身份 家庭、教育背景 资料来源	主要作品及内容	作品流传途径	写作目的
缪希雍	1546—1627（明）	海虞	明医学家 幼年孤苦，生平喜好游历四方，到处为医，寻师访友，采药，搜方。 医书该书以《证类本草》为蓝本，目录编次均一袭此作，书中所载方剂，大都为古代和当时实用而有效的名方、单方，并参缪氏的秘方和验方。 搜集临床症状著书	《神农本草经疏》 一书凡三十卷，集录药物1400余种 《本草单方》 该书凡十九卷。书中记载内、外、儿各科199种病证，录方4005个，引用医著400余种，是一部有很高临床参考价值的方书 《先醒斋医学广笔记》 该书共四卷，为一部切合实用的中医临床参考书	现存初刻本，周氏医学丛书本 在缪氏死后十年，于1633年春华阴堂刊行，清顺治年间有重刻本 现存刊刻本等多种明刻本，清刻本，1949年后有排印本	职业需要 职业需要
周履靖	1549—1640（明）	浙江嘉兴	明代学者 家境贫寒，自身体弱多病 《金笥玄玄》为约公元9世纪以后著作，撰人不详。周履靖将其校对后收入《夷门广牍》一书	《金笥玄玄》 寄生虫专著，一卷，内容载人体各种寄生虫名称、形态、图形及治疗方药	现存明刻本，民国影印本	个人原因

续表

姓名	生卒年（朝代）	籍贯	社会身份 家庭、教育背景 资料来源	主要作品及内容	作品流传途径	写作目的
王肯堂	1549—1613（明）	江苏金坛	官员，医学家 书中所记均来自历代医药文献，广泛收集经验编成《医方考》书中既收选了《金匮要略》《伤寒论》选了刘河间、李东垣、朱丹溪、张从正等著名医家的效方，以及民间验之有效的验方	《古今医统正脉全书》此书是一部王肯堂搜集历代医学文献四十四种中编写而成的医学著作 《六科准绳》全书分六科（实为五科），共44卷。内容涉及内、外、妇、儿五官等临床各科的证治方治	不详 不详	
吴崑	1551—1620（明）	安徽歙县	明代著名医家，医学理论家、藏书家，是新安医学的代表人物。生于书香门第，他博览医学典籍，后又到浙江宛陵等地区求师行医	《医方考》全书6卷，按病症分为72门。他从历代方书中选出常用方剂700余首，编成本书，共6卷	不详	去除当时明代医界的弊端，提高医界的素质
武之望	1552—1629（明）	自署关中武家屯	明代医学家 万历十七年进士，根据《女科证治准绳》内容重加编次	《济阴纲目》本书分医论、医方二部，为5卷，全书5卷，后世视为妇产科的重要参考书	康熙四年（1665），删去武氏自撰6篇医论，增加眉批1430余条，改为14卷本大量刊行，版本达36种。1958年上海科技出版社影印此书，遂成此通行本	职业需要

中国古代科技文献作者统计表　595

续表

姓名	生卒年（朝代）	籍贯	社会身份家庭、教育背景资料来源	主要作品及内容	作品流传途径	写作目的
利玛窦	1552—1610（意大利）	意大利马尔凯州（Marche）的马切拉塔	意大利的天主教耶稣会传教士、学者。出身药店老板家庭。原图系意大利传教士利玛窦于明万历二十九年（1601）在中国绘制的《万国图志》	《乾坤体义》此书是一部有关天文测量著作	版本有：1.《四库全书》版。2. 2008年，台湾商务印书馆股份有限公司，景印文渊阁四库全书版	
				《坤舆万国全图》它是明朝的世界地图，同时也是世界首幅中文世界地图，此图为彩色摹绘本	李之藻原刻版《坤舆万国全图》共有七件，都保存在国外	个人爱好
李化龙	1554—1611（明）	长垣人	明代官吏写作来源均不详	《治河奏疏》共四卷	《四库总目》并行于世	职业需要
冯应京	1555—1606（明）	安徽泗州	明朝官员写作来源均不详	《月令广义》此书是一部提出了"方舆高下寒热界""南北寒暑"等命题，并对全国气候进行了简单的气候区划的著作	1537—1620年万历年间曾有张氏聚文堂、麟瑞堂、秣陵陈继儒、梅墅石渠阁，聚文堂版本	
陈实功	1555—1636（明）	江苏东海	明代外科学家陈实功少年时期即开始习医，师从著名文学家、医学家李沧溟。内容来源于自己多年行医的丰富经验和明朝以前外科医学方面的部分成就	《外科正宗》是他学术思想的集中体现。全书共二十余万字，共分四卷	由于该书实用性强，在完成之时立即刊刻同世，崇祯四年有镂刻广为流传，清代刻印过七次，同时流传到日本，1791年，芳兰轩刻本，名为《新刊外科正宗》八册	职业需要

续表

姓名	生卒年（朝代）	籍贯	社会身份、家庭、教育背景、资料来源	主要作品及内容	作品流传途径	写作目的
王象晋	1561—1653（明代）	山东桓台新城	明代文人、官吏、农学家，旁通医学，亲身实践和参考古代农书	《群芳谱》全名《二如亭群芳谱》。它是汇集16世纪以前的古代农学大成，其内容相当广泛，论述颇为周详	现在传世的《群芳谱》有甲、乙、丙三种版本。甲本应著录为三十卷，卷首十四卷。"明崇祯刻清印本"和"明崇祯刻清康熙宗丘礼宗书院印本0"、乙本宜作"清康熙刻本"、丙本宜作"清汲古阁刻本"	为了总结农业科学技术知识和指导农业生产实践
徐光启	1562—1633（明）	松江府上海县	中国明末数学和科学家、农学家、政治家、军事家。万历三十二年（1604）徐光启考中进士，开始步入仕途，书中所记均来自民间调研和官方藏书利玛窦口授，徐光启笔述	《崇祯历书》《崇祯历书》共46种，137卷，包括天文学基本理论、必需的数学知识（主要是平面及球面三角学和几何学），天文仪器以及传统方法与西法的度量单位换算表五类	《崇祯历书》在1634年编完之后并没有立即颁行，新历的优劣之争一直持续了10年。之后汤若望删改《崇祯历书》至103卷，并由顺治帝将其更名为《西洋新法历书》。其中100卷本《西洋新法历书》被收入《四库全书》，乾隆（弘历）讳，易名为《西洋新法算书》	弥补《大统历》的不足
				《农政全书》按内容大致上可分为农政施政和农业技术两部分。全书分为12目，共60卷，50余万字	道光十七年（1837）贵州粮署平落堂本刊印，同治十三年（1874）山东书局又据贵州粮署本刊印，1930年《万有文库》据山东书局本印《农政全书》	弥补其他农书的缺陷，进行系统总结
				《几何原本》该书是一本数学著作，原著为希腊《几何原本》	版本有：1.1607年，明刻本。2.1847年，清刻本。3.1896年，上海积山书局。4.2008年，台湾商务印书馆股份有限公司版，影印本	完善当时的数学体系

续表

姓名	生卒年（朝代）	籍贯	社会身份、家庭、教育背景、资料来源	主要作品及内容	作品流传途径	写作目的
徐𤊹	1563—1639（明）	祖籍侯官	明著名藏书家、文学家，目录学家，终生未得一官，平日身处书城，自以为乐。继承了蔡襄的《荔枝谱》基础上，加以创新	《荔枝谱》他对荔枝种植和保管有较深研究，所载品种就多达100多种，可与宋代蔡襄《荔枝谱》并美，很有科学价值	不详	农业需要
孙承宗	1563—1638（明）	北直隶保定高阳	明末军事战略家、忠贞的爱国者、民族英雄，特进光禄大夫、左柱国、少师、中极殿大学士。明万历六年（1578），中秀才，年仅16岁。万历二十一年（1593），孙承宗到北京，入国子监读书，次年中举人，后要求参加会试，均未中式。由《车营百八扣》《车营百八答》《车营图制》汇编而成	《车营扣答合编》通过问、答、说，对车营及车营作成的108个问题作了详细的回答和解说重点是论述车营的战法	《车营扣答合编》于天启四年成书并刊行未世，《明史·艺文志》兵家有著录，今有荆驼逸史本和特静斋本，畿辅丛书本各一卷，同治八年高阳师俭堂本《车营叩答合编》各四卷，光绪六年粤东活字本《车营百八扣答说合编》四卷	满足故事需要
张介宾	1563—1640（明）	四川绵竹	明代医学家，在京师从名医金英（梦石）学医，尽得其传	《质疑录》医论著作	本书收入《医林指月》等多部医学著作中	职业需要

续表

姓名	生卒年（朝代）	籍贯	社会身份家庭、教育背景资料来源	主要作品及内容	作品流传途径	写作目的
张景岳	1563—1640（明）	明末会稽	明朝著名医家家境富裕，从小喜爱读书，广泛接触诸子百家和经典著作。壮岁从戎，返乡后致力于医学，潜心医道，57岁回到南方，专心从事临床治疗作者结合个人丰富临床经验和强烈到深湛的经验和理论，撰成此书	《新方八阵》该书是《景岳全书》重要组成部分之一，该书首创了八阵分类法，并创立了新方186剂	本书有单行本	职业需要
				《景岳全书》记录了张景岳毕生治病经验和中医学术成果的综合性著作，共64卷，100多万字	原稿于康熙三十九年刊行于世，这是《景岳全书》的始刊本，简称"鲁本"；康熙四十九年庚寅，两广转运使贾棠青因其流传不广，三年后，康熙五十二年贾棠本，查礼南再次在广东镂版翻发，简称"查本"	
李日华	1565—1635（明）	浙江嘉兴	官员，画家和戏曲作家书中记载大量来自调研、自身经验	《味水轩日记》此书是李日华在嘉兴隐居生活经历，包括大量的天气情况，包括天晴雨记载的气候记录和感应记录、物候记录和感应记录	李日华生前并未出版直至1878年才出版1. 清抄本为李含谭校录本（雍正十一年抄本），现藏中国国家图书馆。2. 李含谭校录本的抄本。3. 1878年前后，刊印本。4. 清末民初，嘉业堂丛书，刊印本。5. 1982年，文物出版社，刊印本，影印嘉业堂丛书。6. 1992年，《中国书画全书》收录，参校嘲园丛书为底本，以嘉业堂出版社发行，据嘲园丛书。7. 1994年，《嘲园丛书集成续编》，影校嘲园丛书为底本，屠友祥校注本。8. 1995年，《北图古籍珍本丛刊》，以嘉业堂丛书为底本，影印北图古籍珍本丛刊影印清抄本	个人爱好

续表

姓名	生卒年（朝代）	籍贯	社会身份 家庭、教育背景 资料来源	主要作品及内容	作品流传途径	写作目的
李之藻	1565—1630（明）	浙江仁和	明代科学家、官员，生于武官家庭，从师于吴道南	《圜容较义》 此书是研究天文数学之用书中所记均来自西方科技文献	版本有：1.1608年，明朝初刻本。2.1573年，明朝刻本。3.1614年版，刻本。4.1844年，海山仙馆丛书版。5.1847年，海山仙馆丛书版。6.1895年，卢氏梯青轩一石印本—上海醉六堂，西学大成丛书版。7.1899年，上海鸿文书局，守山阁丛书。8.1922年，上海博古斋，守山阁丛书，子部	
			与利玛窦合译西方著作			
			书中记载主要依据克拉维斯的《实用算术概论》和程大位的《算法统宗》	《同文算指》 著名的数学著作。此书是一部有关比例、比例分配、多元一次方程组、开放等的数学著作，11卷	版本有：1.1614年，明刻本。2.1847年，清刻本。3.光绪年间，番禺潘氏，海山仙官丛书版。4.1983年，台湾商务印书馆，景印文渊阁四库全书版。5.1985年，中华书局版。6.2000年，影印本。7.2005年，商务印书馆，影印本。8.2008年，台湾商务印书馆股份有限公司版，影印本	为了满足中国人对西方数学知识的需要
			参考资料不详	《浑盖通宪图说》 此书是第一部系统介绍星盘制作与使用的专著	版本有：1.1844年，金山钱氏，守山阁丛书版。2.1889年，上海鸿文书局，守山阁丛书，子集版。3.1922年，上海博古斋，守山阁丛书，子集版。4.1983年，台湾商务印书馆，景印文渊阁四库全书版。5.1985年，北京中华书局，子部版。6.2008年，台湾商务印书馆股份有限公司版，景印文渊阁四库全书版	弥补中国历法中的错误

续表

姓名	生卒年（朝代）	籍贯	社会身份 家庭、教育背景 资料来源	主要作品及内容	作品流传途径	写作目的
李之藻	1565—1630（明）	浙江仁和	明末科学家 翻译西方逻辑著作 Furtado1587—1653	《名理探》原名《亚里士多德辩证法概论》，李之藻所译的（由当时来华的葡萄牙耶稣会传教士傅泛际[FrancoisFurtado, 1587—1653]译义）一部西方逻辑著作	译本计十卷，初刻于1631年。另有民国20年上海徐汇光启社五卷排印本存世	认为中国人缺乏逻辑思想训练
高一志	1566—1640（意大利）	意大利都灵	传教士 出身意大利特洛伐雷洛城贵族家庭	《空际格致》此书是大量的气象现象及其特征和形成原理，讲解了希腊的四元素学说。这应是最早介绍当时欧洲气象知识的专著	版本有：1. 1912—1949年，上海聚珍仿末印书局，民国阁，铅印本。2. 1944年，鄞县张寿镛约园，四库全书存目丛书。3. 1995年，齐鲁书社，影印本	著作翻译
黄成	不详（明）	今属安徽省黄山市歙县	百姓 书中记载均来自前人与作者本身的经验	《髹饰录》为我国现存唯一的一部古代漆工专著，全书分乾、坤两集，共十八章一百八十六条	三四百年来仅有手写孤本藏日本蒹葭堂，世称蒹葭本。一九七二年台湾曾据原书复印本影印。今人王世襄所著《髹饰录解说：中国传统漆工艺研究》一书的修订版1983年由北京文物出版社出版	职业需要

续表

姓名	生卒年（朝代）	籍贯	社会身份、家庭、教育背景、资料来源	主要作品及内容	作品流传途径	写作目的
谢肇淛	1567—1624（明）	福建长乐	明代作家、官员。谢肇淛出生在一个世代书香门第的官宦之家，壬辰年（1592）考中进士，之后便走入仕途。其资料来源：1. 作者研读和搜集大量的古代文化典籍；2. 作者的社会实践，多年的仕宦经历以及走访下层和游历采访	《五杂俎》是明代的一部著名的笔记著作，全书十六卷	版本有：1. 新安如韦馆万历四十四年刻本 2. 明别刻本 3. 日本宽文元年刻本 4. 1935 年上海中央书店本 5. 1959 年中华书局本 6. 1977 年台北伟文出版社排印本。7. 2001 年上海书店排印版 8. 2001 年辽宁教育出版社刊印本	个人爱好
王徵	1571—1644（明）	陕西咸阳	明徽科学家。王徵父亲是个擅长数学的私塾先生，勇文通晓兵法，善于制器械，这对他后来热衷于西方科学技术的学习和从事发明创造，产生了直接影响。天启七年由传教士邓玉函口授，王徵译绘	《新制诸器图说》此书是农业机械著作，还通过自己的勤奋和对知识较强的理解力，发明创造出许多新颖、实用的机械，并将这些机械绘制成器图说》后流传于世。其中大部分为日常生活用具 《远西奇器图说》是我国第一部介绍近代欧洲机械工程学、物理学方面的专著	道光二十三年上海海按据平摇堂本刊，宣统元年（1909）上海求学斋局据曙海楼本石印，1932 年伪河北燕京道据曙海楼本刊印精装本	个人爱好
庞迪我（孙元化）	1571—1618（西班牙）	西班牙	天主教传教士	《日晷图法》该书是庞迪我口译，孙元化笔授，收录于丛书《经武秘要》之中，共 1 册不分卷	目前仅存抄本	个人爱好

姓名	生卒年（朝代）	籍贯	社会身份 家庭、教育背景 资料来源	主要作品及内容	作品流传途径	写作目的
张燮	1574—1640（明）	龙溪县	明代学者，出生于官宦世家。张燮受家庭熏陶，自幼通五经，览史鉴	《东西洋考》是明代中外关系和东南亚各国历史、地理的重要文献，也是一部综述漳州与东、西洋各国贸易通商的指南。全书分十二卷	版本：1.（明）万历间刊本（有「汪鱼亭藏阅书」印），2.（清）四库全书本，3.惜阴轩丛书本，4.国学基本丛书本，5.台湾正中书局据本衙藏版，6.学生书店据惜阴丛书本影印，7.1981年北京中华书局出版的《中外交通史籍丛刊》铅印标点本，8.《东西洋考》，谢方校注本，中华书局2000年	应漳州府督粮通判王起宗之请，完成该书
熊三拔	1575—1620（意大利）	意大利	意大利传教士，研究西方水利科学的行家。贵族之家	《表度说》此书是天文、数学著作	版本有：1.1368—1644年，天学初函丛书版，刻本。2.1573—1620年，天学初函理编，刻本。3.1983年，天学初函书馆，景印文渊阁四库全书版，影印本	翻译著作
			1597年入耶稣会，之后进罗马学院学习，不久即肄业离开丁罗马。熊三拔在中国传教约15年			
			徐光启与传教士熊三拔合译	《泰西水法》共6卷，是一部介绍西方水利科学的重要著作	刊行后被收入明李之藻编辑的天主教丛书《天学初函》，徐光启在《农政全书》引录前四卷，清代巨型丛书《四库全书》将其全文收入	

续表

姓名	生卒年（朝代）	籍贯	社会身份 家庭、教育背景 资料来源	主要作品及内容	作品流传途径	写作目的
熊明遇	1580—1650（明）	江西南昌进贤	明代官员。8岁学习《毛诗》，12岁习武事。万历二十九年朝廷授官，初为观政吏部政。后出任浙江长兴知县。书中记载均来自调研，大量科技文献	《格致草》 此书是第一次介绍了此种仪器的用法的著作	版本有：書林友丁堂版和1994年北京图书馆版	利用研治西方科学的机遇来改造中国传统格致之学的内容
孙元化	1581—1632（明）	上海川沙县高桥镇	西洋火炮专家。光绪年间曾到上海县徐光启学馆学习，潜心研究西学	《西法神机》 此书共两万余字，分为上、下两卷，上卷有7节，下卷有5节，附图34幅，对明末清初的火器研制与使用都产生了重要的影响，是明代重要的火器专著	现传《西法神机》是孙元化的中表王式九所保留的副本，正本在孙元化获罪之后被焚毁，至清代光绪二十八年杨恒福刻印出来	

续表

姓名	生卒年（朝代）	籍贯	社会身份 家庭、教育背景 资料来源	主要作品及内容	作品流传途径	写作目的
计成	1582—？（明）	上海松陵	明代造园家 出身于名门望族，青少年时期受到良好的教育。作者园林设计的实践总结	《园冶》中国古代造园专著，也是中国第一本园林艺术理论的专著。全书共3卷，附图235幅，是一部研究古代园林的重要著作	《园冶》是由安庆阮大铖（1587—1646）家庭刻印社约1635年出版	职业需要
吴有性	1582—1652（明末清初）	吴县东山	明末清初传染病学家 依据自己的治病经验心得而作	《瘟疫论》，又称《温疫论》，是中国第一部系统研究急性传染病的医学书籍，共2卷，补遗1卷	版本主要有清初刻本、四库全书本	明代当时瘟疫流行，病情蔓延，在这种情形下，总结自己的治病经验成书

中国古代科技文献作者统计表

续表

姓名	生卒年（朝代）	籍贯	社会身份 家庭、教育背景 资料来源	主要作品及内容	作品流传途径	写作目的
周嘉胄	1582—1658（明末）	淮海（今江苏扬州）	明朝收藏家 书中记载均来自前人写作者本身的经验	《装潢志》此书是一部有关画裱的专著	《装潢志》的单行本传世绝少，据《装潢见稿》统计，求是斋本《装潢志》是全国仅有的单行本，该书经翁方纲、王献唐考订，现藏山东省博物馆	经验总结
艾儒略	1582—1649（明）	意大利	传教士 艾儒略于明天启三年（1623年）根据庞迪我和熊三拨所著的底本编译而成	《职方外纪》卷首痈有"万国全图"，卷一之首是"五大洲总图及解"，卷二是正篇是亚细亚（亚洲），卷三是亚欧罗巴（欧洲），卷三是亚利加（非洲），卷四是墨瓦蜡尼加（南、北美洲）和墨瓦四海总说及简介	不详	不详
徐弘祖	1587—1641（明）	明南直隶江阴	地理学家和旅行家和探险家 徐霞客少年即立下了"大丈夫当朝游碧海而暮宿苍梧"的旅行大志 书中记载均来自于调研、考察	《徐霞客游记》主要按日记述作者1613—1639年间旅行观察所得，对地理、水文、地质、植物等现象，均作了详细记录，在地理学和文学上卓有重要的价值	版本有：1. 季梦良整理本版。2. 徐建极抄本版。3. 李介立（寄）本版。4. 杨名时抄本版。5. 乾隆刊本版。6. 叶廷甲本版。7. 丁文江本版。8. 褚、吴整理本版。9. 朱惠荣本版	实现儿时的梦想

续表

姓名	生卒年（朝代）	籍贯	社会身份 家庭、教育背景 资料来源	主要作品及内容	作品流传途径	写作目的
宋应星	1587—1666（明）	江西奉新	中国明末科学家。宋应星幼时与兄应升同在叔祖和庆开同在叔祖和办的家塾中就读。宋应星在家塾中初授师于族叔邓良知，稍长，继读来国祚，考人本县县学为廪生，熟读经史及诸子百家。借鉴官方与民间的文献（长期积累加以总结整理）识加以总结整理）	《天工开物》是世界上第一部关于农业和手工业生产的综合性著作，是中国汉族古代一部综合性的科学技术著作，共三卷十八篇	版本：涂本：这是《天工开物》的明刊初刻本，最为珍贵，此后所有版本都源出于此。杨本：这是刻书商杨素卿于明末刻成而于清初修补的坊刻本，以涂本为底本而翻刻的第二版。菅本：这是《天工开物》最早在国外刊行的版本	讲求实学，反对士大夫轻视生产的态度，决定写作
汤若望（字道未，号李祖白）	1592—1666（明）？	德国科隆	意大利的耶稣会传教士、天主教耶稣会修士、神父、学者。在中国生活47年，历经明、清两个朝代。出身贵族之家。书中记载来自齐罗兰姆·西尔图利的《望远镜》	《远镜说》此书是第一部介绍望远镜的中文专著	版本有：1. 1736—1795年，艺海珠尘丛书版。2. 1796—1820年，南江吴省兰省兰听彝堂、艺海珠生丛书版。3. 1850年，南江吴省兰听彝堂、金山钱氏漱石轩、艺海珠尘丛书版	介绍远方光学知识

续表

姓名	生卒年（朝代）	籍贯	社会身份家庭、教育背景资料来源	主要作品及内容	作品流传途径	写作目的
汤若望（李天经）	1579—1659（明末）	不详	明代历法家	《坤舆格致》共分12卷，涉及矿业和相关冶金工序的每个阶段。汤若望与李天经合译于1638年，以选择了德国矿冶学家、阿格里科拉（G. Agocla）的《矿冶全书》为底本	该书未及刊行，后便在明末清初纷繁的战火中遗失了	
汤若望（焦勖笔录）	不详	不详	不详	《火攻挈要》又名《则克录》，这是一部关于欧洲火炮的制造方法与火攻策略的汇集。全书约4万字，分上、中、下三卷，并附有插图40幅，是明末有关西洋大炮的一本最权威的著作，一直到清朝中叶都很有影响。汤若望口述，焦勖笔录整理	该书一再印制，1936年还被收入《丛书集成》	在明朝内忧外患的局面下，皇帝下令铸炮
茅元仪	1594—1640（明末）	浙江归安	明末军事家茅元仪出生于一个书香门第，在家庭的熏陶下，茅元仪自幼勤奋好学，博览群书，尤其喜谈兵，农之作，书中记载均来自大量相关文献	《武备志》该书是中国明代大型军事类书，是中国古代字数最多的一部综合性兵书。240卷，200余万字，图738幅	版本：明天启元年（1621）本，清道光中活字排印本，日本宽文年间（1661—1672）须原屋茂兵卫等刊本流传。清乾隆年间曾被列为禁书	改变武备废弛状况

续表

姓名	生卒年（朝代）	籍贯	社会身份 家庭、教育背景 资料来源	主要作品及内容	作品流传途径	写作目的
张国维	1595—1646（明末）	浙江东阳	明代官员 曾任明末江南十府巡抚，后任兵部尚书 书中记载均来自调研、相关文献等	《吴中水利全书》 此书是一部详细记述了吴地的水源、水脉、水名及水道流程长度，并辑有历代治理吴中水利的诏敕、奏章、状疏、案牍等有关资料，序记以及诗歌、歌谣等论说，是一部内容丰富的综合水文水利的著作	不详	
陈子龙	1608—1647（明末）	南京松江府华亭县莘村	明末文学家 出生于当地的豪绅之家，陈子龙文素的影响下，从小受到了良好的教育，同时学做八股文，准备通过科举进入仕途。书中记载均来自相关文献、官方藏书相关奏疏	《明经世文编》 原名《皇明经世文编》五百零四卷，又有补遗四卷。该书以人物为纲，以年代先后为次	该书编成后即刻版印行，是为崇祯平露堂刊本。该书清时被列为禁书，中华书局搜集整理后影印出版，同时增加《作者姓名索引》《分类目录》两个附录，以便于检阅。1962年，中华书局影印之作有，目多缺卷，且多缺页。哈佛为之作序	为解决崇祯年间的社会问题而编纂
徐孚远	1599—1665（明末）	江苏华亭	明末诗人 崇祯十五年举人	同上	同上	
宋徵璧	1602—1672（明末清初）	江苏华亭	明代官员	同上	同上	
李雯	1607—1647（明末清初）	江南青浦	明末诗人 明崇祯十五年举人	同上	同上	

续表

姓名	生卒年（朝代）	籍贯	社会身份 家庭、教育背景 资料来源	主要作品及内容	作品流传途径	写作目的
方以智	1611—1671（明末清初）	安徽桐城	明代哲学家、科学家出身士大夫家庭，方以智自幼秉承家学，接受儒家传统教育，少年时代的方以智受到了浓厚学术氛围的熏陶，成年后，方以智载书泛游江淮，吴越间，通访藏书大家，博览群书，四处交游，结识学友。考察各种事物形成和发展的原因，核对古今中外的科学知识进行总结。解读《庄子》的作品	《物理小识》是一部百科全书式的学术著作，全书共十二卷，分为十五类，从内容来看，它广泛涉及天文、地理、物理、化学、生物、医药、农学、工艺、哲学、艺术等诸多方面	版本：现存的《物理小识》刻本中，最早的是清康熙三年（1664）宛平于藻庐镂刻本，其次有光绪十年（1884）宁静堂刊印的版本等。翻刻刊印的版本主要有1，最早的是于藻出资刊印的藏轩刻本；2，民国二十四年（1935）《四库全书珍本初集》收录《物理小识》的景印本，由商务印书馆辑；3，民国二十六年，商务印书馆发行的版本收录至王云五主编的《万有文库》，由龙旭光、朱广福校对；4，1987年上海古籍出版社景印文渊阁《四库全书》，从而出现《物理小识》的第四个版本；5，清初，该书刊印后传至日本，日本学者三浦梅园（1723—1789）在著作《赘语》中引用《物理小识》近二十次，其他学者也多次提到此书，由此可见该书在日本影响之大，但因资料有限，对于此书传至日本后是否重新刊印尚无定论	个人总结
				《药地炮庄》本书是"中国传统：经典与解释"系列的一种	《药地炮庄》始刻于康熙三年（1664），世称此藏轩本，是《炮庄》的唯一刻本。后来虽有增补重印，但变动不大，存世的目前仅见安徽省博物馆藏本、中国社科院历史所藏本、台湾中研院史语所藏本和四川省馆图书馆藏本几种	完成对道盛之的《庄子》的见解

续表

姓名	生卒年（朝代）	籍贯	社会身份 家庭、教育背景 资料来源	主要作品及内容	作品流传途径	写作目的
王銮	1817—1890（清）	浙江乌程	明代儿科医家 世医出身 内容取自《内》《难》《伤寒》等著作	《幼科类萃》 此书28卷，按病种分为26门，是一部临床实用、论理精要的儿科专著	现有明嘉靖刻本 通行本为1984年中医古籍出版社影印本	职业需要
巩珍	生卒不详（明）	明应天府	明朝官员 郑和下西洋经过国家的所见所闻的纪录汇编	《西洋番国志》 是记载郑和下西洋最早文献之一，记述明宣德八年（1433）郑和第七次下西洋的经过	版本有：1卷。《明史·外国传》即主要依据巩珍《西洋番国志》一书修撰。1. 1993年，上海古籍出版社，山川风情丛书。2. 1997年，团结出版社，四库全书精品文库版本。3. 2005年，商务印书馆，文津阁四库全书，影印本版本。4. 2008年，台湾商务印书馆股份有限公司，景印文渊阁四库全书版本	记载郑和下西洋的经历
何良臣	生卒不详，大约在明朝正德万历年间活动	浙江余姚人	明朝军事家、诗人 青年时代就在东南沿海从军 结合历代兵法得失和明代兵制弊端	《阵纪》 是中国明代关于选练与作战的兵书。4卷，66篇，4.8万余字	版本：除万历刻本外，还有《墨海金壶》《珠丛别录》《丛书集成》等版本	军事需要
马欢	生卒不详（明）	浙江会稽	明代通事（翻译官）文职人员 马欢是郑和下西洋船队中的文职人员 郑和下西洋沿途所见所闻纪录汇编	《瀛涯胜览》 被公认为研究郑和的最重要的原始文献之一	版本：商务印书馆1935年出版的冯承钧校注本《瀛涯胜览校注》和海洋出版社2005年出版的冯承钧校注的1万明校注明钞本《瀛涯胜览》校注。著名汉学家迈耶斯、格伦德威尔、戴文达、伯希和等都曾研究论述此书。瀛涯胜览国际上名声很大。《瀛涯胜览》有J. V. G. Mills的英译本：Ying-yai Sheng-lan, The Overall Survey of the Ocean's Shores	记录郑和下西洋的所见所闻

续表

姓名	生卒年（朝代）	籍贯	社会身份 家庭、教育背景 资料来源	主要作品及内容	作品流传途径	写作目的
鲍山	生卒不详（明）	不详	不详 书中所记均来自游历和调研	《野菜博录》此书是一部考订野菜名物并注明性味食法的植物图谱	版本：明天启刻本，《四库全书》本，《四部丛刊》三编》影印明天启刻本三种	帮助明代灾民识别草木、救荒
邝璠	不详（1465—1505）	山东任丘（今河北任丘）人	明弘七年（1493）进士，翌年任苏州府吴县知县，历官瑞州知府、河南右参政	《便民图纂》此书内容庞杂，载有农艺、园艺、养畜等农业技术知识和医药上的民间处方，还记载饮食器用方面的知识和阴阳占卜等内容	版本：道光十八年（1846）上海文海书局石印本，所据本不详。光绪二十六年一刊本称平林堂刊。已佚	反映苏南太湖地区农村生产
邢云路	生于嘉靖二十九年（1549）左右，卒于天启年间（明）	河北安肃	官员，天文学家 书中记载均来自大量中外文献和调研	《古今律历通考》《古今律历考》72卷，其主要内容是对古代经籍中的历法知识以及各部正史律历志或者历志中的问题进行总结和评议	版本有：1. 畿辅丛书版。2. 王颢辑一刻本一清光绪1879年畿辅丛书版。3. 1879年，新城王氏版。4. 1913年，武进陶湘，匿印版	校正元代天文学家郭守敬的误谬

续表

姓名	生卒年（朝代）	籍贯	社会身份家庭、教育背景资料来源	主要作品及内容	作品流传逸名	写作目的
刘文泰	生卒不详（明）	江西上饶	明代官员 书中记载取材均来自官方藏书《本草》《别录》《本草拾遗》以及唐、宋本草	《本草品汇精要》此书是明朝唯一一部大型官修本草，因系明朝群书药品，撷灵其精粹，分项述其主要旨的医学著作。共四十二卷	本书有明代的绘写本及清代的重抄本。北京图书馆有残存的清代重抄本十三册，至于明抄本和清代重抄本的其余部分，是否存在、尚待查考。现所见到的是商务印书馆据散失前的清代重抄本晒蓝底本排版重印而发行者	奉旨编写
陈组绶	生卒不详（明）	南直隶常州府武进（今江苏常州市人）	明末文学家，官员 参考《寰宇通志》《大明官志》《广舆图》《大明一统志》《边镇图》《川海图》《河运》《海运》《江防》《海防》诸书	《皇明职方地图》共有三卷，是一本内容丰富的图集	版本：1.1936年，明刻本版。2.1955年，南京图书馆，玄览堂丛书，影印本版。3.2005年，北京出版社，四库禁毁书丛刊补编，影印本版。4.2008年，台湾商务印书馆股份有限公司，景印文渊阁四库全书版	在兵部尚书张翼德的授意下进行编写
焦玉	生卒不详（明）	不详	明朝的将领师传	《火龙神器阵法》不分卷（有的著录为一卷），约万余字，附图47幅，此书是明代有关于制造火器、火药的兵书	在当时，火器火药是先进的军事技术，属于军事机密，所以未能公开刊印，靠民间抄本流传下来。是书现存所能看到的只有最早的明抄本。另抄本是明末清初之学者顾祖禹曾经收藏过的明抄本。各些抄本之间文字互有异同。书名也有改变。这些抄本中，比较重要的有清道光二十年华阴谷心存抄本，后有清光绪帝师傅维祖翁同龢的跋文	担心火器所著书失传，所以留存

中国古代科技文献作者统计表

续表

姓名	生卒年（朝代）	籍贯	社会身份 家庭、教育背景 资料来源	主要作品及内容	作品流传途径	写作目的
午荣	生卒及事迹均不详（？）	不详	不详 书中记载均来自有关书籍和收集中国民间建筑经验	《工师雕斫正式鲁班木经匠家镜》原名《工师雕斫正式鲁班经匠家镜》或《鲁班经匠家镜》是一本民间匠师的业务用书	《鲁班经》的主要流布范围，大致在安徽、江苏、浙江、福建、广东一带。现存的《鲁班经》的版本，多为这一地区刊印	汇编
王文素	1465—？（？）	山西汾州	商人 出生于中小商人家庭的王文素，受所处社会及家庭影响。博览群书收集资料，长期研究钻研作分析	《算学宝鉴》全称《新集通证古今算学宝鉴》，是一部全面阐述算学理论和以算盘为主要工具进行实际运算的算学著作	此书未刊印，只有手抄本。1935年北京图书馆在旧书肆发现珍藏于今，为海内孤本	职业需要和爱好
耿荫楼	？—1638（明代）	北直灵（今河北省灵寿县人）	明代官员 本书是作者在临淄和寿光两县任知县时留心农业生产，并总结当地群众的生产经验，所写下的反映山东地区农业生产情况的小型农书	《国脉民天》《国脉民天》一卷，共分区田、亲田、养种、蓄粪、晒种、备荒等七目	不详	反映山东地区农业生产情况的小型农书

续表

姓名	生卒年（朝代）	籍贯	社会身份家庭、教育背景资料来源	主要作品及内容	作品流传途径	写作目的
异远真人	生卒不详	籍贯不详	明代僧人	《跌损妙方》全书一卷，共载穴位57个，方152首，辑录不同部位骨折脱位的处理方法10种	现存版本：清道光十六年丙申（1836）刻本。清嘉庆二十二年（1818）刊本。1955年上海千顷堂据嘉庆原版本影印。1956上海卫生出版社据嘉庆原版刊本影印。清光绪三年丁丑（1877）武林男安教厚堂刻本。上海科学技术出版社出版1984年11月第1版。宁城述古堂藏本。胡岳标点校，中国书店出版，1993年1月第1版第1版	
释圆瀞	生卒不详	不详他早年曾在杭州天竺寺从天台宗宗雨受学	明宣宗宣德年间（1426—1435）任僧录司右善世	《数乘法数》四十卷《数乘法数》的编集是以天台宗义为主，与《贤首法数》相对待		弥补算法的不足
沈氏	生卒不详	明末湖州归安（今浙江吴兴县）	文人来源于亲自务农的经验	《补农书·沈氏农书》它是明末嘉湖地区农业科学技术的实录	《沈氏农书》和《补农书》多用《补农书》合为一本，后事刊本	总结务农经验

中国古代科技文献作者统计表　615

续表

姓名	生卒年（朝代）	籍贯	社会身份 家庭、教育背景 资料来源	主要作品及内容	作品流传途径	写作目的
喻本元 喻本亨	大约生活在明代嘉靖（1522—1566）到万历（1573—1620）年间	明朝南直隶庐州府六安州（今安徽省六安市裕安区西河口乡）	兽医 内容来源于作者的兽医经验	《元亨疗马集》 该书是祖国兽医学宝库中内容最丰富、流传最广的一部兽医经典著作	最早的版本是明代万历三十六年（1608）金陵唐少桥汝显堂刊本，不附《驼经》。建国以来先后出版了四种不同的版本：1957年中华书局出版谢成侠校订的《元亨疗马集·马集附牛驼经》；1963年农业出版社出版中国农业科学院中兽医研究所重编校正的《元亨疗马牛驼经全集》；1983年出版乾隆五十年安徽六安郭怀西的注释本，名为《新刻注释马牛驼经大全集》	职业需要
程从周	1581—（？）不详	安徽新安歙县	出生于书香门第 内容来源于作者的坐诊案例经验	《程茂先医案》 《程茂先医案》收案90例，涉及内、妇、儿、外各科病种，记载如实、详细，有分析、有讨论，学术价值较高，可读性较强	刻本较少，流传不广。现存明崇祯年间刊本之照相本，1979年上海古籍书店复印本等	职业需要
徐彦纯	？—1384（？）	浙江全稽（今浙江绍兴）	元末明初医家 早年习儒，后业医 内容主要以名家之说为主	《玉机微义》 共五十卷，是一部综合性医书	《医学折衷》已亡佚，流传至今、版本共有20余种，正统初年刊行的《玉机微义》由于年代久远，已散失	职业需要

续表

姓名	生卒年（朝代）	籍贯	社会身份家庭、教育背景资料来源	主要作品及内容	作品流传途径	写作目的
张太素	生卒不详（?）		明代医家编纂受作者医术知识的影响	《太素脉诀》又名《太素脉秘诀》、《镊太上宝》。太素张神仙脉诀玄微纲领宗统，是历史上第一部系统介绍脉诊占卜的典籍	版本：中国国永图书馆有明代（1368）的线装木刻本《镊太上宝太素神仙脉诀玄微纲领宗统》一册。1912年刘伯祥注解的《家传太素脉诀秘诀》。1935年上海千顷堂书局铅印本一册。1936年上海中西医药书局《国医丛刊》本	职业需要
方谷（其子方隅编集）	1508—（?）不详	徽州	曾为仁和（与钱塘同为杭州府属县）医官，为当时名医。内容来源于方合与弟子讲解和平日读书所得	《医林绳墨》本书共八卷，论述多种常见病证，共100余题，是明代一部综合性医书	版本：清代有周京刊向山堂本、木书在清代抄本较多，主要是《医林绳墨》八卷本和《医林绳墨》九卷本	职业需要
屠本畯	生卒不详（?）	浙江鄞县（今宁波）	明代官员出生于书香门第内容来源于作者的亲身实践	《闽中海错疏》是明代记述我国福建沿海各种水产动物形态、生活环境、生活习性和分布的著作	版本：《艺海珠尘》本、《学津讨源》本、《珠丛别录》本、《明辨斋》本、《丛书集成》本，福建省图书馆藏有《万历刻本》	职业需要
陈司成	生卒不详（?）	海宁盐官	陈家八代行医，精外科。司成受家庭熏陶，自幼爱好医道	《霉疮秘录》该书论述了梅毒的传染途径，书中对霉疮（梅毒）的诊治居于当时国际领先地位，至今仍有临床实用价值	不详	职业需要

续表

姓名	生卒年（朝代）	籍贯	社会身份家庭、教育背景资料来源	主要作品及内容	作品流传途径	写作目的
高武	生卒年不详，约生活于十六世纪	浙江鄞县	明代医学家汇集各家针灸之说和作者自己的独到见解	《针灸聚英》该书又名《针灸聚英发挥》全书4卷。该书汇集各家针灸之说和颇多作者的独到见解，对当今针灸的发展仍有较大的临床指导意义	现存明刻本及日本刻皮纸印本，1949年有排印本	职业需要
严从简	生卒年不详	浙江嘉兴	明朝政治人物明王朝历年颁发的敕书，各国间交往大事和相互来往任使节所作的文字记录，以及行人司所藏文书档案等	《殊域周咨录》该书共二十四卷，记载明代关于邻近及外交任各国和地区以及边疆民族状况的著作	今通行本为1920年故宫博物院图书馆排印本。《殊域周咨录》将女直外人东北夷，因此在清朝被列为禁书	职业需要
杨子器	生卒年不详	浙江慈溪	明代官员以元代地理学家朱思本所绘的《舆地图》为基础绘制的	《杨子器跋舆地图》该地图反映的地域范围包括了明朝的全部版图	现存在辽宁大连旅顺博物馆	职业需要
戴进贤	1680—1746（清）	德国	钦天监监正—礼部侍郎西方教育官方藏书	《历象考成》包括对天象、地体、历元、黄赤道、经纬度、岁差等天文学的基本概念、常数的解释等内容	收入《律历渊源》，有摘藻堂《四库全书荟要》等本	职务性，奉敕编修，修正《西洋新法历书》

续表

姓名	生卒年（朝代）	籍贯	社会身份 家庭、教育背景 资料来源	主要作品及内容	作品流传途径	写作目的
徐懋德	1689—1743（清）	葡萄牙	钦天监副 西方教育 官方藏书	《历象考成后编》包括日躔数理、月离数理、交食数理、日躔步法、月离步法、月食步法等内容	由官方刊刻，有武英殿本流传	奉敕编撰
刘松龄	1703—1774（清）	奥地利	钦天监正 西方教育 官方藏书	《仪象考成》包括《经星汇考》《恒星总纪》《星图步天歌》《恒星黄道经纬度表》《赤道经纬度表》《月五星相距星经纬度表》《天汉黄道经纬度表》《天汉赤道经纬度表》，共三十二卷	由官方刊刻，有武英殿本流传	奉敕编撰
穆尼阁	1611—1656（清）	波兰	民间传教士 西方教育 西方图书	《天步真原》专论交食和推算日、月交食之法，是第一部使用对数的中文书	流行版本有《四库全书》本、守山阁丛书本、指海本、丛书集成本等	兴趣爱好
游艺	生卒年不详 明末清初	福建	明末隐士 私学（师从方以智、熊明遇） 学者交流	《天经或问》涵盖天文历法、水文气象、天灾异象及人生性理等方面的知识	前集收入《四库全书》，后集收入《四库全书存目》	兴趣爱好

续表

姓名	生卒年（朝代）	籍贯	社会身份 家庭、教育背景 资料来源	主要作品及内容	作品流传途径	写作目的
薛凤祚	1599—1680（清）	山东益都	布衣 自学 学者交流	《历学会通》 介绍中西力学、水利、火器、历法等知识	常见版本为康熙三年（1664）刊本	经世致用、会通中西
黄宗羲	1610—1695（清）	浙江余姚	书院讲席 家学传承 私人藏书	《大统法辩》《时宪历法解新推交食法》《割圆八线解》等	多未能流传至今，仅存书目	兴趣爱好
揭暄	1614—1697（清）	江西广昌旴江镇后塘人	明末隐士 私学（师从方以智） 学者交流	《璇玑遗述》 以西法介绍日、月、五星运行之理，杂以中国理气之说	收入《钦定四库全书总目》《梅氏全书》。有乾隆乙酉年刊本，刻鹄斋丛书本等	兴趣爱好
李子金	1622—1701（清）	河南	布衣 自学 私人藏书	《几何易简集》 论述有关已知弦、矢求弧长的近似公式并介绍正弦、余弦、函数表，每度分为百分、每十分有值，算到小数第五位	收入《四库全书》	兴趣爱好
王锡阐	1628—1682（清）	江苏吴江	明末隐士 自学 学者交流	《晓庵新法》 介绍天文计算中的数学基础知识、中西法结合求定朔、望、弦和节气发生的时刻及日、月、五星的位置等知识	《四库全书》本、守山阁丛书本、中西算学丛书本、翠琅玕馆开馆丛书等	兴趣爱好

续表

姓名	生卒年（朝代）	籍贯	社会身份家庭、教育背景资料来源	主要作品及内容	作品流传途径	写作目的
梅文鼎	1633—1721（清）	安徽宣城	布衣 家学传承 学者交流及私人藏书	《历学疑问》介绍西方天文学中的小轮学说和偏心圆理论等。此外还有《疑问补》《历学骈枝》《历学答问》等著作	魏荔彤兼济堂刻本等	兴趣爱好
梅文鼏	1642—1671（清）	安徽宣城	布衣 家学传承 学者交流及私人藏书	《中西经星异同考》《南极诸星考》	指海本	兴趣爱好
方中通	1634—1698（清）	安徽桐城	州同知 家学传承 私人藏书及西学	《数度衍》包括律衍、几何约、珠算、笔算等内容	胡氏继声堂刻本	兴趣爱好
李光地	1642—1718（清）	福建泉州府安溪	翰林院—文渊阁大学士—吏部尚书 官学教育 官方藏书	《历象要义》内容包括以本轮均轮理论探讨太阳系运动、黄赤视运动及日食原理论等	道光刊李文贞全书本，盛氏愚斋图书馆精钞本	兴趣爱好
胡亶	顺、康年间（清）	浙江仁和	翰林院庶吉士—编修—鸿胪寺右通政 官学教育 与钦天监中传教士交流	《中星谱》是一部测时星表，列出了在二十四节气时上中天的45颗恒星的时刻	康熙中刊本，《四库全书》本	便于初学使用

续表

姓名	生卒年（朝代）	籍贯	社会身份 家庭、教育背景 资料来源	主要作品及内容	作品流传途径	写作目的
黄百家	1643—1709（清）	浙江余姚	布衣 家学传承 私家藏书	《句股矩测解原》 论述勾股测望的方法	《四库全书》本、光绪年南海孔氏岳雪楼抄本	兴趣爱好
陈厚耀	1648—1722（清）	江苏泰州	苏州府学教授—内阁中书职 私学（师从梅文鼎） 官方藏书	参编《律历渊源》 全书分为3部分：《历象考成》包含了大量西方天文学知识的译书；《律吕正义》5卷；第三部分为《数理精蕴》，它系统而有条理地收录了明末清初的许多数学译书中的内容	由官方刊刻，有武英殿本流传	奉敕编撰
陈訏	1650—1722（清）	浙江海宁	县学教谕 私学（师从黄宗羲） 书院藏书	《句股引蒙》 详述勾股定理及演算方法 《句股述》 阐述勾股三、股四、弦五演算之法及其关系	康熙年间刊本，嘉庆二年守仁堂重刊本、嘉庆元年驹谷书屋重刊本、《四库全书存目丛书》本等	职务性，便于启蒙教学
杜知耕	康熙年间（清）	河南柘城	布衣 家学传承 学者交流	《几何论约》 《数学钥》	均收入《四库全书》	兴趣爱好
年希尧	1671—1738（清）	辽宁	工部右侍郎—内府总管—广东巡抚等 官学教育 官方藏书与传教士交流	《视学》 论述透视原理及画法几何。还有《测算刀圭》《面体比例便览》等	查礼铜鼓书堂遗稿	兴趣爱好

续表

姓名	生卒年（朝代）	籍贯	社会身份 家庭、教育背景 资料来源	主要作品及内容	作品流传途径	写作目的
明安图	1692—1762（清）	内蒙古	钦天监时凭科五官正—监正 官学教育（钦天监学习） 官方藏书	《割圆密率捷法》 研究三角函数	完成初稿，由其后人成书。有道光十九年岑氏刻本、罗士琳观我生室汇稿本、道光二十年陈氏刊本、清末刘铎《古今算学丛书》本	职务性
陈世仁	1676—1722（清）	浙江海宁	翰林—弃官 家学传承（陈訏之侄） 传统数学	《少广补遗》 关于垛积方面的专著	收入《四库全书》，有抄本传世	兴趣爱好
江永	1681—1762（清）	安徽	无心仕途，设馆教书为业。 家学传承（寒儒世家） 私人藏书	《推步法解》 主要是用西法介绍推行原理和推算方法	守山阁丛书本、中西算学丛书、丛书集成本、五礼通考观象授时本	兴趣爱好
何国宗	?—1767（清）	北京	庶吉士—编修—内阁学士 家学传承（天文世家） 官方藏书及私人藏书	参编《律历渊源》：《历象考成》 全书分为3大部分：《历象考成》是包含了大量西方天文学知识的译书；第二部分为《律吕正义》5卷；第三部分为《数理精蕴》，它系统而有条理地收录了明末清初的许多数学译书中的内容	由官方刊刻，有武英殿本流传	奉敕编撰
梅瑴成	1681—1763（清）	安徽	翰林院庶吉士—编修—工科给事中—光禄寺少卿—左都御史 家学传承 官方藏书及私人藏书	主编《数理精蕴》 我国第一部数学百科全书	收入《四库全书》，有《律历渊源》本、《四库全书》本、光绪八年江宁藩署刊本、广东藩署重刊本、《万有文库》本等	职务性、奉敕编撰

中国古代科技文献作者统计表 623

续表

姓名	生卒年（朝代）	籍贯	社会身份 家庭、教育背景 资料来源	主要作品及内容	作品流传途径	写作目的
庄亨阳	1686—1746（清）	福建南靖奎洋镇	山东潍县知县—国子监助教—淮徐江南抚道官学教育实践经验	《庄氏算学》介绍开平方、体积计算等数学知识	收入《四库全书》有道光二十八年重刊本，绪十五年庄亨阳的后人刊的《秋水堂遗集》本等	职务性
何梦瑶	1693—1764（清）	广东南海	广西岑溪知县—奉天辽阳知州—广州粤秀书院等书院山长官学教育中西算法	《算迪》古代算数书籍	收入《粤雅堂丛书》，为南海伍氏刊本	兴趣爱好
许伯政	1700—1784（清）	湖南巴陵	四川彭县知县—山东道监察御史等官学教育（岳州府学）官方藏书	《全史日至源流》天文历法著作	收入《四库全书》	兴趣爱好
王元启	1714—1786（清）	浙江嘉兴	福建将乐县知县（三个月）—辞官—书院讲席自学私人藏书	《历法记疑》	未刊刻	兴趣爱好

续表

姓名	生卒年（朝代）	籍贯	社会身份 家庭、教育背景 资料来源	主要作品及内容	作品流传途径	写作目的
杨作枚	康熙年间（清）	江苏	布衣学者 家学传承 私人藏书	《句股正义》先以十七题，除求方、求圆二题外，其余十五题均包涵在句股弦之中，后又列十四题以尽句股之变	有兼济堂本、《梅氏历算全书》本	兴趣爱好
吴烺	1719—1771（清）	安徽	中书舍人—武宁府同知 私学（师从梅文鼎弟子刘著） 私人藏书	《周髀算经图注》算学著作	有1768年上海合众刊本	补正古经
江声	1721—1799（清）	江苏常熟	书院讲席 私学（从师惠栋） 私人藏书	《恒星说》一卷	近市居刻本、世楷堂昭代丛书本	兴趣爱好
戴震	1724—1777（清）	安徽	《四库全书》纂修官—翰林院 私学（师从江永） 官方藏书	《续天文略》包括星见昏旦中、列宿十二次、星象、黄道宿度、七衡六间等内容	收录《戴氏遗书》。流行版本是戴氏遗书本	职务性
钱大昕	1728—1804（清）	上海	内阁中书—翰林院编修—詹事府少詹事 官学教育（紫阳书院） 官方藏书	《三统术衍》三卷	潜研堂集本	考证古籍

续表

姓名	生卒年（朝代）	籍贯	社会身份家庭、教育背景资料来源	主要作品及内容	作品流传途径	写作目的
刘茂吉	1736—1795（清）	安徽旌德乔亭	布衣自学实际观测	《北极高度表》一卷	乾隆己未刻本	兴趣爱好
孔继涵	1739—1784（清）	山东	官户部主事家学传承（名门望族）私家藏书	《同度记》一卷	《微波榭丛书》	兴趣爱好
陈昌齐	1743—1820（清）	广东雷州	翰林院编修—浙江温州兵备道等自学官方藏书	《测天约术》一卷	清抄本	兴趣爱好
纪大奎	1756—1825（清）	江西临川龙溪	山东商河县知县—四川什邡县知县等家学传承官方藏书	《笔算便览》包括加减乘除、开方、勾股筹算等内容	嘉庆十三年《纪慎斋全书》本，同治九年南昌梅氏重刻《算经十书》附刊本，《测海山房中西算学丛刻》本	便于初学
黄钺	1750—1841（清）	安徽	户部主事—山西学政—内阁学士—礼、户部尚书—太子少保等私学官方藏书	《授时术解》六卷	不详	职务性
李明彻	1751—1832（清）	广东番禺	道士自学西学与传统天文知识、官方文献、实际观测	《圜天图说》内容涉及天体运动理论、星象学、地学	收入《广东通志·艺文略》	兴趣爱好

续表

姓名	生卒年（朝代）	籍贯	社会身份 家庭、教育背景 资料来源	主要作品及内容	作品流传途径	写作目的
孔广森	1751—1786（清）	山东曲阜	官翰林院检讨 私学（师事戴震、姚鼐） 官方藏书	《少广正负术内外篇》专门讨论高次方程的解法及其应用的专著	收入《顨轩孔氏所著书》	兴趣爱好
张敦仁	1754—1834（清）	山西阳城	吉安府知府—云南盐法道 私学（学堂） 学者交流、私人藏书	《缉古算经细草》三卷	艺学轩原刊本、《知不足斋丛书》、《白芙堂算学丛书》本	兴趣爱好
吴鼐	1755—1821（清）	安徽	翰林院庶吉士—侍读学士 不详 私人藏书、传统历法	《三政考》，考证《春秋》历法	《四库全书》本、《黄川吴氏经学丛书》本	考证经典
姚文田	1758—1827（清）	浙江吴兴	内阁中书—翰林院修撰—国子监祭酒—内阁学士—礼部尚书 家学传承 官方藏书	《顨颅新术》一卷	《邃雅堂全书·邃雅堂学古录》本	兴趣爱好
安清翘	1759—1830（清）	山西	陕西三水知县 家学传承（由兄长授学） 私人藏书	《数学五书》详尽辨正古今中西天学概念，并提出一种独特的天行理论	私刻（安清翘自刻本）	兴趣爱好

续表

姓名	生卒年（朝代）	籍贯	社会身份 家庭、教育背景 资料来源	主要作品及内容	作品流传途径	写作目的
屠文漪	乾隆年间（清）	江苏松江（今属上海）	布衣 府学教育 私人藏书	《九章录要》十二卷，介绍西洋算法	收入《四库全书》	正误 补遗
焦循	1763—1820（清）	江苏扬州	布衣 私学（师从阮元） 私人藏书	《天元一释》《加减乘除释》等	《里堂学算记》本	兴趣 爱好
汪莱	1768—1813（清）	安徽歙县	八旗官学教习—县儒学训导 自学 官方藏书	《衡斋算学》内容论及弧三角术、勾股、割圆、棒积、开方诸多方面	有二册本，《衡斋算学遗书合刻》本，咸丰四年夏燮鄱阳县署重刊本等	个人兴趣
李林松	1770—1827（清）	上海	户部主事 不详 官方藏书	《星土释》卷一为星土源流异同，卷二为诸家辨说，卷三为星土释说。附录有诸家学说，书末附自己见解	乾隆年间淳古堂刊本	兴趣 爱好
骆腾凤	1770—1842（清）	江苏淮安	布衣（舒城县训导，不及一年便辞官归乡）私学（师从李潢）私人藏书	《游艺录》二卷，讨论了百鸡类问题	私刻（遗稿由后人整理刊刻）	溯源 补正

续表

姓名	生卒年（朝代）	籍贯	社会身份 家庭、教育背景 资料来源	主要作品及内容	作品流传途径	写作目的
张作楠	1772—1850（清）	浙江金华	江苏阳湖县知县—太仓州知州—官至徐州府知府 私学 官方藏书	《八线类编》《八线对数类编》《高弧细草》等	收入《翠微山房丛书》	职务性
齐彦槐	1774—1841（清）	江西	翰林院庶吉士—金匮县知县—苏州府同知 私塾（私学） 学者交流	《北极经纬度分表》四卷、天文专著	私刻（齐彦槐自刻本）	兴趣爱好
刘衡	1776—1841（清）	江西南丰	广东四会、巴县令—四川垫江、博罗县令—绵州直隶州知州—保宁、成都知府等 私学（师从李潢） 私人藏书	《六九轩算书》包括《尺算日晷新义》、《勾股尺测量新法》、《筹表开诸乘方捷法》、《借根方浅说》等内容	私刻（后人家刻本），后有道光年间两淮转运局刊本，咸丰五年陕西长安县署刊本等	兴趣爱好
许桂林	1779—1822（清）	江苏	书院讲席 自学 学者交流	《算牖》四卷《宣西通》三卷	由朋友出资刊刻，有道光十年刻本	兴趣爱好
余熙	不详（清）	安徽	布衣 自学 私人藏书	《八线测表图说》一卷，由勾股、和较、割圆、八线、六宗、三要诸法括为图说，以便初学之研究	两江总督采进本	便于初学者研究

续表

姓名	生卒年（朝代）	籍贯	社会身份 家庭、教育背景 资料来源	主要作品及内容	作品流传途径	写作目的
朱骏声	1788—1858（清）	江苏苏州	书院讲席（江阴、吴江、萧山各书院） 私学（师从钱大昕） 私人藏书	《岁星表》	《聚学轩丛书》刊本	兴趣爱好
项名达	1789—1850（清）	浙江钱塘	国子监学正—辞官—紫阳书院讲席 不详 学者交流	《勾股六术》	有道光十六年刊本、同治十年刊本、《古今算学丛书》本、《观象庐丛书》本等	便于初学者学习
罗士琳	1789—1853（清）	安徽	布衣 私学（师从汪莱、阮元） 私人藏书及学者交流	《勾股和较截积算术》 详述勾股截积和较算例及其演算方法	有《连筠簃丛书》本、《丛书集成初编》本	兴趣爱好
董佑诚	1791—1823（清）	江苏常州	布衣 自学 私人藏书	《三统术衍补》 割圆连比例术图解、堆垛求积术	收入《董方立遗书》，有光绪上海制造局刻本、《测海山房中西算学丛刻初编》本等	兴趣爱好
黄汝成	1799—1837（清）	江苏嘉定	布衣 家学传承 私人藏书	《古今岁实考校补》《古今朔实考校补》	道光西溪草庐刻袖海楼杂著本	兴趣爱好

续表

姓名	生卒年（朝代）	籍贯	社会身份家庭、教育背景资料来源	主要作品及内容	作品流传途径	写作目的
顾观光	1799—1862（清）	上海	布衣 家学传承 私人藏书，行医经验	《推步简法》用简法改进西法推步繁琐之处。另撰《六历通考》《九数外录》；诠释《伤寒论》等	《推步简法》收入《武陵山人遗书》，有武陵山人遗书本传世	便于初学使用；兴趣爱好
刘文澜	嘉、道年间（清）	广东	布衣 自学 文流	《中星全表》三卷，求中星的数表	有道光十一年刊本	兴趣爱好
余崖	乾隆—道光（清）	江西	布衣 不祥 私人藏书	《句陈景度》用以往的天文算法推步理论考证日晷测定时刻时的方法	《四库全书》本、《余氏天文算学》本	兴趣爱好
梅冲	乾隆时期（清）	安徽	布衣 家学传承 私人藏书	《句股浅术》一卷	《青照堂丛书》本	便于初学
邵昂霄	雍正—乾隆（清）	浙江余姚人	布衣 私塾 传统天文算法和西学	《万青楼图编》十六卷，包括天体、仪象、宫度、二曜、五纬、云气、经星、历数、历理、测量、测时等内容	流行版本有原刊本和四库全书存目	兴趣爱好

续表

姓名	生卒年（朝代）	籍贯	社会身份 家庭、教育背景 资料来源	主要作品及内容	作品流传途径	写作目的
冯经	乾隆年间（清）	广东	曲江县学教谕 私学（师从何梦瑶） 学者交流	《周髀算经述》数学著作	收入《岭南遗书》	兴趣爱好
李潢	1746—1812（清）	湖北	翰林院—四库全书总目协纂官—内阁—工部—兵部 自学 官方藏书	《九章算术细草图说》	嘉庆二十五年沈钦裴校初刻本	勘误补阙
陈杰	嘉庆、道光（清）	浙江	钦天监 官学教育 官方藏书	《校辑古算经》一卷	成都龙氏刻本，道光三年龙万育敷文阁刊本，道光二十年斐文堂重刻本	溯源正误
揭庭锵	嘉、道光年间（清）	江西	布衣 自学 私人藏书	《缉古算经图草》四卷	有1831年江西刻本，道光十二年刻本	为古籍注图
徐有壬	1800—1860（清）	浙江乌程	户部主事—四川按察使—云南布政使（师从姚学塽、钦天监陈杰） 私学 私人藏书	《务民义斋算学》天文数学著作集	收入《白芙堂算学丛书》	兴趣爱好

续表

姓名	生卒年（朝代）	籍贯	社会身份 家庭、教育背景 资料来源	主要作品及内容	作品流传途径	写作目的
屈曾发	乾隆 同（清）	江苏常熟	贵州东皋书院讲席 自学 中西算学	《九数通考》 涉及体、面计算、开平方、立方等数学内容	乾隆癸巳刻本、同治十年广州学海堂重刊本等	考订古今异同
张豸冠	乾嘉时期（清）	浙江海盐	布衣 私学 私人藏书	《珠算入门》一卷，数学著作	《神羊遗著》本	便于初学入门
谢家禾	？—1832（清）	浙江钱塘（今杭州）	布衣 私学 中西数学、私人藏书	《衍元要义》 包括解线性方程组等数学问题	道光十七年《谢谷堂算学》本、光绪十五年江南制造局版本、《测海山房丛刻》本等	兴趣爱好
江临泰	嘉道时期（清）	安徽全椒	布衣 府学教育 学者交流	《弧三角举隅》 涉及球面三角等内容	《翠微山房数学》本、《西学大成》本	兴趣爱好
洪瞻陛	？—1860（晚清）	浙江临海	举顺天乡试由官学教习扑四川双流知县，官府藏书	《仲景医论正解》	未见传世	救死扶伤
陈崇砥	1818—1875（晚清）	福建侯官	举人、咸丰三年，大挑知县，发直隶，授献县。民间资料	《治蝗书》 详陈各种治蝗办法，并附图	在同治十三年刻本、光绪六年游高斋刻本	官职所需

续表

姓名	生卒年（朝代）	籍贯	社会身份 家庭、教育背景 资料来源	主要作品及内容	作品流传途径	写作目的
严树森	？—1876（晚清）	四川新繁	举人，入赀为内阁中书。改知县，钦授湖北东湖，捐升同知迁湖北东湖，迁布政使，擢河南巡抚。官府藏书	《大清一统舆图》又名《皇朝中外一统舆图》，是中国早期较完整复原的全国地图	由全国图书馆文献缩微复制中心出版	官职所需
麟庆	？—1884（晚清）	满族镶黄旗	进士内阁中书兵部主事中允，翰林院编修知府，河南按察使，贵州布政使湖北巡抚南河道总督等。官府藏书	水利学著《河工器具图说》《黄运河口古今图说》	流散	职务所需
雷家玮	1758—1845（晚清）	北京	样式房掌案。样式雷家族宫廷藏书	不详	流散	
吴邦庆	1765—1855（晚清）	直隶霸州	嘉庆元年进士。累迁内阁侍读学士。历任山西布政使、河南布政使、湖南巡抚、福建巡抚、安徽巡抚等职。道光十二年，授河东河道总督。官府藏书	农学、水利著《泽农要录》《畿辅水利丛书》	道光四年（1824）成书	官职所需
杨名飏	1773—1852（晚清）	云南	官员进士，任鸿胪寺少卿，内阁侍读学士，贵州按察使、漕运总督、河东河道总督，官至陕西巡抚等。官府藏书和实践经验	农学《蚕桑简编》以植桑养蚕之法为主	有《青照堂丛书》《关中集》等本	官职所需，指导农业

续表

姓名	生卒年（朝代）	籍贯	社会身份家庭、教育背景资料来源	主要作品及内容	作品流传途径	写作目的
梁章钜	1775—1849（晚清）	福建长乐	举人，官至陕西按察使、陕西布政使、陕西巡抚、兵部右侍郎兼都察院右副都御使等职。官府藏书，实践经验	农学气象学著《农候杂占》	流散	官职所需、指导农业
陈震曜	1779—1852（晚清）	台湾嘉仪	以优行贡太学召试历署建安、闽清知县大学和等教谕监理鳌峰书院助修通志。任同安训导。官府藏书	福州鳌峰书院协助纂修《福建通志》应彰化知县杨桂森之聘修《彰化县志》	流散	官职所需、兴趣爱好
徐松	1781—1848（晚清）	顺天府大兴县	进士，改翰林庶吉士，授翰林编修，湖南学政，后敕发配伊犁，官至礼部郎中。实地考察	《唐两京城坊考》《河南志》《新疆识略》	道光赐名亲自撰序，付武英殿刊行	受人嘱托
王筠	1784—1854（晚清）	山东潍坊	中举人，授山西省乡宁县知县，后代理徐沟、曲沃知县。出身名宦之家。民间资料	《说文释例》对大豆根瘤的肥田性亦已有认识	由武汉市古籍书店影印，出版时间为1983年4月	官职所需、指导农业活动
林则徐	1785—1850（晚清）	福建侯官	进士，翰林院庶常任庶吉士，厦门海防同知书记，江南道监察御史，江苏巡抚，升湖广总督。入读鳌峰书院。西方文献	《四洲志》简要叙述了世界四大洲（亚、欧、美）30多个国家的地理、政治和历史状况	官刻	爱国情怀、救亡图存

续表

姓名	生卒年（朝代）	籍贯	社会身份家庭、教育背景资料来源	主要作品及内容	作品流传途径	写作目的
姚莹	1785—1853（晚清）	安徽桐城	进士。曾以知州分发四川。赴广西赞理军务，先后任广西、湖南按察使，鸦片战争爆发时任台湾兵备道，组织台湾军民积极备战。承袭家学。实地考察。	《康輶纪行》印度、尼泊尔、锡金人藏交通要道，尤其注重考察西藏地区情况。《东槎纪略》5卷书中记载了台北地区、噶玛兰以及浦社等地的历史、地理情况。	由黄山书社出版，时间为2013年12月	爱国情怀
许楣	1787—1862（晚清）	浙江海宁	进士。历官直隶知县山东平度知州淮安镇江、徐州知府，江苏粮储道	博通文学医学擅治河海运著《洗冤录详义》《外科正宗》《喉脉证通论》	均以精刻著称	兴趣爱好、救死扶伤
吴其濬	1789—1847（晚清）	河南固始	进士，翰林院修撰，历任洗马、鸿胪寺卿、内阁学士、兵部侍郎，督江西学政，湖北、湖南、云南、福建、山西省巡抚或总督。官僚家庭。实地考察	植物学著《植物名实图考》矿物学著《滇南矿厂图略》	《植物名实图考》的版本初次刊刻是在1848由山西巡抚陆应谷作序刊印的。以后翻刻的版本有清光绪六年（1880）山西浚文书局版本等	兴趣爱好
沈钦裴	1790—1870（晚清）	今苏州	举人，荆溪县训导。实地考察	《沈钦裴四元玉鉴细草》	数学，有"四元玉鉴细草"，未出版	兴趣爱好、救死扶伤

续表

姓名	生卒年（朝代）	籍贯	社会身份家庭、教育背景资料来源	主要作品及内容	作品流传途径	写作目的
祁寯藻	1793—1866（晚清）	山西寿阳	清朝大臣，三代帝师。进士，由庶吉士授编修，累官至体仁阁大学士、太子太保。官僚家庭、民间经验	《马首农言》分别从衣耕、水利、畜牧、蚕桑等方面，论述了寿阳一带的农业相关问题，全书共三万余字	真正在民间流传应用	指导农业活动
魏源	1794—1856（晚清）	湖南邵阳隆回	进士，以知州用，分发江苏，任东台、兴化知县。高邮知州。1810年岁末考选拔贡；1813年科试朴膂膳生。官僚继备徐选拔贡。西方史地资料	《海国图志》全书详细叙述了世界舆地和各国历史政制、风土人情，西方的科学技术，主张学习西方的科学技术，提出"师夷长技以制夷"的中心思想	初刻于道光二十二年，为五十卷。道光二十七年增朴刻刊为六十卷。随后徐继畬辑录的《瀛环志略》及其他资料，朴成一百卷，于咸丰二年刊行于世	救亡图存
凌奎	1795—1861（晚清）	浙江吴兴	应顺天乡试中试金华教谕输出人阮元文幕府。民间资料	《医宗宝筏》一卷于医经医理阐述皆甚简明；颇有益于后学	由清道光吴兴凌氏出版	兴趣爱好、救死扶伤
徐继畬	1795—1873（晚清）	山西代州五台	进士，历任广西、福建抚署，闽浙总督、总理衙门大臣，首任总管同文馆事务大臣。仕宦之家	《瀛环志略》既介绍了西方的科学技术，也介绍了西方的民主制度	道光二十八年（1848）初刻于福建抚署，同治四年（1865）由总理衙门主持重刻，次年刻成。10卷，分装6册，总分图共44幅	爱道光帝嘱托，爱国情结

续表

姓名	生卒年（朝代）	籍贯	社会身份 家庭、教育背景 资料来源	主要作品及内容	作品流传途径	写作目的
吕震名	1796—1852（晚清）	浙江钱塘	举人曾任直隶州州长同，补湖北荆门州判	《内经要论》一卷《伤寒寻源》三集	现有刊本行世	兴趣爱好、救死扶伤
梁廷枏	1796—1861（晚清）	广东顺德人	任澄海县教谕，学海堂学长，越华、粤秀书院监院及两广总督林则徐幕僚，以献策抵御外侮获内阁中书衔。书院藏书私人藏书	《海国四说》《粤海关志》	现有刊本行世。1993的2月出版，由中华书局出版《粤海关志》2002年2月出版，由广东人民出版社出版	爱国情怀
许楣	1797—1870（晚清）	浙江海宁	进士官户部主事	《钞币论》是为批驳王瑬的《钱币刍言》而作，批判名目主义货币理论和无限制发行货币、铸大钱、搜刮民财以"足君"的主张	《钞币论》刊于道光二十六年（1846）	兴趣爱好、救死扶伤
岳坤宗	1797—1874（晚清）	福建仙游	县官医学精伤寒妇科。历代名医。私人藏书	著《临床诊疗》《针灸》等	未见传世	兴趣爱好、救死扶伤

续表

姓名	生卒年（朝代）	籍贯	社会身份家庭、教育背景资料来源	主要作品及内容	作品流传途径	写作目的
黄辅辰	1798—1866（晚清）	贵州贵阳	授吏部文选司主事，累迁郎中。升验封员外郎，旋迁考功司郎中。以知府分发山西。民间实践	《营田辑要》三卷	在1989年9月由农业出版社出版现有刊本行世	利民生、充军饷
吴廷镛	1799—1870（晚清）	江苏仪征	诸生先后应李彦章、扬州运同童濂聘	地理学《扬州水道记》未成	在2004年2月由扬州市机关文印中心印刷	兴趣爱好、受人所托
龚振麟	1800—1867（晚清）	江苏苏州	监生任任浙江省嘉兴县丞宁波军营监制军械以四品卿衔赴浙江军营协办海防事务等	《铸炮铁模图说》造船铸炮技术	于1842年刊印分发沿海各地区，求得推广，后由魏源收入其所编著的《海国图志》	爱国情结
陆献	1800—1874（晚清）	江苏丹徒	举人。曾随著那钦差那成赴新疆办理善后宣选山东蓬莱知县后调任繁县、曹县知县升知州署合肥县事等	农学著《山左蚕桑考》	2018年6月由农业出版社出版现有刊本行世	官职所需、指导农业

续表

姓名	生卒年（朝代）	籍贯	社会身份 家庭、教育背景 资料来源	主要作品及内容	作品流传途径	写作目的
李彦章	1800—1875（晚清）	福建福州	进士内阁中书山东盐运史	农学著《江南催耕课稻编》	出版时间：1868年8月，由学识高出版出版现有刊本行世	官职所需、指导农业
黄恩彤	1801—1883（晚清）	山东宁阳	进士。先后任刑部主事，刑部郎中，顺天府乡试同考官，广西乡试正考官，江南盐法道道员，江苏按察使。官府藏书	《抚远纪略》《蚕桑录要》	济南国文报馆光绪元年（1875）版	利国强民
陆以湉	1802—1865（晚清）	浙江桐乡	进士并以知县分发湖北后以父病改从教职，并选授杭州府教授太平军攻占杭州后逐辞官还乡以训蒙课徒为医术。私人藏书	编著有《冷庐杂识》《冷庐医话》《再续名医类案》《冷庐诗话》《苏庐偶笔》《吴下汇谈》等。《冷庐医话》载医范、医鉴、慎疾、保生等内容	现有刊本行世	救死扶伤、兴趣爱好
汪士铎	1803—1889（晚清）	江苏南京	官方幕僚曾经过商，中过举人，一生以游幕和接徒为业。官府藏书	地理学有关历史、地理著作多，助魏源辑《海国图志》，续成《大清中外一统舆图》	《海国图志》出版时间：1999年1月由中州古籍出版社，《大清中外一统舆图》由全国图书馆文献缩微复制中心出版	兴趣爱好
陈希龄	1808—1880（晚清）	北京	工作于钦天监。官廷藏书	除绘有《钦天监仪器图》12幅外，还著有《格遵宪度》	辛亥革命后，得到赏识被载入《辅仁学志》第1卷第2期（1929年9月出版）	职务需要、兴趣爱好

续表

姓名	生卒年（朝代）	籍贯	社会身份家庭、教育背景资料来源	主要作品及内容	作品流传途径	写作目的
张文虎	1808—1885（晚清）	江苏	由诸生保举训导1883年受江苏学政黄体芳之请，出任南菁书院首任院长，延之与同学港总督两江时，延之与同学港总督理江南官书局，又被委以金陵书局雠校主事。书香世家。私人藏书，书院藏书	后参与纂修《华亭县志》《奉贤县志》及《南汇县志》	《华亭县志》由甘肃人民出版社出版《奉贤县志》由上海人民出版社出版现有刊本行世《南汇县志》由上海人民出版社出版	官职所需、兴趣爱好
李善兰	1811—1882（晚清）	浙江海宁	中国近代著名的数学、天文、力学和植物学家。1861年秋，洋务派首领、两江总督曾国藩（1811—1872）在安徽督建安庆内军械所，并邀著名化学家徐寿（1811—1884）、数学家华蘅芳（1833—1902）入幕。李善兰也于1862年被"聘人攻雌"。1866年，兼主书局。在北京的京师同文馆内添设了天文算学馆，广东巡抚郭嵩焘（1817—1891）上疏举荐李善兰为天文算总教习。书香世家。私人藏书，西文书籍	主要著作都汇集在《则古昔斋算学》内，13种24卷，与传烈亚力等人合作翻译《几何原本》《重学》九卷，《植物学》	咸丰九年，《几何原本》后七卷一起刊行于世，因战争，原版被毁，后又于同治五年由李鸿章重刊，光绪十四年上海六合书局又石印出版，1867年他在南京出版《则古昔斋算学》。墨海书馆出版	兴趣爱好、职务所需

续表

姓名	生卒年（朝代）	籍贯	社会身份 家庭、教育背景 资料来源	主要作品及内容	作品流传途径	写作目的
胡林翼	1812—1861（晚清）	湖南益阳	进士，被选为庶吉士，授编修。1846年以知府分发贵州。父母皆知识分子	《大清一统舆图》又名《皇朝中外一统舆图》该图将经纬度制图法和计里画方制图法混用，每纬度2°一列，共30卷地图，是中国早期较完整的全国地图	现有刊本行世 由全国图书馆文献缩微复制中心出版	官职所需
汪日桢	1813—1881（晚清）	乌程南浔	史学家、诗人、数学家，咸丰四年（1854）举人，会稽教谕，私人藏书，官府藏书	《历代长术辑要》十卷《湖蚕述》四卷（1872年汪日桢担任《湖州府志》中蚕桑部分的编纂工作，之书中有关材料，刊入府志中。时隔两年，他又把府志中这部分材料，略加增损，作为单行本发行，题名《湖蚕述》，《南浔镇志》《乌程县志》等志书	《历代长术辑要》于2008年8月由古书出版社出版《湖蚕述》于1956年由中华书局出版 现有刊本行世	工作需要、兴趣爱好
潘霨	1816—1894（晚清）	苏州	捐纳出身，任山东盐运使、福建按察使、布政使等，官至贵州巡抚	医学辑有《园医学六种》	乃其在江西时所辑刻	救死扶伤、兴趣爱好

续表

姓名	生卒年（朝代）	籍贯	社会身份家庭、教育背景资料来源	主要作品及内容	作品流传途径	写作目的
徐寿	1818—1884（晚清）	江苏无锡	清同治六年（1867）受曾国藩派遣，携子徐建寅来上海，襄办江南机器制造局，从事蒸汽轮船研制。积极倡议筹设翻译馆，同治七年正式成立翻译馆。1876年开办格致书院，同年创办了我国第一种科学技术期刊《格物汇编》。西方文献	翻译《化学鉴原》37卷《化学考质》八卷《化学求数》《西艺知新》《汽机发韧》《测绘地图》	现有刊本行世	职务所需、兴趣爱好
麦嘉缔	1820—1900（晚清）	美国	是一名美国医疗传教士，美北长老会最早派往中国的传教士之一，医学博士。一度担任美国驻宁波的首任领事（代理）、邮政局主政，以及清廷出使日本钦使的顾问	《平安通书》4册介绍天文、地理常识	1850年到1853年陆续出版4册，长老会的花华圣经书房出版	传教布道
马培之	1820—1903（晚清）	江苏武进	应诏入宫成为慈禧太后贴身御医。世代业医	医学精外科著《马评外科证治全生集》（亦即《外科全生集》）、《医略存真》《外科传薪集》《外科集腋》等	由上海鸿文书局出版	救死扶伤、兴趣爱好

续表

姓名	生卒年（朝代）	籍贯	社会身份 家庭、教育背景 资料来源	主要作品及内容	作品流传途径	写作目的
俞樾	1821—1907（晚清）	浙江德清	清道光三十年（1850）进士，曾任翰林院编修河南学政，世代务农。私人藏书，官府藏书	《春在堂全书·读书余录》医学考证	现有刊本行世 由清光绪九年重新出版	救死扶伤、兴趣爱好
凌奂（原名维正）	1822—1893（晚清）	浙江吴兴	医学世家。因体弱多病，故弃功名，学习医学。有御医，其为太平天国期间天医医院仙官。私人藏书	著有《医学薪传》一卷《问鹤亭集方》两卷（1892）《外科方外奇方》四卷（1893）《凌临灵方》等后两书辑入《三三医书》	现有刊本行世	救死扶伤、兴趣爱好
黄彭年	1823—1890（晚清）	贵州贵阳	进士，任按察使、布政使等职，主讲关中书院、保定莲池书院，私人藏书	应李鸿章聘修《畿辅通志》著有《三省边防考略》《金沙江考略》	现有刊本行世，由河北大学出版社出版	官职所需、爱国情怀
沈秉成	1823—1895（晚清）	浙江归安	进士，授编修，河南、四川按察使，广西、安徽巡抚，有政声。光绪十六年（1890）创办有南京水师学堂、经古书院等教育机构。私人藏书	《蚕桑辑要》	1960年农业出版社出版	兴趣爱好

续表

姓名	生卒年（朝代）	籍贯	社会身份家庭、教育背景资料来源	主要作品及内容	作品流传途径	写作目的
艾约瑟	1823—1905（晚清）	英国	英国传教士和著名汉学家。1843年任上海传教，与麦都思、美魏茶、慕维廉等英国伦敦会传教士创建墨海书馆。1863年到北京，负责伦敦教会的北京事工并创立了北京缸瓦市教会。1880年被中国海关总税务司赫德聘为海关翻译	1852—1860年，编译《中西通书》（原名《华洋和合通书》年历），年出一册（其中有三年由庞合吉、伟烈亚力编）。与李善兰合译《光论》《重学》《格致西学提要》等书	江南制造翻译局出版	传教布道
何秋涛	1824—1862（晚清）	福建光泽	进士，历任刑部主事、员外郎，清代地理学家。实地考察	《北徼汇编》6卷，后又增至80卷并附图。进呈咸丰，赐名《朔方备乘》	现有刊本行世由上海广文书局印行出版，出版时间为1969年7月	忧心边疆问题，爱国
周岩	1832—1905（晚清）	浙江绍兴	咸丰五年（1855）顺天副贡。官刑部主事，出知山西祁县，调任安徽舒城，所至有政声。擢朴盱眙，未赴任。因病辞归。晚年有志于医学，取医书研读	《本草思辨录》四卷，《六气感证要义》一卷	均刊刻于世	救死扶伤、兴趣爱好

中国古代科技文献作者统计表 645

续表

姓名	生卒年（朝代）	籍贯	社会身份家庭、教育背景资料来源	主要作品及内容	作品流传途径	写作目的
华蘅芳	1833—1902（晚清）	江苏无锡	数学家、翻译家和教育家。华蘅芳先后在江南制造总局和天津机器局担任提调，光绪二年（1876）在上海格致书院担任教习。他在晚年转向教育界，从事著述和教学。仕宦门第。西方文献	华蘅芳的数学研究成果主要见于他的著作《行素轩算稿》，出版于1882年。1897年再版本共收入6种；《代数术》25卷（1872），《地学浅释》27卷；《金石识别》（1874），《三角数理》12卷（1877），《代数难题解法》16卷（1879），《决疑数学》10卷（1880），《合数术》11卷（1887），《算式解法》14卷（1899）等	《金石识别》（江南制造）于同治十二年（1873）出版；《地学浅释》：同治十二年江南制造出版，全书38卷	兴趣爱好、开化国民
徐士銮	1833—1915（晚清）	直隶天津府天津县	清咸丰八年（1858）举人，由内阁中书历擢侍读讲记名御史。同治十一年（1872）出守浙江台州知府，有政声。私人藏书，官府藏书	医学辑《医方丛话》	现有本刊行世，于2015年1月由中国中医药出版社出版	救死扶伤、兴趣爱好

续表

姓名	生卒年（朝代）	籍贯	社会身份家庭、教育背景资料来源	主要作品及内容	作品流传途径	写作目的
李凤苞	1834—1887（晚清）	江苏崇明（今属上海）人	1872年以前进江南制造局，1875年调任福州船政局总考工，1878年任出使德、奥、意、荷四国大臣和使法大臣，1884年回国，任北洋营务处总办。官府藏书	《克房伯炮说》《平圆地球图》	现有本刊行世，《克房伯炮说》，小仓山房出版，原稿缺1页	职务所需，学术爱好
林乐知	1836—1907（晚清）	美国	基督教美国监理会传教士。咸丰十年（1860），偕夫人来上海传教。同治三年（1864）3月经冯桂芬介绍，担任上海广方言馆首任英文教习，聘期6个月。期满后参加江南制造局翻译馆译书工作，后又再次受聘光绪七年教习，直到（1881）。西方文献	译《格致启蒙化学》《格致启蒙地理》《格致启蒙天文》《地学启蒙》	现有本刊行世	传教布道
庄鼎臣	1837—1905（晚清）	江苏常州	从游智楷幕。官府藏书	著《治河纪要》一卷	不详	兴趣爱好
汪宗沂	1837—1906（晚清）	安徽歙县	清光绪二年（1876）拜翁同和为师。光绪六年进士。授山西知县，后被曾国藩聘为忠义局编纂。民间实践	《伤寒论病合编》《杂病论辑逸》	现有本刊行世	兴趣爱好，指导农业

续表

姓名	生卒年（朝代）	籍贯	社会身份 家庭、教育背景 资料来源	主要作品及内容	作品流传途径	写作目的
杨守敬	1839—1919（晚清）	湖北宜都	中举。景山官学教习，任驻日钦使随员，归国后先后任黄冈教谕、两湖书院教习、勤成学堂总教长。1909年被举为礼部顾同官，次年兼聘为湖北通志籑修。商人家庭，书院藏书，私人藏书	代表巨著：1《水经注疏》2《历代舆地图》《汉书地理志补校》《隋书地理志考证》《水经注图》《水经注疏》40卷《隋书地理志考证附补遗》共9卷《历代舆地沿革险要图》	《历代舆地图》1879首次刊行	兴趣爱好
傅兰雅	1839—1928（晚清）	英国	圣公会教徒，翻译家。清政府曾授予三品官衔和勋章。清光绪二年（1876）创办和格致书院，自费创刊科学杂志《格致汇编》，所译多为科学常识，西方文献	《三角数理》《数学理》《格致汇编》	报刊刊印	传教布道
赵元益	1840—1902（晚清）	江苏新阳	1889年中举，翌年以医官随薛福成出使英、意、法、比四国，回国后仿以翻译为事。1897年与董康创立译书公会，创办周刊《译书公会报》，加速翻译科技图书，并与吴仲韬创立"医学善会"，承袭家书"私人藏书	译《儒门医学》《西药大成》《内科理法》《爆药记要》《光学》	《儒门医学》出版时间1868年8月，出版社为江南制造局《西药大成》出版时间1868年8月，出版社为江南制造局《内科理法》1912年《爆药记要》出版时间1868年8月，出版社为江南制造局《光学》出版时间1870年8月，出版社为江南制造局	职务所需，学术爱好

续表

姓名	生卒年（朝代）	籍贯	社会身份 家庭 教育背景 资料来源	主要作品及内容	作品流传途径	写作目的
施古德	1840—1903（晚清）	荷兰	荷兰汉学家。清咸丰八年以荷兰翻译学生资格来华	地理学天文学著《星辰考原》	现有刊物行世	兴趣爱好
贾步纬	1840—1903（晚清）	上海南汇	青年时经商，1871年前已进江南制造局。西方文献	主要著作有《镶离勾股引蒙》《交食引蒙》《鳌勾股引伸表》《量法代算》《万年书》《算法十种》《便用通书》《黄河全图》等。主要翻译作品有《航海通书》《恒星表》《八线表》《弦切对数表》《广对数表》等	自1871年至1904年，年出一册	兴趣爱好
陈秉钧	1840—1914（晚清）	上海	初学儒业朴生员任刑部主事曾先后五次晋京为光绪帝和慈禧太后治病当值御药房。医学世家	著有《女科秘诀大全》《医案》《御医请脉详志》等	所著《医言拾遗》毁于火，仅存《风痨臌膈四大证论》《庸庵课徒草》《记恩录》等数卷	救死扶伤兴趣爱好
王之春	1842—1906（晚清）	湖南清泉	曾为曾国藩、李鸿章和彭玉麟的部属，历任江防统领、广东雷琼道台督粮道台。按察使、多地巡抚，曾出访日、俄、德、法、英、王夫之从孙。国外实地考察	《谈瀛录》对日本的地理、气候、官制、兵制等情况节能型了简要介绍，在书后附有《瀛海各国统考》十三篇及环海总图，天下四海总图等	《谈瀛录》出版时间2017年3月，出版社为岳麓书社	职务所需爱国情结

中国古代科技文献作者统计表

续表

姓名	生卒年（朝代）	籍贯	社会身份 家庭、教育背景 资料来源	主要作品及内容	作品流传途径	写作目的
王先谦	1842—1917（晚清）	湖南长沙	是著名的湘绅领袖、学界泰斗。曾任国子监祭酒、江苏学政，湖南岳麓、城南书院院长。书院藏书，私人藏书	《朝东华录》《日本源流考》《水经注合笺》	《朝东华录》出版时间1963年，出版社为文海出版社《日本源流考》出版时间2018年1月，出版社为朝华出版社《水经注合笺》现有本刊行世	兴趣爱好
郑观应	1842—1922（晚清）	祖籍广东香山	商人、纳资捐郎中、道员衔。民间资料	《易言》内中专设论治旱篇，讲述西人成顷之田，四周须多种树与抗旱的关系《盛世危言》，又设衣功篇	1880年，郑观应《易言》由香港中华印务总局出版	爱国情怀忧国忧民
丁谦	1843—1919（晚清）	浙江仁和	举人、汤溪县教谕，不久改任象山县教谕。私人藏书	《蓬莱轩舆地学丛书》（共六十九卷，是一部系统考证我国历代边疆地理和西域地理的著作，对后世学术有较大影响，光绪二十八年（1902）出版《朝鲜传考证》则考证出大同江和鸭绿江均有误水称谓	所著《蓬莱轩舆地丛书》六十九卷，由浙江图书馆出资刊行，亦称《浙江图书馆丛书》浙江图书馆出版	兴趣爱好

续表

姓名	生卒年（朝代）	籍贯	社会身份 家庭、教育背景 资料来源	主要作品及内容	作品流传途径	写作目的
鲍相璈	1844—1911（晚清）	湖南善化	医学家，曾写广西武宣任官职。民间资料	《验方新编》于1846年仲春汇编成。全书约92门（部），各病症下附有单方、验方，共收3240余方。以价廉、易得、有效为原则，力求方药稳妥	便于民众采用，广为流传，大行于世	救死扶伤、兴趣爱好
舒高第	1844—1919（晚清）	宁波	曾在江南制造局翻译馆任职34年，是中国早期著名的科技翻译家。外国文献	农学类译著二部：《务农全书》为三编各十六卷，英国施妥缕撰，约1905至1908年间刊；《种葡萄法》共十二卷，美国赫思满著，1909年刊	由江南制造局翻译馆出版	职务所需、兴趣爱好
徐建寅	1845—1901（晚清）	江苏无锡	1862年随父进安庆内军械所，1867年进江南制造局，1874年被调任天津机器局，后相继任福州船政局提调，1879年任德国使馆参赞，1884年回国，1885年会办金陵机器局，以后相继在湖北、直隶、福建等地任职。自幼受其父徐寿影响热爱科学。官府藏书，西方文献	《远规约指》3卷	由江南制造局出版	职务所需、兴趣爱好

中国古代科技文献作者统计表

续表

姓名	生卒年（朝代）	籍贯	社会身份 家庭、教育背景 资料来源	主要作品及内容	作品流传途径	写作目的
李提摩太	1845—1919（晚清）	英国	英国浸礼会传教士。1890年受李鸿章之邀到天津临时担任《时报》主笔，1891年在上海担任广学会总干事。西方文献	翻译、编撰、出版《八星之一总论》《天下五洲各大国志要》	《八星》曾在1892年的《万国公报》上连载，1897年由广学会出版单行本；《天下》1892年写成，1893年在《万国公报》上连载，后出版单行本	传教布道
唐宗海	1847—1897（晚清）	四川彭县	少习儒进士礼部主事中年嗜好医学。私人藏书，民间资料	《中西汇通医经精义》二卷光绪18年（公元1892年）刊印出版，成为中国医家"中西汇通"先驱者，游学广东时，《本草问答》和《金匮要略浅注补正》二书相继同世。光绪20年（公元1894年），以上四书，加上《血证论》、《伤寒论浅注补正》五种，辑成丛书《中西汇通医书五种》刊出，行销国内外，医名远播印支和南洋等地	《本草问答》刊于1893年，乃唐氏和他的学生张士让就本草学中的一些理论问题所作的问答整理而成	救死扶伤兴趣爱好
郑奋扬	1848—1920（晚清）	福建闽县	曾任监理船政帆缆厂工务团防总文案后弃官从医。私人藏书	医学著《痧症宝筏》		救死扶伤兴趣爱好

续表

姓名	生卒年（朝代）	籍贯	社会身份家庭、教育背景资料来源	主要作品及内容	作品流传途径	写作目的
叶昌炽	1849—1917（晚清）	浙江绍兴	进士，授翰林院编修，入京任职于国史馆、会典馆等处。私人藏书、官府藏书	《寒山寺志》等		兴趣爱好
曹廷杰	1850—1926（晚清）	湖北枝江	入国史馆担任汉文誊录，申请到边关立文报国，以候选州判的身份，被派到吉林实地考察	《西伯利亚东偏纪要》《东三省舆地图说》《查看俄员勘探铁路禀》		爱国情怀
陈虬	1851—1904（晚清）	浙江乐清	初科举不利，习医后京上行走，鼓吹变法。办学堂。民间资料	医学著《瘟疫霍乱答问》	1897年，向全国发行《利济学堂报》，刊载了部分医学讲义和论文	救死扶伤兴趣爱好
汪凤藻	1851—1918（晚清）	江苏元和	曾为译书纂修官，授翰林院庶吉士；翰林院编修赏二品顶带署理翰林日讲使。为驻日钦使。同文馆英文班毕业生。官府藏书	《中国古世公法略》		
朱鸿渐	1852—1917（晚清）	汝城县	清末拔贡。因看到百姓受病痛折磨而学医，晚年执教长沙官立医校。官府、私人藏书	先后著《元经室要》二卷《瘟疫霍乱答问》一卷《利济本草》六卷《利济医药》六卷《医雅》四卷《医筌》四卷等医书多种		救死扶伤兴趣爱好

续表

姓名	生卒年（朝代）	籍贯	社会身份 家庭、教育背景 资料来源	主要作品及内容	作品流传途径	写作目的
邹代钧	1854—1908（晚清）	湖南新化	光绪十一年（1885）秋以随员身份出访英、俄，归国后于1896年在湖北武昌创立舆地学会。光绪二十八年（1902），管学大臣张百熙奏以代钧任编书局总纂兼学务处提调官。次年任《钦定书经图说》纂修兼校对官，开任分省补用直隶州知州。张之洞办两湖书院，聘代钧为地理教席。后张之洞调任军机大臣，兼管学部，代钧补员外郎，迁参事厅行走，均以病辞，后又敬荐为京师大学堂地理总教习。光绪三十四年（1908），编绘《江苏全省舆图》。实地考察	《中外舆地全图》世界地图集自光绪二十二年（1896）到二十八年（1902）主持译编	在清政府资助下，于光绪二十九年（1903）作为"大学堂审定中等课本"刊印了68幅地图，计有总图3幅，全国图1幅，分省图24幅，各州各国图38幅，群岛图2幅	职务所需 兴趣爱好

续表

姓名	生卒年（朝代）	籍贯	社会身份家庭、教育背景资料来源	主要作品及内容	作品流传途径	写作目的
严复	1854—1921（晚清）	福州	曾担任过京师大学堂译局总办、上海复旦公学校长、安庆高等师范学堂校长，清朝学部名辞馆总编辑。在李鸿章创办的北洋水师学堂任教任教期间，培养了中国近代第一批海军人才。毕业于福建船政局和英国皇家海军学院。西方文献	《天演论》这是一本宣传达尔文生物进化论的通俗小册子，书的前半部分讲进化论，后半部分讲伦理学，严复翻译了前半部分和讲稿的前半部分。严复翻译此书不尽依原文，而是有选择地意译	于1897年12月在天津出版的《国闻汇编》刊出，《天演论》出版之后，不上几年，便风行到全国，竟做了中学生的读物了	救亡图存爱国
卫理	1854—1944（晚清）	美国	美以美会教士，1898年任上海领事馆翻译，兼任翻译馆译员，1901年以后，历任美国驻华使馆参赞、美国国务院远东司司长等职。西方文献	《无线电话》《农务土质论》《农学津梁》	载《万国公报》第188册，1904年9月	传教布道
裴景福	1854—1924（晚清）	安徽霍邱	官方籍光绪十二年（1886）进士。历任广东陆丰、番禺、潮阳、南海县令。实地考察，官府藏书	地理著《河海昆仑录》	光绪三十年（1905）所著《河海昆仑录》宣统元年（1909）该书出版	兴趣爱好
秀耀春	1851—1900（晚清）	英国	英国浸礼会传教士，曾在济南设立浸礼会教堂，后在江南制造局工作	《农学初级》《农务化学问答》《保全生命论》《济急法》		传教布道

中国古代科技文献作者统计表　　655

续表

姓名	生卒年（朝代）	籍贯	社会身份家庭、教育背景资料来源	主要作品及内容	作品流传途径	写作目的
周学海	1856—1906（晚清）	安徽建德今浙江建德	进士内阁中书河捕同知负责江河防务、水利提升道员等事因有功改浙江后补道。私人藏书	《脉学四种》《脉义简摩》8卷《脉简补义》2卷《诊家直诀》2卷《辨脉平脉章句》2卷《形色外诊简摩》2卷《伤寒补例》2卷《读医随笔》6卷《评注医书》共114卷，刻于1891年		救死扶伤兴趣爱好
郑文焯	1856—1918（晚清）	原籍山东高密县后寓居上海	举人官内阁中书光绪元年（1875）中举，曾任内阁中书。因七次会试不中，遂绝意进取，旅居苏州，为江苏巡抚幕僚40余年	医学著《医故》另著《千金方辑古经方疏证》八卷《妇人婴儿方义》两卷	未见传世	救死扶伤兴趣爱好
屠寄	1856—1921（晚清）	江苏武进	进士，曾人两广总督张之洞幕，任广东舆图局总纂。广雅书局编审。实地考察。私人藏书	《黑龙江舆地图》《黑龙江舆地图说》主修《广东舆地图》		官职所需
王同愈	1856—1941（晚清）	江苏元和	进士，乡试考官，后为江西学政，顺天乡试考官，曾与张謇等主持江苏省铁路事宜。私人藏书，官府藏书	制江苏舆地图著《炮台图说》		官职所需爱国

续表

姓名	生卒年（朝代）	籍贯	社会身份、家庭、教育背景、资料来源	主要作品及内容	作品流传途径	写作目的
刘鹗	1857—1909（晚清）	江苏丹徒	先后入河南巡抚吴大澂、山东巡抚张曜幕府，帮办治黄工程，成绩显著，被保荐到总理各国事务衙门，以知府任用	刘鹗的父亲刘成忠善于河工算学，热衷于西方新兴的科学技术。刘鹗秉承家学，结合他一八八八年在河南、山东等地治理黄河的实践经验，写有《治河五说》《三省黄河全图》《河工稟稿》《历代黄河变迁图考》《勾股天元草》	《治河五说》《三省黄河全图》和《历代黄河变迁图考》再加上算学著作《孤三角术》《勾股天元草》，在刘鹗生前即有刊本	职务所需 兴趣爱好
黄方庆	1858—1870（晚清）	浙江黄岩	廩生入杭州诂经精舍学习福建学使乌拉布聘任校文。钻研中西各式算法	著有《测圆海镜识图解》6卷《勾股边角相求术》2卷《算同》2卷《火器新术》1卷《群经算学考》1册《算学辑数》10卷		兴趣爱好
李异材	1858—1937（晚清）	陕西蒲城	1890年受深吸舆地图馆之聘，参加测绘各县地图工作；1893年去杭州，充任浙江学政徐和之幕僚；1897年返陕，次年应陕西总督陶模之聘，主讲兰州兰山书院，书院藏书	《开方数理图说》2卷《开方数比类》4卷《级数术》绘制了一份《秦晋豫三省黄河图》	《开方数理图说》于1923年印行，现保存于陕西师范大学图书馆	兴趣爱好 受人所托

中国古代科技文献作者统计表　　657

续表

姓名	生卒年（朝代）	籍贯	社会身份家庭、教育背景资料来源	主要作品及内容	作品流传途径	写作目的
张锡纯	1860—1933（晚清）	直隶盐山	累代业儒。数欲科举落第。德州统领黄华轩聘为军医正奉天立达医院院长。私人藏书	医学主张汇通中西著《医学衷中参西录》	1909年，完成《医学衷中参西录》初稿，开始在《绍兴医药学报》发表文章1918年，由奉天天地新兴社资助首次印行第一期	救死扶伤兴趣爱好
余奉仙	1860—1939（晚清）	江苏阜宁	中医世家。聘于都督府。主持诊疗并佐治戎机。私人藏书	医学长于内科著《医方经验汇编》	该书所记述之治验，在上世纪三十年代曾有部分医案刊用于上海《医界春秋》（杂志）中。至于《医方经验汇编》全书则由其子余无言（近现代经方派名家，中医教育家）予以整理刊行	救死扶伤兴趣爱好
崔朝庆	1860—1943（晚清）	江南南通	京师大学堂南京高等学堂教授算学。外国文献	著作《读代数学智珠》《算理轴奇》《计息一得》《素因数表》《平立高积表》《平立方根》等。参与商务印书馆编辑《数学辞典》（未出版）。所编《代数因子》曾获英皇数学协会奖状。翻译日本学者的著作有《三角法三角及代数式之四则》《代数学数形之性质及其解法》《算术整数之性质》《代数学顺列组合及级数》《几何学轨迹》等	他撰写的《造勾股法》后被刊入《南菁书院文集》《一得斋算草》。崔朝庆与杨冰、孙敬民在1912年创办了数学杂志社，《数学杂志》已出版的两期杂志共有52篇文章，其中崔朝庆的文章有25篇	职务所需兴趣爱好

续表

姓名	生卒年（朝代）	籍贯	社会身份家庭、教育背景资料来源	主要作品及内容	作品流传途径	写作目的
邝荣光	1860—1962（晚清）	祖籍广东台山	被召回国后，乃荣光被分配到河北省唐山开滦煤矿为采矿工程师。此后他参与了冶矿工作，勘测了许多煤矿，也是中国第一批矿冶工程师的开发者，发现了湖南省湘潭煤矿。1872年赴美考察实地学习。	1905年绘制《直隶省地质图》《直隶省矿产图》	是我国第一批地质图，1910年出版	官职所需
莫文泉	1836—1907（晚清）	浙江归安	医生同治九年举人	医学著《研经言》	该书首刊于清光绪五年己卯（1879）月河莫氏，后收入《莫氏医学丛书》及《中国医学大成》之中，近年来有江苏科技小丛书本	救死扶伤兴趣爱好
罗振玉	1866—1940（晚清）	江苏淮安	农学家、教育家、考古学家、金石学家、敦煌学家、目录学家、校勘学家、古文字学家、中国近现代考古学的开拓者，中国末帝召人京，任参事二等诸议官，后补参事官，兼京师大学堂农科监督。清末参事名官，民间资料私人藏书。	光绪二十三年（1897），罗振玉等人在上海创办《农学报》，先后译载数百部农业书籍，其中许多译自日文版书：《农具图说》《畜疫治法》《家禽疾病篇》《马粪治学》《蚕体解剖学》《害虫全书》《蔬菜栽培学》《水产孵卵学》《山羊全书》《害虫要说》		学术爱好

中国古代科技文献作者统计表　　659

续表

姓名	生卒年（朝代）	籍贯	社会身份 家庭、教育背景 资料来源	主要作品及内容	作品流传途径	写作目的
曹家达	1867—1938（晚清）	江苏江阴	孝廉（举人）。入南菁书院研究经书及诗文，后在江阴街挂牌行医。私人藏书	医学精于伤寒著《伤寒发微》《金匮发微》《经方实验录》《曹颖甫医案》	《经方实验录》是他一生临床应用经方的经验总结，由学生姜佐景整理出版，流行较广	救死扶伤 兴趣爱好
藤田丰八	1869—1929（晚清）	日本	1898年与罗振玉策划成立东文学社，王国维等为其学生。曾书籍多部。1898年江南制造局设立工艺学堂，他被聘为学堂书译员，专译工艺方面书籍、外国文献	《造洋漆书》《颜料编》		职务所需
方克猷	1870—1907（晚清）	浙江杭州	赐进士出身，任刑部主事，考取总理各国事务衙门章京，考取出使德国随员。西方文献	他把著述的《四元术衍》《曲线衍》《曲线考》《八线法子壮数学》等合刻为《方曲线说》《三角木解》《圆锥衍》《火器真诀衍》《勾股公式》《三角公式》等，被当时数学界誉为"几何大家"		兴趣爱好

续表

姓名	生卒年（朝代）	籍贯	社会身份家庭、教育背景资料来源	主要作品及内容	作品流传途径	写作目的
金有恒	1870—1921（晚清）	浙江德清	督军署一等军医顾问	医学长于儿科著《金子久医案》		救死扶伤兴趣爱好
李景铭	1877—?（晚清）		恩科进士。赴日本实地考察	《调查日本邮电堂报告书》二卷	1910年出版	职务所需
何橘时	1878—1961（晚清）	浙江省诸暨县	自日本回国，任浙江省矿务局技正，同年冬调北京任学部专门司主事兼京师大学堂教习。返国后就任工科监督（即工学院院长），兼新校舍建筑主任。1898年清政府选拔留日学习	《中等最新化学教科书》	东京教科书译辑社初版1904年，再版1907年	兴趣爱好
顾琅	1880—?（晚清）	江苏南京	从日本东京帝国大学毕业后，曾回国任天津直隶高等工业学堂教务长，奉天本溪湖煤矿公司技师，农商部第二区矿务监督，实业部参事、专门委员等	《中国矿产志》（中国第一部地质矿产专著）	上海普及书局1906年出版。清政府农工商部曾给予很高评价和认可，又被学部批准为"国民必读"书	爱国情怀

续表

姓名	生卒年（朝代）	籍贯	社会身份家庭、教育背景资料来源	主要作品及内容	作品流传途径	写作目的
鲁迅	1881—1936（晚清）	浙江绍兴	伟大的无产阶级文学家、思想家、革命家。出生于封建官僚家庭。官府藏书，实地考察	《中国矿产志》（中国第一部地质矿产专著）	光绪三十二年（1906）5月出版。被学部批准为"国民必读"书	爱国情怀
马君武	1881—1940（晚清）	祖籍湖北蒲圻，生于广西桂林	中国近代获得德国工学博士第一人、政治活动家、教育家。广西大学的创建人和首任校长。第一批赴日留学生。外国文献	《中等化学教科书》	上海科学会编译部1911年	富国强民爱国情怀
郑昌棪	不详（晚清）	浙江海盐	1880年以前进翻译馆，外国文献翻译馆资料	《产科》《妇科》《水雷秘要》《炼金新语》《炼石编》	《水雷秘要》是1932年，江南制造总局曾曾惠赠国立交通大学一套丛书之中的兵学类，光绪六年（1880）刊。此书收入在《西洋兵书》十种中	职务所需兴趣爱好
汪振声	不详（晚清）	江苏六合	1880年以后进翻译馆，外国文献翻译馆资料	《农学津梁》《化学工艺》		职务所需兴趣爱好
金楷理（晚清）		美国人	曾被聘为上海道通事，1890年为驻俄使馆参赞	《光学》并与赵元益合译《克房伯炮说》		传教布道

续表

姓名	生卒年（朝代）	籍贯	社会身份家庭、教育背景资料来源	主要作品及内容	作品流传途径	写作目的
骆三畏（晚清）		英国人	京师同文馆1866年在馆内增设天文算学馆教习	《天学发轫》		传教布道
李鸿章主持	1823—1901（晚清）	安徽合肥	作为淮军、北洋水师的创始人和统帅，洋务运动的领袖，晚清重臣，官至直隶总督兼北洋通商大臣，授文华殿大学士	长江水利闸口形势全图（此图所绘地域北起砀山县，南至镇江府。所绘的水道主要为黄河、运河及两岸的水道、湖泊、水闸及城池）。太子太保文渊阁全权大臣兼军务督办海防事谊当为李鸿章呈给皇帝的地图，当为李的幕僚所绘		职务所需
雷逸仙（晚清）	？—1862	福建浦城	民间，曾悬壶于浙江，活人甚众，名噪一时	医学著作《医博》《医约》	未见刊行	救死扶伤
郑奋杨（晚清）	1848—1920	侯官县（今福州市城门镇）	中医世家。1878年补博士弟子员，不久任监理船政帆缆厂工务。1884年，在中法马江战争中，任团防总文案	《伪药条辨》是鉴定药物真伪的专著，对110种药物的名称、形、色、气味，进行了较详细的辨析。刊于1901	1930年曹炳章又在本书基础上通过实地调查和对勘，进行了整理和补注，改名《增订伪药条辨》，内容更加充实。现存1928年、1959年铅印本	救死扶伤
葛铺（晚清）	？—1853	江苏上元	民间	医学		救死扶伤

续表

姓名	生卒年（朝代）	籍贯	社会身份 家庭、教育背景 资料来源	主要作品及内容	作品流传途径	写作目的
张仁锡	？—1860（晚清）	今上海清浦	平民	医学著《药性蒙求》，另有《痢症汇参》《医说》等		救死扶伤
张杏林	？—1862（晚清）	江苏高邮		著有《注释本草纲目》一书	未见刊行	救死扶伤
张福僖	？—1862（晚清）	浙江归安	民间。清咸丰三年（1853）经李善兰介绍，到上海结识艾约瑟，并受聘为墨海书馆译员，从事翻译天算格致诸书	《光论》翻译此书的主要目的是弥补郏云《镜镜吟痴》一书的不足，较详细而系统地介绍了当时西方的几何光学知识，这在我国所出版的书籍中尚属首次	此书墨海书馆未付印，后来收入江标（1860—1899）主编的《灵鹣阁丛书》中，1936年又收入《丛书集成初编》	兴趣爱好
周雪樵	？—1910（晚清）	江苏常州	1904年创办《医学报》及医学研究会，1905年，又会同蔡小香、丁福保、何廉臣、王问樵等，联络各地医会，组建全国性质的医学团体"中国医学会"，提出其宗旨为：改良医学，博采东西国医理，集思广益	1904上海办《医学报》；著有《西史纲目》，提倡引进西洋医学，以"熔铸中外、保存国粹"		救死扶伤 爱国 改良医学
卢其慎	？—1923（晚清）	山东临沂	创办小学校后，因经费告罄而改从医	医学著作《脉学指南》	《脉学指南》有石印本行世	救死扶伤

续表

姓名	生卒年（朝代）	籍贯	社会身份家庭、教育背景资料来源	主要作品及内容	作品流传途径	写作目的
包世臣	1775—1855（晚清）	安徽泾县	清代学者、书法家，书学理论家。总结民间经验	早在嘉庆六年（1801）他就全面地总结和传播农业、副业、林业、畜牧业等方面的生产技术知识，丰富了祖国农业遗产。《中衢一勺》7卷，述水利、漕运、盐政；《齐民四术》12卷，礼、刊、兵	于清道光二十四年（1844）作《安吴四种》序。道光二十六年（1846）刻于南京，太平天国时期，印版毁于战火，后在汉口据重刻版重刻流传，咸丰元年（1851）二刻本等现存初刻本	改革派的"经世"思想兴趣爱好指导农业活动
拜德尔丁·苏皮阿訇	1780—1850（晚清）	维吾尔族喀什噶里	出身于喀什噶里五代行医的家庭，不仅精通阿拉伯语、波斯语，而且还通晓天文	医学著作《酉帕依库鲁甫》即《精灵效灵方》		宗教信仰救死扶伤
郑复光	1780—约1853（晚清）	安徽歙县	少年时代爱好就很广泛，郑复光博览群书，研讨学习中国和西方传来的各种科学原理，探索自然物理和机械制造的奥妙。监生出身。收集民间素材	1842年《镜镜詅痴》1846年出版《镜镜詅痴》一书共5卷，约7万余字，扼要地分折了各种反射镜和折射镜的镜质和镜像通过光线通过透镜形、凸透镜和透镜组（主要是凹、凸透镜和透镜组）之后的成像原理	郑复光《镜镜詅痴》台湾商务印书馆丛书集成简编本1966年郑复光《费隐与知录》上海科技木出版社1985年	兴趣爱好

续表

姓名	生卒年（朝代）	籍贯	社会身份家庭、教育背景资料来源	主要作品及内容	作品流传途径	写作目的
蒋湘南	1795—1854（晚清）	固始县城关夫陀潆沿	自小丧父，母亲王氏寒暑无间，父亲进行启蒙教读。叔卷，聘请老师教授，19岁考中秀才。民间考察，书院藏书	《蓝田县志》16卷《泾渠志》3卷		兴趣爱好
蒋宝素	1795—1873（晚清）	江苏镇江	民间，他在苏北兴化、江都一带行医，声望卓著，位列"淮扬九仙"，后世评价为"清朝十四名医"	医学《医略》《闻斋医案》《证治主方》		救死扶伤
谢元庆	1798—1860（晚清）	江苏苏州	以医名世，尤喜搜药深入乡里街巷	曾收集应验良方，编《良方集腋》二卷（1842），续附一卷，以方便穷乡僻壤自选方药之用	咸丰二年（1852）王秋樵重刻时，又增补剂若干，易名《良方集腋合璧》	救死扶伤
王泰林	1798—1862（晚清）	江苏无锡	民间擅长内科与外科，尤其在外科方面取得很大成就，闻名于江苏、浙江等地	医学门人辑《王旭高临症医案》《王旭高医案》《扬科心得集》	其门人于其卒后文集有《王旭高医书六种》，包括《退思集类方歌括》《医方歌括》及《薛氏湿热论歌诀》《西溪书屋夜话》编成，现有上海千顷堂书局石印本	救死扶伤

续表

姓名	生卒年（朝代）	籍贯	社会身份家庭、教育背景资料来源	主要作品及内容	作品流传途径	写作目的
姜皋	1800—1874（晚清）		民间。临床经验	农学著作《浦泖农咨》		兴趣爱好心系百姓
费伯雄	1800—1879（晚清）	江苏武进	生长在世医家庭，家学渊源，先儒后医。临床经验	《医方论》（针对《医方集解》所载方药方详加评论，著于1866年；《医醇剩义》（汇录费氏生平治疗心得，以察脉、辨证，施治为三大纲）4卷	《医醇剩义》4卷。书成于1863年，刻印之后盛行于世	兴趣爱好救死扶伤
张穆	1805—1849（晚清）	山西平定	张穆鄙薄仕宦功名，无意仕进，一心著述近代的爱国思想家、地理学家，致力于西西北边疆地理和蒙古史的研究。实地考察、私人藏书	《蒙古游牧记》著作依地志体例写成，以蒙古所有部落分别记录，以各盟旗为单位，叙述其地理、形貌、范围、和位置，再以各部落所在地来考察其社会各革及历代北方各民族的交往关系。共十六卷，用十年写了前十二卷，后四卷由何秋涛花十年写成	该书最初由大学士祁寯藻醵资刊于咸丰九年（1859年）。流行版本颇多贵至今日，本书迄是外国史学家研究的权威名著	张扬国威，抵御沙俄侵略爱国
邹汉勋	1805—1854（晚清）	今属隆回	咸丰元年（1851）举人，我国近代史上杰出的舆地学家，中国近代舆地学奠基人。实地调查	《水经移注》	多毁于战火，后人刊有《邹叔子遗书》七种传世	兴趣爱好

续表

姓名	生卒年（朝代）	籍贯	社会身份 家庭、教育背景 资料来源	主要作品及内容	作品流传途径	写作目的
戴煦	1805—1860（晚清）	钱塘	数学家 亲自研究	除了《重差图说》《续对数简法》《假数测圆》和《外切密率》《求表捷术》等著作	英国汉学家艾约瑟曾专程来杭州求见，回国后将其数学著作译成英文，并在伦敦广为刊行	兴趣爱好
边成章	1806—1880（晚清）	满族河北新城	民间	医学译有《边氏验方》，长于伤科		救死扶伤
吴尚先（又名安业）	1806—1886（晚清）	钱塘	其祖、父皆为官本，人为举人。曾人都应试，因病而未果，由此学医济民	医学著《外科医说精于外科》		救死扶伤
王士雄	1808—1868（晚清）	浙江钱塘	中医温病学家。其毕生致力于中医临床理论研究，对温病学说的发展作出了承前启后的贡献，尤其对霍乱前辨证和治疗有独到的见解	《温热经纬》5卷最为著名（1852年刊行），《医学随笔》		学术兴趣 救死扶伤
刘仕廉	1809—?（晚清）	四川双流	平民。自身患病，久治未愈，遂决心自习攻医	《医学集成》成书于1873年。作者采集历代医家的医学论述，各科临证治以及医案等加以分类编纂而为此书，又校李培郁《医理汇精》二卷	均有刊木行世	救死扶伤

续表

姓名	生卒年（朝代）	籍贯	家庭、教育背景资料来源 社会身份	主要作品及内容	作品流传途径	写作目的
戴葆元	1815—1887（晚清）	江西婺源	其先世开设戴同兴药肆于景镇，葆元继承祖业，悬壶40余年，知名于时	著有《临证指南方歌》二卷《金匮汤头歌》一卷《温病条辨汤头歌》一卷（上三书总名《家传课读》）《本草纲目易知录》八卷	均刊刻于世	兴趣爱好，心系百姓
陆懋修	1815—1887（晚清）	今苏州	先世以儒著称，且皆通医。九芝初业儒，中年始肆力于医。贡生，屡试不授，家为世医，而承家业	医学著有《世补斋医书文集》《不谢方》《伤寒论阳明病释》《仲景方汇录》		救死扶伤
沙书玉	1816—1881（晚清）	江苏丹徒	民间。承继世业，在家行医	医学著有《医原纪略》《殇科补直》		救死扶伤
邹伯奇	1819—1869（晚清）	广东南海	民间。清代物理学家，对天文学、数学、光学、地理学等都很有研究	力学光学测绘天文数学著《邹征君遗书》自制照相机及其他仪器多种1《度算版》，说明"度算版"的原理和使用方法 21845年（道光二十五年）奇撰写的《摄影之器记》成为世界最早的摄影文献之一。同治四年，广东巡抚郭嵩焘聘请他主持测绘《广东沿海地图》。邹把自己创立的"以圆绘圆"法改进为椭圆画法	其中最重要的《格术补》，由湖南长沙名士、数学家丁取忠主持重印，邀请邹家偶朴注，认识邹伯奇的王闿运出资完成湖南白芙堂本刊印事务，是公认的清末中国科技代表作之一	兴趣爱好

中国古代科技文献作者统计表

续表

姓名	生卒年（朝代）	籍贯	社会身份 家庭、教育背景 资料来源	主要作品及内容	作品流传途径	写作目的
何长治（何其伟之子）	1821—1889（晚清）	今上海青浦	先后培育门生30多人，行医于沪杭一带	医学后人辑有《何鸿舫编年药方墨迹》		救死扶伤
洪仁玕	1822—1864（晚清）	广东花县	天王倚重洪仁玕，不出一月，累累加封而至"开朝精忠军师顶天扶朝纲干王"，命他总理朝政	《资政新篇》主张接受西方文明，走西方强国富民之路	经天王批准1859刊行，成为天国后期的政治纲领和珍贵典籍	向西方寻找真理 探索国救民道路 爱国
赵彦晖	1823—1895（晚清）	今浙江绍兴	名医	著有《存存斋医话稿》二卷《存存斋教子学医法》一卷	今存	救死扶伤
赵彦晖（原名光燮）	1823—1895（晚清）	浙江会稽	民间。医生	医学著《存存斋医话手稿》		救死扶伤
吴景澄	1824—?（晚清）	河南潢川	民间。清代医学	医学辑《秘录清囊合纂》（今有其抄本行世）		救死扶伤

续表

姓名	生卒年（朝代）	籍贯	社会身份家庭、教育背景资料来源	主要作品及内容	作品流传途径	写作目的
何岩	1824—1894（晚清）	今上海市	世业医。于青峰山开辟何氏药圃，种药颇多	检圃得药，据药辨性，作《药性赋》	今存抄本	兴趣爱好
吴寿全	1824—1911（晚清）	四川成都	平民	著《医法圆通》《医理真传》《伤寒恒论》		救死扶伤
夏云	1825—1904（晚清）	江苏江都	民间	医学著《疫喉浅论》《会厌论》		救死扶伤
王韬	1828—1897（晚清）	苏州府长洲县	清末学者、维新思想家，文书院、报人书院、报刊编辑工作	与传教士伟烈亚力、艾约瑟等翻译出版《西国天学源流》《重学浅说》《光学图说》等，科学思想著《西学辑存六种》		爱国情怀
吴炳	1829—1884（晚清）	浙江嘉善	以国子生候选，后弃而专心于医	医学著《证治心得》		救死扶伤
夏春农	1830—1909（晚清）	甘泉县	同治、光绪年间邗江名医	《疫喉浅论》		救死扶伤
王铨	1831—1877（晚清）	河北新城	平民	医学著《医药家秘》		救死扶伤
丁丙	1832—1899（晚清）	今浙江杭州	富商。家世经营布业，富于资财	医学辑《当归草堂医学丛书》		救死扶伤

续表

姓名	生卒年（朝代）	籍贯	社会身份 家庭、教育背景 资料来源	主要作品及内容	作品流传途径	写作目的
雷丰	1833—1888（晚清）	今浙江衢县	世医。得府官称赞，而遂声名鹊起	《时病论》全书8卷，列四时病70余种，从病因、病机、症状、治法、方药等方面详加论述，并于每一病证后附列自己治案		救死扶伤
陈启沅	1834—1903（晚清）	广东省佛山市	陈启沅是我国近代的爱国华侨、著名的民族企业家，他创办了我国第一家民族资本经营的机器缫丝厂——继昌隆缫丝厂	《蚕桑谱》《周易理数会通》《陈启沅算学》		兴趣爱好 工作所需
江蕙（女）	1839—？（晚清）	今重庆江津	民间		天文学著《中星图》	兴趣爱好
田宗汉	1839—1906（晚清）	汉川	年未二十，投笔从戎	《湖北汉水图说》田亦精于医事，在随军征战和探索汉水利病之余，就民间疾病，进行医学研究。著有医书8种，汇编为《医寄》	其中《医寄伏阴论》于1888年出版	治理水患 救死扶伤

续表

姓名	生卒年（朝代）	籍贯	社会身份 家庭、教育背景 资料来源	主要作品及内容	作品流传途径	写作目的
周本一	1839—1914（晚清）	四川长寿	平民。早年习儒，攻理学，精《易经》，曾在凤山书院主讲，中年后攻医学	医学著《医学入门》两卷《医学精要》，集古医籍之精要，贯以平生之体验，条理清晰，甚便初学		救死扶伤
柳宝诒（医名冠群）	1842—1901（晚清）	江苏江阴	平民。清末名医，中华名号"致和堂"药店创始人	医学著《温热寻源》		救死扶伤
巢峻	1843—1909（晚清）	江苏武进	平民	医学精内科外科著《王壶仙馆外科医案》		救死扶伤
张乃修	1844—1905（晚清）	江苏常熟	平民	医学著《张丰青医案》		救死扶伤
方仁渊	1845—1926（晚清）	江苏江阴	平民	医学著《新编汤头歌诀》《筒云轩医论》《筒云轩医案》		救死扶伤
郑肖岩	1848—1920（晚清）	福建闽侯	祖德辉，父景陶，均业医。自幼承家学，诊脉处方，洞见症结	《伪药条辨》1901年写成，收载药物一百一十种	后由曹炳章撰序、分类、增补订正，成《增订伪药条辨》四卷（1928年）	救死扶伤
江镇	1850—1906（晚清）	江苏泰	平民。家贫，随男父学医	医学著《仁术隅录》		救死扶伤

续表

姓名	生卒年（朝代）	籍贯	社会身份家庭、教育背景资料来源	主要作品及内容	作品流传途径	写作目的
陈开沚	1855—1926（晚清）	四川三台	三台神农丝厂和乐山华新丝厂创始人，四川近代蚕丝实业家	农学著《神农最要》	所编撰《神农最要》曾两次呈送四川总督锡良，先后通告全川，刊发民间	兴趣爱好，心系百姓
曾懿（女）	1853—?（晚清）	四川华阳	其父为太仆其夫为湖南提法使官绅家庭，其母左锡嘉带着子女返回了四川老家。为了让子女受到更好的教育，左锡嘉把家搬到了成都城附近的浣花溪一带，这个新家和唐代大诗人杜甫的故居仅近在咫尺。曾懿自幼研读经史	医学著《古欢堂医书三种》	著成《医学篇》，并于1907年在湖南长沙刻板问世。《医学篇》一共有两册，是木刻本	救死扶伤
熊会贞	1859—1936（晚清）	枝江市	历史地理学家，郦学家，地理学派创始人之一，15岁考中秀才，此后屡次考未能中举，在家教私塾	光绪三十二年（1906）与杨守敬师生二人将光绪二年先生与人编撰的《历代舆地沿革图》，对照和考证绘制的历代各朝历史地图进行修改订，由熊会贞校订，1911年出齐，计34册，这套地图是我国历史上第一部最完整的历史地图集	地图出版后，在国内外学术界产生很大影响，成为研究中国历史的案头必备书	学术兴趣受老师所托

续表

姓名	生卒年（朝代）	籍贯	社会身份家庭、教育背景资料来源	主要作品及内容	作品流传途径	写作目的
冯绣	1860—1909（晚清）	河南淇县	民间	农学著《区田试种实验图说》		兴趣爱好 心系百姓
杨百城	1861—1927（晚清）	江苏泰兴	平民。幼年丧父，由母亲抚育成人。先后7次参加科举考试未中举人，于是弃举子业，遍求藏书，涉猎广泛。在清末新政中，泰兴创设新学，杨百城被延请讲授国学	医学著《医学新论》		救死扶伤
何廉臣	1861—1929（晚清）	浙江绍兴	出身于世医家庭	《全国名医验案类编》对前人的医案作了比较分析，先后编辑出版《医药丛书》、《国医百家》等以校订刊刻古医书110种。此外，还著有《绍兴医药丛书》、《感症宝筏》、《重订广温热论》、《湿温时疫治疗法》、《增订通俗伤寒论》等	创办《绍兴医药学报》。该刊是我国近代最早的中医药期刊，何氏任副总编	兴趣爱好 救死扶伤

续表

姓名	生卒年（朝代）	籍贯	社会身份 家庭、教育背景 资料来源	主要作品及内容	作品流传途径	写作目的
何炳元	1861—1929（晚清）	浙江绍兴	世医。先习儒为庠生，后弃儒习医。《绍兴医药学报》副总编辑	医学主张中西医汇通著疫治法》，著有二十余种医著，其中如《湿温时疫治疗法》、《内经存真》、《全体总论》、《何氏医论》等均具代表性。另又重订一些古代医著如《重订广温热论》、《通俗伤寒论》		救死扶伤
蔡小香	1862—1912（晚清）	上海人	医生，蔡氏有志振兴中国医学，光绪三十二年（1906）与李平书等创立上海医务总会任总董，翌年接替周雪樵继任中国医学会会长。出资创办《医学报》，内含中西兼收。宣统二年（1910）又与唐乃安创办《上海医学杂志》	《医学杂志》1910 年上海创办		振兴中国医学 救死扶伤 爱国
黄庆澄	1863—1904（晚清）	浙江温州	早年师事孙诒让、金晦。这两位老师对自然科学的重视和革新政治的学识，思想深深影响黄庆澄的观点。后来黄庆澄又结交具有维新思想的名士陈虬、陈介石、宋平子等，更有进益	《算学报》	黄庆澄将《算学报》分期刊出的专题汇编印成单行本，单独发行	爱国情怀

续表

姓名	生卒年（朝代）	籍贯	社会身份家庭、教育背景资料来源	主要作品及内容	作品流传途径	写作目的
虞辉祖	1864—1921（晚清）	浙江宁波镇海	1899年与同乡钟观光、虞和钦等人组建四明实学会，系统学习、介绍自然科学知识，后把实学会迁至宁波书院（今宁波二中）。1901年，又与钟观光、虞和钦在上海四马路（今福州路）惠福里创建中国第一所科学仪器馆，并任经理	上海科学仪器馆，编译《中等初级用理化教科书》	《科学世界》	兴趣爱好爱国情怀
许昭	1865—1922（晚清）	江苏常熟	平民。先习儒，屡试不第，加之母病，而习医	著《世界历代名医传略》10卷，属西洋者只有1卷，第一部带有世界性传记体的医学史		救死扶伤
金兰升	1865—1938（晚清）	江苏常熟	师从名师	有《历代名医录》一卷《朴缺山房医案》数十卷《石亳医学丛处》二卷《金氏丸散验方》续柳冠群《惜余医案》若干卷等	惜多散失，遗世不多	救死扶伤

续表

姓名	生卒年（朝代）	籍贯	社会身份家庭、教育背景资料来源	主要作品及内容	作品流传途径	写作目的
丁甘仁	1865—1926（晚清）	江苏武进	平民。曾与他人创办医学校多所	医学著《药性辑要》		发扬中医
胡醴铭	1866—1924（晚清）	四川三台	平民	医学著《医书正蒙》		救死扶伤
张相文	1866—1933（晚清）	江苏泗阳人	在上海南洋公学、北京大学等长期任教，创建中国第一个地理学术团体"中国地学会"和第一种地理学术期刊《地学杂志》	《初等地理教科书》《中等本国地理教科书》《地文学》《最新地质学教科书》《地学杂志》《齐鲁旅行记》《豫游小识》《塞北纪行》	此书出版之后，瞬即供不应求，5年内即印行3版，读者视此书为改革舆地学的指南	爱国情怀
陈士楷	1868—1920（晚清）	浙江嘉善	民间	医学著《颍川医案》		救死扶伤

续表

姓名	生卒年（朝代）	籍贯	社会身份家庭、教育背景资料来源	主要作品及内容	作品流传途径	写作目的
钟观光	1868—1940（晚清）	宁波	清光绪二十五年（1899），钟观光和同乡好友虞祖辉、虞和钦一起，抱着满腔爱国热情，在缺少资料和资金的情况下，克服种种困难，在故乡镇海柴桥创办"四明实学会"，学习研究并进而逐步介绍普及理化博物知识，建立了上海科学仪器馆。国外考察	《科学世界》	由于历史的客观条件和资料所限，其一生中所写文章很多，但正式发表的文章相对于他所做所工作而言并不多	爱国情怀
汪惕予	1869—1941（晚清）	绩溪八都余川	1897年开始在沪悬壶济世，1904年在伍廷芳、端方、瑞徵与各界人士的支持下，就伍廷芳之观渡庐创办自新医科学校及附属医院，开始了医学教育与中西医结合的医疗工作，又发行《医学世界》月刊，行销各省"以新学术灌输内地"	《医学世界》上海办		救死扶伤

中国古代科技文献作者统计表

续表

姓名	生卒年（朝代）	籍贯	社会身份家庭、教育背景资料来源	主要作品及内容	作品流传途径	写作目的
范庆治	1870—1936（晚清）	浙江鄞县	贡生。因直言无讳，被取消附贡生资格，遂移志医学	医学精外科著《外科合存本》		救死扶伤
梁启超	1873—1929（晚清）	广东新会	中国近代思想家、政治家、教育家、史学家、文学家	《世界末日记》	载《新小说》第1号，1902年11月	传播科学
杜亚泉	1873—1933（晚清）	今上虞人	近代著名科普出版家、翻译家。1900年秋到上海，创办中国近代首家私立科技大学——亚泉学馆，培养科技人才。同时创办了中国最早的科学刊物——《亚泉杂志》半月刊。又编辑《文学初阶》，为中国最早的国文教科书。1903年，返绍兴与人创立越郡公学，翌年秋人商务印书馆编译所	《化学新教科书》主编并出版了《植物学大辞典》《动物学大辞典》	上海商务印书馆初版1905年，再版1906年	爱国情怀
周桂笙	1873—1936（晚清）	江苏南汇	最初在《新小说》杂志发表小说译作，后任《月月小说》译述编辑，专ศ西方小说翻译。近代文学翻译家、小说家	《窃贼俱乐部》《飞访木星》《伦敦新世界》	载《新民丛报》第3年第15号，1905年2月《月月小说》第5号，1907年2月载《月月小说》第10号，1907年11月	传播科学

续表

姓名	生卒年（朝代）	籍贯	社会身份家庭、教育背景资料来源	主要作品及内容	作品流传途径	写作目的
包识生	1874—1934（晚清）	福建上杭	平民世代业医	医学著《包氏医案》3集传世		救死扶伤
丁保福	1874—1952（晚清）	江苏无锡	清光绪二十一年（1895）肄业于江阴南菁书院，次年考取秀才，后随华蘅芳学数学。创办丁氏医院，编译医学书籍近80种	先后编译出版丁近80种国内外医学书籍，合称《丁氏医学丛书》；1914年度诚信佛，译《内科学纲要》《近世内科全书》《产科学初步》	中国医学会出版	兴趣爱好救死扶伤
包天笑	1876—1973（晚清）	江苏苏州	曾任山东青州学堂监督；1903年到上海，在上海时报馆工作；著名报人、小说家。译介日本文的书刊，将国外的新思想、新技术向中国传播	《世界末日记》	载《月月小说》第19号，1908年8月	传播科学
樊炳清	1877—1929（晚清）	浙江绍兴	担任四大丛书《哲学丛书》《科学丛书》《农学丛书》《教育丛书》和两大杂志《农学报》《教育世界》的主要编译	译《近世博物教科书》《中等植物教科书》《普通动物学》《近世化学教科书》		职务所需兴趣爱好

续表

姓名	生卒年（朝代）	籍贯	社会身份家庭、教育背景资料来源	主要作品及内容	作品流传途径	写作目的
虞和钦	1879—1944（晚清）	浙江宁波	清光绪二十五年（1899）与钟观光等组建四明实学会，致力于物理、化学研究，继集资于上海筹办灵光造磷厂，半年后因亏本停办。清光绪二十七年（1901）与钟观光等在上海创办科学仪器馆，这是中国人自己开办的第一家科学仪器馆。光绪二十九年他在馆内设立制作所，从事修理和制作理化仪器、标本、模型，为全国许多高等学校提供实验教学模具。同年参加创办《科学世界》杂志任主笔，译撰物理、化学著作	《中学化学教科书》《中国地质之构造》《化学周期律》	上海文明书局1906年	兴趣爱好爱国
张宗法	不详（晚清）	四川	布衣	《三农纪》记载了清代四川农业生产技术所达到的成就		兴趣爱好利民生
杨秀元	不详（晚清）	民间		《农言著实》其书属家训类，体裁袭用月令篇，对农具的购置，庄稼收割，田地耕耙、播种施肥，家畜饲养、经营管理，饲料加工等农事作了全面阐述	现存3个刻本：一为家中原版，约刊于1842年后；二为三原张集贤仲仙捐资刊印，1893年刊；三为柏经正堂重刊本1897年刊行	兴趣爱好心系百姓

续表

姓名	生卒年（朝代）	籍贯	社会身份家庭、教育背景资料来源	主要作品及内容	作品流传途径	写作目的
龚自家	不详（晚清）		民间	《医方易简新编》	刊于1851年，选方以易简单方、验方为主，辅以成方，是搜罗较广的验方著作。现存初刻本等十多种清刻本、石印本	救死扶伤
蒋希曾	不详（晚清）	湖南人	清代医家，初习儒，咸丰三年（1853）弃儒从戎	《医验辨似》二卷（1896）共列"伏暑似虚劳证""阳虚似外感证""产后受风似虚脱证"等疑似证32条，辨析详明，颇有助于临床诊断		救死扶伤
杜亚泉	不详（晚清）	浙江绍兴人	布衣	《化学新教科书》	上海商务印书馆1905年初版，1906年再版	爱国情怀
范迪吉	不详（晚清）	江苏昭文（今常熟）人	民间	主持翻译《普通百科全书》100册中《地质学》《万国新地理》《日本新地理》《地理学新书》《地理学新问答》《世界地理问答》《矿务学新书》《地文学新书》	会文学社出版于光绪二十九年（1903）翻译并出版	爱国情怀
黄宗坚	生于道光年间（晚清）	世居冈行竹港	一生从事农业	《种棉实验说》记述油菜与棉花套种技术	符合科学原理，影响颇广，上海《农学报》录载其文，《上海图说》亦采其说，农工商部编订《棉花图说》半据是书	兴趣爱好，心系百姓

续表

姓名	生卒年（朝代）	籍贯	社会身份家庭、教育背景资料来源	主要作品及内容	作品流传途径	写作目的
罗布丕乐却（又译罗桑却佩）	1790—1870（晚清）	蒙古族	宗教	以临证各科为主要内容蒙古医学著作《蒙医药选编》		
占布拉道尔吉	1792—1855（晚清）	蒙古族	宗教，是19世纪赖王旗（今蒙古国）人，清代蒙医药学家、佛学大师。他是清朝奈曼旗宝日胡硕庙第四代活佛，当时不仅在宗教界里掌有特权，而且对扎萨克施政方面有一定的左右权	医学著作《蒙药正典》		
马德新	1794—1874（晚清）	回族云南大理今大理白族自治州	宗教，中国回族伊斯兰学者，云南大和（今大理）人，精通阿拉伯语及波斯语，师从经师周良骏学习伊斯兰经学，得其真传，成功经师。游学各国归顺清政府从政	天文学地理学著《寰宇述要》等		

续表

姓名	生卒年（朝代）	籍贯	社会身份家庭、教育背景资料来源	主要作品及内容	作品流传途径	写作目的
胡德迈	1800—1876（晚清）	英国	英国浸礼会传教士	《指南针》	1849年在宁波出版	写给水手看的小册子
裨治文	1801—1861（晚清）	美国	美部会传教士，响应新教第一位来华传教士英国人马礼逊（R. Morrison）的呼吁，而成来华的第一位美国传教士，到二十二岁，才得进入安贺斯特大学（Amherst College）。1826年毕业，到当时以差遣国外宣教士知名的安道华神学院（Andover Theological Seminary）深造神学博士	《亚美理驾合众国志略》《美理哥合省国志略》在其基础上修订而成	1862年在上海以《联邦志略》为名出第二版	介绍美国情况
札贡巴（智观巴）贡却丹巴饶吉	1801—1866（晚清）	甘肃省合作市旦子昂，藏族	从九岁起，拜拉然巴阿旺却札华桑波为经师，终生跟他学法。三大藏区史志、寺志等资料与自身访查	《安多政教史》安多地区教法史		

续表

姓名	生卒年（朝代）	籍贯	社会身份家庭、教育背景资料来源	主要作品及内容	作品流传途径	写作目的
罗孝全	1802—1866（晚清）	美国	为浸信会最早来华的传教士之一，亦是中国基督教浸信会的创始人，还是最先定居香港的外国传教士。与太平天国有着特殊关系	《家用良药》	1860年在广州出版	传教救人
万为	1813—1886（晚清）	美国	是一位教育家，美以美会牧师，以及派往中国福州的传教士。1831年加入卡泽诺维亚神学院（Cazenovia Seminary），1837年卫斯理大学肄业	《地球图说略》	1857年在福州出版	
伟烈亚力	1815—1887（晚清）	英国伦敦	伦敦传道会传教士1846年来华致力传道，传播西学，并向西方介绍中国文化。1877年返回伦敦定居	咸丰七年正月初一，创办《六合丛刊》，每月出一号，介绍宗教、科学，文化与新闻。受江南制造局徐寿之聘，合译《汽机发轫》一书，于同治十年出版；《几何原本》《谈天》《重学》《代微积拾级》《代数学》专廉臣李善兰合译	由墨海书馆出版	受友人之托兴趣爱好传教

685

续表

姓名	生卒年（朝代）	籍贯	社会身份 家庭、教育背景 资料来源	主要作品及内容	作品流传途径	写作目的
合信	1816—1873（晚清）	英国	传教士医生伦敦布道会，毕业于伦敦的大学学院医科，取得医生开业资格	《博物新编》全书共3集，1855年在广州出版；其中第二集《天文略论》对哥白尼、牛顿学说进行了介绍，并提到道光二十六年发现的海王星；于道光30年（1850年）在广州编译出版《全体新论》；《西医略论》（1857年出版）	上海墨海书馆出版	传教布道救死扶伤
哈巴安德	1818—1894（晚清）	美国	美北长老会最早派在中国的传教士之一。1844年，哈巴安德毕业于宾夕法尼亚大学，获医学博士学位	《天文问答》是最早向中国介绍近代天文学科普读物	1849年在宁波出版	传教布道
高第丕	1821—1902（晚清）	美国	传教士	《科学手册》	1856年出版	传教布道
罗存德	1822—1893（晚清）	德国籍	基督教中华传道会传教士	《英华字典》（1869）第四部分的序言中专门讨论了化学元素的命名问题	1855年在香港出版	传教布道

续表

姓名	生卒年（朝代）	籍贯	社会身份 家庭、教育背景 资料来源	主要作品及内容	作品流传途径	写作目的
慕维廉	1822—1900（晚清）	英国	英国伦敦会教士，获爱丁堡大学神学博士学位	《地理全志》咸丰三年（1853）出版《六合丛谈》，《大英国志》，1856年墨海书馆出版		传教布道
卢公明	1824—1880（晚清）	美国	美国公理会传教士，1846年毕业于汉密尔顿学院（Hamilton College），1849年毕业于奥本神学院（Auburn Theological Seminary）	《天文问答》	1854年在福州出版	传教布道
嘉约翰	1824—1901（晚清）	美国	美北长老会教徒，最早至中国的著名传教士兼医生之一。从小勤奋好学，16岁考入大学，后又学习医学，并曾经当过7年的医生	《论发冷小肠疝两症》	1859年在广州出版	传教救人

续表

姓名	生卒年（朝代）	籍贯	社会身份家庭、教育背景资料来源	主要作品及内容	作品流传途径	写作目的
丁韪良	1827—1916（晚清）	美国	美国基督教长老会传教士，1850—1860年在中国宁波传教。1846年毕业于印第安纳州大学，入新奥尔巴尼长老会神学院研究神学	《格物入门》和《格物测算》两部中文物理书籍		扩大美国在华利益，传教
韦廉臣	1829—1890（晚清）	英国	英国伦敦会传教士，在上海创立同文书会（后改名广学会）是当时中国最大的现代出版机构。除出版书刊外，出版基督教义的《万国公报》和翻译出版西方政治、科学、史地书籍	与李善兰合译林德利的《植物学》基础》前7章	1859年由墨海书馆出版，插图近200幅，是系统介绍近代植物学的重要著作，书名改为《植物学》	传教
玛高温	1833—1902（晚清）	美国	英国传教士，美北浸礼会派遣来华的医疗传教士。1843年2月抵达香港，九月尾抵达宁波，11月开办医疗所，肄业于纽约州立大学医学院	《博物通书》1851 宁波《日食图说》1852 宁波《航海金针》1853 宁波《中外新报》1854年宁波创刊		传教布道

中国古代科技文献作者统计表

续表

姓名	生卒年（朝代）	籍贯	社会身份家庭、教育背景资料来源	主要作品及内容	作品流传途径	写作目的
狄考文	1836—1908（晚清）	美国	基督教北长老会传教士。1863年底来华，1864年1月到登州传教，开办蒙养学堂	《笔算数学》《形学备旨》《代数备旨》	成为当时中国初办学堂时的数学教科书	传教布道
德贞	1837—1901（晚清）	英国	近代著名的传教士医生，1862年受伦敦会派去中国传教直到1884年，求学于格拉斯哥大学和爱丁堡大学	《药材通考》		传教布道
罗桑楚臣嘉措	1845—1915（晚清）	藏族	宗教	历算学著《噶丹新算简述·取舍光明藏》		兴趣爱好
班智达局·米劳朗杰嘉措	1846—1919（晚清）	藏族	宗教	历算学工艺技术著《工巧急需宝经》		兴趣爱好
潘慎文	1850—1924（晚清）	美国	美国监理会在华传教士	《格物质学》	光绪二十五年（1899）上海华美书馆出版	传教布道

续表

姓名	生卒年（朝代）	籍贯	社会身份 家庭、教育背景 资料来源	主要作品及内容	作品流传途径	写作目的
伊希巴勒金旺吉拉	1853—1906（晚清）	蒙古族 察哈尔正镶白旗	佛教	医学著《珊瑚验方》《珍宝验方》等四种医书		兴趣爱好
谢洪赉	1873—1916（晚清）	浙江	基督教传教士。他的父亲就是一位基督教长老会牧师，所以他长大后就受到西方教育。1895年大学毕业，并到上海担任了中西书院的教授	《代形合参》3卷《八线备旨》4卷《格物质学》《旧约注释》《中国耶稣教会小史》《基督教与科学》等等		传教布道

参考文献

▲古籍史料

[1]（明）宋濂：《元史》，中华书局点校本，1976年版。

[2]（清）不详：《满汉名臣传》，黑龙江人民出版社1991年版。

[3]（清）陈梦雷原著，杨家骆主编：《鼎文版古今图书集成·中国学术类编·历法典》，鼎文书局1977年版。

[4]（清）谷应泰编：《明史纪事本末》，中华书局1977年版。

[5]（清）顾炎武：《顾亭林诗文集》，中华书局1983年版。

[6]（清）国史馆：《清史列传》，中华书局1987年版。

[7]（清）黄虞稷、卢文：《补辽金元艺文志》，商务印书馆1958年版。

[8]（清）纪磊，沈眉寿：《震泽镇志》，江苏古籍出版社1992年版。

[9]（清）纪昀：《阅微草堂笔记》，天津古籍出版社1994年版。

[10]（清）李桓：《国朝耆献类征》，广陵书社1997年版。

[11]（清）梁启超：《清代学术概论》，中国人民大学出版社2004年版。

[12]（清）骆腾凤：《艺游录》，北京出版社2000年版。

[13]（清）钱大昕：《补元史艺文志》，商务印书馆1958年版。

[14]（清）乾隆官修：《清朝通志》，浙江古籍出版社2000年版。

[15]（清）阮元等：《畴人传汇编》，广陵书社2009年版。

[16]（清）孙嘉淦：《太学条规疏》，续修四库全书第1670册，齐鲁书社1999年版。

[17]（清）王锡阐：《晓庵新法》，商务印书馆1936年版。

[18]（清）文庆等纂修：《钦定国子监志·卷一六·算学》，北京古籍出版社2000年版。

[19]（清）徐世昌等：《清儒学案》，中华书局2008年版。

[20]（清）薛凤祚：《历学会通致用》，北京出版社2000年版。

[21]（清）永瑢等：《四库全书总目》，中华书局1965年版。

[22]（清）允禄等：《御制历象考成》，德记书庄光绪二十四年年版。

[23]（清）张廷玉编：《明史》，中华书局1974年版。

[24]（清）张之洞主编：《书目答问》，商务印书馆1936年版。

[25]（清）赵尔巽等：《清史稿》，中华书局1977年版。

[26]（宋）蔡襄述：《荔枝谱》，中华书局1985年版。

[27]（宋）陈翥：《桐谱》，中华书局1985年版。

[28]（宋）窦苹：《酒谱》，中华书局2010年版。

[29]（宋）杜绾：《云林石谱》，中华书局1985年版。

[30]（宋）韩拙：《韩氏山水纯全集》，中华书局1985年版。

[31]（宋）徽宗敕编，（清）程林删定：《圣济总录纂要》，上海古籍出版社1991年版。

[32]（宋）会公亮编：《武经总要前集》，中华书局1959年版。

[33]（宋）乐史：《太平寰宇记》，中华书局1985年版。

[34]（宋）李昉：《太平御览》，中华书局1960年版。

[35]（宋）李诫：《营造法式》，中国建筑工业出版社2006年版。

[36]（宋）卢多逊等，尚志钧辑校：《开宝本草辑复本》，安徽科学技术出版社1998年版。

[37]（宋）吕大临：《考古图》，中华书局1987年版。

[38]（宋）欧阳忞：《舆地广记附札记一至六册》，中华书局1985年版。

[39]（宋）沈括：《梦溪笔谈》，团结出版社1996年版。

[40]（宋）释赞宁：《笋谱》，博古斋1921年版。

[41]（宋）宋敏求：《长安志》，中华书局1991年版。

[42]（宋）苏颂：《新仪象法要》，中华书局1985年版。

[43]（宋）苏颂编，尚志钧辑校：《本草图经》，安徽科学技术出版

社 1994 年版。

［44］（宋）苏易简辑：《文房四谱》，中华书局 1985 年版。

［45］（宋）王存：《元丰九域志》，中华书局 1984 年版。

［46］（宋）王黼：《宣和博古图录》，北京图书馆出版社 2005 年版。

［47］（宋）王观：《扬州芍药谱》，中华书局 1985 年版。

［48］（宋）王怀隐编：《太平圣惠方》，人民卫生出版社 1958 年版。

［49］（宋）许洞：《虎钤经一至二册》，中华书局 1985 年版。

［50］（宋）张伯端著，（清）董德宁等注，史平点校：《悟真篇三家注》，华夏出版社 1989 年版。

［51］（宋）张君房辑：《云笈七签》，齐鲁书社 1988 年版。

［52］（宋）赵明诚：《宋本金石录》，中华书局 1991 年版。

［53］（元）大元圣政国朝典章：《元典章》，中国广播电视出版社影印元刊本 1998 年版。

［54］（元）刘一清、谢国桢：《钱塘遗事》，上海古籍出版社 1985 年版。

［55］（元）脱脱：《宋史》，中华书局 1985 年版。

［56］（元）脱脱等：《金史》，中国出版集团现代教育出版社 2011 年版。

［57］（汉）班固：《汉书·艺文志》，中华书局 1997 年年版。

［58］（清）曾国藩：《曾文正公全集》，中国书店 2011 年版。

［59］（明）陈邦瞻：《元史纪事本末》，中华书局 1979 年点校本年版。

［60］陈得芝、邱树森、何兆吉：《元代奏议集录》，浙江古籍出版社 1998 年版。

［61］（宋）陈旉：《陈旉农书》，农业出版社 1956 年版。

［62］陈高华、张帆、刘晓等：《元典章（点校本）》，中华书局 2011 年版。

［63］（宋）程颖、程颐：《二程集外书卷》，中华书局 1981 年版。

［64］《大清历朝实录》，中华书局 2008 年版。

［65］（唐）杜佑：《通典》，中华书局 2003 年版。

［66］（晋）杜预注：《春秋经传集解》，文学古籍刊行社 1955 年版。

［67］（晋）杜预注：《春秋左传集解》，上海古籍出版社 1977 年版。

［68］（清）郝懿行注：《尔雅义疏》，上海古籍出版社 1983 年版。

［69］（宋）洪兴祖：《楚辞补注》，中华书局 2012 年版。

［70］（明）黄省曾编：《五岳山人集》，齐鲁书社 1997 年版。

［71］（清）纪昀：《四库全书》，线装书局，2010 年版。

［72］（清）李圭：《鸦片事略》，台北：广文书局 1961 年版。

［73］（宋）李季：《乾象通鉴》，上海古籍出版社 1996 年版。

［74］（唐）李林甫等：《唐六典》，中华书局 1992 年版。

［75］李修生主编：《全元文》，江苏古籍出版社 2001 年版。

［76］（宋）李攸：《宋朝事实》，中华书局 1991 年版。

［77］（明）凌濛初编：《二刻拍案惊奇》，岳麓书社 2002 年版。

［78］（汉）刘向：《战国策》，上海古籍出版社 1978 年版。

［79］（后晋）刘昫等：《旧唐书》，中华书局 1975 年版。

［80］（宋）楼璹：《耕织图诗附录》，中华书局 1985 年版。

［81］吕变庭：《中国南部古代科学文化史第四卷》，方志出版社 2004 年版。

［82］（宋）马端临：《文献通考·经籍考》，中华书局 1986 年版。

［83］《明太祖实录》，台湾"中研院"历史语言研究所校勘影印本 1962 年版。

［84］（宋）欧阳修、宋祁：《新唐书》，中华书局 1975 年版。

［85］（清）钱谦益编：《列朝诗集》，上海古籍出版社 1982 年版。

［86］（宋）秦九韶：《数书九章》，商务印书馆 1999 年版。

［87］（汉）司马迁：《史记》，中华书局 1982 年版。

［88］（宋）宋慈：《洗冤集录》，上海科学技术出版社 1981 年版。

［89］（明）宋濂、刘辰、姚福：《洪武圣政记》，中华书局 1991 年版。

［90］（明）宋应星编：《天工开物》，商务印书馆 1933 年版。

［91］（明）谈迁编：《国榷》，中华书局 1958 年版。

［92］（清）陶鸿庆：《读诸子札记·晏子春秋》，中华书局 1959 年版。

［93］（宋）王明清：《挥麈录前录卷》，上海书店出版社 2001 年版。

[94]（清）王念孙：《广雅疏证》，江苏古籍出版社1984年版。

[95]（宋）王溥：《唐会要》，台湾商务印书馆1986年版。

[96]（清）王先谦：《荀子集解》，中华书局1988年版。

[97]（唐）魏征：《隋书》，中华书局1975年版。

[98]（唐）温大雅：《大唐创业起居注》，台湾商务印书馆1986年版。

[99]（唐）吴兢：《贞观政要》，中国社会科学出版社2007年版。

[100]（清）夏燮编：《明通鉴》，上海古籍出版社1990年版。

[101]（明）谢肇淛编：《五杂俎》，上海古籍出版社2005年版。

[102]（明）徐光启编：《农政全书》，中华书局1956年版。

[103]（清）徐松：《登科记考》，上海书店出版社1994年版。

[104]（清）徐松：《宋会要辑稿》，中华书局1957年版。

[105]许维遹：《吕氏春秋集释》，中国书店1985年版。

[106]（清）严可均：《全上古三代秦汉三国六朝文》，中华书局1958年版。

[107]（明）杨士奇：《历代名臣奏议》，四库全书影印本1989年版。

[108]（清）姚际恒：《古今伪书考》，中华书局1999年版。

[109]（清）叶德辉：《书林清话卷三》，中华书局1957年版。

[110]（明）叶盛编：《水东日记》，中华书局1980年版。

[111]（宋）尤袤：《遂初堂书目》，中华书局1985年版。

[112]（宋）岳珂：《桯史卷八》，中华书局1951年版。

[113]（明）张岱编：《琅嬛文集·夜航船序》，岳麓书社1985年版。

[114]（清）张廷玉等：《清朝文献通考》，浙江古籍出版社2000年版。

[115]（唐）长孙无忌：《唐律疏仪》，法律出版社1999年版。

[116]（宋）郑樵：《通志二十略》，中华书局1995年版。

[117]（宋）朱熹、吕祖谦：《近思录》，江苏广陵书社2006年版。

[118]（宋）朱熹：《四书章句集注》，岳麓书社2008年版。

[119]（宋）庄绰：《鸡肋篇卷上》，中华书局1983年版。

▲今人著作

[1]［美］费正清：《剑桥中国晚清史》，中国社会科学出版社1985年版。

[2]［美］刘子健著，赵冬梅译：《中国转向内在——两宋之际的文化内向》，江苏人民出版社2002年版。

[3]［美］罗伯特·K. G. 坦普尔（Robert K. G. Temple）著，陈养正等译：《中国：发明与发现的国度》，二十一世纪出版社1995年版。

[4]［美］谢弗［E. H. Schafer］著，吴玉贵译：《唐代的外来文明》，中国社会科学出版社1995年版。

[5]［日］池田温作：《唐代诏敕目录》，三秦出版社1991年版。

[6]［日］杉本勋编，郑彭年译：《日本科学史》，台北：台湾商务印书馆1999年版。

[7]［英］崔瑞德：《剑桥中国隋唐史》，中国社会科学出版社1990年版。

[8]［英］李约瑟：《中国古代科学》，上海书店出版社2001年版。

[9]［英］李约瑟著，汪受琪等译：《中国科学技术史》，科学出版社1975年版。

[10] 安徽省教育厅：《安徽历史上的科学技术人物》，安徽人民出版社1958年版。

[11] 白寿彝：《中国通史》，上海人民出版社1989年版。

[12] 薄树人主编：《中国科学技术典籍通汇·天文卷》，河南教育出版社1993年版。

[13] 毕剑横编著：《中国科学技术史概述》，四川省社会科学院1985年版。

[14] 曹喜琛、韩宝华：《中国档案文献编纂史略》，高等教育出版社1999年版。

[15] 曹增友：《传教士与中国科学》，宗教文化出版社1999年版。

[16] 曹之：《中国古籍编纂史》，武汉大学出版社2006年版。

[17] 岑仲勉：《隋唐史卷下》，高等教育出版社1957年版。

[18] 晁中辰：《中国古代科技》，山东教育出版社1990年版。

[19] 陈宝良：《悄悄散去的幕纱——明代文化历程新说》，陕西人民教育出版社 1988 年版。

[20] 陈伯陶：《瓜庐文滕》，中国国家图书馆线装本年版。

[21] 陈傅良：《陈傅良先生文集卷三十五》，浙江大学出版社 1999 年版。

[22] 陈高华、陈智超等：《中国古代史史料学》，北京出版社 1983 年版。

[23] 陈恭禄：《中国近代史资料概述》，中华书局 1982 年版。

[24] 陈久金、杨怡：《中国古代天文与历法》，中国国际广播出版社 2010 年版。

[25] 陈美东、沈荣法主编：《王锡阐研究文集》，河北科学技术出版社 2000 年版。

[26] 陈美东：《中国古代天文学思想》，中国科技出版社 2007 年版。

[27] 陈梦家：《尚书通论》，中华书局 1985 年版。

[28] 陈明达：《营造法式辞解》，天津大学出版社 2010 年版。

[29] 陈文华编著：《中国古代农业科技史图谱》，农业出版社 1991 年版。

[30] 陈梧桐：《中国文化通史·明代卷（第 1 版）》，北京师范大学出版社 2009 年版。

[31] 陈晓中、张淑莉：《中国古代天文机构与天文教育》，中国科学技术出版社 2008 年版。

[32] 陈寅恪：《唐代政治史述论稿》，古籍出版社 1980 年版。

[33] 陈长文：《明代科举文献研究》，山东大学出版社 2008 年版。

[34] 陈植锷：《北宋文化史述论》，中国社会科学出版社 1992 年版。

[35] 陈遵妫：《中国古代天文学简史》，上海人民出版社 1955 年版。

[36] 陈遵妫：《中国天文学史》，人民出版社 1989 年版。

[37] 程国政编注：《中国古代建筑文献精选宋辽金元上》，同济大学出版社 2010 年版。

[38] 崔文印：《中国古代文献浅谈》，四川人民出版社 1999 年版。

[39] 崔振华、陈丹：《世界天文学史》，吉林教育出版社 1993 年版。

[40] 代钦：《儒家思想与中国传统数学》，台湾商务印书馆 2003

［41］戴南海：《版本学概论》，巴蜀书社1989年年版。

［42］邓小南：《祖宗之法——北宋前期政治述略》，生活·读书·新知三联书店2006年版。

［43］邓宗琦：《数学家辞典》，湖北教育出版社1990年版。

［44］丁海斌、陈凡：《中国科技档案史》，东北大学出版社2007年版。

［45］丁海斌：《清代"官科技"群体的养成与结构研究》，中国社会科学出版社2008年版。

［46］丁海斌：《中国古代科技档案遗存及其科技文化价值研究》，科学出版社2011年版。

［47］董恩林：《中国传统文献学概论》，华中师范大学出版社2008年版。

［48］董福长编：《中国古代科技集锦》，黑龙江科学技术出版社1987年版。

［49］杜升云等编：《中国古代天文学的转轨与近代天文学》，中国科学技术出版社2013年版。

［50］杜石然：《中国古代科学家传记》，中国大地出版社1993年版。

［51］杜石然：《中国科学技术史·通史卷》，科学出版社2003年版。

［52］杜石然：《中国科学技术史稿》，科学出版社1982年版。

［53］杜泽逊：《文献学概要》，中华书局2001年版。

［54］［德］恩格斯：《马克思恩格斯全集》第20卷，人民出版社1971年版。

［55］范凤书：《中国私家藏书史》，武汉大学出版社2013年版。

［56］方豪：《中国天主教史人物传》，中华书局1973年版。

［57］冯尔康：《清代人物传记史料研究》，天津教育出版社2006年版。

［58］冯尔康：《清史史料学》，沈阳出版社2004年版。

［59］冯尔康：《清史史料学初稿》，南开大学出版社1986年版。

［60］冯天瑜：《明清文化史散论》，华中工学院出版社1984年版。

［61］冯天瑜：《中华文化史（下篇）》，上海人民出版社1990年版。

［62］冯铁流：《先秦诸子学派源流考》，重庆出版社 2005 年版。

［63］［葡］佛朗西斯·罗德里杰斯著，黎明、恩平译：《葡萄牙耶稣会天文学家在中国》，澳门文化出版署 1990 年版。

［64］傅维康主编，吴鸿洲等编写：《中国医学史》，上海中医学院出版社 1990 年版。

［65］傅璇琮、谢灼华主编：《中国藏书通史》，宁波出版社 2001 年版。

［66］高国抗、杨燕起：《中国历史文献学》，北京图书馆出版社 2007 年版。

［67］高尚榘：《文献学专题史略》，齐鲁书社 2007 年版。

［68］戈公振：《中国报学史》，生活·读书·新知三联书店 1955 年版。

［69］葛金芳：《南宋手工业史》，上海古籍出版社 2008 年版。

［70］苟萃华卷主编，任继愈主编：《中国科学技术典籍通汇》，教育出版社 1993 年版。

［71］顾廷龙：《清代卷集成》，台湾成文出版有限公司，1992 年版。

［72］顾炎武著，黄汝成集释，栾保群、吕宗力校点：《日知录集释》，花山文艺出版社 1990 年版。

［73］关广庆、侯文富、包瑞峰等编著：《中华科技五千年》，辽宁少年儿童出版社 1996 年版。

［74］管成学：《南宋科技史》，人民出版社 2009 年版。

［75］管成学：《宋辽夏金元科学技术史》，吉林科技出版社 1991 年版。

［76］广州市地方志编纂委员会：《广州市志·教育科学志·卷十四》，广州出版社 1999 年版。

［77］郭金彬：《中国传统科学思想史论》，知识出版社 1993 年版。

［78］郭志猛：《中国宋辽金夏科技》，人民出版社 1994 年版。

［79］韩国磐：《隋唐五代史纲要》，人民出版社 1979 年版。

［80］韩儒林：《元朝史》，人民出版社 1986 年版。

［81］何忠礼：《中国古代史史料学》，上海古籍出版社 2004 年版。

［82］洪光住：《中国酿酒科技发展史》，中国轻工业出版社 2001

年版。

［83］洪湛侯：《中国文献学新编》，杭州大学出版社1994年版。

［84］侯仁之编：《中国古代地理学简史》，科学出版社1962年版。

［85］厚宇德：《溯本探源中国古代科学与科学思想史专题研究》，中国科学技术出版社2006年版。

［86］胡昌平、邱均平编著：《科技文献学》，武汉大学出版社1991年版。

［87］胡昌平等：《科技文献学》，武汉大学出版社1991年版。

［88］胡戟等主编：《二十世纪唐研究》，中国社会科学出版社2002年版。

［89］华觉明：《中国古代金属技术》，大象出版社1999年版。

［90］黄宽重：《南宋军政文献探索》，台湾新文丰出版公司1990年版。

［91］黄权才：《宋代文献研究》，广西民族出版社2007年版。

［92］黄永年：《古文献学四讲》，鹭江出版社2003年版。

［93］霍雅娟：《中国文化概论》，内蒙古科学技术出版社2007年版。

［94］加利福尼亚大学编：《明代论著丛刊》，伟文图书出版社1977年版。

［95］江晓原，钮卫星：《天学志》，上海人民出版社1998年版。

［96］姜生、郭武：《明清道教伦理及其历史流变》，四川人民出版社1998年版。

［97］姜锡东主编：《宋史研究论丛第14辑》，河北大学出版社2013年版。

［98］金开诚：《中国古代科技史话古代数学与算学》，吉林文史出版社2011年版。

［99］金秋鹏：《中国古代科技》，中国国际广播出版社2010年版。

［100］金秋鹏：《中国科学技术史（人物卷）》，科学出版社1998年版。

［101］孔健民：《中国医学史纲》，人民卫生出版社1988年版。

［102］来夏新等：《中国古代图书事业史》，上海人民出版社2009年版。

参考文献

[103] 蓝勇：《中国历史地理学》，高等教育出版社 2002 年版。

[104] 乐爱国：《儒家文化与中国古代科技》，中华书局 2002 年版。

[105] 李斌城等：《隋唐五代社会生活史》，中国社会科学出版社 1998 年版。

[106] 李伯重：《唐代江南农业的发展》，农业出版社 1990 年版。

[107] 李才栋：《中国教育管理制度》，江西教育出版社 1996 年版。

[108] 李迪、查永平：《中国历代科技人物生卒年表》，科学出版社 2002 年版。

[109] 李迪、郭世荣编：《清代著名天文数学家梅文鼎》，上海科学技术文献出版社 1988 年版。

[110] 李迪：《梅文鼎评传》，南京大学出版社 2008 年版。

[111] 李迪：《中国数学通史·明清卷》，江苏教育出版社 2004 年版。

[112] 李刚：《中国道教文化》，长春出版社 2011 年版。

[113] 李国钧主编：《清代前期教育论著选》，人民教育出版社 1990 年版。

[114] 李华瑞：《宋代酒的生产和征榷》，河北大学出版社 1995 年版。

[115] 李家治等：《中国古代陶瓷科学技术成就》，科学技术出版社 1985 年版。

[116] 李建珊：《科技文化的起源与发展》，南开大学出版社 2004 年版。

[117] 李经纬、李志东：《中国古代医学史略》，科学技术出版社 1990 年版。

[118] 李兰琴：《汤若望传》，东方出版社 1995 年版。

[119] 李庆：《日本汉学史》，上海外语教育出版社 2002 年版。

[120] 李仁溥：《中国古代纺织史稿》，岳麓书社 1983 年版。

[121] 李希泌、张椒华：《中国古代藏书与近代图书馆史料》，中华书局 1982 年版。

[122] ［英］李约瑟：《李约瑟文集》，辽宁科技出版社 1986 年版。

[123] ［英］李约瑟：《中国科学技术史》，科学出版社 2008 年版。

[124]［英］李约瑟：《中国科学技术史第 1 卷第 1 册》，科学出版社 1975 年版。

[125] 李志超：《天人古义中国科学史论纲》，大象出版社 1998 年版。

[126] 李仲立：《先秦历史文化探微》，甘肃人民出版社 2006 年版。

[127] 历史研究编辑部：《唐太宗与贞观之治论集》，陕西人民出版社 1982 年版。

[128] 梁启超：《清代学术概论》，上海古籍出版社 2004 年版。

[129] 梁启超：《中国近三百年学术史》，东方出版社 2004 年版。

[130] 林尹：《周礼今注今译》，书目文献出版社 1985 年版。

[131] 刘洪涛：《数算大师梅文鼎与天文历算》，辽宁人民出版社 1997 年版。

[132] 刘洪涛：《中国古代科技史》，南开大学出版社 1991 年版。

[133] 刘吉发主编：《科技生产力研究》，西安地图出版社 2003 年版。

[134] 刘泽华：《先秦政治思想史》，南开大学出版社 1984 年版。

[135] 刘子健：《两宋史研究汇编》，联经出版事业公司 1987 年版。

[136] 卢嘉锡、路甬祥主编：《中国古代科学史纲》，河北科学技术出版社 1998 年版。

[137] 卢嘉锡主编，陈美东著：《中国科学技术史天文学卷》，科学出版社 2003 年版。

[138] 卢嘉锡主编：《中国科学技术史·论著索引卷》，科学出版社 2002 年版。

[139] 卢嘉锡总主编，廖育群等著：《中国科学技术史医学卷》，科学出版社 1998 年版。

[140] 卢良志：《中国地图学史》，测绘出版社 1984 年版。

[141] 罗江文：《中国古典文献学纲要》，巴蜀书社 2008 年版。

[142] 罗孟祯：《古典文献学》，重庆出版社 1989 年版。

[143] 罗香林：《唐代文化史研究》，台湾商务印书馆 1985 年版。

[144] 罗竹风主编：《汉语大词典·第 6 卷（上）》，汉语大词典出版

社 2001 年版。

［145］吕变庭：《南宋科技思想史研究》，人民出版社 2010 年版。

［146］吕思勉：《隋唐五代史》，上海古籍出版社 1959 年版。

［147］马祖毅：《中国翻译简史》，中国对外翻译出版公司 2004 年版。

［148］毛礼锐：《中国教育史简编》，教育科学出版社 1991 年版。

［149］孟宪承等：《中国古代教育史资料》，人民教育出版社 1961 年版。

［150］缪咏禾：《明代出版史稿》，江苏人民出版社 2000 年版。

［151］南炳文、何孝荣：《明代文化研究》，人民出版社 2006 年版。

［152］聂付生：《晚明文人的文化传播研究》，中国戏剧出版社 2007 年版。

［153］聂鸿音，孙伯君：《中国多文字时代的历史文献研究》，社会科学文献出版社 2010 年版。

［154］欧清煜，陈日荣：《中华砚学通鉴》，浙江大学出版社 2010 年版。

［155］潘吉星：《中国金属活字印刷技术史》，辽宁科学技术出版社 2001 年版。

［156］彭树欣：《梁启超文献学思想研究》，光明日报出版社 2010 年版。

［157］漆侠主编：《辽宋西夏金代通史——教育科学文化卷》，人民出版社 2010 年版。

［158］钱建状：《南宋初期的文化重组与文学新变》，厦门大学出版社 2006 年版。

［159］钱穆：《先秦诸子系年》，商务印书馆 2002 年年版。

［160］钱宗范：《先秦史十二讲》，中国国际广播出版社 2009 年版。

［161］青山定雄：《宋代研究文献提要》，东洋文库 1961 年版。

［162］邱树森：《中国历代人名辞典》，江西教育出版社 1989 年版。

［163］曲安京：《中国历法与数学》，科学出版社 2005 年版。

［164］任继愈：《中国科学技术文献通汇》，河南教育出版社 1994

年版。

［165］陕西省博物馆编，王仁波主编：《隋唐文化》，学林出版社1997年版。

［166］商传：《明代文化史》，东方出版中心2007年版。

［167］上海辞书出版社编辑部：《社会科学人物辞典》，上海辞书出版社1985年版。

［168］尚小明：《清代士人游幕表》，中华书局2006年版。

［169］尚小明：《学人游幕与清代学术》，社会科学出版社1999年版。

［170］沈毅：《中国清代科技史》，人民出版社1994年版。

［171］沈雨梧：《清代科学家》，光明日报出版社2010年版。

［172］沈雨梧：《清代女科学家》，浙江教育出版社2011年版。

［173］史美露：《南宋四明史氏》，四川美术出版社2006年版。

［174］史仲文：《中国全史·明代宗教史》，中国古籍出版社2011年版。

［175］司马朝军：《〈四库全书总目〉研究》，社会科学文献出版社2004年版。

［176］四川大学古籍整理研究所、四川大学宋代文化研究中心：《宋代文化研究》，四川大学出版社2006年版。

［177］宋德金：《一本书读懂辽金》，中华书局2011年版。

［178］宋德金：《中国历史9·金史》，人民出版社2006年版。

［179］孙方明、陈凌霞、孙绣华：《科学发展史》，郑州大学出版社2006年版。

［180］孙钦善：《中国古文献学史》，中华书局1994年版。

［181］孙秋云：《文化人类学教程》，民族出版社2007年版。

［182］孙毓修：《中国雕版源流考》，商务印书馆1930年版。

［183］谭其骧主编：《中国历史地图集》，中国地图出版社1982年版。

［184］谭卓垣等撰，徐雁、谭华军译补：《清代藏书楼发展史·续补藏书纪事诗传》，辽宁人民出版社1988年版。

［185］陶嘉炜：《中国文化概要》，北京大学出版社2009年版。

[186] 佟新：《人口社会学》，北京大学出版社 2008 年版。
[187] 童书业：《中国手工业商业发展史》，齐鲁书社 1981 年版。
[188] 汪前进：《中国明代科技史》，人民出版社 1994 年版。
[189] 汪圣铎：《两宋财政史》，中华书局 1995 年版。
[190] 王炳照：《中国古代书院》，中国国际广播出版社 2009 年版。
[191] 王冠英：《中国文化通史先秦卷》，北京师范大学出版社 2009 年版。
[192] 王鸿生：《世界科学技术史》，中国人民大学出版社 1996 年版。
[193] 王鸿生：《中国历史中的技术与科学》，中国人民大学出版社 1991 年版。
[194] 王日华：《历史主义与国际关系理论·先秦中国体系研究》，广东人民出版社 2013 年版。
[195] 王绍曾等：《清史稿艺文志拾遗》，中华书局 2000 年版。
[196] 王述尧：《刘克庄与南宋后期文学研究》，东方出版中心 2008 年版。
[197] 王树连编著：《中国古代军事测绘史》，解放军出版社 2007 年版。
[198] 王思斌：《社会学教程》，北京大学出版社 2008 年版。
[199] 王思治，李鸿彬：《清代人物传稿》，中华书局 1995 年版。
[200] 王孝先：《丝绸之路医药学交流研究》，人民出版社 1994 年版。
[201] 王应麟：《通鉴地理通释（精）》，中华书局 2013 年版。
[202] 王有朋主编：《中国科学技术典籍通汇索引卷》，河南教育出版社 1995 年版。
[203] 王兆春等：《中国科学技术典籍通汇·技术卷》，大象出版社 1994 年版。
[204] 王智勇：《南宋吴氏家族的兴亡—宋代武将家族个案研究》，巴蜀书社 1995 年版。
[205] 王子今：《简帛史话》，中国大百科全书出版社 2000 年版。
[206] 韦庆远：《明清史新析》，中国社会科学出版社 1995 年版。

［207］魏昌：《楚国史》，武汉出版社2002年版。

［208］吴江市档案局编：《震泽镇志续稿》，广陵书社2009年版。

［209］吴松弟：《北方移民与南宋社会变迁》，文津出版社1993年版。

［210］吴以宁：《〈梦溪笔谈〉辨疑》，上海科学技术文献出版社1995年版。

［211］吴宗国：《唐代科举制度研究》，辽宁大学出版社1992年版。

［212］席泽宗：《古新星新表与科学史探索》，陕西师范大学出版社2002年版。

［213］项春松：《辽朝历史与考古》，内蒙古人民出版社1996年版。

［214］肖川、何雪艳：《世界近代中期文化教育史》，中国国际广播出版社1996年版。

［215］肖东发：《中国编辑出版史》，辽海出版社2002年版。

［216］萧一山：《清代通史》，中华书局1986年版。

［217］谢贵安：《明实录研究》，湖北人民出版社2003年版。

［218］邢永福：《明清档案通览》，中国档案出版社2000年版。

［219］徐传武：《中国古代天文历法》，山东教育出版社1991年版。

［220］徐海松：《清初士人与西学》，东方出版社2001年版。

［221］徐克谦：《先秦思想文化论札》，中华书局2007年版。

［222］徐凌志主编：《中国历代藏书史》，江西人民出版社2004年版。

［223］徐愫：《人类行为与社会环境》，社会科学文献出版社2006年版。

［224］徐兴余：《新编文献检索教程》，天津人民出版社1995年版。

［225］薛新力：《古典文学文献学》，中州古籍出版社2007年版。

［226］薛愚等编写：《中国药学史料》，人民卫生出版社1984年版。

［227］杨宽：《战国史》，上海人民出版社2003年版。

［228］杨宽：《中国古代冶铁技术发展史》，人民出版社1982年版。

［229］杨燕起、高国抗：《中国历史文献学》，书目文献出版社1989年版。

［230］杨燕起：《中国历史文献学》，书目文献出版社1989年版。

［231］叶晔：《明代中央文官制度与文学》，浙江大学出版社 2011 年版。

［232］阴法鲁、许树安：《中国古代文化史》，北京大学出版社 1992 年版。

［233］喻春龙：《清代辑佚研究》，上海古籍出版社 2010 年版。

［234］袁运开、周瀚光主编：《中国科学思想史》，安徽科学技术出版社 2001 年版。

［235］詹志华：《中国科学史学史概论》，科学出版社 2010 年版。

［236］张博泉：《金史简编》，辽宁人民出版社 2006 年版。

［237］张承友、张普、王淑华：《明末清初中外科技交流研究》，学苑出版社 1999 年版。

［238］张富祥：《宋代文献学研究》，上海古籍出版社 2006 年版。

［239］张革非、杨益茂、黄名长：《中国近代史料学稿》，中国人民大学出版社 1990 年版。

［240］张家璠：《中国古代文献学家研究》，广西师范大学出版社 1996 年版。

［241］张家璠：《中国历史文献学》，广西师范大学出版社 1989 年版。

［242］张践：《中国宋辽金夏宗教史》，人民出版社 1994 年版。

［243］丁海斌、张克复：《中国科技档案史纲》，甘肃文化出版社 1999 年版。

［244］奎元、王常山：《中国隋唐五代科技史》，人民出版社 1994 年版。

［245］张明、于井尧：《中外文化交流史》，吉林文史出版社 1998 年版。

［246］张岂之、刘学智主编：《中国学术思想史编年·明清卷》，陕西师范大学出版社 2006 年版。

［247］张三夕：《中国古典文献学》，华中师范大学出版社 2007 年版。

［248］张习孔：《先秦大事本末》，中国国际广播出版社 2007 年版。

［249］张显清、林金树：《明朝政治史》，广西师范大学出版社 2004

年版。

［250］张秀民：《中国印刷史》，上海人民出版社1989年版。

［251］张智华：《南宋的诗文选本研究：南宋人所编诗文选本与诗文批评》，北京师范大学出版社2002年版。

［252］赵晖：《西学东渐与清代前期数学》，浙江大学出版社2010年版。

［253］赵晖：《耶儒柱石：李之藻、杨廷筠传》，浙江人民出版社2007年版。

［254］郑鹤声、郑鹤春：《中国文献学概要》，上海古籍出版社2001年版。

［255］郑建明：《李时珍》，南京大学出版社2011年版。

［256］郑师渠：《中国文化通史》，北京师范大学出版社2009年版。

［257］支伟成：《清代朴学大师列传》，岳麓书社1998年版。

［258］《中国大百科全书》编辑部：《中国大百科全书》，百科全书出版社1996年版。

［259］中国科学院自然科学史研究所主编：《中国古代建筑技术史》，科学出版社1985年版。

［260］中国社会科学院考古研究所编：《中国古代天文文物论集》，文物出版社1989年版。

［261］中国社会科学院历史研究所魏晋隋唐史研究室编：《隋唐五代史论著目录》，江苏古籍出版社1985年版。

［262］周嘉华等编：《中国古代化学史略》，河北科学技术出版社1992年版。

［263］周良霄、顾菊英：《元史》，上海人民出版社2004年版。

［264］周晓红：《现代社会心理学》，人民出版社1997年版。

［265］朱瑞熙、张其凡：《中国政治制度通史宋代卷》，人民出版社1996年版。

［266］朱赛虹、曹凤祥和刘兰肖：《中国出版通史·清史卷（上）》，中国书籍出版社2008年版。

［267］祝慈寿：《中国古代工业史》，学林出版社1988年版。

▲论文

[1] 郭玲丽:《〈元明事类抄〉及其部分元代史料考略》,硕士学位论文,内蒙古师范大学,2013年。

[2] "宋代国家与科学"课题组,孙小淳:《宋代国家文化中的科学——"宋代国家与科学"国际学术研讨会论文综述》,《自然科学史研究》,2006年第4期。

[3] 白·特木尔巴根:《论古代蒙古作家汉文创作的文献特点和庋藏形式》,《内蒙古大学学报(人文社会科学版)》,1999年第3期。

[4] 鲍鹏山:《论先秦私学》,《青海师范大学学报》,2000年第3期。

[5] 蔡方鹿:《朱子学在南宋巴蜀地区的流传》,《人文与价值——朱子学国际学术研讨会暨朱子诞辰880周年纪念会论文集》,2010年第10期。

[6] 曹菁菁:《〈汉书·艺文志·诸子略·道家类〉亡书考略》,《北京大学研究生学志》,2007年第1期。

[7] 曹书杰、李德山:《断代文献学研究的力作——读张富祥:〈宋代文献学研究〉》,《古籍整理研究学刊》,2007年第4期。

[8] 曹幸穗:《我国近代农业科技的引进》,《中国科技史料》,1987年第3期。

[9] 曾贻芬:《元代文献学拾零》,《史学史研究》,1995年第1期。

[10] 查洪德:《二十世纪元代文献之宏观研究》,《社会科学战线》,1996年第6期。

[11] 查洪德:《元代文学文献与元代文学研究》,《民族文学研究》,2003年第3期。

[12] 常丽华、王乃迪:《唐诗中的农事活动》,《农业考古》,1995年第3期。

[13] 常一民:《沈括在古代科技史上的贡献》,《历史教学》,1998年第1期。

[14] 陈杰林:《南宋商业发展:特点与成因》,《安庆师范学院学报》,2003年第4期。

[15] 陈庆元:《徐火勃生平分期研究》,《闽江学院学报》,2010 年第 6 期。

[16] 陈尚君:《隋唐五代文学与历史文献》,《社会科学战线》,2002 年第 5 期。

[17] 陈树:《中国古典文献学的内容及研究方法》,《文史博览(理论)》,2010 年第 2 期。

[18] 陈桐生:《论战国诸子对先秦文献的保存》,《中山大学学报》,2012 年第 4 期。

[19] 陈桐生:《商周史官文化向战国士文化的转变及其对说理散文的影响》,《文史哲》,2008 年第 2 期。

[20] 陈习刚:《唐代葡萄酿酒术探析》,《河南教育学院学报(哲学社会科学版)》,2001 年第 4 期。

[21] 陈翔:《唐代中央与地方关系研究》,武汉大学,2010 年。

[22] 陈晓波:《元代文学文献的刻印出版和考订》,《图书馆理论与实践》,2005 年第 1 期。

[23] 陈悦:《揭暄的学术交往及其著述》,《哈尔滨工业大学学报(社会科学版)》,2009 年第 2 期。

[24] 陈志辉:《乾嘉天算专门之学在科举考试中的渗透》,《清史研究》,2014 年第 3 期。

[25] 成丽:《宋〈营造法式〉研究史初探》,博士学位论文,天津大学,2009 年。

[26] 程二行:《官学下移与游士之风——先秦士人文化的发展道路(三)》,《武汉大学学报》,2003 年第 1 期。

[27] 程美明:《〈农桑辑要〉与元代经济》,《中南民族大学学报(人文社会科学版)》,2003 年第 8 期。

[28] 程千帆:《全唐五代文序》,《西北大学学报(哲学社会科学版)》,1993 年第 1 期。

[29] 崔峰:《宋代译经中梵语翻译人才的培养》,《五台山研究》,2009 年第 3 期。

[30] 崔戬:《魏晋南北朝科技文献官方作者群体研究》,辽宁大学,2015 年。

[31] 戴建平：《中国古代科学家历史分布的统计分析》，《自然辩证法通讯》，1997年第6期。

[32] 邓广铭：《宋代文化的高度发展与宋王朝的文化政策》，《历史研究》，1990年第1期。

[33] 邓洪波：《元代书院及其发展特点》，2002年第8期。

[34] 邓思博：《20世纪戏曲学的一个缩影——"关学"现代化历程述论》，硕士学位论文，武汉大学，2005年。

[35] 丁海斌、滕春娥：《先秦时期的科技档案与科技档案工作》，《档案学通讯》，2007年第3期。

[36] 丁海斌、陈凡：《李约瑟现象的"官科技"解读》，《社会科学战线》，2005年第4期。

[37] 丁海斌、陈凡：《论清代科举与"官科技"》，《自然辩证法通讯》，2007年第5期。

[38] 丁海斌、陈凡：《谈中国古代科技事实与科技经验的重要积累方式——官方科技档案》，《科学技术与辩证法》，2008年第8期。

[39] 丁海斌、冷静：《中国古代气象档案遗存及其科技文化价值研究》，《辽宁大学学报》，2009年第2期。

[40] 丁海斌、刘维贵：《中国古代天文档案遗存——及其科技文化价值研究》，《档案学研究》，2008年第4期。

[41] 丁海斌、杨晴晴：《中国古代医药档案遗存及其科学文化价值研究》，《档案管理》，2009年第5期。

[42] 丁海斌：《论〈周礼〉所记载的经济管理文书与档案》，《档案学研究》，1995年第2期。

[43] 丁海斌：《论先秦文明与档案》，《档案学通讯》，1993年第5期。

[44] 丁海斌：《宋代的地图档案事业》，《档案》，1991年第5期。

[45] 丁海斌：《谈中国古代科技档案的直接遗存》，《档案学研究》，2008年第6期。

[46] 丁海斌：《我国古代科技档案与科技文件材料之最（一）》，《北京档案》，1991年第3期。

[47] 丁海斌：《我国古代科技档案与科技文件材料之最（二）》，

《北京档案》，1991 年第 5 期。

[48] 董英哲、姚远：《隋唐儒学与自然科学》，《齐鲁学刊》，1991 年第 3 期。

[49] 董煜宇：《从〈奉元历〉改革看北宋天文管理的绩效》，《自然科学史研究》，2008 年第 4 期。

[50] 杜春雷：《元代地域文学研究综述与前瞻》，《社科纵横》，2013 年 28 卷第 1 期。

[51] 杜德桥、董晓萍：《唐代文献中的宗教文化研究：问题与历程（下）》，《文史知识》，2003 年第 4 期。

[52] 杜建明：《论"阶级"社会身份的综合识别》，《求索》，2011 年第 4 期。

[53] 杜石然：《明代数学及其社会背景》，《自然科学史研究》，1989 年第 1 期。

[54] 杜莹：《中国古代道教科技文献研究》，硕士学位论文，辽宁大学历史学院，2013 年。

[55] 杜勇：《〈鬼谷子〉著作时代刍议》，《天津师范大学学报（社会科学版）》，2003 年第 6 期。

[56] 范洪义：《唐诗中飘出的科技信息》，《世界科学》，2007 年第 8 期。

[57] 冯瑞：《北宋历史地理学研究》，硕士学位论文，西北大学，2011 年。

[58] 尹苏：《论近代科学家李善兰的科学文献翻译》，《上海科技翻译》，1997 年第 3 期。

[59] 高宏林：《清初数学家李子金》，《中国科技史料》，1990 年第 1 期。

[60] 高磊：《先秦名家起源及相关问题研究》，硕士学位论文，东北师范大学，2012 年。

[61] 葛金芳：《南宋：走向开放型市场的重大转折》，《杭州研究》，2007 年第 2 期。

[62] 葛琦：《三十年来元代文人心态研究综述》，《语文学刊》，2012 年第 3 期。

[63] 龚胜生：《汉唐时期南阳地区农业地理研究》，《中国历史地理论丛》，1991 年第 2 期。

[64] 顾风：《唐代扬州与长沙窑兴衰关系新探》，《东南文化》，1993 年第 5 期。

[65] 郭怀中：《清代安徽科学家齐彦槐》，《安徽师大学报（哲学社会科学版）》，1993 年第 3 期。

[66] 郭建荣：《元代科技文化发展管窥》，《民族文学研究》，2005 年第 5 期。

[67] 郭美琴：《中国古代历史文献传播途径述论》，《兰台纵横》，2012 年第 2 期。

[68] 郭三琴：《明代文化政策研究》，青岛大学历史学院，2011 年。

[69] 郭世荣：《何国宗、梅瑴成与传教士之间的合作与斗争》，《自然辩证法通讯》，2012 年第 1 期。

[70] 郭书杰：《宋元时期山西手工技术发展的社会学考察》，硕士学位论文，山西大学，2009 年。

[71] 郭学勤：《北宋佛教政策述评》，《玉林师范学院学报（哲学社会科学）》，2009 年第 2 期。

[72] 郭学勤：《北宋宗教政策研究》，硕士学位论文，河南大学，2003 年。

[73] 韩毅：《20 世纪日本学者对宋代科技史的研究》，《中国科技史杂志》，2012 年第 3 期。

后　记

这一选题的写作初衷开始于丁海斌的博士论文——《清代"官科技"群体的养成与结构研究》（中国社会科学出版社2007年出版，导师：陈凡）。这部著作提出了按照"官科技、民间科技、宗教科技"三种科技活动的社会组织形态研究科技史的思路，本书是这一思路的继续。当然，基于这一思路的研究还处于起步阶段，需要走的路还很长。

我的博士导师是国务院学位委员会哲学学科评议组成员东北大学陈凡教授，他主攻科技哲学。不论是在读博期间，还是在之后的学术研究生涯中，我都得到了先生的悉心指导和毫无保留的帮助。在本书的写作过程中，先生亦给予细致的指导意见，成为本著作的直接参与者。

本书的初稿写作工作是由我的2012级研究生分别完成的。他（她）们是：盖婷婷（第一章　先秦）、刘婉娇（第二章　秦汉）、崔戬（第三章　魏晋南北朝）、李超（第四章　隋唐）、丁杨（第五章　五代）、李婷婷（第六章　北宋）、金雯婷（第七章　南宋）、马宁（第八章　辽金）、王丽丽（第九章　元代）、乔琳（第十章　明代）、陈雪（第十一章　清代前中期）、杨兰（第十二章　晚清）。

本书的第二稿及后期出版校对工作主要由我的博士生康胜利完成。他对初稿进行了认真的检查、修改。康生天资聪颖、治学勤勉，硕士期间就成果累累，具有较好的学术功底，因此我选择由他来完成本书写作与出版的后期工作。此外，丁海斌教授广西民族大学2020级研究生梅双双、唐密、冯皓、薛欣艳、赵锦涛、彭倩楠、董立韬、赵婧尧参加了全书后期校核的内容增补工作。

作为本书的第一责任人，本书的选题、研究思路、范式设计、修改把关等工作主要是由丁海斌教授亲自进行的。特别是初稿的修改工作，每章初稿皆由丁海斌教授修改、批注，然后返回给责任人再修改。如此过程，反复多次方能完成。

由于作者学识能力有限，加之相关文献作者的统计工作繁杂，错漏及不完善之处敬请方家指正。本书的写作过程中参考了大量的相关学者的作品，在此一并表示衷心感谢！

丁海斌

2019 年 7 月 27 日